高等学校交通运输与工程类专业规划教材

U0649703

桥梁钢—混凝土组合结构设计原理

Design Principle of Bridge Steel-Concrete Composite Structure

（第二版）

黄　侨　编著

周志祥　主审

人民交通出版社股份有限公司

China Communications Press Co.,Ltd.

内 容 提 要

本书为高等学校交通运输与工程类专业规划教材之一。全书共三部分十四章,主要就桥梁工程中应用的钢—混凝土组合结构,包括钢—混凝土组合结构、预弯组合梁结构和钢管混凝土结构的基本概念、设计理论和方法、构造特性和施工要点作了系统介绍,并与近年新发布的相关国家标准、行业规范与规程相结合。

本书可作为高等院校土木工程专业及道路桥梁与渡河工程专业的桥梁工程方向本科生和桥梁与隧道工程专业研究生的教材或参考书,亦可为从事桥梁工程研究、设计、施工和管理的工程技术人员的技术参考书。

图书在版编目(CIP)数据

桥梁钢—混凝土组合结构设计原理 / 黄侨编著. — 2

版. — 北京:人民交通出版社股份有限公司,2017.12

ISBN 978-7-114-14390-8

Ⅰ. ①桥… Ⅱ. ①黄… Ⅲ. ①桥梁结构—钢筋混凝土

结构—混合材料桥—结构设计 Ⅳ. ①U448.38

中国版本图书馆 CIP 数据核字(2017)第 304808 号

高等学校交通运输与工程类专业规划教材

书 名:	桥梁钢—混凝土组合结构设计原理(第二版)
著 作 者:	黄 侨
责 任 编 辑:	李 喆 肖 鹏
出 版 发 行:	人民交通出版社股份有限公司
地 址:	(100011)北京市朝阳区安定门外外馆斜街 3 号
网 址:	http://www.ccpress.com.cn
销 售 电 话:	(010)59757973
总 经 销:	人民交通出版社股份有限公司发行部
经 销:	各地新华书店
印 刷:	北京鑫正大印刷有限公司
开 本:	787×1092 1/16
印 张:	23.75
字 数:	545 千
版 次:	2003 年 12 月 第 1 版 2017 年 12 月 第 2 版
印 次:	2020 年 9 月 第 2 次印刷 总第 4 次印刷
书 号:	ISBN 978-7-114-14390-8
定 价:	49.00 元

(有印刷、装订质量问题的图书由本公司负责调换)

高等学校交通运输与工程(道路、桥梁、隧道与交通工程)教材建设委员会

第二版前言

桥梁组合结构设计作为桥梁工程专业(方向)的一门专业技术基础课或专业课,1996 年在哈尔滨工业大学首开。2004 年,该课程的教材《桥梁钢—混凝土组合结构设计原理》纳入人民交通出版社 21 世纪交通版高等学校系列教材,至今已有二十年的历史。

改革开放后的三十年,是我国从桥梁工程弱国发展到大国并向桥梁工程强国迈进的历史过程,也是我国交通基础设施建设大发展的历史时期。组合结构桥梁的发展与我国桥梁工程建设发展息息相关。二十年前,我国的组合结构桥梁,无论是钢—混凝土组合梁桥、预弯组合梁桥,还是钢管混凝土拱桥的建设,都处于研究、起步阶段,行业内甚至连一本设计、施工规范都没有。组合结构桥梁的设计只能是基于原理的设计,或者参考国外相关规范进行。二十年后的今天,在我国结构工程界和桥梁工程界同仁的共同努力下,不断总结、探索和创新,组合结构桥梁有了飞跃式的发展。

如果说《桥梁钢—混凝土组合结构设计原理》(第一版)是基于国内早期的试验成果,并将组合结构基本原理与桥梁工程实际相结合,那么教材第二版则是保留了组合结构的基本原理,总结了桥梁工程的实践经验并与新发布的行业设计规范相结合,既讲授基本原理,也讲授相关的构件设计方法。

本书就钢—混凝土组合梁、预弯组合梁和钢管混凝土结构的基本概念、构造

1

形式、设计原理和施工要点进行了较为系统地讲授。全书仍划分为三部分,但同时增加了3章内容。教材第二版总计14章,用于课堂教学大约需要48学时。其中,第一部分钢—混凝土组合梁需要18学时,第二部分预弯组合梁大约需要12学时,第三部分钢管混凝土需要18学时。各高校可根据实际的专业必修课或选修课的计划学时,选择其中两或三部分讲授,或者选择性讲授这三部分的相关内容。

在第一版的基础上,教材第二版的修改要点如下:

第一部分为钢—混凝土组合梁结构。根据新发布的《公路钢结构桥梁设计规范》(JTG D64—2015)给出了钢材强度的各项设计指标及参数;补充了《栓钉焊接技术规程》(CECS 226:2007)中关于连接件计算及要求方面的内容;补充了《钢—混凝土组合桥梁设计规范》(GB 50917—2013)和《公路钢混组合桥梁设计施工规范》(JTG D64-01—2015)中关于钢—混凝土组合梁桥结构的设计方法;调整、增加了若干计算示例;新增第五章"钢—混凝土组合梁桥设计的其他问题",重点介绍了新规范中关于预应力、疲劳、抗倾覆及耐久性等方面的设计要点。

第二部分为预弯组合梁结构。根据新发布的《预弯预应力组合梁桥设计规程》(CJJ/T 276—2018)调整了预弯组合梁桥的施工、设计中各项控制指标,并按新发布的《公路钢结构桥梁设计规范》(JTG D64—2015)和《公路钢筋混凝土及预应力混凝土结构设计规范》(JTG 3362—2018)的材料强度指标重新调整了计算示例,并将第一版教材中的第七章第六节的预弯组合简支梁计算示例扩展为第九章。

第三部分为钢管混凝土结构。根据新发布的《公路钢结构桥梁设计规范》(JTG D64 2015)和《公路钢筋混凝土及预应力混凝土结构设计规范》(JTG 3362—2018)的材料强度指标重新调整了钢管混凝土的组合强度指标;在介绍钢管混凝土结构基本原理的基础上,基于新发布的《公路钢管混凝土拱桥设计规范》(JTG/T D65-06—2015)、《钢管混凝土拱桥技术规范》(GB 50923—2013)及《钢管混凝土结构技术规范》(GB 50936—2014),增加了基本构件的设计方法。新增第十四章"钢管混凝土拱桥的设计要点",介绍了钢管混凝土拱桥设计中关于整体稳定、应力计算、刚度取值的基本方法以及其他设计要点。同时,根据新的组合材料设计指标修编了计算示例。

相比《桥梁钢—混凝土组合结构设计原理》(第一版),教材第二版在介绍基本原理的基础上,加强了对相关设计规范方法的理解,增加了例题的数量,旨在通过本课程的学习,使学生对桥梁工程中遇到的上述三种组合结构的基本原理、设计方法、构造形式以及施工要点有一个较全面的理解和掌握,具备从事这类桥梁结构设计和施工的能力,并为从事相关研究工作奠定理论基础。

本课程的学习仍以材料力学、结构力学、建筑材料、结构设计原理和桥梁工程等先修课程为基础。第二版教材可以作为土木工程专业、道路桥梁与渡河工程专业桥梁方向本科生和桥梁与隧道工程专业研究生的教材或参考书,亦可以作为桥梁工程师进行组合结构桥梁设计的参考书。

本教材主要由东南大学黄侨教授编写,杨明副教授、荣学亮博士后、任远博士参与了部分编写工作。在教材算例及图表的编制过程中,陈卓异、马文刚、万世成、汪炳、郭赵元、赵丹阳和徐轶昀等研究生参与了部分算例计算和图表的制作。本教材由重庆交通大学周志祥教授主审。

由于作者水平有限,对新发布规范的理解可能不准确,教材中难免会有错误存在,敬请读者批评指正,并将意见寄东南大学交通学院桥梁与隧道工程研究所。

编　者
2017 年 12 月

第一版前言

在现代桥梁工程中,继钢筋混凝土结构、预应力混凝土结构、钢结构以及砖石混凝土结构之后,钢—混凝土组合结构已成为第五大类结构。尽管公路桥梁设计规范中尚未给出这些结构的设计条款,但由于它们在桥梁工程中具有诸多明显优点,已得到了较为广泛的应用。近年来,在桥梁结构中应用较多的组合结构主要有三种:钢—混凝土组合结构、预弯组合结构和钢管混凝土结构。本教材主要对这三种组合结构的基本概念、构造形式、设计原理和施工要点进行较为系统性的介绍。全书分为3部分,共计11章,用于课堂教学大约需要40学时。

第一部分为钢—混凝土组合梁结构,主要介绍钢—混凝土组合梁的发展历程、力学特性、基本概念、构造特点;并对简支钢—混凝土组合梁桥截面设计的基本方法,即弹性方法和塑性方法,温度和徐变、收缩的计算方法进行了较详细的介绍。在钢—混凝土组合梁中,抗剪连接件是一重要的连接部件,书中单列一章,对抗剪连接件的试验研究、弹性和塑性设计方法及构造形式做了较详细的论述。除此之外,针对近年来出现的钢—混凝土组合连续梁桥的受力特性、计算要点以及相关的施工技术措施进行了简要的介绍。同时也给出了主要验算内容的计算示例。

第二部分为预弯组合梁结构,主要介绍了预弯组合梁的发展历史,力学特性,基本概念及构造特点。对于预弯组合梁桥的各种设计方法做了初步的介绍,对以日本《预弯组合梁桥设计与施工指南》为基础的传统的预弯组合梁的弹性应力和挠度的分析方法做了较为详尽的介绍。此外,根据作者多年的研究成果,给出了预弯组合梁的极限强度设计方法以及抗剪连接件的计算要点,并对施工控制方法及要点进行了较详尽的论述。同时还给出了预弯组合梁桥单片主梁的计算示例。

第三部分为钢管混凝土结构,首先介绍了钢管混凝土结构的发展及其在桥梁工程中的应用,结构的基本概念和复杂受力条件下钢管和混凝土的力学特性。其次介绍了试验中发现的一些钢管混凝土的受力特征及其强度设计准则。介绍了合成法确定钢管混凝土强度指标的原理和方法,并指出了影响强度指标的主要因素。按照建筑结构规范、现行及即将发布的桥梁结构规范的强度指标给出了钢管混凝土结构的部分组合强度指标,可供教学及工程设计参考。最终以合成法为基础介绍了钢管混凝土基本构件的计算方法,其中包括压、拉、弯以及偏心受压构件的强度和稳定性的计算方法,并给出了相关的计算示例。

通过上述三部分的介绍,使学生对桥梁工程中遇到的常用组合结构的设计原理、构造形式以及施工要点有一个较全面的理解和掌握,能够胜任这类结构的设计和施工工作,并为从事进一步的研究工作奠定理论基础。

本课程的学习应以材料力学、结构力学、建筑材料、结构设计原理和桥梁工程等课程为基础。教材中原理部分主要参考建筑结构设计规范和现行及即将发布的公路桥梁结构设计规范的相关材料强度指标和设计要求,并结合桥梁结构的构造和受力特点进行讲解。本教材可以作为桥梁工程专业(方向)的本科生和研究生的教材或参考教材,亦可以作为桥梁工程师进行桥梁组合结构设计、计算的参考书。

本教材主要由哈尔滨工业大学黄侨教授编写,杨明为教材编制了全部计算示例。在教材编写过程中参加工作的还有吴红林、杨大伟、张连振、张海龙和鞠秀颖等同事。本教材由重庆交通学院周志祥教授主审。哈尔滨工业大学张树仁教授和钟善桐教授对教材的编写提出了宝贵的意见,在此一并感谢。

由于作者编写水平有限,教材中难免会有错误存在,敬请读者批评指正,并将意见寄哈尔滨工业大学交通科学与工程学院桥梁工程系。

编 者

2003 年 7 月

目录

概　述

　　桥梁组合结构设计是道路桥梁与渡河工程专业桥梁工程方向和土木工程专业桥梁工程方向的一门专业技术基础课或专业课，其先修课程应包括材料力学、建筑材料、结构力学、结构设计原理及桥梁工程等。组合结构是继钢筋混凝土结构、预应力混凝土结构、钢结构以及砖石混凝土结构之后的第五大类结构形式。钢—混凝土组合结构是在钢筋混凝土结构和钢结构的基础上发展起来的新型结构，但与前两者相比，它具有独特的力学性能和计算方法。

　　我国公路桥梁的主要建筑材料已从过去以木材、石材、水泥、混凝土和钢筋为主，发展到今天的高强混凝土、高强钢材以及复合材料的历史阶段。建筑材料的变化必然带来桥梁结构的演变，桥梁结构已从过去的木结构、圬工结构、钢筋混凝土结构、预应力混凝土结构为主发展到大力推广钢结构及组合结构的阶段；桥梁结构形式也从过去以简支梁桥和圬工拱桥为主的年代发展到连续梁桥、连续刚构桥、斜拉桥、悬索桥以及其他组合体系桥梁百花齐放的今天。

　　随着我国桥梁工程行业的发展，尤其在 20 世纪 80 年代之后，钢管混凝土拱桥、钢—混凝土组合梁桥以及预弯组合梁桥等新型组合结构桥梁不断出现，发展迅速。对于这些新型结构的设计，除了需要数学、力学和计算机知识之外，更需要相关的结构知识。在编写《桥梁钢—混凝土组合结构设计原理》（第一版）教材时，我国只有几本建筑结构行业关于组合结构桥梁的设计、施工规范，例如《钢管混凝土结构设计与施工规程》（JCJ 01—1989），《钢管混凝土结构设计与施工规程》（CECS 28—1990），《钢—混凝土组合结构设计规程》（DL/T 5085—

1999),《电弧螺柱焊用圆柱头栓钉》(GB/T 10433—2002),《栓钉焊接技术规程》(CECS 226—2007)等。早期组合结构桥梁的设计与建造受益于上述结构工程的设计规范,并没有交通行业自己的相关规范和规程。因此,第一版教材只能基于组合结构的基本原理而编写;而本教材(第二版)则将基本原理与新近颁布的设计规范相结合,既讲授组合结构的基本原理,又介绍相关行业规范中的设计方法。

为便于课程学习和理解,首先介绍几个基本概念。

组合结构通常是指在构件横断面上由不同材料(混凝土、钢材或其他材料)组合并能共同受力的结构。

混合结构通常是指在结构的轴线方向上(或纵向)由钢构件和混凝土构件有效结合共同受力的结构。

组合体系则是指由不同桥型结构(例如梁、拱、斜拉、悬索等)组合而成的桥梁结构体系。

本教材介绍的对象为钢—混凝土组合结构。钢—混凝土组合结构可定义为:用型钢或钢板焊接(或冷压)而成的钢截面,在其上面、四周或内部浇筑混凝土,使混凝土与型钢形成整体并共同受力的结构,统称为钢—混凝土组合结构,或简称组合结构。

目前国内外常用的钢—混凝土组合结构主要有以下七种类型:

1. 压型钢板与混凝土组合楼板

利用锻压成形的钢板铺设在钢梁上(或次梁上),通过连接件(或称剪力连接键)和钢(次)梁的上翼缘焊接,以承担水平方向的剪力。然后在压型钢板上浇筑混凝土形成组合结构。如图0-0-1所示。压型钢板可以当作模板并承担施工荷载;混凝土硬化后钢板兼作钢筋以承担截面上的拉应力。

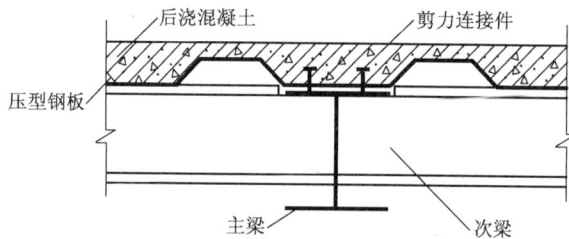

图0-0-1　压型钢板与混凝土组合楼板

20世纪60年代之后,这种结构在欧美、日本等国的高层建筑中开始出现。我国在80年代后由原冶金工业部冶金建筑研究总院开始对这种结构进行研究,主要用于高层建筑结构的楼板。这种结构可有效降低各层楼板厚度,节约层高,增加建筑面积,进而带来经济效益。

2. 钢—混凝土组合梁

由外露的钢梁与混凝土面板形成的组合结构,即钢—混凝土组合梁。在混凝土板和钢梁之间设置剪力连接件,以保证在使用荷载作用下混凝土板与钢梁共同受力,共同变形。如图0-0-2所示。

钢—混凝土组合梁最早出现于美国,并于1944年引入美国州际公路协会(ASSHO)的《公路桥梁设计规范》。德国在1945年也制定了《桥梁组合梁》(DIN 1078)规范,并逐步在房屋建筑结构中使用。我国受钢产量的限制,在钢—混凝土组合梁领域发展较慢。但在1957年建成的武汉长江大桥的上层公路桥就已采用了这种结构。我国钢—混凝土组合梁的研究工作起步于

20 世纪 80 年代,最初用于房屋及厂房结构,90 年代后开始用于城市立交桥的主体结构。

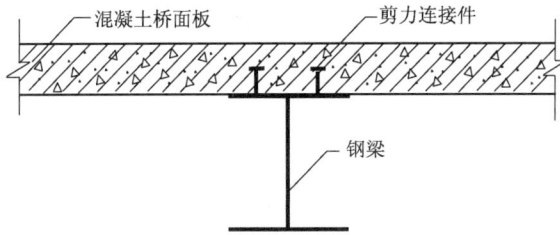

图 0-0-2　钢—混凝土组合梁断面

3. 型钢混凝土结构

由混凝土包裹型钢做成的组合结构叫作型钢混凝土结构。其特征是钢完全由混凝土包裹,防腐性能良好。英、美等欧洲国家称之为混凝土包钢结构;日本称之为钢骨钢筋混凝土结构;俄罗斯和我国称之为劲性钢筋混凝土结构,如图 0-0-3 所示。其特征是钢完全由混凝土包裹,防腐、防火性能良好。

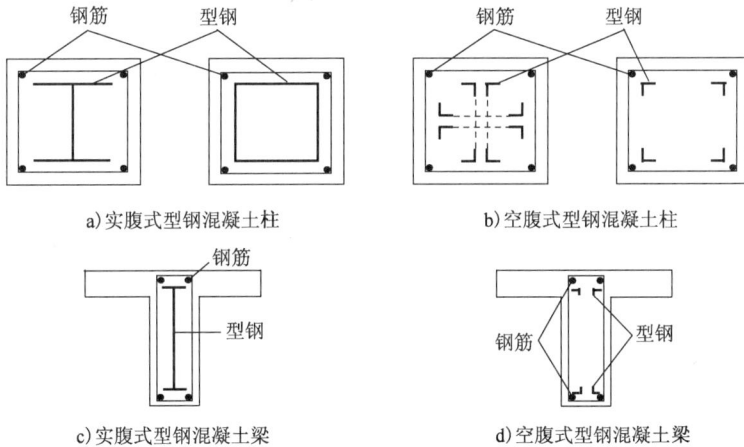

a)实腹式型钢混凝土柱　　　　　b)空腹式型钢混凝土柱

c)实腹式型钢混凝土梁　　　　　d)空腹式型钢混凝土梁

图 0-0-3　型钢混凝土构件截面

型钢混凝土中的型钢可以采用轧制型钢,也可采用焊接型钢,同时还可以配合使用钢筋和钢箍,主要用于工业厂房及房屋结构。

4. 钢管混凝土结构

钢管混凝土结构是由普通混凝土填入薄壁钢管内而形成的组合结构。这种结构借助内填混凝土增强钢管壁的稳定性,借助钢管对核心混凝土的约束作用,使核心混凝土处于三向受压状态,从而使得核心混凝土具有更高的抗压强度和抗变形能力,如图 0-0-4 所示。

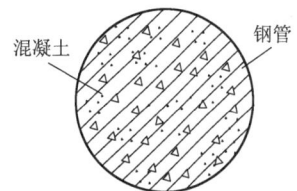

在钢管混凝土结构中,钢管具有如下功能:

(1)钢管本身是耐侧压的模板。

(2)钢管本身可代替钢筋承担拉力或压力。

(3)钢管本身是劲性承重骨架。

(4)钢管可以提高核心混凝土的抗压强度。

图 0-0-4　钢管混凝土柱截面

钢管混凝土柱已有 90 多年的历史,最初用于房屋建筑结构。20 世纪 30 年代末期在前苏联开始用于公路及铁路拱桥的主拱肋结构。60 年代前后在西欧、北美和日本等发达国家开始广泛应用。我国在 60 年代初期才开始研究钢管混凝土结构,80 年代开始用于建筑、冶金、电力和桥梁工程中。进入 90 年代后,钢管混凝土结构在拱桥中开始大量应用,不仅收到了良好的美学效果,还具有较好的经济效益。

5. 外包钢混凝土结构

外包钢混凝土结构是外部配置型钢的混凝土结构。它是为克服装配式钢筋混凝土构件运输、安装时边角混凝土易破损的缺点而发展起来的新型结构形式,如图 0-0-5 所示。

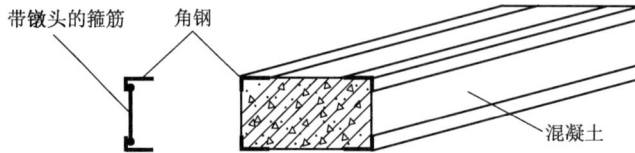

图 0-0-5 外包钢混凝土梁

这种结构的受力主筋由角钢代替,并设置于杆件截面的四个角上,横向箍筋与角钢焊接成骨架。为满足对箍筋的保护要求,可将箍筋两端镦成球状再与角钢内侧焊接。

前苏联在 20 世纪 60~70 年代对外包钢混凝土结构进行了系统性的研究。我国从 70 年代后期开始研究外包钢混凝土结构,目前这种结构主要用于水利、电力系统的结构工程中。

6. 预弯组合梁结构

预弯组合梁是利用配置在混凝土里的钢梁的自身变形,对混凝土施加预应力的型钢混凝土结构。预弯组合梁由预弯曲的工字形钢梁和一、二期混凝土组成,亦简称预弯梁。它具有钢结构、钢筋混凝土结构以及预应力混凝土结构的特点,其截面组成如图 0-0-6 所示。

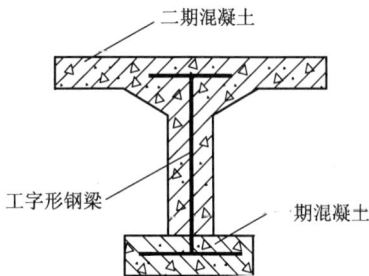

图 0-0-6 预弯组合梁截面形

预弯组合梁的概念最早在 20 世纪 40 年代的比利时出现。60 年代日本开始研究预弯组合梁,80 年代大量用于桥梁结构,并申请了专利。目前在欧、美及日本等国均有专门从事预弯梁生产的公司。我国从 80 年代开始研究预弯组合梁,并且已经建成了 12 座公路桥梁和 1 座铁路桥梁,均为简支结构,其最大简支跨径已达到 40m。目前,预弯组合梁在我国已建立规范体系,仍处于推广应用阶段的初期,前景看好。

7. 波形钢腹板组合结构

波形钢腹板组合结构是用波折形薄钢板代替混凝土梁中的腹板形成的一种新型组合梁结构,由混凝土顶板、底板、波形钢腹板及连接件组成,其截面形式如图 0-0-7 所示。

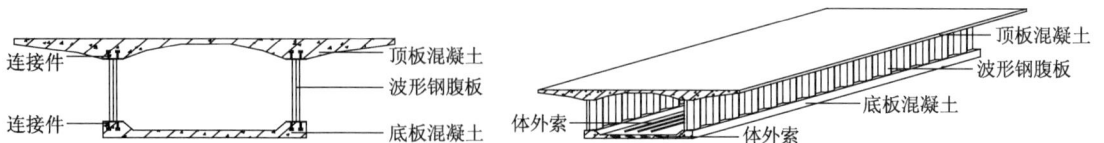

图 0-0-7 波形钢腹板箱梁截面

波形钢腹板组合梁具有重量轻、腹板稳定性好、跨越能力较大,并且能避免传统混凝土箱形梁腹板开裂等优点。波形钢腹板组合梁通常采用箱形截面,并可沿纵桥向配有体外或体内预应力钢束以保持上、下缘混凝土翼板始终处于受压状态,进而保证截面的抗弯刚度及承载能力。为加强上下缘混凝土翼板与波形钢腹板的连接,通常在上、下结合面上设置诸如开孔板连接件或栓钉连接件。

1986 年由法国 CB(Campenon Bernard)公司率先建成第一座预应力混凝土波形钢腹板组合箱梁结构的三跨连续梁桥,即 Congnac 桥。此后日本进行了相关技术的系统性研究,并在1996 年建成其第一座波形钢腹板预应力混凝土简支箱梁桥,即新开桥。我国在 20 世纪末引入波形钢腹板组合结构,2005 年建成了第一座波形钢腹板组合箱梁,即淮安长征人行桥。其后又相继建成了几十座波形钢腹板组合箱梁桥,其中还包括采用悬臂拼装和体外预应力施工技术的大跨径波形钢腹板连续箱梁桥,并在 2015 年建成了具有波形钢腹板的多跨矮塔斜拉桥。

近年来,我国钢铁产能剧增,桥梁工程对钢结构及组合结构的需求也快速增长,交通基础设施建设行业开始有了自己的相关规范。诸如《公路桥梁钢结构防腐涂装技术条件》(JT/T 722—2008),《公路钢管混凝土拱桥设计与施工指南》(2008)等。尤其是近五年内,《钢—混凝土组合桥梁设计规范》(GB 50917—2013),《钢管混凝土拱桥技术规范》(GB 50923—2013),《公路钢结构桥梁设计规范》(JTG D64—2015),《公路钢混组合桥梁设计与施工规范》(JTG/T D64-01—2015),《公路钢管混凝土拱桥设计规范》(JTG/T D65-06—2015),《预弯预应力组合梁桥设计规程》(CJJ/T 276—2018)等一批相关规范相继或即将问世。这些规范总结了改革开放前 20 年钢—混组合结构在桥梁工程中的经验和教训,同时也必将进一步推动作为第五大类结构的组合结构在桥梁工程中的应用。

本课程结合桥梁工程的特点,主要介绍桥梁工程中常用的钢—混凝土组合梁、预弯组合梁及钢管混凝土拱这三种组合结构的计算理论、原理和相关行业规范推荐的设计方法、构造特点、施工要点,以及在桥梁工程中的应用情况。

本课程设置的目的是为学生讲授组合结构的基本理论,引导学生掌握组合结构桥梁的设计方法及施工技术,拓宽学生视野,增加创新意识和能力,更好地适应未来的工作岗位,应对未来的技术挑战。

PART 1 | 第一部分
钢—混凝土组合
梁桥结构

第一章

钢—混凝土组合梁的一般概念及材料

第一节　发　展　概　况

钢—混凝土组合结构的基本概念大约出现在 20 世纪 20 年代,早期多以型钢外包混凝土结构和钢—混凝土叠合梁的形式出现。作为钢—混凝土组合结构最基本形式的组合梁在工程上的大量应用,还是 20 世纪 70 年代以后的事情。钢—混凝土组合梁的发展历史大致可划分为以下三个阶段。

一、创始阶段

最早出现的钢—混凝土组合结构主要是出于防火的需求。当时的做法是在钢梁外包裹混凝土,并未考虑两者之间的组合作用。在 20 世纪 20～30 年代,出现了钢梁与支承其上的混凝土板之间设置抗剪连接件的构造方式,1926 年,美国工程师 J. Kahn 获得组合梁的专利权。这段时间可以认为是组合梁的创始阶段。

二、发展阶段

20 世纪 40～60 年代可以认为是组合梁的发展阶段。在此期间,世界各国相继开展了试验研究,特别是针对组合梁的关键部件——抗剪连接件开展了系统研究。

1933 年,瑞士的 Voellmy 为研究连接件的工作性质,提出了压、拉试验方法,并针对他们采用的螺旋形连接件进行了强度计算。当时欧洲各国习惯于采用钩状和块状的具有较大刚性的连接件,美国则使用的是槽钢或螺栓(销钉)等柔性的连接件,并对此分别进行了深入、系统的研究。

从 1954 年开始,美国的伊利诺斯大学和里海大学等高校对当时应用最多的销钉连接件进行了静态试验和疲劳试验研究。有关连接件的研究成果促进了钢—混凝土组合梁的应用和发展。

为适应实际工程的需要,许多国家相继制定了有关组合梁的设计规范或规程:

(1)美国是最早制定组合梁设计规范的国家。1944 年美国州际公路协会(ASSHTO)制定的《公路桥涵设计规范》已纳入了组合梁的有关规定,但在 1957 年修订之前,实际使用得并不多。

(2)德国在 1945 年就颁布了相关的设计规范,早期应用也不多。1954 年以后,第二次世界大战后的德国急需重建战争中毁坏的大量房屋和桥梁,由于钢材短缺,迫使工程师们思考如何采用最经济的设计,因而大量采用了组合梁结构。在实践的基础上,于 1954 年制定了《桥梁组合梁标准》(DIN 1078),1956 年制定了《房屋建筑组合梁标准》(DIN 4239)。

(3)前苏联第一座公路组合梁桥建于 1944 年。1962 年颁布的《苏联铁路、公路、城市道路桥涵设计技术规范》(CH 200—62)中,专门列出一章系统介绍了"钢—混凝土结合的结构"(习惯上称结合梁)的设计和有关构造。

(4)日本建设省土木研究所于 1952 年开始进行组合梁的研究,1953 年建成了第一座组合梁桥(大阪市神户桥)。1959 年制定了《道路钢桥组合梁设计施工指南》,此后日本修建了大量的组合梁桥。

(5)英国于 1965 年制定了《钢—混凝土组合梁结构、房屋建筑中的简支梁》(CP117:ptl),1967 年制定了《钢—混凝土组合结构梁》(CP117:ptl)设计标准。

(6)印度标准协会于 1966 年制定了《组合结构设计规范》(IS:3955—1966)。

由此可见,世界各国关于组合梁的应用和研究起步的时间相差不多,而且多从桥梁结构开始。在这期间组合梁的设计理论也在逐渐完善。在 20 世纪 60 年代以前,组合梁结构基本上按弹性理论进行计算分析,而从 60 年代开始则逐步转为按塑性理论计算分析,或者两种计算理论并行。

三、联合开发应用阶段

自 20 世纪 70 年代开始,可以认为是组合梁发展的第三阶段。在世界一些主要产钢国家,60~70 年代建筑钢结构得到发展,并使得钢结构一直处于各类结构中的领先地位。然而,从 70 年代开始,当组合结构兴起之后,它的发展逐渐赶上钢结构,而且在一些领域能代替钢结构和钢筋混凝土结构。组合结构的发展趋势吸引了那些有远见的钢结构和钢筋混凝土结构专家把注意力转移到这方面来,并联手开展合作研究。早在 1960 年,美国钢结构协会和钢筋混凝土协会就联合组成 AISC-ACI 组合梁联合委员会开展工作。最值得注意的是,在国际土木工程师协会联合委员会的主持下,由欧洲混凝土协会(CEB)、欧洲钢结构协会(ECSS)、国际预应力混凝土联合会(FIP)以及国际桥梁与结构工程协会(IABSE)共同组成的组合结构委员会于 1971 年成立,并于 1981 年发表了《组合结构规范》,为组合结构的发展及应用作了肯定的总结,也提出了新的努力方向。自20世纪80年代之后,在欧洲、美国及日本等发达国家钢—混凝土组合结构得到了快速的发展,Eurocode 4(即 BS EN 1994),也将钢—混凝土组合结构单独列出。

我国组合梁应用的起步与世界其他国家相比并不算太晚。从20世纪50年代起,组合梁在交通、冶金、电力及煤矿等系统都有所应用。1957年建成的武汉长江大桥上层公路桥就已采用了组合梁结构(跨径18m,梁距1.8m);原铁道部还编制了钢筋混凝土板与钢梁联合梁的通用图(跨径达到44m)。原交通部1975年颁布的《公路桥涵设计规范》中亦有关于钢—混凝土组合梁的专门条款。

我国钢—混凝土组合梁的研究工作是从20世纪80年代开始的。原哈尔滨建筑工程学院、原郑州工学院,原建设部建筑科学研究院等高校、科研单位结合我国的实际情况对组合梁的性能进行了较为系统的研究,并在此基础上重新修订和编制了《钢结构设计规程》(GB J17—1988),《火力发电厂主厂房钢—混凝土组合结构设计暂行规定》(DLGJ)和《公路桥涵钢结构及木结构设计规范》(JTJ 025—1986)(以下简称《钢木桥规》)等规范。这些规范都将组合梁单独列为一章,并对有关设计和构造要求作出了一些规定。这些工作均为组合梁的推广应用提供了理论依据。

改革开放以来,组合梁在我国公路和城市桥梁建设中的应用取得了举世公认的进步。1992年12月建成通车的上海南浦大桥,主桥长846m,桥宽30.35m,主跨423m,是我国建成的第一座大跨径斜拉桥。其加劲梁采用了钢—混凝土组合梁结构,故又称为钢—混凝土组合梁斜拉桥,如图1-1-1所示。

图 1-1-1 主跨 425m 的上海南浦大桥

20世纪90年代,在北京、上海等城市的立交桥建设中,钢—混凝土组合梁桥由于其跨越能力大、桥型美观、抗震性能好以及施工速度快等优点,得到了广泛应用。先后建成了以北京航天立交桥(主跨73m)和阜城路立交桥(主跨64m)为代表的一批钢—混凝土组合连续梁桥,收到了较好的技术经济效益。

北京航天桥位于西三环路与阜成路的交叉处,1995年建成,该桥是主跨为73m的钢—混凝土变截面连续组合梁桥,是一座跨越城市主干道的大型互通式立交桥,如图1-1-2所示。

a)侧视图

b)仰视图

图 1-1-2 北京航天立交桥主跨

　　江苏省常州市京杭运河改线工程中的平陵大桥是当时国内首座大跨径钢箱—混凝土组合连续梁桥,主跨达到110m,2006年12月建成通车,目前仍保持着国内该类桥梁的跨径纪录。2009年10月建成通车的上海长江大桥的辅航道桥采用了7跨钢—混凝土组合连续梁桥,跨径组合为90m+5×105m+85m,如图1-1-3所示。

| a)主航道桥鸟瞰图 | b)辅航道桥组合梁的钢箱断面 |

图1-1-3　上海长江大桥主航道桥和辅航道桥

　　目前在建的港珠澳跨海大桥工程中,为加快施工速度,采用了整体安装架设、逐孔合龙技术,在浅水区非通航孔部分采用了6×85m一联和5×85m一联的钢—混凝土组合连续梁桥,其总长度超过5km。

　　2010年兰州七里河黄河大桥改建工程中,为利用既有的旧桥墩,减轻桥梁上部结构的重量,采用了7孔钢—混凝土组合简支梁桥,其跨径布置为30m+5×40m+30m,桥梁纵断面布置如图1-1-4所示。桥面宽度23m,横向布置为四箱单室断面,每个单箱底宽3.0m,箱间宽度2.5m,桥梁横断面布置如图1-1-5所示。

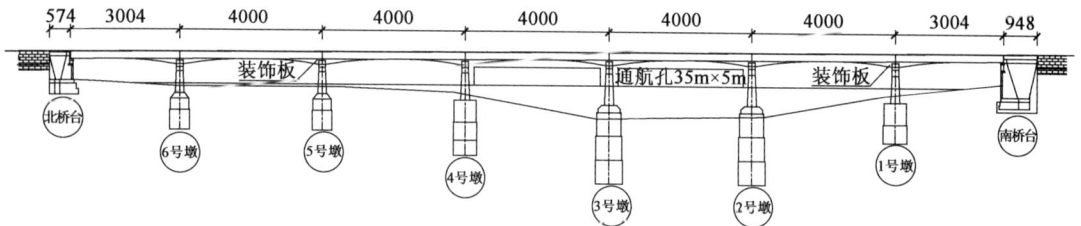

图1-1-4　兰州七里河黄河大桥立面图(尺寸单位:cm)

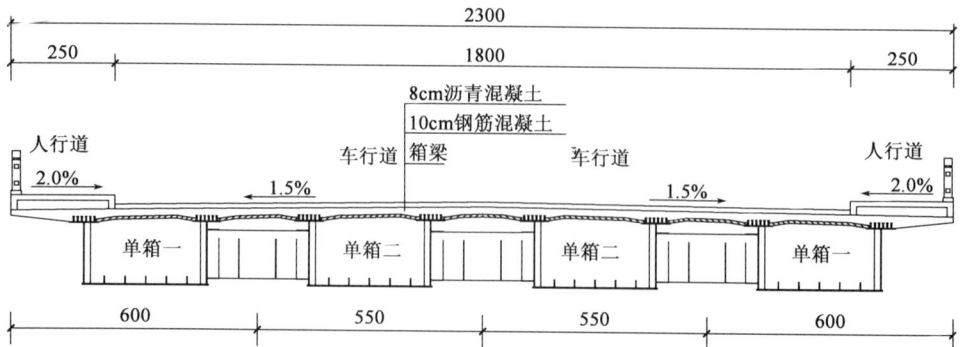

图1-1-5　兰州七里河黄河大桥横断面图(尺寸单位:cm)

兰州七里河黄河大桥主梁箱体为钢—混凝土组合结构,钢箱为开口箱体,每个箱体内设钢横隔板,间距4.5~5.0m。箱体间每7.25~9.75m设钢箱横梁,高度为1172mm,宽度为300mm。桥面板采用C50微膨胀混凝土(减小其收缩变形),现浇施工;桥面板下为8cm厚钢筋混凝土预制模板,桥面板与钢箱之间主要由抗剪连接件连成整体。建成后的兰州七里河黄河大桥如图1-1-6所示。

a)组合梁的桥面板施工

b)建立后的桥梁立面

图1-1-6 兰州七里河黄河大桥

从钢—混凝土组合梁桥在国内外的发展历史来看,与混凝土结构和钢结构相比,虽然该结构形式比较"年轻",但是发展十分迅速,在一些领域甚至有取代钢结构及钢筋混凝土结构的趋势。从实际应用情况来看,当主跨跨径小于110m时,钢—混凝土组合梁桥的竞争力十分强劲。这主要归功于在这种跨径范围内,该结构形式具有十分明显的技术优势和经济效益,兼具钢桥和混凝土桥梁的优点,具体包括以下几个方面:

(1)技术优点明显:兼具两种桥梁的技术优势。与钢梁桥相比,其刚度大,稳定性好,抗震性能好;与混凝土梁桥相比,钢梁位于受拉区,避免了混凝土开裂、跨中下挠等预应力混凝土桥梁的常见病害,耐久性好。

(2)施工迅速、便捷:钢梁可以作为施工时的临时模板,不需要搭立支架。跨线桥或立交桥施工时可不中断桥下交通,施工简单;钢梁和混凝土板均可以采用预制块段,栓钉连接件采用自动焊接技术,施工快速、设备简单。

(3)经济效益好:钢—混凝土组合梁桥由于其高性能的优点,在某些跨径范围内甚至比预应力混凝土梁桥更具有经济优势。根据法国在2000年统计的不同跨径范围内组合梁桥与预应力梁桥在桥梁上部结构成本方面的对比可以看出,在40~80m的范围内,钢—混凝土组合梁桥的综合成本更低。

(4)社会效益好:与钢桥相比,钢—混凝土组合梁桥行车时的噪声明显减小,对城市的环境影响小;与混凝土桥梁相比,组合梁桥在建设阶段以及将来的回收利用方面,符合可持续性发展的要求。而且组合梁桥建筑高度较小,结构轻盈,与周围环境和谐,能够满足桥梁美观要求。

(5)造型美观:与传统的混凝土梁桥相比,材料质感不同,造型简洁,刚劲有力,尤其是连续梁桥,可获得线形和质感两方面的美感。

截至2010年的不完全统计,我国在公路及城市道路中建成的钢—混凝土组合梁桥已有百余座,参见表1-1-1。上述工程也为扩大钢—混凝土组合梁桥在公路及城市桥梁工程中的应用范围积累了宝贵的经验。

我国钢—混凝土组合桥梁的部分应用实例　　　　　　　表 1-1-1

分类	桥 梁 名	地 理 位 置	桥 型	建成年代(年)	跨径组合
公路干线桥	平陵大桥	江苏常州	三跨连续梁桥	2006	71m+110m+71m
	丹徒互通主线桥	江苏润扬线	三跨连续梁桥	2004	30m+56m+30m
	亳州枢纽跨线桥	安徽亳州	四跨连续梁桥	2004	28m+40m+37.87m+26m
	上海长江大桥辅航道桥	上海	七跨连续梁桥	2009	85m+5×105m+90m
	跨济青高速公路立交桥	山东潍坊	三跨连续梁桥	2006	66m+96m+66m
	跨津浦铁路桥	天津	三跨连续梁桥	2006	40m+60m+40m
	甘刘立交桥	河南漯平	三跨连续梁桥	2004	30m+44m+30m
	大广高速公路二莫互通立交	吉林松原	四跨连续曲梁桥	2010	32m+43m+43m+32m
	另有京密线引水渠桥、山西忻阜高速公路某桥(在建)、北京绕城路邓庄立交桥、湖南长沙市东风路高架桥、东海大桥辅航道桥,江苏淮阴 1 号桥等				
斜拉桥、拱桥	淮阴 1 号桥	江苏淮阴	组合梁斜拉桥	1991	主跨90m
	灌河大桥	江苏响水	组合梁斜拉桥	2006	主跨340m
	南浦大桥	上海	组合梁斜拉桥	1991	主跨423m
	杨浦大桥	上海	组合梁斜拉桥	1993	主跨602m
	徐浦大桥	上海	组合梁斜拉桥	1997	主跨590m
	四方台大桥	哈尔滨	组合梁斜拉桥	2003	主跨334m
	东平大桥	广东佛山	钢桁拱桥	2006	主跨300m
	另有福建青州岷江大桥、汀九桥、阳光高架公路桥、福州光明港钢—混组合连续梁桥斜拉桥、东海大桥主桥等				
城市道路桥及立交桥	通榆河大桥	江苏盐城	单箱双室简支梁	2009	60m
	北京朝阳桥	北京	连续梁桥	1992	44m+64m+44m
	阜成路立交桥	北京	连续梁桥	1994	44m+64m+44m
	北运河大桥	天津	变截面连续梁桥	2004	40m+60m+40m
	琵琶王立交桥	湖南岳阳	连续梁桥	1999	28m+40m+28m
	民族大道立交桥	广西南宁	四跨连续梁桥	2004	30m+45m+28m+28m
	另有北京 50 多座桥(国贸桥、航天桥、苏州桥、积水潭桥等)、大庆市团结路立交桥、上海市中山北路高架桥、南宁市竹溪大道立交桥、深圳彩虹大桥、广州内环路匝道桥、东莞大道立交桥等				

　　交通运输部新近颁布的《公路钢结构桥梁设计规范》(JTG/T D64—2015)(以下简称《钢桥规》)将钢—混凝土组合梁单独成章,并作为公路钢桥的一部分。交通运输部发布的《公路钢混组合桥梁设计与施工规范》(JTG/T D64-01—2015)(以下简称《组桥设施规范》)及住房和城乡建设部新发布的《钢—混凝土组合桥梁设计规范》(GB 50917—2013)(以下简称《组桥设计规范》)总结了我国过去近 30 年钢—混凝土组合桥梁建设的经验和教训,提出了钢—混凝土组合梁桥设计、施工的技术指标和控制条件。这些新规范的颁布无疑将会推动钢—混凝土组合梁桥在我国的进一步发展。

　　综上所述,虽然与其他桥型结构相比,钢—混凝土组合梁桥在我国数量仍不算多,但随着科学研究工作的深入开展,设计规范、规程的逐步完善,以及我国钢产量的不断增加和人们对钢—混凝土组合结构优越性的认识不断提高,钢—混凝土组合梁结构将会在我国的桥梁工程建设中发挥更重要的作用。

第二节　钢—混凝土组合梁的基本概念

一、钢—混凝土组合梁的定义

钢—混凝土组合梁是由外露的钢梁截面或钢桁梁截面通过连接件(或称剪力连接件)与钢筋混凝土桥面板结合而形成整体的组合结构。

对于简支梁桥而言,位于钢梁上部的混凝土板兼做桥面板并主要承担由弯矩引起的纵向压应力,而下部的钢梁则主要承受拉应力。两种材料扬长避短、各尽所能、协同工作,充分发挥不同性质两种材料的优势,与传统的混凝土结构桥梁及钢结构桥梁相比,具有更好的技术优势和经济效益。

如图1-2-1所示,可按照组成钢梁形式的不同,将钢—混凝土组合梁桥分成钢板梁—混凝土组合梁、钢箱梁—混凝土组合梁与钢桁架—混凝土组合梁。按照混凝土板结构形式的不同,又可以分成钢筋混凝土组合梁桥和预应力混凝土组合梁桥。

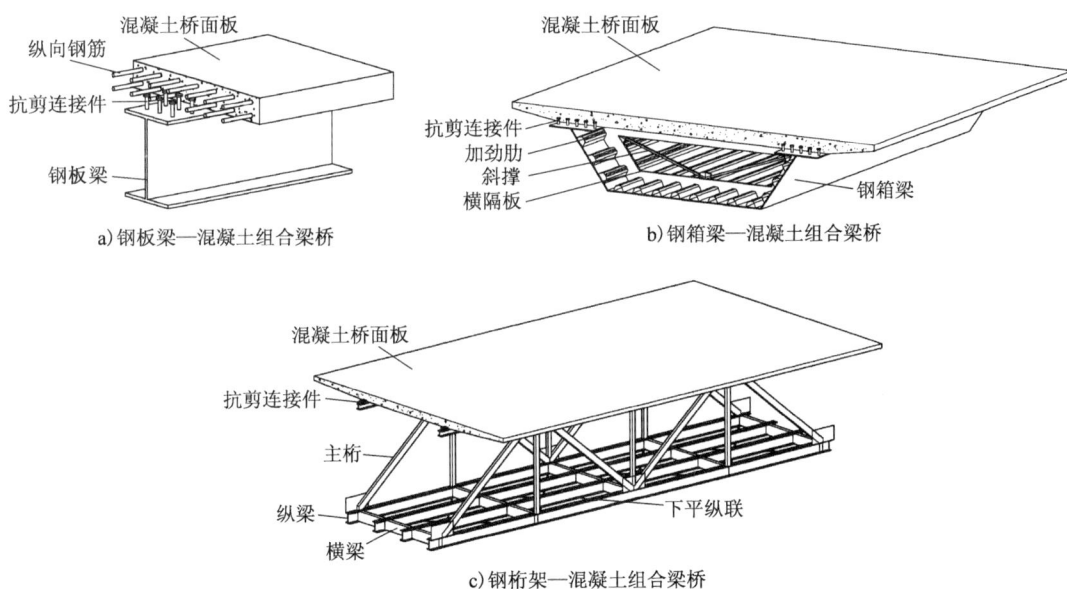

a)钢板梁—混凝土组合梁桥

b)钢箱梁—混凝土组合梁桥

c)钢桁架—混凝土组合梁桥

图1-2-1　钢—混凝土组合梁桥的结构形式及类型

早期钢板梁—混凝土组合梁桥在我国有些应用,但受结构跨径的限制,目前应用较少;钢箱梁—混凝土组合梁桥使用得较多,尤其是在城市桥梁工程及大型立交枢纽工程中。钢板梁—混凝土组合梁桥也有由多梁式向双梁式发展的趋势。在钢—混凝土组合连续梁桥中,通常还会考虑采用预应力混凝土组合梁结构。对于桥梁跨径较大或公铁两用的桥梁,钢桁架—混凝土组合梁桥则颇具竞争力。

近些年新出现的公路钢桁梁—混凝土组合梁桥的发展趋势是将钢箱梁的腹板和底板以钢桁架代替,或将钢腹板用钢桁架代替,而钢底板则用混凝土底板代替。这样的布局对于大跨径及特大跨径桥梁,可增加主梁结构的横向通透性,提高结构抗风性能;对于中等跨径的城市桥梁,采用钢桁梁取代钢箱梁既增加了结构的通透感,又可减轻自重、提高桥梁的美学效果。与传统的钢—混组合梁桥相比,钢桁梁—混凝土组合梁桥的梁高会有显著的增加,而且钢结构加工及施工安装的技术要求也会明显提高。

本书中的钢—混凝土组合梁桥主要针对目前公路桥梁及城市桥梁工程中采用较多的钢板梁—混凝土组合梁桥和钢箱梁—混凝土组合梁桥,并结合桥梁工程设计的基本原理、构造特点、材料特性及施工中的关键技术等问题进行介绍。

二、结构的组合作用

图 1-2-2a)所示是非组合的一般钢筋混凝土板和钢梁的结构体系。其中钢筋混凝土板的主要功能是直接承受集中(车轮)荷载并承担横向的弯矩作用;而其下面的钢梁则是作为板的支承结构,承受纵向弯矩作用。钢梁受力后产生弯曲变形,钢筋混凝土板与钢梁之间产生相对滑移和掀起现象,称为叠合梁。叠合梁的截面上有两个重心(或中性)轴,即混凝土板和钢梁各自发生弯曲变形,如图 1-2-2b)所示。这时截面上作用的弯矩将等于钢筋混凝土板和钢梁各自承受的弯矩之和 $M_c + M_s$,参见图 1-2-2c)。

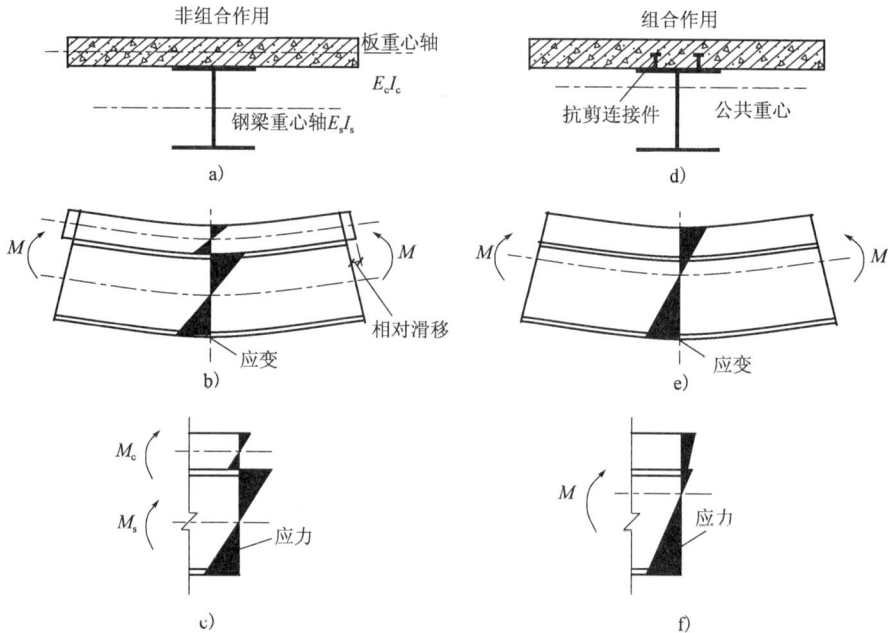

图 1-2-2　梁的组合作用

由于混凝土板绕其自身重心轴的截面刚度 $E_c I_c$ 通常远小于钢梁绕其自身重心轴的截面刚度 $E_s I_s$,若按两部分截面刚度的比例分配弯矩的原则,M_c 与 M_s 相比可忽略不计。即可近似认为全部弯矩由钢梁单独承担,于是钢筋混凝土板对钢梁而言只是传递板自身的重量,并支承和传递外部荷载。

在相同的条件下,如果在混凝土板与钢梁之间设置若干个连接件,如图 1-2-2d)所示,以抵抗它们之间的相对滑移和掀起,则在弯矩作用下,截面上的应变沿梁高方向的变化将接近于平截面假定,如图 1-2-2e)所示。于是,钢筋混凝土板和钢梁就组成一个具有公共重心轴(或中性轴)的组合截面。在这个组合截面上,钢筋混凝土板除承受横向弯曲外,可以看作翼板,并作为组合截面的受压区,如图 1-2-2f)所示。显然,组合截面的力学特性比非组合截面的几何特性和力学性能大有改善,因而组合梁的截面抗弯承载能力和抗弯刚度将明显大于叠合梁。

三、钢—混凝土组合梁的特点

与钢梁和配筋混凝土梁相比,钢—混凝土组合梁(或简称组合梁)具有以下特点:

(1)充分发挥了钢材和混凝土材料各自的材料特性。

(2)节省材料。由于混凝土板与钢梁共同工作,钢—混凝土组合梁与钢板梁相比可节省 20%~40%的钢材用量。

(3)增大了梁的截面刚度。由于混凝土翼板参与工作,组合梁的计算截面比钢板梁大,可使主梁刚度增加,其挠度可减少 20%左右。

(4)组合梁的混凝土受压翼板增加了梁的横向刚度,能防止主梁在使用荷载作用下的扭曲失稳。由于混凝土翼板的作用,截面重心提高,钢梁腹板大部分处于受拉区,可避免钢梁腹板发生局部失稳。

(5)组合梁可利用安装好的钢梁作支撑,现场浇混凝土桥面板,节省施工用的材料,并加快施工速度。

(6)组合梁的自重远小于钢筋混凝土梁或预应力混凝土梁,因此可增加桥梁的跨越能力,结构的耐久性明显提高。

(7)组合梁桥在活载作用下的噪声比全钢梁桥明显减小,因而在城市中采用钢—混凝土组合梁桥可以减少噪声污染,有利于环保。

(8)由于钢梁可以在工厂制造,其加工质量易于保证,现场的钢筋和混凝土施工工作量小,施工快捷,便于质量控制。

(9)在钢—混凝土组合梁中,钢梁是结构主体且可再生。一旦结构使用寿命到期,结构拆除产生的固体垃圾少,废钢资源易于回收。因此,从可持续发展角度看,它与混凝土结构相比也具有明显的优势。

第三节 钢—混凝土组合梁桥的构造特点

钢—混凝土组合梁由钢梁、混凝土桥面板和连接件(亦称为剪力连接件)三个主要部分构成,如图 1-1-9 所示。以下分别对各部分的构造特点加以介绍。

一、钢梁

钢梁在组合梁中主要承受拉力,为充分发挥钢梁的效能,常用的截面形式为工字形和箱形。

1.工字形钢梁

钢—混凝土组合梁可直接采用钢厂生产的热轧工字形型钢作钢梁,现场加工简单,施工安装方便。目前我国生产的最大型号的工字型钢为 I_{63},且供货不多。钢板梁采用工字型钢时,由于其自身截面尺寸小,承载能力有限,故一般只用于房屋建筑的中、小跨径组合梁,如图 1-3-1a)所示。

桥梁工程所采用的钢—混凝土组合梁,由于跨径较大,其工字形钢梁一般采用钢板焊接而成的钢板梁。为充分发挥钢材的作用,常采用下翼缘加宽的非对称工字形截面的钢板梁,如图1-3-1b)所示。在拼接钢板梁时,应尽可能采用三块钢板焊接而成。当设计板厚不能用其他方法满足时,可采用外贴钢板的方式处理,如图1-3-1c)所示。外贴钢板原则上宜采用一块钢板。当组合梁的跨径不大时,为节省钢材也可设计成倒T形的钢梁,如图1-3-1d)所示。

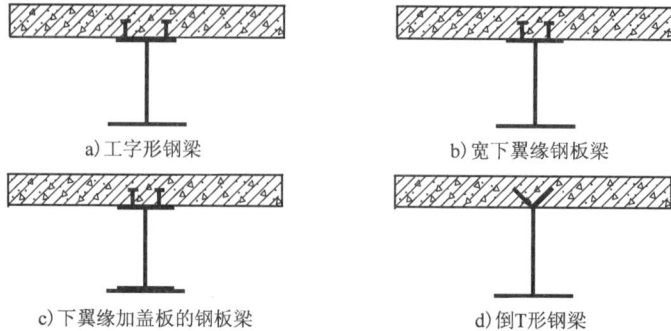

图1-3-1 常用的工字钢梁截面

有关钢板梁的其他构造要求,可以参照《钢桥规》(JTG D64—2015)处理。

2. 钢箱梁

对于大跨径的钢—混凝土组合梁桥,多采用钢箱梁的截面形式,故又称为箱形组合梁桥。箱形组合梁的抗扭刚度大,特别适合于建造直线或曲线梁桥。在纵桥方向,箱形组合梁桥多做成连续结构。例如位于北京市的航天桥、朝阳桥以及广州的东山口立交桥等,均采用了多跨连续的箱形组合梁桥。箱形组合梁桥的常用截面形式见图1-3-2。在图1-3-2a)的基础上亦可变化出斜腹板或多箱多室、单箱多室钢箱梁等多种组合截面形式。

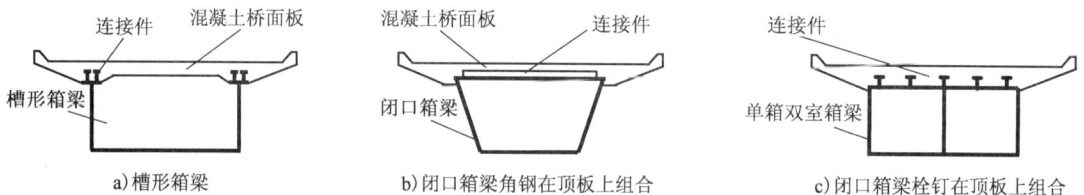

图1-3-2 组合箱梁桥的截面形式

钢箱梁可分为开口的槽形钢箱梁[图1-3-2a)]和闭口钢箱梁[图1-3 2b)、图1-3-2c)],两者的差别在于箱梁是否具有钢顶板。对于槽形钢箱梁,其闭口截面是借助于混凝土桥面板形成的,这样做可以简化构造、节约钢材,但其箱室较宽时会引起较大的横向弯曲,这将导致桥面板厚度增加,并使得连接件的受力状态因拉拔力增大而变得不利。在此情况下,可在箱内增加横隔板、斜向钢支撑;亦可在箱槽内增加纵向腹板,变成单箱多室断面以减小混凝土桥面板的厚度。

二、混凝土桥面板

用于桥梁结构的组合梁,支承于钢梁顶面的混凝土板除作为组合梁的上翼缘与钢梁共同承担纵向弯矩之外,同时也作为桥面板承担由车轮荷载引起的纵、横桥方向的桥面板弯矩。桥面板通常采用钢筋混凝土板,且尽可能沿横桥方向或纵桥方向布置成单向板,必要时也可布置成双向板或悬臂板。当混凝土桥面板的跨径较大或在负弯矩区参与钢梁整体受力时,亦可施加预应力。混凝土桥面板的构造要求和设计问题可以参照《公路钢筋混凝土及预应力混凝土桥涵设计规范》(JTG 3362—2018)(以下简称《混桥规》)中的有关方法,这里不再重复。

组合梁桥的翼板通常采用现浇混凝土板、装配式预制混凝土板和装配—整体式组合板(或称为混凝土叠合板)三种形式,以下分别加以介绍。

1.现浇混凝土板

现浇混凝土板的厚度视钢梁或纵向钢腹板的间距和横隔梁(板)的布置情况而定,通常取18~35cm为宜。混凝土桥面板过厚会增加桥梁结构的自重,过薄将增加桥面板的纵、横向配筋量。为适应桥面板所承受的横桥向弯矩的变化和设置连接件的需要,通常可在混凝土板与钢梁的支承边缘设置承托,如图1-3-3所示。施工中,混凝土桥面板与钢梁的组合作用只有在桥面板混凝土(或接缝混凝土)达到其设计强度的85%后方可予以考虑。

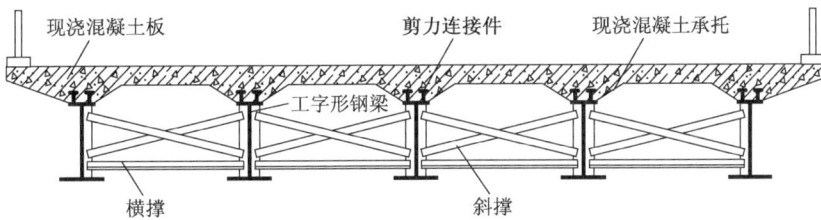

图1-3-3 现浇混凝土翼板

2.装配式预制混凝土板

组合梁桥中采用的预制混凝土翼板,通常垂直于桥梁纵向进行布置。对于多梁式结构的宽桥,布置在中间行车道部分的板可支承在两根相邻钢梁上缘的板端。在钢梁上翼缘顶面中间设置连接件(或簇钉)的部位,预留出10~30cm宽的混凝土现浇段。相邻板端伸出的横向钢筋应予以焊接或做成扣环接头。预制板端面混凝土应做凿毛处理,然后在预留空隙处浇筑高强度混凝土。通过连接件和相互连接的横向钢筋将预制混凝土板与钢梁连接成整体,如图1-3-4a)所示。

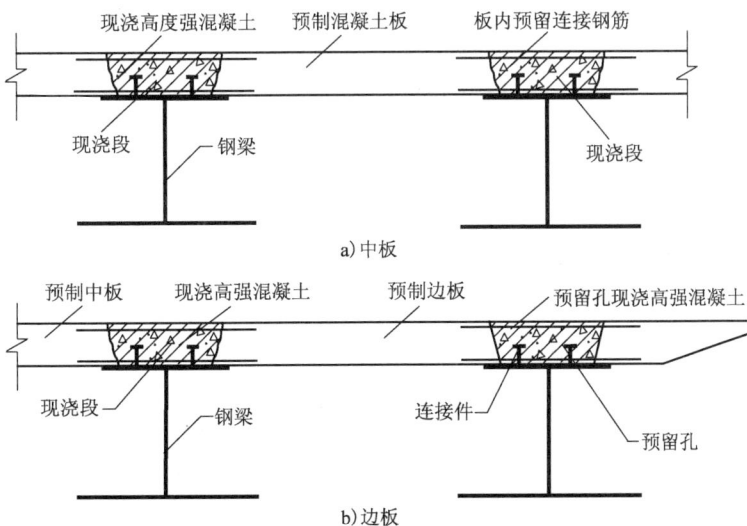

a)中板

b)边板

图1-3-4 预制混凝土板的连接

对于支承在边主梁上的悬臂板或横跨多根主梁支承的连续板,应按钢梁上翼缘顶面集中设置连接件的位置和尺寸要求,在板的相应位置设置预留孔。预留孔中的连接件宜采用刚性连接件(或簇钉)。预留孔宜做成由下向上扩大的锥形,参见图1-3-4b)。预留孔与连接件间的空隙应按如下情况考虑:在承压一边不宜小于5cm;其余边不宜小于3cm。在预留孔的角隅处,应设置抗剪构造钢筋,以免混凝土被挤碎。预制混凝土板安装就位后,向预留孔浇筑强度等级较高的小石子混凝土,将连接件埋入其中。为防止钢梁上翼缘锈蚀,在钢梁与混凝土板之间应做砂浆垫层。

预制混凝土桥面板沿顺桥方向的长度应根据横隔梁的间距和施工吊装能力,遵循方便施工和模数化的原则进行分块。在一般情况下,承受正弯矩作用的区段相邻板间的横缝可采用混凝土湿接缝连接。承受负弯矩区段处于受拉区的混凝土板,可采用后穿入的纵向预应力钢筋将各板块连接成整体,以减少混凝土横桥向开裂。

对于主梁间距较大的组合梁桥,若翼板采用钢筋混凝土板,翼板混凝土会因主梁或钢梁腹板的横向间距过大而开裂。为此可采用先张法预应力混凝土板作预制桥面板,以提高桥面板的抗裂性。混凝土预制板安装前宜存放6个月以上,以减小混凝土收缩、徐变带来的不利影响。

3. 装配—整体式组合板

装配—整体式组合板是以支承在各相邻钢梁或纵向钢腹板上翼缘板端的较薄的先张法预应力混凝土板(或压型钢板,或混凝土槽形板)兼作模板,然后在其上直接浇筑整体混凝土而形成组合混凝土板并作为桥面板,如图1-3-5所示。

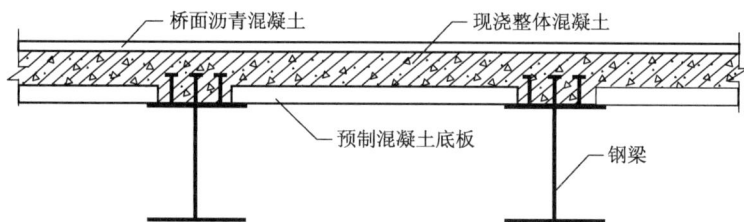

图 1-3-5 装配—整体式组合板

为加强新旧混凝土之间的黏结,作为模板的预制混凝土板的顶面可凿毛或做成凸凹不平的表面,在其上面设置竖向剪力钢筋,亦可在其表面涂抹有利于新旧混凝土黏结的界面剂。这种组合式桥面板构造简单,施工方便,整体混凝土可与桥面铺装层混凝土一起浇筑,结构的整体性良好,具有广泛的应用前景。

三、连接件

设在钢梁上翼缘顶面的连接件(或称为剪力连接件)是钢梁与混凝土翼板共同工作的基础。连接件的作用主要是承受钢梁和混凝土翼缘板之间结合面上的剪力,抵抗两者之间的相对滑移和掀起。可供组合梁桥使用的连接件的种类很多,从工作性能上可划分为刚性连接件和柔性连接件两大类。目前国内外采用较多的栓钉连接件属于柔性连接件的范畴;近些年兴起并开始使用的开孔板连接件(也称莱昂哈特连接件或PBL连接件)则属于刚性连接件。

连接件的数量及抗剪刚度决定了混凝土板与钢梁结合面上的连接刚度的大小和相对滑移量的多少。当结合面的连接刚度无限大时,结合面上无滑移,称之为完全组合梁;当结合面的连接刚度为零时,结合面上可自由滑移,称之为叠合梁。通常情况下,设置连接件的结合面的连接刚度不可能无限大,也不可能为零,因此常称之为不完全组合梁。

在钢—混凝土桥梁工程设计中,应尽量增大连接件的连接刚度,减小结合面的滑移量,使得组合截面的变形尽可能满足平截面假定,以充分利用钢梁和混凝土两种材料的力学特性,发挥两者的组合作用。在桥梁工程中的连接件用量相对较大,抗剪刚度较大,通常可以形成或更接近于完全组合梁。因此,有理由认为桥梁钢—混凝土组合梁计算时采用平截面假设是合理的。

连接件涉及的问题较多,本教材将另列一章,在第四章中专门介绍。

第四节　钢—混凝土组合梁桥的材料要求

钢—混凝土组合梁所用的材料主要是钢材、混凝土和连接件材料,而有关钢材和混凝土的力学特性在钢筋混凝土结构和钢结构中均有较为详尽的论述。交通运输部新发布的《组桥设施规范》(JTG/T D64-01—2015)及住建部新发布的《组桥设计规范》(GB 50917—2013)中关于采用的钢材、混凝土、钢筋和预应力钢筋的强度设计指标基本相同,均出自《钢桥规》(JTG D64—2015)和《混桥规》(JTG 3362—2018)。其中材料强度标准值取值具有95%的保证率,材料强度设计值取值是在材料强度标准值的基础上除以材料安全系数γ。材料安全系数的取值因材料而异:对于钢板,$\gamma_s = 1.25$;对于混凝土,$\gamma_c = 1.45$;对于普通钢筋和精轧螺纹钢,$\gamma_s = 1.2$;对于预应力钢绞线和钢丝,$\gamma_s = 1.47$。实际的材料强度设计值是在上述基础上取整而得到的。

在此仅介绍钢—混凝土组合梁中所用的材料种类及其主要技术指标。

一、钢材

用于钢—混凝土组合梁桥主体结构的钢材与公路钢结构桥梁一致,主要有Q235,Q345、Q390和Q420四种牌号。其质量应分别符合现行国家标准《碳素结构钢》(GB/T 700—2006)、《低合金高强度结构钢》(GB/T 1591—2008)。钢材选用时应考虑桥梁的使用环境及气候条件的影响。

新发布的《钢桥规》(JTG D64—2015)规定了公路钢桥和钢—混凝土组合梁桥使用的各种牌号的钢材,其冲击韧性不应低于表1-4-1的限值。

钢材冲击韧性限制　　　　　　　　　　　　　　　　　　表1-4-1

钢材牌号	Q235		Q345		Q390		Q420	
质量等级	C	D	C	D	D	E	D	E
试验温度(℃)	0	−20	0	−20	−20	−40	−20	−40
冲击韧性(J)	27	27	34	34	34	27	34	27

对于需要验算疲劳的焊接构件,当桥梁的工作温度t处于$-20 \sim 0℃$时,Q235和Q345的冲击韧性应满足表1-4-1中质量等级C或D的要求;而Q390和Q420的冲击韧性应满足质量等级D的要求。当桥梁工作温度$t \leqslant -20℃$时,钢材种类选择时应特别注意低温冲击韧性的要求。

表1-4-1中的C、D、E为钢材的质量等级,表示钢材的化学成分及低温冲击韧性的差异。

例如,虽然两种钢材的塑性、韧性、可焊性均很好,但 Q390E 钢材的冲击韧性的低温(-40℃)要求比 Q370D 钢材的低温要求(-20℃)更加严格。

Q235 钢材属于低碳钢(含碳量为 0.14% ~ 0.22%),屈服强度为 235MPa,塑性好,是目前桥梁钢结构中用得较多的钢种。其中,Q235 钢中的沸腾钢不得用于承重的焊接构件和承重但需要验算疲劳的非焊接构件。

Q345 钢材属于低合金钢,其平均含碳量为 0.16%,而金属元素锰的含量均在 1.0% 以内。Q345 钢材的屈服强度为 345MPa,其塑性变形能力较 Q235 钢材略有降低。

Q235、Q345、Q390 和 Q420 均属软钢系列,其应力—应变曲线的特点是均有明显的屈服台阶,屈服强度逐级提高。关于软钢的应力—应变曲线在结构设计原理课程中已有论述。软钢的标准强度 f_{sk} 通常取具有 95% 保证率的钢板的屈服强度 f_y(或 σ_s)。各类钢材的屈服强度指标 f_y 通常指的就是钢材牌号中的数值。

目前公路桥梁和城市钢结构桥梁中多采用 Q345C 或 Q345D 钢材。当需要考虑低温和振动冲击的影响时,特别是在铁路桥梁以及北方寒冷地区的公路桥梁、城市桥梁工程中多采用 Q345D 钢材。Q390 和 Q420 钢材通常在大跨径的钢—混凝土组合桥梁工程中采用。

《钢桥规》(JTG D64—2015)中给出的各类钢材的强度设计值 f_d 与其钢板厚度有关,可由表 1-4-2 查得。表中的屈服强度 f_y 是考虑了钢板厚度折减后的屈服强度值,引自国家标准《低合金高强度结构钢》(GB/T 1591—2008)。表中的钢材强度设计值 f_d 是在钢材强度标准值 f_{sk} 即屈服强度 f_y 的基础上除以钢材的材料安全系数 $\gamma_s = 1.25$ 并取 5 的整倍数得到的。根据表 1-4-2 中小于或等于 16mm 的四种钢材牌号反算出各种钢材的材料实际安全系数(γ_s)范围在 1.237 ~ 1.258 之间,该值明显大于《钢结构设计规范》(GB 50017—2003)中钢材的材料安全系数 $\gamma_s = 1.1$。这说明《钢桥规》(JTG D64—2015)中钢材强度设计值的取值更加偏于安全,可以保证钢材的设计强度值仍在钢材的比例极限以内而处于弹性阶段。对于其他厚度的钢板设计强度取值降低,主要是考虑了钢板制造过程中滚轧次数对钢板材质均匀性的影响。

公路桥梁用钢材的强度设计值(MPa)　　　　　　　　　表 1-4-2

钢材		抗拉、强度抗压和抗弯强度 f_d	屈服强度 f_y	抗剪强度 f_{vd}	端面承压(刨平顶紧)强度 f_{cd}
牌号	厚度或直径(mm)				
Q235 钢	≤16	190	(235)	110	280
	16 ~ 40	180	(225)	105	
	40 ~ 100	170	(215)	100	
Q345 钢	≤16	275	345	160	355
	16 ~ 40	270	335	155	
	40 ~ 63	260	325	150	
	63 ~ 80	250	315	145	
	80 ~ 100	245	305	140	
Q390 钢	≤16	310	390	180	370
	16 ~ 40	295	370	170	
	40 ~ 63	280	350	160	
	63 ~ 100	265	330	150	

钢 材		抗拉、强度抗压和抗弯 f_d	屈服强度 f_y	抗剪强度 f_{vd}	端面承压（刨平顶紧）强度 f_{cd}
牌号	厚度或直径(mm)				
Q420 钢	≤16	335	420	195	390
	16 ~ 40	320	400	185	
	40 ~ 63	305	380	175	
	63 ~ 100	290	360	165	

注:1. 厚度系指计算点的钢材厚度,对轴心受拉和轴心受压构件系指截面中较厚板件的厚度。

2.《组桥设计规范》(GB 50917—2013)中钢材端面承压强度 f_{cd} 的取值与表中数值略有差异,可参考取用。

3. 括号中的屈服强度 f_y 取自《钢管混凝土拱桥技术规范》(GB 50923—2013)。

早期的《钢木桥规》(JTJ 025—1986)中曾给出钢材的容许应力值,现列入表 1-4-3 中,可供组合结构桥梁的钢梁在正常使用极限状态下作用标准值组合的应力验算时参考或校准,必要时也可作为钢—混凝土组合梁桥承载能力计算的补充。

钢材的容许应力(JTJ 025—1986)(MPa)　　　　表 1-4-3

应 力 种 类	钢 材						
	Q235	Q345	ZG25 Ⅱ	ZG35 Ⅱ	ZG45 Ⅱ	45 号钢	35 号锻钢
轴向应力 $[\sigma]$	140	200	130	150	170	210	
弯曲应力 $[\sigma_w]$	145	210	135	155	180	220	220
剪应力 $[\tau]$	85	120	80	90	100	125	110
端部承压应力(磨光顶紧)	210	300					
紧密接触的承压应力（接触圆弧中心角为 2×45°）	70	100	65	75	85	105	105
自由接触的承压应力	5.5	8.0	5.0	6.0	7.0	8.5	8.5
节点销子的孔壁承压应力	210	300	195	225	255	—	180
节点销子的弯曲应力	240	340	—	—	—	360	—

注:1. 表列 Q345 钢的容许应力与屈服点 340MPa 对应,如果按 GB 1591—1979 的规定,由于厚度影响,屈服点有变动时,各类容许应力可按屈服点的比例予以调整。

2. 验算紧密接触和自由接触的承压应力时,其面积取枢轴或辊轴的直径及其长度的乘积,其容许承压应力取两接触钢材中强度较低者。

3. 节点销子的孔壁容许承压应力系指被连接件钢材的孔壁承压应力;节点销子的容许弯应力仅适用于被连接构件之间只有极小缝隙的情况。

比较表 1-4-3 和表 1-4-2 不难发现,《钢木桥规》(JTJ 025—1986)中钢材容许应力取值的实际安全系数为 1.679 ~ 1.725,远大于新颁《钢桥规》(JTG D64—2015)的强度设计值的安全系数 1.25。事实上,表 1-4-3 的取值中已包含了对于荷载作用安全系数的考虑,并作为控制截面容许应力验算的安全系数,两者的物理意义不同。

有关钢材的其他物理、力学性能见表 1-4-4。在进行结构空间计算时,钢材的泊松比可取为 $\mu_s = 0.3$;考虑时效作用时,应力松弛系数可取为 1.5%。

钢材的物理性能指标　　　　表 1-4-4

弹性模量 E_s (MPa)	剪变模量 G_s (MPa)	线性膨胀系数 α_s (以每℃计)	重力密度 ρ_s (kg/m³)	泊松比 μ_s
2.06×10^5	0.79×10^5	12×10^{-6}	7850	0.3

二、混凝土

《组桥设施规范》(JTG/T D64-01—2015)中规定,钢—混凝土组合梁中混凝土翼板所用混凝土的强度等级不应低于下列要求:钢筋混凝土构件不应低于C30;预应力混凝土构件不应低于C40。在选择混凝土强度等级时,应考虑与钢梁的材料强度匹配。公路桥梁采用的混凝土轴心抗压强度标准值 f_{ck}、轴心抗拉强度标准值 f_{tk}、轴心抗压强度设计值 f_{cd} 和轴心抗拉强度设计值 f_{td} 应按现行《混桥规》(JTG 3362—2018),即表1-4-5取用。混凝土受压或受拉时弹性模量 E_c 按表1-4-6取用。混凝土的剪变模量 G_c 可按表1-4-6中数值的0.4倍取用,混凝土的泊松比 ν_c 可取0.2。公路桥梁用混凝土材料的强度设计值相对于材料强度标准值的分项系数约为1.45,以满足安全等级为二级的混凝土结构分析的脆性破坏构件的目标可靠度的要求。

混凝土强度标准值和设计值(MPa) 表1-4-5

强度种类	强度等级						
	C30	C35	C40	C45	C50	C55	C60
抗压强度标准值 f_{ck}	20.1	23.4	26.8	29.6	32.4	35.5	38.5
抗拉强度标准值 f_{tk}	2.01	2.20	2.40	2.51	2.65	2.74	2.85
抗压强度设计值 f_{cd}	13.8	16.1	18.4	20.5	22.4	24.4	26.5
抗拉强度设计值 f_{td}	1.39	1.52	1.65	1.74	1.83	1.89	1.96

注:计算现浇钢筋混凝土轴心受压和偏心受压构件时,如截面的长边或直径小于300mm,表中数值应乘以系数0.8;当构件质量(混凝土成型、截面和轴线尺寸等)确有保证时,可不受此限。

混凝土的弹性模量(MPa) 表1-4-6

强度等级	C30	C35	C40	C45	C50	C55	C60
弹性模量 E_c	3.00×10^4	3.15×10^4	3.25×10^4	3.35×10^4	3.45×10^4	3.55×10^4	3.60×10^4

注:当采用引气剂及较高砂率的泵送混凝土且无实测数据时,表中C50~C60的 E_c 值应乘以折减系数0.95。

三、钢筋

公路钢—混凝土组合梁桥中钢筋混凝土桥面板采用的普通钢筋与一般钢筋混凝土结构相同,通常选用HPB300、HRB400、HRB500、HRBF400或RRB400。选用钢筋时应注意与混凝土强度等级相匹配。公路桥梁用普通钢筋的抗拉强度标准值 f_{sk} 和抗拉、抗压强度设计值 f_{sd}、f'_{sd} 应按《混桥规》取用,即按表1-4-7采用。

普通钢筋抗拉、抗压强度标准值和设计值(MPa) 表1-4-7

钢筋种类	f_{sk}	$f_{sd}(f'_{sd})$	钢筋种类	f_{sk}	$f_{sd}(f'_{sd})$
HPB300 $d=6\sim22$	300	250	HRB400		
HRB500 $d=6\sim50$	500	415(400)	HRBF400 $d=6\sim50$	400	330
HRBF500 $d=6\sim50$			RRB400		

注:1. d 系指国家标准中的钢筋公称直径,单位为mm。
2. 构件中配有不同种类的钢筋时,每种钢筋应采用各自的强度设计值。
3. 钢筋混凝土轴心受拉和小偏心受拉构件的钢筋抗拉强度设计值大于330MPa时,应按330MPa取用。
4. 数据出自《混桥规》(JTG 3362—2018)。

当组合梁桥的混凝土翼板中配置预应力钢筋时,相应的材料抗拉强度标准值f_{pk}可由表1-4-8查取。预应力钢绞线和钢丝的条件屈服点为其抗拉强度的0.85倍,其强度设计值是在此基础上再考虑1.25的安全系数,即相当于其材料安全系数为1.47。预应力钢材的抗拉和抗压强度设计值f_{pd}和f'_{sd}亦按《混桥规》(JTG 3362—2018),即表1-4-9取值,普通钢筋和预应力钢筋的弹性模量E_s、E_p应按表1-4-10采用。

《组桥设计规范》(GB 50917—2013)中多了一种普通钢筋HRBF500,其强度指标一并列入表1-4-7;列出的预应力钢筋种类远多于《混桥规》(JTG 3362—2018),在实际工程设计中可供选用;其中的精轧螺纹钢指的就是表1-4-9中的预应力螺纹钢筋。

预应力钢筋抗拉强度标准值(MPa)　　　　　　　　表1-4-8

钢 筋 种 类			f_{pk}
钢绞线	1×7 (7股)	$d=9.5mm$、12.7mm、15.2mm、17.8mm	1720、1860、1960
		$d=21.6mm$	1860
消除应力钢丝	光面 螺旋肋	$d=5.0mm$	1570、1770、1860
		$d=7.0mm$	1570
		$d=9.0mm$	1470、1570
预应力螺纹钢筋		$d=18mm$、25mm、32mm、40mm、50mm	785、930、1080

注:抗拉强度标准值为1960MPa的钢绞线作为预应力钢筋使用时,应有可靠工程经验或充分试验验证。

预应力钢筋抗拉、抗压强度设计值(MPa)　　　　　　　　表1-4-9

钢 筋 种 类		f_{pd}	f'_{sd}
钢绞线 1×7(7股)	$f_{pk}=1720$	1170	
	$f_{pk}=1860$	1260	390
	$f_{pk}=1960$	1330	
消除应力钢丝	$f_{pk}=1470$	1000	
	$f_{pk}=1570$	1070	
	$f_{pk}=1770$	1200	410
	$f_{pk}=1860$	1260	
预应力螺纹钢筋	$f_{pk}=785$	650	
	$f_{pk}=930$	770	400
	$f_{pk}=1080$	900	

钢筋的弹性模量　　　　　　　　表1-4-10

钢 筋 种 类			弹性模量(MPa)
普通钢筋	HPB300	E_s	2.1×10⁵
	HRB400、HRB500 HRBF400、RRB400		2.0×10⁵
预应力钢筋	消除应力钢丝	E_p	2.05×10⁵
	钢绞线		1.95×10⁵
	预应力螺纹钢		2.0×10⁵

四、螺栓及栓钉连接件

钢—混凝土组合梁桥的钢梁可采用螺栓连接,使用的螺栓分为高强螺栓和普通螺栓。前者用于主要受力构件的连接,而后者则用于桥梁次要构件或施工中临时构件的连接。公路及城市桥梁中推荐采用8.8S和10.9S两个级别的高强螺栓。高强螺栓连接的预拉力设计值 P_d 可根据其螺纹规格按表1-4-11取用,其钢材界面摩擦系数可取为0.45。

桥梁用高强度螺栓的预拉力设计值 P_d(kN)　　　　　　表1-4-11

螺纹规格		M20	M22	M24	M27	M30
性能等级	8.8S	125	150	175	230	280
	10.9S	155	190	225	290	355

高强螺栓、螺母、垫圈的技术条件应符合现行国家标准钢结构用高强度大六角头螺栓、螺母、垫圈技术条件(GB/T 1228~1231)、《钢结构用扭剪型高强螺栓连接副》(GB/T 3632)和《钢结构用剪扭型高强度螺栓连接副技术条件》(GB/T 3633)的相关要求。高强度螺栓采用的钢材有20锰钛硼钢(20MnTiB)、45号钢和40硼钢(40B)。20锰钛硼钢与45号钢及40硼钢(40B)相比较,不易产生延迟断裂。公路桥梁工程中常用性能等级为10.9S的高强度螺栓。

普通螺栓应符合现行国家标准《六角头螺栓 C 级》(GB/T 5780—2016)和《六角头螺栓》(GB/T 5782—2016)的规定,其材料通常采用普通碳素结构钢,一般采用Q235钢。普通螺栓的标准直径及其截面积可参考表1-4-12取用。

桥梁用普通螺栓的标准直径及其截面积　　　　　　表1-4-12

螺栓外径(mm)	10	12	14	16	18	20	22	24	27	30	36
螺栓内径(mm)	8.05	9.73	11.40	13.40	14.75	16.75	18.75	20.10	23.10	25.45	30.80
螺栓毛截面(mm²)	0.79	1.13	1.54	2.01	2.54	3.14	3.80	4.52	5.72	7.07	10.17
螺栓净截面(mm²)	0.51	0.74	1.02	1.41	1.71	2.18	2.74	3.17	4.18	5.06	7.44

普通螺栓连接的抗拉、抗剪及承压强度设计值应按表1-4-13的规定采用。

普通螺栓连接的强度设计值(MPa)　　　　　　表1-4-13

螺栓的性能等级、锚栓和构件钢材的牌号		普通螺栓						锚栓
		C 级			A、B 级			
		抗拉强度 f_{td}^b	抗剪强度 f_{vd}^b	承压强度 f_{cd}^b	抗拉强度 f_{td}^b	抗剪强度 f_{vd}^b	承压强度 f_{cd}^b	抗拉强度 f_{td}^a
普通螺栓	4.6级、4.8级	145	120	—	—	—	—	—
	5.6级	—	—	—	185	165	—	—
	8.8级	—	—	—	350	280	—	—
构件	Q235钢		265		—	—	350	
	Q345钢		340		—	—	450	
	Q390钢		355				470	
	Q420钢		380				500	

注:A、B级螺栓孔的精度和孔壁表面粗糙度,C级螺栓孔的允许偏差和孔壁表面粗糙度均应符合现行国家标准《钢结构工程施工质量验收规范》(GB 50205)的要求。

桥梁钢—混凝土组合结构用圆柱头栓钉连接件的材料为 ML15 和 ML15A1 钢材,其栓钉连接件的尺寸和机械性能应符合现行国家标准《电弧螺栓焊用圆柱头焊钉》(GB/T 10433—2002)的要求。栓钉连接件应满足最小屈服强度 $\sigma_s \geqslant 320$MPa,最小极限强度 $\sigma_b \geqslant 400$MPa,延伸率 $\delta_s \geqslant 14\%$ 的技术要求。目前该标准中并未给出栓钉的抗拉强度设计值的取值方法。

当钢—混凝土组合梁桥的钢梁采用焊接连接时,其焊接材料和焊接工艺需满足《钢桥规》(JTG D64—2015)和《公路桥涵施工技术规范》(JTG F50—2011)的要求。

第五节 钢—混凝土组合梁桥设计的计算原则

《组桥设施规范》(JTG/T D64-01—2015)规定,钢—混凝土组合梁桥设计时应考虑四种设计状况,即持久状况、短暂状况、偶然状况和地震状况,以及相应的极限状态下的结构分析和验算。验算中各项材料指标取值均需满足现行《混桥规》(JTG D62)和《钢桥规》(JTG D64—2015)的要求。

在持久状况下,须考虑正常使用极限状态和承载能力极限状态的计算。

在正常使用极限状态下,应采用短期效应组合及长期效应组合进行结构变形验算及负弯矩区混凝土桥面板的抗裂性或裂缝宽度验算。同时,可对结构的控制断面进行应力验算,并作为承载力验算的补充。上述计算均以弹性理论为基础,计算中永久作用效应取其标准值,可变作用效应对于变形或裂缝计算,取其频遇值或准永久值,即采用频遇组合或准永久组合。对于应力计算,应取作用的标准值计算并考虑冲击作用,材料容许值均应以其强度设计值为基础。在承载能力极限状态下,采用基于概率理论的极限状态设计方法进行承载力、稳定性及连接的计算。上述计算可以以弹性理论、弹塑性理论或塑性理论为基础。作用效应取其考虑分项系数的基本组合;混凝土和钢筋材料性能可取其材料强度标准值或设计值,钢板材料的强度指标均取其强度设计值。

在短暂状况下,应对施工过程中的钢—混凝土组合梁进行验算。组合梁桥通常采用分阶段施工法,施工期间存在结构体系转换或截面变化,因此,设计时应考虑施工阶段的受力特点,验算施工过程中结构控制截面的应力及钢梁的稳定性。原则上结构自重及施工荷载(包括施工人员和机具设备)等均采用标准值组合,必要时应考虑动力放大系数的影响。在短暂状况下,一般不进行裂缝和变形计算,可以通过施工措施或构造措施,防止构件出现过大的变形或不必要的裂缝。

在偶然状况和地震状况下,仅需对桥梁结构进行承载能力极限状态验算。

根据现行《公路桥涵设计通用规范》(JTG D60—2015)的要求,钢—混凝土组合梁桥应根据桥梁的设计使用年限和桥梁的使用环境类别及其作用等级进行耐久性设计,采取必要的耐久性构造和钢梁的防腐蚀措施。设计中应考虑桥梁养护的需要,满足可到达、可检查、可维修和可更换的要求。

钢—混凝土组合梁桥的钢结构主要构件应按弹性分析方法进行疲劳计算。疲劳荷载模型应符合《钢桥规》(JTG D64—2015)中的相关规定,作用效应需采用疲劳荷载的标准值。

设计中需考虑与周边自然环境和景观的协调,适当考虑桥梁的美学效果。

按照目前的交通运输行业设计规范体系,在钢—混凝土组合梁桥中,桥梁设计内力均采用弹性分析法或弹性有限元方法确定。构件或截面抗力计算方法可分为弹性、弹塑性和塑性三种。设计时具体采用哪种方法应根据结构的受力状态和计算目的加以选择。对于短暂状况和持久状况的正常使用极限状态的截面裂缝、变形及应力分析,均应采用基于弹性理论的计算方法;对于持久状况的承载能力极限状态的截面承载力分析,应采用作用的基本组合以及基于弹性理论表示的极限承载力设计方法。

《组桥设计规范》(GB 50917—2013)则规定,在持久状况的承载能力极限状态计算时可采用基于塑性理论的承载力计算方法。对于其他设计状况及极限状态的计算要求,与《组桥设施规范》(JTG/T D64-01—2015)基本相同。

钢—混凝土组合桥梁设计时,荷载作用的取值方法及各种作用的组合方法应参照《公路桥涵设计通用规范》(JTG D60—2015)的相关规定。在地震状况下,结构内力及结构反应均需参照《公路桥梁抗震设计细则》(JTG/T B02—2001),在此不再赘述。

第二章

钢—混凝土组合简支梁桥计算与分析

第一节 钢—混凝土组合梁截面弹性设计的基本原理

一、弹性设计法的基本概念

弹性设计法,即容许应力法,是经典的结构设计方法之一。自 1944 年钢—混凝土组合结构纳入美国州际公路学会(AASHO)公布的《美国公路桥梁设计规范》开始,就一直沿用以弹性理论为基础的容许应力设计法。

我国 1985 年以前的公路桥涵设计规范中也一直采用这种设计方法。其基本概念是,将钢材和混凝土都假设为理想弹性体,若以此计算得到最不利荷载作用下、最危险截面上的钢材和混凝土的应力小于各自材料的容许应力,则认为结构是安全的。容许应力设计法可用下式表示:

$$\sigma_{(N.S)} \leqslant [\sigma] \tag{2-1-1}$$

式中:N——最不利的设计荷载作用效应引起的计算内力;

S——构件截面几何特征值;

σ——由最不利设计荷载作用效应引起的结构最危险截面上的计算应力,它是 N 和 S 的函数;

$[\sigma]$——材料的容许应力,其数值等于材料的极限强度除以安全系数 K,一般根据经验取 $K = 2.0 \sim 2.5$。

尽管容许应力法存在一些缺点,例如没有考虑材料的塑性,容许应力值的确定缺乏严谨的科学依据,安全度的概念较为笼统等,但是对于直接承受动荷载的桥梁钢结构和组合梁结构来说,一般都要控制使用荷载作用下的应力值,确保结构在正常使用阶段处于弹性工作状态。所以对于承受动荷载的桥梁钢结构和组合结构计算,仍采用容许应力法是符合桥梁结构的实际受力状况的。弹性分析可作为短暂状况下的结构弹性验算的方法,也可作为持久状况下正常使用极限状态计算的理论基础。截面弹性分析结果可以作为截面承载能力计算的补充。

对于钢—混凝土组合梁,弹性设计的主要计算内容是截面应力、变形和裂缝宽度,以确保结构的弹性承载能力、刚度、稳定性以及耐久性,其中截面应力计算是核心内容。这对于桥梁结构在短暂状况和持久状况的正常使用极限状态验算都是必要的。按弹性理论计算钢—混凝土组合梁基于以下基本假设:

(1)将钢材和混凝土视为均质弹性材料,其截面上应力与应变成正比。

(2)钢梁与混凝土板之间具有可靠的连接,相对滑移很小,可忽略不计。

(3)组合梁的截面变形符合平截面假设。

(4)桥面板截面的受拉区混凝土退出工作。

上述基本假设与材料力学中采用的基本假设是一致的,因而可以利用材料力学相关公式计算组合梁截面的应力和梁体变形。但是材料力学公式只适用于单一材料的均质弹性体,且材料各向同性,而钢—混凝土组合梁是由钢材和混凝土两种不同性质的材料组成的结构。因此,与钢筋混凝土结构相类似,应首先解决截面换算问题,即设法将截面上的两种材料换算为具有相同弹性模量的同一种材料。与钢筋混凝土结构相反,在钢—混凝土组合梁的截面几何性质计算中,通常习惯于把混凝土截面用等效的钢截面代替,并将这种换算后的截面称为换算截面。按换算截面的几何特征值,就可以直接利用材料力学公式计算组合梁的截面应力和变形。

二、组合梁的换算截面

1. 等效换算原理

在组合梁的弹性设计中,通常是将混凝土翼板面积换算为等效的钢截面。假想有一弹性模量为 E_c 的混凝土单元,其截面面积为 ΔA_c,在应力 σ_c 作用下,其应变为 $\varepsilon_c = \sigma_c / E_c$。我们试图将其换算为等效的弹性模量为 E_s 的钢材单元,假设换算后的钢截面面积为 ΔA_s,应力为 σ_s,相应的应变为 ε_s。所谓等效换算,就是要保持换算前后单元面积承受的合力大小不变,而且其应变相等。即有如下关系式:

$$\sigma_c \Delta A_c = \sigma_s \Delta A_s \tag{2-1-2}$$

$$\varepsilon_c = \varepsilon_s \qquad \frac{\sigma_c}{E_c} = \frac{\sigma_s}{E_s} \tag{2-1-3}$$

由式(2-1-3)可得:

$$\sigma_c = \frac{E_c}{E_s}\sigma_s = \frac{1}{n_E}\sigma_s \qquad (2-1-4)$$

式中:n_E——钢材与混凝土的弹性模量之比,$n_E = E_s/E_c$。

将式(2-1-4)代入式(2-1-2)中,则有:

$$\Delta A_s = \frac{1}{n_E}\Delta A_c \qquad (2-1-5)$$

式(2-1-5)表明,混凝土单元面积 ΔA_c,可用 $\Delta A_c/n_E$ 面积的钢截面来代替,而且与单元所在的位置无关。这样,在组合梁计算中,只要将混凝土翼板的面积用 $1/n_E$ 倍的钢截面代替,即可将整个截面换算为单一弹性模量 E_s 的钢截面。按换算截面几何性质,直接代入材料力学公式求得的应力即是假想的钢截面应力。对混凝土翼板而言,其真实的应力应为同一点假想钢截面应力的 $1/n_E$,即 $\sigma_c = \sigma_s/n_E$。

2. 混凝土翼板的有效宽度

如图 2-1-1 所示为钢—混凝土组合梁桥的典型横断面。根据弹性力学知识可知,组合梁承受荷载产生弯曲变形时,支承于钢梁上的混凝土翼板的纵向压应力沿翼板宽度方向的分布是不均匀的。离钢梁腹板越远,压应力越小,其分布规律主要取决于截面和跨径的相对尺寸。组合梁桥的钢梁间距通常较大,即翼板的宽度较大,考虑到远离钢梁腹板处混凝土翼板的压应力较小,故在设计中把混凝土翼板参与钢梁共同工作的宽度限制在一定的范围,称之为翼板的有效宽度 b_{eff}(或计算宽度),并假定在有效宽度 b_{eff} 范围内压应力沿横桥向是均匀分布的。这个概念与钢筋混凝土 T 形梁的有效宽度是一致的。

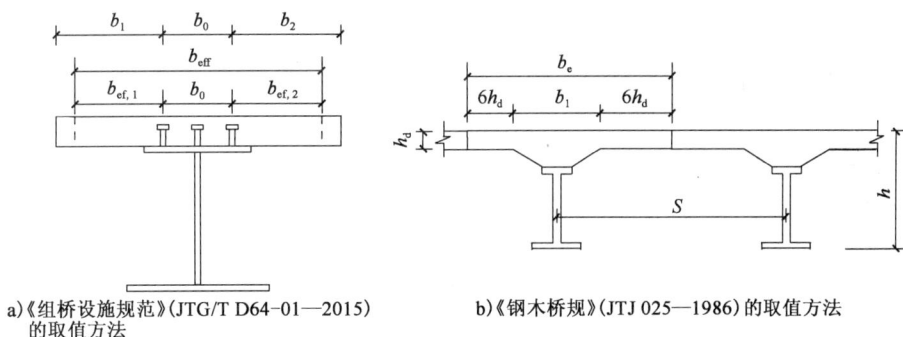

a)《组桥设施规范》(JTG/T D64-01—2015)
的取值方法

b)《钢木桥规》(JTJ 025—1986)的取值方法

图 2-1-1　混凝土翼板的有效宽度

按照《组桥设施规范》(JTG/T D64-01—2015)的相关规定:计算正弯矩产生的弯曲应力时,组合截面应包括钢梁截面和混凝土板的有效宽度的换算截面;计算由负弯矩产生的应力时,组合截面应包括钢梁截面和混凝土板有效宽度内的纵向钢筋截面。

(1)钢—混凝土组合梁桥各跨跨中及中间支座处的翼板有效宽度 b_{eff},按下式计算,且不应大于翼板实际宽度,参见图 2-2-1a):

$$b_{eff} = b_0 + \sum b_{ef,i} \qquad b_{ef,i} = \frac{L_{e,i}}{6} \leqslant b_i \qquad (2-1-6)$$

式中:b_0——外侧剪力连接件中心间的距离;

$b_{ef,i}$——外侧剪力连接件一侧的混凝土翼板有效宽度;

b_i——外侧剪力连接件中心至相邻钢梁腹板上方的外侧剪力连接件中心的距离的一半或外侧剪力连接件中心至混凝土桥面板自由边之间的距离;

$L_{e,i}$——等效跨径,简支梁应取其计算跨径,连续梁应按图2-1-2a)取。

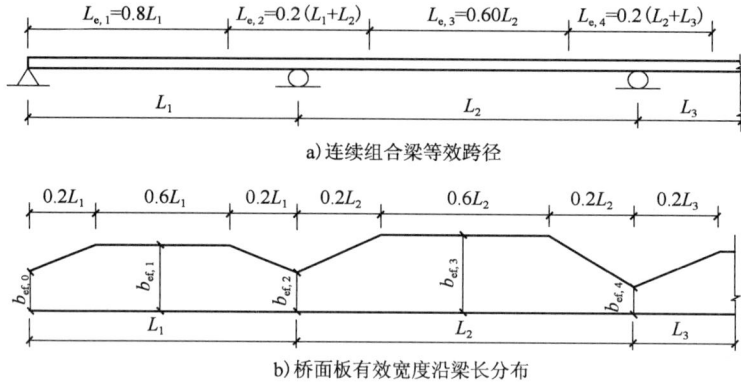

图2-1-2 组合梁混凝土桥面板的等效跨径

（2）简支梁支点和连续梁边支点处的混凝土翼板有效宽度 b_{eff},按下式计算:

$$b_{eff} = b_0 + \sum \beta_i b_{efi} \qquad \beta_i = 0.55 + 0.025 \frac{L_{e,i}}{b_i} \le 1.0 \qquad (2\text{-}1\text{-}7)$$

式中:$L_{e,i}$——边跨的等效跨径,如图2-1-2a)所示;

β_i——在端支承处单侧翼板有效宽度折减系数。

（3）混凝土翼板有效宽度 b_{eff} 沿梁长的分布可假设为如图2-1-2b)所示的形式。

（4）预应力组合梁在计算预加力引起的混凝土应力时,预加力作为轴向力产生的应力,可按实际翼板全宽计算;由预加力偏心引起的弯矩产生的应力可按翼板有效宽度计算。

（5）对超静定结构进行整体分析时,组合梁的翼板有效宽度可取其实际宽度。

按《钢木桥规》(JTJ 025—1986)的规定:钢—混凝土组合中混凝土板的计算宽度 b_e(即有效宽度 b_{eff})采用下列三种宽度中最小者,参见图2-1-1b)。

①梁计算跨径的1/3。

②相邻两梁轴线间的距离 S。

③承托的宽度 b_1(如无承托时,则为钢梁上翼板宽度)加 $12h_d$,即 $b_1 + 12h_d$。

相比两种有效宽度的计算方法可知,《组桥设施规范》(JTG/T D64-01—2015)的计算方法考虑的影响因素比较全面,但计算时比较复杂。而原规范(JTJ 025—1986)的方法虽有使用方便、简捷的优点,但比较粗糙。实例计算结果表明两种算法得到的有效宽度比较接近。

3. 用于弹性计算的换算截面几何特征

钢—混凝土组合简支梁桥在正常使用极限状态下处于弹性工作阶段,组合梁全截面参与工作。在相应的应力、变形计算时应考虑钢梁截面和混凝土板的有效宽度的换算截面构成的组合截面几何性质,可按以下方法确定。

（1）钢梁的几何特征值

根据组合梁的受力特点,简支组合梁桥的钢梁一般采用上窄下宽的工字形焊接钢梁,见

图 2-1-3,其截面特征值可按下式计算:

钢梁截面面积 A_s:

$$A_s = b_{sU}t' + h_w t_w + b_{sL}t \qquad (2-1-8)$$

式中:b_{sU}——钢梁上翼缘宽度;

t'——钢梁上翼缘厚度;

h_w——钢梁的腹板高度;

t_w——钢梁的腹板厚度;

b_{sL}——钢梁下翼缘宽度;

t——钢梁下翼缘厚度。

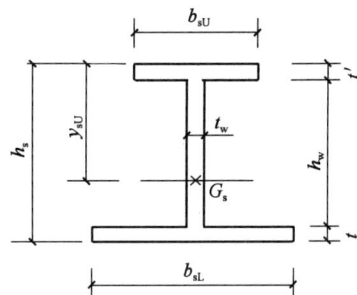

图 2-1-3 组合梁的钢梁截面

钢梁截面重心轴至钢梁顶面的距离 y_{sU}:

$$y_{sU} = \frac{[0.5b_{sU}t'^2 + h_w t_w (0.5h_w + t') + b_{sL}t(t' + h_w + 0.5t)]}{A_s} \qquad (2-1-9)$$

式中其他符号意义同前。

钢梁截面惯性矩 I_s:

$$I_s = \frac{1}{12}(b_{sU}t'^3 + t_w h_w^3 + b_{sL}t^3) + b_{sU}t'(y_{sU} - 0.5t')^2 + t_w h_w (0.5h_w + t' - y_{sU})^2 +$$
$$b_{sL}t(0.5t + h_w + t' - y_{sU})^2 \qquad (2-1-10)$$

式中其他符号意义同前。

采用式(2-1-10)计算钢梁截面惯性矩 I_s 时,钢梁上、下翼缘板绕其自身轴的惯性矩可以忽略。

(2)组合梁换算截面的几何特征值

如前所述,在组合梁计算中通常是将混凝土翼板的面积用 $1/n_E$ 倍的钢截面来代替,将整个截面换算为单一弹性模量的钢截面。为保证换算前后混凝土翼板的截面重心不变,换算时混凝土翼板厚度保持不变,而仅将翼板的宽度用 b_{eff}/n_E 代替。

组合梁换算截面几何特征值,应按换算截面重心轴位于混凝土翼板下及翼板内两种情况分别计算,参见图 2-1-4。

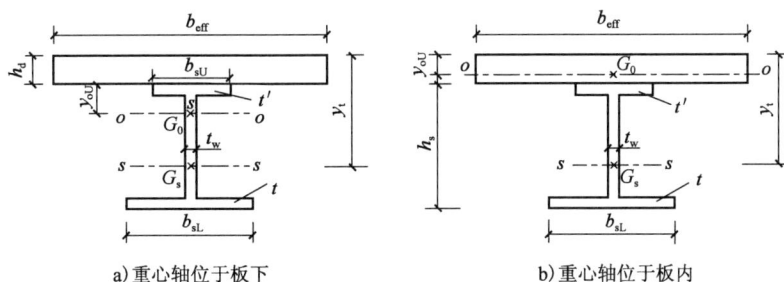

a)重心轴位于板下

b)重心轴位于板内

图 2-1-4 组合梁的截面

假设换算截面重心 G_0 距混凝土翼板顶面的距离 y_{0U},其值可由原梁截面各块面积与换算截面总面积对混凝土翼板上缘静矩相等的条件求得。

①当 $y_{0U} \geqslant h_d$ 时,混凝土翼板的全截面受压,则有:

$$\frac{b_{eff}h_d}{n_E}\frac{h_d}{2} + A_s y_t = y_{0U}\left(\frac{b_{eff}h_d}{n_E} + A_s\right)$$

所以:

$$y_{0U} = \frac{\dfrac{b_{eff}h_d^2}{2n_E} + A_s y_t}{\dfrac{b_{eff}h_d}{n_E} + A_s} \geqslant h_d \qquad (2\text{-}1\text{-}11)$$

换算截面面积:

$$A_0 = \frac{b_{eff}h_d}{n_E} + A_s = \frac{A_c}{n_E} + A_s \qquad (2\text{-}1\text{-}12)$$

换算截面惯性矩为:

$$I_0 = \frac{b_{eff}h_d^3}{12n_E} + \frac{b_{eff}}{n_E}h_d(y_{0U} - 0.5h_d)^2 + I_s + A_s(y_t - y_{0U})^2 \qquad (2\text{-}1\text{-}13)$$

式中:y_t——钢梁重心到混凝土桥面板上缘的距离,$y_t = y_{sU} + h_d$;

h_d——混凝土翼板的厚度;

A_c——混凝土翼板的截面面积。

②当 $y_{0U} < h_d$,或按(2-1-11)求得的 $y_{0U} < h_d$ 时,受拉混凝土退出工作,则有:

$$\frac{b_{eff}y_{0U}}{n_E} \cdot \frac{y_{0U}}{2} + A_s y_t = y_{0U}\left(\frac{b_{eff}}{n_E}y_{0U} + A_s\right)$$

整理得:

$$\frac{b_{eff}}{2n_E}y_{0U}^2 + A_s y_{0U} - A_s y_t = 0 \qquad (2\text{-}1\text{-}14)$$

解式(2-1-14)的二次方程可求得 y_{0U},若所得的 $y_{0U} \leqslant h_d$ 时,则 y_{0U} 即为所求。

换算截面面积:

$$A_0 = \frac{b_{eff}y_{0U}}{n_E} + A_s \qquad (2\text{-}1\text{-}15)$$

换算截面惯性矩为:

$$I_0 = \frac{b_{eff}y_{0U}^3}{12n_E} + \frac{b_{eff}y_{0U}}{n_E}\left(\frac{y_{0U}}{2}\right)^2 + I_s + A_s(y_t - y_{0U})^2$$

或

$$I_0 = \frac{b_{eff}y_{0U}^3}{3n_E} + I_s + A_s(y_t - y_{0U})^2 \qquad (2\text{-}1\text{-}16)$$

式中:y_{0U}——换算截面重心 G_0 距混凝土翼板顶面的距离;

A_s——钢梁的截面面积;

y_t——钢梁的截面重心至混凝土翼板顶面的距离;

I_s——钢梁的截面惯性矩;

n_E——钢材与混凝土的弹性模量之比,$n_E = E_s/E_c$,E_s、E_c 参照表 1-4-3 和表 1-4-5,n_E 可直接按表 2-1-1 查取。

钢材与混凝土的弹性模量之比 n_E

表 2-1-1

混凝土强度等级	C30	C35	C40	C45	C50	C55	C60
$n_E = E_s/E_c$	6.87	6.54	6.34	6.15	5.97	5.80	5.72

在实际桥梁工程设计时,对于钢—混凝土简支梁桥,为更好地利用混凝土桥面板的受压性

能和钢梁的抗拉性能,应尽量使得换算截面重心轴的位置 y_{0U} 大于混凝土翼板厚度 $h_d + h_c$,进入钢梁的腹板中。为避免钢梁上翼板承受较大的压应力并导致其局部失稳,重心轴距混凝土桥面板顶面的距离 y_{0U} 亦不宜过大。

钢—混凝土组合梁桥的混凝土翼板与钢梁顶板间通常设有混凝土承托,其高度一般不大,计算几何参数时应酌情考虑其影响。当承托高度小于翼板厚度的 10% 时,可忽略其影响;当承托高度小于翼板厚度的 25% 时,可近似将承托面积折算到混凝土翼板面积中计算几何性质;当承托高度大于等于翼板厚度的 25% 时,宜将承托折算为一矩形面积参与几何性质计算。在上述折算过程中,板的总厚度或组合梁的总高度应保持不变。

4.考虑时效影响的弹性计算的换算截面几何特征

在永久荷载作用下混凝土将发生收缩、徐变,并将产生很大的塑性变形。根据杨氏模量法的基本原理,计算作用的长期效应组合下的换算截面几何特征时,混凝土的弹性模量 E_c 可以割线模量 E_{cL} 代替,E_{cL} 亦称之为混凝土的等效弹性模量。按照等效弹性模量 E_{cL} 与弹性模量 E_c 的关系则有:

$$E_{cL} = \frac{\varepsilon_e}{\varepsilon_e + \varepsilon_p} E_c = k E_c \qquad (2\text{-}1\text{-}17)$$

式中:ε_e——混凝土的弹性变形;

ε_p——混凝土的塑性变形,混凝土徐变引起的塑性可以通过徐变系数表示,

$$\varepsilon_p = \phi(t_\infty, t_o)\varepsilon_e$$

所以,

$$k = \frac{\varepsilon_e}{\varepsilon_e + \varepsilon_p} = \frac{\varepsilon_e}{\varepsilon_e + \phi(t_\infty, t_o)\varepsilon_e} = \frac{1}{1 + \phi(t_\infty, t_o)} \qquad (2\text{-}1\text{-}18)$$

若按《混桥规》(JTG D62)(报批稿)推荐的徐变系数终值为 $\phi(t_\infty, t_o) = 1.28 \sim 3.90$,由其计算得 $k = 0.465 \sim 0.204$。考虑到混凝土翼板中钢筋的存在,会阻碍混凝土徐变的发展和原始弹性模量 E_c 本身取值的误差,《钢木桥规》(JTJ 025—1986)中的系数 k 取值为 $0.4 \sim 0.5$,并规定:

在计算结构重力对徐变影响时,取 $k = 0.4$,即取 $E_{cL} = 0.4E_c$;

在计算混凝土收缩对徐变影响时,取 $k = 0.5$,即取 $E_{cL} = 0.5E_c$。

显然,若取 $k = 0.4$,即取混凝土的等效模量 $E_{cL} = 0.4E_c$,这相当于在计算截面几何特征值时,以考虑混凝土徐变作用的钢与混凝土长期模量的比值 $n_L = 2.5n_E$ 代替 n_E。也有研究者建议在计算精度要求不高时可近似取 $n_L = 2.0n_E$。

《组桥设施规范》(JTG/T D64-01—2015)中规定,在进行组合梁桥整体分析时,可采用调整钢材与混凝土弹性模量比的方法考虑混凝土收缩、徐变的综合影响,但不按定值考虑,而是按照计算时间点的混凝土收缩、徐变和考虑荷载性质修正后的长期模量比 n_L 加以考虑。n_L 按如下方法计算确定:

$$n_L = \frac{E_s}{E_{cL}} = \frac{E_s}{kE_c} = n_E[1 + \psi_L\phi(t, t_o)] \qquad (2\text{-}1\text{-}19)$$

式中:n_E——钢材与混凝土的弹性模量比,由表 2-1-1 确定;

n_L——考虑收缩、徐变影响的钢与混凝土的长期弹性模量比;

E_s——钢材弹性模量,按表 1-4-4 采用;

E_c——混凝土弹性模量,按表 1-4-6 采用;

$\phi(t,t_o)$——加载龄期为 t_o,计算龄期为 t 时的混凝土徐变系数,应按《混桥规》(JTG 3362—2018)的相关规定计算;

ψ_L——《组桥设施规范》(JTG/T D64-01—2015)中给出的根据作用(或荷载)类型确定的徐变因子,永久作用取 1.1,混凝土收缩作用取 0.55,由强迫变形引起的预应力作用取 1.5。

上述方法在进行钢—混凝土组合简支梁桥的徐变效应或作用效应准永久组合下的应力计算时是可以满足精度要求的。但对于超静定结构中混凝土收缩、徐变引起的内力可采用等效降温计算,或采用其他更为精确的有限元分析方法计算。

在计算组合梁长期应力和变形时,可采用钢材与混凝土长期模量的比值 n_L 代替模量比值 n_E,进而得到考虑混凝土徐变或收缩作用的换算截面几何特征值如下:

换算截面重心轴距混凝土翼板顶面的距离:

$$y_{0UL} = \frac{\dfrac{b_{eff}h_d^2}{2n_L} + A_s y_t}{\dfrac{b_{eff}h_d}{n_L} + A_s} \geq h_d \tag{2-1-20}$$

对于这种情况,由于采用的混凝土换算截面面积较小,一般均能满足 $y_{0UL} \geq h_d$ 的条件。因此,换算截面面积:

$$A_{0L} = \frac{b_{eff}h_d}{n_L} + A_s = \frac{A_c}{n_L} + A_s \tag{2-1-21}$$

考虑混凝土徐变作用的换算截面惯性矩:

$$I_{0L} = \frac{b_{eff}h_d^3}{12n_L} + \frac{b_{eff}}{n_L}h_d(y_{0UL} - 0.5h_d)^2 + I_s + A_s(y_t - y_{0UL})^2 \tag{2-1-22}$$

式中:n_L——考虑荷载性质和徐变因子修正后的长期模量比,按式(2-1-19)计算确定,或可近似取 $n_L = (2.0 \sim 2.5)n_E$。

式中其他符号意义同前。

三、组合梁截面应力计算的基本公式

引入换算截面的几何特征值后,对于荷载作用下弹性阶段的组合梁截面应力,可直接按材料力学方法及有关公式计算确定。

(1)钢梁和混凝土的弯曲正应力 σ_s、σ_c:

$$\sigma_s = \frac{M}{I_0}y \qquad \sigma_c = \frac{M}{n_E I_0}y \tag{2-1-23}$$

式中:M——计算截面的工作弯矩值,应按所计算阶段的要求进行荷载效应标准值组合;

I_0——组合梁换算截面惯性矩;

y——所求应力之点到换算截面重心轴的距离。

(2)钢梁和混凝土的弯曲剪应力 τ_s、τ_c:

$$\tau_s = \frac{VS_0}{I_0 b} \qquad \tau_c = \frac{VS_0}{I_0 b_{eff}} \tag{2-1-24}$$

式中:V——计算截面的工作剪力值,应按所计算阶段的要求进行荷载效应标准值组合;

S_0——应力计算点所在水平纤维以上(或以下)部分换算截面面积对组合梁换算截面重心轴的面积矩;

b——应力计算点所在的水平纤维处钢梁的宽度;

b_{eff}——混凝土翼板的有效宽度;

式中其他符号意义同前。

进行组合梁长期应力和变形计算时,只需将上述公式中的相关几何参数 I_0、S_0 及模量比 n_E 分别以反映混凝土徐变、收缩影响的几何参数 I_{0L}、S_{0L} 及长期模量比 n_L 代替即可。

在《钢木桥规》(JTJ 025—1986)中将钢—混凝土组合梁称为联合梁,其截面设计采用的是以弹性理论为基础的容许应力法。在现行《钢桥规》(JTG D64—2015)中,要求组合梁设计中应确保钢板在钢梁和混凝土桥面板的应力达到结构材料强度设计值之前不会发生局部失稳。而在《组桥设施规范》(JTG/T D64-01—2015)中则明确规定,采用弹性方法计算组合梁截面抗弯承载力,以截面上任一点的应力达到材料强度设计值作为标志。在组合梁弹性分析中,由平截面假设可知,混凝土和钢梁的最大应力均应发生在各自截面的上、下边缘。因此可以采用基于弹性理论的容许应力法,通过这些控制点的最大应力小于各自材料的容许应力的条件控制组合梁在弹性阶段的安全性,并可以此作为承载能力计算的补充。

四、容许应力取值及作用效应组合

《公路桥涵设计通用规范》(JTG D60—2015)中第4.1.8条规定:"结构构件当需要进行弹性阶段截面应力计算时,除特别指明外,各作用效应取其标准值,作用分项系数取为1.0,各项应力限值按各设计规范规定采用"。《组合设施规范》(JTG/T D64-01—2015)中未给出钢—混凝土组合梁桥正常使用极限状态下弹性阶段应力的计算和控制方法。据此,笔者建议钢—混凝土组合梁桥在正常使用阶段的弹性应力计算时取用各种作用效应的标准值进行组合计算,并简称"作用效应标准组合",相应的容许应力限值可按下述方法取用。

目前《混桥规》(JTG 3362—2018)采用的钢筋材料强度设计值是在其强度标准值的基础上考虑约1.45的材料分项系数;而《钢桥规》(JTG D64—2015)中钢材的强度设计值是在其强度标准值的基础上考虑约为1.25的材料分项系数。在此基础上,尚需考虑1.2~1.4的荷载作用分项系数,才能保证桥梁结构在承载能力极限状态下的目标可靠度指标,其总体的分项系数在1.55~1.65的范围内。

在短暂状况和持久状况正常使用阶段的计算中均采用荷载作用的标准值计算,为保证桥梁结构的目标可靠度或总体安全程度,在确定材料容许应力时,尚需进一步考虑荷载的变异性,即应对材料强度设计值作进一步的折减。考虑上述因素,确定钢材的容许应力时,可参考表1-4-2的数值,并建议取折减系数0.8,即取 $[\sigma_w] = 0.8f_d$,或参考表1-4-3取值;混凝土材料的容许应力可取 $0.8f_{cd}$,或偏安全地参考《混桥规》(JTG 3362—2018)中对使用阶段预应力混凝土压应力的规定取 $[\sigma_{cw}] = 0.5f_{ck}$,其中 f_{cd} 和 f_{ck} 应按表1-4-5取值。在确定钢材的容许剪应力时,综合考虑原《钢木桥规》(JTJ 025—1986)、《钢结构设计规范》(GB 50017—2003)和《钢桥规》(JTG D64—2015)中钢材抗剪强度设计值 f_{vd} 取值(表1-4-2),建议取 $[\tau] = 0.8f_{vd}$。

按上述取值方法,材料容许应力的综合分项系数为1.94~2.06,大约为 $K = 2.0$。

五、施工方法对弹性应力计算的影响

在施工阶段,钢梁下是否设置足够的临时支承对组合梁的应力状态有很大的影响。若在组

合梁桥施工时采用一次落架方式,即钢梁在满堂支架或多支架上施工,并浇筑混凝土桥面板,待混凝土强度达到设计要求时一次性拆除临时支架,则钢梁与桥面板混凝土同时受荷,共同承担其自重作用,此时应按一阶段受力计算其截面应力状态。

通常在组合梁桥施工时,为保证桥下通车或减少对桥下通车的影响,钢梁下面不设支承或设置少量支承,安装或浇筑钢梁上的混凝土桥面板时利用钢梁作为支承。这时组合梁应按两阶段受力进行计算。第一受力阶段,短暂状况即施工阶段,作用的荷载包括钢梁、连接系、浇筑的混凝土和模板重量等,应由钢梁承担;第二受力阶段,持久状况即使用阶段,作用的荷载包括桥面铺装、栏杆重力和汽车活载等,应由组合梁承担。在持久状况下,应在上述的第二受力阶段基础上,再叠加由其他可变荷载、温度等作用等引起的截面应力。

在实际工程计算中,当桥面板混凝土的强度达到其设计强度的85%后才能考虑其与钢梁的组合作用。

第二节 钢—混凝土组合梁截面弯曲应力分析与控制

在结构的弹性阶段,对于截面尺寸沿跨径方向不变的组合简支梁桥,无论是短暂状况还是持久状况的正常使用阶段,通常只验算跨中截面正应力;对于钢梁翼板尺寸有变化的组合简支梁桥,还应验算纵向尺寸变化截面的正应力。对于等高度的组合连续梁,除上述截面应进行应力验算之外,还须验算各中支点负弯矩截面的应力;对于变高度的组合连续梁,通常需验算更多截面的应力,详见第四章。

对两阶段受力的钢—混凝土组合简支梁须按两阶段计算截面的应力状态,并进行截面应力叠加。简支组合梁桥跨中截面的作用效应取值及其截面应力计算方法如下。

1. 第一受力阶段

在短暂状况下,对于施工阶段钢梁下面不设支承的组合梁的钢梁和桥面板的自重荷载均由钢梁承担。作用在钢梁上的永久作用及施工荷载应按《公路桥涵通用设计规范》(JTG D60—2015)规定采用其标准值组合。必要时在施工荷载效应中可考虑动力系数。

目前现行《钢桥规》(JTG D64—2015)和《组桥设施规范》(JTG/T D64-01—2015)中均未给出短暂状况下钢材的容许应力数值。参考《钢木桥规》(JTJ 025—1986)中的材料容许应力值,见表1-4-3,并比照现行《组桥设施规范》(JTG/T D64-01—2015)中的钢材强度设计值,建议取钢材的容许弯曲应力为$[\sigma_w] = 0.8 f_d$。参考《钢木桥规》(JTJ 025—1986)的规定考虑到在短暂状况下,钢梁处于施工临时阶段,其容许值可在此基础上再提高30%。在此建议提高25%,则有:

钢梁的上缘应力为:

$$\sigma_{sT}^t = \frac{M_{g1} + M_{g2} + M_{qc}}{I_s} y_{sU} \leqslant 1.25 [\sigma_w] \tag{2-2-1}$$

钢梁的下缘应力为:

$$\sigma_{sT}^b = \frac{M_{g1} + M_{g2} + M_{qc}}{I_s} (h_s - y_{sU}) \leqslant 1.25 [\sigma_w] \tag{2-2-2}$$

式中：M_{g1}——钢梁及连接系的重力引起的弯矩标准值；

$\quad\quad M_{g2}$——钢筋混凝土桥面板的重力引起的弯矩标准值；若为预制安装的混凝土桥面板，还应乘以1.2的动力系数；

$\quad\quad M_{qc}$——施工荷载（模板及施工机具的重力）引起的弯矩标准值，对于模板重力，如无实测资料时，可假定为$1 kN/m^2$；

$\quad\quad I_s$——钢梁的截面惯性矩；

$\quad\quad y_{sU}$——钢梁截面重心轴至钢梁上翼缘板顶面的距离；

$\quad\quad h_s$——钢梁的全高；

$\quad [\sigma_w]$——钢材的容许弯曲应力，建议取$[\sigma_w] = 0.8 f_d$，或可参考表1-4-3取值；

$\quad\quad f_d$——钢材的强度设计值，根据钢材种类和厚度按表1-4-2取值。

2. 第二受力阶段

在持久状况下，使用荷载作用阶段桥面板混凝土已经硬化，并与钢梁连为一体，形成组合截面。此后增加的二期恒载，包括桥面铺装及人行道、栏杆等重量和活荷载均由组合截面承担，作为竖向整体截面应按换算的截面几何特征值计算截面弯曲应力。在持久状况的正常使用极限状态下，应分别考虑作用标准组合和作用准永久组合两种情况进行验算。在这两种组合下，所考虑的设计内力不同，截面几何性质不同，材料的容许应力值也不同。

（1）作用效应标准组合

在作用效应标准组合下，应考虑各项永久作用效应、汽车荷载效应和人群荷载作用效应产生的跨中截面的弯矩标准值。钢材的弯曲容许应力取值同前，桥面板混凝土的容许压应力可参考《混桥规》（JTG D62—2004）中正常使用阶段的受弯构件正截面的混凝土压应力限值取用。应力计算方法如下：

钢梁上缘应力：

$$\sigma_{sC}^t = \frac{(M_{g1} + M_{g2})}{I_s} y_{sU} + \frac{(M_{g3} + M_q + M_r)}{I_0}(y_{0U} - h_d) \leqslant [\sigma_w] \quad\quad (2\text{-}2\text{-}3)$$

钢梁下缘应力：

$$\sigma_{sC}^b = \frac{(M_{g1} + M_{g2})}{I_s}(h_s - y_{sU}) + \frac{(M_{g3} + M_q + M_r)}{I_0}(h - y_{0U}) \leqslant [\sigma_w] \quad\quad (2\text{-}2\text{-}4)$$

混凝土翼板顶面应力：

$$\sigma_{cC} = \frac{(M_{g3} + M_q + M_r)}{n_E I_0} y_{0U} \leqslant [\sigma_{cw}] \quad\quad (2\text{-}2\text{-}5)$$

式中：M_{g3}——结构附加重力（包括桥面铺装，栏杆等重力）引起的弯矩标准值；

$\quad\quad M_q$——由汽车荷载（计入冲击系数）引起的计算截面弯矩标准值；

$\quad\quad M_r$——由人群荷载引起的计算截面弯矩标准值；

$\quad\quad h_d$——混凝土翼板厚度；

$\quad\quad h$——钢—混凝土组合梁的总高度，$h = h_s + h_d + h_c$；

$\quad\quad h_c$——混凝土桥面板的加腋高度，只计其距离，在换算面积计算时可忽略其面积影响；

$\quad [\sigma_{cw}]$——混凝土的弯曲抗压容许应力，建议参考《混桥规》（JTG 3362—2018）的规定，取$[\sigma_{cw}] = 0.5 f_{ck}$；

$\quad\quad f_{ck}$——混凝土抗压强度标准值，按表1-4-5取值。

（2）作用效应准永久组合

在持久状况的使用荷载作用阶段,建议考虑永久作用效应的标准值、桥面板混凝土收缩和徐变的影响与汽车荷载准永久组合,对于人群荷载效应仍取其标准值。在此,混凝土的徐变作用可通过等效模量 I_{0L} 和 n_L 表示。应力计算方法如下:

钢梁上缘应力:

$$\sigma_{sL}^t = \frac{M_{g1} + M_{g2}}{I_s}y_{sU} + \frac{(M_{g3} + 0.4M_q + 0.4M_r)}{I_{0L}}(y_{0UL} - h_d) \leqslant [\sigma_w] \qquad (2\text{-}2\text{-}6)$$

钢梁下缘应力:

$$\sigma_{sL}^b = \frac{M_{g1} + M_{g2}}{I_s}(h_s - y_{sU}) + \frac{(M_{g3} + 0.4M_q + 0.4M_r)}{I_{0L}}(h - y_{0UL}) \leqslant [\sigma_w] \qquad (2\text{-}2\text{-}7)$$

混凝土翼板顶面应力:

$$\sigma_{cL} = \frac{(M_{g3} + 0.4M_q + 0.4M_r)}{n_L I_{0L}}y_{0UL} \leqslant [\sigma_{cw}] \qquad (2\text{-}2\text{-}8)$$

式中:y_{0UL}——考虑混凝土的徐变影响换算截面重心轴距混凝土翼板顶面的距离,由式（2-1-20）确定;

n_L——考虑混凝土的徐变、收缩等综合影响的长期模量比,由式（2-1-19）确定;

I_{0L}——考虑混凝土徐变作用的换算截面惯性矩,由式（2-1-22）确定。

式中其他符号意义同前。

在不计结合面相对滑移的情况下,两阶段受力的钢—混凝土组合梁在施工阶段及使用荷载作用阶段的正应力分布及叠加过程可参见图2-2-1。

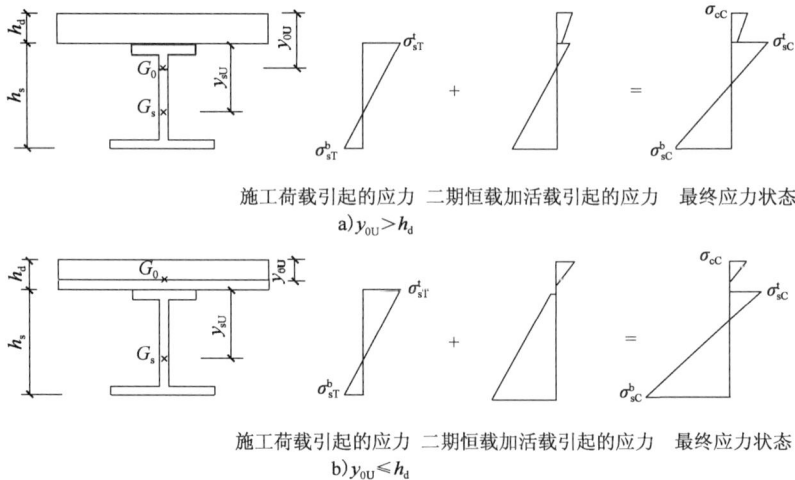

施工荷载引起的应力　二期恒载加活载引起的应力　最终应力状态

a) $y_{0U} > h_d$

施工荷载引起的应力　二期恒载加活载引起的应力　最终应力状态

b) $y_{0U} \leqslant h_d$

图 2-2-1　两阶段受力组合梁正应力分布

上述计算中已考虑组合梁的截面上由恒载、活载作用引起的各项应力,可以采用应力叠加的方法获得其弹性应力的总和,并将其分别与混凝土和钢材的容许应力值进行比较,即可确定钢—混凝土组合梁桥在正常使用阶段的安全性。由结构温差、混凝土收缩、徐变等其他作用引起的截面应力须按作用长期效应组合计算,并与材料的容许值进行比较。

混凝土徐变作用可通过考虑混凝土徐变作用的换算截面惯性矩 I_{0L} 加以考虑。钢—混凝土组合梁截面温差作用及混凝土收缩作用引起的应力可按第三节和第四节的计算方法确定。

上述各项弹性应力的分析方法是在平截面假设的条件下,利用换算截面的方法得到的。如果考虑结合面滑移时,会对上述各项应力的计算结果产生一定影响。

理论分析表明,考虑结合面滑移情况下组合梁截面的应力变化情况应介于图1-2-2c)和f)之间,且更接近于图1-2-2f)。结合面滑移对混凝土桥面板上缘和钢梁下缘的应力计算结果的影响较小,而对结合面附近的混凝土桥面板下缘和钢梁上缘的应力计算结果影响相对较大。通常在实际桥梁工程设计中,结合面附近的应力总值较小且不控制设计;受结合面滑移影响较小的混凝土桥面板上缘应力和钢梁下缘应力的数值较大,是设计中的控制因素。因此可以认为结合面滑移问题对组合梁的截面应力计算结果的影响有限,在桥梁工程设计中可以忽略。

对于混凝土桥面板,尚需验算在车辆荷载作用下的局部抗弯承载力,其计算方法可参考桥梁工程及结构设计原理课程中的相关内容,在此不再赘述。

【例2-1】 某桥改建中采用7跨钢—混凝土组合简支梁桥,其跨径布置为(30 + 5 × 40 + 30)m,桥面宽度23m,采用无支架施工。横桥向布置为四箱单室断面,每个单箱底宽3.0m,箱间宽度2.5m,该桥纵、横向断面布置参见图2-2-2。钢箱为开口箱体,采用Q345D钢板制作,顶面钢板厚度为40mm,底面钢板厚度为30mm,腹板厚度为16mm,因有桥面横坡的影响,边、中梁钢梁的平均高度取为2026mm和2109mm,每道腹板上设置厚度为25mm的翼板,宽度0.7m,翼板上设栓钉连接件。采用装配—组合式桥面板,C50混凝土现浇施工,其下设置8cm厚钢筋混凝土预制模板兼作底模。

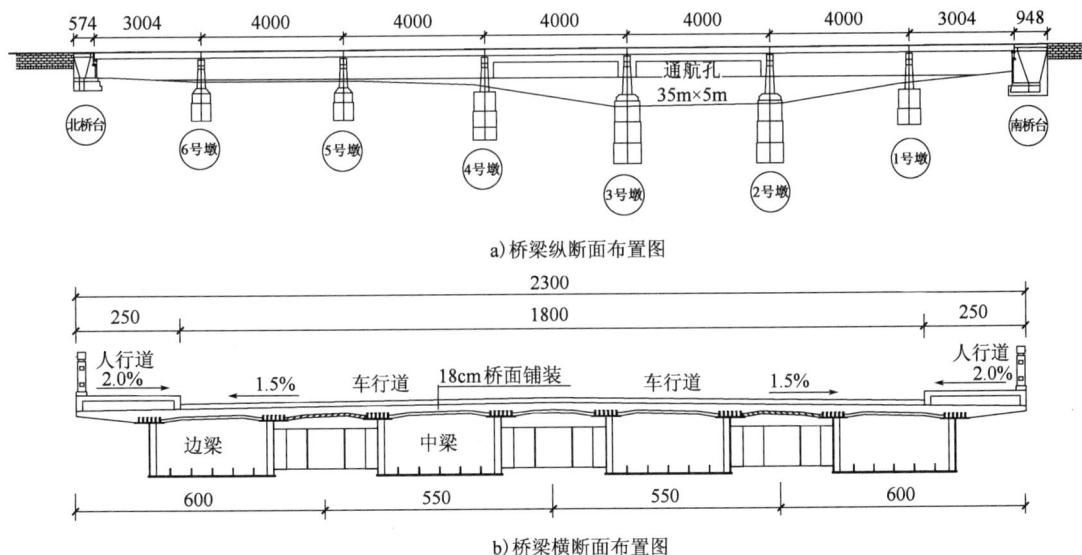

图2-2-2 某钢—混凝土组合简支梁桥布置图(单位尺寸:cm)

该桥设计荷载为公路—Ⅰ级,人群荷载3.5kN/m²,结构设计安全等级为一级。采用通用有限元软件"Midas/Civil 2006"对40m桥跨(计算跨径为39m)进行了分析,计算得到中梁在恒载及活载作用下跨中截面的弯矩标准值分别为:钢梁和混凝土桥面板自重产生的弯矩为$M_{g1} + M_{g2} = 12115.19$kN·m,二期恒载产生的截面弯矩$M_{g3} = 5366.07$kN·m,汽车荷载(考虑冲击力)产生的弯矩效应的标准值为$M_q = 5815.73$kN·m,人群荷载产生的弯矩$M_r = 268.90$kN·m。试对该简支梁桥中梁进行施工阶段及正常使用阶段跨中截面的正应力验算。

解:

(1)中梁的有效宽度计算

中梁混凝土翼板的有效宽度参照原《钢木桥规》(JTJ 025—1986)的计算方法,应取以下三者中的最小者:

$$b_e \leqslant \begin{cases} 1/3 l_0 = 1/3 \times 39 = 13(\text{m}) \\ \text{主梁间距 } S = 5.5\text{m} \\ b_1 + 12 h_d = 2.6 + 12 \times 0.28 = 5.96(\text{m}) \end{cases}$$

按新颁《组桥设施规范》(JTG/T D64-01—2015)的方法,对简支梁的跨中截面应按式(2-1-6)计算。计算中假设每个钢腹板的上翼板上设置 4 排栓钉连接件,其每排中心距为 150mm,即外侧两排间的中心距为 $b_o = 450\text{mm}$。参考图 2-2-3 则有:

$$b_{eff} = b_0 + \sum b_{ef,i}$$

$$b_{ef,i} = \frac{L_{e,i}}{6} \leqslant b_i$$

$$b_{ef,i} = 39/6 = 7.8(\text{m}) > 1.025\text{m} \ 或 \ 1.27\text{m}$$

$$b_{eff} = 450 + 2 \times (1025 + 1270) = 5040(\text{mm}) = 5.04\text{m}$$

考虑到组合箱梁截面的完整性,本例中仍采用规范 JTJ 025—1986 的计算结果,即取用 $b_{eff} = 5.5\text{m}$。

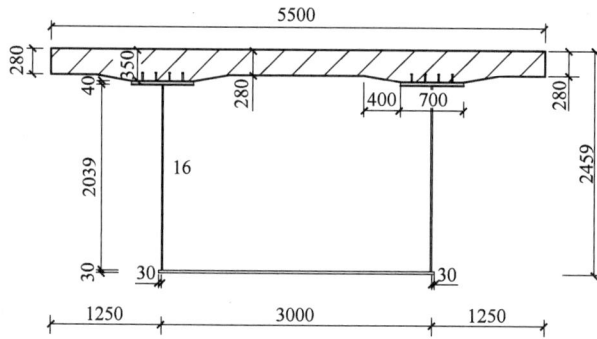

图 2-2-3　中主梁横断面计算图示(尺寸单位:mm)

(2)截面几何性质的计算

图 2-2-3 中给出了该桥 40m 钢—混凝土组合简支箱梁桥的中主梁横断面。组合梁截面几何参数计算时按如下方法进行简化:钢梁左右两侧腹板高度取平均值,即 $h_w = 2.039\text{m}$,则钢梁平均高度 $h_s = 2.109\text{m}$;计算换算截面几何性质时,混凝土桥面板厚度按其实际面积 A_c 除以板宽 b_{eff} 换算确定,即取 $h_d = 0.307\text{m}$,$h_c = 0.043\text{m}$(在计算应力点位置时,取 $h_d + h_c = 0.35\text{m}$),而组合梁全高取为 $h = 2.459\text{m}$。跨中截面的几何性质计算结果如表 2-2-1 所示。

跨中截面几何性质计算结果　　　　　　　　　　　　　　　　　　　表 2-2-1

截　　面	截面几何性质	截面几何性质计算值
钢梁截面	重心轴至上缘距离(m)	$y_{sU} = 1.232$
	惯性矩(m⁴)	$I_s = 0.175$
	面积(m²)	$A_s = 0.213$
混凝土截面	重心轴至上缘距离(m)	$y_{ct} = 0.156$
	惯性矩(m⁴)	$I_c = 0.0142$
	面积(m²)	$A_c = 1.690$

截　面	截面几何性质	截面几何性质计算值
组合截面	换算截面的重心轴至上缘距离(m)	$y_{0U}=0.770$
	惯性矩(m⁴)	$I_0=0.424$
	面积(m²)	$A_0=0.496$

（3）跨中截面弯曲正应力验算

①第一受力阶段（短暂状况）

该桥采用无支架方法施工,因此施工阶段在桥面板混凝土结硬前,钢梁、混凝土桥面板的重量均由槽形钢梁承担,采用上述自重作用的弯矩标准值计算钢梁跨中截面的应力,计算中不考虑80mm钢筋混凝土预制板与现浇混凝土板的组合作用(本例未考虑施工荷载)。

钢梁上缘压应力:

$$\sigma_{sT}^t = \frac{M_{g1}+M_{g2}}{I_s}y_{su} = \frac{12115.19 \times 1.232}{0.175}\times 10^{-3}$$
$$= 85.29(MPa) \leqslant 1.25[\sigma_w] = 1.25 \times 0.8 \times 270 = 270(MPa)$$

钢梁下缘拉应力:

$$\sigma_{sT}^b = \frac{M_{g1}+M_{g2}}{I_s}(h_s - y_{su}) = \frac{12115.19 \times (2.109 - 1.232)}{0.175}\times 10^{-3}$$
$$= 60.71(MPa) \leqslant 1.25[\sigma_w] = 1.25 \times 0.8 \times 270 = 270(MPa)$$

式中:1.25——施工阶段钢材容许应力提高系数。

由钢梁上下翼板的厚度,查表1-4-2得到钢材强度设计值为$f_d=270MPa$。

②第二受力阶段（持久状况）

在正常使用阶段取用桥梁二期恒载、汽车荷载(计入冲击作用)和人群荷载产生的跨中截面弯矩作用标准值计算组合梁截面上的应力,计算中需采用组合梁换算截面几何性质,取值参见表2-2-1。

钢梁上缘压应力:

$$\sigma_{sC}^t = \frac{M_{g1}+M_{g1}}{I_s}y_{sU} + \frac{M_{g3}+M_q+M_r}{I_0}(y_{0U}-h_d)$$
$$= \frac{12115.19 \times 1.232}{0.175}\times 10^{-3} + \frac{(5366.07+5815.73+268.90)\times(0.77-0.35)}{0.424}\times 10^{-3}$$
$$= 96.63(MPa) \leqslant [\sigma_w] = 0.8f_d = 0.8 \times 270 = 216(MPa)$$

钢梁下缘拉应力:

$$\sigma_{sC}^b = \frac{M_{g1}+M_{g2}}{I_s}(h_s - y_{sU}) + \frac{M_{g3}+M_q+M_r}{I_0}(h-y_{0U})$$
$$= \frac{12115.19 \times (2.109 - 1.232)}{0.175}\times 10^{-3} + \frac{(5366.07+5815.73+268.90)\times(2.459-0.77)}{0.424}\times 10^{-3}$$
$$= 106.33(MPa) \leqslant [\sigma_w] = 216(MPa)$$

在上述计算中取实际的混凝土桥面板厚度,即$h_d=0.35m$,其他几何参数见表2-2-1。

混凝土上缘压应力:

$$\sigma_{cC}^{t} = \frac{(M_{g2} + M_q + M_r)}{n_E I_0} y_{0U}$$

$$= \frac{(5366.07 + 5815.73 + 268.90) \times 0.770}{5.97 \times 0.424} \times 10^{-3}$$

$$= 3.48(\text{MPa}) \leqslant 0.5 f_{ck} = 0.5 \times 32.4 = 16.2(\text{MPa})$$

混凝土下缘压应力：

$$\sigma_{cC}^{b} = \frac{(M_{g2} + M_q + M_r)}{n_E I_0}(y_{0U} - h_d)$$

$$= \frac{(5366.07 + 5815.73 + 268.90) \times 0.420}{5.97 \times 0.424} \times 10^{-3} = 1.90(\text{MPa}) \leqslant 0.5 f_{ck} = 16.2(\text{MPa})$$

上述计算结果表明，该组合箱梁在短暂状况下的施工阶段和持久状况下的正常使用阶段，由结构自重、二期恒载、汽车荷载和人群荷载作用下跨中截面的钢梁上、下缘及混凝土桥面板上、下缘的各项正应力均可通过验算，满足安全性要求。

正常使用阶段，跨中截面在上述荷载作用下的应力计算结果汇总在表 2-2-2 中。计算结果表明，在正常使用极限状态下，混凝土桥面板的应力水平较低，其原因在于它只承受二期恒载和活载的作用效应，并不承担钢梁和混凝土桥面板自重引起的作用效应。而在承载能力极限状态下，混凝土桥面板将会发挥其全部抗力效应，这是钢—混凝土组合梁的力学特性之一。

使用阶段恒载、活载引起的跨中截面正应力汇总(MPa) 表 2-2-2

应 力 位 置	正应力大小	应 力 位 置	正应力大小
钢梁上缘	−96.63	混凝土板上缘	−3.48
钢梁下缘	106.33	混凝土板下缘	−1.90

注：表中应力以拉为正、压为负。

在实际工程设计中，还需要考虑混凝土收缩、徐变，支座沉降及升、降温等作用引起的弯矩效应，其计算结果参见后续例题。

第三节 钢—混凝土组合梁截面弯曲剪应力计算分析与控制

在组合梁设计中，短暂状况下的钢梁剪应力通常不会控制设计，一般应对持久状况下支点附近活载剪力作用的最不利截面进行弯曲剪应力验算。两阶段受力的组合梁在使用荷载作用阶段的剪应力按作用效应标准组合验算，基本计算式如下：

钢梁的剪应力：

$$\tau_{sC} = \frac{V_g S_s}{I_s t_w} + \frac{(V_{g3} + V_q + V_r)S_0}{I_0 t_w} \leqslant [\tau] \tag{2-3-1}$$

混凝土桥面板的剪应力：

$$\tau_{cC} = \frac{1}{n_E} \left[\frac{(V_{g3} + V_q + V_r)S_0}{I_0 b_{eff}/n_E} \right] \leqslant [\sigma_{cl}] \tag{2-3-2}$$

式中:V_g——组合梁自重(包括钢梁,连接系及混凝土翼板)引起的剪力作用标准值;

$\quad V_{g3}$——结构附加重力(包括桥面铺装,栏杆等)引起的剪力作用标准值;

$\quad V_q$——由汽车荷载(计入冲击系数)引起的计算截面剪力作用标准值;

$\quad V_r$——由人群荷载引起的计算截面剪力作用标准值;

$\quad S_s$——所求应力之水平纤维以上(或以下)部分钢梁截面积对钢梁截面重心轴的面积矩;

$\quad S_0$——所求应力之水平纤维以上(或以下)部分换算截面面积对组合梁换算截面重心轴的面积矩;

$\quad [\tau]$——钢材的容许剪应力,参考表1-4-2中的钢材抗剪强度设计值,建议取$[\tau]=0.8f_{vd}$,或参考《钢木桥规》(JTJ 025—86)即表1-4-3的取值;

$\quad [\sigma_{cl}]$——混凝土的主拉应力容许应力,建议取$[\sigma_{cl}]=0.5f_{tk}$,或参照《混桥规》(JTG 3362—2018)的取值;

$\quad f_{tk}$——混凝土抗拉强度标准值,按表1-4-5取用。

两阶段受力的组合梁在施工阶段和使用荷载作用阶段的剪应力分布及叠加过程可参见图2-3-1。

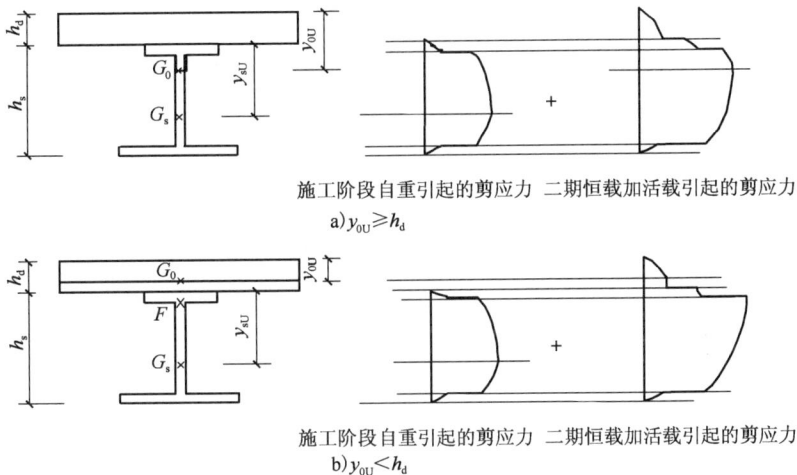

施工阶段自重引起的剪应力　二期恒载加活载引起的剪应力

a)$y_{0U} \geqslant h_d$

施工阶段自重引起的剪应力　二期恒载加活载引起的剪应力

b)$y_{0U} < h_d$

图2-3-1 两阶段受力组合梁剪应力分布

在弯曲剪应力计算中,应着重说明以下几点:

(1)关于剪应力的计算点

剪应力的计算点可按下列不同情况进行计算比较确定:

①当恒载产生的剪力较大时(例如混凝土翼板的厚度很大),首先应计算钢梁截面重心处的剪应力(G_s点)。

②当换算截面重心轴位于混凝土板以下时($y_{0U} \geqslant h_d$)应计算换算截面重心处(G_0点)的剪应力。

③当换算截面重心轴位于混凝土板内($y_{0U} < h_d$)时,应计算钢梁腹板计算高度上边缘处的剪应力(F点)。

在实际桥梁工程中,作为截面整体计算时重心轴y_{0U}多在钢梁腹板内,即需要同时验算G_0和G_s两点,甚至包括混凝土桥面板下边缘的弯曲剪应力数值τ_{sC}和τ_{cC},因此会涉及如下五个相关的截面面积矩:当计算钢梁截面重心处(G_s 点)的剪应力时会涉及钢梁截面重心轴以下部分钢梁截面面积对钢梁截面重心轴的面积矩 S_{s1},钢梁截面重心轴以下部分面积对组合梁换算截面重心轴的面积矩 S_{01};当计算组合梁换算截面重心处(G_0 点)的剪应力时会涉及组合梁换算截面重心轴以上的钢梁截面面积对组合梁换算截面重心轴的面积矩 S_{s2},组合梁换算截面重心轴以上的换算截面面积对组合梁换算截面重心轴的面积矩 S_{02};当计算混凝土翼板下缘的弯曲剪应力时,需用到翼板混凝土的换算截面面积对组合梁换算截面重心轴的面积矩 S_{0c}。上述五项面积矩(或静矩)可按如下方法确定:

$$\begin{cases} S_{s1} = b_{s1}t\left[\dfrac{t}{2} + (h_s - y_{sU} - t)\right] + \dfrac{1}{2}t_w(h_s - y_{sU} - t)^2 & (2\text{-}3\text{-}3) \\[3mm] S_{01} = b_{s1}t\left\{\dfrac{t}{2} + [h_w - (y_{0U} - h_d - t')]\right\} + t_w(h_s - y_{sU} - t)\left[\dfrac{1}{2}(h_s - y_{sU} - t) + y_t - y_{0U}\right] \end{cases}$$

$$\begin{cases} S_{s2} = b_{sU}t'\left(y_{0U} - h_d - \dfrac{t'}{2}\right) + \dfrac{1}{2}t_w(y_{0U} - h_d - t')^2 \\[3mm] S_{02} = \dfrac{1}{n_E}b_{eff}h_d\left(x - \dfrac{h_d}{2}\right) + b_{sU}t'\left(y_{0U} - h_d - \dfrac{t'}{2}\right) + \dfrac{1}{2}t_w(y_{0U} - h_d - t')^2 \end{cases} \quad (2\text{-}3\text{-}4)$$

$$S_{0c} = \dfrac{b_{eff}h_d}{n_E}\left(y_{0U} - \dfrac{h_d}{2}\right) \quad (2\text{-}3\text{-}5)$$

(2)关于剪应力的组合

钢—混凝土组合梁剪应力计算时通常应考虑持久状况下钢梁支点截面由恒载、计入冲击系数的汽车荷载及人群荷载作用效应的剪力标准值引起的截面剪应力。在短暂状况下,钢梁截面的剪应力通常不控制设计,可不进行验算。

(3)关于混凝土桥面板的剪应力验算

当换算截面重心轴位于混凝土板内($y_{ou} < h_d$)时,根据钢筋混凝土梁的剪应力和正应力弹性分析的结果可知,混凝土板的剪应力在换算截面重心轴处及整个混凝土受拉区达到并保持最大值,最大剪应力在数值上等于主拉应力 σ_{zl},即:

$$\tau_{max} = \sigma_{zl} = \dfrac{V}{b_{eff}Z} \quad (2\text{-}3\text{-}6)$$

式中:V——由混凝土桥面板承担的竖向剪力,可将剪力标准组合的设计值近似按桥面板和钢梁的截面抗剪刚度比分配确定;

　　　b_{eff} ——混凝土板的有效宽度;

　　　Z——混凝土桥面板的内力臂,通常可取 $Z = 0.87h_o$;

　　　h_o——钢筋混凝土桥面板的有效高度,$h_o = h_d - a_s$。

从如图 2-3-1b)所示的组合梁混凝土翼缘板剪应力分布可以看出,翼板中混凝土剪应力分布规律与钢筋混凝土梁相同,混凝土翼板下缘处也存在 $\tau_{max} = \sigma_{zl}$ 的关系。从另一方面看,混凝土的抗拉强度要比其抗剪强度低很多,所以在验算混凝土翼板的剪应力时,其容许应力取混凝土的抗拉容许应力值是偏安全的。在此,混凝土的主拉应力容许值,参考《混桥规》中关于预应力混凝土 B 类构件在短期作用效应组合下的抗裂性控制条件,建议取 $0.5f_{tk}$。因此,由式(2-3-2)求出的混凝土桥面板中的弯曲剪应力 τ_{cC} 应满足下面的控制条件:

$$\tau_{cC} \leqslant 0.5f_{tk} \quad (2\text{-}3\text{-}7)$$

在实际工程中,由于混凝土桥面板的宽度较大,因此计算得到的混凝土剪应力和主拉应力的数值较小,一般不会控制设计。

当换算截面重心轴位于混凝土桥面板下,即($y_{0U} \geq h_d$)的情况,混凝土板内有压应力 σ 和最大剪应力存在。若混凝土剪应力较大时,应验算混凝土桥面板中的主压应力,主拉应力通常无需验算。

(4)混凝土翼板的水平剪应力验算。

对于换算截面重心轴位于混凝土板下($y_{0U} \geq h_d$)的情况,特别是混凝土翼板厚度较小时,可能出现钢梁上翼缘端部混凝土翼缘板(图 2-3-2 中 I-I 截面)水平剪应力(τ_c')大于混凝土翼缘连接处的竖直剪应力 τ 的情况,这会导致桥面板混凝土纵桥向剪切裂缝,进而影响混凝土桥面板的耐久性。组合梁混凝土翼缘板的水平剪应力验算可参照钢筋混凝土 T 形梁翼板和梁肋连接处的水平剪应力计算式进行。I-I 截面的水平剪应力可按下式验算:

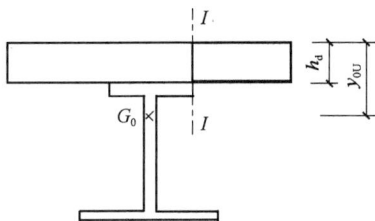

图 2-3-2 混凝土翼板水平剪力计算图式

$$\tau_c' = \frac{1}{n_E}\left[\frac{(V_{g3} + V_q + V_r)S_0^{I\text{-}I}}{h_d I_0}\right] \leqslant 0.15 f_{cd} \qquad (2\text{-}3\text{-}8)$$

式中:$S_0^{I\text{-}I}$——I-I 截面以外部分换算截面面积对组合梁换算截面重心轴的面积矩;

h_d——I-I 截面混凝土翼板的厚度;

f_{cd}——混凝土抗压强度设计值,按表 1-4-5 取值;

其他符号意义同前。

翼板和梁肋连接处的水平剪应力与截面竖向剪应力不同,它与混凝土的主拉应力无关,应按混凝土直接受剪考虑。目前国内外的桥梁结构设计规范均未给出混凝土的直接抗剪强度设计指标。大量的混凝土材料试验结果表明,混凝土材料的直接剪切强度是其抗压强度的15% ~ 20%。在水平剪应力验算时,建议忽略混凝土桥面板中钢筋的影响,偏安全地取混凝土的容许剪应力为其抗压强度设计值的15%,即取为 $0.15 f_{cd}$。

【例 2-2】 试在【例 2-1】各项参数的基础上,验算在正常使用阶段 40m 钢—混凝土简支组合梁桥中梁支点截面的弯曲剪应力。支点截面形式同图 2-2-3。已知截面上作用的内力为:钢梁及混凝土桥面板自重产生的剪力 $V_{g1} + V_{g2} = 1218.28$kN,二期恒载产生的剪力 $V_{g3} = 546.29$kN;由汽车荷载产生的支点截面剪力作用标准值(含冲击作用)为 $V_q = 854.16$kN;由人群荷载产生的支点剪力作用为 $V_r = 11.69$kN。

解:根据图 2-3-1 的弯曲剪应力分布规律,钢腹板上的最大剪应力可能出现在钢梁截面重心处(点 G_s),也可能出现在组合梁截面重心处(点 G_o),因此应由式(2-3-1)分别计算两个控制点可能出现的最大剪应力,并分别与剪应力容许值对比。其中截面静矩分别由式(2-3-3)和式(2-3-4)确定。

(1)当恒载剪力较大时,首先应计算钢梁截面重心 G_s 处的剪应力:

计算中各几何参数取自表 2-2-1,数值如下:

$I_s = 0.175$m^4;$I_0 = 0.424$m^4;$S_{s1} = 0.0905$m^3;$S_{01} = 0.188$m^3;$t_w = 0.016$m。代入式(2-3-1)有:

$$\tau_{s1C} = \frac{V_g S_{s1}}{2I_s t_w} + \frac{(V_{g2} + V_q + V_r)S_{01}}{2I_0 t_w}$$

$$= \frac{1218.28 \times 10^{-3} \times 0.0905}{0.175 \times 0.016 \times 2} + \frac{(546.29 + 854.16 + 11.69) \times 10^{-3} \times 0.188}{0.424 \times 0.016 \times 2}$$

$$= 39.26(\text{MPa}) < [\tau_w] = 0.8f_{vd} = 0.8 \times 155 = 124(\text{MPa})$$

(2)当换算截面重心轴位于混凝土板以下时,还应计算换算截面重心 G_0 处的剪应力。补充参数为: $S_{s2} = 0.0242\text{m}^3$,$S_{02} = 0.198\text{m}^3$。将这些参数代入式(2-3-1)有:

$$\tau_{s2C} = \frac{V_g S_{s2}}{2I_s t_w} + \frac{(V_{g2} + V_q + V_r)S_{02}}{2I_0 t_w}$$

$$= \frac{1218.28 \times 10^{-3} \times 0.0242}{2 \times 0.175 \times 0.016} + \frac{(546.29 + 854.16 + 11.69) \times 10^{-3} \times 0.198}{2 \times 0.424 \times 0.016}$$

$$= 25.87(\text{MPa}) < [\tau_w] = 124(\text{MPa})$$

上述式中,S_{s1} 和 S_{01} 分别为钢梁截面重心轴以下部分的钢梁截面面积对钢梁截面重心轴的静矩和钢梁截面重心轴以下部分的面积对组合梁换算截面重心轴的静矩。S_{s2} 和 S_{02} 分别为组合梁换算截面重心轴以上的钢梁截面面积对组合梁换算截面重心轴的静矩和组合梁换算截面重心轴以上的换算截面面积对组合梁换算截面重心轴的静矩。S_{0c} 则为翼板混凝土的换算截面面积对组合梁换算截面重心轴的静矩。

计算结果表明,钢梁腹板上两个剪应力控制点均满足要求。

在钢梁腹板上,究竟是钢梁重心处(点 G_s)还是组合梁换算截面重心处(点 G_0)的剪应力控制设计,主要取决于计算截面上的自重产生的剪力 $V_{g1} + V_{g2}$、二期恒载产生的剪力 V_{g3} 及活载产生的剪力 V_q 之间的比例及其截面几何参数。就本例的计算结果而言,由于该桥桥面板相对较厚,因而其自重、恒载产生的剪力较大,活载产生的剪力相对较小,进而导致该组合梁的支点截面上钢梁截面重心点的剪应力大于组合梁换算截面重心点的剪应力,但两者均可满足容许剪应力要求。

(3)桥面板混凝土中的剪应力。

由于支点组合截面的重心轴位于钢梁腹板内,混凝土截面最大剪应力应发生在板宽最小的位置,即承托与钢梁上翼缘交界处,该处的宽度应为两个混凝土承托底面的宽度之和。桥面板 C50 混凝土的抗拉强度标准值为 $f_{tk} = 2.65\text{MPa}$。计算式中其他参数的取值为: $n_E = 5.97$; $S_{0c} = 0.171\text{m}^3$,由式(2-3-5)确定;$b_{ce} = 2 \times 0.7 = 1.4\text{m}$。代入式(2-3-2)中:

$$\tau_{cC} = \frac{(V_{g2} + V_q + V_r)S_{0c}}{n_E I_0 b_{ce}/n_E} = \frac{(546.29 + 854.16 + 11.69) \times 10^3 \times 0.171}{0.424 \times 1.4}$$

$$= 0.41(\text{MPa}) < 0.5f_{tk} = 0.5 \times 2.65 = 1.33(\text{MPa})$$

计算表明:当组合梁的截面重心位于钢梁腹板内时,由于混凝土翼板的宽度较大,其弯曲剪应力很小,不控制设计。因此当组合梁的截面重心轴在混凝土桥面以下($y_{0U} \geqslant h_d$)时,可不做混凝土桥面板的剪应力验算。

在实际工程设计中,还需酌情考虑混凝土收缩、徐变、支座沉降及升、降温等作用引起的剪力效应,参见后续例题。

第四节 钢—混凝土组合梁的温度内力分析方法

一、概述

钢和混凝土具有相近而不相等的温度线膨胀系数。当外界温度变化时,组合梁的温度也随之改变,钢和混凝土均产生相应的温度变形,共同伸长或缩短。这种温度变形基本上是协调的,仅在钢梁和混凝土之间产生很小的温度内力,在组合梁设计中通常不考虑这种温度应力的影响。组合梁的温度内力主要来自由于钢材和混凝土的导热系数不同所造成的钢梁和混凝土之间的温度差异。

钢材的导热系数大、传热快,当环境温度突然变化时,外露的钢梁的温度很快就接近环境温度;混凝土则不然,它的导热系数只有钢材的 1/50 左右,热惰性大,对环境温度的变化不敏感,这样就造成了钢梁与混凝土翼板之间的温差,此温差将引起钢梁和混凝土的结合面上的温度内力,进而产生组合梁截面上的温度应力。当环境温度变化并保持一段时间后,两者的温度将趋于一致,该内力将逐渐消失,也就是说温度产生的内力是短期的。

由环境温度变化所造成的钢梁与混凝土翼板之间的温差,应根据多年的温度观测资料确定。如无实测资料,亦可参照有关规范取值。《钢木桥规》(JTJ 025—1986)曾规定:组合梁内钢梁与混凝土桥面板间的计算温差按 ±15℃ 计算,并取混凝土的线膨胀系数 $\alpha_{ct} = 1.0 \times 10^{-5}$,钢材的线膨胀系数 $\alpha_{st} = 1.2 \times 10^{-5}$。在有可能发生显著温差的情况下则另作考虑。计算中假定此项温差沿混凝土、钢梁截面的全高范围内不变。当环境气温升高时,假定温差 Δt 为正,当环境气温降低时,则假定温差 Δt 为负。

二、基于均匀温差的应力计算方法

如图 2-4-1 所示为组合梁的温差应力计算图式。其中,图 2-4-1a)为组合梁截面图。假设混凝土翼板(包括承托)的截面面积为 A_c,绕其自身重心轴的惯性矩为 I_c,其上、下边缘①和②点距重心轴的距离分别为 y_{ct} 和 y_{cb},对其上、下边缘①和②点的截面抵抗矩分别为 $W_{ct} = I_c/y_{ct}$ 和 $W_{cb} = I_c/y_{cb}$,混凝土的弹性模量为 E_c;钢梁的截面面积为 A_s,绕其自身轴的惯性矩为 I_s,其上、下边缘③和④点距钢梁重心轴的距离分别为 y_{st} 和 y_{sb},对其上、下边缘③和④点的截面抵抗矩分别为 $W_{st} = I_s/y_{st}$ 和 $W_{sb} = I_s/y_{sb}$,钢的弹性模量为 E_s。假设钢梁和混凝土的线膨胀系数相等且取为 α_t。由于环境温度的突然变化,将引起钢梁和混凝土翼板之间的温度差。若外界环境突然升温,则钢梁的温度将高于混凝土翼板的温度,假设两者温差为 Δt,试求这种钢梁升温差的应力。

如图 2-4-1b)所示为假设钢梁与混凝土翼板之间无连接的情况。当温差为 Δt 时,如果钢梁与混凝土之间无连接存在,则两者之间的温度伸长量之差 $\Delta L = \alpha_t L \Delta t$,相应的温差滑移应变为 $\varepsilon_{\Delta t} = \alpha_t \Delta t$。

如图 2-4-1c)所示的钢梁与混凝土翼板之间有连接的实际情况。实际上钢梁与混凝土翼板之间设有连接件,将阻止钢梁与混凝土翼板之间的相对滑动。为了补偿温差滑移应变 $\varepsilon_{\Delta t}$,在钢梁与混凝土翼板之间必将产生超静定内力 $V_{lt} = V_{tc} = V_{ts}$,在此称之为由于混凝土和钢梁温差引起的交互作用力。当钢梁的温度高于混凝土温度时,即 Δt 为正时,交互作用力 V_{lt} 对混凝土翼板为偏心拉力 (V_{tc}),而对钢梁为偏心压力 (V_{ts})。

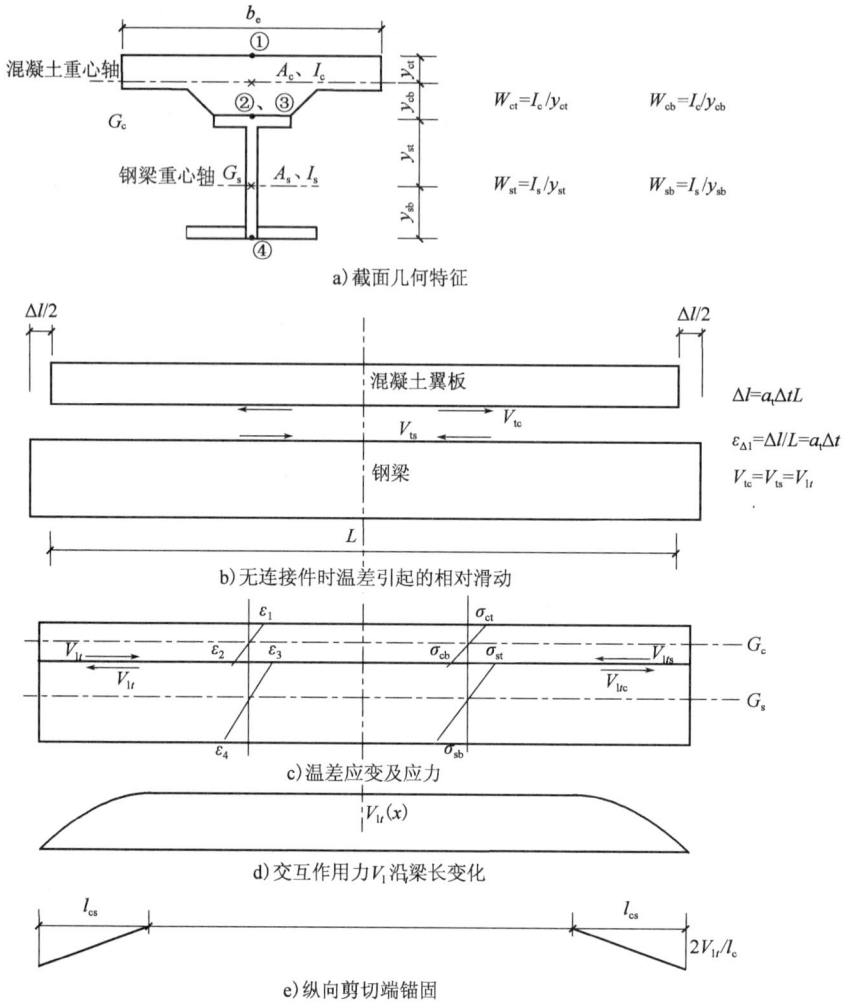

a) 截面几何特征

b) 无连接件时温差引起的相对滑动

c) 温差应变及应力

d) 交互作用力 V_l 沿梁长变化

e) 纵向剪切端锚固

图 2-4-1　组合梁温差应力计算图式

交互作用力 V_{lt} 对混凝土翼板下边缘②点产生的应变为:

$$\varepsilon_{c2.t} = \frac{V_{lt}}{E_c}\left(\frac{1}{A_c} + \frac{y_{cb}}{W_{cb}}\right) \tag{2-4-1}$$

交互作用力 V_{lt} 对钢梁上翼板③点的应变为:

$$\varepsilon_{s3.t} = \frac{-V_{lt}}{E}\left(\frac{1}{A_s} + \frac{y_{st}}{W_{st}}\right) \tag{2-4-2}$$

根据钢梁与混凝土翼板结合面上的变形协调条件,即不考虑两者间有相对滑移,则应有:

$$\varepsilon_{c2.t} - \varepsilon_{s3.t} = \Delta t \alpha_t \tag{2-4-3}$$

代入式(2-4-1)和式(2-4-2),可以解出交互作用力 V_{lt}:

$$V_{lt} = \frac{\alpha_t \Delta t}{\left(\dfrac{1}{E_c A_c} + \dfrac{1}{EA_s} \right) + \left(\dfrac{y_{cb}}{E_c W_{cb}} + \dfrac{y_{st}}{E W_{st}} \right)} \qquad (2\text{-}4\text{-}4)$$

于是,混凝土翼板的温差应力(以拉为正)可以写成如下形式:

$$\begin{cases} \text{在上边缘 ① 点:} & \sigma_{c1.t} = -V_{lt}\left(\dfrac{1}{A_c} - \dfrac{y_{cb}}{W_{ct}} \right) \\[3mm] \text{在下连缘 ② 点:} & \sigma_{c2.t} = -V_{lt}\left(\dfrac{1}{A_c} + \dfrac{y_{cb}}{W_{cb}} \right) \end{cases} \qquad (2\text{-}4\text{-}5)$$

钢梁的温差应力(以拉为正)可以写成如下形式:

$$\begin{cases} \text{在上翼缘顶面 ③ 点:} & \sigma_{s3.t} = -V_{lt}\left(\dfrac{1}{A_s} + \dfrac{y_{st}}{W_{st}} \right) \\[3mm] \text{在下翼缘顶面 ④ 点:} & \sigma_{s4.t} = -V_{lt}\left(\dfrac{1}{A_s} - \dfrac{y_{st}}{W_{sb}} \right) \end{cases} \qquad (2\text{-}4\text{-}6)$$

混凝土和钢梁的温差应力和应变的分布见图 2-4-1c)。设计中可按作用短期或长期效应组合的规定,将温差应力与荷载或其他作用引起的截面应力进行叠加和验算。

由应力叠加的结果可以发现,温度应力对某些情况可能是不利的(与图 2-4-1 相比,①点和③点、④点不利);对有些情况的影响则是有利的(与图 2-4-1 相比,②点有利)。如果环境气温突然降低,则上述结论将会相反。

图 2-4-1d) 表示交互作用力 V_{lt} 沿梁的长度方向的变化情况。因为温差应变 $\varepsilon_{\Delta t}$ 沿梁高方向是常量,所以在梁跨中间的绝大部分区段内交互作用力 V_{lt} 也接近于常量。但在组合梁的两端,边界条件要求 $V_{lt} = 0$,因而在梁端附近的一个区段内,V_{lt} 呈现显著的曲线过渡变化。在该过渡段内,对应于 V_{lt} 的变化率 dV_{lt}/dx 在钢梁与混凝土翼板的结合面上反映出水平剪力,并且由位于该区段的连接件承担。

图 2-4-1e) 中的 l_{cs} 称为纵桥向剪力传递长度,亦称为交互作用力 V_{lt} 的传递区。交互作用力的传递集度在梁端处为 $2V_{lt}/l_{cs}$,在距梁端 l_{cs} 处为零,其间呈线性变化。

对于钢—混凝土组合连续梁桥的温差作用,建议采用有限元或其他求解超静定结构的方法计算。

【例 2-3】 以 [例 2-1] 的参数为基础,分别考虑钢梁升温 $\Delta t = 10℃$ 和钢梁降温 $\Delta t = -10℃$ 的情况,试计算图 2-4-1a) 中的①、②、③和④点,即混凝土上边缘点和下边缘点,钢梁上边缘点和下边缘点的应力。

解: 当环境温度快速升高 10℃ 时,由于钢梁的导热系数远大于混凝土的导热系数,钢梁温度将高于混凝土温度而伸长,并在组合梁的结合面上产生交互作用力 V_{lt},进而在组合截面上产生温度应力。计算中假设钢材和混凝土的线膨胀系数相等,均为 $\alpha_t = 1.2 \times 10^{-5}$。该梁的截面参数由【例 2-1】查取,并补充计算参数如下:

$$I_c = 0.0142\text{m}^4, E_c = 3.45 \times 10^4\text{MPa}, A_c = 1.690\text{m}^2, E_s = 2.06 \times 10^5\text{MPa}, A_s = 0.213\text{m}^2,$$

$$I_s = 0.175\text{m}^4, y_{sb} = 0.877\text{m}, y_{st} = 1.232\text{m}, y_{ct} = 0.156\text{m}, y_{cb} = 0.194\text{m},$$

$$W_{cb} = \frac{I_c}{y_{cb}} = \frac{0.014}{0.194} = 0.073(\text{m}^3), W_{st} = \frac{I_s}{y_{st}} = \frac{0.175}{1.232} = 0.142(\text{m}^3)$$

(1)混凝土板与钢梁结合面上由钢梁升温差产生的交互作用力 V_{lt} 由式(2-4-4)计算。

$$V_{lt} = \frac{\Delta t \cdot \alpha_t}{\left(\dfrac{1}{E_c A_c} + \dfrac{1}{E_s A_s}\right) + \left(\dfrac{y_{cb}}{E_c W_{cb}} + \dfrac{y_{st}}{E_s W_{st}}\right)}$$

$$= \frac{10 \times 1.2 \times 10^{-5} \times 10^3}{\left(\dfrac{1}{3.45 \times 10^4 \times 1.69} + \dfrac{1}{2.06 \times 10^5 \times 0.213}\right) + \left(\dfrac{0.194}{3.45 \times 10^4 \times 0.0732} + \dfrac{1.232}{2.06 \times 10^5 \times 0.142}\right)}$$

$$= 755.30\,(\text{kN})$$

(2)交互作用力 V_{lt} 产生的混凝土板及钢梁应力可由式(2-41)和式(2-42)计算。

交互作用力 V_{lt} 在混凝土上边缘点(①点)产生的应力为:

$$\sigma_{c1.t} = V_{lt}\left(\frac{1}{A_c} - \frac{y_{cb}}{W_{ct}}\right) = 755.30 \times \left(\frac{1}{1.690} - \frac{0.194}{0.091}\right) \times 10^{-3} = -1.16\,(\text{MPa}) \quad (\text{压})$$

交互作用力 V_{lt} 在混凝土下边缘点(②点)产生的应力为:

$$\sigma_{c2.t} = V_{lt}\left(\frac{1}{A_c} + \frac{y_{cb}}{W_{cb}}\right) = 755.30 \times \left(\frac{1}{1.690} + \frac{0.194}{0.0732}\right) \times 10^{-3} = 2.46\,(\text{MPa}) \quad (\text{拉})$$

交互作用力 V_{lt} 在钢梁上边缘点(③点)产生的应力为:

$$\sigma_{s3.t} = -V_{lt}\left(\frac{1}{A_s} + \frac{y_{st}}{W_{st}}\right) = -755.30 \times \left(\frac{1}{0.213} + \frac{1.232}{0.142}\right) \times 10^{-3} = -10.09\,(\text{MPa}) \quad (\text{压})$$

交互作用力 V_{lt} 在钢梁下边缘点(④点)产生的应力为:

$$\sigma_{s4.t} = -V_{lt}\left(\frac{1}{A_s} - \frac{y_{st}}{W_{sb}}\right) = -755.30 \times \left(\frac{1}{0.213} - \frac{1.232}{0.200}\right) \times 10^{-3} = 1.10\,(\text{MPa}) \quad (\text{拉})$$

在上述计算中,交互作用力 V_{lt} 在钢梁中为压力,取负号;在混凝土板中为拉力,取正号。上述计算结果表明,交互作用力 V_{lt} 在组合梁结合面附近的②点和③点引起的应力相对较大,而在混凝土板的上缘(①点)和钢梁的下缘(④点)引起的应力很小。混凝土板及钢梁中其他位置的应力可借助其各自上下缘的应力值内插得到。

当环境温度突然下降时,钢梁低于混凝土温度10℃时,则上述应力计算结果的大小相同,方向相反。温度效应计算结果汇总见表2-4-1。

温度效应计算结果汇总(单位:MPa)   表2-4-1

荷 载 条 件	混凝土上缘	混凝土下缘	钢 梁 上 缘	钢 梁 下 缘
钢梁温度升高10℃	-1.16	2.46	-10.09	1.10
钢梁温度降低10℃	1.16	-2.46	10.09	-1.10

注:表中应力以拉为正,压为负。

三、基于现行规范的温度效应计算方法

《组桥设施规范》(JTG/T D64-01—2015)和《组桥设计规范》(GB 50917—2013)中均规定,组合梁温度效应按现行《公路桥涵设计通用规范》(JTG D60)的相关规定计算。

计算桥梁结构因均匀温度作用引起的外加变形或约束变形时,应从受到约束时的结构温

度开始,考虑最高和最低有效温度的作用效应。最高和最低的有效温度标准值应根据气候分区按表2-4-2采用。

公路桥梁结构有效温度标准值(℃) 表2-4-2

气 候 分 区	混凝土桥面板钢桥	
	最高	最低
严寒地区	39	−32
寒冷地区	39	−15
温热地区	39	−6(−1)

注:括号内数值适用于昆明、南宁、广州和福州地区。

在实际桥梁结构的截面上,温度梯度并非像前述假定的那样,即认为温差沿混凝土、钢梁截面的全高范围内不变。所有研究均表明,在温度突变后的一段时间内,组合梁截面上的实际温度梯度通常是按折线形变化的,这种温度梯度模式为国内外多数规范所采用,见表2-4-3中的图形,但不同的设计规范会因不同的温度区划及桥面铺装形式而采用不同的温度分界值。我国桥梁规范中的温度分界值取为结构顶面温度 T_1 和距结构顶面100mm处的温度 T_2,在钢梁部分的温度则趋于均匀。

《组桥设计规范》(GB 50917—2013)中给出了适用于钢—混凝土组合梁桥的升、降温的温度梯度分布,见表2-4-3。

钢—混凝土组合梁的温度梯度分布 表2-4-3

铺装类型	T_1(℃)	T_2(℃)	铺装类型	T_1(℃)	T_2(℃)
混凝土铺装	25	6.7	混凝土铺装	−12.5	−3.3
50mm 沥青混凝土	20	6.7	50mm 沥青混凝土	−10	−3.3
100mm 沥青混凝土	14	5.5	100mm 沥青混凝土	−7	−2.7

h_c-混凝土桥面板厚度(mm);
H-组合梁高(mm)

注:温度值 T_1、T_2 为相对值。

在实际工程计算时,对于超静定钢—混凝土组合梁桥应按照上表中给定的温度梯度分布采用有限元方法计算截面的温差效应。对于简支组合梁,可近似取混凝土桥面板的平均温度 $(T_1 + T_2)/2$ 作为混凝土桥面板与钢梁的温差 Δt,按照式(2-4-1)~式(2-4-6)的方法近似求得温度梯度引起的截面温差应力;亦可采用有限元方法进行相对更为准确的温差效应计算。

第五节　钢—混凝土组合梁的收缩、徐变分析方法

在钢—混凝土组合简支梁桥中,当桥面板混凝土发生纵向收缩使得桥面板缩短,相当于混凝土桥面板产生降温 Δt 时的作用,也相当于钢梁升温 Δt 时产生的效果。对于钢—混凝土组合简支梁桥,混凝土桥面板是处于受压状态的,在压应力作用下桥面板混凝土将产生徐变,使板长缩短,也相当于钢梁升温 Δt 时产生的效果,两者均会在混凝土板和钢梁之间产生交互作用力 V_{lsh},其计算原理与温度内力计算相同,分述如下。

一、混凝土收缩应力计算方法

混凝土的收缩应变 ε_{sh} 相当于钢梁升温产生的温度应变 $\alpha_t \Delta t$。由于钢筋混凝土板的收缩应变终值 ε_{sh} 可以达到 $0.00015 \sim 0.00020$,而其线膨胀系数 $\alpha_t = 1.0 \times 10^{-5}$。对比表明,钢筋混凝土桥面板总的收缩应变量相当于 $\Delta t = 15 \sim 20℃$ 的温差应变,混凝土板收缩 ε_{sh} 产生的内力可转化为等效温度荷载计算。简化分析方法中,可按混凝土翼板对钢梁产生降温 15℃ 的温差计算。对于分段浇筑的钢筋混凝土板,由于混凝土的收缩已完成了一部分,可按相应于温度降低 $5 \sim 10℃$ 考虑;预制的钢筋混凝土桥面板因其养生或放置的时间较长,可不考虑混凝土的收缩影响。

此外,考虑到混凝土收缩是长期作用,应将混凝土的弹性模量 E_c 用等效模量 $E_{cL} = kE_c$ 代替。将 ε_{sh} 代替温差应变 $\alpha_t \Delta t$,按式(2-5-1)即可求出由于混凝土收缩引起的相互作用力 V_{lsh}:

$$V_{lsh} = \frac{\varepsilon_{sh}}{\left(\dfrac{1}{kE_c A_c} + \dfrac{1}{E_s A_s}\right) + \left(\dfrac{y_{cb}}{kE_c W_{cb}} + \dfrac{y_{st}}{E_s W_{st}}\right)} \tag{2-5-1}$$

式中:ε_{sh}——混凝土的收缩应变值,按《混桥规》(JTG 3362—2018)附录 C.1 条的规定计算,或近似取其终值 $\varepsilon_{sh} = (1.5 \sim 2.0) \times 10^{-4}$;

k——考虑混凝土收缩影响的弹性特征系数,可取 $k = 0.5$;

式中其他符号意义同前。

求得相互作用力 V_{lsh} 之后,即可参考温差应力的计算方法,确定由混凝土收缩引起的混凝土翼板和钢梁中的应力。将相互作用力 V_{lsh} 代入式(2-5-2)即可确定相应各点由混凝土收缩引起的截面应力:

$$\begin{cases} \sigma_{s.sh}^t = -V_{lsh}\left(\dfrac{1}{A_s} + \dfrac{y_{st}}{W_{st}}\right) \\[2mm] \sigma_{s.sh}^b = -V_{lsh}\left(\dfrac{1}{A_s} - \dfrac{y_{st}}{W_{sb}}\right) \\[2mm] \sigma_{c.sh}^t = V_{lsh}\left(\dfrac{1}{A_c} - \dfrac{y_{cb}}{W_{ct}}\right) \end{cases} \tag{2-5-2}$$

式中:$\sigma_{s.sh}^t$、$\sigma_{s.sh}^b$、$\sigma_{c.sh}^t$——钢梁上、下边缘和混凝土桥面板上缘由混凝土收缩引起的正应力;

其他符号意义同前。

上述组合截面上由混凝土收缩产生的正应力可按着作用长期效应组合的有关规定进行截

面应力叠加和验算。

【例 2-4】 以[例 2-1]的参数为基础,考虑现浇混凝土桥面板的施工方法,假设混凝土的收缩终值为 $\varepsilon_{sh} = 2.0 \times 10^{-4}$ 的情况下,试计算 40m 组合梁桥中梁的跨中梁段由混凝土桥面板收缩产生的截面应力状态。

解: 混凝土收缩是长期作用,考虑到混凝土桥面板已发生徐变作用,故将混凝土的弹性模量 E_c 用割线模量 $E'_c = kE_c$ 代替,并取 $k = 0.5$。中梁的其他几何参数取值同[例 2-3]。

(1)由桥面板混凝土收缩引起的结合面交互作用力 V_{lsh} 按式(2-5-1)计算:

$$V_{lsh} = \frac{\varepsilon_{sh}}{\left(\dfrac{1}{kE_c A_c} + \dfrac{1}{EA_s}\right) + \left(\dfrac{y_{cb}}{kE_c W_{cb}} + \dfrac{y_{st}}{EW_{st}}\right)}$$

$$= \frac{2.0 \times 10^{-4} \times 10^3}{\left(\dfrac{1}{0.5 \times 3.45 \times 10^4 \times 1.690} + \dfrac{1}{2.06 \times 10^5 \times 0.213}\right) + \left(\dfrac{0.194}{0.5 \times 3.45 \times 10^4 \times 0.073} + \dfrac{1.232}{2.06 \times 10^5 \times 0.142}\right)}$$

$$= 791.00\,(\text{kN})$$

(2)由交互作用力 V_{lsh} 产生的混凝土板和钢梁的应力按式(2-5-2)计算

在混凝土上边缘点(点①)由交互作用力 V_{lsh} 产生的应力为:

$$\sigma_{c.sh}^t = V_{sh}\left(\frac{1}{A_c} - \frac{y_{cb}}{W_{ct}}\right) = 791 \times \left(\frac{1}{1.690} - \frac{0.194}{0.091}\right) \times 10^{-3} = -1.22\,(\text{MPa}) \quad (压)$$

在混凝土下边缘点(点②)由交互作用力 V_{lsh} 产生的应力为:

$$\sigma_{c.sh}^b = V_{sh}\left(\frac{1}{A_c} + \frac{y_{cb}}{W_{cb}}\right) = 791 \times \left(\frac{1}{1.690} + \frac{0.194}{0.073}\right) \times 10^{-3} = 2.56\,(\text{MPa}) \quad (拉)$$

在钢梁上边缘点(点③)由交互作用力 V_{lsh} 产生的应力为:

$$\sigma_{s.sh}^t = -V_{sh}\left(\frac{1}{A_s} + \frac{y_{st}}{W_{st}}\right) = -791 \times \left(\frac{1}{0.213} + \frac{1.232}{0.142}\right) \times 10^{-3} = -10.57\,(\text{MPa}) \quad (压)$$

在钢梁下边缘点(点④),由交互作用力 V_{lsh} 产生的应力为:

$$\sigma_{s.sh}^b = -V_{sh}\left(\frac{1}{A_s} - \frac{y_{st}}{W_{sb}}\right) = -791 \times \left(\frac{1}{0.213} - \frac{1.232}{0.200}\right) \times 10^{-3} = 1.17\,(\text{MPa}) \quad (拉)$$

桥面板混凝土收缩效应计算结果汇总见表 2-5-1。计算结果表明,由桥面板混凝土收缩引起的组合梁跨中区段的截面应力分布规律与钢梁升温产生应力分布规律是一致的,即靠近结合面附近的应力相对较大,而远离截面的组合梁的上下缘的应力水平相对较低。

混凝土收缩效应计算结果汇总(MPa)　　　　　　　　　　表 2-5-1

混凝土板上缘	混凝土板下缘	钢梁上缘	钢梁下缘
-1.22	2.56	-10.57	1.17

注:表中应力以拉为正,压为负。

二、混凝土徐变的影响

在长期荷载作用下,例如由结构恒载作用下桥面板混凝土在压应力作用下会产生徐变。在线性徐变范围内,可以得到混凝土顶板的徐变应变和弹性应变的总和 ε_{th},即:

$$\varepsilon_{th} = \frac{\sigma_c}{E_c}[1 + \phi(t, t_0)] \tag{2-5-3}$$

式中:ε_{th}——混凝土的总变形,包括弹性变形和徐变引起的塑性变形;

      σ_c——混凝土压应力;

      E_c——混凝土的弹性模量;

$\phi(t,t_0)$——混凝土的徐变系数。

由上式可以得到:

$$\frac{\sigma_c}{\varepsilon_{th}} = \frac{E_c}{1 + \phi(t,t_0)} = E_{cl} = kE_c$$

按《组桥设施规范》(JTG/T D64-01—2015)的规定,在进行组合梁桥整体分析时,可采用调整钢材与混凝土弹性模量比的方法考虑混凝土徐变的影响。即在式(2-1-21)和式(2-1-22)的截面几何性质计算时,引入混凝土等效模量的概念,用 n_L 代替 n_E,并且在截面几何性质计算中以 A_{0L}、I_{0L} 代替 A_0、I_0,这就意味着已经考虑了混凝土徐变对钢—混凝土组合梁的影响。因此,考虑混凝土收缩、徐变时组合梁梁体上的应力可按作用的准永久组合进行应力叠加,再加上由温差引起的相应点的应力,并考虑温度梯度作用的准永久系数0.8,按下式进行总应力计算:

1. 钢梁的应力

$$\begin{cases} \text{上缘:} \quad \sigma_{sL}^t = \frac{M_{g1} + M_{g2}}{I_s} y_{sU} + \frac{M_{g3} + 0.4M_q + 0.4M_r}{I_{0L}}(y_{0UL} - h_d) + \sigma_{s.sh}^t + \psi_2 \sigma_{s3.t} \\ \text{下缘:} \quad \sigma_{sL}^b = \frac{M_{g1} + M_{g2}}{I_s}(h_s - y_{sU}) + \frac{M_{g3} + 0.4M_q + 0.4M_r}{I_{0L}}(h - y_{0UL}) + \sigma_{s.sh}^b + \psi_2 \sigma_{s4.t} \end{cases}$$

$$(2\text{-}5\text{-}4)$$

2. 混凝土板顶面应力

$$\sigma_{cL}^t = \frac{M_{g3} + 0.4M_q + 0.4M_r}{n_L I_{0L}} y_{0UL} + \sigma_{c.sh}^t + \psi_2 \sigma_{c1.t} \qquad (2\text{-}5\text{-}5)$$

式中:y_{0UL}——考虑荷载徐变效应时,换算截面重心轴距混凝土翼板顶面的距离,按式(2-1-20)计算;

    I_{0L}——考虑荷载徐变效应时换算截面惯性矩,按式(2-1-22)计算;

    ψ_2——考虑温度梯度作用的准永久值系数,根据《公路桥涵通用设计规范》(JTG D60—2015)取 $\psi_2 = 0.8$。

若按《组桥设施规范》(JTG/T D64-01—2015)式,即式(2-1-19)计算的 n_L 中已考虑了混凝土徐变和收缩的综合影响,用式(2-5-4)和式(2-5-5)计算总应力时,则可不再考虑由混凝土收缩引起的各项应力 $\sigma_{s.sh}^t$、$\sigma_{s.sh}^b$ 和 $\sigma_{c.sh}^t$ 的影响。

对于钢—混凝土组合连续梁桥结构中由混凝土收缩、徐变引起的内力应采用有限元分析或其他更为精确的方法进行计算。

【例2-5】 以【例2-1】的参数为基础,考虑现浇混凝土桥面板的施工方法,试采用等效模量法计算40m组合梁桥中梁的跨中截面由桥面板混凝土徐变产生的截面应力状态。

解:等效模量法即混凝土的弹性模量 E_c 用其割线模量 $E_c' = kE_c$ 代替的方法。计算结构重力对桥面板混凝土徐变影响时,取 $k = 0.4$。本例中计算结构重力作用引起的混凝土徐变的思路为:分别计算考虑徐变和不考虑徐变两种情况下截面应力值,并将它们的差值作为徐变效应引起的应力值。考虑到该桥采用无支架施工,混凝土桥面板及钢梁的自重均由钢梁承担,能产生混凝土徐变的结构重力仅为桥梁二期恒载,即 M_{g3},混凝土徐变计算中不计活载作用的影响。计算截面取为中梁跨中区段的组合截面,其几何参数同前。由[例2-1]可知,在该截面上二期恒载作用下的弯矩标准值为 $M_{g3} = 5366.07 \text{kN} \cdot \text{m}$。

(1)不考虑混凝土徐变效应时二期恒载作用下的截面应力

钢梁上、下缘的应力按式(2-2-3)和式(2-2-4)计算:

$$\sigma_{sC}^t = -\frac{M_{g3}}{I_0}(h - y_{0b} - h_d - h_c) = -\frac{5366.07}{0.424} \times (2.459 - 1.689 - 0.35) = -5.32(\text{MPa})$$

$$\sigma_{sC}^b = \frac{M_{g3}}{I_0} y_{0b} = \frac{5366.07}{0.424} \times 1.689 = 21.40(\text{MPa})$$

上述计算中,y_{0b} 为换算截面重心轴距钢梁底边距离,$y_{0b} = h - y_{0U} = 2.459 - 0.77 = 1.689(\text{m})$;$I_0$ 为换算截面惯性矩,$I_0 = 0.424\text{m}^4$,$h = 2.459\text{m}$,$h_d + h_c = 0.35\text{m}$,$n = 5.97$。代入公式(2-2-5),则混凝土板上、下缘的应力为:

$$\sigma_{cC}^t = -\frac{M_{g3}}{n_E I_0}(h - y_{0b}) = -\frac{5366.06}{5.97 \times 0.424} \times (2.459 - 1.689) = -1.63(\text{MPa})$$

$$\sigma_{cC}^b = -\frac{M_{g3}}{n_E I_0}(h - y_{0b} - h_d - h_c)$$

$$= -\frac{5366.06}{5.97 \times 0.424} \times (2.459 - 1.689 - 0.35) = -0.89(\text{MPa})$$

(2)考虑徐变效应时,二期恒载作用下截面应力计算

上述计算中取钢材与混凝土的模量比为 $n_E = 5.97$,其他参数同前。由式(2-2-6)~式(2-2-8)知,钢梁上、下缘的应力为:

$$\sigma_{sL}^t = -\frac{M_{g3}}{I_{0L}}(h - y_{0bL} - h_d) = -\frac{5366.06}{0.326} \times (2.459 - 1.370 - 0.35) = -12.17(\text{MPa})$$

$$\sigma_{sL}^b = \frac{M_{g3}}{I_{0L}} y_{0bL} = \frac{5366.06}{0.326} \times 1.370 = 22.57(\text{MPa})$$

上述计算中,y_{0bL} 为考虑混凝土徐变影响的换算截面重心轴距组合梁底边的距离,$y_{0bL} = h - y_{0UL} = 2.459 - 1.089 = 1.370(\text{m})$;其中 y_{0UL} 和 I_{0L} 是仅考虑混凝土徐变影响的换算截面重心轴到混凝土板顶面的距离和换算截面惯性矩,分别按式(2-1-20)和式(2-1-22)确定,$y_{0UL} = 1.089$,$I_{0L} = 0.326\text{m}^4$。

混凝土板上、下缘的应力:

$$\sigma_{cL}^t = -\frac{M_{g3}}{n_L I_{0L}}(h - y_{0bL}) = -\frac{5366.06}{2.5 \times 5.97 \times 0.326} \times (2.459 - 1.37) = -1.20(\text{MPa})$$

$$\sigma_{cL}^b = -\frac{M_{g3}}{n_L I_{0L}}(h - y_{0bL} - h_d - h_c)$$

$$= -\frac{5366.06}{2.5 \times 5.97 \times 0.326} \times (2.459 - 1.37 - 0.35) = -0.81(\text{MPa})$$

上述计算中近似取用考虑混凝土徐变影响的长期模量比为 $n_L = 2.5n_E$,其他参数同前。

(3)结构二期恒载作用下徐变产生的应力计算

考虑徐变效应和不考虑徐变效应两种情况下截面应力值的差值即为桥梁二期恒载作用下的徐变效应。

钢梁上、下缘由徐变引起的应力为:

$$\sigma_{s,cr}^{t} = \sigma_{sL}^{t} - \sigma_{sC}^{t} = -12.17 - (-5.32) = -6.85(MPa) \quad (压)$$

$$\sigma_{s,cr}^{b} = \sigma_{sL}^{b} - \sigma_{sC}^{b} = 22.57 - 21.4 = 1.20(MPa) \quad (拉)$$

混凝土板上、下缘由徐变引起的应力为:

$$\sigma_{c,cr}^{t} = \sigma_{cL}^{t} - \sigma_{cL}^{t} = -1.20 - (-1.63) = 0.43(MPa) \quad (拉)$$

$$\sigma_{c,cr}^{b} = \sigma_{cL}^{b} - \sigma_{cC}^{b} = -0.81 - (-0.89) = 0.08(MPa) \quad (拉)$$

上述徐变效应的计算结果汇总见表2-5-2。由于桥面板混凝土徐变的作用,使得钢梁上缘受压、下缘受拉。由于钢梁对桥面板混凝土徐变的牵制作用,混凝土桥面板的上、下缘均产生拉应力,这实质上是为桥面板混凝土减压;而钢梁的上下缘应力均有所增加。与钢梁升温或混凝土收缩作用的结果有所不同的是,徐变引起的混凝土下缘的应力增量要小于其上缘的应力增量,原因在于,由二期恒载引起桥面板下缘的压应力要小于其上缘的压应力,而徐变作用的结果是与混凝土的初始应力直接相关的,混凝土应力越大,则徐变越大,反之亦然。

混凝土徐变效应的计算结果汇总(单位:MPa)　　　　　　　　　　表2-5-2

混凝土板上缘	混凝土板下缘	钢 梁 上 缘	钢 梁 下 缘
0.43	0.08	-6.85	1.20

【例2-6】 以[例2-1]、[例2-3]~[例2-5]的数据为基础,将该40m组合梁桥中梁的跨中截面由自重、二期恒载、活载、温差及桥面板混凝土收缩、徐变产生的截面应力进行组合,试计算该截面的最终应力状态,并判断在持久状况的正常使用阶段跨中截面的安全性。

解:遵循最不利组合原则,对上述例题中的截面进行如下应力组合,并以此作为跨中截面的最终应力状态:

(1)钢梁正应力组合

计算分析表明,对于钢梁上、下缘应力采用的最不利组合均为:

$$恒载 + 汽车 + 人群 + 收缩 + 徐变 + 钢梁升温10℃$$

(2)混凝土正应力计算

对于混凝土板上缘应力采用的最不利组合应为:

$$二期恒载 + 汽车 + 人群 + 收缩 + 徐变 + 钢梁降温10℃$$

对于混凝土板下缘应力采用的最不利组合应为:

$$二期恒载 + 收缩 + 徐变 + 钢梁升温10℃$$

根据前述算例的应力计算结果,按照上述各项组合得到的跨中截面最终应力状态及相应的容许应力控制值汇总见表2-5-3,由此即可判断出在持久状况正常使用阶段跨中截面在弯矩作用下的安全性。

正常使用阶段跨中截面正应力汇总（单位：MPa）　　表 2-5-3

截 面 位 置	正 应 力	钢材容许应力	截 面 位 置	正 应 力	混凝土容许应力
钢梁上缘	−124.14	$0.8f_d = 208$	混凝土板上缘	−6.65	$0.5f_{ck} = 16.2$
钢梁下缘	109.8		混凝土板下缘	−1.72	

值得说明的是，为进行上述应力的分项对比，突出应力叠加的基本概念和方法，本例给出的各项应力组合均是针对各项荷载及作用的标准值而言的，因此其计算结果通常是偏于安全的。

在实际工程设计中，应按照本节式(2-5-4)、式(2-5-5)直接计算出由恒载、活载及混凝土徐变在作用准永久组合下的截面各控制点的应力，再与由温差作用[式(2-4-4)~式(2-4-6)]和混凝土收缩作用[式(2-5-1)、式(2-5-2)]计算得到的截面相应控制点的各项应力相叠加。在应力的叠加计算中尚应按《公路桥涵设计通用规范》(JTG D60—2015)考虑温度梯度可变作用的准永久值系数 $\psi_2 = 0.8$，其最终应力状态会略小于本算例的计算结果。

第六节　钢—混凝土组合简支梁桥的变形分析与控制

一、基本原理与方法

钢—混凝土组合梁桥在正常使用极限状态下的变形可根据给定的构件刚度，按弹性方法计算，并应考虑荷载长期变形的影响。对于连续梁桥，必要时还应考虑混凝土桥面板可能的开裂及预应力的影响。

组合梁的挠度可按结构力学方法计算，其中的截面刚度应采用换算截面的几何特征值。基于弹性理论的组合梁挠度计算的一般公式为：

$$\delta = \int_o^L \frac{\overline{M}_1(x) M_q(x)}{E_s I_o(x)} dx \qquad (2-6-1)$$

式中：$\overline{M}_1(x)$——在所求挠度处作用单位力引起的各截面上的弯矩值；

$M_q(x)$——由设计车道荷载引起的各截面上的弯矩值；

式中其他符号意义同前。

对于等截面简支梁，式(2-6-1)可不做积分运算，直接采用图乘法求出车道荷载作用下的挠度计算结果。

在《公路桥涵设计通用规范》(JTG D60—2015)中的汽车荷载采用车道荷载的计算模式。车道荷载由集中力荷载和均布荷载组成，可将其分解为两种情况，分别取计算挠度并叠加。

在车道集中荷载标准值 P_k 作用下，简支组合梁的跨中挠度 δ_p 为：

$$\delta_p = \frac{P_k L^3}{48B} \qquad (2-6-2)$$

在车道均布荷载标准值 q_k 作用下，简支组合梁的跨中挠度 δ_q 为：

$$\delta_q = \frac{5q_k L^4}{384B} = \frac{5M_{kL/2}L^2}{48B} \qquad (2-6-3)$$

式中:L——组合梁的计算跨径;

$M_{kL/2}$——由车道荷载均布荷载 q_k 产生的简支梁跨中弯矩;

B——钢—混凝土组合梁的截面刚度,按频遇组合计算时应取 $E_s I_0$,准永久组合计算时取 $E_s I_{0L}$。

在实际工程设计中,对于多梁式钢—混凝土组合梁桥,上式的计算结果尚需考虑活载横向分布及车道折减的影响。对于单箱或单箱多室的组合箱梁桥,应考虑车道折减及箱梁扭转效应的影响,对于后者,常以汽车荷载产生的纵向弯矩效应放大 10% ~ 15% 加以考虑。

对于变高梁或连续梁桥,可利用有限元方法或其他结构力学方法直接求出各跨跨中截面的挠度值。连续组合梁若采用开裂分析方法,中支座两侧 $0.15L$ 范围外区段取考虑滑移效应的折减刚度,中支座两侧 $0.15L$ 范围内区段取开裂截面刚度;连续组合梁桥若采用中支点不开裂分析方法(即采用预应力混凝土桥面板),全桥均采用考虑滑移效应的折减刚度。

二、结合面滑移对挠度计算的影响

在组合梁正常使用阶段,钢梁和混凝土的结合面上尽管存在着连接件,但两者间仍可能产生微小的相对滑移。在截面弹性应力分析中,我们通常假设截面变形后仍保持平面。平截面假定使得弹性应力和变形的计算方法得以成立,而且其计算精度也可以满足工程设计的要求。但是这种相对滑移的存在将会降低结构的刚度,并使得实际挠度比不考虑滑移的挠度计算结果略偏大。根据国内外试验结果,由混凝土桥面板和钢梁间相对滑移引起的附加挠度约 10% ~ 15%。为此《组桥设施规范》(JTG/T D61-01—2015)中根据国内外的最新研究成果,在计算组合梁时引入考虑滑移效应的折减刚度 B,以对截面计算刚度 $E_s I_0$(或 $E_s I_{0L}$)进行修正。考虑界面滑移影响后的截面刚度 B 可按下式进行折减:

$$B = \frac{E_s I_{un}}{1 + \zeta} \tag{2-6-4}$$

式中:E_s——钢材的弹性模量;

I_{un}——组合梁未开裂截面的惯性矩,即由式(2-1-13)确定的 I_0(或 I_{0L});

ζ——截面刚度折减系数,由式(2-6-5)计算:

$$\zeta = \eta \left[0.4 - \frac{3}{(\alpha L)^2} \right] \tag{2-6-5}$$

其中:

$$\eta = \frac{36 E d_{sc} p A_{00}}{n_s k h L^2} \tag{2-6-6}$$

$$A_{00} = \frac{A_c A_s}{n_E A_s + A_c} \tag{2-6-7}$$

$$\alpha = 0.81 \sqrt{\frac{n_s k A_{11}}{E_s I_{00} p}} \tag{2-6-8}$$

$$A_{11} = \frac{I_{00} + A_{00} d_{cs}^2}{A_{00}} \tag{2-6-9}$$

$$I_{00} = I_s + \frac{I_c}{n_E} \qquad (2\text{-}6\text{-}10)$$

式中：L——组合梁的计算跨径（mm），当为连续组合梁时取等效跨径，参见图 2-1-2a）；

$\quad A_c$——混凝土桥面板截面面积（mm^2）；

$\quad A_s$——钢梁截面面积（mm^2）；

$\quad I_s$——钢梁截面惯性矩（mm^4）；

$\quad I_c$——混凝土桥面板的截面惯性矩（mm^4）；

$\quad d_{sc}$——钢梁截面形心到混凝土翼板截面形心的距离（mm）；

$\quad h$——组合梁截面高度（mm）；

$\quad k$——连接件抗剪刚度系数（N/mm），取 $k = V_{su}$，V_{su} 为极限状态下连接件抗剪承载力设计值（N），可根据连接件的类型并根据式（3-2-1）～式（3-2-4）取值；

$\quad p$——连接件的平均间距（mm）；

$\quad n_s$——连接件在一根梁上的列数；

$\quad n_E$——钢材与混凝土弹性模量之比。

当按式（2-6-5）计算得到 $\zeta < 0$，或布置的连接件密度足够大，且认为可以忽略结合面相对滑移影响时，可取 $\zeta = 0$，即不考虑刚度折减。

三、考虑结合面滑移影响的挠度增量计算

对于钢—混凝土组合简支梁桥，考虑结合面滑移影响的静活载引起的跨中挠度可用挠度增量的形式表示为：

$$\delta = \delta_p + \Delta\delta_p \quad \text{和} \quad \delta = \delta_q + \Delta\delta_q \qquad (2\text{-}6\text{-}11)$$

式中，由跨中集中荷载 P_k 和均布荷载 q_k 作用引起的简支组合梁桥的跨中挠度 δ_p 和 δ_q 可按式（2-6-2）和式（2-6-3）确定。由于结合面滑移引起的挠度增量 $\Delta\delta_p$ 和 $\Delta\delta_q$ 可按下式确定：

$$\Delta\delta_p = \frac{\beta P_k (L/2 - 1/\alpha_0)}{2h} \qquad (2\text{-}6\text{-}12)$$

$$\Delta\delta_q = \frac{\beta q_k}{h}\left(\frac{L^2}{8} - \frac{1}{\alpha_0^2}\right) \qquad (2\text{-}6\text{-}13)$$

式中 $\alpha_0^2 = \dfrac{kA_{11}}{E_s I_0 p}$，$\beta = \dfrac{d_{sc}p}{kA_{11}}$，其他参数意义同前。

值得说明的是，考虑式（2-6-4）后的计算挠度与式（2-6-11）的计算挠度具有相同的物理意义，两者均考虑了结合面滑移的影响。前者是将滑移影响考虑在结合面的刚度折减中，而后者则是以挠度增量的形式表述，两者不可重复考虑。

四、挠度验算及控制条件

按《混桥规》（JTG 3362—2018）的要求，混凝土梁桥的挠度验算应考虑荷载长期效应的影响。即按作用短期效应组合并乘以考虑混凝土强度等级影响的挠度长期增长系数 $\eta_\theta = 1.35 \sim 1.6$，采用不计冲击系数的汽车车道荷载效应的频遇值，频遇值系数为 0.7。计算的竖向挠度

值不应超过规定的 $L/600$ 限值(L 为计算跨径)。

按《钢桥规》(JTG D64—2015)的规定,对简支或连续梁的竖向挠度限值为 $L/500$(L 为计算跨径)。这一限值相对于《混桥规》(JTG 3362—2018)的限值有所放宽,但其频遇值系数却由 0.7 增加为 1.0,这相当于采用不计冲击系数的汽车车道荷载效应的标准值。

《组桥设施规范》(JTG D64-01—2015)中没有给出变形控制的具体规定,但要求按《钢桥规》(JTG D64—2015)规定执行,即采用不计冲击系数的汽车车道荷载效应的标准值计算挠度,并按 $L/500$ 控制竖向挠度。

《组桥设计规范》(GB 50917—2013)的挠度计算时,规定应分别按《公路桥涵设计通用规范》(JTG D60—2004)中的短期效应组合和长期效应组合计算桥梁的短期挠度和长期挠度。而《公路桥涵通用设计规范》(JTG D60—2015)中的短期效应组合和长期效应组合已更改为频遇组合和准永久组合;挠度限制条件仍为 $L/600$。因此可以认为与《混桥规》(JTG 3362—2018)的要求基本一致。

目前看来,与行业相关的设计规范中,挠度及预拱度计算方法均有异同。笔者认为,钢—混凝土组合梁桥因截面刚度中混凝土所占比重相对较小,应与钢桥更为接近,因此计算钢—混凝土组合梁桥的跨中挠度时,可偏安全地取汽车活载作用的标准值,即取用不计冲击系数的汽车作用效应的标准值,亦可理解为按《钢桥规》(JTG D64—2015)中取用活载效应频遇值系数为 1.0。所以,由汽车荷载引起的静活载总挠度 δ_T 可由式(2-6-14)表示为:

$$\delta_T = \delta_p + \delta_q \quad \text{或} \quad \delta_T = \delta_p + \Delta\delta_p + \delta_q + \Delta\delta_q \tag{2-6-14}$$

建议钢—混凝土组合梁桥的挠度控制条件仍偏安全地按照《混桥规》(JTG D62—2015)规范取为:

$$\delta_T \leqslant [\delta] = \frac{L}{600} \tag{2-6-15}$$

当需要估算钢—混凝土组合梁长期变形时,可将截面几何性质计算中的模量比 n_E 用考虑混凝土徐变效应的长期模量比 n_L 取代,恒载作用取其标准值,汽车活载作用可取其不计冲击的准永久值。由于结合面相对滑移量对于结构长期变形量的影响很小,可不考虑其对组合梁长期变形的影响。

组合梁桥跨结构应根据挠度计算值设置预拱度。当结构重力和静活载标准值产生的挠度不超过跨径的 1/1600 时,可不设预拱度。若上述条件不满足时,预拱度的数值可取结构重力引起的挠度和静活载标准值所产生的竖向挠度一半之和。钢梁起拱时应将其做成平顺曲线,如桥面位于竖曲线上,梁上各点的预拱度应叠加于竖曲线之上。

第七节　钢—混凝土组合梁的截面抗弯承载力计算

我们知道,混凝土并非理想的弹性材料,而钢材可以认为是理想的弹塑性材料。因此组合梁的截面弹性分析只有当混凝土的最大压应力小于 0.5 倍轴心抗压强度,且钢材的最大拉应力小于其比例极限或屈服强度时才认为是正确的。或者说,组合梁的截面弹性分析只适用于桥梁的正常使用极限状态。

如何保证钢—混凝土梁桥在持久状况承载能力极限状态的结构安全,如何确定截面抗弯承载力和抗剪承载力,这是钢—混凝土组合梁桥设计中必须回答的问题。对于钢—混凝土组合梁桥,目前尚缺少基于试验研究的承载力经验计算方法。

理论上认为,钢—混凝土组合梁的截面抗弯承载力可根据其在极限状态下应力图假设,划分为塑性抗弯承载力、弹塑性抗弯承载力和弹性抗弯承载力,以下分别予以介绍。

一、组合梁的塑性抗弯承载力基本概念

塑性理论与弹性理论同样具有悠久的历史。在 20 世纪中期,欧洲国家已开始将塑性理论用于钢筋混凝土结构、钢结构以及钢—混凝土组合结构。英国早在 1965 年制定的《钢—混凝土组合结构,房屋建筑中的简支梁》(CP117. pt.1)的附录 A 中,就列入了塑性理论设计方法,北欧丹麦等国的钢筋混凝土结构设计规范也建立在塑性理论的基础上。

根据国内外的研究结果,现行《钢结构设计规范》(GB 50017—2003)给出了基于塑性理论的建筑钢—混凝土组合梁的承载力计算方法。桥梁结构虽然在尺度上大于建筑结构,但可以根据桥梁设计规范中的材料选择、构造形式和相关技术要求,参考其基本原理建立桥梁钢—混凝土梁的在承载能力极限状态下抗弯承载力计算方法。现行《组桥设计规范》(GB 50917—2013)中也采用了基于塑性理论抗弯承载力计算方法。

钢—混凝土组合梁按塑性方法设计的前提是截面能够形成塑性铰。当荷载增大时,钢梁的一部分产生塑性化,形成塑性铰,使得结构能够充分转动和变形,最终形成破坏机构。构件出现塑性铰时,其截面刚度比弹性阶段的刚度低很多。特别是当构件较薄时,很容易产生局部屈曲、侧向压屈和弯扭压屈。若出现这些情况,构件的抗弯能力将会降低,以至于达不到全塑性弯矩。因此,按塑性理论分析的组合梁,首先应确定钢梁不产生局部压屈所需的截面各部分尺寸。为使钢梁的侧向变形和扭转变形不致过大,还应适当布置侧向支承杆或横隔板。

对于按塑性方法设计的钢梁,其钢材必须是软钢,力学性能需满足强屈比 $f_u/f_y \geq 1.2$、伸长率 $\delta_5 \geq 15\%$,相应的钢材抗拉极限强度 f_u 的应变不小于 20 倍屈服点的应变 ε_y,即 $\varepsilon_u \geq 20\varepsilon_y$。上述关于钢材材性的要求是按塑性方法计算钢梁截面承载力的基础。

为保证钢梁能形成塑性铰并能够进行截面塑性设计,组合梁计算截面的板件必须满足宽厚比(腹板亦可称为高厚比)的要求,也就是要求组合截面的受压翼板和腹板在全截面进入塑性状态前不出现局部失稳。

参照欧洲规范 4,《组桥设计规范》(GB 50917—2013)认为全截面可以达到塑性并可形成塑性铰的截面及全截面可以达到塑性但不能形成塑性铰且稳定问题先于塑性铰出现的截面可以采用塑性方法计算截面抗弯承载力,并对上述两种情况规定了板件宽厚比的构造要求,见表 2-7-1,以避免稳定性破坏先于抗弯破坏。对于承受正弯矩作用的工字形或箱形组合梁,当塑性中性轴位于混凝土桥面板之内时,全部钢梁均处于受拉状态,不存在局部稳定问题,在此未予以列出。

对于钢—混凝土组合梁简支梁或连续梁的正弯矩区,钢梁上翼板因连接件的构造要求而采用的上翼板宽度较大,其表面通常布置大量的连接件。钢板通过这些连接件与混凝土桥面板的底面密贴,且共同受压。因此当钢梁上翼板受压时不易发生翘曲变形而局部失稳,其钢材的受压强度是可以发挥的,这一点与独立受压的钢梁翼板明显不同。在此情况下,钢梁受压上翼板的宽度往往是由布置栓钉的构造要求决定的。

对于承受负弯矩的连续梁的中支点截面,可采用在钢梁底板上增加纵向加劲肋的方式减

小受压底板的 b_0 值,或在受压的钢箱梁内(下缘)浇筑混凝土,均可协助提高其受压底板抵抗局部失稳的能力;而对于位于受拉区的钢梁上翼板则无需考虑 b/t 的限值。

钢梁板件宽厚比(GB 50917—2013)

表 2-7-1

正、负弯矩作用区段截面示意图		翼缘	腹板
正弯矩作用区段	塑性中和轴在钢梁截面内: A_{sc} 塑性中和轴	符合构造要求	当 $\alpha > 0.5$ 时: $\dfrac{h_w}{t_w} \leq \dfrac{376}{13\alpha-1}\sqrt{\dfrac{345}{f_y}}$ 当 $\alpha \leq 0.5$ 时: $\dfrac{h_w}{t_w} \leq \dfrac{34}{\alpha}\sqrt{\dfrac{345}{f_y}}$
负弯矩作用区段	钢梁下翼缘受压 塑性中和轴 A_{sc}	下翼缘: $\dfrac{b}{t} \leq 8\sqrt{\dfrac{345}{f_y}}$ $\dfrac{b_0}{t} \leq 31\sqrt{\dfrac{345}{f_y}}$	当 $\alpha > 0.5$ 时: $\dfrac{h_w}{t_w} \leq \dfrac{376}{13\alpha-1}\sqrt{\dfrac{345}{f_y}}$ 当 $\alpha \leq 0.5$ 时: $\dfrac{h_w}{t_w} \leq \dfrac{34}{\alpha}\sqrt{\dfrac{345}{f_y}}$

注:α 为钢梁受压区腹板高度的比例系数,可近似采用下列各式计算:

正弯矩作用区段,塑性中和轴在钢梁截面内时:$A_{sc} = \dfrac{A_s f_d - A_c f_{cd} - A_r f_{sd}}{2f_d}$,$\alpha = \dfrac{A_{sc} - A_{st}}{h_w t_w}$

负弯矩作用区段:$A_{sc} = \dfrac{A_s f_d + A_r f_{sd}}{2f_d}$,$\alpha = \dfrac{A_{sc} - A_{sb}}{h_w t_w}$

式中:A_{st}、A_{sb}——钢梁上翼缘、下翼缘面积;
　　　A_{sc}——钢梁受压区的截面面积。

当截面塑性中性轴位于腹板内,但截面尺寸不满足表 2-7-1 要求的截面,在达到截面塑性抗弯承载力之前会出现钢梁局部失稳,截面难以达到塑性极限状态。在此情况下应考虑在钢梁腹板受压区增设纵向加劲肋,使其满足表 2-7-1 中钢腹板宽厚比的要求,或按照弹性方法验算组合截面的抗弯承载力,参见式(2-7-19)。

二、组合梁的塑性抗弯承载力计算方法

1. 组合梁抗弯承载力的基本表达式和基本假设

目前在《钢桥规》(JTG/T D64—2015)和《组桥设施规范》(JTG/T D64-01—2015)中均未列

入钢—混凝土组合梁桥的极限抗弯承载力的计算方法。笔者建议在抗弯承载力计算中采用公路桥梁规范的荷载组合系数和材料强度指标,采用承载能力极限状态的基本组合,参考《组桥设计规范》(GB 50917—2013)的计算方法进行设计验算。其抗弯承载力的基本表达式为:

$$\gamma_0 M_d \leq M_{pud} \tag{2-7-1}$$

式中:M_d——承载能力极限状态下作用效应基本组合的截面弯矩设计值;

M_{pud}——按塑性方法计算的组合截面抗弯承载力;

γ_0——桥梁结构重要性系数,按《公路桥涵设计通用规范》(JTG D60—2015)的规定取值。

在组合梁截面抗弯承载力计算中引入如下基本假设:

(1)混凝土翼板与钢梁之间有可靠的连接,能够保证钢梁上翼板的抗压强度充分发挥。

(2)位于塑性中性轴以下的受拉混凝土已开裂,不考虑其参与工作。

(3)位于塑性中性轴以上的受压混凝土取矩形应力图,其应力达到混凝土的抗压强度设计值 f_{cd}。

(4)钢梁的受压区、受拉区均已进入塑性状态,其截面应力分布为矩形,且应力达到钢材的抗拉、抗压和抗弯强度设计值 f_d 和 f_d',对于常用的软钢材料有 $f_d = f_d'$。

(5)当钢筋混凝土面板下设有承托时,忽略其中应力的影响。

按塑性理论计算组合梁抗弯承载力时,不考虑钢梁的初始应力对最终承载力的影响,不考虑分阶段受力的应力叠加问题,也不考虑温度应力和混凝土收缩、徐变的影响。混凝土桥面面板内通常设有上、下两层纵、横向钢筋网,其中纵向钢筋对截面的承载力是有贡献的。在简支梁桥正弯矩区段截面极限抗弯承载力计算时,通常可不考虑混凝土桥面板中纵向钢筋的影响。桥面板中的纵、横向钢筋仅作为桥面板的受力钢筋或构造钢筋考虑。按上述假设确定的组合梁正弯矩截面塑性抗弯承载力的计算方法简明、方便且偏于安全。

2.截面塑性抗弯承载力计算公式

在计算截面塑性抗弯承载力时,按组合梁的塑性中性轴位置 x_i 的不同,须按两种类型分别计算,参见图2-7-1。

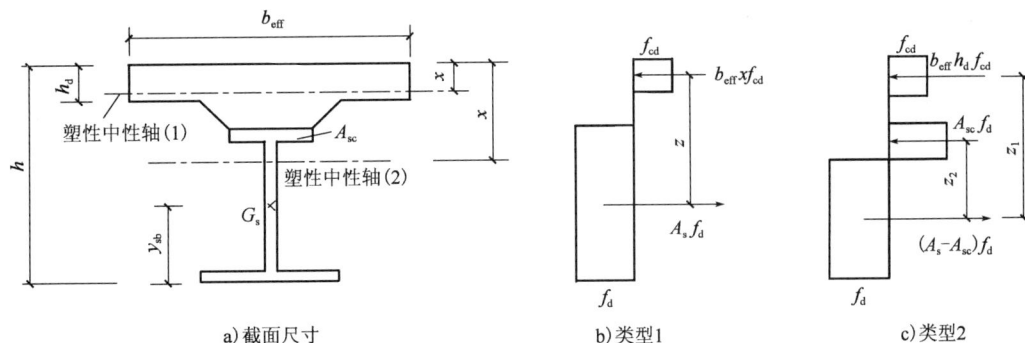

图2-7-1 截面塑性抗弯承载力计算图式

(1)第一类型截面($x \leq h_d$)

塑性中性轴 x 位于混凝土翼板内,钢梁全部处于受拉状态。由于钢板无局部压屈问题,因而截面尺寸不受表2-7-1的限制。截面应力计算图式见图2-7-1b),其判断条件如下:

$$A_s f_d \leqslant b_{eff} h_d f_{cd} \tag{2-7-2}$$

由截面上所有的力水平投影之和为零的平衡条件 $\sum N = 0$，可得：

$$b_{eff} x f_{cd} = A_s f_d \tag{2-7-3}$$

进而有：

$$x = \frac{A_s f_d}{b_{eff} f_{cd}} \leqslant h_d \tag{2-7-4}$$

由截面上所有的力对受压区混凝土合力作用点取矩的平衡条件 $\sum M = 0$，可得：

$$\gamma_0 M_d \leqslant M_{pud} = A_s f_d Z \tag{2-7-5}$$

以上式中：f_{cd}——混凝土的抗压强度设计值；

$\quad\quad\quad f_d$——钢材的抗拉、抗压及抗弯强度设计值；

$\quad\quad\quad A_s$——钢梁的截面面积；

$\quad\quad\quad b_{eff}、h_d$——混凝土翼板的有效宽度和高度；

$\quad\quad\quad Z$——钢梁截面应力合力作用点至混凝土受压区应力合力作用点之间的距离，

$$Z = h - y_{sb} - \frac{x}{2} \tag{2-7-6}$$

式中：h——组合梁的全高；

$\quad\quad y_{sb}$——钢梁截面重心至下边缘的距离。

（2）第二类型截面（$x > h_d$）

塑性中性轴位于钢梁之内，钢梁部分受拉、部分受压。其截面受压部分的尺寸应满足表 2-7-1 的限制。截面应力计算图式参见图 2-7-1c)，其判断条件为：

$$A_s f_d > b_{eff} h_d f_{cd} \tag{2-7-7}$$

令钢梁受压面积为 A_{sc}，则钢梁的受拉面积可表示为 $A_{st} = A_s - A_{sc}$（值得注意的是此式中的 A_{st} 与表 2-7-1 注中的 A_{st} 具有不同的物理意义）。由截面上所有的力水平投影之和为零的平衡条件 $\sum N = 0$，可得：

$$b_{eff} h_d f_{cd} + A_{sc} f_d = (A_s - A_{sc}) f_d \tag{2-7-8}$$

从而得到：

$$A_{sc} = \frac{A_s f_d - b_{eff} h_d f_{cd}}{2 f_d} \tag{2-7-9}$$

应对按上式求出的钢梁受压面积 A_{sc} 作如下判断：若有 $A_{sc} > b_{su} t'$，说明截面塑性中性轴 x 确实在钢梁腹板内。于是，由截面上所有的力对钢梁受拉区合力作用点取矩之和为零的平衡条件 $\sum M = 0$，可得：

$$\gamma_0 M_d \leqslant M_{pud} = b_{eff} h_d f_{cd} Z_1 + A_{sc} f_d Z_2 \tag{2-7-10}$$

式中：Z_1——钢梁受拉区合力作用点至混凝土翼板合力作用点之间的距离；

$\quad\quad Z_2$——钢梁受拉区合力作用点至钢梁受压区合力作用点间的距离。

按公式(2-7-9)求得钢梁受压区面积 A_{sc} 之后，钢梁的受拉区面积 A_{st} 亦可确定，即 $A_{st} = A_s - A_{sc}$。由于假设钢梁截面是均匀受压和受拉的，所以其合力作用点即为面积 A_{sc} 和 A_{st} 的重心。若将面积 A_{sc} 和 A_{st} 的重心至其各自截面上、下边缘的距离分别用 y_{sct}、y_{scb} 和 y_{stt}、y_{stb} 表示，参见图 2-7-2，则 Z_1 和 Z_2 可以表示为：

$$\begin{cases} Z_1 = h - y_{stb} - h_d / 2 \\ Z_2 = y_{scb} + y_{stt} \end{cases} \tag{2-7-11}$$

其中各几何参数可参见图 2-7-2,由下列公式求得:

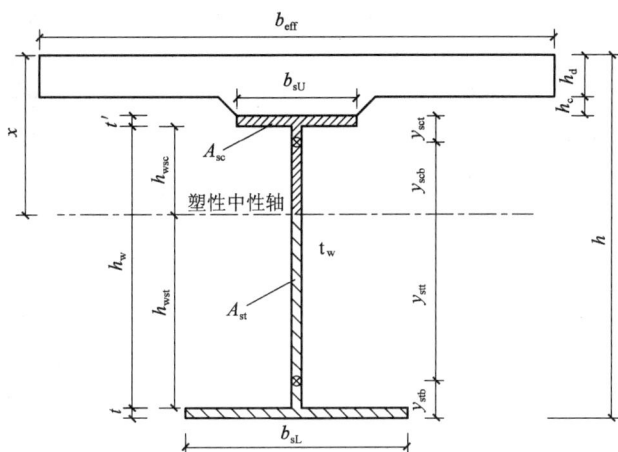

图 2-7-2   钢梁塑性截面几何计算图式

$$h_{wsc} = \frac{A_{sc} - t'b_{sU}}{t_w} > 0 \qquad h_{wst} = h_w - h_{wsc} \qquad (2\text{-}7\text{-}12)$$

$$y_{scb} = \frac{b_{sU}t'(h_{wsc} + t'/2) + \dfrac{t_w h_{wsc}^2}{2}}{A_{sc}} \qquad y_{sct} = h_{wsc} - y_{scb} + t' > t' \qquad (2\text{-}7\text{-}13)$$

$$y_{stt} = \frac{b_{sL}t(h_{wst} + t/2) + t_w \dfrac{h_{wst}^2}{2}}{A_{st}} \qquad y_{stb} = h_{wst} - y_{stt} + t \qquad (2\text{-}7\text{-}14)$$

在第二类型截面中还有可能出现 $h_d + h_c < x < h_d + h_c + t'$ 的情况,(或称为第三类型截面)即截面塑性中性轴 x 在钢梁上翼缘内。其出现条件为:

$$A_{sc} \leqslant b_{sU}t' \qquad \text{或} \qquad b_{eff}h_d f_{cd} < A_s f_d < b_{eff}h_d f_{cd} + 2b_{sU}t' f_d \qquad (2\text{-}7\text{-}15)$$

此时,塑性中性轴和截面塑性抗弯承载力可按下式确定:

$$x = h_d + h_c + \frac{1}{2b_{sU}f_d}(A_s f_d - b_{eff}h_d f_{cd}) \qquad (2\text{-}7\text{-}16)$$

$$M_{pud} = f_d \left[A_s \left(h - y_{sb} - \frac{1}{2}h_d \right) - b_{sU}(x - h_d - h_c)\left(x - \frac{1}{2}h_d \right) \right] \qquad (2\text{-}7\text{-}17)$$

式中:h_c——混凝土承托的高度,对于无承托的情况应取 $h_c = 0$;

y_{sb}——钢梁截面重心到其下边缘的距离;

式中其他符号意义同前。

在实际工程计算时,若采用式(2-7-17)计算组合截面塑性承载力时,因塑性中性轴位于钢梁的上翼板内,第二项的数值会很小。此时可偏于安全地只考虑钢梁腹板及底板对塑性抗弯承载力的贡献。

以上介绍的截面塑性计算方法是一种理想化的计算方法。因为在计算假设中认为钢梁的受压区和受拉区均已达到完全的塑性,其应力沿梁高方向均匀分布,并取矩形应力图计算。事实上,这种假设与实际情况是有差异的,例如靠近钢梁底边缘部分的应变较大,有可能超过屈服应变的终值而进入强化阶段。若不考虑这部分钢材的强化应力,仍按屈服强度计算承载力,其结果是偏于安全的。但是另一方面,在中性轴附近的钢梁的应变较小,仍应处于弹性阶段,其应力将小于屈服强度,并按三角形分布,也就是说在中性轴附近存在着弹性核心。显然,对于弹性核心部分的钢梁,取屈服强度计算其承载力是偏于不安全的,但是因为这部分合力的力臂相对较小,对抗弯承载力的影响很小,工程计算中这种假设是可以接受的。

在实际桥梁工程设计中应尽可能采用第二类型截面,即使得截面塑性中性轴位置 $x > h_{\mathrm{d}}$,且位于钢梁的腹板中。

【例 2-7】 已知某桥钢—混凝土组合简支梁的跨中截面形状及尺寸如图 2-7-3 所示。该梁腹板上沿梁高的受压区设置 2 道纵向加劲板,其间距为 500mm。截面有效宽度为 $b_{\mathrm{eff}} = 5000\mathrm{mm}$。该梁跨中截面由全部自重作用引起的弯矩为 $M_{\mathrm{g}} = 16447.92\mathrm{kN \cdot m}$,由汽车荷载引起的弯矩为 $M_{\mathrm{q}} = 6243.78\mathrm{kN \cdot m}$,由人群荷载引起的弯矩为 $M_{\mathrm{r}} = 1641.29\mathrm{kN \cdot m}$。桥梁安全等级为一级,结构重要性系数 $\gamma_{\mathrm{o}} = 1.1$。Q345D 钢材的强度设计值为 $f_{\mathrm{d}} = 270\mathrm{MPa}$,桥面板采用 C35 混凝土,其强度设计值为 $f_{\mathrm{cd}} = 16.1\mathrm{MPa}$。试根据上述条件验算该组合梁跨中截面的塑性抗弯承载力。

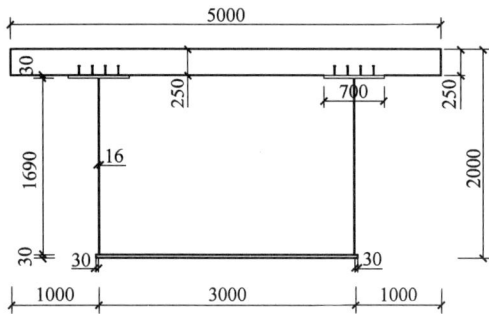

图 2-7-3 组合梁的横截面布置图(尺寸单位:mm)

解:(1)截面弯矩组合计算

该主梁的最大弯矩出现在跨中截面,按《公路桥涵设计通用规范》(JTG D60—2004)持久状况的承载能力极限状态进行弯矩组合计算:

$$\gamma_0 M_{\mathrm{d}} = 1.1 \times (1.2 M_{\mathrm{g}} + 1.4 M_{\mathrm{q}} + 0.8 \times 1.4 M_{\mathrm{r}})$$
$$= 1.1 \times (1.2 \times 16447.92 + 1.4 \times 6243.78 + 1.12 \times 1641.29)$$
$$= 33348.74 (\mathrm{kN \cdot m})$$

该桥原设计按《公路桥涵设计通用规范》(JTG D60—2004)取用人群荷载的组合系数 $\psi_{\mathrm{c}} = 0.8$。

(2)判断截面中性轴位置及几何参数计算

由图 2-7-3 计算得钢梁截面的面积为 $A_{\mathrm{s}} = 0.188\mathrm{m}^2$,有效宽度内桥面板混凝土的截面面积为 $A_{\mathrm{ce}} = b_{\mathrm{eff}} h_{\mathrm{d}} = 5.0 \times 0.25 = 1.25(\mathrm{m}^2)$。由式(2-7-7)判断组合截面中性轴的位置:

$$A_{\mathrm{s}} f_{\mathrm{d}} = 0.188 \times 270 \times 10^6 = 5.08 \times 10^4 (\mathrm{kN}) > b_{\mathrm{eff}} h_{\mathrm{d}} f_{\mathrm{cd}}$$
$$= 1.25 \times 16.1 \times 10^6 = 2.01 \times 10^4 (\mathrm{kN})$$

故属于第二类型截面,即组合截面的塑性中性轴位于混凝土桥面板以下。

钢梁受压面积由式(2-7-9)确定:

$$A_{\mathrm{sc}} = \frac{f_{\mathrm{d}} A_{\mathrm{s}} - b_{\mathrm{eff}} h_{\mathrm{d}} f_{\mathrm{cd}}}{2 f_{\mathrm{d}}} = \frac{5.08 \times 10^4 - 2.01 \times 10^4}{2 \times 270 \times 10^6} = 0.057 (\mathrm{m}^2) \geqslant b_{\mathrm{su}} t'$$
$$= 2 \times 0.7 \times 0.03 = 0.042 (\mathrm{m}^2)$$

计算结果表明截面塑性中性轴应在钢梁腹板内。

钢梁受拉区面积可按下式确定:

$$A_{\mathrm{st}} = A_{\mathrm{s}} - A_{\mathrm{sc}} = 0.188 - 0.057 = 0.131 (\mathrm{m}^2)$$

其他各几何参数可参考图 2-7-3 和式(2-7-12)求得:

$$h_{wsc} = \frac{A_{sc} - t'b_{sU}}{t_w} = \frac{0.057 - 2 \times 0.03 \times 0.7}{2 \times 0.016} = 0.469 (\text{m})$$

$$h_{wst} = h_w - h_{wsc} = 1.69 - 0.469 = 1.221 (\text{m})$$

$$y_{scb} = \frac{b_{sU} \times t' \times (h_{wsc} + t'/2) + t_w h_{wsc}^2/2}{A_{sc}}$$

$$= \frac{0.7 \times 2 \times 0.03 \times (0.469 + 0.03/2) + 2 \times 0.016 \times 0.469^2/2}{0.057} = 0.418 (\text{m})$$

$$y_{sct} = h_{wsc} - y_{scb} + t' = 0.469 - 0.418 + 0.03 = 0.081 (\text{m}) > t' = 0.03 (\text{m})$$

$$y_{stt} = \frac{b_{sL}t(h_{wst} + t/2) + t_w \dfrac{h_{wst}^2}{2}}{A_{st}}$$

$$= \frac{3.06 \times 0.03 \times (1.221 + 0.03/2) + 0.016 \times 1.221^2}{0.131} = 1.048 (\text{m})$$

$$y_{stb} = h_{wst} - y_{stt} + t = 1.221 - 1.048 + 0.03 = 0.203 (\text{m})$$

检验：$y_{sct} + y_{scb} + y_{stt} + y_{stb} = 0.081 + 0.418 + 1.048 + 0.203 = 1.75 (\text{m}) = h_s$

（3）组合截面塑性抗弯承载力验算

截面塑性抗弯承载力由式（2-7-10）验算：

$$\gamma_0 M_d \leqslant M_{pu} = b_{eff} h_d f_{cd} Z_1 + A_{sc} f_d Z_2$$

其中内力臂 Z_1 和 Z_2 可参考图 2-7-2 和式（2-7-11）求出：

$$Z_1 = h - y_{stb} - h_d/2 = 2 - 0.203 - 0.25/2 = 1.672 (\text{m})$$

$$Z_2 = y_{scb} + y_{stt} = 0.418 + 1.048 = 1.466 (\text{m})$$

于是可以得到该钢—混凝土组合梁的截面塑性抗弯承载如下：

$$M_{pud} = A_{ce} f_{cd} Z_1 + A_{sc} f_d Z_2$$

$$= 1.25 \times 16.1 \times 10^6 \times 1.672 + 0.055 \times 270 \times 10^6 \times 1.466$$

$$= 55419.10 (\text{kN} \cdot \text{m}) > \gamma_0 M_d = 33348.74 (\text{kN} \cdot \text{m})$$

验算结果表明，该组合梁的截面塑性抗弯承载力满足要求，且有一定的富余量。

（4）板件宽厚比检验

为确保组合梁的钢梁受压区不出现局部失稳，应对钢梁跨中截面的受压腹板进行宽厚比检验。由图 2-7-3 可知，钢梁上翼缘面积 $A_{st} = 0.042\text{m}^2$；前面已计算得到钢梁受压面积为 $A_{sc} = 0.057 \text{ m}^2$。由表 2-7-1 可知：

$$\alpha = \frac{A_{sc} - A_{st}}{h_w t_w} = \frac{0.057 - 0.042}{1.69 \times 0.032} = 0.277 < 0.5$$

$$\frac{h_w}{t_w} = \frac{1.69}{0.032} = 52.8 \leqslant \frac{34}{\alpha} \sqrt{\frac{345}{f_y}} = \frac{34}{0.277} \sqrt{\frac{345}{345}} = 122.7$$

显然钢梁尺寸满足宽厚比的构造要求。值得注意的是，表 2-7-1 中的 A_{st} 为钢梁上翼缘的面积 0.042m^2，与前面计算的钢梁受拉区面积 $A_{st} = 0.131\text{m}^2$ 具有不同的物理意义。

三、考虑钢梁弹塑性影响的组合截面抗弯承载力计算方法

当组合梁在弹塑性状态下的变形零点位置 C 位于钢梁腹板内且 $C > 1.2h_d$ 时，可参见

图 2-7-4 的计算图式建立考虑钢梁弹性核心影响的组合截面抗弯承载力计算方法。计算中以下列基本假设为基础:

(1)混凝土翼板与钢梁之间有可靠连接,组合梁的变形符合平截面假设;

(2)在极限状态下,受压混凝土翼板上边缘的应变达到其极限压应变,即取 $\varepsilon_{cu} = 0.0033$;

(3)受压区混凝土取矩形应力图计算,其应力取其抗压强度设计值 f_{cd},高度取 $x = h_d$;

(4)将钢材视为理想的弹塑性体,在极限状态下,钢梁的应力由其应变确定;即:

当 $|\varepsilon_s| < \dfrac{f_d}{E_s}$ 时,取 $\sigma_s = \varepsilon_s E_s$

当 $|\varepsilon_s| \geqslant \dfrac{f_d}{E_s}$ 时,取 $\sigma_s = f_d$

图 2-7-4 中,C 为截面变形零点到混凝土翼板顶面的距离。在此,钢材的屈服应变偏安全地取为抗弯强度设计值 f_d 与其弹性模量 E 的比值。当混凝土翼板有承托时,可按面积 A_c 和有效宽度 b_{eff} 不变,将承托高度 h_c 近似折算为一等效混凝土翼板厚度 h_d 进行计算。对于浅承托的情况,亦可忽略承托高度 h_c 的影响。

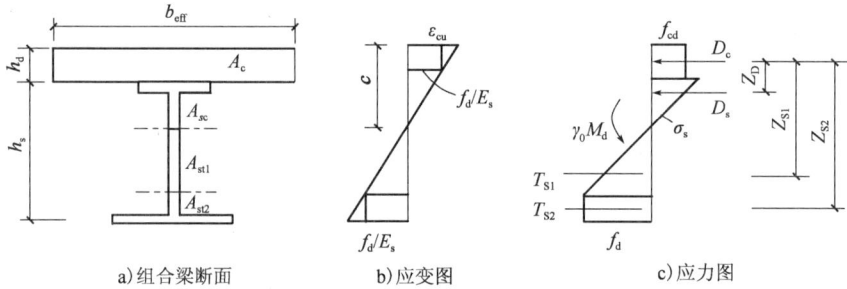

a)组合梁断面   b)应变图   c)应力图

图 2-7-4   截面弹塑性抗弯承载力计算图式

根据内力平衡条件可以得到如下基本方程:

$$\begin{cases} \sum N = 0 & D_c + D_s = T_{s1} + T_{s2} \\ \sum M = 0 & \gamma_0 M_d \leqslant M_{epud} = -D_s Z_D + T_{s1} Z_{s1} + T_{s2} Z_{s2} \end{cases} \quad (2\text{-}7\text{-}18)$$

式中:M_{epud}——考虑钢梁弹塑性影响的截面抗弯承载力;

D_c——受压区混凝土合力,$D_c = f_{cd} b_{eff} x \leqslant f_{cd} b_{eff} h_d$;

D_s——受压区钢梁合力,一般情况下钢梁受压部分均达不到屈服,故取:

$$D_s = \int_{A_{sc}} \sigma_{sc} dA_s$$

T_{s1}——受拉弹性区钢梁的合力,$T_{s1} = \int_{A_{st1}} \sigma_{st} dA_s$;

T_{s2}——受拉塑性区钢梁的合力,$T_{s2} = f_d A_{st2}$;

A_{sc}、A_{st1}——钢梁受压和受拉弹性区钢梁的截面面积;

A_{st2}——受拉塑性区钢梁的截面面积;

Z_D——受压区钢梁的合力作用点至受压混凝土合力作用点的距离;

Z_{s1}、Z_{s2}——受拉弹性区和受拉塑性区合力作用点至受压区混凝土合力作用点的距离。

在上述式中,D_c、D_s、T_{s1}、T_{s2} 均可利用平截面假设,通过未知数 C 表示。这样,将其代入式(2-7-18)的 $\sum N = 0$ 中,即可求得变形零点至上边缘的距离。C 确定后,面积 A_{sc}、A_{st1} 和 A_{st2} 即为已知,合力 D_c、D_s、T_{s1} 和 T_{s2} 及力臂 Z_D、Z_{s1} 和 Z_{s2} 亦可求出。将其代入上式 $\sum M = 0$ 的方程中即可求得考虑钢梁弹性核心影响的组合梁截面抗弯承载力 M_{epud}。

分析表明,由于组合梁的弹性核多在钢梁腹板中,由其提供的抗弯承载力占整个截面提供的抗弯承载力的比例很小,因此考虑弹性核影响时,截面实际抗力减小有限,但这是相对准确的计算方法。

四、组合梁的弹性抗弯承载力计算方法

《组桥设施规范》(JTG D64-01—2015)中 7.2 条规定:采用弹性方法计算组合梁截面抗弯承载力,以截面上任一点达到材料强度设计值作为标志。这一规定实质上是以弹性方式计算、表述的截面抗弯承载力,应属于持久状况下承载能力极限状态的范畴。同时明确要求截面弹性中性轴应位于钢梁截面范围内。该规范中给出的承载能力极限状态下截面强度验算的一般公式如下:

$$\gamma_0 \sigma = \sum_{i=1}^{2} \frac{M_{d,i}}{W_{eff,i}} \leqslant f \tag{2-7-19}$$

式中:i——变量,表示不同的应力计算阶段。其中,$i = 1$ 表示未形成组合梁截面(即钢梁)的应力计算阶段;$i = 2$ 表示形成组合梁截面之后的应力计算阶段;

$M_{d,i}$——对应不同应力计算阶段,作用于钢梁或组合梁截面的弯矩设计值;

$W_{eff,i}$——对应不同应力计算阶段,钢梁或组合梁截面的抗弯模量;

σ——计算截面上各控制点的计算应力;

γ_0——结构重要性系数;

f——泛指钢筋、钢梁或混凝土的强度设计值。

按式(2-7-19)计算时,对符合平截面假设的钢—混凝土组合梁有可能出现三到四种弹性极限状态,即钢梁上、下缘应力达到其抗弯强度设计值 f_d 或桥面板上缘混凝土应力达到其抗压强度设计值 f_{cd},甚至还有混凝土板内的钢筋应力达到其强度设计值 f_{sd}(通常不控制设计)。须分别对上述控制点进行强度验算,以保证结构的安全。在常遇的荷载作用下,对于两阶段受力的简支组合梁桥,跨中截面在承载能力极限状态下强度验算的具体方法如下:

钢梁上缘强度验算:

$$\sigma_{sC}^t = \gamma_0 \left[\frac{1.2(M_{g1} + M_{g2})}{I_s} y_{sU} + \frac{1.2M_{g3} + 1.4(M_q + \psi_c M_r)}{I_0} (y_{0U} - h_d) \right] \leqslant f_d' \tag{2-7-20.1}$$

钢梁下缘强度验算:

$$\sigma_{sC}^b = \gamma_0 \left[\frac{1.2(M_{g1} + M_{g2})}{I_s} (h_s - y_{sU}) + \frac{1.2M_{g3} + 1.4(M_q + \psi_c M_r)}{I_0} (h - y_{0U}) \right] \leqslant f_d \tag{2-7-21.1}$$

混凝土翼板顶面强度验算:

$$\sigma_{cC} = \gamma_0 \frac{1.2M_{g3} + 1.4(M_q + \psi_c M_r)}{n_E I_0} y_{0U} \leqslant f_{cd} \tag{2-7-22.1}$$

式中:ψ_c——人群荷载组合系数,按《公路桥涵设计通用规范》(JTG D60—2015)规定,应取 $\psi_c = 0.75$;

其他符号意义同前。

对于一阶段受力的组合梁桥,只需将上述前两个式中第一项中对钢梁的几何参数换成组合梁的几何参数,式(2-7-22)中的 M_{g3} 换成全部自重弯矩 M_g 即可。

但是按照上述强度控制方法尚不能确定组合截面的极限弹性抗弯承载力。在这三种可能的弹性极限状态下,对应的截面抗弯承载力是不相等的。在设计计算中须分别计算截面的三种可能的弹性抗弯承载力,并以其中最小者应大于等于按《公路桥涵设计通用规范》(JTG D60—2015)作用效应基本组合的截面弯矩设计值 $\gamma_0 M_d$ 作为组合梁截面弹性抗弯承载力的控制条件。

在弹性承载能力极限状态下,基于前述强度验算式(2-7-20)~式(2-7-22),对于一阶段受力的组合梁,可简化得下列验算式:

由钢梁上缘应力达到其强度设计值 f'_d,即有:

$$\sigma^t_{sC} = \gamma_0 \frac{1.2M_g + 1.4(M_q + \psi_c M_r)}{I_0}(y_{0U} - h_d) \leqslant f'_d$$

可有:

$$M_{st} \leqslant \frac{f'_d I_o}{y_{0U} - h_d} \tag{2-7-20.2}$$

由钢梁下缘应力达到其强度设计值 f_d,即有:

$$\sigma^b_{sC} = \gamma_0 \frac{1.2M_g + 1.4(M_q + \psi_c M_r)}{I_0}(h - y_{0U}) \leqslant f_d$$

可有:

$$M_{sb} \leqslant \frac{f_d I_o}{h - y_{ou}} \tag{2-7-21.2}$$

由混凝土板上缘应力达到其强度设计值 f_{cd},即有:

$$\sigma_{cC} = \gamma_0 \frac{1.2M_g + 1.4(M_q + \psi_c M_r)}{n_E I_o}y_{0U} \leqslant f_{cd}$$

可有:

$$M_{ct} \leqslant \frac{n_E f_{cd} I_0}{y_{0U}} \tag{2-7-22.2}$$

截面弹性抗弯承载力极限状态的控制条件应写为:

$$\gamma_0 M_d \leqslant M_{cud} = \min[M_{st}, M_{sb}, M_{ct}] \tag{2-7-23}$$

式中: M_{st} ——控制截面钢梁上边缘应力达到钢材强度设计值 f_d 时的弹性抗弯承载力;

M_{sb} ——控制截面钢梁下边缘应力达到钢材强度设计值 f_d 时的弹性抗弯承载力;

M_{ct} ——控制截面混凝土板上边缘应力达到其强度设计值 f_{cd} 时的弹性抗弯承载力;

y_{0U} ——换算截面重心轴到桥面板上线的距离,按式(2-1-11)或式(2-1-14)计算;

I_0 ——对换算截面重心轴的换算截面惯性矩,按式(2-1-13)或式(2-1-16)计算;

M_d ——承载能力极限状态下作用效应基本组合的截面弯矩设计值;

M_{eud} ——按弹性方法计算的组合截面抗弯承载力;

γ_0 ——结构重要系数;

其他符号意义同前。

在式(2-7-20)~式(2-7-22)中,荷载作用效应的分项系数和结构重要性系数均可体现在式(2-7-23)的左端。

在上述弹性抗弯承载力计算方法中,对于一阶段受力的钢—混凝土组合简支梁,计算结果是准确的。但对于有支架施工的两阶段受力的钢—混凝土组合简支梁,当桥面板厚度不大时,换算截面重心轴位于钢梁腹板内,计算结果会有一定的误差。或者说上述弹性极限抗弯承载力计算方法难以准确考虑截面分阶段受力的特点,只是近似认为截面的自重、恒载和活载作用一次施加到结构的控制截面上。

从另一方面来看,当截面控制点的材料达到其强度设计值时,即进入截面的弹性抗弯极限状态。在极限状态下将会产生截面应力重分布,因此可以减少上述计算方法带来的误差。

在组合梁截面抗弯承载力计算时,通常不考虑混凝土材料的时效影响。

【例 2-8】 以【例 2-7】的截面几何参数和材料参数为基础,截面计算图式参见图 2-7-3。已知在承载能力极限状态的基本组合下,梁的跨中截面弯矩设计值为 $\gamma_0 M_d = 33348.74\text{kN} \cdot \text{m}$,该组合梁跨中换算截面几何参数为: $h_d = 0.25\text{m}, h = 2.0\text{m}, x = 0.733\text{m}, I_0 = 0.246\text{m}^4$;采用的材料参数为:厚度 16～30mm 的 Q345D 钢板 $f_d = 270\text{MPa}$,C35 混凝土桥面板 $f_{cd} = 16.1\text{MPa}, n_E = 6.54$。试根据上述条件验算该组合梁跨中截面的弹性抗弯承载力。

解: 截面的弹性抗弯承载力存在着三种可能,即钢梁上缘应力达到其强度设计值 f_d、钢梁下缘应力达到其强度设计值 f_d 及混凝土板上缘应力达到其强度设计值 f_{cd}。须分别算出三种可能情况下的截面弹性抗弯承载力,并以其中最小者大于作用效应基本组合的截面弯矩设计值 $\gamma_0 M_d$ 作为组合梁截面弹性抗弯承载力的控制条件。计算中不考虑混凝土材料的时效影响,并近似认为截面的弹性抗弯承载力与施工中的应力叠加过程无关,全部荷载效应直接作用在组合梁的换算截面上。相关几何参数计算如下:

钢梁截面重心轴至钢梁顶面的距离由式(2-1-9)确定:

$$y_{sU} = [0.5b_{sU}t'^2 + h_w t_w(0.5h_w + t') + b_{sL}t(t' + h_w + 0.5t)]/A_s$$

$$= \begin{bmatrix} 0.5 \times 2 \times 0.7 \times 0.03^2 + 1.69 \times 2 \times 0.016(0.5 \times 1.69 + 0.03) + \\ 3.06 \times 0.03 \times (0.03 + 1.69 + 0.5 \times 0.03) \end{bmatrix}/0.188$$

$$= 1.102(\text{m})$$

钢梁重心到混凝土桥面板上缘的距离 y_t 由下式计算:

$$y_t = y_{sU} + h_d = 1.102 + 0.25 = 1.352(\text{m})$$

钢梁截面惯性矩由式(2-1-10)计算:

$$I_s = \frac{1}{12}(b_{sU}t'^3 + t_w h_w^3 + b_{sL}t^3) + b_{sU}t'(y_{sU} - 0.5t')^2 +$$

$$t_w h_w(0.5h_w + t' - y_{sU})^2 + b_{sL}t(0.5t + h_w + t' - y_{sU})^2$$

$$= \frac{1}{12} \times (2 \times 0.7 \times 0.03^3 + 2 \times 0.016 \times 1.69^3 + 3.06 \times 0.03^3) +$$

$$2 \times 0.7 \times 0.03 \times (1.102 - 0.5 \times 0.03)^2 + 2 \times 0.016 \times 1.69 \times$$

$$(0.5 \times 1.69 + 0.03 - 1.102)^2 + 3.06 \times 0.03 \times$$

$$(0.5 \times 0.03 + 1.69 + 0.03 - 1.102)^2 = 0.102(\text{m}^4)$$

组合梁换算截面重心轴到混凝土板顶面的距离可由式(2-1-11)计算:

$$y_{0U} = \frac{\frac{b_{eff}h_d^2}{2n_E} + A_s y_t}{\frac{b_{eff}h_d}{n_E} + A_s} = \frac{\frac{5 \times 0.25^2}{2 \times 6.54} + 0.188 \times 1.352}{\frac{5 \times 0.25}{6.54} + 0.188} = 0.733(m) > h_d = 0.25(m)$$

计算结果表明,组合截面的换算截面重心位于钢梁腹板中,应属第二类型组合截面。组合梁换算截面惯性矩可由式(2-1-13)计算:

$$I_0 = \frac{b_{eff}h_d^3}{12n_E} + \frac{b_{eff}}{n_E}h_d(y_{0U} - 0.5h_d)^2 + I_s + A_s(y_t - y_{0U})^2$$

$$= \frac{5.0 \times 0.25^3}{12 \times 6.54} + \frac{5.0}{6.54} \times 0.25 \times (0.733 - 0.5 \times 0.25)^2 +$$

$$0.102 + 0.188 \times (1.352 - 0.733)^2 = 0.246(m^4)$$

当钢梁上缘应力达到其强度设计值f_d时,由式(2-7-23)可有:

$$M_{st} = \frac{f_d I_0}{y_{0U} - h_d} = \frac{270 \times 10^6 \times 0.246}{0.733 - 0.25} = 137515.53(kN \cdot m)$$

当钢梁下缘应力达到其强度设计值f_d时,由式(2-7-24)可有:

$$M_{sb} = \frac{f_d I_0}{h - y_{0U}} = \frac{270 \times 10^6 \times 0.246}{2 - 0.733} = 52423.04(kN \cdot m)$$

当混凝土板上缘应力达到其强度设计值f_{cd}时,由式(2-7-25)可有:

$$M_{ct} = \frac{n_E f_{cd} I_0}{y_{0U}} = \frac{6.54 \times 16.1 \times 10^6 \times 0.246}{0.733} = 35337.41(kN \cdot m)$$

在持久状况的承载能力极限状态下,截面弹性抗弯承载力M_{eu}的控制条件应为:

$$M_{eud} = \min[M_{st}, M_{sb}M_{ct}]$$
$$= M_{ct} = 35337.41(kN \cdot m) > \gamma_0 M_d = 33348.74(kN \cdot m)$$

计算结果表明,在上述三项截面弹性抗弯承载力中,混凝土桥面板上边缘的应力首先达到其材料强度设计值f_{cd},在此情况下跨中截面的弹性抗弯承载力最低,即该截面的弹性抗弯承载力应取为$M_{eud} = 35337.4 kN \cdot m$。该值可以满足承载能力极限状态下的截面弹性抗弯承载力的要求。

为分析截面弹性、弹塑性及塑性抗弯极限承载力间的关系,将本算例结果与[例2-7]相比,在相同的荷载作用下,同一组合梁的截面弹性抗弯承载明显低于截面塑性抗弯承载力$M_{pud} = 554191.10 kN \cdot m$,这是合乎逻辑的。就本例而言,塑性抗弯承载力$M_{pud}$与弹性抗弯承载力$M_{eud}$的比值约为1.57。若想进一步提高该组合梁截面的弹性抗弯承载力,可增加桥面板的厚度或提高混凝土的强度等级,亦可调整组合梁的截面高度。

本节中分别给出了承载能力极限状态下组合梁截面抗弯承载力的三种计算方法,其中包括截面塑性、截面弹塑性和截面弹性。三者的截面上下边缘的应力分别达到其材料强度设计值,只是截面上的应力分布不同。理论上讲,截面的塑性抗弯承载力最大,截面的弹性抗弯承载力最小,截面的弹塑性抗弯承载力应介于两者之间。因而有理由认为:《组桥设计规范》

（GB 50917—2013）中的截面塑性抗弯承载力计算方法是给出了截面抗弯承载力的上限值;而《组桥设施规范》（JTG/T D64-01—2015）中的截面弹性抗弯承载力计算方法是给出了截面抗弯承载力的下限值,其计算结果必然是偏于安全的。笔者认为,在工程设计中可以组合梁的截面塑性抗弯承载力控制设计。

第八节 钢—混凝土组合梁的截面抗剪承载力计算

钢—混凝土组合梁的截面抗剪承载力仍可分为截面塑性抗剪承载力和弹性抗剪承载力。以下分别介绍。

1. 按塑性方法计算的组合梁截面抗剪承载力

在承载能力极限状态下,组合梁截面竖向抗剪承载力的极限平衡方程可以写成如下形式:

$$\gamma_0 V_d \leqslant V_{pud} \tag{2-8-1}$$

式中:γ_0——结构重要性系数;

V_d——承载能力极限状态下作用效应基本组合的截面竖向剪力设计值;

V_{pud}——按塑性方法计算的组合截面抗剪承载力。

根据图 2-3-2 的截面剪应力分布状况,可认为钢梁腹板承担了截面竖向剪力的绝大部分。在组合梁抗剪极限状态下,假定全部剪力均由钢梁腹板承受,并认为剪应力沿钢梁腹板高度均匀分布且达到钢材的抗剪强度设计 f_{vd}。因此,组合梁的竖向抗剪承载力可近似按下式确定:

$$\gamma_0 V_d \leqslant V_{pud} = h_w t_w f_{vd} \tag{2-8-2}$$

式中:h_w、t_w——钢梁腹板高度和厚度;

f_{vd}——钢材的抗剪强度设计值,由表 1-4-2 查取;

其他符号意义同前。

上述抗剪承载力是基于塑性理论建立的,尽管认为腹板剪应力全部达到钢材的抗剪强度设计值 f_{vd},但其计算结果仍是偏于安全的。试验研究发现,混凝土桥面板对钢—混凝土组合梁的截面抗剪承载力是有贡献的,已有的研究认为其贡献量占 20% ~ 40%。上述抗剪承载力计算方法中偏于安全地忽略了混凝土翼板及钢梁上、下翼板对抗剪强度的贡献。计算表明,通常情况下,当钢梁的高度和钢板的厚度布局合理、满足钢腹板局部稳定性要求时,钢梁腹板具有足够的抗剪能力,即钢—混凝土组合梁桥的抗剪承载力通常不控制设计。

2. 按弹性方法计算的组合截面抗剪承载力

根据上述的分析,仍将钢梁腹板作为抵抗截面弯曲剪应力的主体,截面钢腹板上的最大弯曲剪应力 τ 应发生在钢梁腹板截面的重心处。按照《钢桥规》（JTG D64—2015）中弹性承载力的概念,可由下列弹性方法近似确定组合梁截面的抗剪承载力。

作为抗剪承载能力极限状态下的强度验算应考虑结构重要性系数 γ_0,并按下式验算:

$$\tau = \frac{\gamma_0 V_d S_w}{I_w t_w} \leqslant f_{vd} \tag{2-8-3}$$

式中:V_d——作用效应基本组合的截面剪力设计值;

I_w——钢梁腹板截面对其重心轴的惯性矩,$I_w = t_w h_w^3 / 12$;

S_w——钢梁腹板截面重心轴以上(或以下)部分的面积对钢梁腹板截面重心的面积矩,$S_w = t_w h_w^2 / 8$;

t_w——钢梁腹板的厚度。

按照式(2-8-3)亦可得到组合梁截面弹性抗剪承载力的计算式:

$$\gamma_0 V_d \leqslant V_{eud} = \frac{f_{vd} I_w t_w}{S_w} = \frac{2}{3} h_w t_w f_{vd} \tag{2-8-4}$$

比较式(2-8-2)和式(2-8-4),不难发现,两式左端的物理意义是一样的,均为作用效应基本组合的截面剪力设计值;式子的右端则有不同的含义。式(2-8-2)右端是指钢腹板截面上的剪应力均达到钢材的抗剪强度设计值f_{vd},而式(2-8-4)右端则意味着只有在钢腹板截面重心轴上的一点剪应力达到钢材的抗剪强度设计值。因此可以认为式(2-8-4)比式(2-8-2)的计算结果是更加偏于安全的,这两式的共同点是它们只利用了钢梁腹板的抗剪承载力,这种简化本身就是偏于安全的。上述结论与组合梁截面抗弯承载力的分析结论是一致的。

事实上,钢梁的上、下翼板和混凝土桥面板对组合截面的抗剪极限承载力都是有贡献的,而这些贡献则因其剪应力水平相对较低且缺少定量的分析方法而被忽略掉。在组合梁桥的工程设计中,钢梁腹板的厚度主要根据抗剪承载力及局部稳定条件,并考虑构造要求加以确定。

【例 2-9】 以[例 2-7]的截面参数为基础,截面计算图式及尺寸参见图 2-7-3,截面有效宽度仍取 $b_{eff} = 5000$mm,钢梁腹板高度 $h_w = 1.69$m,两侧钢腹板的总厚度 $t_w = 2 \times 0.016$m。该支点截面由全部自重作用引起的剪力为 $V_g = 1764.57$kN,由汽车荷载引起的剪力为 $V_q = 854.16$kN,由人群荷载引起的剪力为 $V_r = 11.69$kN。桥梁安全等性为一级,结构重要性系数 $\gamma_0 = 1.1$。厚度 16mm 的 Q345D 钢板的抗剪强度设计值为 $f_{vd} = 155$MPa。试根据上述条件验算承载能力极限状态下该组合梁支点截面的塑性抗剪承载力和弹性抗剪承载力。

解:(1)截面剪力组合

最大剪力组合值发生在主梁的支点截面,承载能力极限状态组合的剪力值按下式给出:

$$\begin{aligned} \gamma_0 V_d &= 1.1(1.2V_g + 1.4V_q + 0.8 \times 1.4V_r) \\ &= 1.1 \times (1.2 \times 1764.5 + 1.4 \times 854.16 + 1.12 \times 11.69) \\ &= 3659.04(\text{kN}) \end{aligned}$$

(2)支点截面的塑性抗剪承载力验算

支点截面的塑性抗剪承载力可按式(2-8-2)确定:

$$\gamma_0 V_d \leqslant V_{pud} = h_w t_w f_{vd}$$

$$\begin{aligned} V_{pud} = h_w t_w f_{vd} &= 1.69 \times 0.016 \times 2 \times 155 \times 10^6 \\ &= 8382.40(\text{kN}) > \gamma_0 V_d = 3659.04(\text{kN}) \end{aligned}$$

计算结果表明,组合梁支点截面的塑性抗剪承载力满足要求,即使仅由钢梁腹板提供塑性抗剪承载力,已有很大的富余量。

(3)支点截面的弹性抗剪承载力验算

支点截面的弹性抗剪承载力可按式(2-8-4)确定:

$$\gamma_0 V_d \leqslant V_{eud} = \frac{f_{vd} I_w t_w}{S_w}$$

式中:I_w——钢梁腹板截面对其截面重心轴的惯性矩,取为:

$$I_w = \frac{t_w h_w^3}{12} = \frac{1}{12} \times 0.032 \times 1.69^3 = 0.0129(\mathrm{m}^4)$$

S_w——钢梁腹板截面重心轴以上(下)部分对钢梁腹板截面重心轴的面积矩,取为:

$$S_w = \frac{t_w h_w^2}{8} = \frac{1}{8} \times 0.032 \times 1.69^2 = 0.0114(\mathrm{m}^3)$$

钢梁腹板的厚度 t_w 的取值同前,于是有:

$$V_{eud} = \frac{f_{vd} I_w t_w}{S_w} = \frac{155 \times 10^6 \times 0.0129 \times 2 \times 0.016}{0.0114}$$

$$= 5612.63(\mathrm{kN}) > \gamma_0 V_d = 3659.04\mathrm{kN}$$

上述计算结果表明,即使只有钢梁腹板重心点的剪应力达到其抗剪强度设计值 f_{vd} 时,钢梁腹板提供的弹性抗剪承载力 V_{eu} 已满足截面抗剪的要求。由此也可知钢梁腹板具有足够的抗剪承载力。对于同一组合梁的指定截面,截面钢腹板的塑性抗剪承载力 V_{pu} 与弹性抗剪承载力 V_{eu} 的比值约为 1.5。

上述计算结果同时也表明,钢—混凝土组合梁桥主梁截面具有很强的抗剪能力,其抗剪承载力通常不会控制设计。这也从另一角度说明了组合结构重量轻、承载能力大的特点。在实际工程设计中,应重点关注梁钢腹板的局部稳定问题。

第九节　混凝土桥面板纵向抗剪承载力计算

在竖向荷载作用下,组合梁的截面上将产生弯曲剪力,根据剪应力互等定理将产生结合面上的纵向剪切和拉拔作用。结合面上的纵向剪力和拉拔力全部由剪力连接件承担,并将其传递给连接件附近的桥面板混凝土,使得混凝土桥面板承受纵向剪应力作用。在结构工程中,将沿着一个既定的平面受剪切的受力状态称之为"界面受剪"。在此,组合梁的混凝土桥面板(承托、翼板)在纵向承受水平剪(应)力作用的状态称为混凝土桥面板界面受剪,或称纵向抗剪。

国内外的相关试验表明,在纵向剪力作用下,当混凝土桥面板较薄且横桥向配筋不足时,可能发生沿纵桥向开展的竖向裂缝。该裂缝将反射到混凝土桥面及其铺装层表面,进而影响混凝土桥面板的强度和耐久性。为保证混凝土桥面板具有足够的抗剪承载力,《组桥设施规范》(JTG/T D64-01—2015)列入了组合梁承托及翼板在承载能力极限状态下的纵向抗剪承载力验算内容,并以下式表示:

$$V_{ld} \leqslant V_{lud} \tag{2-9-1}$$

式中:V_{ld}——作用(或荷载)效应基本组合引起的单位长度内受剪界面上的纵向剪力;

V_{lud}——单位长度内纵向界面抗剪承载力(N/mm)。

一、计算截面选择

混凝土桥面板纵桥向抗剪承载力的验算位置与有无承托及承托的形式有关。针对不同的承托形式,图 2-9-1 给出对应的组合梁纵向抗剪最不利的界面位置。《组桥设施规范》(JTG/T D64-01—2015)要求对 $a\text{-}a$、$b\text{-}b$、$c\text{-}c$ 及 $d\text{-}d$ 界面分别进行其纵向抗剪验算。其中,$a\text{-}a$ 抗剪界面长度为桥面板厚度,b-b 抗剪界面长度取刚好包络栓钉外缘时对应的长度,c-c、d-d 抗剪界面长度取最外侧的栓钉外边缘连线长度加上距承托两侧斜边轮廓线的垂直长度。

二、计算作用取值

作用(或荷载)引起的单位长度内受剪界面上的纵向剪力应符合下列规定:

(1)单位长度上 b-b、c-c 及 d-d 纵向受剪界面的计算纵向剪力 V_{ld} 按下式计算,参见图2-9-1。

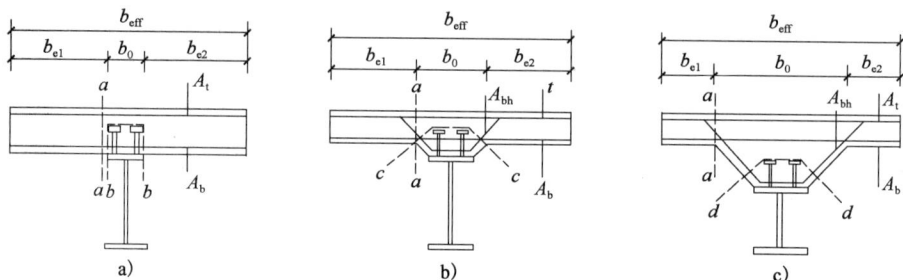

图 2-9-1 混凝土板纵向抗剪界面

A_t-混凝土板上缘单位长度内垂直于主梁方向的钢筋面积总和(mm^2/mm);A_b-混凝土板下缘单位长度内垂直于主梁方向的钢筋面积总和(mm^2/mm);A_{bh}-承托底部单位长度内垂直于主梁方向的钢筋面积总和(mm^2/mm);b_0-外侧剪力连接件中心间的距离;b_{ei}-外侧剪力连接件一侧的混凝土翼板有效宽度,其取值方法参见图2-1-1和图2-1-3

$$V_{ld} = V_l \qquad (2\text{-}9\text{-}2)$$

(2)当翼板不对称时有 $b_{e1} \neq b_{e2}$,单位长度上 a-a 纵向受剪界面的计算纵向剪力 V_{ld} 按下式计算:

$$V_{ld} = \max\left(\frac{V_l b_{e1}}{b_{eff}}, \frac{V_l b_{e2}}{b_{eff}}\right) \qquad (2\text{-}9\text{-}3)$$

式中:V_l——作用(或荷载)引起的单位长度内钢和混凝土结合面上的纵向剪力,按式(2-9-5)计算确定;

b_{eff}——混凝土翼板有效宽度;

b_{e1}、b_{e2}——桥面板左右两侧在 a-a 截面以外的翼板有效宽度。

(3)当翼缘板对称时,有 $b_{e1} = b_{e2}$,则有:

$$V_{ld} = \frac{V_l b_{e1}}{b_{eff}} \quad 或 \quad V_{ld} = \frac{V_l b_{e2}}{b_{eff}} \qquad (2\text{-}9\text{-}4)$$

钢梁与混凝土板之间的单位长度上的纵桥向水平剪力 V_l 按下式计算:

$$V_l = \frac{V_{d2} S_c}{I_{un}} \qquad (2\text{-}9\text{-}5)$$

式中:V_{d2}——形成组合截面之后作用于组合梁的竖向剪力基本组合设计值;

S_c——混凝土板对换算截面重心轴的静矩;

I_{un}——不计混凝土开裂影响的组合梁换算截面惯性矩,即由式(2-1-13)确定的 I_0 或由式(2-1-22)确定的考虑徐变、收缩影响的 I_{0L}。

对于无支架施工的钢—混凝土组合梁,式(2-9-5)中的剪力 V_{d2} 应包括二期恒载和活载、预应力、混凝土收缩、徐变以及钢梁和混凝土桥面板间的温度效应等引起的剪力,但不考虑由钢梁自重和混凝土桥面板自重引起的剪力。对于满堂支架或支架足够多的施工情况,剪力设计

值 V_{d2} 中还应包括钢梁自重和混凝土桥面板自重引起的剪力。

三、纵向界面抗剪承载力

国内外众多研究成果表明,组合梁桥面板纵向抗剪承载力主要由横向钢筋和桥面板混凝土两者提供,其中横向钢筋配筋率对组合梁纵向抗剪承载力影响最为显著。《组桥设施规范》(JTG/T D64-01—2015)结合国内外已有的试验研究成果,考虑混凝土抗压强度对桥面板抗剪的影响并对其抗剪贡献部分作了适当调整,修正后的单位长度内纵向界面抗剪承载力 V_{lud} 按下式计算:

$$V_{lud} = \min(0.7f_{td}b_f + 0.8A_e f_{sd}, 0.25b_f f_{cd}) \tag{2-9-6}$$

式中:f_{td}——混凝土抗拉强度设计值(MPa);

f_{cd}——混凝土抗压强度设计值(MPa);

b_f——纵向受剪界面的长度,按如图 2-9-1 所示的 a-a、b-b、c-c 及 d-d 连线在剪力连接件以外的最短长度取值(mm);

A_e——单位长度上横向钢筋的截面面积(mm^2/mm),按图 2-9-1 和表 2-9-1 取值;

f_{sd}——横向钢筋的强度设计值(MPa)。

单位长度上横向钢筋的截面积 A_e 表 2-9-1

剪切面	a-a	b-b	c-c	d-d
A_e	$A_b + A_t$	$2A_b$	$2(A_b + A_{bh})$	$2A_{bh}$

式(2-9-6)的括号中的抗剪承载力有两项:前者为界面上混凝土和等效钢筋 A_e 的抗拉强度转化为界面抗剪承载力;后者为界面混凝土的抗压或抗剪强度转化的界面抗剪承载力。两者均根据相关的混凝土板纵向剪切试验得到。在工程设计中,取两者中的较小者作为纵向界面的抗剪承载力 V_{lud}。纵向受剪界面的长度 b_f 取值可参考图 2-9-1。计算 A_b 和 A_t 时桥面板内设置的横向钢筋均可计入。

当式(2-9-1)验算不通过时,应考虑增加混凝土桥面板中横向钢筋或加腋钢筋的数量 A_e、提高钢筋强度等级 f_{sd}、增加混凝土桥面板的厚度 h_d 或提高混凝土的强度等级 $f_{cu.k}$。

第三章

钢—混凝土组合连续梁桥
计算与分析

第一节　钢—混凝土组合连续梁桥的受力特点

一、受力特点

由结构力学的知识可以知道,分跨比较合理的连续梁结构与同跨径的简支梁相比,其跨中截面的正弯矩可以减少50%左右,而在中支点截面的负弯矩增加量一般要大于跨中正弯矩的减少量。对于钢—混凝土组合梁桥而言,如果采用连续结构,将使得中支点截面承受负弯矩。也就是将钢筋混凝土桥面板置于受拉区,而将钢梁的下翼缘板置于受压区。这样的布局使得钢筋混凝土板承受拉力,而钢板承受压力,并没有很好地利用混凝土和钢材的力学特性,但工程实践表明,上述布局上的不利可以通过一些技术措施加以克服。综合钢—混凝土组合连续梁结构的利与弊,这种结构形式仍得到广大桥梁工程技术人员的青睐。尤其在城市桥梁工程中,钢—混凝土组合连续梁桥以其结构重量轻、跨越能力大、施工速度快、造型美观等优点得到了大量的应用。

目前,美国《房屋钢结构设计、制造和安装规范》、美国《桥涵设计规范》、欧洲《钢—混凝土组合结构设计规程》以及英国《桥梁设计标准》(BS 5400)中的第 5 部分(组合桥梁设计)中均引入了钢—混凝土组合连续梁结构。我国《钢木桥规》(JTJ 025—86)中虽然没有列入钢—混凝土组合连续梁桥的设计条款,但是截至 2010 年,我国已经建成了上百座钢—混凝土组合连续梁桥,例如天津的金钢桥,广州的东山口立交桥等。据文献介绍,自 20 世纪 90 年代以来,在北京地区就建成了以航天桥、国贸桥、朝阳桥等为代表的十余座大跨径钢—混凝土组合连续梁桥。进入 21 世纪,钢—混凝土组合连续梁桥的数量和跨径均快速增加。2006 年建成的江苏常州平陵大桥为三跨一联的变高度钢—混凝土组合连续梁桥,其跨径组合为 71m + 110m + 71m。2009 年 10 月建成的上海长江大桥的非航道桥为 7 跨一联的等高度钢—混凝土组合连续梁桥,其 5 个主跨径均为 105m。港珠澳跨海大桥的非通航孔也用到了 $6 \times 85m$ 一联的钢—混凝土组合连续梁桥。

我国桥梁工程界,尤其是市政桥梁的广大工程技术人员的大胆尝试和实践精神,为在我国推广钢—混组合连续梁桥并建立有关的规范和标准做了有益的探索。《组桥设施规范》(JTG/T D64-01—2015)和《组桥设计规范》(GB 50917—2013)中均已列入了钢—混凝土组合连续梁桥设计的部分内容和构造要点,这其中凝聚着我国桥梁工程师及研究人员的聪明智慧和成功经验。

与钢—混凝土组合简支梁桥相比,组合连续梁桥具有如下受力特点。

1. 中支点负弯矩区段混凝土翼板受拉

钢梁通过连接件与混凝土翼板形成组合梁后,抗弯能力及截面刚度有显著提高,但这种显著的提高是对混凝土翼板受压、承受正弯矩梁段而言的。对于承受负弯矩的连续梁中支点截面,混凝土翼板受拉开裂后将退出工作,仍以钢梁抗弯为主。尽管在混凝土翼板中配置了纵向受力钢筋,对于等高度的组合梁而言,其中支座梁段的抗弯能力及截面刚度仍不及跨中截面,截面承载能力与连续梁中的弯矩分布不相适应。一般来讲,中支座截面是薄弱环节,而跨中截面则强度有余。

2. 中支点截面弯矩、剪力都最大,受力状态复杂

简支组合梁受荷时,一般情况下是跨中截面所承受的弯矩大而剪力很小,支点截面所承受的剪力大而弯矩为零,故可以分别按纯弯和纯剪情况来计算跨中和支点截面。多跨连续组合梁受荷时,在边跨的支点和跨中截面仍具有简支组合梁的受力特点,但在中支点截面上作用的负弯矩和剪力均为最大,因而其钢梁和混凝土桥面板均处在复杂的受力状态,应该注意它们之间的相互关系。

3. 中支点梁段的钢梁受压存在稳定问题

对于简支组合梁,由于混凝土翼板的作用,截面重心提高,钢梁腹板的大部分处于受拉状态,基本上不存在局部稳定问题,而且因为有混凝土翼板对钢梁上翼缘起侧向扶持作用,可以不考虑整体稳定问题。对于多跨连续组合梁,当活载较大且作用在最不利位置时,可能出现某一跨或其一部分承受负弯矩作用,进而导致钢梁部分受压。因此钢—混组合连续钢梁存在整体稳定问题,而受压的下翼缘钢板也存在局部稳定问题。

4. 中支点预应力钢筋的影响

在实际工程中,对于中跨跨径大于 40m 的钢—混凝土组合连续梁桥,为避免桥面板混凝土开裂,通常采用在各中支座负弯矩区段的混凝土桥面板内设置纵向预应力筋(束)的技术措

施,也可采用体外预应力布束。对超静定的连续梁结构,预应力筋会对所在截面产生初预矩,同时也会在整体连续结构中产生次内力。预应力产生的次预矩通常与初预矩反号,因此会抵消部分初预矩,降低预应力效率。次内力包括预应力引起的次预矩、轴向压力和预剪力。利用目前常用的设计软件,可以分别得到连续梁结构中由预应力筋引起的初预矩、次预矩或直接获得总预矩,亦可得到由预应力筋产生的轴力和预剪力。预应力筋(束)的上述作用效应将会对组合梁截面性能计算产生影响。

鉴于上述四个问题的客观存在,在钢—混凝土连续梁桥的设计计算中,需给予必要的考虑。

二、内力分析方法

钢—混凝土组合连续梁桥属于超静定结构,其内力分析可以分为弹性分析和塑性分析两种方法,分别简介如下。

1. 弹性分析法

弹性分析法就是一般的结构力学或线弹性有限元分析方法。用弹性方法分析时,须考虑施工阶段钢梁下是否设有临时支承。当设有临时支承且达到一定的支承密度时,桥梁的全部自重、二期恒载和活载均由组合梁的全截面承担。而无临时支承时,钢梁自重、混凝土翼板自重均由钢梁承担,桥面二期恒载和活载则由组合断面承担。在设计计算时,两种情况下采用的截面几何性质是不同的。

在连续组合梁的负弯矩区,混凝土翼板受拉开裂,该区段的截面刚度要比正弯矩区段小一些,所以连续组合梁在内力分析时,应按变截面梁考虑。欧州规范(EUROCODE No. 4)规定,在距中支座 $0.15l$ 的范围内(l 为梁的跨度),在确定主梁的截面刚度时不应考虑混凝土翼板的存在,但应计入混凝土板中钢筋的面积。在其余的跨中区段,须考虑混凝土翼板的影响,按换算截面确定截面刚度。

考虑变截面影响进行内力分析可以较真实地反映梁的实际受力状态,不致过高估计支座截面的负弯矩作用效应,以免给中支点截面的温度分析和强度验算带来困难。

2. 塑性分析法

塑性分析法是极限平衡的分析方法。可以通过人为的弯矩调幅以适应中支点截面抗弯能力略低的实际情况。在计算中可不计温差、混凝土收缩、徐变对连续梁的影响,施工时钢梁有无临时支撑亦不必考虑,具体分析方法可参照相关文献。采用塑性方法分析内力时,应符合下列要求:

(1)钢梁的板件宽厚比应符合表 2-7-1 的要求。

(2)截面上应力的合力与不利外荷载组合的截面内力必须平衡。

(3)相邻两跨的跨度相差不得超过短跨的 45%,即相邻两跨之比大于 0.7。

(4)边跨的跨度不得小于邻跨的 0.7,也不得大于邻跨的 1.15。

(5)在每跨的 1/5 范围内,不得集中作用该跨半数以上的荷载。

(6)内力调幅不超过 20%。

(7)中支座截面的拉力比 $\gamma = A_r f_{sd}/A_s f_d$ 小于 0.5 并大于 0.15。其中,A_r、f_{sd} 分别为混凝土翼板有效宽度内普通钢筋截面面积和其抗拉强度设计值;A_s、f_d 分别为钢梁截面面积和其抗拉强度设计值。当中支座截面配有预应力筋时,$\gamma = (A_r f_{sd} + A_p f_{pd})/A_s f_d$ 不宜大于 0.5,$A_p f_{pd}$ 分别为预应力筋截面面积和抗拉强度设计值。这一条件亦可认为是计算截面塑性抗弯承载力时,对于预应力钢筋数量的限制条件。

由于塑性内力分析法是通过弯矩调幅进行内力重分配的计算方法,要求某些截面具有较充足的塑性转动能力。如果弯矩调幅过大或其他原因就不一定能达到预期的极限平衡条件。目前国内对于塑性分析法用得不多,且无系统性的介绍。

在实际桥梁工程设计中均采用弹性分析法确定钢—混凝土组合连续梁的内力分布,而对塑性方法则主要用于截面的抗力分析。

第二节　中支点截面的弯曲应力分析与控制

如前所述,中支座附近的负弯矩梁段是钢—混凝土组合连续梁设计的关键部位。其中包括截面的正应力、剪应力、抗弯承载力、抗剪承载力的设计和计算等问题。本节拟就这些计算内容进行探讨,给出一套可用于工程设计实用计算方法。

从组合连续梁桥中支点负弯矩截面的工作全过程来看:

(1)当作用荷载很小时,受拉区混凝土和钢筋共同工作,混凝土的拉应力小于混凝土的抗拉极限强度,截面呈弹性工作,应力按线性分布,一般情况下中性轴位于混凝土承托之内,钢梁全部处于受压区。

(2)荷载继续增加,混凝土拉应力达到其抗拉极限强度时,混凝土翼板开裂并退出工作,但桥面板内的钢筋仍处于弹性受拉工作状态,截面中性轴下移到钢梁腹板内,压应力由中性轴以下的钢梁承受,此时受拉钢筋和钢梁均未达到屈服。

(3)在接近破坏阶段,受压区钢梁首先达到屈服强度或失稳而使构件破坏。

负弯矩区的抗弯能力计算仍可分为弹性设计和塑性设计两种基本方法,《组桥设施规范》(JTG/T D64-01—2015)中规定了第三计算方法,即以弹性方法表述的截面抗弯承载力计算方法。以下分别予以介绍。

一、截面几何参数计算

当负弯矩区段设有足够的预应力筋并使得桥面板混凝土处于不开裂状态时,负弯矩区的截面仍称为换算截面。换算截面由桥面板混凝土、钢梁、普通钢筋及预应力钢筋组成,参见图3-2-1。

已知截面积为 A_s 的钢梁,其重心为 G_s,混凝土翼板内的普通钢筋截面面积为 A_r,其重心距混凝土翼板上缘的距离为 a_r;预应力钢筋截面面积为 A_p,其重心距混凝土翼板上缘的距离为 a_p。由未开裂的混凝土桥面板、钢梁、普通钢筋及预应力钢筋构成的换算截面的重心为 G_{sr0},该重心距钢梁下边缘的距离 y_{sr0} 可由下式确定:

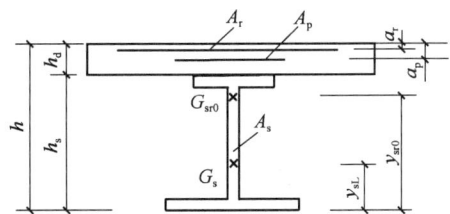

图 3-2-1　负弯矩区换算截面计算图式

$$y_{sr0} = \frac{b_{eff}h_d(h - h_d/2)/n_E + A_s y_{sL} + A_r(h - a_r) + A_p(h - a_p)}{b_{eff}h_d/n_E + A_s + A_r + A_p} \tag{3-2-1}$$

83

式中: y_{sr0} ——混凝土翼板、钢梁和钢筋的换算截面重心到钢梁下边缘的距离;

      n_E ——混凝土与钢梁材料的弹性模量比,近似认为预筋及普通钢筋的弹性模量与钢梁材料的弹性模量相等;

      y_{sL} ——钢梁截面重心到其下边缘的距离;

      A_r ——负弯矩区混凝土桥面板中的纵向普通钢筋截面面积;

      a_r ——普通钢筋面积重心到混凝土翼板上边缘的距离,可近似取顶层钢筋重心至混凝土桥面板顶面的距离;

      A_p ——混凝土桥面板中预应力钢筋截面面积;

      a_p ——预应力钢筋截面重心距混凝土翼板上缘的距离;

      b_{eff} ——混凝土翼板有效宽度,由第二章第一节的方法确定。

换算截面的面积 A_{sr0} 应按下式计算:

$$A_{sr0} = \frac{b_{eff}h_d}{n_E} + A_s + A_r + A_p \tag{3-2-2}$$

换算截面对其重心轴的惯性矩 I_{sr0} 可按式(3-2-3)确定:

$$I_{sr0} = \frac{b_{eff}h_d^3}{12n_E} + \frac{b_{eff}h_d}{n_E}\left(h - \frac{1}{2}h_d - y_{sr0}\right)^2 + I_s + A_s(y_{sr0} - y_{sl})^2 +$$
$$A_r(h - a_r - y_{sr0})^2 + A_p(h - a_p - y_{sr0})^2 \tag{3-2-3}$$

式中: I_s ——钢梁对其自身重心轴的惯性矩;

      I_{sr0} ——换算截面对其重心轴的惯性矩;

其他符号意义同前。

当负弯矩区段不设预应力筋时,在上述几何参数计算时应取 $A_p = 0$ 、$a_p = 0$,并认为在正常使用极限状态下,中支点截面混凝土翼板已经开裂并退出工作,而翼板内的纵向钢筋仍然起着抗拉作用。此时的截面应由钢梁和翼板内的纵向钢筋组成,并称之为合成截面。在此情况下,应按合成截面的几何特性计算钢梁上、下边缘的应力和混凝土翼板内钢筋中的拉应力,计算图式见图 3-2-2。合成截面重心 G_{sr} 距钢梁下边缘的距离 y_{sr} 可简化为如下式:

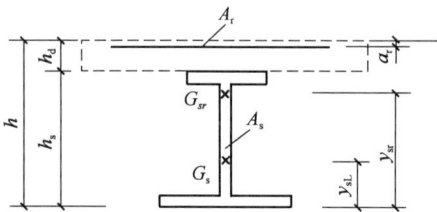

图 3-2-2 负弯矩区合成截面计算图式

$$y_{sr} = \frac{A_s y_{sL} + A_r(h - a_r)}{A_s + A_r} \tag{3-2-4}$$

对于负弯矩区不设预应力筋的情况,可认为该区段混凝土完全退出工作。因而式(3-2-1)和式(3-2-2)亦可简化为如下形式:

$$A_{sr} = A_s + A_r \tag{3-2-5}$$

$$I_{sr} = I_s + A_s(y_{sr} - y_{sL})^2 + A_r(h - a_r - y_{sr})^2 \tag{3-2-6}$$

当预应力筋的数量不足并导致桥面板混凝土开裂时,在合成截面几何性质计算中亦应考虑预应力钢筋截面面积 A_p 的影响。

二、负弯矩截面正应力计算

在弹性应力计算方法中采用的基本假设与第二章第一节中的四点基本假设相同,但计算中计入负弯矩区截面桥面板混凝土中钢筋和预应力钢筋的影响。

对于无支架施工的钢—混凝土组合连续梁,在正常使用阶段的桥面板混凝土不开裂的中支点负弯矩截面的应力可按作用效应的标准组合由式(3-2-7)~式(3-2-11)求出:

钢梁上缘的应力:

$$\sigma_s^t = \frac{M_{g1} + M_{g2}}{I_s} y_{sU} + \frac{M_{g3} - M_p + M_q + M_r}{I_{sr0}} (h_s - y_{sr0}) - \frac{N_p}{A_{sr0}} \leqslant [\sigma_w] \qquad (3-2-7)$$

钢梁下缘的应力:

$$\sigma_s^b = \frac{M_{g1} + M_{g2}}{I_s} y_{sL} + \frac{M_{g3} - M_p + M_q + M_r}{I_{sr0}} y_{sr0} + \frac{N_p}{A_{sr0}} \leqslant [\sigma_w] \qquad (3-2-8)$$

桥面板上缘的混凝土拉应力:

$$\sigma_{cr} = \frac{M_{g3} - M_p + M_q + M_r}{n_E I_{sr0}} (h - y_{sr0}) - \frac{N_p}{n_E A_{sr0}} \leqslant [\sigma_{ct}] \qquad (3-2-9)$$

桥面板混凝土内上层普通钢筋重心处的拉应力:

$$\sigma_r = \frac{M_{g3} - M_p + M_q + M_r}{I_{sr0}} (h - a_r - y_{sr0}) - \frac{N_p}{A_{sr0}} \leqslant [\sigma_r] \qquad (3-2-10)$$

桥面板混凝土内(有黏结且混凝土不开裂时)预应力钢筋重心处的应力:

$$\sigma_p = \sigma_{pe} + \frac{M_q + M_r}{I_{sr0}} (h - a_p - y_{sr0}) \leqslant [\sigma_p] \qquad (3-2-11)$$

式中:$[\sigma_w]$——钢材的弯曲容许应力,取值方法同前,即$[\sigma_w] = 0.8 f_d$;

$[\sigma_r]$——钢筋的容许应力值,建议取$[\sigma_r] = 0.55 f_{sk}$,f_{sk}为钢筋抗拉强度标准值,见表1-4-7;

$[\sigma_{ct}]$——桥面板混凝土的容许拉应力,参考《公路钢筋混凝土及预应力混凝土桥涵设计规范》(JTG 3362—2018),建议取$[\sigma_{ct}] = 0.5 f_{tk}$,或不得消压;$f_{tk}$为桥面板混凝土抗拉强度标准值,见表1-4-5;

$[\sigma_p]$——混凝土内有黏结预应力筋的容许应力值,参考《公路钢筋混凝土及预应力混凝土桥涵设计规范》(JTG 3362—2018),建议取$[\sigma_p] = 0.65 f_{pk}$;f_{pk}为预应力筋抗拉强度标准值,见表1-4-8;

M_q——由汽车作用(计入冲击系数)引起的弯矩标准值;

M_r——由人群作用引起的弯矩标准值;

M_{g3}——对于无支架施工的组合梁,取二期恒载产生的中支点截面的弯矩标准值;

N_p——由有效预应力引起中支点截面的轴向压力,可从有限元计算结果中直接提取;

M_p——由有效预应力引起中支点截面的总预矩,$M_p = N_p y_p \pm M_{p2}$,可从有限元计算结果中直接提取;

y_p——预应力钢筋截面重心至换算截面重心的距离,$y_p = h - y_{sr0} - a_{pr}$;

M_{p2}——由有效预应力N_p引起的计算截面的次预矩,其正负号取决于计算截面的位置;

σ_{pe}——在不开裂的前提下,混凝土板内有黏结预应力钢筋的有效预应力。

对于中支点负弯矩区段既配有普通钢筋又配有足够数量预应力钢筋的情况,可以控制负弯矩区段混凝土不开裂。因此建议桥面板混凝土的容许拉应力取为$[\sigma_{ct}] = 0.5 f_{tk}$,或不容许消压。

如果混凝土拉应力按式(3-2-9)验算通不过,或混凝土已经开裂,可按桥面板混凝土全部开裂,即按简化后的合成截面几何性质由式(3-2-4)~式(3-2-6)计算 y_{sr}、A_{sr} 和 I_{sr},然后再按式(3-2-12)~式(3-2-14)计算截面所需控制点的应力。如有预应力钢筋存在,可将其截面面积近似按普通钢筋截面面积考虑。

在中支点布置预应力钢筋的情况,对于跨中正弯矩区段的截面应力验算,原则上可以采用第二章第二节中的计算方法。值得注意的是,预应力筋通常不会直接布置在正弯矩区段,因此无需考虑初预矩和轴向力的影响。但由于预应力筋引起的连续梁中跨跨中区段的次预矩 M_{P2} 通常是负弯矩,需要考虑该区段次预矩 M_{P2} 的不利影响,例如两边跨施加活载时中跨跨中区段混凝土桥面板的抗裂性。

对于桥面板混凝土中只配有普通钢筋的情况,截面几何性质应按式(3-2-4)~式(3-2-6)计算;且无需验算桥面板上缘的混凝土拉应力。按式(3-2-7)~式(3-2-11)验算截面应力时应取 N_p 和 M_p 为零,上述公式可简化为如下形式:

钢梁上缘的应力:

$$\sigma_s^t = \frac{M_{g1} + M_{g2}}{I_s}y_{sU} + \frac{M_{g3} + M_q + M_r}{I_{sr}}(h_s - y_{sr}) \leqslant [\sigma_w] \tag{3-2-12}$$

钢梁下缘的应力:

$$\sigma_s^b = \frac{M_{g1} + M_{g2}}{I_s}y_{sL} + \frac{M_{g3} + M_q + M_r}{I_{sr}}y_{sr} \leqslant [\sigma_w] \tag{3-2-13}$$

混凝土翼板内上层普通钢筋重心处的拉应力:

$$\sigma_r = \frac{M_{g3} + M_q + M_r}{I_{sr}}(h - a_r - y_{sr}) \leqslant [\sigma_r] \tag{3-2-14}$$

考虑到中支点的负弯矩区的桥面板混凝土具有裂缝宽度的限值要求,因此其普通钢筋的容许应力建议取为 $[\sigma_r] = 0.55f_{sk}$,该取值相对偏低。值得说明的是,式(3-2-12)~式(3-2-14)是建立在混凝土翼板完全退出工作的基础上。事实上,混凝土翼板上缘虽然开裂,但其对刚度的贡献未必为零。因此由式(3-2-6)求出的合成截面惯性矩 I_{sr} 的计算结果应偏小,进而导致截面应力计算结果可能偏大,这样做是偏于安全的。

【例3-1】 某桥采用四跨等截面钢—混凝土组合连续梁桥,全长150m,跨径布置为32m + 43m + 43m + 32m,桥面宽度为10m。桥梁的纵、横向总体布置参见图3-2-3,采用无支架施工。该桥设计荷载为公路—Ⅰ级,无人群荷载。该钢—混凝土组合连续箱梁桥采用单箱双室断面,箱底宽6.2m,桥面横坡由腹板变高度形成。上部结构由预应力混凝土桥面板、槽形钢梁和桥面系组成。槽形钢梁高度1250~1494mm,钢箱梁的上翼缘宽 3×800mm,厚25mm,腹板厚16mm,下翼缘宽6200mm,厚20mm,采用Q345D钢材。现浇混凝土桥面板厚度350mm,桥面板采用C50微膨胀混凝土以减小收缩的影响,混凝土桥面板与槽形钢梁之间设栓钉连接件形成组合截面。为增加混凝土桥面板的抗裂性,在每个中支点负弯矩区段的混凝土板内设置1860预应力钢绞线,取其张拉控制应力 $\sigma_{con} = 0.55f_{pk} \approx 1020$MPa。其中,边中支点为16束9 - 15.2钢束和8束12 - 15.2钢束,截面总面积:33600mm²,预应力筋张拉控制力为34272kN,有效拉力为28303kN;中支点为24束9 - 15.2钢束,截面总面积30240mm²,预应力筋张拉控制力为30845kN,有效预拉力为25610kN。各支点预应力筋的截面重心距桥面板顶面的距离均为15cm。采用有限元方法求解的各施工阶段、各控制截面的相关内力见表3-2-1。

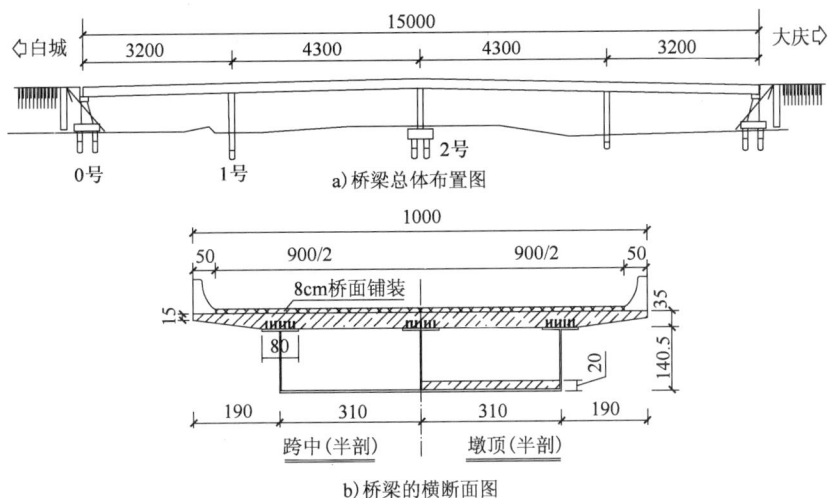

a) 桥梁总体布置图

b) 桥梁的横断面图

图 3-2-3　桥梁纵横断面布置图(尺寸单位:cm)

组合梁各项计算内力汇总　　　　　　　　　　　　表 3-2-1

作　用	内　力	0 号支点截面	1 号支点截面	2 号支点截面	主跨跨中截面	边跨跨中截面 (距边支点 14.5m)
钢梁、混凝土桥面板自重作用	弯矩 $M_{g1} + M_{g2}$	0	−18577	−18151	7935	5441
	剪力 $V_{g1} + V_{g2}$	−1143	−2606	2586	−53	473
二期恒载作用	弯矩 M_{g3}	0	−4507	−5009	2499	1866
	剪力 V_{g3}	−362	−691	715	28	134
预应力效应	总预矩 M_p	0	5418	5314	−4128	−2814
	次预矩 M_{p2}	0	−4542	−3703	−4128	−2165
	轴力 N_p	0	−28303	−25610	0	0(或 −8030 突变)
	剪力 V_p	144	−20	20	−20	144(或 −1392)
活载作用 (计入冲击系数)	弯矩 M_q	0	−7903	−9037	9859	8464
	剪力 V_q	−1448	−1704	1723	−730	818
温度梯度(正)	弯矩 M_t	0	1939	1981	1963	924
	剪力 V_t	−62	−62	0	0	−62
温度梯度(负)	弯矩 M_t	0	−970	−991	−981	−462
	剪力 V_t	31	31	0	0	31
沉降作用汇总	弯矩 M_{cj}	0	−1495	−1860	483	713
	剪力 V_{cj}	−48	−78	78	−78	48

注:1. 表中内力单位:弯矩为 kN·m,剪力和轴力均为 kN。

2. 表中边跨跨中截面是指距边支座 14.5m。

3. 内力符号:弯矩以梁下缘受拉为正,受压为负;轴力以受拉为正,受压为负。

4. 负弯矩区由中支点截面控制设计,正弯矩区由主跨跨中截面控制设计。

试计算混凝土桥面板的有效计算宽度,并进行该组合梁桥在持久状况正常使用极限状态下的自重、二期恒载及活载作用下的控制截面的正应力验算。

解:1. 截面有效宽度的计算

(1)根据《组桥设施规范》(JTG/T D64-01—2015)方法计算

①钢—混凝土组合梁桥各跨跨中及中间支座处的翼板有效宽度 b_{eff} 由式(2-2-6)计算,且不应大于翼板实际宽度,即有:

$$b_{eff} = b_0 + \sum b_{ef,i} \qquad b_{ef,i} = \frac{L_{e,i}}{6} \leqslant b_i$$

式中:b_0——外侧剪力连接件中心间的距离,根据连接件的布置情况,取 $b_0 = 0.6 \times 3 = 1.8$ (m);

$b_{ef,i}$——外侧剪力连接件一侧的混凝土翼板有效宽度;

b_i——外侧剪力连接件中心至相邻钢梁腹板上方的外侧剪力连接件中心的距离的一半 2.5/2m 或外侧剪力连接件中心至混凝土桥面板自由边间的距离 1.6m;

$L_{e,i}$——等效跨径,参考图 2-1-2 应有中跨为 $L_{e,j} = 43 \times 0.6 = 25.8$(m),25.8/6 = 4.30(m) > 2.5/2 = 1.25(m) 及 1.6m;边跨为 $L_{e,j} = 32 \times 0.8 = 25.6$(m),25.6/6 = 4.27(m) > 2.5/2 = 1.25(m) 及 1.6m;根据上述规定,因为 $b_{ef,i} = \frac{L_{e,i}}{6} > b_i$,所以 $b_{eff} = b_0 + \sum b_i$。

对于各跨跨中截面的混凝土桥面板的有效宽度为:

$$b_{eff} = 1.6 + 0.6 + 2.5/2 + 0.6 + 2 \times 2.5/2 + 2.5/2 + 0.6 + 1.6 = 10.0(m)$$

即取桥梁全宽计算。

②连续梁边支点处的混凝土翼板有效宽度 b_{eff} 按式(2-2-7)计算,即有:

$$b_{eff} = b_0 + \sum \beta_i b_{ef,i} \qquad \beta_i = 0.55 + 0.025 \frac{L_{e,i}}{b_i} \leqslant 1.0$$

式中:$L_{e,i}$——取为边跨的等效跨径,如图 2-1-2a)所示。

对于边支点截面,有效宽度的折减系数为:

$$\beta_1 = 0.55 + 0.025 \times \frac{25.8}{1.6} = 0.95 < 1 \qquad \beta_2 = 0.55 + 0.025 \times \frac{25.8}{1.25} = 1.07 > 1.0$$

$$\beta_3 = 0.55 + 0.025 \times \frac{25.6}{1.6} = 0.95 < 1 \qquad \beta_4 = 0.55 + 0.025 \times \frac{25.6}{1.25} = 1.06 > 1.0$$

上述计算结果中,当有效宽度减系数 $\beta_i > 1.0$ 时,均取 $\beta_i = 1.0$。于是可得到连续梁边支点截面混凝土桥面板的有效宽度为:

$$b_{eff} = 1.6 \times 0.95 + 0.6 + 2 \times 1.25 + 0.6 + 2 \times 1.25 + 0.6 + 1.6 \times 0.95 = 9.84(m)$$

(2)根据《钢木桥规》(JTJ 025—1986)计算

《钢木桥规》(JTJ 025—1986)中的有效宽度 $b_{ef,i}$(即计算宽度 b_e)应取以下三种情况中的较小者:

①梁计算跨径的1/3。所以这里边跨有效宽度为10.7m,中跨有效宽度为14.3m;

②相邻两钢腹板轴线间的距离,即 $s = 3.1$m,有 3 个钢腹板,即有效宽度为 $3.1 \times 3 = 9.30$(m);

③对于单箱上翼缘板宽度 t' 为 0.8m,混凝土桥梁板厚度 h_d 为 0.35m,所以有效宽度为:

$$\sum(t' + 12h_d) = 1.5 + 0.8 + 2.1 + 2.1 + 0.8 + 2.1 + 2.1 + 0.8 + 1.5 = 13.8(m) > 10(m)$$

取为10m。实际混凝土桥面的有效宽度取值应为：

$$b_{\text{eff}} = \min(10.7\text{m}, 9.3\text{m}, 10.0\text{m}) = 9.3\text{m}$$

即按《钢木桥规》(JTJ 025—86)中的规定计算得到的组合梁变指点截面混凝土桥面板的有效宽度应为 $b_{\text{eff}} = 9.30\text{m}$。

将按以上两种规范计算的有效宽度 b_{eff} 的计算结果汇入表3-2-2。

有效宽度汇总（m） 表3-2-2

规 范	各跨中及中支点截面	边支点截面
《组桥设施规范》(JTG/T D64-01—2015)	10.0	9.84
《钢木桥规》(JTJ 025—1986)	9.30	9.30

就本例而言，由上表不难看出，根据《组桥设施规范》(JTG/T D64-01—2015)计算时，跨中截面有效宽度和支点截面有效宽度的数值并不相同，这样的计算方法似更加合理，但计算过程相对繁琐。而根据《钢木桥规》(JTJ 025—1986)计算较为简洁，但两种规范的计算结果相差并不大。

本文选择按《组桥设施规范》(JTG/T D64-01—2015)的计算结果，即取跨中截面的有效宽度为 $b_{\text{eff}} = 10.0\text{m}$，边支点截面的有效宽度为 $b_{\text{eff}} = 9.84\text{m}$。

2. 截面几何性质的计算

由图 3-2-3b)可知，该桥混凝土桥面板厚度变化范围为 150～350mm。为便于计算将其按面积 A_c 和有效宽度 b_{eff} 不变折算成等效的板厚 h_d。由 CAD 计算出 $A_c = 3200000\text{mm}^2$，根据前面的计算结果有 $b_{\text{eff}} = 10000\text{mm}$，因此等效后的板厚为 $h_d = 320\text{mm}$，桥面板厚度的其余部分虚拟为加腋区，其高度为 $h_c = 350 - h_d = 30\text{mm}$，$h_c$ 不参与应力计算，但在几何参数计算中考虑其影响。该桥组合截面计算图式见图3-2-4。

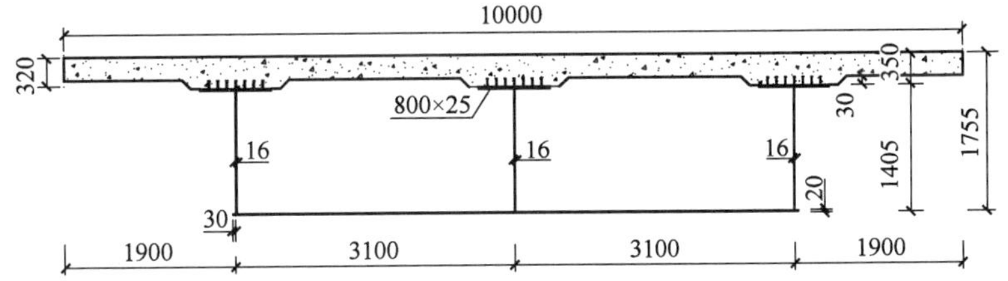

图3-2-4 组合截面计算图式（尺寸单位:mm）

(1)钢梁的几何性质

根据图 3-2-4 中给出的截面几何尺寸，可以计算钢梁的几何参数如下：

钢梁截面面积：

$$A_s = b_{sU}t' + h_w t_w + b_{sL}t = 2400 \times 25 + 1360 \times 48 + 6260 \times 20$$
$$= 250480(\text{mm}^2) = 0.25(\text{m}^2)$$

钢梁截面重心轴距钢梁顶面的距离：

$$y_{sU} = \frac{[0.5b_{sU}t'^2 + h_w t_w(0.5h_w + t') + b_{sL}t(t' + h_w + 0.5t)]}{A_s}$$

$$= [0.5 \times 2400 \times 25^2 + 1360 \times 48 \times (0.5 \times 1360 + 25) + \frac{6260 \times 20 \times (25 + 1360 + 0.5 \times 20)]}{250480}$$

$$= 884.01(\text{mm}) = 0.884(\text{m})$$

钢梁截面重心轴距钢梁底面的距离：
$$y_{sL} = h_s - y_{sU} = 1405 - 884.01 = 520.99(mm) = 0.521m$$

钢梁截面绕自身重心轴惯性矩(钢梁顶底板对自身轴的惯性矩忽略不计)：

$$I_s = \frac{1}{12}(b_{sU}t'^3 + t_w h_w^3 + b_{sL}t^3) + b_{sU}t'(y_{sU} - 0.5t')^2 + t_w h_w (0.5h_w + t' - y_{sU})^2 +$$

$$b_{sL}t(0.5t + h_w + t' - y_{sU})^2$$

$$= \frac{1}{12} \times (2400 \times 25^3 + 48 \times 1360^3 + 6260 \times 20^3) + 2400 \times 25 \times (884.01 - 0.5 \times 25)^2 +$$

$$48 \times 1360 \times (0.5 \times 1360 + 25 - 884.01)^2 + 6260 \times 20 \times$$

$$(0.5 \times 20 + 1360 + 25 - 884.01)^2$$

$$= 90424 \times 10^6 (mm^4) = 0.090(m^4)$$

(2) 组合梁的换算截面几何性质

计算中根据 Q345D 钢材及 C50 混凝土的弹性模量，取 $n_E = 5.97$，将混凝土桥面板换算为钢材的面积。由图 3-2-3 可求出组合梁主跨跨中换算截面的几何参数如下：

根据前面求出的钢梁截面重心轴距钢梁顶面的距离 y_{sU}，可进一步求出钢梁截面重心轴至组合梁顶面的距离 y_t：

$$y_t = y_{sU} + h_d + h_c = 884.01 + 320 + 30 = 1234.01(mm) \approx 1.234(m)$$

换算截面重心距混凝土翼板顶面的距离 y_{oU}：

$$y_{0U} = \frac{\dfrac{b_{eff}h_d^2}{2n_E} + A_s y_t}{\dfrac{b_{eff}h_d}{n_E} + A_s} = \frac{\dfrac{10000 \times 320^2}{2 \times 5.97} + 250480 \times 1234.01}{\dfrac{10000 \times 320}{5.97} + 250480}$$

$$= 502.05(mm) = 0.502m > h_d + h_c + t' = 0.32 + 0.03 + 0.025 = 0.375(m)$$

上述计算结果表明混凝土翼板的等效厚度全部位于受压区内，且换算截面中心轴位于钢梁腹板内。

换算截面面积：

$$A_0 = \frac{b_{eff}h_d}{n_E} + A_s = \frac{10000 \times 320}{5.97} + 250480 = 786493(mm^2) = 0.787(m^2)$$

换算截面惯性矩：

$$I_0 = \frac{b_{eff}h_d^3}{12n_E} + \frac{b_{eff}h_d}{n_E}(y_{0U} - 0.5h_d)^2 + I_s + A_s(y_t - y_{0U})^2$$

$$= \frac{10000 \times 320^3}{12 \times 5.97} + \frac{10000 \times 320}{5.97} \times (502.05 - 0.5 \times 320)^2 + 90424 \times 10^6 + 250480 \times (1234.01 - 502.05)^2$$

$$= 291909 \times 10^6 (mm^4) = 0.292(m^4)$$

3. 正弯矩区段正应力验算

该组合梁的最大正弯矩发生在主跨跨中截面，故选择对主跨跨中截面进行正应力验算。由于预应力引起的轴力在主跨跨中截面为零，所以不考虑其对正应力的影响。计算中根据钢板的厚度由表 1-4-2 查得钢材强度设计值为 $f_d = 270MPa$。

（1）第一受力阶段（短暂状况，即施工阶段）

钢梁上缘应力：

$$\sigma_{sT}^t = \frac{M_{g1} + M_{g2}}{I_s} y_{sU} = \frac{7935}{0.090} \times 0.884 \times 10^{-3}$$

$$= 77.9(\text{MPa}) < 1.25[\sigma_w] = 1.25 \times 0.8 \times 270 = 270(\text{MPa})$$

钢梁下缘应力：

$$\sigma_{sT}^b = \frac{M_{g1} + M_{g2}}{I_s}(h_s - y_{sU}) = \frac{7935}{0.090} \times (1.405 - 0.884) \times 10^{-3}$$

$$= 45.9(\text{MPa}) \leqslant 1.25[\sigma_w] = 1.25 \times 0.8 \times 270 = 270(\text{MPa})$$

（2）第二受力阶段（持久状况的正常使用阶段）

在正常使用阶段取用汽车的荷载作用（计入冲击作用）的跨中截面弯矩标准值计算组合梁截面上的应力。

钢梁上缘应力：

$$\sigma_{sC}^t = \frac{(M_{g1} + M_{g2})}{I_s} y_{sU} + \frac{(M_{g3} - M_p + M_q)}{I_O}(y_{0U} - h_d - h_c)$$

$$= \frac{7935}{0.090} \times 0.884 \times 10^{-3} + \frac{2499 - 4128 + 9859}{0.292} \times (0.502 - 0.35) \times 10^{-3}$$

$$= 82.2(\text{MPa}) \leqslant \lfloor \sigma_w \rfloor = 0.8 f_d = 0.8 \times 270 = 216(\text{MPa})$$

钢梁下缘应力：

$$\sigma_{sC}^b = \frac{(M_{g1} + M_{g2})}{I_s}(h_s - y_{sU}) + \frac{(M_{g3} - M_p + M_q)}{I_o}(h - y_{oU})$$

$$= \frac{7935}{0.090} \times (1.405 - 0.884) \times 10^{-3} + \frac{2499 - 4128 + 9859}{0.292} \times (1.755 - 0.502) \times 10^{-3}$$

$$= 81.3(\text{MPa}) \leqslant [\sigma_w] = 0.8 f_d = 216(\text{MPa})$$

混凝土翼板顶面应力：

$$\sigma_{cC} = \frac{(M_{g3} - M_p + M_q)}{n_E I_o} y_{ou}$$

$$= \frac{2499 - 4128 + 9859}{5.97 \times 0.292} \times 0.502 \times 10^{-3}$$

$$= 2.4(\text{MPa}) \leqslant [\sigma_{cw}] = 0.5 f_{ck} = 0.5 \times 32.4 = 16.2(\text{MPa})$$

4. 负弯矩区段正应力验算

（1）第一受力阶段（短暂状况）

在施工阶段，考虑桥面板混凝土是在钢梁连接成型并拆除支架后浇筑的，因此桥面板混凝土和钢梁的自重均由钢梁截面承担。钢梁上、下缘的应力验算如下：

$$\sigma_{sT}^t = \frac{M_{g1} + M_{g2}}{I_s} y_{sU} = \frac{18151}{0.09} \times 0.884 \times 10^{-3} = 178.3(\text{MPa})$$

$$\sigma_{sT}^b = \frac{M_{g1} + M_{g2}}{I_s} y_{sL} = \frac{18151}{0.09} \times 0.521 \times 10^{-3} = 105.1(\text{MPa})$$

两者应力验算结果均小于其容许值，即 $1.25[\sigma_w] = 1.25 \times 0.8 \times 270 = 270(\text{MPa})$。尽管施工过程中钢梁上缘应力相对较大，但仍然满足安全性要求。

（2）第二受力阶段(持久状况的正常使用阶段)

在正常使用阶段取用汽车的荷载作用(计入冲击作用)的中支点截面弯矩控制设计,按其标准值计算组合梁截面上的应力。钢梁的面积为 $A_s = 0.25 \text{m}^2$,其重心为 G_s,混凝土翼板内的钢筋面积重心距混凝土板上缘的距离为 $a_r = 0.16 \text{m}$,普通钢筋的面积 $A_r = 0.0135 \text{m}^2$,预应力钢筋的面积 $A_p = 0.0302 \text{m}^2$,混凝土翼板内的钢筋面积重心距混凝土板上缘的距离为 $a_p = 0.15 \text{m}$,混凝土、钢梁与所有钢筋合成截面的重心为 G_{sro}。

在负弯矩区不开裂的情况下,由混凝土板、钢梁、预应力钢筋、普通钢筋构成的换算截面的重心轴到钢梁下边缘的距离 y_{sro} 为:

$$y_{sr0} = \frac{A_s y_{sl} + A_r(h - a_r) + A_p(h - a_p) + (h - h_d/2)b_{eff}h_d/n_E}{A_s + A_r + A_p + b_{eff}h_d/n_E}$$

$$= \frac{0.25 \times 0.521 + 0.0135 \times 1.595 + 0.03 \times 1.605 + 1.595 \times 10 \times 0.32/5.97}{0.25 + 0.0135 + 0.03 + 10 \times 0.32/5.97}$$

$$= 1.272(\text{m}) < h_s - t' = 1.405 - 0.025 = 1.38(\text{m})$$

所以换算截面的重心轴位于钢梁腹板中。换算截面惯性矩 I_{sr0} 按下式计算:

$$I_{sr0} = \frac{b_{eff}h_d^3}{12n_E} + \frac{b_{eff}h_d}{n_E}\left(h - \frac{1}{2}h_d - y_{sr0}\right)^2 + I_s + A_s(y_{sr0} - y_{sL})^2 +$$

$$A_r(h - a_r - y_{sr0})^2 + A_p(h - a_p - y_{sr0})^2$$

$$= \frac{10 \times 0.32^3}{12 \times 5.97} + \frac{10 \times 0.32}{5.97}(1.755 - 0.5 \times 0.32 - 1.272)^2 + 0.09 +$$

$$0.25(1.272 - 0.521)^2 + 0.0135(1.755 - 0.16 - 1.272)^2 +$$

$$0.03(1.755 - 0.15 - 1.272)^2 = 0.296(\text{m}^4)$$

该换算面积的面积为:

$$A_{sr0} = A_s + A_r + A_p + b_{eff}h_d/n_E$$

$$= 0.25 + 0.0135 + 0.03 + 10 \times 0.32/5.97 = 0.830(\text{m}^2)$$

将上述截面几何参数汇总于表 3-2-3 中,以备查用。

控制截面几何参数 表 3-2-3

截 面	截面几何性质	截面几何性质计算值
钢梁截面	梁高(m)	$h_s = 1.405$
	重心轴至上缘距离(m)	$y_{sU} = 0.884$
	重心轴至下缘距离(m)	$y_{sL} = 0.521$
	惯性矩(m⁴)	$I_s = 0.090$
	面积(m²)	$A_s = 0.250$
	钢梁截面重心轴至组合梁顶面的距离(m)	$y_t = 1.234$
跨中换算截面	梁高(m)	$h = 1.755$
	重心轴至上缘距离(m)	$y_{0U} = 0.502$
	惯性矩(m⁴)	$I_0 = 0.292$
	面积(m²)	$A_0 = 0.787$

截　面	截面几何性质	截面几何性质计算值
中支点换算截面	梁高(m)	$h = 1.755$
	重心轴到钢梁下边缘的距离(m)	$y_{sr0} = 1.272$
	重心轴至混凝土翼板上缘的距离(m)	$h - y_{sr0} = 0.483$
	惯性矩(m⁴)	$I_{sr0} = 0.296$
	面积(m²)	$A_{sr0} = 0.830$

根据表 3-2-3 中各面的几何参数及表 3-2-1 中的弯矩作用标准值,即可验算中支点截面在正常使用阶段的应力状态。

钢梁上缘拉应力:

$$\sigma_s^t = \frac{M_{g1} + M_{g2}}{I_s}y_{sU} + \frac{M_{g3} - M_p + M_q}{I_{sr0}}(h_s - y_{sr0}) - \frac{N_p}{A_{sr0}}$$

$$= \frac{18151}{0.09} \times 0.884 \times 10^{-3} + \frac{5009 - 5314 + 9037}{0.296} \times (1.405 - 1.272) \times 10^{-3} - \frac{25610}{0.830} \times 10^{-3}$$

$$= 151.3(\text{MPa}) \leqslant [\sigma_w] = 0.8 f_d = 216(\text{MPa})$$

钢梁下缘的压应力:

$$\sigma_s^b = \frac{M_{g1} + M_{g2}}{I_s}y_{sL} + \frac{M_{g3} - M_p + M_q}{I_{sr0}}y_{sr0} + \frac{N_p}{A_{sr0}}$$

$$= \frac{18151}{0.09} \times 0.521 \times 10^{-3} + \frac{5009 - 5314 + 9037}{0.296} \times 1.272 \times 10^{-3} + \frac{25610}{0.830} \times 10^{-3}$$

$$= 173.4(\text{MPa}) \leqslant [\sigma_w] = 0.8 f_d = 216(\text{MPa})$$

桥面板混凝土上缘应力:

$$\sigma_c^t = \frac{M_{g3} - M_p + M_q}{n_E I_{sr0}}(h - y_{sr0}) - \frac{N_p}{n_E A_{sr0}}$$

$$= \frac{5009 - 5314 + 9037}{5.97 \times 0.296} \times (1.755 - 1.272) \times 10^{-3} - \frac{25610 \times 10^{-3}}{5.97 \times 0.830}$$

$$= -2.8(\text{MPa}) < 0$$

计算表明,该混凝土桥面板仍处于受压状态,不会开裂。在活载作用下,混凝土桥面板上翼缘仍未消压,这说明混凝土桥面板中预应力配束偏多。

桥面板混凝土内上层普通钢筋重心处的拉应力:

$$\sigma_r = \frac{M_{g3} - M_p + M_q}{I_{sr0}}(h - a_r - y_{sr0}) - \frac{N_p}{A_{sr0}}$$

$$= \frac{5009 - 5314 + 9037}{0.296} \times 10^{-3} \times (1.755 - 0.16 - 1.272) - \frac{25610 \times 10^{-3}}{0.830}$$

$$= -21.3(\text{MPa}) < [\sigma_r] = 0(\text{MPa})$$

计算结果表明,由于较大的预应力的作用,混凝土桥面板中普通钢筋的仍处于受压状态。

桥面板混凝土内(有黏结且混凝土不开裂时)预应力钢筋重心处的有效预应力为:

$$\sigma_{pe} = \frac{N_p}{A_p} = \frac{25610 \times 10^3}{30240} = 846.9(\text{MPa})$$

$$\sigma_p = \sigma_{pe} + \frac{M_{g3} + M_q}{I_{sr0}}(h - a_p - y_{sr0})$$

$$= 846.9 + \frac{(5009 + 9037) \times 10^{-3}}{0.296} \times (1.755 - 0.15 - 1.272)$$

$$= 862.7(\text{MPa}) \leqslant [\sigma_p] = 0.65 f_{pk} = 0.65 \times 1860 = 1209(\text{MPa})$$

上述计算结果表明：该组合梁在施工阶段和正常使用阶段的各项正应力指标均可通过验算，满足持久状况下正常使用阶段的安全性和抗裂性要求。

5. 长期荷载作用下主跨跨中截面正应力计算

由于该桥桥面板采用微膨胀混凝土，混凝土的膨胀率控制在 0 ~ 0.002%，可基本抵消混凝土收缩的影响。因此在长期荷载作用下，本例只考虑混凝土徐变的影响。根据《组桥设施规范》(JTG/T D64-01—2015)的规定，当进行组合梁桥的整体力学分析时，可按照计算时间点的混凝土徐变系数和考虑荷载性质的徐变因子修正后的长期模量比 n_L 考虑混凝土徐变的影响。在此取 $t = \infty$，$n_L = 2.5n_E = 14.93$。应力计算中的长期荷载按正常使用极限状态下的作用标准值组合取用。

考虑徐变影响的换算截面几何参数

换算截面重心轴距混凝土翼板顶面的距离：

$$y_{0UL} = \frac{\dfrac{b_{eff}h_d^2}{2n_L} + A_s y_t}{\dfrac{b_{eff}h_d}{n_L} + A_s} = \frac{\dfrac{10 \times 0.32^2}{2 \times 14.93} + 0.25 \times 1.234}{\dfrac{10 \times 0.32}{14.93} + 0.25} = 0.738 > h_d + h_c = 0.35(\text{m})$$

因此，换算截面面积：

$$A_{0L} = \frac{b_{eff}h_d}{n_L} + A_s = \frac{10 \times 0.32}{14.93} + 0.25 = 0.464(\text{m}^2)$$

考虑混凝土徐变作用的换算截面惯性矩

$$I_{0L} = \frac{b_{eff}h_d^3}{12n_L} + \frac{b_{eff}}{n_L}h_d(y_{0UL} - 0.5h_d)^2 + I_s + A_s(y_t - y_{0UL})^2$$

$$= \frac{10 \times 0.32^3}{12 \times 14.93} + \frac{10}{14.93} \times 0.32(0.738 - 0.5 \times 0.32)^2 + 0.09 + 0.25(1.234 - 0.738)^2$$

$$= 0.225(\text{m}^4)$$

由于中支点负弯矩区混凝土的压应力较小，故不考虑混凝土徐变效应的影响。在此仅对主跨跨中截面正弯矩区进行考虑徐变效应的应力验算。根据表 3-2-1，计算中取跨中截面由预应力引起的轴力 $N_p = 0$。考虑混凝土徐变时组合梁的应力可按作用长期效应组合（活载弯矩仍取标准值）进行应力叠加，具体计算参见式(2-2-3) ~ 式(2-2-5)：

(1)钢梁的上缘应力为：

$$\sigma_{s.L}^t = \frac{(M_{g1} + M_{g2})}{I_s}y_{sU} + \frac{(M_{g3} - M_{p2} + M_q)}{I_{0L}}(y_{0UL} - h_d - h_c)$$

$$= \frac{7935}{0.09} \times 0.884 \times 10^{-3} + \frac{2499 - 4128 + 9859}{0.225} \times (0.738 - 0.35) \times 10^{-3}$$

$$= 92.1(\text{MPa}) \leqslant [\sigma_w] = 0.8 f_d = 216\text{MPa}$$

（2）钢梁的下缘应力

$$\sigma_{s.L}^{b} = \frac{(M_{g1} + M_{g2})}{I_s}(h_s - y_{sU}) + \frac{(M_{g3} - M_{p2} + M_q)}{I_{0L}}(h - y_{0UL})$$

$$= \frac{7935}{0.09} \times (1.405 - 0.884) \times 10^{-3} + \frac{2499 - 4128 + 9859}{0.225} \times (1.755 - 0.738) \times 10^{-3}$$

$$= 83.1(\text{MPa}) \leqslant [\sigma_w] = 0.8f_d = 216(\text{MPa})$$

（3）混凝土桥面板上缘应力：

$$\sigma_{c.L}^{t} = \frac{(M_{g3} - M_{p2} + M_q)}{n_L I_{0L}} y_{0UL} = \frac{2499 - 4128 + 9859}{14.93 \times 0.225} \times 0.738 \times 10^{-3}$$

$$= 1.8(\text{MPa}) < [\sigma_{cw}] = 0.5f_{ck} = 0.5 \times 32.4 = 16.2(\text{MPa})$$

与前面正常使用阶段的计算结果相比，由于混凝土徐变导致截面刚度减小，即换算截面惯性矩减小，因而导致主跨的跨中截面三个控制点的应力均有变化。其中钢梁上下缘的应力均有增加，而桥面板混凝土上缘的压应力略有减小。钢梁上缘压应力的增量相对较大，这恰恰是由于混凝土徐变导致的截面应力重分布的结果。考虑长期模量比之后的各项应力仍满足安全性要求。这也间接说明，对于钢—混凝土组合结构而言，混凝土板的截面刚度只占组合截面刚度的一小部分，因而上翼缘板混凝土徐变对截面应力的影响是有限的。

在实际工程计算中，对于正常使用极限状态下采用长期模量比 n_L 计算长期变形及应力时，应考虑荷载作用的准永久组合，即自重、二期恒载效应取标准值，而活载效应则取其准永久值 $0.4M_q$ 进行计算。

第三节 中支点截面的抗弯承载力计算

《组桥设计规范》（GB 50917—2013）中建议采用塑性理论计算正弯矩作用截面的抗弯承载力，但对于中支点负弯矩作用截面却没有给出相应的计算方法。在持久状况的承载能力极限状态下，截面塑性抗弯承载力的计算方法基于合成截面在破坏时能够进入塑性状态，普通钢筋和钢板须为软钢，对其力学性能要求同正弯矩作用截面，且截面板件宽厚比应满足表 2-7-1 的要求。如果存在预应力钢筋时，假设其应力能够达到强度设计值。

中支点承受负弯矩作用的截面受力过程如下：作用荷载很小时，受拉区混凝土和钢筋共同工作。此时，混凝土的拉应力小于其抗拉极限强度，截面处于弹性工作阶段，应力呈直线分布。一般情况下中性轴位于混凝土承托之内，钢梁全部处于受压区。荷载继续增加时，混凝土拉应力达到其抗拉极限强度时，混凝土桥面板开裂并退出工作。此时截面中性轴下移到钢梁腹板内，拉应力由钢筋和部分钢梁承担，中性轴以下的钢梁截面承受压应力。此时受拉钢筋和钢梁均未达到屈服。在接近破坏阶段，桥面板混凝土已完全退出工作，受压区钢梁首先达到屈服强度（或失稳），混凝土板内的普通钢筋应力可达到其屈服强度。

当组合梁的负弯矩截面进入塑性阶段后，只有钢梁和混凝土翼板内的纵向钢筋参与工作。此时，纵向受拉钢筋可以达到其屈服强度，钢梁的受拉区和受压区也分别达到其钢材屈服强度。设计中可假定其应力均达到各自材料强度设计值 f_{sd}、f_{pd} 和 f_d。

因为一般不会有 $A_{rp} = A_r + A_p \geqslant A_s$ 的情况发生，故可以认为塑性中性轴的位置通常应在钢梁腹板中或在钢梁上翼缘内,且绝大多数为前一种情况。以下考虑桥面板混凝土中仅设有普通钢筋和兼设普通钢筋和预应力钢筋两种情况,分别建立负弯矩区段合成截面的塑性抗弯承载力的计算方法。

一、截面塑性抗弯承载力计算

(1)负弯矩区仅配有普通钢筋

组合梁负弯矩区仅配有普通钢筋时,截面塑性抗弯承载力的计算图式参见图3-3-1。

在图3-3-1中,a)为在极限状态下中支点负弯矩截面的几何参数,b)是组合梁负弯矩截面的塑性应力计算图式。计算图式中假定普通钢筋应力达到其抗拉强度设计值f_{sd},在合成截面中性轴以上的钢梁受拉屈服,中性轴以下的钢梁受压屈服。考虑到靠近中性轴附近的钢材未必屈服,因此钢梁的拉、压应力均取为钢材的强度设计值f_d和f'_d。

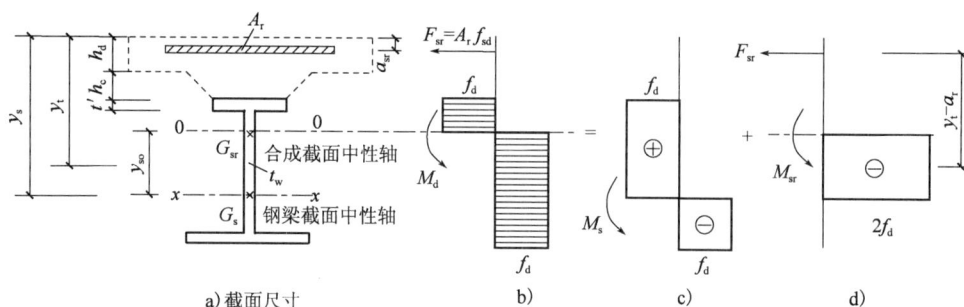

图3-3-1 配有普通钢筋的负弯矩区段塑性抗弯承载力计算图式

将图3-3-1b)的应力图形分解为c)和d)两种情况相叠加,其中c)为钢梁绕其重心轴的塑性弯矩M_s,在此钢梁的重心轴应与其塑性中性轴相同;d)为混凝土翼板内普通钢筋引起的抵抗弯矩M_{sr}。c)与d)两者之和应与截面作用的弯矩设计值$\gamma_0 M_d$相平衡,即有$\gamma_0 M_d \leq M_{puzd} = M_s + M_{sr}$。

由图3-3-1d),取$\sum x = 0$的平衡条件则有:
$$F_{sr} = A_r f_{sd} = 2t_w y_{s0} f_d$$
由此得出合成截面中性轴到钢梁截面重心轴的距离y_{s0}:
$$y_{s0} = \frac{A_r f_{sd}}{2t_w f_d} \tag{3-3-1}$$

式中:y_{s0}——合成截面中性轴到钢梁截面重心轴的距离;

A_r——位于混凝土翼板有效宽度内的纵向普通钢筋截面面积;

f_{sd}——普通钢筋的强度设计值;

t_w——钢梁的腹板厚度;

f_d——钢梁的材料强度设计值。

如果求得的y_{s0}满足条件$y_{s0} \leq y_s - h_d - h_c - t'$,则合成截面中性轴位于钢梁的腹板内,原假定成立,即y_{s0}的计算结果正确。其中,y_s为钢梁截面重心至组合梁顶面的距离,h_d为混凝土翼板厚度,h_c为混凝土托板高度(可能存在),t'为钢梁上翼缘板的厚度,于是有:
$$y_t = y_s - \frac{y_{s0}}{2} \tag{3-3-2}$$

式中:y_t——图 3-3-1a)、d)中钢梁腹板等效合力重心到桥面板混凝土顶面的距离;

    y_s——钢梁截面中性轴到桥面板混凝土顶面的距离;

其他符号意义同前。

于是可以得到混凝土翼板内纵向钢筋提供的截面抵抗弯矩 M_r。

$$M_{sr} = A_r f_{sd}(y_t - a_r) \tag{3-3-3}$$

在图 3-3-1c)中,钢梁截面的塑性抵抗弯矩为:

$$M_s = W_{px} f_d = \gamma_x W_x f_d \tag{3-3-4}$$

式中:W_{px}——钢梁对其下边缘的塑性截面抵抗矩;

    W_x——钢梁对其下边缘的弹性截面抵抗矩;

    γ_x——截面塑性发展系数,对于工字形和箱形截面的钢梁可取 $\gamma_x = 1.05$。

根据式(3-3-3)和式(3-3-4)即可写出组合梁在负弯矩作用截面的塑性抗弯承载力计算式:

$$\gamma_0 M_d \leqslant M_{puzd} = M_s + M_{sr}$$

或

$$\gamma_0 M_d \leqslant M_{puzd} = \gamma_x W_x f_d + A_r f_{sd}(y_{sc} - a_{sr}) \tag{3-3-5}$$

式中:M_{puzd}——按照全截面进入塑性计算的中支点负弯矩作用截面的塑性极限抗弯承载力;

    M_d——承载能力极限状态下作用效应基本组合的截面弯矩设计值;

    γ_0——桥梁结构重要性系数;

    a_{sr}——普通钢筋的合力 F_{sr} 作用点距桥面板混凝土顶面的距离。

(2)负弯矩区配有普通钢筋和预应力钢筋

当负弯矩区同时配有普通钢筋和预应力钢筋时,由于在极限状态下预应力筋的合力很大,因此图 3-3-1d)的等效图式中的合成截面中性轴到钢梁截面重心轴间的距离 y_{so} 数值骤增,甚至会超过钢梁腹板的高度,这意味着等效图式已不成立。因此对于配有普通钢筋和预应力钢筋的组合梁负弯矩截面应注意控制截面的拉力比 $\gamma = (A_r f_{sd} + A_p f_{pd})/A_s f_d \leqslant 0.5$ 的合理范围,可直接由截面平衡方程的方法验算其塑性抗弯承载力,参见图 3-3-1b)。

在合成截面进入塑性状态后,仍假设钢梁的受拉区和受压区均进入塑性状态,其应力分布均为矩形,应力数值分别达到钢材的抗拉、抗压强度设计值 f_d;普通钢筋和预应力钢筋均达到各自材料的设计强度 f_{sd} 和 f_{pd},其拉力的合力 F_{srp} 及作用点到桥面板混凝土上缘的距离 a_{rp} 可由下式确定:

$$F_{srp} = A_r f_{sd} + A_p f_{pd} \tag{3-3-6}$$

$$a_{rp} = \frac{A_r f_{sd} a_{sr} + A_p f_{pd} a_p}{A_r f_{sd} + A_p f_{pd}} \tag{3-3-7}$$

式中:F_{srp}——普通钢筋与预应力钢筋的合力;

    a_{rp}——合力 F_{srp} 作用点距桥面板混凝土顶面的距离;

    A_r——位于混凝土翼板有效宽度内的纵向普通钢筋截面面积;

    f_{sd}——普通钢筋的强度设计值;

    A_p——位于混凝土翼板有效宽度内的纵向预应力钢筋截面面积;

    f_{pd}——预应力钢筋的强度设计值;

    a_{sr}——普通钢筋合力作用点距桥面板混凝土顶面的距离;

a_p——预应力钢筋合力作用点距桥面板混凝土顶面的距离。

为保证负弯矩作用的合成截面中性轴在钢梁腹板内,可由截面水平力的平衡方程得到下列判断条件:

$$A_r f_{sd} + A_p f_{pd} + b_{sU} t' f_d < (t_w h_w + b_{sL} t) f_d \qquad (3\text{-}3\text{-}8)$$

满足上述条件即意味着合成截面的塑性中性轴位置应低于钢梁的上翼板。仍假设钢梁截面塑性受压区的面积为 A_{sc},其塑性受拉面积则应为 $A_{st} = A_s - A_{sc}$。值得注意的是,负弯矩区与正弯矩区有所不同的是钢梁受压区 A_{sc} 在合成截面的最下方,而钢梁受拉区 A_{st} 则是在钢梁截面的上方,参见图3-3-2a)。

由截面水平力投影为零的条件可得:

$$A_r f_{sd} + A_p f_{pd} + (A_s - A_{sc}) f_d = A_{sc} f_d \qquad (3\text{-}3\text{-}9)$$

有上式即可以求出钢梁塑性受压区的面积 A_{sc},即有:

$$A_{sc} = \frac{A_r f_{sd} + A_p f_{pd} + A_s f_d}{2 f_d} \geq b_{sL} t \qquad (3\text{-}3\text{-}10)$$

上式中各符号意义同前。上式中判断条件 $A_{sc} \geq b_{sL} t$ 的意义在于判断合成截面的塑性中性轴不在钢梁的底板内,与式(3-3-8)一起可以确保合成截面的塑性中性轴在钢梁的腹板内,进而保证图3-3-2计算图式的正确性。

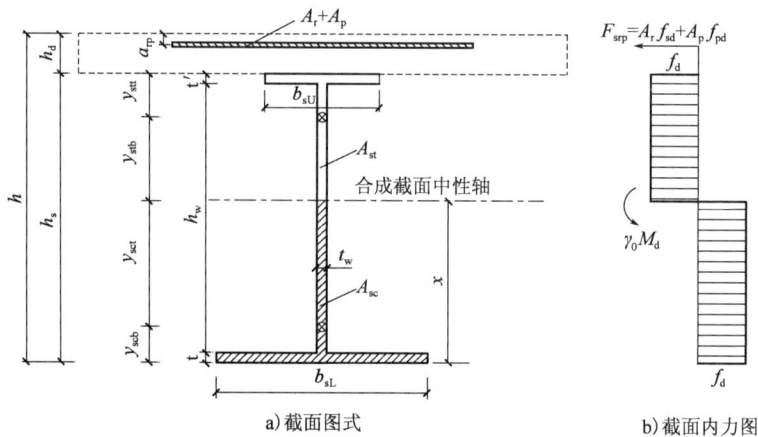

a)截面图式   b)截面内力图

图3-3-2 配有预应力钢筋的负弯矩区段塑性抗弯承载力计算图式

由塑形截面的各项合力对钢筋拉力的合力 F_{srp} 作用点取矩的平衡条件即叮验算组合梁负弯矩截面的塑性抗弯承载力:

$$M_{puzd} = A_{sc} f_d (h - a_{rp} - y_{scb}) - (A_s - A_{sc}) f_d (h_d - a_{rp} + y_{stt}) \qquad (3\text{-}3\text{-}11)$$

式中:h_d——混凝土桥面板的厚度,当桥面板下设有加腋高度 h_c 时,可以 $h_d + h_c$ 代之;

y_{scb}——钢梁塑性受压区 A_{sc} 的重心到其下边缘的距离;

y_{stt}——钢梁塑性受拉区 A_{st} 的重心到其上边缘的距离。

负弯矩区合成截面受压区位于钢梁下方,塑性受压区高度 x 可由下式确定:

$$x = y_{sct} + y_{scb} \qquad (3\text{-}3\text{-}12)$$

式中:x——合成截面的塑性受压区高度;

y_{sct}——钢梁塑性受压区 A_{sc} 的重心到其上边缘的距离。

参考图2-7-1、图3-3-2a)和式(2-7-12)~式(2-7-14),塑性面积 A_{sc} 和 A_{st} 的重心至其各自截

面上、下边缘的距离 y_{sct}、y_{scb} 和 y_{stt}、y_{stb} 可按下式计算:

$$h_{wsc} = \frac{A_{sc} - tb_{sL}}{t_w} > 0 \qquad h_{wst} = h_w - h_{wsc} \qquad (3\text{-}3\text{-}13)$$

$$y_{scb} = \frac{b_{sL}t^2/2 + t_w h_{wsc}(h_{wsc}/2 + t)}{A_{sc}} \qquad y_{sct} = h_{wsc} - y_{scb} + t > t$$

$$y_{stt} = \frac{b_{su}t'^2/2 + t_w h_{wst}(h_{wst}/2 + t')}{A_{st}} \qquad y_{stb} = h_{wst} - y_{stt} + t' \qquad (3\text{-}3\text{-}14)$$

式中:h_{wsc}——钢梁受压腹板的高度;

h_{wst}——钢梁受拉腹板的高度;

y_{stb}——钢梁塑性受拉区 A_{st} 的重心到其下边缘的距离;

其他符号意义同前。

在实际的工程设计中,还有可能出现合成截面的塑性中性轴位于钢梁的上翼板中的情况,这种情况出现的必要条件是:

$$F_{srp} + b_{su}t'f_d > (t_w h_w + b_{sL}t)f_d \qquad 且 \qquad F_{srp} < A_s f_d \qquad (3\text{-}3\text{-}15)$$

当同时满足上式两个条件时,塑性中性轴应位于钢梁的上翼板中。在此情况下,可忽略钢梁上翼板中应力,按下式估计中支点截面的塑性抗弯承载力:

$$M_{puzd} = t_w h_w f_d (h - a_{rp} - t - 0.5h_w) + b_{sL}t f_d (h - a_{rp} - 0.5t) \qquad (3\text{-}3\text{-}16)$$

最终的连续组合梁负弯矩区的合成截面的塑性抗弯承载力按下式进行验算:

$$\gamma_0 M_d \leqslant M_{puzd} \qquad (3\text{-}3\text{-}17)$$

式中各符号意义同前。

在承载能力极限状态下的负弯矩截面塑性抗弯承载力计算时,对设有预应力钢筋的中支点截面的弯矩设计值 M_d 进行基本组合计算时,需考虑由有效预应力引起的计算截面的次预矩 $\gamma_p M_{p2}$ 的影响。其中,γ_p 为预应力分项系数,当预应力效应对计算截面有利时取 $\gamma_p = 1.0$,对计算截面不利时,取 $\gamma_p = 1.2$。

【例 3-2】 在[例 3-1]的截面参数和表 3-2-1 中的各截面计算内力的基础上,已知该梁钢腹板受压区沿梁高设置两道纵向加劲板,其间距为 600mm,截面计算图式同图 3-2-3,截面有效宽度仍取 $b_{eff} = 10000$mm。Q345D 钢材的强度设计值取为 $f_d = 270$MPa,C50 混凝土的强度设计值为 $f_{cd} = 22.4$MPa。桥面板混凝土中的配有 HRB335 纵向钢筋,$f_{sd} = 280$MPa,其截面面积为 $A_r = 0.0135$m²。该桥设计中结构安全等级为二级,故结构重要性系数为 $\gamma_0 = 1.0$。

试根据上述条件,计算承载能力极限状态下各控制截面的弯矩值组合设计值 M_d,并验算该组合梁桥主跨跨中截面和中支点截面的塑性抗弯承载力 M_{pu} 和 M_{puz}。

解:该桥属于超静定结构,作为承载能力极限状态验算的算例分析仅考虑了结构自重、二期恒载、预应力次内力及汽车活载的作用,相关各截面计算内力见[例 3-1]的表 3-2-1。荷载作用基本组合按不利工况考虑以下两种形式:

$$\gamma_0 S_d = \gamma_0 [1.2S_{g1} + 1.2S_{g2} + 1.2(或 1.0)S_p + 1.4S_q]$$

式中:S_p——预应力引起的次预矩,其组合系数不利时取 1.2,有利时取 1.0。

该桥的最大正弯矩组合设计值发生在主跨跨中截面,按承载能力极限状态基本组合的弯矩值设计值按下式确定:

$$M_{d1} = 1.2S_{g1} + 1.2S_{g2} + 1.0S_p + 1.4S_q$$

$$= 1.2 \times 7935 + 1.2 \times 2499 + 1.0 \times (-4128) + 1.4 \times 9859 = 22195.4(kN \cdot m)$$

该桥的最大负弯矩组合设计值发生在中墩支点(2 号支点)截面,按承载能力极限状态基本组合的弯矩设计值按下式确定:

$$M_{d2} = 1.2S_{g1} + 1.2S_{g2} + 1.2S_p + 1.4S_q$$
$$= 1.2 \times 18151 + 1.2 \times 5009 + 1.2 \times 3703 + 1.4 \times 9037 = 44887.4(kN \cdot m)$$

1. 组合梁正弯矩区的塑性抗弯承载力

混凝土的抗压强度设计值 $f_{cd} = 22.4$MPa;钢筋的抗拉强度设计值 $f_{sd} = 280$MPa;预应力筋抗拉强度设计值 $f_{pd} = 1260$MPa;钢材的抗拉强度设计值 $f_d = 270$MPa;钢梁截面面积为 $A_s = 0.25m^2$;

首先应判断中性轴位置:

$$A_s f_d = 0.25 \times 270 \times 10^6 = 6.75 \times 10^4(kN) < b_{eff}h_d f_{cd} = 10 \times 0.32 \times 22.4 \times 10^6 = 71.7 \times 10^4(kN)$$

故属于第一类截面。由式(2-8-4)可求出跨中截面塑性中性轴位置 x:

$$x = \frac{A_s f_d}{b_{eff} f_{cd}} = \frac{0.25 \times 270 \times 10^6}{10.0 \times 22.4 \times 10^6} = 0.30(m) < h_d = 0.32(m)$$

由于跨中正弯矩区段,截面塑性中性轴位于混凝土板内,钢梁完全处于受拉状态,无需满足板件宽厚比的要求。

由式(2-7-5)计算中跨跨中截面塑性抗弯承载力:

$$\gamma_0 M_d \leqslant M_{pu} = A_s f_d Z$$

其中内力臂 Z 按式(2-7-6)确定:

$$Z = h - y_{sl} - \frac{x}{2} = 1755 - 521 - 301/2 = 1083.5(mm) = 1.084(m)$$

所以有:

$$M_{pud} = A_s f_d Z = 0.25 \times 270 \times 10^6 \times 1.084$$
$$= 73170.0(kN \cdot m) > \gamma_0 M_{dl} = 22195.4(kN \cdot m)$$

计算结果表明,主跨跨中截面正弯矩区段的塑性抗弯承载力验算满足要求。

2. 组合梁中支点负弯矩截面的塑性抗弯承载力

考虑预应力钢筋截面的影响,由式(3-3-1)可以得出合成截面中性轴到钢梁截面重心轴的距离 y_{so}:

$$A_r f_{sd} + A_p f_{pd} = 0.0135 \times 280 \times 10^6 + 0.0302 \times 1260 \times 10^6$$
$$= 41832(kN) < A_s f_d = 65000(kN)$$

$$y_{s0} = \frac{A_r f_{sd} + A_p f_{pd}}{2t_w f_d}$$

$$= \frac{0.0135 \times 280 \times 10^6 + 0.0302 \times 1260 \times 10^6}{2 \times 0.016 \times 3 \times 270 \times 10^6}$$

$$= 1.614(m) > h_s = 1.405(m)$$

计算结果表明图 3-3-1d)中钢梁腹板的应力等效假设已不成立。

由式(3-3-6)和式(3-3-7)计算在承载能力极限状态下普通钢筋及预应力钢筋拉力的合力 F_{srp} 及其作用点到桥面板混凝土上缘的距离 a_{rp}:

$$F_{srp} = A_r f_{sd} + A_p f_{pd}$$
$$= 0.0135 \times 280 \times 10^6 + 0.0302 \times 1260 \times 10^6 = 41832(kN)$$

$$a_{rp} = \frac{A_r f_{sd} a_r + A_p f_{pd} a_p}{A_r f_{sd} + A_p f_{pd}}$$

$$= \frac{0.0135 \times 280 \times 10^6 \times 0.16 + 0.0302 \times 1260 \times 10^6 \times 0.15}{0.0135 \times 280 \times 10^6 + 0.0302 \times 1260 \times 10^6}$$

$$= 0.151(m)$$

由式(3-3-15)$F_{srp} < A_s f_d$ 和 $F_{srp} + b_{su} t' f_d > (t_w h_w + b_{sl} t) f_d$ 进行中性轴位置判断:

$$F_{srp} = 41832(kN) < A_s f_d = 0.2505 \times 270 \times 10^6 = 67635(kN), 而且$$

$$F_{srp} + b_{su} t' f_d = 41832 \times 10^3 + 2.4 \times 0.025 \times 270 \times 10^6 = 58032(kN)$$

$$> (t_w h_w + b_{sl} t) f_d = (3 \times 0.016 \times 1.36 + 6.26 \times 0.02) \times 270 \times 10^6 = 51429.6(kN)$$

于是可知中支点负弯矩作用的合成截面的塑性中性轴位于钢梁的上翼缘板中。因此该截面抵抗负弯矩的塑性抗弯承载力可按式(3-3-16)近似求出:

$$M_{puzd} = t_w h_w f_d (h - a_{rp} - t - 0.5 h_w) + b_{sl} t f_d (h - a_{rp} - 0.5t)$$

$$= 3 \times 0.016 \times 1.36 \times 270 \times 10^6 (1.755 - 0.151 - 0.02 - 0.5 \times 1.36) +$$

$$6.26 \times 0.02 \times 270 \times 10^6 (1.755 - 0.151 - 0.5 \times 0.02)$$

$$= 76691.6(kN \cdot m) > \gamma_o M_{d2} = 44887.4(kN \cdot m)$$

组合梁中支点合成截面抵抗负弯矩作用的塑性抗弯承载力满足设计要求。

3. 负弯矩作用区段受压钢板的局部稳定性验算

对于支点的负弯矩区段,钢梁的上翼板处于受拉区,无需控制其宽厚比。

组合梁按塑性分析理论计算的前提是其截面能够形成塑性铰。因此,应控制受压钢梁底板和腹板不产生局部压屈所需的截面尺寸,即应进行宽厚比检验。

(1)钢梁受压底板局部稳定性验算

按《组桥设计规范》(GB 50917—2013),即表2-7-1控制,应有:

$$\frac{b_o}{t} = 154.2 > 31 \sqrt{\frac{345}{f_y}} = 31 \sqrt{\frac{345}{335}} = 31.45$$

钢梁的底板不能满足局部稳定性的要求。

在实际工程中可在下翼缘钢板上增加不少于6道纵向加劲肋,其平均间距不宜大于450mm,此时宽厚比为 $b_o/t = 22$,可以满足宽厚比的要求,也可在中支点箱梁底部设置一定厚度的钢筋混凝土层,以协助钢板受压,也可两种技术措施并举,确保负弯矩区钢梁底板的局部稳定性。

(2)钢梁受压腹板的局部稳定性验算

按《组桥设计规范》(GB 50917—2013),即表2-7-1控制,则有:

$$A_{sc} = \frac{A_s f_d + A_r f_{sd}}{2 f_d} = \frac{(0.25 \times 260 + 0.0135 \times 280) \times 10^6}{2 \times 260} = 0.132(m^2)$$

$$\alpha = \frac{A_{sc} - A_{sb}}{h_w t_w} = \frac{0.132 - 0.02 \times 6.2}{1.36 \times 0.016} = 0.368 > 0.5$$

于是控制条件应为:

$$\frac{h_{\mathrm{w}}}{t_{\mathrm{w}}} = 85 > \frac{376}{13\alpha - 1}\sqrt{\frac{345}{f_{\mathrm{y}}}} = \frac{376}{13 \times 0.367}\sqrt{\frac{345}{345}} = 78.8$$

钢梁腹板宽厚比同样不能满足局部稳定性要求。

在实际工程中,钢箱梁腹板内侧的受压区已设有两道纵向加劲肋,若其竖向间距已控制在 600mm 之内,则 $h_{\mathrm{w}}/t_{\mathrm{w}} = 37.5$,即可满足钢腹板的宽厚比的要求。

二、截面弹性抗弯承载力计算

按着《组桥设施规范》(JTG D64-01—2015)第 7.2 条规定:采用弹性方法计算组合梁截面抗弯承载力时,以截面上任一点的应力达到其材料强度设计值作为标志,参见式(2-7-19)。

按此规定,对于中支点负弯矩作用区段的截面可能出现四种弹性极限状态,即桥面板上缘普通钢筋应力达到其强度设计值 f_{sd},桥面板上缘预应力筋应力达到其强度设计值 f_{pd} 或钢梁上、下缘应力达到其强度设计值 f_{d} 或 f'_{d}。在此,作为承载力极限状态计算中可认为中支点桥面板混凝土已经开裂,且不将其混凝土拉应力作为截面弹性抗弯承载力的控制条件。在设计计算中须分别计算截面的上述四种可能的弹性极限抗弯承载力,并以其中较小者大于按《公路桥涵设计通用规范》(JTG D60—2015)作用效应基本组合的截面弯矩设计值 $\gamma_0 M_{\mathrm{d}}$ 作为截面弹性承载力的控制条件。

在截面弹性抗弯承载力分析时,假定中支点区段的桥面板混凝土已开裂并退出工作。因此在确定截面几何参数时,应采用式(3-2-4)～式(3-2-6),即由普通钢筋和钢梁组成的合成截面几何性质,必要时应包括预应力钢筋对上述几何参数的影响,参见式(3-2-1)～式(3-2-3)。

对于一次落架或多支架施工的钢—混凝土组合连续梁桥,参考式(3-2-7)～式(3-2-11),令各项控制应力分别达到其材料强度设计值,可建立下列承载能力极限状态下的强度验算和弹性抗弯承载力计算公式。

(1)由中支点钢梁上缘应力达到其抗拉强度设计值 f_{d},可有:

$$\gamma_0\sigma_{\mathrm{s}}^{\mathrm{t}} = \gamma_0\left[\frac{1.2M_{\mathrm{g}} + 1.4(M_{\mathrm{q}} + M_{\mathrm{r}}) - 1.0M_{\mathrm{p}}}{I_{\mathrm{sr0}}}(h_{\mathrm{s}} - y_{\mathrm{sr0}}) - \frac{1.0N_{\mathrm{p}}}{A_{\mathrm{sr0}}}\right] \leqslant f_{\mathrm{d}} \quad (3\text{-}3\text{-}18)$$

$$M_{\mathrm{stz}} = \frac{\left[f_{\mathrm{d}} + \frac{M_{\mathrm{p}}}{I_{\mathrm{sr}}}(h_{\mathrm{s}} - y_{\mathrm{sr}}) + \frac{N_{\mathrm{p}}}{A_{\mathrm{sr}}}\right]I_{\mathrm{sr}}}{h_{\mathrm{s}} - y_{\mathrm{sr}}} \quad (3\text{-}3\text{-}19)$$

式中:M_{stz}——中支点截面钢梁上边缘应力达到钢材抗拉强度设计值 f_{d} 时的弹性抗弯承载力;

M_{p}——由预应力引起的中支点截面的总预矩;

N_{p}——由预应力引起的中支点截面的轴向压力。

(2)由中支点钢梁下缘应力达到其抗压强度设计值 f'_{d},可有:

$$\gamma_0\sigma_{\mathrm{s}}^{\mathrm{b}} = \gamma_0\left[\frac{1.2M_{\mathrm{g}} + 1.4(M_{\mathrm{q}} + M_{\mathrm{r}}) - 1.0M_{\mathrm{p}}}{I_{\mathrm{sr0}}}y_{\mathrm{sr0}} + \frac{1.2N_{\mathrm{p}}}{A_{\mathrm{sr0}}}\right] \leqslant f'_{\mathrm{d}} \quad (3\text{-}3\text{-}20)$$

式中其他符号意义同前。

由此可以得到:

$$M_{\mathrm{sbz}} = \frac{\left(f'_{\mathrm{d}} + \frac{M_{\mathrm{p}}}{I_{\mathrm{sr}}}y_{\mathrm{sr}} - \frac{1.2N_{\mathrm{p}}}{A_{\mathrm{sr}}}\right)I_{\mathrm{sr}}}{y_{\mathrm{sr}}} \quad (3\text{-}3\text{-}21)$$

式中:M_{sbz}——中支点截面钢梁下边缘应力达到钢材抗压强度设计值f_d时的弹性抗弯承载力;

式中其他符号意义同前。

(3)由中支点混凝土翼板上缘钢筋应力达到其强度设计值f_{sd},可有:

$$\gamma_0 \sigma_r = \gamma_0 \left[\frac{1.2M_g - 1.0M_p + 1.4(M_q + M_r)}{I_{sr0}}(h - a_r - y_{sr0}) - \frac{1.0N_p}{A_{sr0}} \right] \le f_{sd} \quad (3\text{-}3\text{-}22)$$

式中其他符号意义同前。

由此可以得到:

$$M_{rz} = \frac{\left[f_{sd} + \dfrac{M_p(h - a_r - y_{sr})}{I_{sr}} + \dfrac{N_p}{A_{sr}} \right] I_{sr}}{h - a_r - y_{sr}} \quad (3\text{-}3\text{-}23)$$

式中:M_{rz}——中支点截面混凝土翼板内上层钢筋应力达到其抗拉强度设计值f_{sd}时的弹性抗弯承载力。

式中其他符号意义同前。

(4)当混凝土翼板内预应力钢筋重心的应力达到其强度设计值f_{pd},可有:

$$\gamma_0 \sigma_p = \gamma_0 \left[1.0(\sigma_{pe} + \sigma_{l4}) + \frac{1.2M_g + 1.4(M_q + M_r)}{I_{sr0}}(h - a_p - y_{sr0}) \right] \le f_{pd} \quad (3\text{-}3\text{-}24)$$

式中:σ_{pe}——混凝土桥面中预应力筋的有效预应力,应按后张法计算相关的预应力损失;

式中其他符号意义同前。

按着传统的施工方法,当张拉预应力钢筋时,桥面板混凝土已通过栓钉与钢梁组合在一起。在承载能力极限状态下,仍将钢梁和混凝土桥面板重量引起的弯矩M_{g1}和M_{g2}作为外部恒载效应考虑。

在施加预应力过程中,组合截面将会产生弹性压缩,进而引起预应力筋的弹性压缩损失。在计算有效预应力σ_{pe}时应将上式中的预筋弹性压缩损失σ_{l4}扣除。于是可以得到:

$$M_{pz} = \frac{(f_{pd} - \sigma_{pe} - \sigma_{L4})I_{sr}}{h - a_r - y_{sr}} \quad (3\text{-}3\text{-}25)$$

式中:M_{pz}——中支点截面混凝土翼板板中预应力筋应力达到其抗拉强度设计值f_{pd}时的弹性抗弯承载力;

σ_{L4}——由预加力(即总预矩)引起的预应力筋重心处弹性压缩损失,可按下式估算;

$$\sigma_{L4} = \left[\frac{M_p}{I_{sr0}}(h - a_p - y_{sr0}) + \frac{N_p}{A_{sr0}} \right] \quad (3\text{-}3\text{-}26)$$

式中符号意义同前。

需要强调的是,计算预应力筋重心处弹性压缩损失σ_{l4}时,因桥面板混凝土尚未开裂,故还应采用全截面的换算截面几何性质y_{sc0}、A_{sc0}和I_{sc0}。

考虑到上述四项弹性抗弯承载力计算阶段,上翼板混凝土均已经开裂,故应采用由钢筋、预应力筋及钢梁组成合成截面几何参数进行计算。

分析式(3-3-21)和式(3-3-25)不难发现,预加力N_p过多或有效预应力σ_{pe}过大,对负弯矩截面的弹性抗弯承载力M_{sbz}和M_{pz}的影响都是负面的,而这两项弹性抗力通常是控制设计的。因此在组合连续桥梁设计中应对N_p或σ_{pe}有所控制,即张拉控制应力取值不宜过大。

根据上述各项抗力的计算结果,中支点负弯矩作用截面的弹性极限抗弯承载力的控制条件应为:

$$\gamma_0 M_d \leqslant M_{\text{euzd}} = \min(M_{\text{stz}}, M_{\text{sbz}}, M_{\text{rz}}, M_{\text{pz}}) \tag{3-3-27}$$

式中:M_d——承载能力极限状态下作用效应基本组合的截面弯矩设计值;

M_{euzd}——中支点负弯矩作用截面的弹性极限抗弯承载力;

γ_0——桥梁结构重要性系数。

在上述计算方法中,截面控制点强度验算和截面弹性抗弯承载力计算均属持久状况的承载能力极限状态。与前文第二章第七节类似,在上述由弹性强度验算向弹性极限抗弯承载力的转换中,仍须将荷载作用效应分项系数和结构重要性系数包含在式(3-3-27)基本组合中的截面弯矩设计值 $\gamma_0 M_d$ 之中。

若中支点组合截面上只配置普通钢筋,未设置预应力筋,因此混凝土桥面板应已开裂。此时合成截面仅由钢梁和纵向钢筋组成。因此式(3-3-27)中的各项弹性抗弯承载力可以简化为如下形式:

$$M_{\text{stz}} = \frac{f_d I_{\text{sr}}}{h_s - y_{\text{sr}}}, M_{\text{sbz}} = \frac{f_d' I_{\text{sr}}}{y_{\text{sr}}}, M_{\text{rz}} = \frac{f_{\text{sd}} I_{\text{sr}}}{h - a_r - y_{\text{sr}}} \tag{3-3-28}$$

式中:$y_{\text{sr}}, I_{\text{sr}}$——合成截面的几何性质,应按式(3-2-4)和式(3-2-6)计算;

其他符号意义同前。

在实际工程设计中,混凝土翼板中钢筋的抗拉强度设计值有可能大于钢板的抗拉强度设计值,因此须分别计算 M_{rz} 和 M_{stz} 的两种情况。反之,若两者的材料强度设计值相等或前者小于后者则只需计算 M_{rz},而 M_{sbz} 是必须计算且参与对比的。是否计算中支点截面混凝土翼板中预应力钢筋应力控制的弹性抗弯承载力 M_{pz} 应视其是否配置预应力筋而决定。

在负弯矩截面进入弹性极限状态时,桥面板混凝土已开裂而退出工作,但其中的纵向钢筋仍对截面的抗弯承载力有贡献。可近似地认为截面上因混凝土退出工作将在纵向钢筋和钢梁之间出现内力重分布,重分布的结果会使得纵向钢筋和钢梁上缘的拉应力有所增加。

对于分阶段受力的组合梁,在弹性抗弯极限承载力计算中可忽略组合梁分阶段受力的影响,近似认为截面的自重、二期恒载和活载作用一次施加到结构的控制截面上。而且,可以认为当负弯矩截面边缘的四个(或三个)控制点中只要有一个点的材料(钢筋或钢板)达到其强度设计值时,该截面即进入其弹性极限状态,即截面达到了弹性抗弯承载力。在此情况下,也可直接按式(3-3-18)、式(3-3-20)、式(3-3-22)和式(3-3-24)进行承载能力极限状态下中支点截面控制点的强度验算。

对于钢—混凝土组合连续梁桥的跨中正弯矩作用区段,通常不配置预应力筋,也无轴向力作用,因此可以参照第二章第二节和第二章第七节中简支梁桥跨中截面的算法,验算在持久状况正常使用极限状态下的截面应力,在承载能力极限状态下正弯矩截面的塑性和弹性抗弯承载力。但上述计算中应注意的是,中支点负弯矩区段配置的预应力筋将会在跨中正弯矩区段产生次预矩 M_{p2},设计中在作用效应的基本组合或在应力计算时均应考虑次预矩的影响。

【例 3-3】 已知 25mm 厚的 Q345D 钢板的抗拉强度设计值和抗压强度设计值均为 $f_d =$ 270MPa,桥面板采用 C50 混凝土,其抗压强度设计值为 $f_{\text{cd}} = 22.4$MPa、抗拉强度标准值 $f_{\text{tk}} =$ 2.65MPa。预应力筋的强度设计值 $f_{\text{pd}} = 1260$MPa。预应力钢筋截面面积 $A_p = 150$mm,普通钢筋截面面积 $A_r = 160$mm。结构重要性系数为 $\gamma_0 = 1.0$。

在[例 3-1]和[例 3-2]的基础上试验算该组合梁桥主跨跨中截面和中支点截面的弹性抗弯承载力 M_{eud} 和 M_{euzd} 是否满设计要求。

解:根据《组桥设施规范》(JTG/T D64-1—2015)的规定,采用弹性方法计算组合梁截面抗弯承载力,以截面上任一点达到材料强度设计值作为应力限值。在设计计算中,须分别计算各种可能出现的弹性极限状态下的弹性抗弯承载力,并保证上述各种弹性抗弯承载力中的最小值不小于承载能力极限状态基本组合的设计值。具体计算方法如下:

(1)正弯矩区段的弹性抗弯承载力

在该桥主跨跨中截面虽无预应力钢筋,但在中支点负弯矩区段布置的预应力筋将在跨中截面的正弯矩区段产生次预矩 $M_{p2} = -4128\text{kN} \cdot \text{m}$,其影响在弯矩组合设计值 M_{d1} 中已予以考虑。符合平截面假定的组合梁在正弯矩作用区可能会出现三种弹性极限状态,即钢梁上、下缘应力分别达到其强度设计值 f_d 和混凝土桥面板上缘应力到其强度设计值 f_{cd}。

① 当钢梁上缘应力达到其强度设计值 f_d 时,有:

$$M_{st} = \frac{f_d I_0}{y_{0U} - h_d - h_c} = \frac{270 \times 10^3 \times 0.292}{0.502 - 0.32 - 0.03} = 518614.2(\text{kN} \cdot \text{m})$$

② 当钢梁下缘应力达到其强度设计值 f_d 时,有:

$$M_{sb} = \frac{f_d I_0}{h - y_{0U}} = \frac{270 \times 10^3 \times 0.292}{1.755 - 0.502} = 62921.0(\text{kN} \cdot \text{m})$$

③ 当混凝土桥面板上缘应力达到其强度设计值 f_{cd} 时,有:

$$M_{ct} = \frac{n_E f_{cd} I_0}{y_{0U}} = \frac{5.97 \times 22.4 \times 10^3 \times 0.292}{0.502} = 77786.0(\text{kN} \cdot \text{m})$$

所以截面弹性抗弯承载力 M_{eu} 为:

$$M_{eud} = \min(M_{st}, M_{sb}, M_{ct}) = M_{sb} = 62921.0(\text{kN} \cdot \text{m}) > \gamma_0 M_{d1} = 22195.4(\text{kN} \cdot \text{m})$$

计算结果表明,主跨跨中正弯矩区段由钢梁下缘的应力控制设计,截面弹性抗弯承载力验算通过,且安全储备较大。

(2)负弯矩区段的弹性抗弯承载力

由于在中支点(2号支点)负弯矩区段设置了预应力钢筋,需考虑总预矩 M_p 及预应力引起的轴向压力 N_p 对截面应力的影响。由其产生的中支点截面次预矩 $M_{p2} = -3703\text{kN} \cdot \text{m}$ 在弯矩组合设计值 M_d 中予以考虑。符合平截面假定的组合梁在负弯矩作用区段可能出现四种弹性抗弯极限状态,即钢梁上、下缘应力达到其强度设计值 f_d,混凝土翼板内预应力钢筋重心处的应力达到其强度设计值 f_{pd} 和混凝土翼板内上层普通钢筋重心处的拉应力达到其强度设计值 f_{sd}。

① 截面几何参数调整计算:

在弹性极限状态下桥面板混凝土已开裂并退出工作,由钢梁、预应力钢筋、普通钢筋构成的合成截面的重心轴到钢梁下边缘的距离 y_{sr} 为:

$$y_{sr} = \frac{A_s y_{s1} + A_r (h - a_r) + A_p (h - a_p)}{A_s + A_r + A_p}$$

$$= \frac{0.25 \times 0.521 + 0.0135 \times 1.595 + 0.03 \times 1.605}{0.25 + 0.0135 + 0.03}$$

$$= 0.682(\text{m}) < h_s - t' = 1.405 - 0.025 = 1.380(\text{m})$$

所以合成截面的重心轴位于钢梁腹板中。

合成截面惯性矩 I_{sr} 按下式计算:

$$I_{sr} = I_s + A_s(y_{sr} - y_{sl})^2 + A_r(h - a_r - y_{sr})^2 + A_p(h - a_p - y_{sr})^2$$
$$= + 0.09 + 0.25(0.68 - 0.521)^2 + 0.0135(1.755 - 0.16 - 0.68)^2 +$$
$$0.03(1.755 - 0.15 - 0.68)^2 = 0.133(m^4)$$

该合成面积的面积为:
$$A_{sr} = A_s + A_r + A_p = 0.25 + 0.0135 + 0.0302 = 0.294(m^2)$$

②当中支点截面钢梁上缘应力达到其抗拉强度设计值 f_d 时,考虑到混凝土翼板已经开裂并退出工作,则有:

$$M_{stz} = \frac{\left[f_d + \frac{M_p}{I_{sr}}(h_s - y_{sr}) + \frac{N_p}{A_{sr}}\right]I_{sr}}{h_s - y_{sr}}$$

$$= \frac{\left[270 \times 10^3 + \frac{5314}{0.133}(1.405 - 0.682) + \frac{25610}{0.294}\right] \times 0.133}{1.405 - 0.682}$$

$$= 71006.2(kN \cdot m)$$

在上述各项荷载作用的基本组合下,中支点钢梁上缘应力为:

$$\sigma_s^t = \frac{1.2M_g + 1.4M_q - 1.0M_p}{I_{sr}}(h_s - y_{sr}) - \frac{1.0N_p}{A_{sr}}$$

$$= \frac{1.2 \times (18151 + 5009) + 1.4 \times 9037 - 5314}{0.133 \times 10^3} \times (1.405 - 0.682) - \frac{25610}{0.294 \times 10^3}$$

$$= 103.9(MPa) < f_d = 270(MPa)$$

由此可知,上述中支点钢梁上缘应力的应力及相应的弹性抗弯承载力验算均可满足要求。

③当中支点截面钢梁下缘应力达到其抗压强度设计值 f_d' 时,则:

$$M_{sbz} = \frac{\left(f_d' + \frac{M_p}{I_{sr}}y_{sr} - \frac{N_p}{A_{sr}}\right)I_{sr}}{y_{sr}}$$

$$= \frac{\left(270 \times 10^3 + \frac{5314}{0.133} \times 0.682 - \frac{25610}{0.294}\right) \times 0.133}{0.682} = 40980.5(kN \cdot m)$$

在上述各项荷载作用的基本组合下,中支点钢梁下缘应力为:

$$\sigma_s^b = \frac{1.2M_g + 1.4M_q - 1.0M_p}{I_{sr}}y_{sr} + \frac{1.2N_p}{A_{sr}}$$

$$= \frac{1.2 \times (18151 + 5009) + 1.4 \times 9037 - 5314}{0.133 \times 10^3} \times 0.682 + \frac{1.2 \times 25610}{0.294 \times 10^3}$$

$$= 284.7(MPa) > f_d = 270(MPa)$$

由此可知,上述中支点截面钢梁下缘应力及相应的弹性抗弯承载力验算均不满足要求。

④当中支点混凝土翼板上缘普通钢筋应力达到其强度设计值 f_{sd} 时,则:

$$M_{rz} = \frac{\left[f_{sd} + \frac{M_p(h - a_r - y_{sr})}{I_{sr}} + \frac{N_p}{A_{sr}}\right]I_{sr}}{h - a_r - y_{sr}}$$

$$= \frac{\left[280 \times 10^3 + \frac{5314}{0.133}(1.755 - 0.16 - 0.682) + \frac{25610}{0.294}\right] \times 0.133}{1.755 - 0.16 - 0.682}$$

$$= 58792.1(\text{kN} \cdot \text{m})$$

在上述各项荷载作用的基本组合下,中支点混凝土翼板上缘钢筋应力为:

$$\sigma_r = \frac{1.2M_g + 1.4M_q - 1.0M_p}{I_{sr}}(h - a_r - y_{sr}) - \frac{1.0N_p}{A_{sr}}$$

$$= \frac{1.2 \times (18151 + 5009) + 1.4 \times 9037 - 5314}{0.133 \times 10^3} \times (1.755 - 0.16 - 0.682) - \frac{25610}{0.294 \times 10^3}$$

$$= 154.0(\text{MPa}) < f_{sd} = 280(\text{MPa})$$

由此可知,中支点混凝土翼板上缘钢筋应力及相应的弹性抗弯承载力验算均满足要求。

⑤当中支点混凝土翼板中预应力钢筋应力达到其强度设计值 f_{pd} 时,有效预应力为:

$$\sigma_{pe} = \frac{N_{pe}}{A_p} = \frac{25610 \times 10^3}{30240} = 846.9(\text{MPa})$$

由预应力总预矩引起预筋的弹性压缩损失 σ_{L4} 近似按下式计算:

$$\sigma_{L4} = \left[\frac{M_p}{I_{sro}}(h - a_p - y_{sro}) + \frac{N_p}{A_{sr0}} \right]$$

$$= \left[\frac{5314 \times 10^{-3}}{0.296} \times (1.755 - 0.15 - 1.272) + \frac{25610 \times 10^{-3}}{0.830} \right] = 36.8(\text{MPa})$$

在计算由预应力钢筋强度设计值 f_{pd} 控制的中支点负弯矩区弹性抗弯承载力时,在扣除全部预应力损失后,尚需扣除由混凝土弹性压缩引起的预应力钢筋应力增量,即预筋的弹性压缩损失 σ_{L4},于是有:

$$M_{pz} = \frac{(f_{pd} - \sigma_{pe} - \sigma_{L4})I_{sr}}{h - a_p - y_{sr}} = \frac{(1260 - 846.9 - 36.8) \times 10^3 \times 0.133}{1.755 - 0.15 - 0.682} = 54223.1(\text{kN} \cdot \text{m})$$

在上述各项荷载作用的基本组合下,相应的中支点混凝土翼板中预应力钢筋应力为:

$$\sigma_p = 1.0(\sigma_{pe} + \sigma_{s4}) + \frac{1.2M_g + 1.4M_q}{I_{sr}}(h - a_p - y_{sr})$$

$$= 846.9 + 36.8 + \frac{1.2 \times 23160 + 1.4 \times 9037}{0.133 \times 10^3} \times (1.755 - 0.15 - 0.682)$$

$$= 1164.4(\text{MPa}) < f_{pd} = 1260(\text{MPa})$$

由此可知,混凝土翼板中预应力钢筋应力及相应的弹性抗弯承载力验算均可满足要求。

所以,中支点截面弹性抗弯承载力设计值 M_{euzd} 应为:

$$M_{euzd} = \min(M_{stz}, M_{sbz}, M_{rz}, M_{pz}) = M_{sbz} = 40980.5\text{kN} \cdot \text{m} < \gamma_0 M_{d2} = 44887.4\text{kN} \cdot \text{m}$$

由本例的计算结果可知,在上述可能出现的四种弹性极限状态中,只有中支点(2号支点)截面由钢箱梁下缘应力控制的弹性抗弯承载力不能满足设计要求。

在实际工程中通常可采用在中支点负弯矩区段的钢箱梁底板上增设若干根钢板纵向加劲肋或浇筑一定厚度混凝土的方法加以改进。

对于本计算示例中的桥梁,在中支点截面钢箱梁的底板上设200mm厚的C50混凝土[参见图3-2-3b)]和8根截面积为16mm×200mm的钢板做成的纵向加劲肋,既可解决中支点钢箱梁底板的局部稳定问题,又可提高中支点截面的抗弯承载力。考虑混凝土和纵肋对截面几何特性影响,得到的该截面由钢梁下缘应力控制的截面弹性极限承载力为:

$$M_{sbz} = 93721.3\text{kN} \cdot \text{m} > \gamma_0 M_{d2} = 44887.4\text{kN} \cdot \text{m}$$

相应的中支点钢梁下缘应力为:

$$\sigma_s^b = 146.7\text{MPa} < 270\text{MPa}$$

两者均可以满足中支点截面相应的弹性抗弯承载力要求。于是,该截面的抗弯承载力转变为由预应力钢筋应力达到其强度设计值的条件控制,即 $M_{pz} = 54223.1\text{kN} \cdot \text{m}$(未计入 20cm 厚混凝土的影响)。

本示例的计算过程还表明,在满足抗裂性的前提下,在钢—混凝土组合连续梁桥的负弯矩区预应力钢筋的张拉控制应力不宜过高。当分别取张拉控制应力为 $0.60f_{pk}$、$0.65f_{pk}$、$0.75f_{pk}$ 时,在不考虑 200mm 厚的 C50 混凝土和 8 根截面积为 $16\text{mm} \times 200\text{mm}$ 的钢板纵向加劲肋的影响下,由预筋应力控制的该截面弹性抗弯承载力均不能通过。如前所述,在连续梁中支点梁段施加预应力,虽能有效提高混凝土桥面板的抗裂性,但预应力过大则会降低钢—混凝土组合连续梁桥负弯矩区段的弹性抗弯承载力。

第四节 中支点截面的抗剪承载力计算

一、负弯矩区的弯曲剪应力计算

在正常使用极限状态下,由于剪应力的大小与剪力的方向无关,因此承担负弯矩的组合梁截面的弯曲剪应力原则上仍可按式(2-3-1)和式(2-3-2)计算。

对于中支点截面只配置普通钢筋 A_r 的情况,应将换算截面几何特征值改为合成截面的几何特征值,即考虑负弯矩区普通钢筋影响的 y_{sc}、A_{sc} 和 I_{sc}。需说明的是,混凝土翼板受拉并且可能开裂,但仍可以承受剪力。与钢筋混凝土梁(板)相类似,在混凝土翼板内纵向普通钢筋以下的混凝土仍可处于受拉状态,由于受拉区混凝土退出工作而其静矩 S_0 不变,故剪应力为常数,其数值与混凝土的主拉应力相等。中支点截面的剪应力分布参见图 3-4-1。

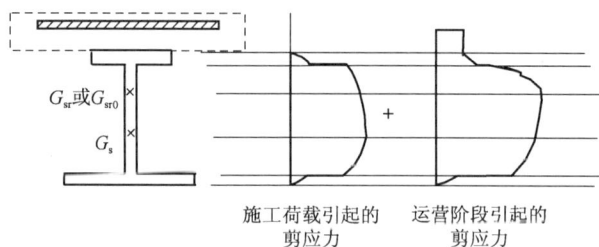

图 3-4-1 负弯矩截面剪应力分布

在正常使用极限状态下,负弯矩区段钢梁腹板上的最大弯曲剪应力的位置与截面的构成、预应力筋及恒、活载的比例有关,有可能出现在钢梁的截面重心处或是合成截面重心处。

为提高正常使用极限状态下负弯矩区的桥面板混凝土的抗裂性,确保混凝土在正常使用极限状态下不开裂,甚至不消压,通常在钢—混凝土组合连续梁的负弯矩区段设置体内或体外预应力钢筋。由于有效宽度内的桥面板混凝土参与工作,因此在剪应力计算时仍需采用考虑混凝土、钢梁、普通钢筋和预应力钢筋构成的换算截面几何特性 y_{sc0}、A_{sc0} 和 I_{sc0}。由于负弯矩区段的体内预应力钢筋通常是水平布置的,因而在中支点截面不产生的预剪力 V_p 或其数值很小,常可忽略,但在其他梁段则应酌情考虑。

对于两阶段受力的组合梁负弯矩区,在使用荷载作用阶段的剪应力可按作用效应标准组合进行验算,计算式如下:

钢梁的剪应力:

$$\tau_{sC} = \frac{V_g S_s}{I_s t_w} + \frac{(V_{g3} \pm V_p + V_q + V_r) S_{sr0}}{I_{sr0} t_w} \leq [\tau] \tag{3-4-1}$$

式中:V_g——组合梁自重(包括钢梁、连接系及混凝土桥面板)引起的剪力作用标准值;

V_{g3}——结构附加重力(包括桥面铺装、栏杆等)引起的剪力作用标准值;

V_p——由预应力引起的计算截面的预剪力,视情况取其正负号,或可忽略;

V_q——由汽车荷载(计入冲击系数)引起的计算截面剪力作用标准值;

V_r——由人群荷载引起的计算截面剪力作用标准值;

S_s——所求应力之水平纤维以上(或以下)部分的钢梁截面积对钢梁截面重心轴的面积矩;

S_{sr0}——所求应力之水平纤维以上部分混凝土截面面积对组合梁换算截面重心轴 G_{sr0} 的面积矩;

I_{sr0}——由混凝土桥面板、钢梁、普通钢筋和预应力钢筋组成的换算截面面积对其重心轴 G_{sr0} 的惯性矩;

$[\tau]$——钢材的容许剪应力,参考表1-4-2中的钢材抗剪强度设计值,建议取 $[\tau]=0.8f_{vd}$,或参考表1-4-3取值。

混凝土翼板的剪应力:

$$\tau_{cC} = \frac{1}{n_E}\left[\frac{(V_{g3} \pm V_p + V_q + V_r) S_{sr0}}{\frac{I_{sr0} b_{eff}}{n_E}}\right] \leq [\sigma_{cl}] \tag{3-4-2}$$

式中:$[\sigma_{cl}]$——混凝土的主拉应力容许值,参照现行《混桥规》(JTG 3362—2018)的取值,建议取 $[\sigma_{cl}]=0.5f_{tk}$;

f_{tk}——混凝土抗拉强度标准值,按表1-4-5取用;

式中其他符号意见同前。

在上述式中,对于负弯矩区不设预应力筋或无预剪力的情况应取 $V_p=0$,并以普通钢筋和钢梁构成的合成截面的几何性质 S_{sr} 和 I_{sr} 取代换算截面的几何性质 S_{sr0} 和 I_{sr0},即认为在正常使用极限状态下混凝土桥面板已经开裂。

对于一阶段受力的组合梁桥,计算剪应力时式(3-4-1)和式(3-4-2)中的 V_{g3} 应取为 V_g,且不计式(3-4-1)中的第一项。由于中支点截面的剪力值和弯矩值均很大,因此建议按照式(5-6-6)同时验算钢梁腹板计算高度边缘点的最大折算应力 σ_{max}。

二、负弯矩区的截面塑性抗剪承载力

在简支组合梁的弯曲抗剪承载力分析时,根据图3-4-1的截面剪应力分布情况,仍可假定截面上的剪力仅由钢梁腹板承担,并且腹板上的剪应力均达到钢板材料的抗剪强度设计值 f_{vd}。因而在无预剪力的情况下,连续梁负弯矩区的截面抗剪承载力仍可按塑性方法计算,并写成如下形式:

$$\gamma_0 V_d \leq V_{pud} = h_w t_w f_{vd} \tag{3-4-3}$$

式中:V_d——承载能力极限状态下作用效应基本组合的截面剪力设计值;

V_{pud}——中支点负弯矩作用截面的塑性抗剪承载力;

式中其他符号意义同前。

当计算截面上存在弯起的体外预应力钢筋时,由体外预应力筋产生的预剪力 V_p 可在基本组合的截面剪力设计值 V_d 中以 $\gamma_p V_p$ 的形式加以考虑,γ_p 的意义及取值方法同受弯验算时基本组合中的方法一致。

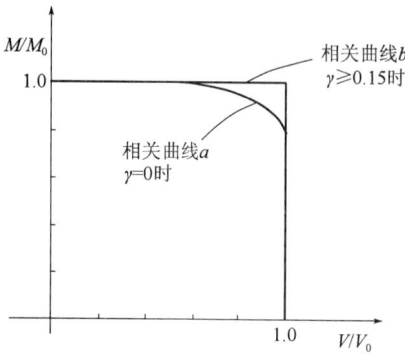

图 3-4-2　负弯矩区剪力—弯矩相关曲线

对于连续组合梁桥,由于在中支点截面同时作用有很大的负弯矩和剪力,因此按照 Von-Mises 强度理论分析。由于钢梁腹板中有剪应力存在,将导致截面的极限抗弯能力有所降低。根据相关的研究,当腹板所受的剪力(V)大于 0.58 倍的截面抗剪承载力(V_u)后,截面的抗弯承载力(M)比按简单塑性理论计算的结果(M_u)有明显降低,设计时应予以考虑。或者说截面有较大的弯矩作用时,截面的抗剪承载力也会相应降低,两者的关系如图 3-4-2 所示。

但是由于在钢—混凝土组合连续梁的中支座截面混凝土板内配置了纵向受拉钢筋,其截面抗剪承载力 V_{pud} 会高于钢梁腹板的塑性抗剪强度 $V_0 = h_w t_w f_{vd}$。当拉力比 $\gamma = (A_r f_{sd} + A_p f_{pd})/A_s f_d$ 较大时,因钢筋的销栓作用,组合截面的抗剪承载力甚至可提高 35% 左右。钢材进入强化阶段时,截面承受的弯矩 M 比按简单塑性理论计算的抗弯强度 M_0 也要高一些。试验结果表明,只要中间支座截面的混凝土板内的配筋满足拉力比 $\gamma \geq 0.15$ 的条件,就可以分别按纯剪和纯弯情况进行设计,可不计它们之间的相互影响。

因此,中支点负弯矩截面的抗剪承载力 V_{pud} 仍可偏安全地按式(3-4-3)计算,而且截面抗弯承载力也不降低。但在设计中必须满足拉力比 $\gamma \geq 0.15$ 的控制条件,换言之,混凝土桥面板中需配置足够的纵向受拉钢筋。

三、负弯矩区的截面弹性抗剪承载力

组合梁截面弹性抗剪承载力计算时,仍偏安全地认为剪力完全由钢梁腹板承担,并且钢腹板重心轴上的最大剪应力达到钢材的抗剪强度设计值 f_{vd},其弹性抗剪承载力仍可近似按式(2-8-4)计算。事实上在承载能力极限状态下桥面板混凝土失去了抗拉能力,但其抗剪能力仍然存在,计算中偏安全地将其忽略。同时考虑到钢梁上、下翼板的剪应力数值较小,也忽略其抗剪承载力。在弹性抗剪承载力计算时,应取作用效应基本组合的截面剪力设计值,并需考虑结构重要性系数 γ_0。

【例 3-4】 试根据图 3-2-3 和［例 3-1］中的表 3-2-1 的各项内力及表 3-2-3 的截面几何尺寸和参数,验算该钢—混凝土组合连续梁桥的中支点截面在正常使用极限状态由结构自重、二期恒载及汽车荷载引起的剪力标准值(含冲击力)引起的钢梁截面重心和组合梁换算截面重心的弯曲剪应力,并验算在承载能力极限状态下的截面的塑性及弹性抗剪承载力。

解: 对该桥的中支点截面,计算钢梁腹板上弯曲剪应力时通常需要考虑两个控制点,即钢梁截面重心点(简记为点 1)和换算截面重心点(简记为点 2),这两个点的弯曲剪应力均有可能控制设计,其大小与截面尺寸和恒、活载的比例有关,须分别进行验算。

(1)钢梁截面重心处(点1)的剪应力

钢梁截面重心轴以下部分对组合梁合成截面重心轴的面积矩:

$$S_{01} = b_{sl}t(y_{sr0} - t/2) + t_w(h_s - y_{sU} - t)\left[y_{sr0} - y_{sl} + \frac{1}{2}(h_s - y_{sU} - t)\right]$$
$$= 6260 \times 20(1274 - 20/2) + 48 \times (1405 - 884 - 20)[1274 - 521 + (1405 - 884 - 20)/2]$$
$$= 173.7 \times 10^6 (mm^3) = 0.174(m^3)$$

钢梁截面重心轴以下部分对钢梁截面重心轴的面积矩:

$$S_{s1} = b_{sl}t\left[\frac{t}{2} + (h_s - y_{sU} - t)\right] + \frac{1}{2}t_w(h_s - y_{sU} - t)^2$$
$$= 6260 \times 20 \times \left[\frac{20}{2} + (1405 - 884 - 20)\right] + \frac{1}{2} \times 48 \times (1405 - 884 - 20)^2$$
$$= 70.0 \times 10^6 (mm^3) \approx 0.070(m^3)$$

钢梁截面重心的剪应力:

$$\tau_{s.1} = \frac{V_g S_{s1}}{I_s t_w} + \frac{(V_{g3} + V_p + V_q)S_{01}}{I_{sr0} t_w}$$
$$= \left[\frac{2586 \times 0.07}{0.09 \times 0.048} + \frac{(715 + 20 + 1723) \times 0.174}{0.296 \times 0.048}\right] \times 10^{-3} = 72.0(MPa)$$

上式中各项剪力标准值均取自表3-1,其中25kN是由于次弯矩引起的计算截面的剪力。

(2)换算截面重心处(点2)的剪应力

组合梁换算截面重心轴以上部分对组合梁合成截面重心轴的面积矩:

$$S_{02} = \frac{1}{n_E}b_{eff}h_d\left(h - y_{sr0} - \frac{h_d}{2}\right) + b_{sU}t'\left(h_s - y_{sr0} - \frac{t'}{2}\right) + \frac{1}{2}t_w(h_s - y_{sr0} - t')^2$$
$$= \frac{1}{5.97} \times 10000 \times 320 \times (1755 - 1274 - 320/2) + 2400 \times$$
$$25(1405 - 1274 - 25/2) + \frac{1}{2} \times 48 \times (1405 - 1274 - 25)^2$$
$$= 179.4 \times 10^6 (mm^3) = 0.179(m^3)$$

组合梁换算截面重心轴以上的钢梁面积对组合梁合成截面重心轴的面积矩:

$$S_{s2} = b_{sU}t'\left(h_s - y_{sr0} - \frac{t'}{2}\right) + \frac{1}{2}t_w(h_s - y_{sr0} - t')^2$$
$$= 2400 \times 25 \times (1405 - 1274 - \frac{25}{2}) + \frac{1}{2} \times 48 \times (1405 - 1274 - 25)^2$$
$$= 7.38 \times 10^6 (mm^3) = 0.07(m^3)$$

换算截面重心的剪应力:

$$\tau_{s.2} = \frac{V_g S_s}{I_s t_w} + \frac{(V_{g3} + V_p + V_q)S_o}{I_{sr0} t_w}$$
$$= \left[\frac{2586 \times 0.0738}{0.09 \times 0.048} + \frac{(715 + 20 + 1723) \times 0.179}{0.296 \times 0.048}\right] \times 10^{-3} = 75.2(MPa)$$

计算结果表明:该桥中支点(2号支点)截面上钢梁截面重心(点1)的钢腹板弯曲剪应力略小于换算截面重心(点2)的钢腹板剪应力,但两者均可满足容许剪应力要求。即有:

$$\tau_{s.1} = 72.0(MPa) < \tau_{s.2} = 75.2(MPa) < [\tau_w] = 0.8 f_{vd} = 0.8 \times 155 = 124(MPa)$$

(3)混凝土桥面板的弯曲剪应力

根据弯曲剪应力的分布特性可知,混凝土翼板的弯曲剪应力的最大值应位于混凝土桥面板的下缘。因此须求出桥面板混凝土的换算截面面积对组合梁换算截面重心轴的面积矩:

$$S_{0c} = \frac{b_{eff}h_d}{n_E}\left(h - y_{sr0} - \frac{h_d}{2}\right)$$

$$= \frac{10000 \times 320}{5.97} \times \left(1755 - 1274 - \frac{320}{2}\right)$$

$$= 172.1 \times 10^3(mm^3) = 0.172(m^3)$$

考虑到该桥为无支架施工,及桥面板混凝土只承担桥梁二期恒载、预剪力及汽车活载,因此混凝土桥面板下缘的弯曲剪应力为:

$$\tau_c = \frac{1}{n_E}\left[\frac{(V_{g3} + V_p + V_q)S_{oc}}{I_{sro}b_{eff}/n_E}\right]$$

$$= \frac{1}{5.97}\left[\frac{(715 + 20 + 1723) \times 0.172}{0.296 \times 10.0/5.97}\right] \times 10^{-3}$$

$$= 0.14(MPa) < 0.5 f_{tk} = 0.5 \times 2.65 = 1.33(MPa)$$

计算表明:当组合梁的截面重心轴位于钢梁腹板内时,由于混凝土翼板的宽度较大,且因无支架施工而不承担钢梁及桥面板的自重剪力,因此其弯曲剪应力很小。该值通常不控制设计,因此实际设计中可不做该项验算。

(4)中支点截面抗剪承载力验算

截面抗剪承载力与剪力作用的方向无关,可偏安全地假设仅由钢梁腹板提供。截面塑性抗剪承载力 V_{pud} 根据式(3-4-3)近似计算如下:

$$V_{pud} = h_w t_w f_{vd} = 1.36 \times 3 \times 0.016 \times 155 \times 10^3 = 10118.4(kN)$$

同理,截面弹性抗剪承载力 V_{eud} 可由式(2-8-4)近似计算:

$$V_{eud} = \frac{2}{3}h_w t_w f_{vd} = \frac{2}{3} \times 1.360 \times 3 \times 0.016 \times 155 \times 10^3 = 6745.6(kN)$$

中支点截面基本组合的抗剪效应设计值为:

$$\gamma_0 V_d = 1.2(V_g + V_{g3} + V_p) + 1.4 V_q$$

$$= 1.2(2586 + 715 + 20) + 1.4 \times 1723 = 6397.4(kN)$$

对比有:

$$V_{pud} = 10118.4kN > V_{eud} = 6745.6kN > \gamma_0 V_d = 6397.4kN$$

计算中取结构重要性系数 $\gamma_0 = 1.0$。计算结果表明,即使在仅考虑钢梁腹板抗剪的情况下,中支点(2号支点)截面的塑性抗剪承载力 V_{pud} 和弹性抗剪承载力 V_{eud} 均可满足截面抗剪要求。

第五节 组合连续梁桥变形计算要点

在持久状况的正常使用极限状态下,钢—混凝土组合连续梁桥还须进行各控制桥跨跨中截面的挠度验算,以保证桥梁的正常使用。

挠度计算原则上仍可按式(2-6-1)的方法进行,并按式(2-6-14)和式(2-6-15)进行验算。但是按目前的设计手段,多采用有限元程序分析确定连续梁的内力和变形状态。在挠度计算中应注意以下几个问题。

1. 考虑钢梁施工方法

若有支架施工且支架能达到一定的密度时,只考虑一阶段受力,即截面刚度一次形成,同时应考虑钢梁和混凝土桥面板对截面刚度的贡献。但恒载和活载仍应按两次施加,并分别求出自重、恒载挠度 δ_g 和活载挠度 δ_T。前者 δ_g 通常用于考虑钢梁的预拱度设置问题,并用来评价桥梁成桥阶段及其长期变形状况,而后者 δ_T 则应满足式(2-6-15)的刚度验算要求。

若无支架施工需考虑二阶段受力,即截面刚度分两次形成。在第一阶段仅考虑钢梁本身的刚度。计算永久作用(钢梁及连接系的自重,混凝土桥面板的自重)及施工中临时荷载引起的挠度 $\delta_{g1.2}$;在第二阶段要考虑钢梁和混凝土翼板的组合刚度,计算永久作用(桥梁二期恒载:包括桥面铺装、栏杆系等)产生的挠度 δ_{g3} 和可变作用(不计冲击的汽车荷载频遇值)引起的挠度 δ_T。应取 $\delta_g = \delta_{g1.2} + \delta_{g3}$ 作为预拱度设计的判断依据,而 δ_T 则用于验算桥梁承载能力极限状态下的刚度是否满足要求。对于连续梁桥,建议控制由可变作用引起的相邻两跨竖向异号变形之和小于计算跨径的 $1/600$。

2. 考虑变截面的刚度变化

根据结构力学的基本原理,超静定结构的内力分布与其结构的刚度分布有关。故在组合连续梁的成桥内力和变形计算中需考虑变截面的影响。在常规的钢—混凝土组合连续梁桥设计中,变截面包括三种含义:一是截面高度的变化;二是在不施加预应力的情况下负弯矩区的中支座左右各 $0.15l$(l 为计算跨径)范围内不计混凝土桥面板对刚度的贡献,认为其已开裂;三是当截面上的钢板厚度发生变化时,在截面几何性质计算时也应予以考虑。

3. 考虑截面刚度的取值问题

在组合连续梁桥整体结构内力及变形计算时,正弯矩区段应考虑混凝土桥面板对截面刚度贡献,采用换算截面几何性质,即换算截面惯性矩 I_0,必要时可考虑滑移对截面抗弯刚度的折减。在计算换算截面几何性质时,可以忽略受压混凝土桥面板中钢筋的影响。

当在负弯矩区施加足够的预应力时可认为桥面板混凝土不开裂,进而忽略负弯矩区各类钢筋的影响采用换算截面惯性矩 I_{st0},并可考虑组合梁因结合面滑移引起的刚度折减。当在负弯矩区未施加预应力时,在中支座左右各 $0.15l$ 范围内不计混凝土桥面板对刚度的贡献,但仍需考虑混凝土翼板计算宽度 b_{eff} 范围内纵向钢筋的影响,即取合成截面惯性矩 I_{sr}。

4. 考虑材料弹性模量的差异

在钢—混凝土组合梁桥的初步设计阶段,可采用截面外形尺寸计算其几何性质,但须考虑钢梁及混凝土桥面板两种材料弹性模量的差异。在验算、复核阶段修改有限元模型时,除需考虑两种材料弹性模量的差异外,还需根据组合连续梁桥的具体配筋、配束情况,酌情考虑正、负弯矩区段的截面刚度变化,以得到比较准确的结构变形状态。当计算结构长期变形时,应考虑混凝土桥面板的时效影响,即采用换算截面时应考虑长期模量比 n_L。

第六节　组合连续梁桥的抗裂性与裂缝分析

为保证钢—混凝土组合连续梁桥的适用性和耐久性,需对负弯矩区段混凝土桥面板的抗裂性进行验算,尽可能保证负弯矩区的混凝土桥面板处于不开裂状态。在不能保证中支点负弯矩区段混凝土的抗裂性时,应对其混凝土桥面板的裂缝宽度进行验算和控制。

一、抗裂性验算

当中支点截面设有足够的预应力筋时,在正常使用极限状态下,混凝土桥面板可以做到不开裂,即按汽车荷载作用效应频遇组合计算的组合梁截面负弯矩 M_s 作用下桥面板混凝土上缘处于不消压或者不开裂的状态。对于有支架或少支架施工的钢—混凝土组合连续梁桥,由式(3-2-9)可得桥面板上缘的混凝土拉应力 σ_{cr},取混凝土的容许拉应力为 $[\sigma_{ct}]$,可有以下式:

$$\sigma_{cr} = \frac{M_g - M_p + 0.7M_q + M_r}{n_E I_{st0}}(h - y_{st0}) - \frac{N_p}{n_E A_{st0}} \leqslant [\sigma_{ct}] \tag{3-6-1}$$

上式的计算结果以拉为正、压为负。

对于预应力混凝土 A 类构件,容许混凝土出现拉应力,可参考预应力混凝土结构,取 $[\sigma_{ct}] = 0.7f_{tk}$,即可得到截面开裂弯矩 M_{cr}。f_{tk} 为桥面板混凝土的抗拉强度标准值,按表 1-4-5 取值。其他符号意义同前。

由式(3-6-1)可近似求出桥面板混凝土上缘应力达到 $0.7f_{tk}$ 时的截面弯矩,即中支点负弯矩截面的开裂弯矩 M_{cr} 可近似按下式计算:

$$M_{cr} = \frac{n_E I_{st0}}{(h - y_{st0})}\left[0.7f_{tk} + \frac{N_p}{n_E A_{st0}} + \frac{M_p}{n_E I_{st0}}(h - y_{st0}) \right] \tag{3-6-2}$$

式中:N_p——由有效预应力引起中支点截面的轴向压力,可从有限元计算结果中直接提取;

M_p——由有效预应力引起中支点截面的总预矩,$M_p = N_p y_p \pm M_{p2}$,可从有限元计算结果中直接提取;

式中其他符号意义同前。

对于不容许截面消压的全预应力混凝土桥面板,在式(3-6-1)中取 $[\sigma_{ct}] = 0$ 即可得到该截面的消压弯矩 M_0,即有下式:

$$M_0 = \frac{n_E I_{st0}}{(h - y_{st0})}\left[\frac{N_p}{n_E A_{st0}} + \frac{M_p}{n_E I_{st0}}(h - y_{st0}) \right] \tag{3-6-3}$$

式中符号意义均同前。

并可由下式判断组合梁中支点负弯矩截面的混凝土桥面板的抗裂性:

$$M_s = M_g + 0.7M_q + M_r \leqslant M_{cr}(\text{或} M_0) \tag{3-6-4}$$

式中:M_s——按汽车荷载作用效应频遇组合计算的组合梁负弯矩截面的弯矩设计值;

M_{cr}——中支点负弯矩截面的开裂弯矩,可近似按式(3-6-2)计算;

M_0——中支点负弯矩截面的消压弯矩,可近似按式(3-6-3)计算;

M_q——由汽车作用(计入冲击系数)引起的弯矩标准值;

M_r——由人群作用引起的弯矩标准值;

M_g——对于有支架(或少支架)施工的组合梁取中支点全部自重、恒载引起的弯矩标准值;对于无支架施工的组合梁,取二期恒载产生的中支点截面的弯矩标准值 M_{g3}。

式(3-6-4)的抗裂控制条件中,取用 M_{cr} 还是 M_0 取决于抗裂控制的严格程度,前者控制桥面板混凝土上缘可出现不超过 $[\sigma_{ct}] = 0.7f_{tk}$ 的拉应力,相当于部分预应力混凝土 A 类构件;而后者则不容许混凝土消压,属于全预应力混凝土桥面板。

上述负弯矩截面抗裂性计算式是以无支架施工为前提的,即认为预应力筋、桥梁二期恒载 M_{g3} 及汽车荷载 M_q 是在桥面板混凝土成型后施加的。钢梁及桥面板混凝土的自重均由钢梁承担,但两者对截面刚度的贡献已经在截面几何参数中考虑。对于有支架施工的情况,组合截面一次成型,全部恒载一次作用,上述计算方法也是成立的。

因此,在 M_s 的组合计算中应视施工方法考虑 M_{g1} 和 M_{g2} 的影响:对于无支架施工的情况,不应考虑 M_{g1} 和 M_{g2} 的影响,内力组合计算中只考虑二期恒载和汽车活载频遇值;对于多支架施工的情况,组合计算中还应考虑 M_{g1} 和 M_{g2} 的影响;对于少支架施工的情况,应根据施工过程酌情考虑 M_{g1} 和 M_{g2} 的影响,此时的抗裂性计算具有近似性。

在上述各种情况下,内力组合计算中二期恒载的作用效应 M_{g3} 均应取其标准值,而汽车荷载弯矩作用效应则应取其频遇值。

当有理由认为负弯矩区桥面板混凝土已经开裂时,上述计算方法失效。此时的换算截面应转化为合成截面,且合成截面中应仅包括纵向钢筋和钢梁。在此情况下桥面板混凝土退出工作,应控制负弯矩区混凝土桥面板顶面的裂缝宽度。

【例 3-5】 在[例 3-3]的基础上验算其中支点(2 号支点)负弯矩区段的抗裂性,所有的计算内力及参数同前各算例。

解:该桥采用无支架施工,因此中支点负弯矩截面的消压弯矩 M_0(取 $f_{ct} = 0$)和开裂弯矩 M_{cr}(取 $f_{ct} = 0.7f_{tk}$)可利用前述的各参数分别按式(3-6-2)和式(3-6-3)计算,即有:

$$M_0 = \frac{n_E I_{sro}}{(h - y_{sro})}\left[f_{ct} + \frac{N_p}{n_E A_{sro}} + \frac{M_p}{n_E I_{sro}}(h - y_{sro})\right]$$

$$= \frac{5.97 \times 0.296}{1.755 - 1.272} \times \left[0 + \frac{25610}{5.97 \times 0.830} + \frac{5314}{5.97 \times 0.296} \times (1.755 - 1.272)\right]$$

$$= 24223.3(kN \cdot m)$$

$$M_{cr} = \frac{n_E I_{sro}}{(h - y_{sl})}\left[f_{ct} + \frac{N_p}{n_E A_{sro}} + \frac{M_p}{n_E I_{sro}}(h - y_{sl})\right]$$

$$= \frac{5.97 \times 0.296}{1.755 - 1.272} \times \left[0.7 \times 2.65 \times 10^3 + \frac{25610}{5.97 \times 0.830} + \frac{5314}{5.97 \times 0.296}(1.755 - 1.272)\right]$$

$$= 31010.1(kN \cdot m)$$

由表 3-2-1 可求得正常使用极限状态下的中支点(2 号支点)负弯矩截面按频遇组合计算的弯矩设计值 M_s,并由式(3-6-4)验算中支点负弯矩截面混凝土桥面板的抗裂性。

采用无支架施工的该桥梁,仅需考虑桥梁二期恒载弯矩作用标准值和汽车荷载弯矩作用频遇值的组合,于是有:

$$M_s = M_g + 0.7M_q = 5009 + 0.7 \times 9037 = 11334.9(kN \cdot m)$$

则有:

$$M_s = 11334.9kN \cdot m < M_0 = 24223.3kN \cdot m < M_{cr} = 31010.1kN \cdot m$$

验算结果表明,该桥梁中支点截面在正常使用极限状态下,既不会消压,也不会开裂。

若该桥采用有支架施工,则应考虑桥梁全部自重、二期恒载弯矩作用标准值和汽车荷载弯矩作用的频遇组合,则有:

$$M_s = M_g + 0.7M_q = 18151 + 5009 + 0.7 \times 9037 = 29485.9(\text{kN} \cdot \text{m})$$

则有:

$$M_0 = 24223.3\text{kN} \cdot \text{m} < M_s = 29485.9\text{kN} \cdot \text{m} < M_{cr} = 31010.1\text{kN} \cdot \text{m}$$

计算结果表明,若采用有支架施工情况下,该组合梁桥在自重、二期恒载和汽车荷载频遇组合作用下,其中支点(2号支点)截面会消压、但不会开裂,可以满足截面混凝土的抗裂性要求。

上述计算结果与[例3-1]对桥面板混凝土上缘的应力计算结论是一致的。

二、裂缝验算

当钢—混凝土组合连续梁桥的中支点负弯矩区段的抗裂性验算不能通过时,须验算混凝土桥面板的裂缝宽度,以保证桥梁结构的适用性和耐久性。按《混桥规》(JTG 3362—2018)第6.4.1条规定,在正常使用极限状态下的裂缝宽度应按作用(或荷载)效应的频遇组合并考虑长期效应进行验算,同时应根据具体的施工方法酌情考虑钢梁及混凝土桥面板的自重作用。

对于钢—混凝土组合连续梁负弯矩区段的裂缝宽度,目前尚无系统的研究结果。但可以明显看出,在桥梁整体结构分析时,负弯矩区组合梁混凝土桥面板的上、下两层纵向钢筋存在应力差,但差值很小,其工作状态更接近于轴心受拉构件。现行《混桥规》(JTG 3362—2018)中的裂缝公式是以大量试验结果为基础的数理统计公式,其统计的试验数据资源中已包括了矩形截面轴心受拉构件的裂缝数据。因此,考虑到与现行公路桥涵设计规范的协调,对于钢—混凝土组合连续梁桥负弯矩区段的裂缝宽度,建议按下式进行验算:

$$\delta_{fmax} = C_1 C_2 C_3 \frac{\sigma_{ss}}{E_s}\left(\frac{c+d}{0.36+1.7\rho_{te}}\right) \tag{3-6-5}$$

式中:δ_{fmax}——负弯矩区段桥面板顶面的最大裂缝宽度(mm)。

　　C_1——考虑钢筋表面形状的系数,对光面钢筋 $C_1 = 1.4$;对带肋钢筋 $C_1 = 1.0$;对环氧树脂涂层带肋钢筋 $C_1 = 1.15$。

　　C_2——考虑荷载作用的系数,短期活载(不计冲击系数)作用时,$C_2 = 1.0$;长期活载作用时,有支架施工时,取 $C_2 = 1 + 0.5M_g/(M_g + M_q)$;无支架施工时,建议取 $C_2 = 1.1$,以考虑桥面板混凝土收缩、徐变的影响。

　　C_3——考虑构件受力特点的系数,偏安全地按轴心受拉构件考虑,取 $C_3 = 1.2$。

　　c——中支点负弯矩截面混凝土桥面板上层钢筋的净保护层厚度(mm)。

　　σ_{ss}——中支点负弯矩区混凝土桥面板内上层纵向钢筋中的应力。

　　d——纵向受拉钢筋的直径(mm)。

　　ρ_{te}——纵向受拉钢筋的有效配筋率,对钢筋混凝土桥面板,当 $\rho_{te} > 0.1$ 时,取 $\rho_{te} = 0.1$;当 $\rho_{te} < 0.01$ 时,取 $\rho_{te} = 0.01$。

　　E_s——钢筋的弹性模量。

裂缝宽度计算中的钢筋应力 σ_{ss} 应取中支点负弯矩区混凝土桥面板内上层纵向钢筋的拉应力。

1.对钢筋混凝土桥面板

$$\sigma_{ss} = \frac{M_s y_s}{I_{sr}} \tag{3-6-6}$$

式中:M_s——按汽车荷载作用效应频遇组合计算的组合梁中支点截面的弯矩,结构自重弯矩取值时应考虑分阶段受力的影响;

I_{sr}——由纵向普通钢筋与钢梁形成的合成截面的惯性矩;

y_s——桥面板上层钢筋截面重心至钢筋和钢梁形成的合成截面重心轴的距离,按下式计算:

$$y_s = h - y_{sr}$$

其中:h——中支点组合梁截面高度;

y_{sr}——钢梁和桥面板钢筋的合成截面重心到钢梁下边缘的距离,按式(3-2-4)计算。

2.对预应力混凝土桥面板

$$\sigma_{ss} = \frac{M_s + M_{p2} - N_p y_p}{I_{sr0}} y_{ps} - \frac{N_p}{A_{sr0}} \tag{3-6-7}$$

式中:M_{p2}——由预加力 N_p 在后张法预应力连续组合梁等超静定结构中产生的次弯矩;

N_p——预应力钢筋的有效预加力合力;

y_p——预应力钢筋截面重心至普通钢筋、预应力钢筋和钢梁形成的合成截面重心轴的距离,$y_p = h - a_p - y_{sr0}$;

y_{ps}——桥面板上层普通钢筋截面重心至普通钢筋、预应力钢筋和钢梁形成的合成截面重心轴的距离,$y_{ps} = h - a_r - y_{sr0}$;

I_{sr0}——由纵向普通钢筋、预应力钢筋与钢梁形成的合成截面的惯性矩;

A_{sr0}——由纵向普通钢筋、预应力钢筋与钢梁形成的合成截面的面积;

y_{sr0}——普通钢筋、预应力钢筋和钢梁形成的合成截面重心轴至钢梁下边缘的距离。

按上式求出的最大裂缝宽度 δ_{fmax} 应满足《混桥规》(JTG D62—2004)6.4.2 条的要求,即:

$$\delta_{fmax} \leqslant [\delta_f] \tag{3-6-8}$$

式中:$[\delta_f]$——最大裂缝宽度限值,按下列规定取值。

按《混桥规》(JTG D62—2004)的规定,容许裂缝宽度按下列方法确定:

(1)对于钢筋混凝土桥面板:在Ⅰ类和Ⅱ类环境下,取$[\delta_f] = 0.2$mm;在Ⅲ类和Ⅳ类环境下,取$[\delta_f] = 0.15$mm;

(2)对于施加预应力的混凝土桥面板:在Ⅰ类和Ⅱ类环境下,取$[\delta_f] = 0.1$mm;在Ⅲ类和Ⅳ类环境下不得采用 B 类构件。

《混桥规》(JTG 3362—2018)报批稿中对桥梁所处环境进行了更为详细的分类。容许的裂缝宽度与桥梁所处的环境类别、环境等级及负弯矩区混凝土桥面板是否施加预应力有关。钢筋混凝土及预应力混凝土 B 类构件的最大裂缝宽度不应超过表 3-6-1 规定的限值。钢—混凝土组合梁桥负弯矩区混凝土桥面板的最大裂缝宽度应参照该表进行限制。

最大裂缝宽度限值(mm)　　　　　　　　　　　　　　　　表 3-6-1

环 境 类 别	最大裂缝宽度限值	
	钢筋混凝土构件、采用预应力螺纹钢筋的 B 类预应力混凝土构件	采用钢丝或钢绞线的 B 类预应力混凝土构件
Ⅰ类——一般环境	0.20	0.10
Ⅱ类——冻融环境	0.20	0.10
Ⅲ类——海洋氯化物环境	0.15	0.10
Ⅳ类——除冰盐等其他氯化物环境	0.15	0.10
Ⅴ类——盐结晶环境	0.10	禁止使用
Ⅵ类——化学腐蚀环境	0.10	禁止使用
Ⅶ类——磨蚀环境	0.20	0.10

值得注意的是,上述裂缝宽度控制方法是针对钢筋混凝土简支梁的,负弯矩区的混凝土桥面板直接受到雨水的渗透和腐蚀作用,对裂缝的要求则应更加严格。

为确保钢—混凝土梁桥运营阶段钢箱梁内部干燥、混凝土中受拉区钢筋不发生锈蚀,除在桥面铺装层中采用必要的防水措施外,在设计中应尽量控制中支点负弯矩区的桥面板混凝土不开裂,或控制其裂缝宽度小于限值。若设计中上述条件难以满足,应考虑对负弯矩区混凝土桥面板增设预应力钢筋(束)或采取其他有效的施加预应力的技术措施,参见第五章第七节。

第七节　组合梁的整体稳定问题

钢—混凝土组合梁不论在施工阶段还是运营阶段,当钢梁部分承受压力时均有失稳的可能,这一点与钢结构相类似。因此,无论在施工阶段还是在桥梁正常使用阶段,钢梁和组合梁的稳定性对钢—混凝土组合梁桥都是很重要的。钢—混凝土组合梁桥的稳定性仍可分为整体稳定性和局部稳定性。

钢—混凝土组合梁可能出现的整体失稳的主要形式是侧扭屈曲。组合梁的侧扭屈曲是一种介于钢梁局部失稳和整体失稳之间的一种失稳模式。关于组合梁侧扭屈曲的计算方法,美国、日本等国规范均未给出具体的公式,而是借用了钢梁侧向稳定性的相关规定。欧洲规范 4 在大量研究工作的基础上,给出了考虑混凝土桥面板侧向支撑和钢梁截面特征的组合梁桥侧扭失稳的临界荷载计算方法。

建筑《钢结构设计规范》(GB 50017—2003)中规定了施工阶段可不进行钢梁稳定验算的条件。《钢桥规》(JTG D64—2015)、《组桥设施规范》(JTG/T D64-1—2015)和《组桥设计规范》(GB 50917—2013)在组合梁整体稳定分析中均引用了欧洲规范的计算方法,以下分别予以介绍。

一、施工阶段钢梁的整体稳定性

在短暂状况下(即施工阶段),对于两阶段受力的钢—混凝土组合梁桥,当桥面板混凝土浇筑完毕但尚未凝固之前,钢梁承担其自身重量和混凝土桥面板的全部重量。在此情况下,钢梁的受力状态同钢结构,其自身存在整体失稳的可能性。

参照建筑《钢结构设计规范》(GB 50017—2003)的相关规定,在施工阶段的钢—混凝土组合简支梁、连续梁在桥面板混凝土凝固之前，只要钢梁截面受压翼缘的自由长度 l_1 与其总宽度 b_1 之比不大于表 3-7-1 的限值要求，可不进行整体稳定性验算。《钢桥规》（JTG D64—2015）和《组桥设计规范》（GB 50917—2013）中对于工字形和箱形钢梁均采用了表中的规定。

工字形、箱形截面简支梁不需计算整体稳定性的限值   表 3-7-1

钢　　种	跨中无侧向支承点的工字形简支钢梁	跨中有侧向支承点的工字形简支钢梁	简支箱形梁
	l_1/b_1		l_1/b_o
Q235 钢	13.0	16.0	95.0
Q345 钢	10.5	13.0	65.0
Q390 钢	10.0	12.5	57.0
Q420 钢	9.5	12.0	53.0

注：1. 对跨中无侧向支承点的梁，l_1 为其跨径，对跨中有侧向支承点的梁，l_1 为受压翼缘侧向支承点间的距离（梁的支座和横隔梁可视为侧向支承点）。

    2. b_1 为工字形钢梁受压翼板的宽度；b_o 为箱形截面钢梁腹板间的距离。

对于不满足上述条件的钢—混凝土组合梁桥的钢梁应进行整体稳定性或侧扭屈曲的验算，但上述三个行业规范均未给出相关的计算方法。在此仅介绍两种基于其他相关规范的整体稳定性计算方法，可供参考。

1. 现行《钢桥规》（JTG D64—2015）的计算方法

对于施工阶段不满足表 3-7-1 中要求的等截面实腹式受弯构件（钢梁），现行《钢桥规》（JTG D64—2015）参考欧洲规范给出了双向受弯情况下钢梁整体稳定性的计算方法。考虑到钢—混凝土组合梁桥在施工阶段钢梁承受双向受弯的情况较为少见，故将其简化为钢梁在最大刚度主平面内承受弯矩作用的整体稳定问题计算，其失稳形态可参见图 3-7-3。在最大竖平面内的整体稳定性计算方法如下：

$$\beta_{\mathrm{m},x} \frac{M_x}{\chi_{\mathrm{LT},x} M_{\mathrm{Rd},x}} \leq 1 \tag{3-7-1}$$

$$M_{\mathrm{Rd},x} = W_{x,\mathrm{eff}} f_{\mathrm{d}} \tag{3-7-2}$$

式中：M_x——在施工阶段绕组合梁强轴（x 轴）作用的最大弯矩，取钢梁及混凝土桥面板自重和施工荷载的标准值组合；

    $\beta_{\mathrm{m},x}$——等效弯矩系数，可按表 3-7-2 确定；

    $W_{x,\mathrm{eff}}$——考虑剪力滞和受压板件局部稳定影响的对受压边缘的有效截面模量；

    f_{d}——钢材的屈服极限；

    $\chi_{\mathrm{LT},x}$——为 M_x 作用平面内的弯矩作用下，构件弯扭失稳模态的整体稳定折减系数，将相对长细比 $\bar{\lambda} = \bar{\lambda}_{\mathrm{LT},x}$ 代入式（3-7-3）计算确定；

$$\begin{cases} \bar{\lambda} \leq 0.2 \text{ 时}, \chi_{\mathrm{LT},x} = 1 \\ \bar{\lambda} > 0.2 \text{ 时}, \chi_{\mathrm{LT},x} = \dfrac{1}{2}\left\{ 1 + \dfrac{1}{\bar{\lambda}^2}(1 + \varepsilon_0) - \sqrt{\left[1 + \dfrac{1}{\bar{\lambda}^2}(1 + \varepsilon_0)\right]^2 - \dfrac{4}{\bar{\lambda}^2}} \right\} \end{cases} \tag{3-7-3}$$

其中

$$\varepsilon_0 = \alpha(\bar{\lambda} - 0.2) \tag{3-7-4}$$

其中:α——整体稳定折减系数的参数,可根据表 3-7-3 中的屈曲曲线类别按表 3-7- 4 取值。

$\overline{\lambda}_{\mathrm{LT},x}$——弯扭相对长细比按下式计算:

$$\overline{\lambda}_{\mathrm{LT},x} = \sqrt{W_{x,\mathrm{eff}} f_y / M_{\mathrm{cr},x}} \qquad (3\text{-}7\text{-}5)$$

$M_{\mathrm{cr},x}$——为 M_x 作用平面内的弯矩单独作用下,考虑约束影响的构件弯扭失稳模态的整体弯扭弹性屈曲弯矩,可用有限元方法或参考有关方法计算。

受弯整体稳定等效弯矩系数

表 3-7-2

弯 矩 分 布	$\beta_{\mathrm{m},x}$
$M \rightarrow \psi M$	$0.65 + 0.35\psi$, $-1 \leqslant \psi \leqslant 1$
	1.0
	0.95

受弯构件整体稳定系数的截面分类

表 3-7-3

截 面 类 型	限 值	屈曲曲线类别
轧制工字形截面	$h_s/b_1 \leqslant 2$	a
	$h_s/b_1 > 2$	b
焊接工字形截面	$h_s/b_1 \leqslant 2$	c
	$h_s/b_1 > 2$	d
其他类型截面	—	d

注:h_s-钢梁截面高度;b_1-钢梁截面受压翼缘宽度。

轴心受压构件整体稳定折减系数的计算参数 α

表 3-7-4

屈曲曲线类别	a	b	c	d
参数 α	0.20	0.35	0.50	0.80

2.建筑《钢结构设计规范》(GB 50017—2003)的计算方法

对于上述施工阶段的整体稳定问题亦可参照建筑《钢结构设计规范》(GB 50017—2003)的规定,按下述方法进行整体稳定性验算。

$$\sigma_{\mathrm{w}} = \frac{M_x}{\varphi_{\mathrm{b}} W_{x,\mathrm{eff}}} \leqslant f_{\mathrm{d}} \qquad (3\text{-}7\text{-}6)$$

式中：σ_w——施工过程中，钢梁的最大弯曲压应力；

　　　M_x——在施工阶段绕组合梁强轴（x 轴）作用的最大弯矩标准值，取值方法同上；

　　$W_{x,eff}$——按受压边有效宽度计算的钢梁截面抗弯模量；

　　　φ_b——钢梁的整体稳定系数；

　　　f_d——钢梁的材料强度设计值。

对于焊接工字形等截面简支梁，参见图 3-7-1，包括等截面高强度螺栓连接的简支组合梁的钢梁的整体稳定系数 φ_b 可按下式计算：

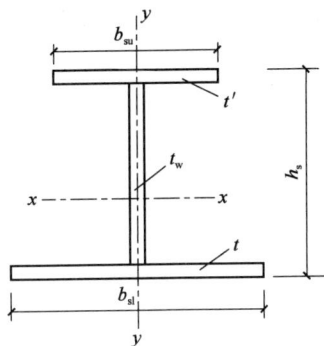

图 3-7-1　工字形钢梁的截面特性

$$\varphi_b = \beta_b \cdot \frac{4320}{\lambda_y^2} \cdot \frac{A_s h_s}{W_{x,eff}} \left[\sqrt{1 + \left(\frac{\lambda_y t}{4.4 h_s} \right)^2} + \eta_b \right] \frac{235}{f_y}$$

$$(3\text{-}7\text{-}7)$$

式中：β_b——侧向支承点的影响系数，当有两个或两个以上侧向支承点，且荷载作用在钢梁上翼缘时，取 $\beta_b = 1.2$；

　A_s、h_s——钢梁的全截面面积和高度；

　　　t——受压翼缘板的厚度，取 t 或 t'；

　　　f_y——钢材的屈服极限；

　　　η_b——截面对称性影响系数，当钢梁上、下翼板宽度相同时，即：

$$\begin{cases} \text{当 } b_{su} = b_{sl} \text{ 时，取 } \eta_b = 0; \\ \text{当 } b_{su} < b_{sl} \text{ 时，取 } \eta_b = 2\alpha_b - 1。 \end{cases} \quad (3\text{-}7\text{-}8)$$

　　　α_b——绕 y 轴的惯性矩之比：

$$\alpha_b = \frac{I_{1y}}{I_{sy}} \approx \frac{I_{1y}}{I_{1y} + I_{2y}} \quad (3\text{-}7\text{-}9)$$

I_{1y}、I_{2y}——受压、受拉翼缘对 y 轴的惯性矩；

　　I_{sy}——钢梁全截面对 y 轴的惯性矩；

　　λ_y——截面对 y 轴的长细比，$\lambda_y = l_1 / r_y$；

　　l_1——受压翼缘侧向支承点的间距；

　　r_y——钢梁截面对 y 轴的回转半径，$r_y = \sqrt{\dfrac{I_{sy}}{A_s}}$。

当按式（3-7-7）算得的 $\varphi_b > 0.6$ 时，应按式（3-7-10）计算 φ_b'，并代替 φ_b 值：

$$\varphi_b' = \frac{1.07 - 0.282}{\varphi_b} \leqslant 1.0 \quad (3\text{-}7\text{-}10)$$

二、使用阶段组合梁的整体稳定性

在使用荷载作用阶段，受压区的混凝土翼板能有效阻止组合梁钢梁受压翼缘的侧向位移，故工字形截面简支组合梁和连续组合梁正弯矩区段无需验算钢梁的整体稳定性。

《钢结构设计规范》（GB 50017—2003）规定：对于简支组合梁的钢梁采用箱形截面的情况，其单箱截面尺寸满足 $h_s / b_o \leqslant 6$ 且 l_1 / b_o 不大于表 3-7-1 第 4 列的限值时，亦可不计算其整

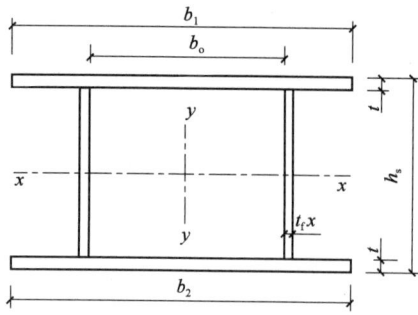

图 3-7-2　箱形截面

体稳定性。其中各符号参见表 3-7-1 注解和图 3-7-2。

事实上,在桥梁工程中 $h_s/b_o \leq 1$,而且表 3-7-1 第 4 列的条件也是很容易满足的。因此对于箱形截面的钢—混凝土组合连续梁桥,应多在分孔比例、构造特性及负弯矩区段的局部稳定性方面加以考虑。

《组桥设施规范》(JTG/T D64-01—2015)中进一步规定:连续组合梁负弯矩区为箱形截面钢梁或者下翼缘有可靠的横向约束且腹板有加劲措施的钢梁时,可不必进行负弯矩区的整体(或侧扭)稳定性验算。

三、使用阶段工字形截面组合梁的侧扭稳定性

在持久状况下的正常使用阶段,对于不满足上述各条件的钢—混凝土组合连续梁桥的负弯矩区有可能出现侧扭失稳,因此须验算其侧扭稳定性。《组桥设施规范》(JTG/T D64-1—2015)和《组桥设计规范》(GB 50917—2013)均给出了相同的对工字形截面连续组合梁负弯矩区段侧扭稳定性的计算规定和算法。该计算方法参考欧洲规范 4 和 ENV1993-2 的相关规定,将钢梁制造时的初始缺陷划分为四类侧向失稳曲线,参见表 3-7-2 和表 3-7-3,并且要求组合梁最大弯矩设计值小于等于组合梁侧向抗扭屈曲弯矩。具体的计算方法如下:

$$\gamma_0 M_d \leq M_{b,Rd} \tag{3-7-11}$$

式中:M_d——组合梁最大弯矩设计值;

$M_{b,Rd}$——组合梁侧向抗扭屈曲弯矩;

γ_0——桥梁结构重要性系数。

上式中的组合梁侧向抗扭屈曲弯矩 $M_{b,Rd}$ 是在弹性抗弯承载力的基础上考虑组合梁侧向扭曲折减系数得到的,即有:

$$M_{b,Rd} = \chi_{LT} M_{euz} \tag{3-7-12}$$

式中:M_{euz}——组合梁中支点负弯矩作用截面弹性极限抗弯承载力,由式(3-3-27)计算;

χ_{LT}——组合梁侧向扭曲折减系数,按下式计算:

$$\chi_{LT} = \frac{1}{\Phi_{LT} + \sqrt{\Phi_{LT}^2 - \overline{\lambda}_{LT}^2}}, \chi_{LT} \leq 1.0 \tag{3-7-13}$$

其中,参数 Φ_{LT} 主要与换算长细比 $\overline{\lambda}_{LT}$ 和钢梁的缺陷有关,应按下式计算:

$$\Phi_{LT} = 0.5[1 + \alpha_{LT}(\overline{\lambda}_{LT} - 0.2) + \overline{\lambda}_{LT}^2] \tag{3-7-14}$$

式中:α_{LT}——钢梁缺陷系数,与钢梁加工的初始质量和侧向屈曲的曲线类别有关,可查表 3-7-3 和表 3-7-4 确定。$\overline{\lambda}_{LT}$ 由式(3-7-14)计算确定:

$$\overline{\lambda}_{LT} = \sqrt{\frac{M_{Rk}}{M_{cr}}} \tag{3-7-15}$$

式中:$\overline{\lambda}_{LT}$——无量纲细长比,当求得的 $\overline{\lambda}_{LT} \leq 0.4$ 时,可不进行组合梁负弯矩区侧扭稳定性验算。

M_{Rk}——采用钢材强度标准值 f_y 计算得到的组合梁截面抵抗弯矩,按下式计算:

$$M_{Rk} = f_y W_{sr} \tag{3-7-16}$$

式中: f_y——钢材的屈服极限；

$\quad\quad W_{sr}$——负弯矩作用的组合梁合成截面对钢梁受压边缘的抗弯模量。

式(3-7-15)中的 M_{cr} 为组合梁侧向扭转屈曲的弹性临界弯矩。由图 3-7-1 中的"倒 U 形框架"侧向扭曲模型推导得出，计算方法如下：

$$M_{cr} = \frac{k_c C_4}{L} \sqrt{\left(GI_{st} + k_s \frac{L^2}{\pi^2}\right)EI_{2y}} \qquad (3\text{-}7\text{-}17)$$

其中: k_c 按下列计算：

$$k_c = \frac{\dfrac{I_{sr}}{I_{sx}}}{\dfrac{Z_f^2 - Z_s^2 + i_x^2}{eh_{tt}} + \dfrac{Z_f - Z_j}{0.5h_{tt}}} \qquad (3\text{-}7\text{-}18)$$

式中: i_x——对钢梁剪心的极回转半径, $i_x^2 = \dfrac{I_{sx} + I_{sy}}{A_s}$ (3-7-19)

$\quad e$——计算参数, $e = \dfrac{A_r I_{sx}}{A_s Z_c (A_r - A_s)}$ (3-7-20)

$\quad Z_f$——计算参数, $Z_f = \dfrac{h_{tt} I_{2y}}{I_{sy}}$ (3-7-21)

$\quad C_4$——弯矩分布影响系数，按表 3-7-5 ~ 表 3-7-7 取值；

$\quad h_{tt}$——钢梁上翼缘重心轴到下翼缘重心轴之间的距离, $h_{tt} = \dfrac{h_w + (t' + t)}{2}$

$\quad I_{2y}$——钢梁下缘受压翼板绕 y 轴的惯性矩,

$$I_{2y} = b_{sl}^3 t/12$$

$\quad I_{sy}$——钢梁截面绕 y 轴的惯性矩；

$\quad L$——组合梁侧向抗扭验算桥跨的跨径；

$\quad k_s$——转动弹簧常数，按式(3-7-23)计算；

$\quad G$——钢材剪切模量；

$\quad I_{st}$——钢梁截面的抗扭惯性矩；

$\quad I_{sr}$——钢梁与纵向钢筋形成的合成截面绕其重心轴的惯性矩；

$\quad I_{sx}$——钢梁截面绕 x 轴的惯性矩；

$\quad A_s$——钢梁的截面面积；

$\quad Z_c$——钢梁截面重心与翼板截面形(重)心间的距离；

$\quad Z_s$——钢梁截面重心至其剪力中心的距离,当剪力中心与钢梁受压翼缘在中心轴同侧时为正号；

$\quad Z_j$——计算参数, $Z_j = Z_s - \displaystyle\int_A \dfrac{Z(y^2 + Z^2)}{2I_{sx}} dA$

如果 $I_{2y}/I_{sy} > 0.5$,则：

$$Z_j = 0.4h_{tt}(2I_{2y}/I_{sy} - 1) \qquad (3\text{-}7\text{-}22)$$

式(3-7-22)的条件中 $I_{2y}/I_{sy} > 0.5$ 意味着负弯矩区工字形钢梁受压下翼缘的宽度 b_{sl} 大于

其上翼缘的宽度 b_{su}，即有 $b_{sl} > b_{su}$，这在实际桥梁工程中均可得到满足。

转动弹簧常数 k_s 分别考虑了开裂混凝土板的弯曲刚度、相应的弹簧常数 k_1 和钢梁腹板的弯曲刚度、相应的弹簧常数 k_2，按下式计算：

$$k_s = \frac{k_1 k_2}{k_1 + k_2} \qquad (3\text{-}7\text{-}23)$$

式中：k_1——垂直于梁方向的混凝土板或组合板开裂截面的弯曲刚度，对跨过钢梁的连续板，$k_1 = 4EI_{cr}/a$；对于简支板或悬臂板，$k_1 = 2EI_{cr}/a$；

k_2——钢梁腹板的弯曲刚度，对腹板无外包混凝土的组合梁按下式计算：

$$k_2 = \frac{Et_w^3}{4(1 - v^2)h_{tt}} \qquad (3\text{-}7\text{-}24)$$

v——钢材的泊松比；

a——工字形钢梁的间距；

h_{tt}、t_w 可由图3-7-3 得到。

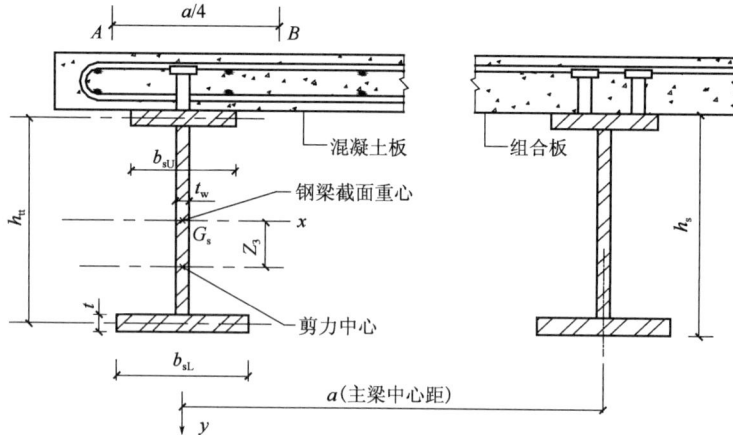

图3-7-3　倒U形框架计算模型

在持久状况下正常使用阶段，对工字形截面连续组合梁负弯矩区段，忽略集中力的影响，其边跨的支承条件和弯矩图形可近似为表3-7-5 的第一行，中跨的支承条件和弯矩图形可近似为第二行的三种情况。在钢梁的侧扭稳定性分析时应根据计算桥跨两端的弯矩比值 ψ 查取荷载弯矩分布影响系数 C_4，代入式(3-7-17)计算组合梁侧向扭转屈曲的弹性临界弯矩 M_{cr}，进而求出 $\bar{\lambda}_{LT}$、Φ_{LT} 及 χ_{LT}，最终由式(3-7-11)验算组合梁侧扭稳定性。

跨中受横向荷载弯矩分布影响系数 C_4　　　　表3-7-5

荷载及支承条件	弯矩图	C_4								
		$\psi = 0.50$	0.75	1.00	1.25	1.50	1.75	2.00	2.25	2.50
		41.5	30.2	24.5	21.1	19.0	17.5	16.5	15.7	15.2

续上表

荷载及支承条件	弯矩图	C_4								
		$\psi=0.50$	0.75	1.00	1.25	1.50	1.75	2.00	2.25	2.50
	ψM_0 M_0 $0.50\psi M_0$	33.9	22.7	17.3	14.1	13.0	12.0	11.4	10.9	10.6
	ψM_0 M_0 $0.75\psi M_0$	28.2	18.0	13.7	11.7	10.6	10.0	9.5	9.1	8.9
	ψM_0 M_0 ψM_0	21.9	13.9	11.0	9.6	8.8	8.3	8.0	7.8	7.6
	ψM_0 M_0	28.4	21.8	18.6	16.7	15.6	14.8	14.2	13.8	13.5
	ψM_0 M_0 ψM_0	12.7	9.8	8.6	8.0	7.7	7.4	7.2	7.1	7.0

对于桥跨间无横向荷载弯矩分布的情况,或具有悬臂端支撑弯矩分布的情况,其影响系数 C_4 可参照表 3-7-6 和表 3-7-7 取值。

跨中无横向荷载弯矩分布影响系数 C_4　　　　表 3-7-6

荷载及支承条件	弯矩图	C_4				
		$\psi=0.00$	$\psi=0.25$	$\psi=0.50$	$\psi=0.75$	$\psi=1.00$
	M ψM	11.1	9.5	8.2	7.1	6.2
	M ψM	11.1	12.8	14.6	16.3	18.1

悬臂端支撑弯矩分布影响系数 C_4

表 3-7-7

荷载及支承条件	弯 矩 图	L_c/L	C_4			
			$\psi = 0.00$	$\psi = 0.50$	$\psi = 0.75$	$\psi = 1.00$
		0.25	47.6	33.8	26.6	22.1
		0.50	12.5	11.0	10.2	9.3
		0.75	9.2	8.8	8.6	8.4
		1.00	7.9	7.8	7.7	7.6

欧洲规范 4 验算组合梁整体稳定性的计算方法比较复杂,因此设计时应尽量通过合理的钢梁总体布置和构造来避免侧扭失稳,以避免钢—混凝土组合连续梁桥负弯矩区抗弯承载力得不到充分发挥的情况。

在实际工程设计中,为避免钢—混凝土组合连续梁桥出现负弯矩区段侧扭失稳,不宜采用开口的 T 形或工字形的钢梁截面,建议尽可能采用闭口或开口的箱形钢梁截面。

第八节　组合梁的局部稳定问题

对于钢—混凝土组合梁桥中的钢梁,无论是组合连续梁负弯矩区的钢梁底板、腹板还是简支组合梁的钢腹板上部均不直接承受车轮荷载,但均承受或可能承受一定的压应力或剪应力作用。因此钢梁的这些受压部位均存在着局部失稳的可能性。钢梁局部失稳将使得钢板发生局部出平面的翘曲变形,这种变形虽不直接降低结构的承载力,但有可能诱发结构整体失稳,进而间接地影响结构的承载能力。因此对于钢—混凝土组合梁桥的局部稳定问题也应引起足够的重视,而且在设计阶段应进行构造设计,例如设置横向、纵向加劲肋,加劲板等,必要时须进行受压钢板的局部稳定验算。

一、腹板的局部稳定

1. 腹板加劲肋的布置

与钢结构相类似,对于组合梁的钢梁腹板的局部稳定问题,可通过在钢梁的腹板上沿梁高方向设置横向加劲肋加以解决。必要时,除设置横向加劲肋之外,还可以设置纵向加劲肋。纵向加劲肋的数量取决于梁高,而横向加劲肋则可以沿着梁长方向均匀布置在受压区,亦可沿着梁的全高范围内布置。加劲肋可用窄钢板或角钢制作。

《钢结构设计规范》(GB 50017—2003)中给出了设置加劲肋的形式和条件,并认为钢梁腹板上加劲肋的布置形式主要取决于腹板的高度与厚度的比值,即 h_w/t_w,可按以下要求布置,参见图 3-8-1。

(1)当 $h_w/t_w \leqslant 80\sqrt{235/f_y}$ 时,对无局部压应力的钢梁可不配置加劲肋;对有局部压应力的钢梁宜按构造配置横向加劲肋。

(2)当 $h_w/t_w > 80\sqrt{235/f_y}$ 时应设置横向加劲肋。其中,当 $h_w/t_w > 170\sqrt{235/f_y}$ (受压翼缘扭转受到约束)或 $h_w/t_w > 150\sqrt{235/f_y}$ (受压翼缘扭转未受到约束)时,或按计算需要时,应在弯曲应力较大区格的受压区域增设纵向加劲肋。

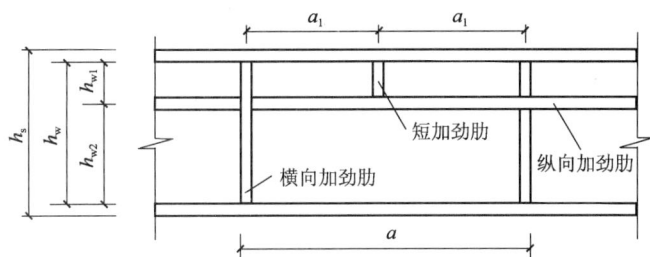

图 3-8-1 加劲肋的布置形式

(3)任何情况下 h_w/t_w 均不应超过 250,以免高厚比过大时产生焊接翘曲。

在上述条件中 h_w 为腹板计算高度,对单轴对称的梁,当确定是否要配置纵向加劲肋时,h_w 应取腹板受压区高度的 2 倍;t_w 为腹板的厚度;f_y 为钢材的屈服强度。

《钢桥规》(JTG D64—2015)中虽然没有给出设置加劲肋的条件,但规定了受压板件加劲肋几何尺寸应满足式(3-8-1)~式(3-8-4)的要求。其中各项尺寸符号的规定参见图 3-8-2,这些要求可供钢—混凝土组合简支梁桥及连续梁桥负弯矩区的钢梁的加劲肋设置时参考。

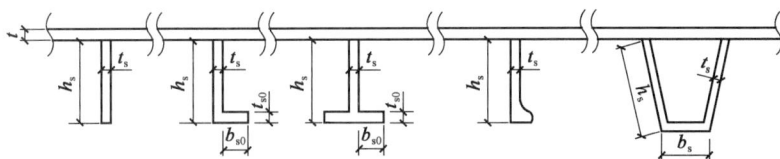

图 3-8-2 加劲肋尺寸符号规定

(1)扁钢加劲肋的宽厚比应满足下式要求:

$$\frac{h_s}{t_s} \leqslant 12\sqrt{\frac{345}{f_y}} \tag{3-8-1}$$

(2)L 形、T 形钢加劲肋的尺寸比例应满足下式要求:

$$\frac{b_{s0}}{t_{s0}} \leqslant 12\sqrt{\frac{345}{f_y}} \qquad \frac{h_s}{t_s} \leqslant 30\sqrt{\frac{345}{f_y}} \tag{3-8-2}$$

(3)符合《热轧球扁钢》(GB/T 9945)的球扁钢加劲尺寸比例应满足下式要求:

$$\frac{h_s}{t_s} \leqslant 18\sqrt{\frac{345}{f_y}} \tag{3-8-3}$$

(4)闭口加劲肋的尺寸比例应满足下式要求:

$$\frac{b_s}{t_s} \leqslant 40\sqrt{\frac{345}{f_y}} \qquad \frac{h_s}{t_s} \leqslant 40\sqrt{\frac{345}{f_y}} \tag{3-8-4}$$

2. 钢腹板的最小厚度要求

为避免钢—混凝土组合梁的钢腹板出现局部失稳的情况,在钢梁腹板上需设置加劲肋。设置钢梁腹板加劲肋时,钢梁腹板的最小厚度应满足表 3-8-1 的要求。

钢板梁腹板最小厚度

表 3-8-1

钢 材 品 种	Q235 钢	Q345 钢	备　　注
不设横向加劲肋及纵向加劲肋时	$\dfrac{\eta h_{w}}{70}$	$\dfrac{\eta h_{w}}{60}$	—
仅设横向加劲肋,但不设纵向加劲肋时	$\dfrac{\eta h_{w}}{160}$	$\dfrac{\eta h_{w}}{140}$	—
设横向加劲肋和 1 道纵向加劲肋时	$\dfrac{\eta h_{w}}{280}$	$\dfrac{\eta h_{w}}{240}$	纵向加劲肋位于距受压翼缘 $0.2h_{w}$ 附近
设横向加劲肋和 2 道纵向加劲肋时	$\dfrac{\eta h_{w}}{310}$	$\dfrac{\eta h_{w}}{310}$	纵向加劲肋位于距受压翼缘 $0.14h_{w}$ 和 $0.36h_{w}$ 附近

注:1. h_{w} 为钢梁腹板计算高度,对焊接梁为腹板的全高,对铆接梁为上、下翼缘角钢内排铆钉线的间距。

2. η 为剪应力折减系数:$\eta = \sqrt{\tau/f_{vd}}$,但不得小于 0.85。$\tau$ 为基本组合下的腹板剪应力。

值得注意的是,表 3-8-1 中给出的是《钢桥规》(JTG D64—2015)中钢腹板的最小厚度,其中只有 Q235 和 Q345 两个钢种。对于其他钢种的钢腹板的最小厚度,可参考《组桥设计规范》(GB 50917—2013)中的表 6.4.2 取值。

在上述钢腹板最小厚度的基础上,考虑到钢板的耐腐蚀能力,除了轧制型钢之外,所有受力钢腹板厚度不应小于 12mm。

3. 腹板局部稳定计算

组合梁腹板局部稳定性计算按弹性约束于翼缘板并简支于横向加劲肋和纵向加劲肋上的薄板考虑。钢梁腹板局部稳定验算时须考虑作用在钢腹板上的两种应力,即腹板边缘的弯曲应力和腹板剪应力。这两种应力值均应按荷载作用的基本组合,并按组合梁全截面计算确定。

组合梁钢腹板上的局部稳定性可参照《钢桥规》(JTG D64—2015)中的计算方法验算,该方法实质上是通过调整横向加劲肋的间距来保证钢腹板的局部稳定。其中规定钢梁腹板上横向加劲肋的间距 a 不得大于腹板高度 h_{w} 的 1.5 倍,并且在不同的纵向加劲肋设置和 a/h_{w} 的情况下局部稳定需满足的控制条件。具体要求如下:

(1)不设纵向加劲肋时,横向加劲肋的间距 a 应该满足下式要求:

$$\left(\frac{h_{w}}{100t_{w}}\right)^{4}\left[\left(\frac{\upsilon}{345}\right)^{2}+\left(\frac{\tau}{77+58(h_{w}/a)^{2}}\right)^{2}\right]\leq 1 \qquad (a > h_{w}) \qquad (3\text{-}8\text{-}5)$$

$$\left(\frac{h_{w}}{100t_{w}}\right)^{4}\left[\left(\frac{\sigma}{345}\right)^{2}+\left(\frac{\tau}{58+77(h_{w}/a)^{2}}\right)^{2}\right]\leq 1 \qquad (a \leq h_{w}) \qquad (3\text{-}8\text{-}6)$$

(2)设置一道纵向加劲肋时,横向加劲肋的间距 a 应该满足下式要求:

$$\left(\frac{h_{w}}{100t_{w}}\right)^{4}\left[\left(\frac{\sigma}{900}\right)^{2}+\left(\frac{\tau}{120+58(h_{w}/a)^{2}}\right)^{2}\right]\leq 1 \qquad (a > 0.8h_{w}) \qquad (3\text{-}8\text{-}7)$$

$$\left(\frac{h_{w}}{100t_{w}}\right)^{4}\left[\left(\frac{\sigma}{900}\right)^{2}+\left(\frac{\tau}{90+77(h_{w}/a)^{2}}\right)^{2}\right]\leq 1 \qquad (a \leq 0.8h_{w}) \qquad (3\text{-}8\text{-}8)$$

(3)设置两道纵向加劲肋时,横向加劲肋的间距 a 应该满足下式要求:

$$\left(\frac{h_{w}}{100t_{w}}\right)^{4}\left[\left(\frac{\sigma}{3000}\right)^{2}+\left(\frac{\tau}{187+58(h_{w}/a)^{2}}\right)^{2}\right]\leq 1 \qquad (a > 0.64h_{w}) \qquad (3\text{-}8\text{-}9)$$

$$\left(\frac{h_{\mathrm{w}}}{100t_{\mathrm{w}}}\right)^4\left[\left(\frac{\sigma}{3000}\right)^2 + \left(\frac{\tau}{140 + 77(h_{\mathrm{w}}/a)^2}\right)^2\right] \leqslant 1 \qquad (a \leqslant 0.64h_{\mathrm{w}}) \qquad (3\text{-}8\text{-}10)$$

式中:h_{w}——钢梁腹板的计算高度,其取值方法参见表3-8-1的附注1;

σ——作用基本组合下的受压翼缘处腹板正应力(MPa),可参照第二章第二节或第三章第二节计算;

τ——作用基本组合下的腹板剪应力(MPa),可参照第二章第三节计算。

4.腹板加劲肋的刚度要求

为保证腹板加劲肋本身的有效性,即其本身不会失稳,《钢桥规》(JTG D64—2015)和《钢结构设计规范》(GB 50017—2003)中均对腹板加劲肋提出了如下刚度要求。

(1)腹板横向加劲肋的惯性矩应满足下式要求:

$$I_{\mathrm{t}} \geqslant 3h_{\mathrm{w}}t_{\mathrm{w}}^3 \qquad (3\text{-}8\text{-}11)$$

式中:I_{t}——单侧设置横向加劲肋时加劲肋对于与腹板连接线的惯性矩,或双侧对称设置横向加劲肋时加劲肋对于腹板中心线的惯性矩;

t_{w}——钢梁腹板厚度;

h_{w}——钢梁腹板的计算高度。

(2)腹板纵向加劲肋的惯性矩应满足以下要求:

$$I_{\mathrm{L}} \geqslant \xi_{\mathrm{L}} h_{\mathrm{w}} t_{\mathrm{w}}^3 \qquad (3\text{-}8\text{-}12)$$

$$\xi_{\mathrm{L}} = \max\left\{1.5, \left(\frac{a}{h_{\mathrm{w}}}\right)^2\left[2.5 - 0.45\left(\frac{a}{h_{\mathrm{w}}}\right)\right]\right\} \qquad (3\text{-}8\text{-}13)$$

式中:I_{L}——单侧设置纵向加劲肋时加劲肋对于与腹板连接线的惯性矩,或双侧对称设置纵向加劲肋时加劲肋对腹板中心线的惯性矩;

a——腹板横向加劲肋间距。

5.腹板加劲肋构造要点

横向加劲肋的截面尺寸,可按下式估算:

$$b = k_{\mathrm{o}}\left(\frac{h_{\mathrm{w}}}{30} + 40\mathrm{mm}\right) \qquad t_{\mathrm{s}} = \frac{b_{\mathrm{s}}}{15} \qquad (3\text{-}8\text{-}14)$$

式中:k_{o}——系数:当腹板两侧成对配置纵向加劲肋时,取$k_{\mathrm{o}} = 1.0$;当单面配置时,取$k_{\mathrm{o}} = 1.2$。当采用钢板的短加劲肋时,取$k_{\mathrm{o}} = 0.7 \sim 1.0$。

b_{s}——横向加劲肋的平均外伸长度。

t_{s}——横向加劲肋的厚度。

横向加劲肋的间距a应满足下式的要求:

$$0.5h_{\mathrm{w}} \leqslant a \leqslant 2h_{\mathrm{w}} \qquad (3\text{-}8\text{-}15)$$

对于无局部压应力σ_{c}作用的钢梁腹板且$h_{\mathrm{w}}/t_{\mathrm{w}} \leqslant 100$时,亦可采用$a \leqslant 2.5h_{\mathrm{w}}$的上限条件。短加劲肋的最小间距可取为$0.75h_1$。

对于无局部压应力σ_{c}作用的钢梁腹板,当同时设有横向加劲肋和纵向加劲肋时,纵向加劲肋腹板计算高度到受压边缘的距离h_1应在$h_{\mathrm{w}}/5 \sim h_{\mathrm{w}}/4$范围内,并应满足下式的要求:

$$h_1 \leqslant \frac{1120t_{\mathrm{w}}}{\sqrt{\sigma}} \qquad (3\text{-}8\text{-}16)$$

式中:σ——所考虑区段内最大弯矩截面上腹板计算高度边缘的弯曲压应力(MPa)。

在满足上述各项要求的情况下,可以认为钢—混凝土组合梁的钢梁受压腹板不会出现局部失稳。

二、上下翼板的局部稳定

在施工阶段,简支钢—混凝土组合梁桥的钢梁上翼缘板受压,因此存在局部稳定问题。在此阶段的局部稳定性可按《钢桥规》(JTG D64—2015)或《钢结构设计规范》(GB 50017—2003)的方法,以钢板宽厚比的方式加以控制。

在正常使用阶段,钢梁上翼板通过连接件与混凝土桥面板密贴在一起共同受压,钢梁上翼板不会发生局部失稳。钢梁上、下翼缘板的局部稳定性通常不单独计算。若按塑性方法计算截面抗弯承载力时能够满足板件宽厚比的要求,就意味着钢梁不会出现局部失稳。若按弹性方法计算截面抗弯承载力,则应通过构造要求控制受压钢板的宽厚比加以保证。

对于宽度较大的箱形截面梁受压底板,常在腹板之间设置横隔板及纵向加劲肋。纵向加劲肋应支承在横隔板(梁)上,并与之焊接。纵向加劲肋除可以用扁钢外,还可以用角钢或T字形钢。如果板上有横向荷载作用,例如连续箱梁的中支点截面,可将纵向加劲肋做成梯形的闭口断面。在支承截面必须设置横隔板,以确保其局部稳定性。钢—混凝土组合梁桥的横隔板、横向加劲肋及纵向加劲肋的布置方式应参照《钢桥规》(JTG D64—2015)进行。

为增加钢—混凝土组合连续箱梁负弯矩区受压底钢板的局部稳定性,除按上述要求设置纵向加劲肋和横隔板(梁)外,还可在受压底板上浇筑一定厚度、适当配筋的混凝土,其厚度可采用有限元分析或其他方法估算。混凝土的厚度应随支座反力的增加而增加,一般不宜小于200mm。

第四章

钢—混凝土组合梁桥的抗剪连接件设计方法

第一节 抗剪连接件的形式及分类

抗剪连接件又称为剪力键,在钢—混凝土组合梁中起着重要的作用,主要用来承担钢梁与混凝土翼板之间的纵、横向水平剪力,并能够抵抗混凝土板的横向弯曲及由其产生的两者间的掀拔作用。

国内外使用的连接件种类繁多、受力机理也各不相同。连接件大体上可以分为四种类型,不下九种之多,参见图4-1-1。

一、栓钉类连接件

栓钉是目前世界各国广为采用的连接件形式,见图4-1-1a)、b)。桥梁工程中用到的栓钉的钉杆直径为12~25mm,常用的直径为16~19mm。所选用的钉杆直径不宜超过被焊钢梁翼板厚度的2.5倍;栓钉高(长)与栓钉杆直径之比应不小于4。为抵抗掀起作用,栓杆上端做成大头或弯钩,大头直径通常不小于栓钉杆直径的1.5倍。

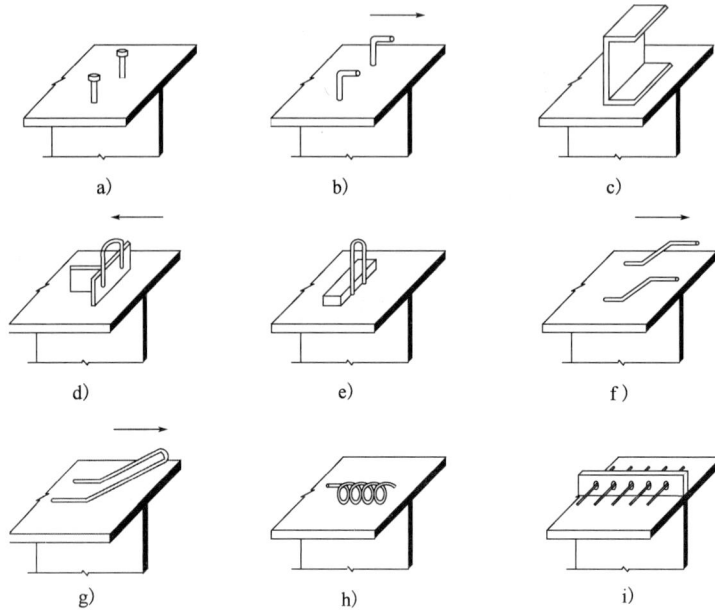

图 4-1-1　连接件的形式

二、型钢类连接件

用作连接件的型钢主要有槽钢、T 形钢和方钢三种,参见图 4-1-1c)、d)、e)。槽钢常用的规格有[8、[10 和[12;T 形钢在国外使用得较多,其规格为 100mm × 75mm 及 100mm × 50mm;方钢的规格为 25mm × 25mm 及 50mm × 38mm。槽钢的上肢(翼缘)有抵抗掀起的作用,而 T 形钢和方钢则必须加焊直径 12mm 左右的箍筋[图 4-1-1d)、e)]才能保证不被掀起。

三、钢筋类连接件

钢筋类连接件可以做成弯筋和螺旋筋两种形式,参见图 4-1-1f)、g)、h)。弯筋的直径通常为 12 ~ 20mm;螺旋筋直径为 10 ~ 20mm,螺距为 75 ~ 125mm。弯筋直径过大时难以弯曲成型且不经济,直径过小时抗剪切能力不足,达不到设置连接件的目的。

四、开孔板连接件

开孔板连接件(又称莱昂哈特连接件或 PBL 连接件)是我国近些年来出现的连接件之一,多用于大型组合桥梁结构,参见图 4-1-1i)。将开孔的钢板沿纵桥方向焊接在组合梁的钢梁上翼板的表面,用以承担混凝土板和钢梁顶结合面上的纵、横桥向的剪力。

开孔板连接件的受力机理为:由孔中混凝土的抗剪能力承担沿钢板的纵桥向剪力和结合面上的掀起作用;与型钢连接件相同,由钢板受侧压力来承担面外的横桥向剪力。钢板的开孔中可视其需要穿入桥面板横向钢筋,进一步提高连接件的纵桥向抗剪能力和抵抗掀拔的能力,但也同时增加了施工中的麻烦,处理不好时还有可能引起连接件钢板上缘的混凝土开裂。

开孔板的厚度一般不宜小于 12mm,其间距不宜过小,以保证两板间的混凝土能充分发挥抗剪作用。开孔的直径视穿入钢筋的直径和混凝土集料的粒径而定。与前述柔性连接件相比,开孔板连接件的抗剪刚度和抗疲劳性能均有明显提高,但由于用钢量较大且需增加开孔工艺,因而其造价相对高一些。另外,由于开孔板连接件本身尺寸较大,与其他尺寸较小的连接件相比,对截面的削弱会大些。

在上述九种连接件中,有些连接件的设置与受力方向有关,实际受力方向应与图4-1-1中箭头方向一致。这主要是有利于抵抗混凝土翼板的掀起和避免混凝土局部劈裂破坏。根据连接件的工作性质和破坏形态,亦可将其分为柔性连接件和刚性连接件两大类。

柔性连接件[如图4-1-1a)、b)、c)、f)、g)所示]其本身的刚性较小,破坏时变形较大,破坏形态较为协调,很少发生突然的脆性破坏。因而适于应用在承受冲击荷载的情况,如桥梁结构,则一般均采用柔性连接件。

刚性连接件[如图4-1-1d)、e)、i)所示]其本身的刚性较大,破坏时变形很小,容易引起周围混凝土的应力集中,造成混凝土局部压碎或剪切破坏。从施工角度看,对预制混凝土板,采用刚性连接件较为方便。

五、连接件的选用

我国《钢结构设计规范》(GB 50017—2003)中推荐采用图4-1-1中的a)、c)、f)所示的栓钉、槽钢和弯筋连接件,其中以栓钉连接件的应用最为广泛。

《钢桥规》(JTG/T D64—2015)和《组合设施规范》(JTG/T D64-01—2015)中则主要推荐图4-1-1中的a)、i)所示的栓钉连接件和开孔板连接件。同时规定,钢板与混凝土结合面剪力作用方向不明确时应选用栓钉连接件;钢板与混凝土结合面对抗剪刚度、抗疲劳性能要求较高时宜选用开孔板连接件;当钢板与混凝土结合面对抗剪刚度要求很高且无拉拔作用时可选用型钢连接件。

第二节 连接件的试验及承载力

连接件在混凝土翼板中的工作状态接近于弹性地基梁,它受弯剪作用,还要受到掀起的拉力,它的侧面可能全部受压,也可能局部受压。混凝土翼板内的配筋对连接件的工作也有影响。在理论上准确分析连接件的抗剪承载能力是有困难的,因此一般通过试验来确定其承载能力。

一、栓钉连接件的抗剪极限承载能力

根据国内外的研究,尽管有限元方法已发展得相当成熟,它可以综合考虑各种材料的非线性、几何非线性、接触非线性及大变形问题,但由于材料的本构模型仍难以达到理想的精确程度,尤其是模拟混凝土材料在三维状况下的本构模型更是困难,因而导致难以精确地对栓钉连接件的承载力进行数值模拟分析。

基于上述原因,即使是今天,栓钉连接件的承载能力也多通过试验来确定。连接件的试验方法通常有两种,一种是栓钉连接件的推出受剪试验,另一种是连接件的弯曲受剪试验。通常推出受剪试验中连接件的受力更为不利,因而其试验承载力较弯剪试验结果偏小,取其作为连接件的抗剪承载力是偏于安全的。目前国内外栓钉连接件的承载能力均以推出受剪试验的结果为准。

通常国内外测试栓钉连接件极限强度的试验方法是在H形型钢的两侧对称加焊栓钉,并将其浇筑在两侧的混凝土块中。对 H 形型钢加载,推挤栓钉将使之处于受剪状态,直至其剪切破坏,即可得到栓钉连接件的承载力。欧洲规范 4 中规定的标准推出试件的几何尺寸、配筋和剪切加载方法如图 4-2-1 所示。

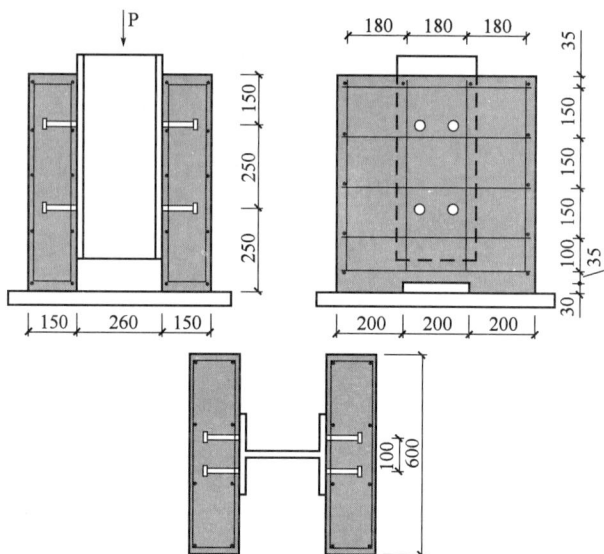

图 4-2-1　欧洲规范 4 中的栓钉连接件标准推出
受剪试件及试验图式

栓钉受剪切的同时也受到掀拔作用,即使得栓钉承受拉力。栓钉的实际受力状态应该是承受剪拉作用,而且是以受剪为主。对于钢—混凝土组合梁桥而言,若钢腹板的间距不大时,栓钉连接件承受的横桥向掀拔作用相对较小,因而可以认为栓钉以受剪切为主。对于大型桥梁的钢箱梁,由于腹板间距大,桥面混凝土板的横向弯曲较大,因而栓钉连接件中的掀拔力相对较大,需考虑栓钉的剪拉复合作用。

试验结果表明,栓钉连接件在混凝土中的工作状态类似于弹性地基梁,它的破坏形式属于栓钉杆附近的混凝土破坏。即在栓钉前面根部混凝土局部受压破碎或劈裂,栓钉在混凝土内的变形表现为栓钉杆轴线弯曲。如果栓钉长度不够,在拔出后的栓钉后面会带出一块楔形混凝土。当栓钉的长径比较大时,栓钉连接件也可能发生钉杆根部剪断的情况。栓钉连接件的抗剪承载力除了与栓钉本身的材料、规格(直径和长度)有关之外,主要取决于混凝土强度等级和弹性模量。当栓钉长度和直径之比大于 4 时,承载能力的增加渐趋收敛;当栓钉连接件的材料强度较低时(小于 400MPa),若同时受到较大的掀拔力和剪切作用,或栓钉长度较短时,则有可能出现栓钉拔出或拉断的破坏状况。

图 4-2-2 给出了三组实测的栓钉连接件的试验曲线。由图可知,栓钉连接件的荷载—滑移曲线可分为 4 个阶段:①线性阶段,即荷载与滑移量成正比,该阶段的滑移量为 0 ~ 0.4mm,对应的荷载增量约为 $0.65P_u$,其中 P_u 为实测的栓钉剪

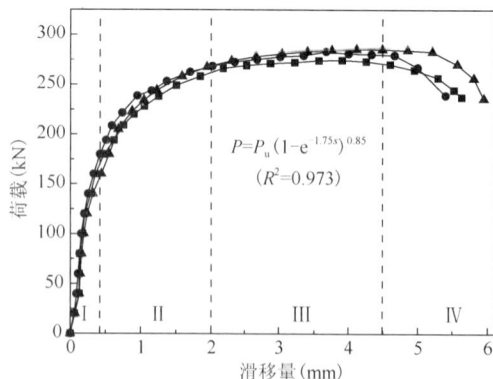

$$P=P_u(1-e^{-1.75s})^{0.85}$$
$$(R^2=0.973)$$

图 4-2-2　栓钉连接件的实测荷载—滑移曲线

切破坏荷载;⑪弹塑性段,荷载与滑移量呈非线性增长,且速率逐渐降低,该阶段的滑移量为 $0.4\sim2$mm,对应的荷载增量约为$0.35P_u$;⑫塑性阶段,荷载基本保持不变,滑移量不断增加,该阶段的滑移量为 $2\sim4.5$mm,对应的荷载增量约为0;⑬下降阶段,随着滑移量的增加,荷载出现了负增长,该阶段的滑移量为$4.5\sim5.6$mm,对应的荷载增量约为$-0.15P_u$,也就是说在最终的破坏阶段栓钉连接件的荷载—滑移曲线存在下降段。

国内外基于推出受剪试验的栓钉连接件抗剪、拉拔的极限强度公式的种类很多,例如 Hiragi 公式,Slutter 公式,Leigh-University 公式等。20 世纪 60 年代,美国学者对栓钉连接件的抗剪承载力做了大量的试验工作,并于 1971 年提出了既可用于普通混凝土、又可用于轻集料混凝土的试验公式。该公式得到了国内外很多学者的认可,同时也被国内外的许多相关设计规范采用。该公式的原型如下:

$$V_{t,u}^s = 0.5A_s\sqrt{E_c f_c'} \le 0.7A_s f_u \qquad (4\text{-}2\text{-}1)$$

式中:$V_{t,u}^s$——实测栓钉连接件的抗剪承载力;

$\quad A_s$——栓钉钉杆的截面面积;

$\quad f_c'$——150mm × 300mm 的圆柱体混凝土抗压强度;

$\quad E_c$——混凝土弹性模量;

$\quad f_u$——栓钉的材料极限强度。

公式(4-2-1)发表后,引起了世界各国的普遍重视。加拿大、日本和欧洲钢结构协会等相继制定的规范都采用了与上述公式基本相同的形式,并对照着国内的试验结果,制定了各自公式的适用范围和限制条件。

上述公式的适用条件是栓钉长度与直径之比大于等于4。分析上述公式与试验结果的吻合程度可以发现:当 $\sqrt{f_c' E_c}\ge890$MPa 时,$N_{v,u}^c/A_s$ 将不再随其增加而增加,$N_{v,u}^c/A_s$ 接近常数,约等于448MPa。这说明破坏形式已由混凝土破坏转化为栓钉本身的强度破坏。该常量值(448MPa)近似等于栓钉的抗拉极限强度,而公式右端的上限相当于栓钉的极限抗剪强度。1981 年,欧洲钢结构协会将这个上限定为 $0.7A_s f_u$。原《钢结构设计规范》(GBJ 17—1988)曾把这个上限定为 $0.7A_s f_y$,并以 $0.7A_s f$ 控制设计。工程设计实践中发现,由于栓钉的强度设计值f小于其屈服极限f_y,更小于其极限值f_u,因此求出的栓钉数量往往偏多。因而在《钢结构设计规范》(GB 50017—2003)中又将其改为 $0.7A_s\gamma f$,其中取 $\gamma=1.67$。

实际上,公式(4-2-1)中的第二项是由栓钉周围混凝土决定的抗剪承载力,第三项则是由栓钉自身强度决定的抗剪承载力,而栓钉连接件的抗剪承载力则为这两者中的较小者。

作为柔性连接件的栓钉,极限抗剪承载力是其最重要的力学性能指标之一。同时,最大滑移量和残余滑移量也是栓钉连接件的两个主要指标。最大滑移量是指最大剪切作用力所对应的结合面滑移量;残余滑移量则指剪切荷载卸载为零时的结合面滑移量。这两项指标均可直接由栓钉连接件的推出受剪试验得到。根据对以往的推出受剪试验结果的分析,对于桥梁工程常用的直径 19mm、22mm 的栓钉,残余滑移量约为 0.2mm,为方便起见,可将其对应的荷载设为栓钉的屈服剪切作用力。

在承载能力极限状态下,有限的滑移量恰恰是结合面上各排栓钉相继进入塑性的必要条件。在正常使用极限状态验算时,可将其考虑一定的安全系数,作为栓钉连接件的弹性剪切承载力或剪切承载力容许值。

二、槽钢连接件的抗剪承载力

槽钢连接件在混凝土中的工作状态也接近于弹性地基梁。混凝土和槽钢之间的相互作用是通过它们之间的局部承压来实现的。由于槽钢腹板刚度小,混凝土的局部承压抵抗力主要来自槽钢的根部附近,即下翼缘和一小部分腹板区。根据我国的试验结果,槽钢连接件的抗剪承载力可表示为如下形式:

$$V_{t.u}^{c} = 0.3(t + 0.5t_w)l_c\sqrt{f_c^{实际}E_c} \tag{4-2-2}$$

式中:$V_{t.u}^{c}$——实测槽钢连接件的抗剪承载力;

   t——槽钢翼缘平均厚度;

   t_w——槽钢腹板厚度;

   l_c——槽钢的长度(高度);

$f_c^{实际}$——实际测得的混凝土轴心抗压强度。

我国(原)郑州工学院等单位对槽钢连接件也曾做了不少试验研究,其结果与式(4-2-2)的规律吻合较好。

三、弯筋连接件的抗剪承载力

弯筋连接件的抗剪作用主要是通过与混凝土锚固而获得的,当弯筋的锚固长度在构造上满足要求后,影响其抗剪承载力的主要因素就是弯筋的截面面积和弯筋的强度。当弯筋连接件的弯起角度在35°~55°时弯筋角度的因素可以忽略不计。目前,国内外在弯筋连接件的抗剪能力方面看法不一,各国规范在机理的解释和公式的形式上也不尽相同。

欧洲钢结构协会(ECSS)根据弯筋连接件受剪且受拉的复杂内力屈服条件,且不考虑混凝土与钢板之间摩擦影响,取用下式计算:

$$V_{t.u}^{b} = \frac{A_s f_y}{\sqrt{\cos\alpha + 2\sin^2\alpha}} \tag{4-2-3}$$

式中:$V_{t.u}^{b}$——实测钢筋连接件的抗剪承载力;

   f_y——钢筋屈服强度,即σ_s;

   α——钢筋弯起角度。

美国混凝土协会(ACI)根据摩擦剪切理论,假定钢筋单轴受拉,同时考虑混凝土板与钢梁之间的摩擦作用,取:

$$V_{t·u}^{b} = A_s f_y(\cos\alpha + \mu\sin\alpha) \tag{4-2-4}$$

式中:μ——混凝土与钢的摩擦系数,取$\mu=0.7$。

德国和前苏联则认为钢筋连接件主要承受拉力,因此给出了比较简单的计算形式:

$$V_{t·u}^{b} = A_s f_y \tag{4-2-5}$$

在上述各式中,以$\alpha=45°$的弯筋连接件为例,按式(4-2-3)~式(4-2-5)计算的连接件承载力分别为$0.816A_s f_y$、$1.202A_s f_y$和$1.0A_s f_y$。可见彼此间的差异是比较大的。

(原)哈尔滨建筑工程学院也曾在这方面做了系统的试验研究,发现弯筋连接件处于拉—剪复杂受力状态,而混凝土板与钢梁之间的摩擦作用也不能忽视。

四、开孔板连接件的抗剪承载力

开孔板连接件1987年由德国工程师莱昂哈特(Leonhardt)等人提出,他们将设置圆孔的钢板沿着作用力方向埋置在混凝土中作为连接件使用。试验表明孔中的混凝土具有销栓作用,连接件的最终破坏是孔中的混凝土剪切破坏,不存在钢板的疲劳问题,适合用于对抗疲劳性能要求较高的组合结构中。

开孔板连接件是依靠圆孔中的混凝土抵抗钢梁与混凝土板间作用力的。连接件沿着钢梁纵向布置,依靠圆孔中的混凝土加强两者间的结合。必要时,圆孔中可以贯通受力钢筋或构造钢筋,可进一步提高连接件的承载力和延性。

图 4-2-3 给出了 PBL 连接件试件的构造和尺寸,图 4-2-4 给出了相应的 PBL 连件件的荷载滑移曲线。由图 4-2-4 可以看出,PBL 连接件的荷载—滑移曲线可分为 3 阶段:①弹性段,即荷载与滑移量成正比,该阶段的滑移量为 $0 \sim 0.3$mm,对应的荷载增量约为 $0 \sim 0.75P_u$,P_u 为实测的 PBL 连接件的剪切破坏荷载。曲线在 60kN 荷载处出现了一个变化点,是由于钢梁与混凝土翼板界面脱开导致试件刚度突变所致。②弹塑性段,荷载与滑移量呈非线性增长,且速率逐渐降低,该阶段的滑移量为 $0.3 \sim 4$mm,对应的荷载增量约为 $0.25P_u$。在试件承载力达到峰值后,曲线出现了下降段,此时开孔钢板内的混凝土被压碎,发出声响。③塑性段,混凝土被压碎后,荷载基本全由贯穿钢筋承担,由于钢筋具有较好的延性,所以滑移量不断增加,荷载缓慢减少,该阶段的滑移量为 $4 \sim 10$mm,极限承载力下降了 $0.01P_u \sim 0.12P_u$。

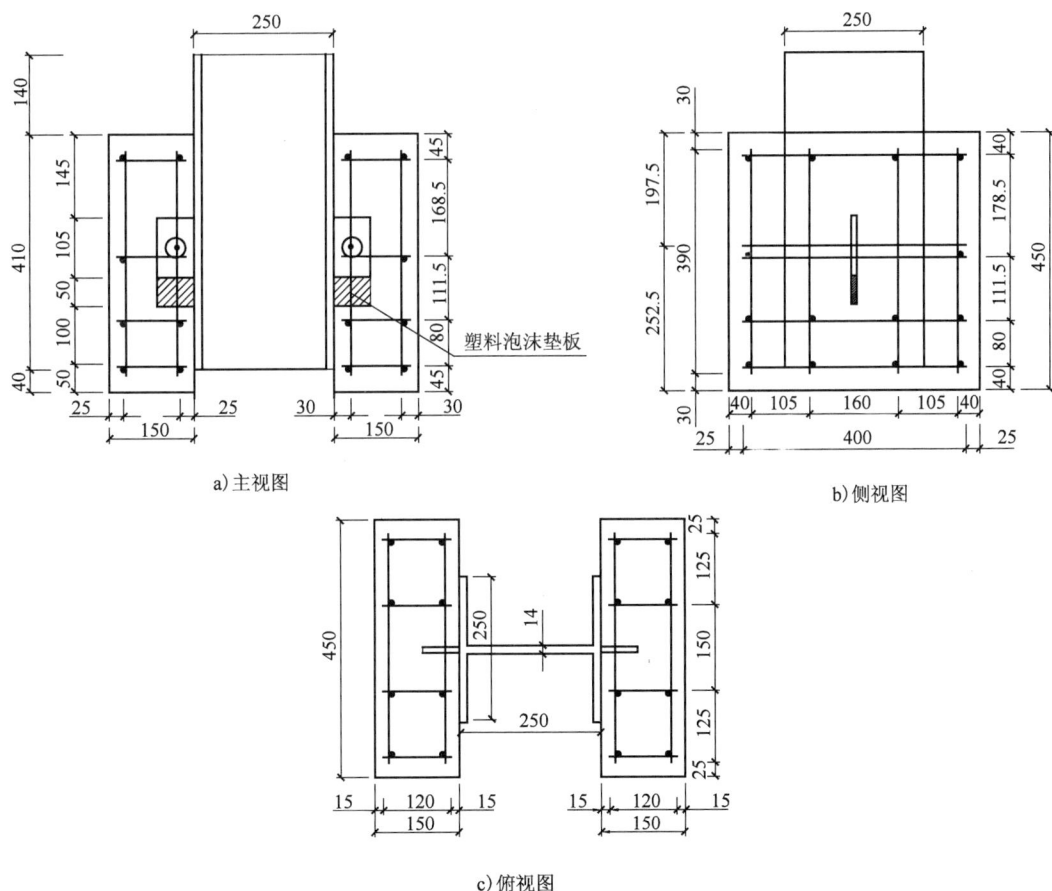

a)主视图
b)侧视图
c)俯视图

图 4-2-3 PBL 连接件试件的构造和尺寸(尺寸单位:mm)

研究表明,开孔板连接件具有以下技术特点:

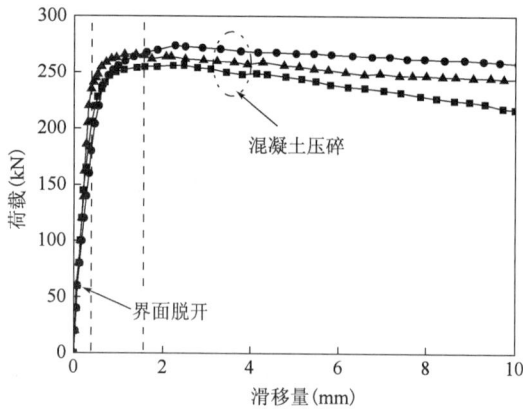

图 4-2-4 PBL 连接件的荷载—滑移曲线

（1）钢板上只需开孔,无需特殊加工。

（2）沿钢板两侧用贴角焊缝焊接,不需要专用的焊接设备。

（3）开孔钢板沿着钢梁翼板纵桥向布置,可起到加劲板的作用。

（4）当板厚、孔距设置合理时,其破坏是孔中混凝土剪坏。

（5）连接件的抗疲劳性能良好。

（6）钢材用量大,经济性略差。

开孔板连接件在受剪破坏时,通常可能发生两孔间的钢板剪切破坏和圆孔中的混凝土破坏。后者又可分为混凝土的割裂破坏、剪切破坏和压缩破坏三种可能,参见图 4-2-5。当开孔板较薄时,圆孔中的混凝土易发生割裂破坏;当开孔钢板较厚时,圆孔中的混凝土易发生剪切破坏;不论钢板厚与薄,当圆孔中混凝土处于横向约束状态时,容易发生挤压破坏。当开孔间距较小且钢板较薄时才有可能发生钢板剪切破坏。

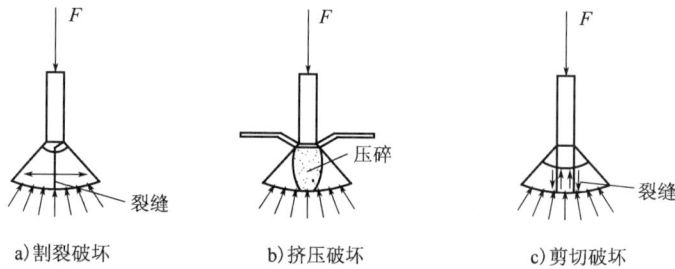

a)割裂破坏　　　　b)挤压破坏　　　　c)剪切破坏

图 4-2-5 圆孔中混凝土的破坏形态

影响开孔板连接件抗剪性能的主要因素如下:

（1）开孔钢板的孔径:开孔钢板的孔径和面积对承载力的影响较大,开孔面积越大时,承载力也加大。

（2）贯通钢筋:当丌孔内设置贯通钢筋时,孔中的混凝土处于三向受压状态,不论开口钢板薄或厚,混凝土均不会发生割裂破坏或剪切破坏,最终是圆孔中混凝土压碎、钢筋屈服。加入贯通钢筋后连接件的抗剪承载力明显提高。

（3）开孔钢板的间距:根据板高 90mm、孔径为 55mm、贯通钢筋直径为 19mm 的连接件间距试验,当两块钢板的间距小于板高的 3 倍时,每一个孔的抗剪承载力都比单块设置时有所降低;当两块钢板的间距大于等于 3 倍以上时,每个孔的抗剪承载力与单块板设置时几乎相等。

（4）开孔钢板的厚度:当开孔钢板较薄时,圆孔中的混凝土受到的作用比较集中,易使混凝土发生割裂破坏,从而降低连接件的抗剪承载力。

基于试验研究的开孔板连接件的抗剪承载力计算方法也有很多。在此对是否考虑贯通钢筋作用的承载力计算式各列出一个,仅供参考。

Leonhardt 等人基于无贯通钢筋试件的试验结果对抗剪承载力进行了研究,在计算式中不直接反映贯通钢筋的影响,提出了如下的计算式:

$$V_{t.u}^{p} = 1.79d^2f_c \tag{4-2-6}$$

式中：$V_{t.u}^{p}$——开孔板连接件的极限抗剪承载力（N）；

$\quad\quad d$——开孔板的圆孔直径（mm）；

$\quad\quad f_c$——混凝土的抗压强度（MPa）。

Hosaka 等人认为贯通钢筋的影响很大，应反映在计算式中。根据许多研究者的试验结果经回归分析，提出如下计算式：

$$V_{t.u}^{p} = 1.45\left[(d^2 - d_s^2)f_c + d_s^2f_y\right] - 26100 \tag{4-2-7}$$

式中：d_s——贯通钢筋的直径（mm）；

$\quad\quad f_y$——贯通钢筋的屈服强度（MPa）；

其他符号意义同前。

第三节 连接件的抗剪设计承载力计算

上述式(4-2-1)~式(4-2-7)给出的是以试验为基础的连接件承载力。我国发布的《组合设施规范》（JTG/T D64-01—2015）中给出了栓钉连接件和开孔板连接件的计算方法。《钢结构设计规范》（GB 50017—2003）中也给出了栓钉、槽钢及弯筋连接件的设计抗剪承载力的计算方法。这些计算方法均建立在上述试验计算式的基础上。

在钢—混凝土组合桥梁的连接件设计中，尚需考虑《混桥规》（JTG 3362—2018）要求的材料安全系数及《公路桥涵设计通用规范》（JTG D60—2015）要求的作用组合之后方能用于工程设计。

在承载能力极限状态下，各类连接件的抗剪承载力可按下述方法计算。

一、栓钉连接件

在前述式(4-2-1)的基础上，考虑试验的混凝土强度试验的离散性，将第二项的试验系数0.5乘以0.87的安全系数并取为0.43；将栓钉材料的极限强度用其强度设计值表示，《组桥设施规范》中给出了与《钢结构设计规范》（GB 50017—2003）相同的栓钉连接件的抗剪承载力设计值的计算式：

$$V_{sud} = \min(0.43A_s\sqrt{E_cf_{cd}}, 0.7A_sf_{su}) \tag{4-3-1}$$

式中：V_{sud}——极限状态下栓钉连接件抗剪承载力设计值（N）；

$\quad\quad E_c$——混凝土弹性模量（MPa）；

$\quad\quad A_s$——焊钉杆径截面面积（mm²）；

$\quad\quad f_{cd}$——混凝土轴心抗压强度设计值（MPa）；

$\quad\quad f_{su}$——焊钉材料的抗拉强度最小值（MPa）。

式(4-3-1)在实际应用中，应取后两项中的较小者作为一个栓钉连接件的抗剪承载力。式中的第二项（即$0.7A_sf_{su}$）出自1981年欧洲钢结构协会确定的栓钉抗剪上限值，其中焊钉材料的抗拉强度最小值f_{su}就相当于《钢结构设计规范》（GB 50017—2003）中的γ_f。

如前所述，式中γ的实际物理意义为栓钉抗拉极限强度σ_b的最小值与屈服强度σ_y之比。《钢结构设计规范》（GB 50017—2003）中对材料性能等级为4.6的栓钉取值为$\gamma = 400/240 =$

1.67。目前现行《电弧螺栓柱焊用圆柱头焊钉》(GB/T 10433—2002)及《栓钉焊接技术规程》(CECS 226—2007)中均已将栓钉的最小抗拉屈服强度和极限强度规定为320MPa和400MPa,且考虑到行业的不同,并没有给出焊钉抗拉强度设计值。

事实上《钢结构设计规范》(GB 50017—2003)中栓钉的抗拉强度设计值 f 是根据其材料的屈服强度240MPa得到的,其值取为215MPa,相应的材料分项系数大约为1.12。取用 $\gamma = 1.67$ 时,这相当于栓钉的最大应力可以用到 $\gamma_f = 359$MPa。

考虑到《电弧螺栓柱焊用圆柱头焊钉》(GB/T 10433—2002)及《栓钉焊接技术规程》(CECS 226—2007)中栓钉的抗拉极限强度的最小限值已规定为400MPa,这相当于《组桥设施规范》(JTG/T D64-01—2015)中栓钉的最大应力用到400MPa。明显大于《钢结构设计规范》(GB 50017—2003)中的359MPa。对于4.6级的栓钉而言,将导致结合面上栓钉数量减少,滑移量增大,且由栓钉周围混凝土强度控制栓钉的抗剪承载力设计值 V_{sud}。

二、槽钢连接件

《组桥设施规范》(JTG/T D64-01—2015)中虽然规定了型钢连接件的使用条件,但因型钢连接件的种类较多,未给出型钢连接件的设计公式。槽钢连接件是型钢连接件中的一种,在结构工程中应用得较多,各国规范中采用的槽钢连接件计算式形式也基本一致,我国在这方面的试验结果也极为相近。《钢结构设计规范》(GB 50017—2003)中考虑试验的离散性,将试验系数0.3乘以0.87的安全系数并取为0.26,给出的槽钢连接件抗剪承载力计算方法见式(4-3-2)。该计算式已比较成熟,可供钢—混凝土组合梁桥设计时参考。

$$V_{cud} = 0.26(t + 0.5t_w)l_c\sqrt{E_c f_{cd}} \tag{4-3-2}$$

式中:V_{cud}——极限状态下槽钢连接件抗剪承载力设计值(N);

t、t_w——槽钢翼板的平均厚度和腹板的厚度(mm);

l_c——槽钢的长度(mm);

E_c——混凝土弹性模量(MPa)。

三、弯起钢筋连接件

国内的实验表明,实测连接件的承载能力均超过钢筋的屈服强度 $A_s f_y$,且大于按式(4-2-5)计算结果的1.2倍以上,故弯筋抗剪承载力设计值的计算式中除将弯筋的屈服强度 f_y 改用其抗拉强度设计值 f_{sd} 外,不再考虑安全系数0.87。《组桥设施规范》(JTG/T D64-01—2015)中没有给出弯筋连接件抗剪承载力的计算公式。在此,笔者建议可参考《钢结构设计规范》(GB 50017—2003)中给出的相关计算式:

$$V_{bud} = A_1 f_{sd} \tag{4-3-3}$$

式中:V_{bud}——极限状态下弯筋连接件抗剪承载力设计值(N);

A_1——弯起钢筋的截面面积;

f_{sd}——钢筋的抗拉强度设计值。

四、开孔板连接件

开孔板连接件是近年来国内近年来研究的连接件之一,在桥梁工程中使用得相对较多。

《组桥设施规范》(JTG/T D64-01—2015)在国内外试验研究的基础上给出了开孔板连接件的抗剪承载力设计值的计算方法,见式(4-3-4)。考虑了安全储备后,该式的计算结果明显小于开孔板连接件抗剪承载力的试验式(4-2-7)的计算结果。

$$V_{pud} = 1.4(d^2 - d_s^2)f_{cd} + 1.2d_s^2 f_{sd} \qquad (4\text{-}3\text{-}4)$$

式中:V_{pud}——极限状态下开孔板连接件抗剪承载力设计值(N);

d——开孔板连接件圆孔直径(mm);

d_s——孔中贯通钢筋直径(mm);

f_{cd}——混凝土轴心抗压强度设计值(MPa);

f_{sd}——孔中贯通钢筋抗拉强度设计值(MPa)。

在连接件设计中也可根据采用设计方法的不同,按承载能力极限状态设计,即按塑性方法设计;或按正常使用极限状态设计,即弹性方法设计。若按塑性方法或承载能力极限状态设计时,根据不同类型的连接件的形式,可直接运用式(4-3-1)~式(4-3-4)计算各类连接件的抗剪承载力。若按弹性方法或正常使用极限状态设计时,可由上述式确定的抗剪承载力设计值再除以安全系数 K,得到各类连接件的抗剪承载力容许值。

由于在连接件的抗剪承载力计算中已考虑了各种材料安全系数的影响,因此安全系数 K 应主要考虑荷载作用的分项系数。考虑到分阶段受力的钢—混凝土组合梁桥的二期恒载作用所占比重较小且以承受可变荷载为主,可将永久作用效应的变异性近似放大为可变作用效应的变异性,并将其作适当折减。在此建议偏于安全地取 $K = 1.30 \sim 1.35$,该取值相当于栓钉连接件的抗剪承载力容许值取其抗剪承载力设计值的 $0.77 \sim 0.741$,可近似取其为 0.75。这一取值对于一阶段受力的钢—混凝土组合梁桥也是偏于安全的。

考虑到目前钢—混凝土组合结构桥梁多用于重要的大、中跨径的公路桥梁和城市桥梁,结构重要性系数 γ_o 只在承载能力极限状态下计算截面剪力设计值时予以考虑。于是式(4-3-1)~式(4-3-4)可汇总成表4-3-1的形式。表中各列式的计算结果应为各种连接件按塑性设计方法或弹性设计方法计算时一个连接件的抗剪承载力设计值或容许值。

一个连接件的抗剪承载力设计值和容许值 表4-3-1

连接件种类	抗剪承载力设计值 V_{ud}	抗剪承载力容许值 $[V_u]$
栓钉连接件(s)	$0.43A_s\sqrt{E_c f_{cd}} \leqslant 0.7A_s f_{su}$	$0.32A_s\sqrt{E_c f_{cd}} \leqslant 0.53A_s f_{su}$
槽钢连接件(c)	$0.26(t+0.5t_w)l_c\sqrt{E_c f_{cd}}$	$0.19(t+0.5t_w)l_c\sqrt{E_c f_{cd}}$
弯筋连接件(b)	$A_1 f_{sd}$	$0.75A_1 f_{sd}$
开孔板连接件(p)	$1.4(d^2-d_s^2)f_{cd}+1.2d_s^2 f_{sd}$	$1.05(d^2-d_s^2)f_{cd}+0.9d_s^2 f_{sd}$

表4-3-1中各符号的意义同前。必须指出的是,表4-3-1中给出的各种连接件的抗剪承载力设计值 V_{ud} 或抗剪承载力容许值 $[V_u]$ 仅适用于无承托或承托满足规范规定构造要求的钢—混凝土组合梁,其构造要求参见第四章第七节。对于不符合上述要求的组合梁,其连接件承载力应根据模拟实际情况的推出试验研究确定。

《组桥设计规范》(GB 50917—2013)中也给出了栓钉连接件、开孔板连接件及槽钢连接件在承载能力极限状态下抗剪承载力的计算式,可供连接件设计时参考。其中槽钢连接件的计算式与式(4-3-2)完全一致,在此不再赘述。

第四节　连接件的其他力学性能

在正常使用极限状态下,钢—混凝土组合梁处于弹性阶段,其变形及应力分析均基于弹性理论。弹性理论用于梁的变形及应力计算的一个重要假设就是平截面假设,即假设截面在发生受力变形后仍保持平截面,截面上任一点的应变与其到中性轴的距离成正比。在正常使用极限状态下,由于连接件的弹性剪切变形,将导致混凝土桥面板和钢梁之间的结合面上出现相对滑移。尽管我们可以在变形和应力计算中考虑这种滑移的影响,但计算方法将非常复杂。

一、连接件的抗剪刚度

连接件的抗剪刚度定义为相对滑移0.2mm所对应剪力的割线倾斜度,用以衡量连接件抵抗剪切变形的能力。对连接件滑移量的控制实质上就是对连接件的抗剪刚度的控制,两者应是等效的。《组桥设施规范》(JTG/T D64-01—2015)基于国内外146个栓钉连接件以及45个开孔板连接件的模型试件的试验结果给出了计算式(4-4-1)和式(4-4-2)。在无进一步实测结果的情况下,栓钉连接件和配有贯通钢筋的开孔板连接件抗剪刚度可参照其计算。

1. 栓钉连接件

$$k_{ss} = 13d_{ss}\sqrt{E_c f_{ck}} \tag{4-4-1}$$

式中:k_{ss}——栓钉连接件抗剪刚度(kN/mm);

d_{ss}——栓钉连接件的直径(mm);

f_{ck}——混凝土抗压强度标准值(MPa);

E_c——混凝土弹性模量(MPa)。

2. 配有贯通钢筋的开孔板连接件

$$k_{ps} = 29\sqrt{(d - d_s)d_s f_{ck} E_c} \tag{4-4-2}$$

式中:k_{ps}——开孔板连接件抗剪刚度(kN/mm);

d——开孔板圆孔直径(mm);

d_s——孔中贯通钢筋直径(mm);

f_{ck}——混凝土抗压强度标准值(MPa);

E_c——混凝土弹性模量(MPa)。

二、连接件的滑移量计算

《组桥设施规范》(JTG/T D64-1—2015)中未明确指出单个连接件滑移验算时的剪力取值方法。在实际桥梁工程中连接件用量较大,当采用无支架或少支架施工时,连接件主要承担二期恒载和活载作用,其承担的剪应力相对较小,可按连接件抗剪承载力设计值V_{ud}的0.50倍计算,也就是认为在正常使用极限状态下连接件的剪应力大约为$0.5V_{ud}$。对于有支架施工的情况,连接件还应承担钢梁自重及混凝土桥面板重量引起的剪应力,此时可按栓钉承受的实际剪应力计算,或近似取其为$0.6V_{ud}$。在桥梁工程设计中,上述连接件的剪应力取值是偏安全的。

因而结合面上连接件的相对滑移可偏安全地按下列方法计算:

1. 栓钉连接件

$$s_{smax} = \frac{(0.5 \sim 0.6)V_{sud}}{13d_{ss}\sqrt{E_c f_{ck}}}$$ (4-4-3)

式中：s_{smax}——栓钉连接件相对滑移计算值(mm)；

V_{sud}——栓钉连接件极限状态下抗剪承载力设计值(kN)；

d_{ss}——栓钉连接件的直径(mm)；

E_c——混凝土弹性模量(MPa)；

f_{ck}——混凝土抗压强度标准值(MPa)。

2. 开孔板连接件(有贯通钢筋)

$$s_{pmax} = \frac{(0.5 \sim 0.6)V_{pud}}{29\sqrt{(d - d_s)d_s f_{ck} E_c}}$$ (4-4-4)

式中：s_{pmax}——开孔板连接件相对滑移计算值(mm)；

V_{pud}——开孔板连接件极限状态下抗剪承载力设计值(kN)；

d——开孔板连接件的圆孔直径(mm)；

d_s——孔中贯通钢筋直径(mm)；

f_{ck}——混凝土抗压强度标准值(MPa)；

E_c——混凝土弹性模量(MPa)。

在工程设计中，为保证连接件的承载能力和耐久性、减少结合面滑移带来的计算误差，《组桥设施规范》(JTG/T D64-01—2015)做出了规定，要求在正常使用极限状态下，钢板与混凝土结合面相对滑移不大于0.2mm，即有：

$$s_{max} \leqslant s_{lim} = 0.2 \text{mm}$$ (4-4-5)

式中：s_{max}——正常使用极限状态下结合面的最大滑移量；

s_{lim}——正常使用极限状态下结合面的滑移限值，取其为0.2mm。

在正常使用极限状态下，当结合面的滑移量大于0.2mm时说明剪力连接件的抗剪刚度不足，混凝土桥面板与钢梁间的结合面上将出现过大的相对滑移。过大的结合面滑移将给钢—混凝土组合梁的变形及应力带来一定的计算误差，需适当调整剪力连接件的数量、间距、尺寸，增加其抗剪刚度。

三、承受拉拔作用的连接件承载力

当作用在连接件上的拉拔力较大时，例如混凝土桥面板下纵向钢腹板的间距较大时，宜考虑剪力与拉拔力的相互作用。在此情况下，连接件处于剪、拉复合受力状态，其承载能力与仅受剪切作用时相比有所降低，参见图4-4-1。

在剪力和拉拔力共同作用下，应按下述方法验算栓钉连接件的承载力：

$$\left(\frac{N_s}{N_{su}}\right)^2 + \left(\frac{V_s}{V_{su}}\right)^2 \leqslant 1.0$$ (4-4-6)

式中：V_s——承载能力极限状态下作用基本组合的剪力设计值(N)，即V_{sd}；

V_{su}——栓钉连接件抗剪承载力设计值(N)，可按式(4-3-1)计算；

N_s——承载能力极限状态下作用基本组合的拉拔力设计值(N)；

N_{su}——栓钉连接件抗拉拔承载力设计值(N),按下式计算:

$$N_{su} = 1.283 l_s^2 \sqrt{f_{cd}} \leqslant 0.785 d_{ss}^2 f_{td} \qquad (4\text{-}4\text{-}7)$$

式中: l_s——焊钉连接件长度(mm);

f_{cd}——混凝土抗压强度设计值(MPa);

d_{ss}——焊钉连接件的直径(mm);

f_{td}——焊钉抗拉强度设计值(MPa),可取其抗拉屈服强度的最小值除以安全系数1.25。

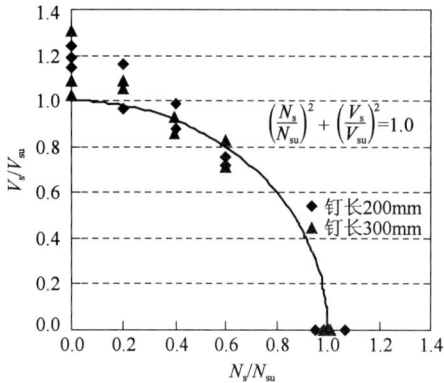

图4-4-1 中给出了一组模型试验得到的(N_s/ N_{su})与(V_s/V_{su})的相关性以及按式(4-4-6)计算结果的对比情况。其中栓钉连接件的计算参数为:焊钉极限抗拉强度为519MPa、直径为22mm、长度分别为200mm 和300mm,混凝土强度等级为C60。对比结果表明,连接件主要受到剪力作用的同时,也会不同程度地产生拉拔力,拉拔力的作用会使得栓钉连接件的抗剪承载力降低。这种影响客观存在,而且当拉拔力较大,即 $N_s/N_{su} \geqslant 0.3$ 时,是不可忽略的。但式(4-4-6)中的拉拔力设计值,尤其是恒、活载引起的拉拔力如何确定尚待进一步研究。

图4-4-1 焊钉连接件拉拔力与剪力的相关图

第五节 连接件的设计方法

与钢—混凝土组合梁的截面强度计算方法相对应,连接件的设计方法也可分为基于弹性分析承载力的方法和基于塑性分析的极限承载力方法。两种方法存在着较大的差别,而且各自针对不同的受力阶段。但两种方法均认为钢梁和混凝土翼板结合面上的纵向水平剪力全部由连接件承担,不考虑结合面上钢梁和混凝土之间的黏结力作用。

一、连接件承担的荷载作用分析

《组合设施规范》(JTG/T D64-01—2015)中规定,计算连接件剪力设计值时,应考虑钢与混凝土组合后的结构重力、汽车荷载、预应力、收缩、徐变以及钢与混凝土的升、降温差等作用,尚应按照不同的剪力方向分别进行作用组合,并应选取其中最不利的组合。例如,组合梁连接件作用效应组合应考虑以下两种情况:

(1)组合后结构重力 + 汽车荷载 + 混凝土桥面板升温;

(2)混凝土收缩变形 + 混凝土桥面板降温。

当组合梁采用无支架施工技术时,连接件承担的恒荷载仅包括桥面铺装、桥面系等二期恒载;如采用有支架施工时,恒载应包括组合梁的自重及桥面铺装、桥面系等二期恒载。活荷载应包括车道荷载和人群荷载。对于连续组合梁桥尚应考虑温度及支座沉降等作用。

在正常使用极限状态下,简支组合梁的钢梁和桥面板间的温差效应 V_{lt} 及混凝土收缩效应 V_{lsh} 可直接按第二章第四节和第二章第五节中的计算方法考虑;混凝土桥面板的徐变效应可由第二章第二节中考虑长期作用的换算截面几何性质 n_L、S_{oL} 和 I_{oL} 加以考虑。对于连续组合梁桥,上述效应可借助于有限元方法求解。

在承载能力极限状态下通常不考虑钢梁和桥面板间的温度效应以及混凝土收缩、徐变的作用,但应考虑预应力二次效应的作用。

按上述两种极限状态分别求出其各项作用的标准组合及基本组合的剪力设计值 V_d,然后将其转换为混凝土板和钢梁间的单位长度的纵向水平剪力,并以此作为剪力连接件设计的依据。在剪力连接件设计中,组合梁中的钢梁与混凝土桥面板结合面上的纵桥向剪力作用效应计算时应按未开裂分析方法计算,即不考虑组合梁混凝土桥面板开裂的影响。

二、连接件的弹性设计方法

《组桥设施规范》(JTG/T D64-01—2015)中规定:当按弹性理论设计连接件数量时,不考虑由于连接件塑性引起的栓钉之间的内力重分布,即忽略结合面上实际发生相对位移。剪力连接件的设计作用(或荷载)应包括形成组合截面之后的恒荷载、活荷载、预应力、收缩、徐变以及钢梁和桥面板间的温差效应等。

各梁段栓钉布置的数量与其外荷载产生的剪力大小有关。在钢梁与混凝土翼板的结合面上,由可变荷载作用(汽车和人群)引起的单位长度的纵向剪力 V_{lgq} 可按下列方法计算:

$$V_{lgq} = \frac{V_d S_0}{I_0} \tag{4-5-1}$$

式中:V_d——作用于组合梁上的剪力设计值,按荷载作用的标准组合取值,$V_d = V_g + V_q + V_r$;

V_{lgq}——由恒载和可变作用(荷载)引起的单位长度的纵向剪力;

S_0——混凝土桥面板的换算面积对组合梁换算截面重心轴的面积矩;

I_0——组合梁的换算截面惯性矩。

一般情况下,在等截面组合梁上应有 S_0/I_0 为常数,因此在结合面上单位长度上的纵向剪力 V_{lgq} 与截面上的外荷载产生的剪力设计值 V_d 成正比。

在实际设计中,为考虑混凝土徐变的影响,可将式(4-5-1)分解为如下形式:

$$V_{lgq} = \frac{V_g S_{0L}}{I_{0L}} + \frac{(V_q + V_r) S_0}{I_0} \tag{4-5-2}$$

式中:V_g、V_q、V_r——组合梁上由恒载、汽车(含冲击力)及人群活载引起的计算截面上的剪力作用标准值;

S_{0L}、S_0——考虑和不考虑混凝土徐变影响的混凝土板的面积对组合梁换算截面中性轴的面积矩;

I_{0L}、I_0——考虑和不考虑混凝土徐变影响的组合梁换算截面惯性矩。

对于两阶段受力的组合梁,式(4-5-2)中的恒载剪力 V_g 应取为二期恒载引起的剪力,即 $V_g = V_{g3}$;对于一阶段受力的组合梁恒载剪力 V_g 应包括钢梁、混凝土桥面板自重引起的剪力 V_{g1}、V_{g2} 与二期恒载引起的剪力 V_{g3} 之和。

在计算预应力锚固力、混凝土收缩变形以及混凝土板与钢梁间的温差等作用引起的单位长度的纵向剪力 V_{ms} 时,认为其主要作用在主梁端部的一段区段内,剪力大小由梁端向跨中方向逐渐递减,并逐渐趋于均匀。这一区段的长度称之为纵桥向剪力的传递长度 l_{cs},参见图 2-4-1e)。《钢木桥规》(JTJ 025—86)中没有给出传递长度 l_{cs} 的计算方法,目前各国规范的取值也不尽相同。《组桥设施规范》(JTG/T D64-01—2015)中最终参照日本道路桥示方书中的规定,偏保守地取用 l_{cs} 为主梁间距与 $1/10$ 跨径中的较小值。

梁端部结合面上由预应力锚固力、混凝土收缩变形或温差引起的单位梁长纵桥向剪力 V_{ms} 由梁端部长度范围内的剪力连接件的承担。其最大纵向剪力 V_{ms} 可按下式计算:

$$V_{ms} = \frac{2V_h}{l_{cs}} \qquad (4\text{-}5\text{-}3)$$

式中:V_{ms}——梁端部结合面上由于预应力束集中锚固力、混凝土收缩变形以及混凝土板与钢梁间的温差引起的梁端部长度 l_{cs} 范围内的单位长度的纵向剪力;

l_{cs}——预应力集中锚固力、混凝土收缩变形或温差引起的纵向水平剪力计算传递长度。取其为主梁腹板间距和主梁长度的 $1/10$ 中的较小值;

V_h——由预应力束的集中锚固力、混凝土收缩变形或温差的初始效应在钢梁和混凝土板结合面上产生的纵向水平剪力,由下式计算:

$$V_h = V_{lt} + V_{lsh} + V_p \qquad (4\text{-}5\text{-}4)$$

式中:V_{lt}——钢梁和桥面板间的温度效应引起的结合面剪力,由式(2-5-4)计算;

V_{lsh}——由桥面板混凝土收缩引起的结合面剪力,由式(2-6-1)计算;

V_p——由纵向预应力束集中锚固力引起的水平剪力,其计算方法参照第五章第三节。

值得注意的是,由恒载和活载引起的单位长度纵向剪力 V_{lgq} 与组合梁的荷载剪力图形有关,且通常沿梁长是变化的。由于预应力锚固力、混凝土收缩变形以及混凝土板与钢梁间的温差引起的结合面单位长度的纵向剪力在其计算传递长度 l_{cs} 的范围内是变化的,V_{ms} 取其梁端 l_{cs} 范围内平均剪力的 2 倍;在其他梁段为定值 V_{ms}。单位长度的纵向剪力设计值 V_{ld} 按下式确定:

$$V_{ld} = V_{lgq} + V_{ms} \qquad (4\text{-}5\text{-}5)$$

在确定连接件个数 n 时,可分段考虑梁的结合面上单位长度的纵向剪力 V_{ld},分段求出每个梁段 l_i 上 V_{ldi} 的平均值或最大值,计算该梁段内的连接件个数 n_i,参见图 4-5-1。

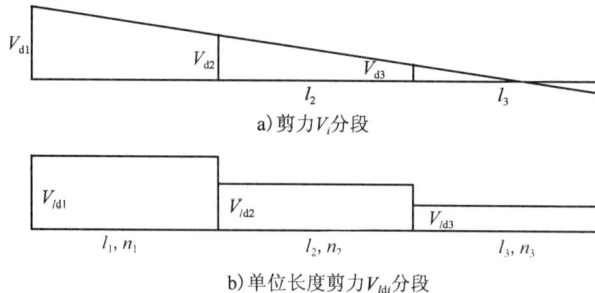

a) 剪力 V_d 分段

b) 单位长度剪力 V_{ldi} 分段

图 4-5-1　剪力 V_d、V_{ld} 分段示意图

设第 i 梁段长度为 l_i,其单位长度上的纵向剪力为 V_{ldi}。若一个连接件的抗剪承载力容许值为 $[V_u]$,则该梁段内所需连接件的个数可由下式确定:

$$n_i = \frac{V_{ldi}l_i}{[V_u]} \qquad (4\text{-}5\text{-}6)$$

式中一个连接件的抗剪承载力容许值 $[V_u]$,应根据采用的连接件种类,按表 3-3-1 中第三列中抗剪承载力容许值计算式计算确定。求出的 n_i 个连接件可在相应的各梁段内均匀布置,并满足相应的构造要求。组合梁结合面上总的连接数量 n 应为各梁段上连接件数量 n_i 之和。

上述连接件的弹性设计方法不仅适用于钢—混凝土简支梁桥,对于连续梁桥也是成立的。

但设计中须注意两点：一是图 4-5-1 的剪力分段图应按连续梁的实际情况绘制，并需考虑相关控制截面的剪力影响线，求出最不利的活载剪力；二是对于钢—混凝土连续梁桥中支点负弯矩区的连接件设计，因连接件处于混凝土受拉区，需考虑连接件承载力降低系数 β，其物理意义及取值方法参见式(4-5-11)。

三、连接件的塑性设计方法

连接件的塑性分析法与第二章第七节中介绍的组合梁截面塑性分析方法相对应，用于承载能力极限状态下的连接件设计。现行《钢结构设计规范》(GB 50017—2011)中采用了这种设计方法。对于公路桥梁，若需考虑承载能力极限状态时，可按如下方法计算连接件的个数。

连接件的塑性分析方法认为，连接件的工作并不是刚性的。当荷载较大时，尤其是在承载能力极限状态下结合面将会发生较大的相对滑移。而且，正是这种相对滑移会使得结合面上各连接件的受力趋于均匀，与连接件所在的位置基本无关。基于这样的原理，组合梁连接件的塑性设计可按极限平衡的概念考虑。

为此，应首先确定最大弯矩截面与相邻弯矩零点截面之间在结合面上总的纵向剪力的极限值 V_{lu}，然后再根据 V_{lu} 值确定该区段内所需的连接件总个数及其合理布置。

1. 正弯矩作用区段的连接件塑性设计

对于钢—混凝土组合简支梁桥，支点截面弯矩为零，在荷载作用下跨中截面正弯矩最大，全跨均承受正弯矩作用。对于组合连续梁桥，弯矩零点之间的正弯矩区段，或弯矩零点到边支点之间的正弯矩区段，可按如下方法进行连接件的塑形设计。在弯矩峰值和零弯矩点之间的正弯矩作用区段，按照组合梁截面塑性中性轴的位置不同在半跨范围内组合梁结合面上的纵向剪力 V_{lu} 的计算表达式，可分两种情况，参见图 2-7-1。

(1)当塑性中性轴位于混凝土翼板内，即塑性中性轴位于结合面以上时，见图 2-7-1b)，根据截面静力平衡条件应有：

$$V_{lu} = A_s f_d \tag{4-5-7}$$

式中：A_s——钢梁的截面面积；

f_d——钢板材料的强度设计值。

(2)当塑性中性轴位于钢梁内，即塑性中性轴位于结合面的以下时，见图 2-7-1c)，则应有：

$$V_{lu} = b_{eff} h_d f_{cd} \tag{4-5-8}$$

式中：b_{eff}——混凝土板的有效宽度；

h_d——混凝土板的厚度，如有承托时应考虑其截面面积；

f_{cd}——混凝土的抗压强度设计值；

式中其他符号意义同前。

按式(4-5-7)或式(4-5-8)求出的最大正弯矩点至相邻弯矩零点之间结合面上的纵向极限剪力 V_{lu} 应由相应梁段内的连接件承担。

在承载能力极限状态下，连接件已发生纵向塑性滑移，产生连接件之间的内力重分布，使得各连接件之间受力趋于均匀。所以，所需的连接件总数 n 可直接由下式确定：

$$n = \frac{V_{lu}}{V_{ud}} \tag{4-5-9}$$

式中:V_{lu}——弯矩零点至最大正弯矩截面之间结合面上纵向极限剪力的设计值;

V_{ud}——按表4-3-1第2列求出的一个连接件的抗剪承载力设计值。

在满足剪力连接件布置有关构造要求的前提下,可将按式(4-5-9)求得的 n 个连接件均匀地布置在弯矩零点到最大弯矩点的区段内。对于最大弯矩点与弯矩零点之间作用有较大集中力的情况,可在集中力作用点将剪力图分段处理。每段所需剪力连接件数量按其剪力图面积比分配,并在其各梁段内均匀布置。

2. 负弯矩作用区段的连接件塑性设计

对于钢—混凝土组合连续梁桥的负弯矩作用区段,可根据恒载弯矩图(或弯矩包络图)的剪跨,即支点、负弯矩绝对值最大点以及反弯点为分界点划分为若干个计算区段 l_i,参见图4-5-2。

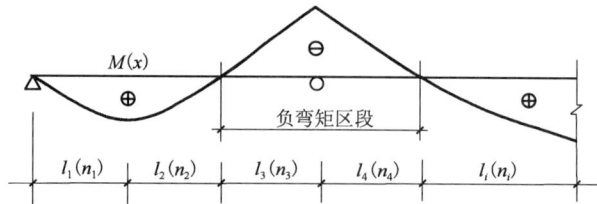

图4-5-2 连续组合梁的弯矩区段划分

与跨中正弯矩截面相反,在负弯矩区段内最大弯矩值在支点截面,混凝土翼板承受拉力,并且通常伴有预应力钢筋存在。在承载能力极限状态下混凝土已退出工作,参见图3-2-5b),纵向剪力设计值 V_{lu} 应等于纵向钢筋拉力的合力。根据第三章第一节中组合连续梁的内力塑性分析的要求,在承载能力极限状态下,为保证组合梁负弯矩截面的合成截面能够进入塑性状态进或形成塑性铰,纵向钢筋的合力不宜大于钢梁全截面拉力合力的50%。即有:

$$V_{lu} = A_r f_{sd} + A_p f_{pd} \leq 0.5 A_s f_d \tag{4-5-10}$$

上式表明,当中支点负弯矩区纵向钢筋配置过量,尤其是预应力筋配置超过上式右端的限值时,为保证中支点截面能够进入塑性状态应取纵向拉力 $V_{lu} = 0.5 A_s f_d$。该拉力应由负弯矩区一侧的混凝土桥面板与钢梁结合面之间的连接件承担,并由其连接件的抗剪能力来平衡。

在负弯矩区段的剪力连接件塑性设计时,为求出混凝土翼板中钢筋的最大合力,进而求得最大的连接件个数,叫将混凝土翼板中纵向钢筋的应力值取为 f_{sd} 和 f_{pd}。于是负弯矩区段内所需的连接件个数 n 可按下式确定:

$$n = \frac{V_{lu}}{\beta V_{ud}} = \frac{A_r f_{sd} + A_p f_{pd}}{\beta V_{ud}} \tag{4-5-11}$$

式中:A_r——位于混凝土板计算宽度内的普通钢筋截面面积;

A_p——位于混凝土板计算宽度内的预应力钢筋截面面积;

f_{sd}——普通钢筋的强度设计值,其取值参见表1-4-7;

f_{pd}——预应力钢筋的强度设计值,其取值参见表1-4-9;

β——连接件承载能力降低系数;

式中其他符号意义同前。

因为负弯矩区的连接件位于受拉甚至开裂的混凝土中,其抗剪承载力应比以推出试验为基础的抗剪设计承载力有所降低,所以需考虑连接件承载力降低系数 β。根据试验结果,建议如下:位于中间支座上的负弯矩区时,可取 $\beta=0.9$;位于悬臂端的负弯矩区时,取 $\beta=0.8$。

式(4-5-11)表明,由于负弯矩区设置预应力钢筋,将明显增加该区域的连接件数量。这样才能用连接件的抗剪能力平衡纵向剪力设计值 V_{lu}(或纵向钢筋的拉力),并保证组合梁负弯矩区在极限状态下的平截面假设基本成立。对于负弯矩区没有配置预应力钢筋的情况,可在式(4-5-11)中取预应力钢筋截面面积 $A_p=0$,连接件的数量也将随之减少。

四、抗剪连接度的概念

钢—混凝土组合梁的抗剪连接度是指在一个剪跨范围内,结合面上抗剪连接件数量的相对值,它反映了组合梁结合面上连接件的抗剪承载力与混凝土翼板(或钢梁)截面的压(或拉)力之间的平衡关系。抗剪连接度定义为:

$$\eta = \frac{n_s}{n_f} \tag{4-5-12}$$

试中:η——组合梁的抗剪连接度;

n_s——一个剪跨内实际抗剪连接件的布置数量;

n_f——组合梁一个剪跨内完全抗剪连接需要的抗剪连接件数量,按下式计算:

$$n_f = \left[\frac{\min\{A_s f_s, A_c f_c\}}{V_u} \right] \tag{4-5-13}$$

式中:f_c、f_s——钢和混凝土的材料强度,可由材料试验得到;

V_u——单个连接件的抗剪承载力;

A_c、A_s——混凝土板和钢梁的截面面积。

根据不同的抗剪连接度 η,组合梁可分为三种类型:无抗剪连接组合梁(即叠合梁,结合面自由滑移),部分抗剪连接组合梁(必须考虑结合面滑移)及完全抗剪连接组合梁(结合面滑移量很小,可忽略),如图 4-5-3 所示。

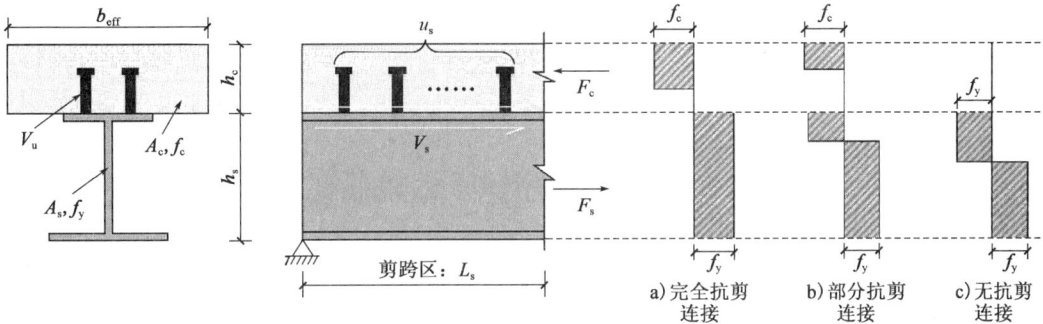

图 4-5-3 组合梁的抗剪连接度

在图 4-5-3 中,混凝土翼板截面的压力为 $F_c=A_c f_c$,钢梁截面的拉力为 $F_s=A_s f_y$,在一个剪跨中连接件的抗剪承载力为 $V_s=n_s V_u$。由此可得,当连接件的抗剪承载力大于混凝土翼板或钢梁截面压(或拉)合力时,即有 $V_s \geqslant \min(F_c, F_s)$,为完全抗剪连接,此时有抗剪连接度 $\eta \geqslant 1.0$,参见图 4-5-3a);当抗剪连接件的抗剪承载力小于混凝土翼板或钢梁截面压(或拉)合力时,即 $V_s < \min(F_c, F_s)$,此时为部分抗剪连接,抗剪连接度 $\eta < 1.0$,参见图 4-5-3b);当混凝土翼板与钢梁之间没有抗剪连接件时,即 $V_s=0$,$\eta=0$,此时为无抗剪连接,如图 4-5-3c)所示。

在实际工程应用中,f_c 和 f_s 可取混凝土及连接件材料的强度设计值 f_{cd} 和 f_{sd};V_u 可按照表 4-3-1 中第②列取栓钉连接件(或其他连接件)的抗剪承载力设计值 V_{ud} 计算钢—混凝土组合梁的连接度。

值得说明的是,由于桥梁结构承受动力荷载且处于恶劣的大气环境中,故钢—混凝土组合梁桥的抗剪连接件承受疲劳作用、环境腐蚀作用及其耦合作用。在桥梁工程设计中采用的抗剪连接件数量通常由构造要求确定,其抗剪连接件实际用量远大于计算用量。因此,钢—混凝土组合梁桥的抗剪连接度通常可以满足大于 $\eta > 1.0$ 的完全连接组合梁的条件。加之钢—混凝土组合梁桥施工中常采用分阶段加载工艺,进而导致连接件上作用的剪应力水平也相对较低,因而其计算滑移量也小于《组桥设施规范》(JTG/T D64-01—2015)中规定的 0.2mm,故通常不控制设计。

【例 4-1】 某钢—混凝土组合连续梁桥边跨距边支点 16m 处截面的正弯矩达到最大值,该范围内恒载剪力图及活载剪力包络图经分段、平均后如图 4-5-4 所示。已知该桥边梁不考虑以及考虑混凝土徐变的截面几何性质如下:

$$S_0 = 0.0855\text{m}^3, S_{0L} = 0.0703\text{m}^3,$$
$$I_0 = 0.1126\text{m}^4, I_{0L} = 0.1014\text{m}^4, A_c = 1.069\text{m}^2$$

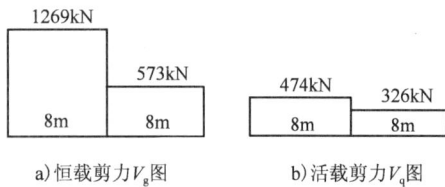

a)恒载剪力 V_g 图   b)活载剪力 V_q 图

图 4-5-4 用于连接件计算的剪力

该桥混凝土桥面板采用 C30 混凝土、钢梁采用 Q235 钢板。采用有支架施工,待翼板混凝土达到设计要求时,一次落架。拟采用栓钉连接件,其直径 21mm,栓钉高度 100mm,大头直径为 40mm。栓钉材料为 ML15,屈服强度为 320MPa。计算中取其抗拉强度最小值为 $f_{su} = 400\text{MPa}$。试分别采用弹性和塑性分析方法对该梁段进行栓钉连接件设计,并确定栓钉连接件的数量。

解: (1)弹性分析法

①一个拴钉连接件的承载力容许值计算:

$$A_s = \frac{1}{4}\pi d^2 = \frac{1}{4} \times 3.1416 \times 21^2 = 346.36(\text{mm}^2)$$

取材料强度指标为:

$$f_{cd} = 13.8\text{MPa}, f_{su} = 400\text{MPa}$$

$$E_c = 3 \times 10^4 \text{MPa}$$

按弹性分析法需要的栓钉连接件数量时,首先应由表 4-3-1 中第 3 列的计算式确定单个栓钉连接件的弹性承载力容许值 $[V_{su}]$:

$$0.32A_s\sqrt{E_c f_{cd}} = 0.32 \times 346.36 \times \sqrt{13.8 \times 3 \times 10^4} = 71315(\text{N})$$

$$0.53A_s f_{su} = 0.53 \times 346.36 \times 400 = 73428(\text{N})$$

计算表明,单个拴钉的弹性承载力容许值由混凝土强度控制,取其为 $[V_{su}] = 71315(\text{N})$。

②确定连接件的个数:

由于该桥采用一次落架方法,因此在连接件计算中剪力 V_g 为全部自重和二期恒载引起的剪力。对于第 1 个 8m 梁段:

$$V_{l1gq} = \frac{V_{g1}S_{0l}}{I_{0l}} + \frac{V_{q1}S_0}{I_0} = \frac{1269 \times 0.0703}{0.1014} + \frac{474 \times 0.0855}{0.1126} = 1239.7(\text{kN})$$

$$n_1 = \frac{V_{l1gq}l_1}{[V_{su}]} = \frac{1239.7 \times 8 \times 10^3}{71315} \approx 139(\text{个})$$

对于第 2 个 8m 梁段：

$$V_{l2gq} = \frac{V_{g2}S_{0l}}{I_{0l}} + \frac{V_{q2}S_0}{I_0} = \frac{573 \times 0.0703}{0.1014} + \frac{326 \times 0.0855}{0.1126} = 664.8(\text{kN})$$

$$n_2 = \frac{V_{l2gq}l_2}{[V_{su}]} = \frac{664.8 \times 8 \times 10^3}{71315} \approx 75(\text{个})$$

该 16m 区段内共需连接件个数：

$$n = n_1 + n_2 = 139 + 75 = 214(\text{个})$$

（2）塑性分析法

按塑性分析法需要的栓钉连接件数量时，首先应由表 4-3-1 中第 2 列的计算式确定一个栓钉连接件的承载力设计值 V_{sud}。

①单个拴钉连接件的承载力设计值：

$$0.43A_s\sqrt{E_c f_{cd}} = 0.43 \times 346.36 \times \sqrt{13.8 \times 3 \times 10^4} = 95828(\text{N})$$

$$0.7A_s f_{su} = 0.7 \times 346.36 \times 400 = 96981(\text{N})$$

计算表明，按塑性计算的单个拴钉承载力设计值仍由混凝土的强度控制，取其为 $V_{sud} = 95828\text{N}$。

②确定连接件的个数：

该组合梁距边支座 16m 处的设计弯矩达到最大值。

由于塑性中性轴位于钢梁内，所以有：

$$V_{lu} = b_{eff}h_d f_{cd} = 1.069 \times 13.8 \times 10^3 = 14752(\text{kN})$$

$$n = \frac{V_{lu}}{V_{sud}} = \frac{14752 \times 10^3}{95828} \approx 154(\text{个})$$

计算结果表明，由于连接件的弹性分析方法和塑性分析方法基于不同的计算假设和理论，因而求出的连接件的个数也是不同的，且相差较大。分析表明，连接件的弹性承载力容许值低于连接件的塑性承载力设计值，且每个梁段上均取用其纵向剪力作用效应的最大值；连接件的塑性设计方法认为在指定的梁段内因滑移使得每一个栓钉连接件均进入了塑性阶段，充分利用了每一个栓钉连接件的抗剪承载力，因此按弹性分析方法求出的连接件个数要多于按塑性分析方法的计算结果。

本例计算中各区段恒载及活载剪力均取最大值 V_{ld} 计算，而且在连接件的弹性内力分析时取用了考虑混凝土徐变影响的截面几何参数 I_{oL}，这也是导致本例中按照弹性方法计算得到的连接件个数偏多的原因。

【例 4-2】 已知某钢—混凝土组合连续梁桥中支点一侧的剪跨，即负弯矩区配有普通钢筋 $A_r = 0.0135\text{m}^2$、预应力钢筋 $A_p = 0.0302\text{m}^2$，其强度设计值分别为 $f_{sd} = 280\text{MPa}$ 和 $f_{pd} = 1260\text{MPa}$。钢梁采用 Q345D，其截面面积 $A_s = 0.25\text{m}^2$，强度设计值为 $f_d = 270\text{MPa}$。该桥采用单箱双室截面，拟采用栓钉连接件。钢梁三块上翼板的宽度均为 0.8m，其上横桥向拟布置 7 排栓钉，间距为 0.1m，纵桥向取间距 $p = 0.15\text{m}$。经计算已知由混凝土强度控制的栓钉抗剪承

载力设计值 $V_{sud} = 85100\text{N}$。试按塑性方法设计该剪跨范围内的栓钉连接件个数。

解:由式(4-5-10)计算得:

$$A_s f_d = 0.25 \times 270 \times 10^6 = 67500(\text{kN})$$

$$A_r f_{sd} + A_p f_{pd} = 0.0135 \times 280 \times 10^6 + 0.0302 \times 1260 \times 10^6$$
$$= 41832(\text{kN})$$
$$> 0.5 A_s f_d = 0.5 \times 65000 = 32500(\text{kN})$$

考虑纵向钢筋合力折减,故取该剪跨,即弯矩零点至最大负弯矩截面之间结合面上纵向极限剪力的设计值 V_{lu} 为:

$$V_{lu} = 0.5 A_s f_d = 32500\text{kN}$$

据前所述,对于中间支座上的负弯矩区应取连接件承载力降低系数 $\beta = 0.9$。于是负弯矩区段,即该剪跨范围内所需的连接件个数 n 可按式(4-5-11)确定:

$$n = \frac{V_{lu}}{\beta V_{sud}} = \frac{32500 \times 10^3}{0.9 \times 85100} = 424.7 \approx 425(\text{个})$$

计算表明,在中支点截面的单侧剪跨,即负弯矩区应布置不少于425个栓钉连接件。钢箱梁横桥向的3个上翼板共布置21列栓钉,单侧负弯矩区纵桥向的栓钉布置排数为20,其纵桥向间距0.15m,需要的布置长度为3.0m,或可均匀地布置在单侧负弯矩区的长度范围内。

本例中若不考虑纵向钢筋合力折减,则所需的栓钉数量约为530个,在钢箱梁的3个翼板上共布置25排,纵桥向3.8m的范围内。

五、两种连接件设计方法的比较

剪力连接件的弹性承载力设计方法与塑性承载力设计方法虽然都是为了保证混凝土翼板与钢梁共同工作,但是分析问题的途径完全不同。前者认为结合面上不发生相对滑移,根据梁的竖向剪力的设计值确定所需连接件的数量。而且 V_{ldi} 值是指结合面上由外荷作用引起的单位长度的纵向剪力值,连接件的间距与其所对应的剪力图面积成反比。在后者的分析中,则考虑了结合面客观存在相对滑移,认为各连接件受力基本相等,可以等距离布置。而 V_{lu} 值是指弯矩零点和最大弯矩点之间结合面上作用的总的纵向极限剪力设计值。所需剪力连接件的数量是根据能保证最大弯矩截面的抗弯承载力充分发挥的"等强度"原则来确定的。

试验表明,当剪力连接件个数相同时,连接件间距均匀布置和按竖向剪力图成反比地不均匀布置的两种情况下,梁的抗弯极限承载力没有差别。只是在使用阶段连接件均匀布置的梁端结合面上相对滑移量增大21%,而且跨中挠度增加3%左右。

考虑到事实上存在的结合面滑移问题和剪力连接件施工制作上的方便,采用均匀布置的方案理论上是可行的,且能为施工带来方便。

在实际工程设计中,可分别按连接件的弹性和塑性方法分别进行计算,取偏于安全的计算结果,并考虑构造要求进行连接件的布置。对于由混凝土局部挤压或剪切控制连接件抗剪承载力的情况,盲目增加连件数量或直径、提高连接件的材料强度来提高结合面的抗剪承载力是没有意义的。

【例4-3】 现有一片标准跨径为40m的钢—混凝土组合简支梁桥的主梁,采用无支架施工,其截面计算参见图2-2-3,截面几何参数见表2-2-1。已知钢材的弹性模量 $E_s = 2.06 \times 10^5 \text{MPa}$,C50混凝土的弹性模量 $E_c = 3.45 \times 10^4 \text{MPa}$。组合梁的梁高 $h = 2.459\text{m}$,其计算跨径

$L = 39\text{m}$。混凝土桥面板截面面积 $A_c = 1.69 \times 10^6 \text{mm}^2$，混凝土桥面板的截面惯性矩 $I_c = 0.0142 \times 10^{12} \text{mm}^4$；钢梁截面面积 $A_s = 0.213 \times 10^6 \text{mm}^2$，钢梁截面惯性矩 $I_s = 0.175 \times 10^{12} \text{mm}^4$；组合梁截面的惯性矩 $I_0 = 0.424 \times 10^{12} \text{mm}^4$。钢梁截面形心到混凝土翼板截面形心的距离 $d_{sc} = 1.582\text{m}$。连接件采用直径为 22mm 的栓钉，其极限强度的下限值为 $\sigma_b = 400\text{MPa}$，取其抗拉强度设计值为 $f_{su} = 400\text{MPa}$。栓钉连接件的纵向平均间距 $p = 150\text{mm}$，连接件在一片主梁上的列数为 $n_s = 2 \times 4 = 8$。该梁在二期恒载、汽车和人群活载作用下的支点截面的剪力值分别为：$V_{g3} = 564.29\text{kN}$，$V_q = 854.16\text{kN}$，$V_r = 11.69\text{kN}$。试按照《组桥设施规范》（JTG/T D64-01—2005）即第二章第六节给出的方法计算截面刚度折减系数 ζ，并验算结合面上栓钉连接件的滑移量。

解：（1）计算一个栓钉连接件的抗剪承载力设计值 V_{sud}

由式（4-3-1）计算一个栓钉的抗剪承载力设计值 V_{su}：

由混凝土强度控制的栓钉抗剪承载力：

$$0.43 A_s \sqrt{E_c f_{cd}} = 0.43 \times 3.14 \times 0.011^2 \times \sqrt{34500 \times 22.4} \times 10^3 = 143.6 \text{(kN)}$$

由栓钉强度控制的栓钉抗剪承载力：

由于栓钉的极限强度 $\sigma_b = 400\text{MPa}$，此例中取 $f_{su} = \sigma_b = 400\text{MPa}$ 则：

$$0.7 A_s f_{su} = 0.7 \times 3.14 \times 0.011^2 \times 400 \times 10^3 = 106.4 \text{(kN)}$$

由栓钉强度控制，故取一个栓钉的抗剪承载力为 $V_{sud} = 106.4\text{kN}$。

（2）计算组合截面刚度折减系数 ζ

取连接件的抗剪刚度系数为 $k = V_{sud} = 106400/700 = 152 \text{(N/mm)}$，由 $p = 150\text{mm}$，$n_s = 8$，$n_E = 5.97$，其中 700 为一个中支点的半个负弯矩区长度范围内钢箱梁三个上翼板布置的栓钉连接件总数。由式（2-6-5）～式（2-6-10）计算相关参数：

$$A_{00} = \frac{A_c A_s}{n_E A_s + A_c} = \frac{1.69 \times 10^6 \times 0.213 \times 10^6}{5.97 \times 0.213 \times 10^6 + 1.69 \times 10^6} = 0.121 \times 10^6 \text{(mm}^2\text{)}$$

$$I_{00} = I_s + \frac{I_c}{n_E} = 0.175 \times 10^{12} + \frac{0.0142 \times 10^{12}}{5.97} = 0.177 \times 10^{12} \text{(mm}^4\text{)}$$

$$A_{11} = \frac{I_{00} + A_{00} d_{sc}^2}{A_{00}} = \frac{0.177 \times 10^{12} + 0.121 \times 10^6 \times 1582^2}{0.121 \times 10^6} = 3.97 \times 10^6 \text{(mm}^2\text{)}$$

$$\alpha = 0.81 \sqrt{\frac{n_s k A_{11}}{E_s I_{00} p}} = 0.81 \sqrt{\frac{8 \times 106.4 \times 3.97 \times 10^6}{2.06 \times 10^5 \times 0.177 \times 10^{12} \times 150}} = 2.01 \times 10^{-5}$$

$$\eta = \frac{36 E_s d_{sc} p A_{00}}{n_s k h L^2} = \frac{36 \times 2.06 \times 10^5 \times 1582 \times 150 \times 0.121 \times 10^6}{8 \times 106.4 \times 2459 \times 39000} = 2608.5$$

由上述参数可计算出截面刚度折减系数 ζ；

$$\zeta = \eta \left[0.4 - \frac{3}{(\alpha L)^2} \right] = 2608.5 \times \left[0.4 - \frac{3}{(2.01 \times 10^{-5} \times 39000)^2} \right] = -11691 < 0$$

按照式（2-6-5）的规定应取截面刚度折减系数 $\zeta = 0$，即可以不计结合面滑移的影响，组合截面的抗弯刚度仍为 $E_s I_0$。

通常在桥梁工程中，钢—混凝土组合梁的结合面上配有数量较多连接件，在多数情况下均会出现 $\zeta < 0$ 的情况。因此在持久状况的正常使用极限状态下的挠度计算时，通常无需考虑结合面滑移的问题。

（3）计算结合面上栓钉连接件的相对滑移量 s_{max}

在正常长使用极限状态下,结合面上栓钉连接件的相对滑移量 s_{max} 可按前述式(4-4-3)和式(4-4-5)进行验算,本例前面已求出一个栓钉的抗剪承载力 $V_{sud} = 106.4kN$,偏安全地取单个栓钉承受的剪应力为其抗剪承载力设计值的 0.55 倍,因此可有:

$$s_{smax} = \frac{0.55 V_{sud}}{13 d_{ss} \sqrt{E_c f_{ck}}} = \frac{0.55 \times 106.4 \times 10^3}{13 \times 22 \times \sqrt{34500 \times 32.4}}$$

$$= 0.194(mm) < s_{lim} = 0.2mm$$

计算结果表明,该钢—混凝土组合梁桥的栓钉连接件的滑移量较小,可以满足《组桥设施规范》(JTG/T D60-01—2015)中规定的 0.2mm 的滑移上限值要求。

六、剪力连接件的选用及布置原则

剪力连接件的选用应确保钢板与混凝土能够有效结合,共同承担外荷载作用,并具有一定的变形能力。在选择连接件种类时应考虑如下因素:当钢板与混凝土结合面剪力的作用方向不明确时,应选用焊钉连接件;当焊钉连接件布置过密或结构对抗剪刚度、抗疲劳性能有较高要求时,宜选用开孔板连接件;当对抗剪刚度要求很高,且拉拔力作用较小时可考虑选用型钢连接件。

在剪力连接件总体布置时应考虑如下原则:当结合面上有部分连接件处于拉拔状态时,应确保连接件具有足够的抗拉拔承载能力,不宜采用型钢连接件。当结合面较大范围的连接件处于拉拔状态时,可通过施加预压力使结合面处于受压状态。当连接件布置成倒立状态时,应在钢板上设足够的出气孔确保钢板下的混凝土浇筑密实。当连接件布置成倒侧立状态时,不宜采用容易发生离析的混凝土。采用预制混凝土构件与钢构件结合时,可将焊钉连接件集中配置在混凝土构件预留孔中,但应适当考虑连接件的群钉效应造成的抗剪承载力的降低。

第六节　连接件的疲劳计算

钢—混凝土组合梁桥要承受车辆荷载的反复作用,因此存在疲劳问题。尤其是承受反复拉应力作用的钢梁和其连接部位,以及承受反向剪应力重复作用的连接件的疲劳问题,均应引起足够的重视。日本、欧洲及美国的桥梁设计规范均对此给出了明确的规定,我国《组桥设施规范》(JTG/T D64-01—2015)、《组桥设计规范》(GB 50917—2013)和《钢桥规》(JTG D64—2015)中也提出了抗疲劳计算要求。组合梁的疲劳问题主要涉及三个方面:疲劳荷载、钢材及连接的疲劳以及连接件的疲劳问题。关于疲劳荷载的取值原则和方法,组合梁的钢梁及其连接构造的疲劳计算问题应参照现行《钢桥规》(JTG D64—2015)中的计算方法。本节主要介绍钢—混凝土组合梁桥中的关键部件——剪力连接件的疲劳问题及其相关的计算方法。

一、国内的相关计算方法

1.《组桥设施规范》(JTG/T 64-01—2015)的计算方法

《组桥设施规范》(JTG/T D64-01—2015)中要求组合梁的疲劳设计应符合下列规定:

(1)承受动应力的结构构件或连接件应进行疲劳验算。

(2)在设计使用年限内,桥梁结构不应发生疲劳破坏。

(3)组合梁疲劳验算应采用弹性分析方法。

(4)组合梁疲劳荷载的选取应符合《钢桥规》(JTG D64—2015)的相关规定。

《组桥设施规范》(JTG/T 64-01—2015)中主要参考欧洲规范4,将结构或连接件的疲劳强度归入承载能力极限状态,并规定组合梁的剪力连接件疲劳应按下列两种方法进行验算:

(1)剪力连接件位于始终承受压应力的钢梁翼缘时,应按下列规定进行疲劳验算:

$$\gamma_{Ff}\Delta\tau_{E2} \leqslant \frac{\Delta\tau_c}{\gamma_{Mf,s}} \quad 或 \quad \Delta\tau_{E2} \leqslant \Delta\tau_c \tag{4-6-1}$$

式中:γ_{Ff}——疲劳荷载分项系数,取1.0;

$\gamma_{Mf,s}$——剪力连接件疲劳抗力分项系数,取1.0;

$\Delta\tau_{E2}$——剪力连接件的等效剪应力幅,应按《钢桥规》(JTG D64—2015)中疲劳荷载模型Ⅱ或疲劳荷载模型Ⅲ计算;

$\Delta\tau_c$——对应于200万次应力循环的剪力连接件疲劳设计强度,$\Delta\tau_c = 90\text{MPa}$。

(2)剪力连接件位于承受拉应力的钢梁翼缘时,应按下式进行疲劳验算:

$$\frac{\gamma_{Ff}\Delta\sigma_{E2}}{\dfrac{\Delta\sigma_c}{\gamma_{Mf}}} + \frac{\gamma_{Ff}\Delta\tau_{E2}}{\dfrac{\Delta\tau_c}{\gamma_{Mf,s}}} \leqslant 1.3 \tag{4-6-2.1}$$

$$\frac{\gamma_{Ff}\Delta\sigma_{E2}}{\dfrac{\Delta\sigma_c}{\gamma_{Mf}}} \leqslant 1.0, \quad 且 \quad \frac{\gamma_{Ff}\Delta\tau_{E2}}{\dfrac{\Delta\tau_c}{\gamma_{Mf,s}}} \leqslant 1.0 \tag{4-6-2.2}$$

式中:$\Delta\sigma_{E2}$、$\Delta\sigma_c$——疲劳荷载作用下钢梁翼缘等效正应力幅和钢材疲劳抗力,按《钢桥规》(JTG D64—2015)的相关规定计算。

γ_{Ff}——疲劳荷载分项系数,按《钢桥规》(JTG D64—2015)的相关规定取值。

上述计算方法表明,连接件的疲劳与其所在的钢梁翼缘板的受力状态有关。当钢梁的上翼缘板处于受拉状态,即截面中性轴位于混凝土桥面板内时,剪力连接件将处于更为不利的疲劳受力状态。在第一种情况下仅控制剪力连接件的剪应力即可;而第二种情况下控制条件更为严格,既要控制剪力连接件的剪应力幅,又要控制钢梁翼缘的等效正应力幅,还要考虑两者的无量纲值叠加。

2.《组桥设计规范》(GB 50917—2013)的计算方法

《组桥设计规范》(GB 50917—2013)中抗剪连接件的计算原理与《组桥设施规范》(JTG/T D64-01—2015)基本相同,且更易操作。具体的计算方法如下:

$$\gamma_{Ff}\Delta N_P \leqslant \frac{\Delta N_L}{\gamma_{Mf}} \tag{4-6-3}$$

其中:

$$\Delta N_P = N_{P,max} - N_{P,min} \tag{4-6-4}$$

式中: γ_{Ff}——疲劳荷载分项系数,取1.0;

γ_{Mf}——剪力连接件疲劳抗力分项系数,对于重要构件取1.35,对于次要构件取1.15;

ΔN_{p}——抗剪连接件按疲劳荷载计算模型计算得到的剪力幅;

ΔN_{L}——连接件疲劳容许剪力幅,按下式计算:

$$\Delta N_{\mathrm{L}} = 0.2 N_{\mathrm{v}}^{\mathrm{c}} \tag{4-6-5}$$

$N_{\mathrm{v}}^{\mathrm{c}}$——连接件抗剪承载力设计值,可根据连接件种类,按表4-3-1中的V_{ud}取用;

$N_{\mathrm{p,max}}$、$N_{\mathrm{p,min}}$——采用无限疲劳寿命验算的疲劳荷载模型按最不利情况加载于影响线得到的最大剪力和最小剪力(N)。

其中,抗剪连接件的疲劳荷载模型采用《公路桥涵设计通用规范》(JTG D60—2015)中规定的车道荷载形式,其集中荷载取为$0.7P_{\mathrm{k}}$,均布荷载取为$0.3q_{\mathrm{k}}$。计算时应计入多车道的影响,多车道系数按现行行业标准的相关规定计算。

对比上述《组桥设施规范》(JTG/T D60-01—2015)和《组桥设计规范》(GB 50917—2013)两本规范的计算方法不难发现,两者存在差异。后者的最大$N_{\mathrm{p,max}}$和最小剪力$N_{\mathrm{p,min}}$计算中相当于取用现行桥规中车道荷载的频遇值,这与前者取用疲劳荷载计算模型Ⅱ或模型Ⅲ作用下剪力连接件等效剪应力幅是有区别的。两者取用的荷载不同,且前者是以剪应力的形式表述,后者是以剪力的形式表述,但两者计算原理相同;剪力连接件疲劳抗力分项系数取值也不相同,后者的分项系数要大一些。

二、国外相关规范的计算方法

各国规范对组合梁剪力连接件的疲劳设计仍采用基于容许应力幅的计算方法。《组桥设施规范》(JTG/T D60-01—2015)的条文说明中给出了以下一组国外相关规范中规定的剪力连接件疲劳验算的计算式,可供钢—混凝土组合梁桥剪力连接件疲劳验算时对比和参考。

日本《钢—混凝土组合梁设计规范草案》规定栓钉的设计剪应力幅按下式计算:

$$\log N + 8.55\log\Delta\tau = 23.42 \tag{4-6-6}$$

式中:N——失效的循环次数,即疲劳寿命;

$\Delta\tau$——栓钉焊接处平均剪应力幅。

英国BS5400规范基于67个栓钉的疲劳试验数据的回归分析,得到了单个栓钉设计疲劳寿命的计算式:

$$Nr^8 = 19.54 \tag{4-6-7}$$

式中:r——单个栓钉的剪力幅和名义静力极限抗剪承载力的比值;

N——失效的循环次数,即疲劳寿命。

美国AASHTO公路桥梁设计规范中所采用的栓钉疲劳寿命计算式为1966年Slutter和Fisher等人拟合的式子:

$$N\sigma_{\mathrm{r}}^{5.4} = 1.764 \times 10^{16} \tag{4-6-8}$$

式中:σ_{r}——栓钉焊接处的平均剪应力幅(MPa)。

在式(5-4-8)的基础上,美国AASHTO公路桥梁设计规范提出了单个栓钉的疲劳抗剪承载力计算式。规范规定,单个栓钉的疲劳抗剪承载力按下式计算:

$$Z_{\mathrm{r}} = \alpha d^2 \geqslant \frac{38.0 d^2}{2} \tag{4-6-9}$$

$$\alpha = 238 - 29.5\log N \tag{4-6-10}$$

式中:Z_{r}——单个栓钉能够承受的最大剪力幅(N);

d——栓钉直径(mm);

N——失效的循环次数,即疲劳寿命。

欧洲规范4规定,对于埋于普通混凝土的圆柱头栓钉,其疲劳寿命按下式计算:

$$(\Delta \tau_R)^m N_R = (\Delta \tau_c)^m N_c \qquad (4\text{-}6\text{-}11)$$

式中:$\Delta \tau_R$——栓钉焊接处的平均剪应力幅;

N_R——疲劳循环次数;

m——常数,取 $m=8$;

$\Delta \tau_c$——疲劳细节曲线上 $N_c = 2 \times 10^6$ 对应的应力幅值,$\Delta \tau_c = 90\text{MPa}$(图4-6-1);

N_c——剪力栓钉焊接处的疲劳寿命。

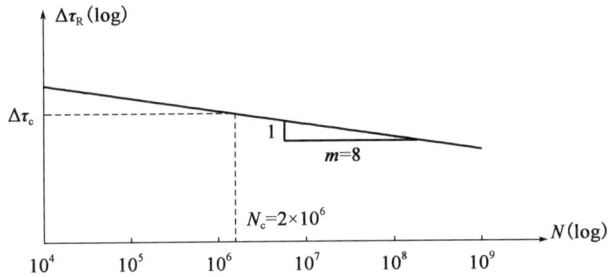

图4-6-1 圆柱头焊钉剪应力疲劳细节曲线

欧洲规范4与英国规范BS5400、美国AASHTO公路桥梁设计规范以及日本规范不同,未考虑低应力幅对疲劳寿命的影响,偏于保守,同时,还考虑了栓钉焊接在受拉区翼缘的不利影响。

上述各国相关规范中关于组合梁剪力连接件疲劳计算式的形式均比较简洁,而且剪力连接件的疲劳寿命的主要影响因素均为栓钉承受的剪应力幅和栓钉的抗剪承载力(或栓钉直径),这一结论可供栓钉连接件的疲劳设计参考。

第七节 连接件的构造要点

一、一般规定

剪力连接件的一般性构造要求如下:

(1)连接件抗掀起端头的底面位置(如栓钉端头底面、槽钢上翼缘内侧等)应高于底部钢筋以上30mm。

(2)连接件的最大间距不得大于混凝土翼板(含承托)厚度的4倍,亦不得大于400mm。

(3)连接件的外侧边到混凝土翼板边之间的距离应不小于100mm。

(4)连接件的外侧边与钢梁翼缘边之间的距离应不小于25mm。

(5)连接件顶面的混凝土保护层度不得小于15mm。

(6)设置连接件的钢板厚度取值时,应确保不因焊接造成显著变形,钢板厚度不得小于焊钉直径的0.5倍,不得小于开孔板连接件以及型钢连接件的板厚。

二、栓钉连接件

对于栓钉连接件的特殊构造要求如下：

(1)焊钉连接件的材料、机械性能以及焊接要求应满足《电弧螺柱焊用圆柱头焊钉》(GB/T 10433—2002)的规定。

(2)当焊接在钢梁翼缘上的栓钉位置未正对钢梁腹板时，如果钢梁翼缘承受拉应力，则栓钉杆直径应不大于钢梁翼缘板厚度的1.5倍；如果钢梁翼缘承受压应力，则栓钉杆直径应不大于钢梁翼缘板厚度的2.5倍。

(3)栓钉连接件长度不应小于栓钉直径的4倍，当有拉拔力作用时不宜小于栓钉直径的10倍。

(4)栓钉连接件的最大轴心间距不宜超过300mm。

(5)栓钉连接件剪力作用方向的轴心间距不应小于直径的5倍、且不得小于100mm；剪力作用垂直方向的轴心间距不应小于直径的2.5倍，且不得小于50mm，必要时可放宽至4倍和80mm。

(6)栓钉连接件的外侧边缘与钢板边缘的距离不应小于25mm。

三、弯筋连接件

对于弯筋连接件的特殊构造要求如下：
(1)弯筋连接件宜在钢梁上对称设置，其直径不小于12mm。
(2)用双面长度不小于4倍钢筋直径的侧焊缝焊接于钢梁翼缘上。
(3)弯起钢筋的角度宜为45°,弯折方向应指向纵向水平剪力方向；在跨中纵向水平剪力方向可能产生变化处，必须在两个方向均有弯起钢筋。

(4)弯筋连接件自弯起点算起的总长度不宜小于25倍钢筋直径(光圆钢筋另加弯钩)，其中水平段长度不宜小于10倍钢筋直径。

(5)弯筋连接件的间距不得小于桥面板厚度的0.7倍，也不得大于桥面板厚度的2倍。

四、槽钢连接件

(1)槽钢连接件一般采用Q235钢,其型号不宜大于[12.6。
(2)槽钢连接件的最大间距不宜超过500mm。
(3)槽钢连接件与钢梁上翼板的连接焊缝应按1.2倍的抗剪承载力设计值V_{cud}。
(4)焊接U形钢筋的直径不宜小于16mm。

五、开孔板连接件

(1)开孔板连接件多列布置时,相邻两开孔板的间距不宜小于板高的3倍。
(2)开孔板连接件的钢板厚度不宜小于12mm。
(3)开孔板孔径应大于贯通钢筋直径与集料最大粒径之和。
(4)开孔板孔中的贯通钢筋应采用螺纹钢筋,其直径不宜小于12mm,并宜居中设置。
(5)开孔板连接件的相邻两孔的最小中心间距应保证满足下式要求：

$$e > \frac{V_{pud}}{tf_{vd}} \qquad (4\text{-}7\text{-}1)$$

式中：e——开孔板连接件相邻两孔最小边缘距离(mm)；

V_{pud}——承载能力极限状态下开孔板连接件抗剪承载力设计值(kN)；

t——开孔板连接件的板厚(mm)；

f_{vd}——开孔板钢板抗剪强度设计值(MPa)。

（6）开孔板连接件的承载性能与孔径、贯通钢筋直径的匹配与否有关，圆孔面积与贯通钢筋的截面面积之比一般宜在5.0~10.0。

（7）开孔板连接件多列布置时，其列间距不宜小于开孔板高度的1.5倍。

开孔板的孔径与对应的贯通钢筋直径可参照表4-7-1选取。

孔径与对应的贯通钢筋直径(mm) 表4-7-1

孔　径	贯通钢筋直径
40	12、14、16
50	16、18、20
60	20、22、25

第五章

钢—混凝土组合梁桥设计的其他问题

第一节 钢—混凝土组合梁桥的截面选择

钢—混凝土组合梁桥的截面设计内容主要包括截面形式选择、梁高确定、主梁有效宽度确定以及一些构造细节的确定,以下分别予以介绍。

一、截面选择及梁高确定

钢—混凝土组合梁桥的断面形式和结构高度应根据梁的跨径、承担的荷载大小及支承条件进行选择。由于我国目前建成的钢—混凝土组合梁桥为数不多,还难以总结出较准确的梁高计算公式,只能进行估算,或者参考已有的工程设计图纸。

对于跨径在10m以内的简支梁,当承担的荷载较小时,可以采用轧制的工字形钢做钢梁,见图1-3-1a)。当荷载稍大时,可在轧制工字钢下翼板上加焊一块钢板,以增加钢梁的承载力,见图1-3-1c)。

对于跨径较大或承担的荷载较大的组合梁,可以采用焊接工字形钢板梁作为组合梁的钢梁,见图1-3-1b)、d)。由于焊接工字钢的上缘有混凝土承担压应力,因此焊接工字钢的下翼板应比其上翼板宽一些,以增加钢梁下缘的抗拉能力。

根据国外在 20 世纪 60 ~ 80 年代、我国近 30 年来建成的部分钢—混凝土组合梁桥资料可知,钢—混凝土组合梁桥按其纵桥向的支承情况可以分为简支、悬臂加挂孔和连续三种情况。

(1)对于简支组合梁桥多采用工字形组合断面,其高跨比 h/L 范围为 1/20 ~ 1/15,其跨径在 35m 之内。例如 1963 年在英国约克郡建成的 Marton-le-Moor 桥,其简支跨径达到 34m,桥宽 11.6m,高跨比为 20.4,采用 5 片主梁,主梁间距为 2.4m,横隔梁间距为 6.8m,采用 90mm × 90mm 的角钢作为横向支撑。

(2)对于悬臂加挂孔的组合梁桥,多采用闭口钢箱组合梁,英国在 60 年代曾修建过两座。例如在苏格兰 1968 年修建的 WhiteCart 桥,其主跨达 77m,桥宽 29m,变高度的双箱结构。由于牛腿处支座在维护上的困难,这种结构进入 20 世纪 70 年代后已不再修建,并随着计算手段的提高而被连续组合梁桥所替代。

(3)对于连续组合梁桥,既可采用工字形钢梁截面,也可采用闭口或开口的钢箱截面;可以采用等高截面,也可采用变高截面。当主跨在 50m 之内时,常做成等截面箱梁;主跨在 40m 之内,可以采用等截面的工字形钢梁截面,其高跨比 h/L 为 1/25 ~ 1/20;当主跨超过 50m 时,可以考虑采用变高度的开口钢箱截面;当主跨超过 70m 时,应考虑采用变高度的闭口钢箱截面。对于变高度的钢—混凝土组合连续梁桥,支点截面的高跨比 $h_支/L_{中跨}$ 可控制在 1/22 ~ 1/18 范围内,而跨中截面的高跨比 $h_中/L_{中跨}$ 则可控制在 1/40 ~ 1/35 的范围内。箱形截面组合梁的形式可参见图 1-3-2 或相关的工程设计。

从国内近些年的发展情况来看,钢—混凝土组合梁桥主要采用简支或连续两种结构形式,常用的钢梁横断面形式主要有多肋式工形梁断面、小箱梁断面、双工形断面、单箱单室断面、单箱多室断面以及多箱单室断面等形式。

在工程设计中,应根据实际情况和设计要求进行钢—混凝土组合梁桥的桥跨划分和断面形式选择。

二、组合梁其他部分的尺寸估算

钢—混凝土组合梁的截面高度 h 确定后,可参考钢板梁的方法初步估算出钢梁的其他尺寸。

1. 估算钢梁高度 h_s

组合梁钢梁的高度 h_s 可取同跨径普通钢梁高度的 0.75 ~ 0.85 倍。

2. 估算钢梁腹板高度 h_f

$$h_w = h - h_d - t \tag{5-1-1}$$

式中:h——组合梁全高;

h_d——桥面板厚度,可取 15 ~ 35cm,当主梁钢腹板或横隔板间距较小时可取下限,否则取上限;

t——钢梁的底板厚度,一般可取 2 ~ 4cm,视跨径而定。

3. 估算钢梁腹板厚度 t_f

$$t_w \geqslant \frac{1.2V_{max}}{h_w[\tau]} \qquad t_w \approx \frac{\sqrt{h_w}}{10(\text{cm})} \tag{5-1-2}$$

161

式中：V_{max}——正常使用极限状态下梁支点截面作用的最大工作剪力；

$[\tau]$——钢材的容许剪应力，可按 $0.8f_{vd}$ 或 $0.3f_d$ 估算。

按上式求出的钢梁腹板厚度 t_w 应满足局部稳定性的要求，且不得小于 10mm，以减小锈蚀对截面削弱的影响。但也不宜大于 24mm，以利于钢腹板的加工制造。

4. 钢梁的翼缘板尺寸

在钢结构钢板梁设计时，我们可以用式（5-1-3）估算钢板梁的上翼板或下翼板的截面面积。

$$A_n = \frac{M_{max}}{[\sigma_w]h} - \frac{t_w h}{6} \tag{5-1-3}$$

上式是假定工字形钢梁上、下翼板面积相等时推导出的。对于钢—混凝土组合梁，可以近似认为钢筋混凝土板起到了钢板梁上翼缘的作用，并认为压力中心作用在钢筋混凝土板的中心上。因此可取 $h - h_d/2$ 代替上式中的 h，估算出组合梁的钢梁下翼缘板所需要的截面积 A_d。

$$A_d = \frac{M_{max}}{[\sigma_w]\left(h - \frac{h_d}{2}\right)} - \frac{1}{6}t_w\left(h - \frac{h_d}{2}\right) \tag{5-1-4}$$

式中：M_{max}——组合截面上作用的最大工作弯矩（各作用效应的标准值组合）；

$[\sigma_w]$——钢材的允许弯拉应力，可按 $0.8f_d$ 取值；

h_d——混凝土板的厚度；

h——组合梁的截面高度；

t_w——钢梁腹板厚度。

根据式（5-1-4）估算出的钢梁底板面积 A_d，选定底板厚度 t 即可求出底板宽度 b_{su}，反之亦然。值得注意的是，按照上述方法估算得到钢梁下翼板的面积是根据上、下翼板面积相等的条件得出的。对于工字形截面钢—混凝土组合梁的钢梁，通常下翼板的面积应大于上翼板的面积。因此，在设计中建议将 A_d 值放大 1.05 倍，而上缘钢板的面积可取（1/4～1/2）A_d 或按照构造要求确定。对于箱形截面的钢—混凝土组合箱梁桥的钢箱梁下翼板，应试算增大上述放大系数，而钢梁上翼板的尺寸通常由布置连接件的构造要求确定。

按本节设计的组合梁截面尺寸，须通过前述各节的验算，否则尚应根据截面各项验算结果对截面尺寸进行修改。

钢—混凝土组合梁桥的截面形式和尺寸亦可参照相关的已建工程设计图确定。

第二节　组合梁桥的构造要求

一、一般构造要求

混凝土桥面板的构造要求应符合现行《混桥规》（JTG 3362—2018）的相关规定。桥面板一般不设置承托，当主梁间距较大并需考虑桥梁的经济性时，可根据实际需要设置承托。一般而言，不设承托的组合梁施工较为方便，带承托的组合梁虽然用材稍省，但构造措施及施工相对复杂一些。

受钢梁的约束作用,混凝土收缩、徐变将引起混凝土桥面板产生拉应力,并可能导致混凝土桥面板开裂,降低结构耐久性。为减小混凝土的收缩、徐变效应,并便于施工,组合梁的桥面板常采用混凝土叠合板或预制混凝土板的形式。按照混凝土收缩的发展规律,大部分收缩量可在前3~6个月完成。因此,预制板安装前宜存放6个月以上,以减少混凝土收缩效应。预制桥面板晚些安装、受荷也利于减少混凝土桥面板的后期徐变量。

当混凝土桥面板采用混凝土叠合板或预制混凝土板时,为保证桥面板混凝土的整体工作性能,应在新旧混凝土界面上设置足够的抗剪构造。例如预制板板边设置齿槽,叠合混凝土板中的预制板表面拉毛或设置截面抗剪钢筋等,保证新老混凝土有效结合并共同受力,参见图5-2-1和图5-2-2。当采用预制板时,板端对应的抗剪连接件的位置需采取专门的构造措施,相邻预制板之间的钢筋需有效连接,以使混凝土桥面板形成整体。有条件的情况下,宜适当扩大新老混凝土结合面的长度,并应避免结合面完全处于竖直状态。

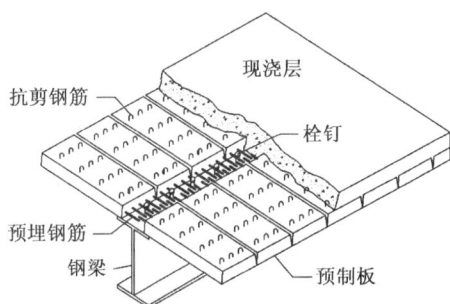

图5-2-1 叠合板组合梁构造图

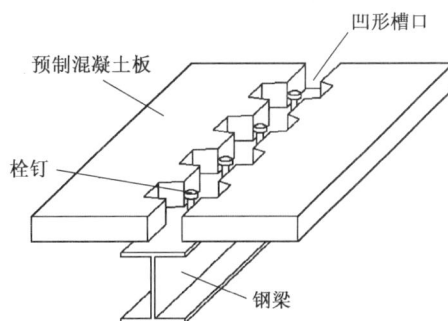

图5-2-2 预制板组合梁构造图

二、桥面板及承托的构造

1.混凝土桥面板的配筋要求

混凝土桥面板及板内钢筋除满足桥梁整体受力需求外,还应能抵抗由局部效应(例如车辆作用)引起的作用。组合梁的纵向抗剪强度在很大程度上受到横向钢筋配筋率的影响。为保证组合梁在达到承载能力极限状态之前不发生纵向剪切破坏,并考虑到荷载长期效应和混凝土收缩、徐变等时效因素的影响,桥面板横向钢筋需满足最小配筋率的要求。因此,组合梁桥面板的配筋(束)应满足下列要求:

(1)单位长度内桥面板内横向钢筋总面积应满足以下规定:

$$A_e > \frac{\eta b_f}{f_{sd}} \qquad (5\text{-}2\text{-}1)$$

式中:A_e——单位长度板内横向钢筋总面积(mm^2/mm);

η——系数,取$\eta = 0.8 N/mm^2$;

b_f——纵向受剪界面的长度,按如图2-9-1所示的$a-a$、$b-b$、$c-c$及$d-d$连线在剪力连接件以外的最短长度取值(mm);

f_{sd}——横向钢筋强度设计值(MPa)。

(2)穿过纵向受剪界面的横向钢筋应具有足够的锚固长度。

(3)连续组合梁在中间支座负弯矩区的桥面板上缘纵向钢筋应伸过梁的反弯点(弯矩为

零点),并满足最小锚固长度要求;桥面板下缘纵向钢筋在支座处应连续配置,不得中断。

(4)桥面板剪力集中作用的部位应设置补强钢筋,在条件允许的情况下,应尽量垂直于主拉应力方向布置。

2. 承托的构造要求

根据承托的高度可将其分为浅承托组合梁和深承托组合梁。当混凝土承托的高度 $h_c \leqslant$ 1.5 倍顶板厚度,且承托的宽度 $b_0 \geqslant 1.5h_c$ 时,称为浅承托组合梁;不满足这一要求时,则称其为深承托组合梁。一般情况下,混凝土承托两侧斜坡不宜大于 45°。桥梁工程中可采用浅承托组合梁,其构造形式参见图 5-2-3。

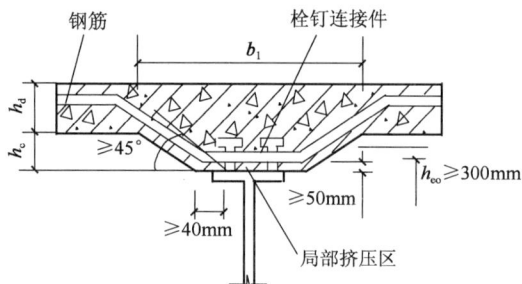

图 5-2-3 承托的构造

混凝土桥面板设置承托时,其外形尺寸及构造应符合下列规定:

(1)组合梁承托高度不宜大于混凝土板厚度的 1.5 倍,即 $h_c \leqslant 1.5h_d$;承托的顶面宽度不宜小于承托高度的 1.5 倍,即 $b_0 \geqslant 1.5h_c$。

(2)当承托高度在 80mm 以上时,应在承托底侧布置横向补强钢筋。

(3)因为在承托中邻近钢梁上缘的部分混凝土的局部挤压作用,该处容易劈裂,需加强配筋。承托中横向钢筋的下部水平段应设置在距钢梁上翼缘 50mm 的范围内。

(4)为了保证承托中的连接件基本上能像在标准推出试验的状态下工作,承托边缘距连接件外侧的距离不得小于 40mm;承托外形轮廓在至连接件根部算起的 45°仰角线之外。

(5)为了保证剪力键可靠工作和有充分的抗掀起能力,连接件抗掀起底面高出横向钢筋下部水平筋的距离 h_{eo} 不得小于 30mm。横向钢筋间距应不大于 $4h_{eo}$,且不大于 300mm。

(6)对于不设承托的组合梁,桥面板中的横向钢筋也应满足第(5)条的构造要求。

三、组合梁的钢梁构造

钢—混凝组合梁中的钢梁构造原则上可参考现行《钢桥规》(JTG D64—2015)中对钢梁的相关构造要求,而《组桥设施规范》(JTG/T D64-01—2015)对此未给出相关的构造规定。

《组桥设计规范》(GB 50917—2013)中对钢梁的最小板厚及加劲肋的设置给出了相应构造规定,在设计中应予以考虑。主要构造要求如下。

1. 钢板的最小厚度及横隔板布置要求

钢梁的翼板厚度不宜小于 16mm,腹板厚度不宜小于 12mm,采用的填板厚度不宜小于 4mm。与混凝土结合的钢梁上翼板宽度不得小于 250mm,并不宜大于其厚度的 24 倍。上翼板与腹板的焊接宜采用熔透 T 字角焊缝。在梁的两端和跨中应布置横隔板或横撑架,其他横隔板或横撑架的布置应根据受力分析决定。

对于不同种类钢板的最小厚度可参考《组桥设计规范》（GB 50917—2013）中的表6.4.2，常用 Q235 和 Q345 钢板的最小厚度可查第三章第八节中的表3-8-1。

2.腹板加劲肋布置的构造要求

（1）腹板竖向加劲肋的间距 a 不得大于腹板高度 h_w 的1.5倍。

（2）仅布置竖向加劲肋时，其间距应满足 $a \leqslant 950t_w/\sqrt{\tau}$，且不应大于2m，其中 τ 为验算梁段的腹板平均剪应力（MPa），$\tau = V/h_w t_w$，V 为板段中间截面的工作剪力。

（3）水平加劲肋和竖向加劲肋共同布置时，竖向加劲肋的间距应满足 $a \leqslant 850t_w/\sqrt{\tau}$。

（4）设置一道纵向水平加劲肋时，宜布置于距受压翼缘 $0.2h_w$ 附近；设置两道纵向水平加劲肋时，应分别布置于距受压翼缘 $0.14h_w$ 和 $0.36h_w$ 附近。

（5）局部压应力很大的梁段，必要时可在受压区布置短加劲肋。

（6）加劲肋伸出肢的宽厚比不得大于15。

（7）当采用单侧加劲肋时，其截面对于按腹板边线为轴线的惯性矩不得小于成对加劲肋对腹板中心线的截面惯性矩。

上述中的 t_w 和 h_w 分别为钢梁腹板的厚度和高度，a 为竖向加劲肋的间距，其几何意义可参见图3-8-1。

关于加劲肋的其他计算要求可参考第三章第八节的相关内容。加劲肋的构造要求是避免发生钢梁局部失稳的必要条件，在实际工程设计中需予以足够的重视。

第三节　组合梁桥的预应力设计要点

一、预应力束的布置与作用

中支点负弯矩区混凝土开裂是钢—混凝土组合连续梁桥的主要缺点之一，施加预应力可有效减小裂缝宽度甚至避免混凝土开裂。钢—混凝土组合梁桥的施加预应力方式有张拉钢丝束（钢绞线）、预加荷载法、支座位移法等，或综合使用以上方法并配合合理的混凝土浇筑顺序，也可采用调整剪力连接件的作用时间等方法。目前桥梁工程中采用最多的施加预应力的方法仍然是张拉预应力钢丝束或钢绞线。

对于钢—混凝土组合连续梁桥，可以采用仅对负弯矩区的混凝土桥面板施加预应力或对全桥布置的曲线、折线预应力束来施加预应力，预应力束可以布置在混凝土桥面板内，即体内预应力束；亦可布置在钢腹板的两侧，即体外预应力束，如图5-3-1所示。

张拉预应力可有效提高截面抗裂性和截面抗弯承载力。由于预应力筋（束）的截面面积较小，其对提高结构的刚度是很有限的。对于连续梁桥，预应力产生的弯矩分为初预矩和次预矩，两者通常是异号的。初预矩取决于预加力的大小和作用点到截面中心的距离，而次预矩则取决于结构的布局。对于确定的截面，常将初预矩和次预矩之和称之为总预矩。对于连续梁桥的中支点截面，通常次预矩与初预矩异号，且小于初预矩，这就意味着对截面施加的初预矩必然会折减一部分而得不到充分发挥。

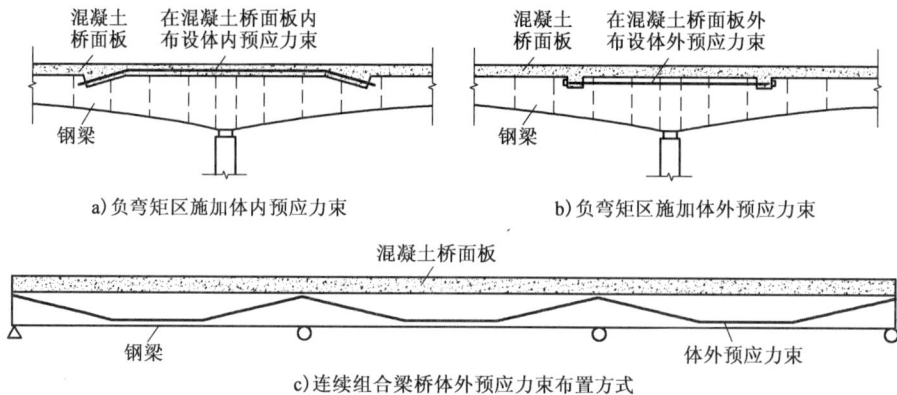

a) 负弯矩区施加体内预应力束　　　　　b) 负弯矩区施加体外预应力束

c) 连续组合梁桥体外预应力束布置方式

图 5-3-1　预应力束的布置形式

对于工程中最常用的负弯矩区体内预应力束形式,见图 5-3-1a),初预矩为正弯矩,对负弯矩区混凝土是有利的;但其在中跨各截面产生的次预矩则为负弯矩,在结构自重和预加力作用下对桥面板混凝土是不利的。因此从抗裂性角度来看,预加力过大对钢—混凝土连续梁桥是不利的。对于箱形截面的钢—混凝土组合连续梁桥,图 5-3-1b)和图 5-3-1c)中的体外预应力钢束通常布置在箱内,主要用以提高混凝土桥面板的抗裂性和截面抗弯承载力。这样布置便于锚头及钢束转向构造的布置,且有利于锚头和预应力钢束的防护和更换。

二、张拉控制应力

对于负弯矩区段的体内预应力短束(筋)和体外预应力长束或短束,因其预应力损失相对较小,应降低张拉控制应力,建议 σ_{con} 按下述方法取值。

混凝土板内预应力钢束或钢绞线:

$$\sigma_{con} \leqslant 0.60 f_{pk} \qquad (5\text{-}3\text{-}1)$$

体外预应力钢束或钢绞线:

$$\sigma_{con} \leqslant 0.60 f_{pk} \qquad (5\text{-}3\text{-}2)$$

混凝土板内预应力螺纹钢筋:

$$\sigma_{con} \leqslant 0.70 f_{pk} \qquad (5\text{-}3\text{-}3)$$

上述式中 σ_{con} 为预应力钢束(筋)的张拉控制应力;f_{pk} 为预应力钢筋(束)的抗拉强度标准值,按表 1-4-8 取值。

针对【例 3-3】的分析表明,对于钢—混凝土组合连续梁桥,在负弯矩区的短束施加预加力不宜过大,否则会因其预应力损失较小而降低中支点负弯矩区段由预应力束(筋)应力控制的截面弹性抗弯承载力。减少该区段预加力的方法有两种:一是减少预应力布束,二是降低预应力筋(束)的张拉控制应力。前者是经济的,但对提高中支点截面的弹性抗弯承载力效果不明显;后者效果明显,但因张拉控制应力降低而使得预应力筋材料的利用率有所降低。

因此有理由认为,对于钢—混凝土组合连续梁桥的中支点截面,采用预应力钢筋(束)的方法提高桥面板混凝土的抗裂性时,预筋的抗拉强度是不能充分发挥的,除非放宽预应力筋应力 $0.6 f_{pk}$ 的限值。

三、预应力损失计算要点

当组合梁采用张拉有黏结预应力束的预应力施加方法时,应考虑预应力束的预应力损失,预应力损失可按《公路钢筋混凝土及预应力混凝土桥涵设计规范》(JTG 3362—2018)的有关规定按照后张法计算。

预应力损失计算时,摩阻损失 σ_{L1}、锚具变形损失 σ_{L2} 和松弛损失 σ_{L5} 可直接采用混桥规范的方法计算。其中,对于负弯矩区布束时因预应力钢束较短,其摩阻损失 σ_{L1} 的数值相对较小,而锚具变形损失 σ_{L2} 的数值则因预应力筋较短而相对较大。

由分批张拉引起的弹性压缩损失主要是指后张拉钢束引起先张拉钢束中的弹性压缩而引起的预应力损失,记为 σ_{L4}。通常会有第一批张拉钢束的损失最大,而最后一批张拉钢束的损失最小。分批张拉引起的弹性压缩损失 σ_{L4} 原则上可按下述方法估算:

$$\sigma_{L4} = \frac{1}{m}\sum_{n=1}^{m}\left(\frac{N_{pi}}{A_{sr0}} + \frac{M_{pi}e_{pi}}{I_{sr0}}\right) \tag{5-3-4}$$

式中:m——对同一截面张拉的预应力钢束的总批数;

N_{pi}——后张法中第 i 批预应力钢束的预加力,应扣除相应的预应力损失 σ_{L1} 和 σ_{L2};

A_{sr0}、I_{sr0}——中支点全截面换算截面面积和惯性矩,按式(3-2-2)和式(3-2-3)计算;

e_{pi}——中支点截面第 i 束预应力钢筋重心到换算截面重心轴的距离,$e_{pi}=h-a_{pi}-y_{sr0}$;

h——组合梁的高度;

a_{pi}——第 i 束预筋截面重心到组合梁全截面换算截面重心的距离;

y_{sr0}——中支点全截面换算截面重心到钢梁下边缘的距离,见式(3-2-1);

M_{pi}——张拉第 i 束预应力筋引起的计算截面的总预矩,可按下式计算:

$$M_{pi} = N_{pi}e_{pi} + M_{p2i} \tag{5-3-5}$$

式中:M_{p2i}——张拉第 i 束(批)预筋引起的计算截面的次预矩。

式(5-3-4)中,分批张拉引起的弹性压缩损失 σ_{L4} 的计算结果相当于 m 批钢束中预应力损失的平均值。在实际工程设计中,当按图5-3-1a)和5-3-1b)的方式配束时,中支点截面上各束预应力钢筋重心到换算截面重心轴的距离 e_{pi} 通常是不变的,而分 m 批张拉钢束的预加力 N_{pi} 会因钢束配置的不同而不同,并导致其产生次预矩 M_{p2i} 和总预矩 M_{pi} 发生变化。

在借助有限元方法设计、计算模拟时,各钢束的预加力 N_{pi} 往往是一次加到计算模型上。因此,为寻求各批钢束引起的次预矩和总预矩,需将施工阶段细划并重复多次计算,这将十分不便。在此情况下,可提取将全部预应力钢束一次施加到结构上得到的总预矩 M_p 和轴力 N_p,不考虑分批张拉影响,并按第三章第三节所列截面弹性抗弯承载力计算方法估算中支点截面的弹性压缩损失,即近似式(3-3-26),在此记为式(5-3-6):

$$\sigma_{L4} = \left[\frac{M_p}{I_{sr0}}(h-a_p-y_{sr0}) + \frac{N_p}{A_{sr0}}\right] \tag{5-3-6}$$

对于承受正弯矩的连续组合梁的跨中截面,通常初预矩 $N_{pi}e_{pi}$ 为零,轴力 N_p 为零,因此有 $M_p=M_{P2}$,即总预矩就等于次预矩。计算中应将中支点全截面的换算截面几何性质 y_{sr0}、A_{sr0} 和 I_{sr0} 取为跨中换算截面的几何性质 y_{0U}、A_0 和 I_0,并视中性轴的位置由式(2-1-11)~式(2-1-13)或式(2-1-14)~式(2-1-16)计算。

在实际工程应用时,式(5-3-6)中的 M_p 和 N_p 通常是未知的。根据对【例3-1】的算例分析,当取 $\sigma_{con}=(0.50\sim0.75)f_{pk}$ 时,σ_{L4} 的变化范围有限,在(35~40)MPa。因此在设计时可在上述范围内假定 σ_{L4} 数值;而在中支点截面验算时可按式(5-3-6)估算预筋的弹性压缩损失。

对于施加预应力的简支组合梁桥的跨中截面,因静定结构不存在次预矩 M_{P2},因此有总预矩等于初预矩,即 $M_{\mathrm{p}} = N_{pi}e_{pi}$。此时,预加力引起的轴力 N_{p} 应作为截面抗力的一部分考虑。

当组合梁采用张拉无黏结预应力束施加预应力时,应考虑无黏结预应力束与转向装置的摩擦滑动影响。计算预应力束内力时,因平截面假定已不成立,应根据预应力束与全梁的变形协调条件计算确定。

当组合梁采用预加荷载法或支点位移法等其他施加预应力的方法时,参见本章第八节,应按弹性方法计算钢梁变形引起的预应力损失。

四、桥面板混凝土收缩、徐变对预应力损失的影响

混凝土收缩、徐变引起的预应力损失 σ_{l6} 目前尚无成熟、简便的计算方法。对于钢—混凝土组合连续梁桥,在自重、恒载作用下,跨中正弯矩作用区段的混凝土桥面板承受一定的压应力,但在这一区段通常没有预应力钢束,不存在徐变损失。对于中支点承受负弯矩作用的区段,在自重、恒载及预应力作用下,桥面板混凝土内设置预应力钢束,施加的预应力主要用以抵消自重、恒载引起的拉应力,并应储备一定的压应力,以抵消活载引起的拉应力,而这部分压应力数值通常是有限的,因此由其引起的预应力筋(束)的徐变损失也是有限的。

桥面混凝土收缩是客观存在的,但可以通过分段预制桥面板,推迟其安装时间的施工方法将其明显地减小,因此桥面板后期的收缩量也可以是有限的。混凝土的收缩作用时间应以桥面板混凝土与钢梁结合后开始。对于一阶段受力的钢—混凝土组合梁桥,混凝土徐变作用的时间应为落架的时间;对于二次受力的组合梁桥,则以二期恒载作用时间开始。

混凝土桥面板的截面刚度远小于钢梁的截面刚度,钢梁通过连接件将会抑制混凝土的收缩、徐变,况且桥梁二期恒载作用相对较小,因此对于采用预制混凝土桥面板的组合梁桥可忽略由收缩、徐变引起的预应力损失。

总之,桥面板混凝土收缩、徐变的初始时间通常是认为可控的,只要保持足够长的预制、安装桥面板的时间,就可有效地减少预应力钢筋(束)的收缩、徐变损失。

混凝土收缩、徐变对组合梁截面应力及刚度的影响可以钢与混凝土的长期弹性模量比 n_{L} 的方式考虑,参见第二章第一节。

【例 5-1】 试根据图 3-2-3 和【例 3-1】中的表 3-2-1 的预应力布束及表 3-2-3 的截面几何尺寸和参数,估算预应力钢束的应力损失。

解:由[例 3-1]可知,该桥中支点(2 号支点)布置了 24 束 9 – 15.2mm 的 1860 低松弛预应力钢绞线,钢绞线的弹性模量 $E_{\mathrm{p}} = 1.95 \times 10^5 \mathrm{MPa}$。采用预埋塑料波纹管形成预应力管道,两端一次张拉工艺。预应力钢束采用直线布束,在纵桥向的投影长度为 27m,两端锚固区的钢束转角均为 10°。按 JTG D62—2016(报批稿)取用孔道摩阻系数 $\mu = 0.17$,孔道偏差系数 $k = 0.0015$,一个锚头的回缩值为 $\Delta l = 6\mathrm{mm}$,并计算预应力损失 σ_{l1}、σ_{l2} 和 σ_{l5},预应力总损失 σ_l 及其有效预应力 σ_{pe}。

(1)张拉控制应力

按公式(5-3-1)取用钢绞线的张拉控制应力,有:
$$\sigma_{\mathrm{con}} \leqslant 0.55 f_{\mathrm{pk}} = 0.55 \times 1860 = 1023(\mathrm{MPa})$$
在实际张拉时,近似按 $\sigma_{\mathrm{con}} = 1023\mathrm{MPa}$ 控制。

(2)预应力钢筋与管道间摩擦引起的预应力损失:
$$\sigma_{l1} = \sigma_{\mathrm{con}}[1 - \mathrm{e}^{-(\mu\theta+kx)}] = 1020 \times [1 - \mathrm{e}^{-(0.17\times\frac{\pi}{18}+0.0015\times13.5)}] = 49.6(\mathrm{MPa})$$

（3）锚具变形、钢丝回缩引起的预应力损失：

$$\sigma_{l2} = \frac{\sum \Delta l}{l} E_p = \frac{6 \times 2}{27.0 \times 10^3} \times 1.95 \times 10^5 = 86.7(\text{MPa})$$

（4）在本算例中因预应力引起的总预矩和轴力均为已知（表 3-2-1），故预应力钢筋分批张拉时混凝土弹性压缩引起的预应力损失可直接按式（3-3-26）估算：

$$\sigma_{l4} = \left[\frac{M_p}{I_{sro}}(h - a_p - y_{sro}) + \frac{N_p}{A_{sro}} \right]$$

$$= \left[\frac{5583 \times 10^{-3}}{0.296} \times (1.755 - 0.15 - 1.272) + \frac{26872 \times 10^{-3}}{0.830} \right] = 38.7(\text{MPa})$$

（5）钢筋松弛引起的预应力损失：

$$\sigma_{l5} = \psi\zeta \left(0.52 \frac{\sigma'_{pe}}{f_{pk}} - 0.26 \right) \sigma'_{pe}$$

其中参数取值如下：采用一次张拉工艺，取 $\psi = 1.0$；按 II 级松弛钢绞线，取 $\zeta = 0.3$：

$$\sigma'_{pe} = \sigma_{con} - \sigma_{l1} - \sigma_{l2} - \sigma_{l4} = 1200 - 58.4 - 86.7 - 38.7 = 1016.2(\text{MPa})$$

$$\sigma_{l5} = \psi\zeta \left(0.52 \frac{\sigma'_{pe}}{f_{pk}} - 0.26 \right) \sigma'_{pe}$$

$$= 1.0 \times 0.3 \times \left(0.52 \times \frac{1016.2}{1860} - 0.26 \right) \times 1016.2 = 7.3(\text{MPa})$$

（6）预应力总损失与有效预应力：

$$\sigma_l = \sigma_{l1} + \sigma_{l2} + \sigma_{l4} + \sigma_{l5} = 58.4 + 86.7 + 38.7 + 7.3 = 191.1(\text{MPa})$$

$$\sigma_{pe} = \sigma_{con} - \sigma_l = 1200 - 191.1 = 1008.9(\text{MPa})$$

该算例的计算结果表明，在不计混凝土收缩、徐变损失的情况下，预应力损失占张拉控制应力的比值仅为：

$$\frac{\sigma_l}{\sigma_{con}} = \frac{173.1}{1020} = 17.0\%$$

分析上述损失的计算结果不难发现，对于负弯矩区段的预应力钢筋布束时，由于钢束的长度相对较短且直线布束，因而其摩阻损失很小，而锚具变形损失较大，但预应力的总体损失量相对较小，仅为张拉控制应力的 17%，远小于一般混凝土梁桥预筋的应力损失值。在此情况下，若采用的张拉控制应力较大时，在承载能力极限状态下由预应力钢束强度设计值 $f_p = 1260\text{MPa}$ 控制的截面弹性抗弯承载力是难以通过验算的。这也间接地证明了降低预应力钢束张拉控制应力的必要性。

第四节　组合梁桥的抗倾覆问题

一、倾覆及其发生机理

随着近些年国内多起桥梁垮塌事故的发生，桥梁工程界开始重视整体式箱梁桥的倾覆问题，桥梁倾覆计算应属于承载能力极限状态的范畴。桥梁倾覆通常是指整体式箱梁桥在偏载作用下发生绕某一倾覆轴线转动,达到或超过某临界状态而失去平衡,进而导致桥梁破坏的现象。桥梁倾覆可分为两种主要的临界状态:一是在偏载作用下梁体作为刚体绕某一倾覆轴线转动达到临界状态;二是在偏载作用下梁体某些部分产生较大转角引起约束条件及平衡条件改变,恒载由稳定效应逐渐变为倾覆效应而达到临界状态。

在偏载作用下,整体式钢—混凝土组合箱梁桥因其自重较轻、支座压力较小更易发生倾覆。尤其是位于中等半径平曲线上的钢—混凝土组合箱梁桥,若出现超载,在弯扭耦合作用下,加之支座布置不当,更容易发生倾覆。图5-4-1、图5-4-2给出了国内某桥及印度某桥发生倾覆事故的图片。

图5-4-1 国内某桥梁发生倾覆

图5-4-2 印度西姆拉州某桥梁倾覆事故

一般情况下,连续梁桥各墩顶横向均采用双支座布置的梁体倾覆主要是第一种状态。而边墩采用双支座,中墩采用单支座的连续梁桥可能发生第二种状态。第一种状态的验算较为直观、简单,采用简单的力学平衡公式即可解决。第二种状态的倾覆过程较为复杂,涉及某一单向受压支座脱空、单向受压支座陆续脱空、箱梁扭转失稳临界状态、箱梁扭转失稳和支座及下部结构连带损坏等复杂过程,应以控制约束条件的有效性及控制中支点处梁体横向转角限值来解决。具体控制条件如下:

(1)在最不利的荷载作用的标准值组合下,支承不得出现脱空。

(2)在抗倾覆系数 γ_{qf} 倍的倾覆作用与自重标准值组合下,任一点支承处梁体的横向转角一般不得超过 1/50。

综合我国实际运营车辆与设计汽车荷载的相互关系,《组桥设计规范》(GB 50917—2013)与《混桥规》(JTG 3362—2018)中均明确规定抗倾覆系数 γ_{qf}(或 k_{qf})的取值不应小于2.5。

二、抗倾覆计算方法

1.《组桥设计规范》(GB 50917—2013)中给出的钢—混凝土组合梁桥抗倾覆验算方法

《组桥设计规范》(GB 50917—2013)中给出的桥梁抗倾覆计算方法如下:

$$\gamma_{qf}S_{sk} \leq S_{bk} \qquad (5\text{-}4\text{-}1)$$

式中:γ_{qf}——抗倾覆稳定系数,不应小于2.5;

S_{sk}——不平衡作用效应的标准组合;

S_{bk}——平衡作用效应的标准组合。

计算倾覆稳定的汽车荷载及组合应符合下列规定：

（1）验算倾覆稳定的汽车荷载应采用现行行业标准《公路桥涵设计通用规范》（JTG D60）或《城市桥梁设计规范》（CJJ 11）中的车道荷载，其中集中荷载标准值应乘以 1.2 的系数。

（2）汽车荷载横向应按相应规范的最不利位置布置，多车道桥梁汽车荷载产生的效应不得折减。

（3）汽车荷载应计入冲击作用。

（4）应计入风荷载与汽车荷载的共同作用。

在实际桥梁抗倾覆验算中，同向两车道以上的折减，对倾覆计算影响不大，折减系数偏安全地取为 1.0，即不折减；与汽车荷载同时作用的风荷载可按工程所在地 10 年一遇及 25m/s 风速的较小值计算。

2.《混桥规》（JTG 3362—2018）中给出的混凝土桥梁的抗倾覆计算方法

《混桥规》（JTG 3362—2018）给出的计算原理与抗倾覆系数《组桥设计规范》（GB 50917—2013）是一样的。其具体规定如下：

（1）在作用基本组合下，单向受压支座应始终保持受压状态。

（2）在作用标准值组合下，整体式截面简支梁或连续梁的作用效应应符合下式要求：

$$\frac{\sum S_{bk,i}}{\sum S_{sk,i}} \geqslant k_{qf} \tag{5-4-2}$$

式中：k_{qf}——横向抗倾覆稳定性系数，取 $k_{qf}=2.5$；

$\sum S_{bk,i}$——使上部结构稳定的效应设计值；

$\sum S_{sk,i}$——使上部结构失稳的效应设计值。

三、抗倾覆构造要点

总结近期国内发生的桥梁倾覆事故及考虑工程实践，对于整体式钢—混凝土组合箱梁桥，下列构造措施可供桥梁抗倾覆设计时参考：

（1）对于整体式钢—混凝土组合单室箱梁桥，全桥采用双支座的连续梁桥的抗倾覆性能要优于仅在梁端设置双支座、在中墩设置单支座的情况。

（2）整体式单室箱梁的双支座间的中心距一般不宜小于 3.2m，可增加抗扭支座间的力臂，进而提高支座的抗扭约束的有效性并提高组合梁桥的抗倾覆能力。

（3）用于公路立交匝道桥，尤其是无人行道匝道桥的整体式单室箱梁，其悬臂长度不宜大于 2.5m，以减小倾覆力矩的力臂，进而减小倾覆作用。

（4）对于采用梁端双支座、中墩单支座的钢—混凝土组合箱梁的匝道桥（包括直线和曲线型桥梁），梁端的外侧支座不宜采用双向滑动支座，且支座两侧应设置具有一定强度的防滑动挡块，挡块与梁体边缘的净间距不宜大于 10cm。

（5）对于曲线形连续箱梁匝道桥，应视梁端支座承受压力的大小在箱内增设配重，以增加端支座上的反力，进而间接提高其抗倾覆能力。通常配重可采用在钢箱内浇筑混凝土、设置预制混凝土块体或钢锭等方法。

第五节 组合梁桥的耐久性问题

一、耐久性的一般要求

桥梁的设计使用年限是桥梁耐久性设计的重要依据,应根据公路及城市道路的等级、桥涵分类、桥梁的技术等级和桥梁的重要性确定。桥梁的设计使用年限可参考《公路工程技术标准》(JTG 3362—2018)或《公路桥涵设计通用规范》(JTG D60—2015)的相关规定,并考虑桥梁拥有者的需求确定。

钢—混凝土组合梁桥的上部结构主要由混凝土桥面板、钢梁及两者间的剪力连接件组成。因此组合梁桥的耐久性主要决定于这三大部分的耐久性。桥梁下部结构的耐久性设计应参照《混桥规》(JTG 3362—2018)及行业其他相关规范进行。

钢—混凝土桥梁结构耐久性应根据桥梁的设计使用年限、环境类别及其作用等级进行设计。钢—混凝土组合梁桥的钢梁、混凝土桥面板及连接件构成了桥梁的主体结构。但通常情况下,钢梁是不可更换的主体结构,虽承受环境腐蚀和疲劳作用,但其设计使用寿命是可控的。而混凝土桥面板因其厚度较小,且受桥面盐蚀的影响及车辆荷载的作用,其实际使用寿命会低于钢梁;承受剪力为主的连接件因钢材的抗剪强度低且承受异号剪切作用,其疲劳寿命相对较低。根据美国中小跨径钢—混凝土组合梁桥的养护资料,组合梁桥面板的预期使用寿命在30～40年,即混凝土桥面板和抗剪连接件的使用寿命应明显低于钢梁的设计使用寿命,可视其为寿命较长的可更换构件。

钢—混凝土桥梁结构耐久性设计应包括以下内容:

(1)应明确结构的设计使用年限,并列出结构各主要构件和部件的使用年限明细表。

(2)明确结构所处的环境类别及其作用等级。

(3)提出结构耐久性要求的原材料品质、耐久性指标及相关的重要参数和要求。

(4)明确结构耐久性要求的构造措施,包括钢筋的混凝土保护层厚度等。

(5)提出与结构耐久性要求有关的主要施工工序、工艺和控制措施。

(6)明确与结构耐久性有关的跟踪检测和养护、维修要求。

当钢—混凝土桥梁结构处于严重腐蚀环境作用时,应采取必要的附加防腐蚀措施,必要时可采取多重防护对策,在一种措施失效后启动下一种措施,也可采用多种防腐措施同时作用、共同工作。

二、混凝土桥面板的耐久性要求

桥面板混凝土的耐久性应根据桥梁所处的环境分类及受力要求确定其最低强度等级。《混桥规》(JTG 3362—2018)给出了公路桥涵混凝土结构所处的环境类别划分方法,参见表5-5-1;对于不同的环境类别的混凝土最低强度等级要求还与结构的设计使用年限有关,参见表5-5-2。

公路桥涵混凝土结构所处环境类别划分   表 5-5-1

环 境 类 别	条 件
Ⅰ类——一般环境	仅受混凝土碳化影响的环境
Ⅱ类——冻融环境	受反复冻融影响的环境
Ⅲ类—海洋氯化物环境	受海洋环境下氯盐影响的环境
Ⅳ类—除冰盐等其他氯化物环境	受除冰盐等盐影响的环境
Ⅴ类—盐结晶环境	受混凝土孔隙中硫酸盐结晶膨胀影响的环境
Ⅵ类—化学腐蚀环境	受侵蚀性物质影响的环境
Ⅶ类—磨蚀环境	受风、水流或水中夹杂物的摩擦、切削、冲击等作用的环境

混凝土强度等级最低要求   表 5-5-2

环 境 类 别	设计使用年限	
	100 年	50 年、30 年
Ⅰ类——一般环境	C30	C25
Ⅱ类——冻融环境	C35	C30
Ⅲ类—海洋氯化物环境	C35	C30
Ⅳ类—除冰盐等其他氯化物环境	C35	C30
Ⅴ类—盐结晶环境	C40	C35
Ⅵ类—化学腐蚀环境	C40	C35
Ⅶ类—磨蚀环境	C35	C30

《组桥设施规范》(GB 50917—2013)中规定了组合梁桥面板混凝土所用的强度等级不应低于下列要求:钢筋混凝土构件不应低于 C30;预应力混凝土构件不应低于 C40。该项要求高于表 5-5-2 中对于设计使用年限为 30 年和 50 年的出于耐久性考虑的最低要求。主要是因为桥面板混凝土既承受环境因素的腐蚀作用,还承受由车辆荷载引起的疲劳作用。作为行车道板的组合梁混凝土桥面板中净保护层厚度不宜小于 15mm,尤其是直接接触大气作用的混凝土板的下缘保护层。当在混凝土表面采取附加防腐蚀、防冻及其他增强措施时,应明确附加措施所用主要材料的性能指标以及相应的有效防护年限。

三、钢梁的耐久性要求

组合梁的钢梁耐久性主要是钢结构防腐蚀问题。钢梁常采取的防腐措施,一种是隔离措施,即采用一定材料包覆在待保护材料表面,使之与水、氧气等产生腐蚀的物质隔离,以达到防腐蚀的目的。另一种措施是根据腐蚀微电池的原理,人为提高待保护材料的电位,使之处于电位较高的一极,从而达到保护的目的。

钢梁耐久性设计中常采用的防腐措施包括耐候钢、热浸锌、热喷涂铝(锌)复合涂层、涂层法、牺牲阳极阴极保护法、外加电流阴极保护法、内部除湿系统等。钢梁防腐蚀设计文件应提出表面预处理的质量要求,包括对表面清洁度和表面粗糙度两项指标做出明确规定。确定钢梁的耐久性措施时,应综合考虑桥梁全寿命周期的经济性。特殊重要而且维修困难的钢结构局部部位可采取在喷、镀金属层上再刷防腐蚀涂料的复合面层等防护措施。组合梁等重要钢构件的焊缝应采用连续焊缝,闭口截面杆件的端部宜封闭,以避免潮湿空气进入。

钢梁的防腐设计可参照《公路桥梁钢结构防腐涂装技术条件》(JTT 722—2008)、《工业建筑防腐蚀设计规范》(GB 50046—2008)或《建筑防腐蚀工程施工规范》(GB 50212—2014)中的相关规定进行。

四、钢混凝土结合面、连接件及其他耐久性要求

混凝土桥面板底面与钢梁顶面应尽量密贴,防止水汽进入,以免腐蚀钢梁及抗剪连接件。

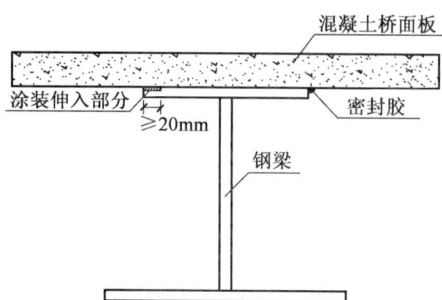

图 5-5-1　防腐涂装及密封示意图

当两者间有施工缝隙时,应采取措施弥补,例如增加混凝土砂浆垫层。应从混凝土垫层的配制、构造要求及施工工艺等方面防止接触面脱空。当钢梁顶板发生锈蚀时,应除去接触面钢板的氧化皮。组合梁钢梁的防腐范围伸入钢混结合面应不小于 20mm,参见图 5-5-1。

焊钉连接件表面应无锈蚀、氧化皮、油脂和毛刺等缺陷。其钉杆表面不允许有影响使用的裂缝。焊钉连接件可不作表面处理。开孔板连接件表面处理可参见钢结构防腐设计的有关规定。抗剪连接件的性能,特别是栓钉防锈蚀性能和抗疲劳性能,对钢—混凝土结构梁桥的耐久性影响较大。在保证焊缝质量的前提下,应重视栓钉连接件的防水、防潮湿构造细节和抗疲劳性能的设计。

对组合梁的耐久性设计,应考虑施工质量控制与质量保证对结构耐久性的影响,应考虑结构使用过程中的维修与检测要求。在进行钢—混凝土桥梁结构耐久性设计时,应通过合理的构造措施,使桥梁表面雨水尽快和完全地排出,避免将水扩散到桥梁的其他构件,防止路面层、防水层和桥面伸缩装置等各种连接部位的渗漏所造成的局部环境作用。同时,箱形截面需考虑箱内排水措施。

第六节　组合梁桥的其他计算问题

《钢桥规》(JTG D64—2015)中给出了支承处加劲肋及组合梁钢梁承受弯矩和剪力共同作用下的复杂应力状态的验算方法。《组桥设计规范》(GB 50917—2013)中也给出了后者的算法可供设计和使用。上述计算中,均应按承载能力极限状态下的基本组合取其作用效应的设计值,控制指标均取其材料强度设计值,并按弹性方法进行分析和验算。

1. 支承加劲肋计算

对于桥梁支座的中支点和边支点截面,由于支座反力数值较大,钢梁在支座处会产生较大的局部压力,因此在这些截面的钢梁底板上须采取局部构造加强。

由于支座反力或集中力的局部作用将在钢梁腹板中产生较大的局部压应力 σ_c,局部压应力有可能导致钢梁腹板局部失稳,进而诱发钢梁整体失稳,因此在局部稳定性计算中,必要时应考虑支承加劲肋局部承压能力的影响。钢梁支座反力 R、应按自重、二期恒载及活载支反力作用的基本组合计算,反映的是在承载能力极限状态下的弹性局部承压状态。应满足下列要求:

$$\gamma_0 \frac{R_{\mathrm{v}}}{A_{\mathrm{s}} + B_{\mathrm{eb}}t_{\mathrm{w}}} \leqslant f_{\mathrm{cd}} \tag{5-6-1}$$

$$\gamma_0 \frac{2R_{\mathrm{v}}}{A_{\mathrm{s}} + B_{\mathrm{ev}}t_{\mathrm{w}}} \leqslant f_{\mathrm{d}} \tag{5-6-2}$$

式中：R_{v}——按自重、二期恒载及最不利活载反力作用计算的基本组合设计值；

$\quad\gamma_0$——桥梁结构重要性系数；

$\quad A_{\mathrm{s}}$——支承加劲肋面积之和；

$\quad t_{\mathrm{w}}$——钢梁腹板厚度；

$\quad B_{\mathrm{eb}}$——腹板局部承压有效计算宽度，$B_{\mathrm{eb}} = B + 2(t_{\mathrm{f}} + t_{\mathrm{b}})$；

其中：B——上支座宽度；

$\quad t_{\mathrm{f}}$——钢梁下翼板的厚度；

$\quad t_{\mathrm{b}}$——支座垫板厚度；

$\quad B_{\mathrm{ev}}$——按式(5-6-3)、式(5-6-4)计算的腹板有效宽度，参见图5-6-1。

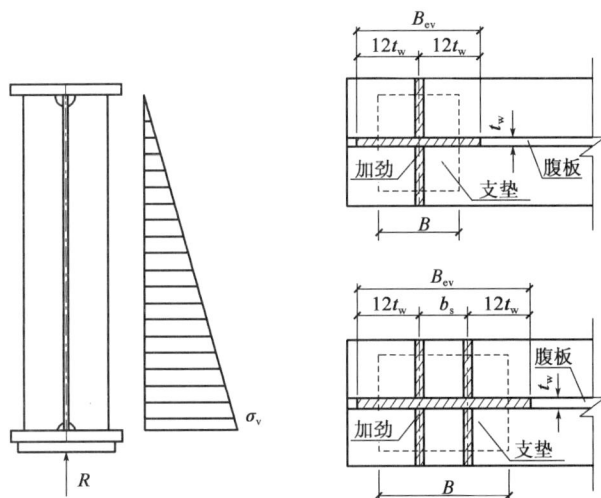

图 5-6-1　支承加劲肋的腹板有效计算宽度

当设置一对支承加劲肋并且加劲肋距梁端距离不小于2倍腹板厚度时，有效宽度按24倍腹板厚度计算；设置多道支承加劲肋时，按每对支承加劲肋求得的有效计算宽度之和计算，但相邻支承加劲肋之间的腹板有效宽度不得大于加劲肋间距。即有：

$$B_{\mathrm{ev}} = (n_{\mathrm{s}} - 1)b_{\mathrm{s}} + 24t_{\mathrm{w}}, (b_{\mathrm{s}} < 24t_{\mathrm{w}}) \tag{5-6-3}$$

$$B_{\mathrm{ev}} = 24n_{\mathrm{s}}t_{\mathrm{w}}, (b_{\mathrm{s}} \geqslant 24t_{\mathrm{w}}) \tag{5-6-4}$$

式中：n_{s}——支承加劲肋的对数；

$\quad b_{\mathrm{s}}$——支承加劲肋间距；

式中其他符号意义同前。

式(5-6-3)是对局部承压区混凝土强度的控制，而式(5-6-4)则是对支座附近钢腹板局部承压即局部稳定性的控制，两个条件均需满足。

2. 钢梁腹板复杂应力作用下的弹性承载力验算

组合梁的钢梁腹板上通常作用有正应力 σ 和剪应力 τ 的共同作用，在复杂应力作用下钢

腹板的弹性承载力可按《钢桥规》(JTG D64—2015)中给出的下式进行验算:

$$\gamma_0 \sqrt{\left(\frac{\sigma_x}{f_d}\right)^2 + \left(\frac{\tau}{f_{vd}}\right)^2} \leqslant 1.0 \qquad (5\text{-}6\text{-}5)$$

式中:σ_x——指在承载能力极限状态下,由作用效应基本组合的截面弯矩 M_d 作用下所需截面验算点的正应力,可参考第二章第二节或第三章第二节的方法计算;

τ——由作用效应基本组合的剪力设计值 V_d 引起的钢梁所需截面验算点的剪应力,可按式(2-3-1)计算;

f_d、f_{vd}——钢板材料抗压和抗剪强度设计值,可由表1-4-2查取。

在复杂应力作用下的验算点通常应选择弯矩和剪力都比较大的计算截面,例如中支点组合截面或其他需要验算的截面上,钢梁截面重心、钢梁腹板与上、下翼缘板的过渡点等。值得强调的是,上式中的 σ_x 和 τ 应为由同种荷载工况作用下,同一计算截面和同一点验算点的正应力和剪应力。

当式(5-6-5)验算不能通过时,应采取钢腹板局部加强措施,例如增加钢梁腹板厚度、在腹板上增设纵向或竖向加劲肋或加劲板等。

3. 钢梁承受弯矩和剪力共同作用的应力验算

当组合梁的钢梁承受弯矩、剪力共同作用时,组合截面的抗剪承载力随截面所承受的弯矩的增大而减小。由于截面抗力计算基于弹性分析方法,因而根据第四强度理论,以最大折算应力的方式考虑组合梁的钢梁在弯剪共同作用下的应力验算。《组桥设计规范》(GB 50917—2013)中规定按下式验算钢梁腹板上的最大折算应力:

$$\sigma_{max} = \sqrt{\sigma^2 + 3\tau^2} \leqslant 1.1f_d \qquad (5\text{-}6\text{-}6)$$

式中:σ_{max}——钢梁腹板最大折算应力;

σ、τ——在同一验算截面上,由同一作用效应的标准组合下弯矩设计值 M_d 和剪力设计值 V_d 分别引起的同一验算点的正应力和剪应力;

f_d——钢材抗拉强度设计值。

式(5-6-6)中的1.1为计算折算应力的强度设计值增大系数,主要考虑折算应力通常为一个局部区域,故钢材的强度设计值可以适当提高,并参照《钢结构设计规范》(GB 50017—2003)取值。

式(5-6-5)与式(5-6-6)虽然具有相同的物理意义,但基于的计算理论不同。前式中考虑了局部稳定的影响,对应的是承载能力极限状态;而后者是基于第四强度理论,认为材料在正应力和剪应力作用下仍处于弹性状态,对应的是正常使用极限状态。两者的相同点是均强调了前述的两种应力的"三同"问题,即同一截面、同一验算点,并由同一作用效应引起。但前者采用的是基本组合下的作用效应,实质是抗力验算;而后者则是标准值组合作用下的应力验算。

4. 关于结构连接的计算问题

钢—混凝土组合梁桥的钢梁是承担桥梁荷载的主体,其连接方式仍可分为焊接、螺栓连接及铆钉连接三种方式。钢梁的焊接构造、螺栓构造、铆钉连接构造以及相关的计算方法可直接参照现行《钢桥规》(JTG D64—2016)的有关要求。

螺栓通常分为高强螺栓和普通螺栓两种。高强螺栓通常用于主要结构和构件的连接,而普通螺栓连接则常用于桥梁的次要构件和施工中临时结构的连接,其相关构造及计算方法在此不作介绍。

第七节 钢—混凝土组合梁桥设计的改进措施

根据前述对钢—混凝土组合梁桥结构的论述可知,这种结构具有独特的优点,例如,结构重量轻、跨越能力大、施工速度快、造型美观、节约钢材等。也正是这些优点,使得这种结构在我国桥梁工程中得到了迅速的发展,并且已成为城市大跨径桥梁的主要选择之一。

但在钢—混凝土组合梁桥推广应用的过程中也暴露出其结构特性方面存在的弱点或问题。主要体现在以下三个方面:其一,对于钢—混凝土组合简支梁桥,混凝土桥面板在无支架施工的情况下,只承担桥面二期恒载和活荷载的作用,不能充分发挥其抗压强度。如采取有支架施工,势必造成施工费用的增加,显然这两者是矛盾的。其二,对于钢—混凝土组合连续梁桥,在中支点负弯矩区段,由于负弯矩的作用可能使桥面板混凝土产生拉应力,甚至开裂漏水,引起箱内锈蚀,进而影响结构的耐久性。其三,负弯矩的作用也有可能引起钢梁发生总体失稳或局部失稳,进而引起结构的承载能力降低。针对上述结构性能方面的弱点,我们可以采取针对性的技术措施加以改进。

一、挖掘简支梁混凝土桥面板承载潜力的技术措施

使混凝土桥面板抵抗全部结构自重、二期恒载作用的最简单方法是在布满支架的工作面上建造简支组合梁。在混凝土桥面板结硬后一次落架,这样就可以使组合梁的全截面承担全部恒载和活载,使桥面板的承载潜力发挥出来。如果按此设计,可使结构材料略有节约,但施工费用将有所增加。

为更有效地利用混凝土桥面板的承载力,以达到更好的总体经济目的,可以在简支桥跨的中央设置临时支墩,这也是比较常用而且很有效的施工方法,见图5-7-1。

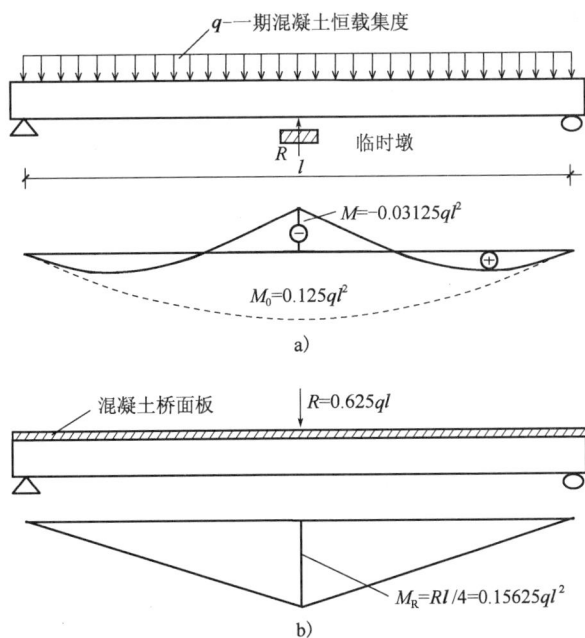

图 5-7-1 设临时中墩的弯矩变化图式

在支好临时中墩的钢梁上浇筑混凝土桥面板,此时在中支墩截面上由钢梁承担一期恒载集度 q 引起的负弯矩 $M = -0.03125ql^2$,见图 5-7-1a)。桥面板混凝土结硬后,撤去临时中墩,相当于对简支梁跨中施加中支墩的反力 $R = 0.625ql$。由此引起的跨中弯矩增量为 $M_R = 0.15625ql^2$,见图 5-7-1b)。

尽管跨中截面叠加后的弯矩与不加临时中墩时产生的弯矩是相等的,即 $M_0 = M_R - M = 0.125ql^2$,但 M_R 是由组合截面承担的。M_R 使得跨中混凝土桥面板受压,而钢梁受拉。由于在负弯矩 M 作用下,钢梁下缘已储存了压应力,因而最终钢梁下缘的拉应力必有所减小。这说明,设置临时中墩可改善组合梁跨中截面的内力分布,利用了桥面板混凝土的承压能力,并可以使钢材用量有所减少。

二、减小中支点负弯矩影响的技术措施

在实际桥梁工程中,一般不容许中支座负弯矩区混凝土桥面板产生拉应力或开裂,以确保结构的耐久性。针对钢—混凝土组合连续梁桥的中支点负弯矩区段,可以采用如下技术措施以减小或克服其不利影响。

1. 调整混凝土浇筑顺序方法

对于中、小跨径的钢—混凝土组合连续梁,在无支架施工的条件下,当一期恒载所占比重较大且活载等级较低时,可以调整混凝土桥面板的浇筑顺序,以三跨连续梁为例,可参见图 5-7-2 中的混凝土浇筑顺序。

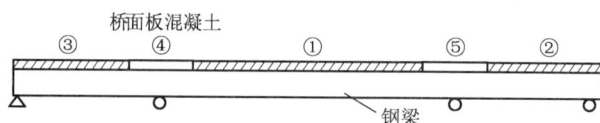

图 5-7-2 连续梁的混凝土浇筑顺序

首先浇筑中跨跨中和边跨的跨中及边支点区段的混凝土①、②、③,甚至可以把相应部位的栏杆系安装完毕后,再浇筑中支点负弯矩区的桥面板混凝土④、⑤。这样做可以使负弯矩区的桥面板混凝土只承担桥面铺装层和活荷载产生的负弯矩,使其拉应力有所减小。各区段混凝土的分界点可以选在恒载弯矩零点。该方法虽然施工简便,但对于活荷载较大的桥梁,难以从根本上解决负弯矩区开裂的问题。

2. 预加配重方法

该方法是在方法 1 的基础上的进一步发展,基本上可以消除负弯矩区的开裂问题,仍参见图 5-7-2。首先在连续梁的正弯矩区段浇筑桥面板混凝土①、②、③,待其结硬后,再在其上面施加配重荷载;然后在配重荷载作用下浇筑支点负弯矩区的桥面板混凝土④、⑤,待其结硬后再卸除配重荷载即可。由于配重荷载的加载和卸载,使梁各截面受到一个大小相等、方向相反的弯矩,如图 5-7-3。

对于正弯矩区段,因为加载、卸载时截面相同,故在卸载时由配重荷载引起的应力基本上可以消除。但对于负弯矩区段,施加配重荷载时是钢梁截面,而卸除配重荷载时是组合截面。由于卸载过程中在中支点的负弯矩截面将产生正弯矩,并使得④、⑤区段混凝土桥面板受压。

这相当于在负弯矩区段的混凝土中存储了一部分压应力,可用于抵消由活载产生的一部分拉应力,可以减小负弯矩区混凝土开裂的可能性或推迟其开裂的时间。

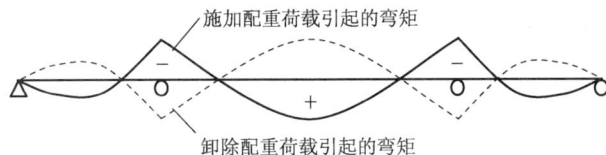

图 5-7-3　加、卸配重荷载引起的弯矩图

方法 2 对于中、小跨径的组合连续梁是比较有效的,施加的配重荷载集度可以通过试验或计算确定。但对于大跨径连续组合梁桥,由于所需施加的配重荷载太大,不利于施工,且有时是难以做到的。

3. 张拉预应力钢筋方法

对于大跨径钢—混凝土组合连续梁桥,二期恒载和活载将在中支点附近产生较大的负弯矩。这种负弯矩引起的混凝土桥面板中的拉应力很大,有时甚至使得桥面产生严重开裂,难以用配重荷载法加以消除。在此情况下,可以考虑在负弯矩区段的混凝土桥面板内设置纵向预应力钢筋,例如粗钢筋、扁锚预应力钢束、无黏结预应力钢筋或者是体外预应力束等。由预应力筋引起的弯矩如图 5-7-4。

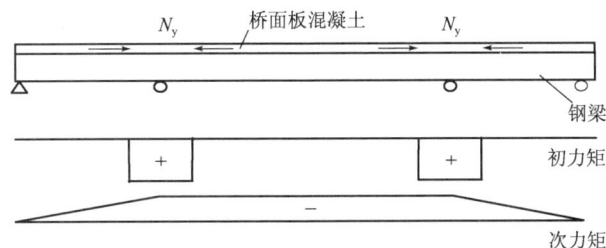

图 5-7-4　由预应力束引起的弯矩图

在此情况下,由预应力束引起的初力矩是正弯矩,而次内力引起的次力矩则是负弯矩。计算分析表明:预应力次弯矩为负可减小各跨跨中的外荷载作用的正弯矩,是有利因素;对支点负弯矩截面而言,由预应力束引起的总弯矩仍为正弯矩。因此它对支点截面由恒、活载引起的负弯矩将起到减小或抵消的作用,对结构也是有利的。但应注意的是,当两个边跨布置活荷载时,将在中跨跨中截面产生负弯矩,该弯矩与预应力引起的负弯矩叠加后不应抵消由恒载引起的中跨跨中截面的正弯矩,以免中跨混凝土桥面板出现拉应力或开裂。

4. 后结合组合梁技术

由图 5-7-4 可以发现,在钢—混凝土组合连续梁的负弯矩区段对桥面板混凝土采用后张法施加预应力可有效降低混凝土中的拉应力,进而提高其抗裂性。在此情况下,预应力效应由初预矩和次预矩两部分组成,且在负弯矩区两者反号。初预矩为正,对增加中支点负弯矩区段的抗裂性有利,而次力矩为负对抗裂性不利,且两者不可分离。事实上,次力矩的存在降低了预应力筋的作用效率,其降低的量可超过 40%,是一个不利因素。

后结合组合梁技术就是先浇筑负弯矩区的混凝土桥面板,浇筑时将结合面上均匀布置的栓钉连接件采用群钉(或簇钉)的方式集中布置在若干个预留孔中。待混凝土达到预定的强度后,首先张拉混凝土板内预留的预应力筋(束),此时混凝土桥面板在预应力作用下可认为接近于中心受压构件。忽略结合面上的黏结力,并认为预应力效应仅作用在混凝土桥面板上,不传递到钢梁上。这意味着只有桥面板混凝土中存在轴向预压应力,不存在初预矩及次预矩的作用,因而可有效地提高混凝土桥面板的预应力作用效果。此后按常规方法焊接各正弯矩区段的连接件并继续浇筑桥面板混凝土。最后在各预留孔中浇筑高强、低收缩的混凝土,将混凝土桥面板定位在钢梁上。在此情况下,桥面板混凝土的抗裂性会有明显提高,栓钉群只承受二期恒载和活载作用引起的负弯矩效应。

在实际工程中,现浇的后张混凝土桥面板也可用带预留集中栓钉孔的预制先张混凝土预制板代替。

5.中支座的竖向位移法

该方法是在施工中给连续组合梁的中支座以强迫的竖向位移(顶升或沉降),进而引起连续梁的各断面产生正弯矩,见图 5-7-5。

利用归位时的沉降或顶升引起的正弯矩可使中支座负弯矩区的弯矩值有所减小,以避免桥面板混凝土出现拉应力或出现裂缝。在支座升、降过程中引起的弯矩变化见图 5-7-6。

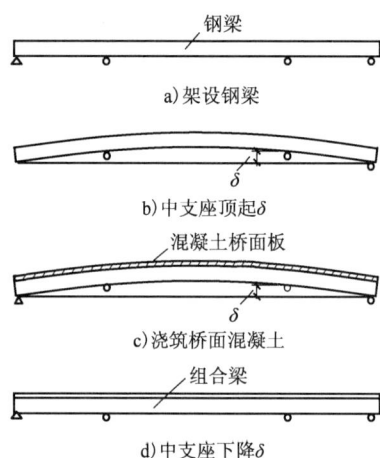

图 5-7-5　中支座的升、降过程

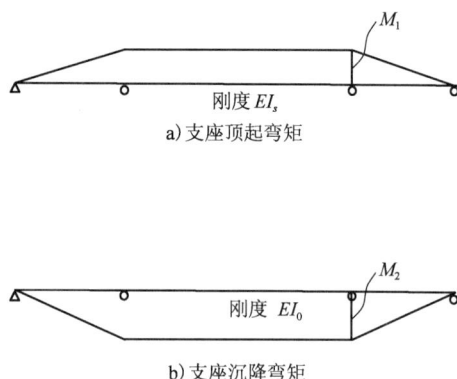

图 5-7-6　中支座的升、降引起的弯矩变化

仍以三跨连续梁为例对中支座竖向位移法加以说明。在钢梁架设之后参见图 5-7-5a),将中支座预抬高 δ,见图 5-7-5b),此时在钢梁中产生负弯矩,见图 5-7-6a)。然后浇筑混凝土桥面板,待其结硬后,见图 5-7-5c),将中支座下降 δ 回到原位,见图 5-7-5d)。此时将引起梁内产生方向相反的弯矩,见图 5-7-6b)。

由于支座沉降时是组合截面参加工作的,其截面刚度 EI_0 要大于钢梁顶起时的刚度 EI_s,在同样的位移量 δ 的情况下,刚度大则引起的超静定内力大。因此可以肯定地说,下降时引起的正弯矩 M_2 的数值要大于顶起时引起的负弯矩 M_1。经过叠加之后的最终弯矩为正,将使中支座负弯矩区的弯矩值有所减小或基本消除,从而避免了负弯矩区的拉应力或裂缝。在中支座下降过程中对全桥的混凝土桥板施加了压应力。

该方法对各种跨径的钢—混凝土组合连续梁均是有效的。支座移动量 δ 应通过试算加以确定,移动量 δ 偏小可能达不到预期的加压效果;移动量 δ 过大又会使正弯矩区的混凝土桥面板压碎或降低其承载能力。此外,中支座的升降效果也可以通过升、降端支座来实现,这主要取决于施工现场的条件。

PART 2 | 第二部分
预弯组合梁桥结构

第六章
预弯组合梁结构及其力学性能

第一节　发　展　概　况

一、国外发展概况

预弯组合梁亦称为预弯预应力混凝土梁,简称为预弯梁。这种结构概念最初于 20 世纪 40 年代末期,由比利时工程师利普斯基(A. Lipski)首次提出。50 年代中期,他和贝阿斯(L. Baes)教授合作提出了初步的设计计算方法。60 年代中期提出了预弯组合梁的设计制作工艺。此后申请了专利技术并成立了预弯梁制造公司。截至 80 年代初期,比利时已生产预弯组合梁 1207 根,其中 349 根用于公路、铁路桥梁,287 根用于办公楼建筑物,144 根用于工业厂房建筑物,其他用于体育馆、车站、地下建筑、水利及港口建筑物等的建造。

由于预弯组合梁具有现场施工量少、吊装重量轻等优点,第二次世界大战后首先得到了欧洲各国工程师的重视。到 80 年代,经过不断的试验研究和工程实践,预弯组合梁结构已在美国、日本、韩国以及英国、法国、意大利等国家得到了广泛的应用。90 年代末,当我们行驶在欧洲的高速公路上时,尤其是在比利时,能不时地看到用预弯组合梁修建的高速公路跨线桥。

日本于 60 年代中期开始了预弯组合梁的研究工作,并于 1968 年在大阪建成了日本第一座跨径为 18.5m 的预弯组合梁公路桥——玉津桥。该桥建成时曾引起日本国内桥梁专家、学者的激烈争论。经过桥梁工程师和学者十多年的努力,日本土木工程学会分别于 1975 年、1983 年、1997 年和 2005 年四次颁布了《预弯组合梁桥设计、施工指南》。2011 年日本(平成 23 年 3 月)公布的《预弯组合梁道路桥标准设计集》中给出了标准设计中预弯组合梁桥的跨径与梁高对应关系,见表 6-1-1。表中数据表明,预弯组合梁桥结构的高跨比范围为 1/36 ~ 1/21,期望值可以达到 1/30。

日本标准设计的预弯梁跨径与梁高的对应表　　　　表 6-1-1

L \ H	15.0(m)	20.0(m)	25.0(m)	30.0(m)	35.0(m)	40.0(m)	45.0(m)	50.0(m)	55.0(m)
0.60(m)									
0.70(m)									
0.80(m)									
0.90(m)									
1.00(m)									
1.10(m)									
1.20(m)									
1.30(m)									
1.40(m)									
1.60(m)									
1.80(m)									
2.00(m)									
2.40(m)									

注:1. H-梁高(从桥面板顶面到下翼缘底面的高度);

2. L-标准跨径。

根据相关资料介绍,日本目前建成的预弯组合梁桥的最大简支跨径已达到 52.8m,位于鹿川岛县的妙见 2 号桥,2007 年建成;连续预弯组合梁的最大土孔跨径为 50m,为位于福井县的泉桥,其跨径布置为 30.72m + 62.3m + 42.52m,2009 年建成。目前,预弯组合简支梁桥的最大理论跨径可达到 55m。针对长大跨径的预弯组合梁桥,还研制了节段施工方法以及钢梁轧制方法。据资料统计,截至 2012 年,日本已建成预弯组合梁公路桥 949 座,铁路桥 29 座,建筑预弯组合梁结构 98 座。

德国在 20 世纪 80 年代初开始将预弯组合梁技术应用于桥梁工程,并于 80 年代中期首次建成预弯组合梁的铁路桥。一些国家在预弯组合梁桥的应用上已突破了简支梁的限制,并且建成了多座预弯组合连续梁桥。

目前,日本、美国、法国、德国、韩国等国家都有专门从事预弯组合梁设计和施工的预弯梁公司。这些公司无疑对推广预弯组合梁起到了积极作用,但从另一方面看,预弯梁的设计、制造专利权又限制了这种结构的普及和发展。从目前收集到的一些国家颁布的设计规范或标准来看,除了日本、韩国以外,欧、美各国桥梁、结构设计规范、标准或设计参考书中均未引入预弯组合梁结构方面的设计条款,在日本国有铁道系统的混凝土结构设计标准中也未列入预弯组合梁结构的设计内容。我国在80年代初期以前的桥梁或结构教材中也未见有相关的记载。

二、国内发展情况

我国从20世纪80年代中期开始预弯组合梁的研究,比国外滞后了40年左右。其主要原因在于80年代以前,我国基本上处于封闭状态,国民经济发展水平比较落后,钢产量较低,交通基础设施建设的投资较少,因此在新技术引进方面缺少力度。

根据有关资料,在我国最先引进预弯组合梁概念的是同济大学的张士铎教授。他首先提出了预弯组合梁初步设计方法,其中包括截面尺寸拟定、挠度及上拱度的估算方法,并且通过示例给出了预弯组合梁的主要计算步骤。1989年同济大学与郑州市公路管理处合作,在河南省交通厅立项开展了预弯组合梁桥的研制工作,并修建了试验桥。交通部天津水运科学研究所的留日访问学者竺存宏先生回国后带回了日本有关预弯组合梁的设计、施工技术,并结合我国公路桥梁的实际情况开展了预弯组合梁的试验研究。该项研究工作由交通部列入国家"七五"重点攻关项目。1990年,湖南大学与长沙市规划设计院合作,在长沙市修建了试验桥。原西安公路学院(长安大学)与天津水运科学研究所合作对预弯组合梁的作用机理、截面应力及刚度的计算方法进行了研究。

(原)哈尔滨建筑大学自1990年开始预弯组合梁的研究工作。先后在原交通部、吉林省交通厅、黑龙江省交通厅及哈尔滨市建委立项,开展了预弯组合梁桥的非线性全过程分析理论、全时程时效分析理论、极限强度、施工技术及工装设备等方面的研究工作。并先后完成了8座预弯组合梁桥的设计和施工指导工作。

我国在预弯组合梁桥方面的研究工作虽然起步较晚,但进步很快。根据已掌握的资料,截至2001年,我国已建成的预弯组合梁桥已有12座,其中公路桥2座,城市立交桥10座。以下仅对其中8座已建成的预弯组合梁桥作简要的介绍。

第一座为1988年在辽宁省桓仁县建成的坑火洛桥。该桥为3×16m跨径的公路桥,其主梁间距1.6m,梁高55cm,结构高跨比为1/29.1。桥梁设计荷载为汽—15、挂—80级。本溪市公路管理处按照同济大学提出的初步设计方法对该桥进行了设计计算。尽管该桥的计算方法不够完善,但作为我国建造的第一座预弯组合梁桥,零的突破反映出我国桥梁工程技术人员的聪明智慧、创造力和胆识,并为我国继续开展预弯组合梁桥的研究工作提供了基础。

第二座为1989年建成的湖南省长沙市袁家岭立交桥。袁家岭立交桥是一座行人、非机动车和机动车分道通行的双环道三层立交桥。为减小立交桥总体布局的建筑高度,并减少工程总投资,在该立交桥第二层的非机动车道上采用了两孔17m跨径的预弯组合梁,桥宽8.2m。该桥的设计荷载为汽—10标准车×0.8与4kN/m² 的人群荷载取大者。其主梁间距为1.03m,梁高为52cm,高跨比仅为1/32.7。该桥采用单梁加载工艺生产了16片预弯组合梁。尽管该预弯组合梁桥跨仅用于非机动车和人群,但在多层立交桥中采用高跨比较小的预弯组合梁结构来降低建筑高度,以提高综合经济效益的做法得到了桥梁工程师们的认同。该桥由长沙市规划设计院设计,湖南大学参与了部分计算与研究工作。

第三座为1991年建成的河南省郑州市王寨河公路桥。该桥为2×15m跨径的预弯组合梁桥,桥宽为净15m+2×0.75m。其主梁间距1.1m,梁高65cm,高跨比为1/23,设计荷载为汽—超 20、挂—120。该桥由同济大学设计,郑州市公路总段负责施工,采用单梁加载工艺生产 20 片预弯组合梁。由于该桥位于公路竖曲线的最低点,无须限制桥梁的结构高度,故该桥采用预弯组合梁后没有带来明显的经济效益。但其主梁设计中采用的计算方法已比较成熟。

第四座为 1994 年建成的黑龙江省哈尔滨市新阳路立交桥,如图 6-1-1 所示。该桥是一座三层分离式立交桥,第一层用于机动车转弯、非机动车及行驶人行;第二层、第三层分别为东西向和南北向直行桥。由于第二层、第三层直行桥的长度分别受到铁路专用道线和城区道路的限制,加之北方地区冬季冰雪路面要求桥梁的纵坡小于 3.5%,使得该立交桥各层的建筑高度受到严格限制。为此,在两层立交桥的高程控制桥跨上分别采用了两跨 21m 和一跨 22m 的预弯组合梁。该桥桥宽 18.6m,主梁间距 1.32m,梁高均为 70cm,其高跨比分别达到 1/30 和 1/31.4。桥梁的设计荷载为汽—20、挂—100 级。预弯组合梁桥跨由(原)哈尔滨建筑大学设计,哈尔滨市市政工程设计研究院配合,并在预弯组合梁桥跨设计中首次采用了非线性全过程分析理论和全时程实效分析理论,同时以日本《预弯组合梁桥设计、施工指南》方法进行了校核计算。该桥采用双梁对弯工艺,现场生产制造了 48 片预弯组合梁,其单孔跨径和一次生产的预弯组合梁片数均为当时国内之首。新阳立交桥预弯组合梁桥跨的建成表明我国的预弯组合梁设计、施工水平达到了一个新高度,初步形成了我国自己的预弯组合梁设计理论体系。该桥设计中由于采用了预弯组合梁结构,收到了较高的经济效益和很好的社会效益。

图 6-1-1　采用两层三跨预弯组合梁的哈尔滨新阳路立交桥(标准跨径 21m 和 22m)

第五座为 1996 年建成的黑龙江省哈尔滨市中山路立交桥。该桥是一座全苜蓿叶型立交桥,跨越哈尔滨市的南北向主干线—中山路。为保证立交桥建成后不破坏中山路的景观,且施工中尽量缩短中山路的交通中断时间,主跨须采用轻型且易快速施工的结构,为此选择了跨径为 27.6m 的预弯组合梁作为该立交桥的主跨结构。桥梁净宽为 $2 \times (11.7 + 0.75)\,\mathrm{m}$、双向分离,主梁间距 1.34m,梁高 90cm,高跨比达到 1/30.7。该桥的设计荷载为汽—20、挂—100 级,人群荷载 $3.5\mathrm{kN/m^2}$。主跨预弯组合梁由(原)哈尔滨建筑大学设计,哈尔滨市市政工程设计研究院配合。主跨施工中采用双梁对弯工艺,现场生产了 18 片预弯组合梁。该桥的建成使国内预弯组合梁桥的设计跨径又向前推进了一大步。

第六座为 1999 年建成的黑龙江省哈尔滨市乡政街立交桥。该桥是一座分离式立交桥,为减小桥梁及引道的总长度,其主跨采用 27.6m 的预弯组合梁跨越机场专用高速公路。桥梁净宽 16.6m,主梁间距 1.346m,梁高 90cm,其高跨比仍为 1/30.7。该桥的设计荷载为汽—超 20、挂—120 级,主跨预弯组合梁由(原)哈尔滨建筑大学设计,哈尔滨市市政工程设计研究院配合,施工中仍采用双梁对弯工艺,现场生产了13片预弯组合梁。

第七座是2000年建成的哈尔滨红旗大街立交桥,该桥是一座三层分离式立交桥,如图6-1-2所示。为降低桥梁高度,在第三层的高程控制桥跨采用了3×33m的预弯组合梁简支梁桥,桥梁净宽15.95m,由11片预弯组合梁组成,主梁间距1.45m,梁高1.05m,高跨比为1/31.4,位于半径为1000m的曲线上。该桥的设计荷载为汽—20、挂—100级,由北京市政设计研究院设计,(原)哈尔滨建筑大学负责技术咨询,施工中采用双梁对弯工艺,现场生产33片预弯组合梁。

图6-1-2 采用三跨预弯组合梁的哈尔滨红旗大街高架桥(标准跨径33m)

第八座是2000年建成的哈尔滨先锋路立交桥。该桥是一座三层互通式立交桥,如图6-1-3所示。为降低桥梁高度,在第二层的高程控制桥跨采用了一跨38m的预弯组合梁简支梁桥,桥梁净宽31.08m,由24片预弯组合梁组成,主梁间距1.45~1.48m,梁高1.20m,高跨比为1/31.7。该桥的设计荷载为汽—超20、挂—120级,由北京市政设计研究院设计,(原)哈尔滨建筑大学负责技术咨询,施工中采用单梁加载工艺。

图6-1-3 采用一跨预弯组合梁的哈尔滨先锋路立交桥桥(标准跨径38m)

上述八座桥梁基本反映出我国20世纪在预弯组合梁桥领域的科研、设计及施工技术水平。值得注意的是,上述桥梁均为简支结构,在预弯组合连续梁桥方面,尽管国内已开展了一些研究工作,但尚未付诸工程实践。

进入新世纪,我国的预弯组合梁研究工作仍在继续进行着。在哈尔滨市的尚志大街—海城街高架桥工程、二环路快速干道与河图街立交桥工程以及文昌街改建工程中及先锋路立交工程建设中,再次成功地建造了跨径布置分别为2×33.0m、2×34.0m、35.0m和38.0m的简支预弯组合梁桥。在上海市的春申路立交桥建设中,已将简支预弯组合梁桥的跨径提高到了40m。在2005年前,我国在简支预弯组合梁桥领域已接近了日本简支预弯组合梁桥的最大跨径,曾达到了国际先进水平。尽管我国在预弯组合梁桥的研究工作方面并不落后,但由于缺少规范、规程的技术支撑,推广工作受到一定制约。

目前我国的钢产能已居世界第一。站在桥梁工程耐久性及全寿命经济性的角度,钢结构及组合结构桥梁具有较明显的优势,其发展迎来了新的历史机遇。2014年12月,我国住房和城乡建设部已启动了《预弯预应力组合梁桥技术标准》(以下简称《技术标准》)的编制工作,并于2018年颁布。该标准将对预弯预应力组合梁桥的设计方法、施工技术、质量检验及控制要求做出详细的规定。预弯组合梁桥将会以其建筑高度小、耐久性好等优点得到桥梁工程师的重视。因此,这种新型桥梁结构在我国会有很好的发展前景。

第二节　基本原理与结构特性

一、基本原理

预弯组合梁的受力过程具有一般钢—混凝土组合结构的性质,即应力、应变的叠加过程,但比后者更为复杂,即必须考虑预弯力产生的应力、应变。预弯组合梁的受力过程与其施工工艺密切相关,其形成过程可以划分为以下五个主要步骤,如图6-2-1所示。

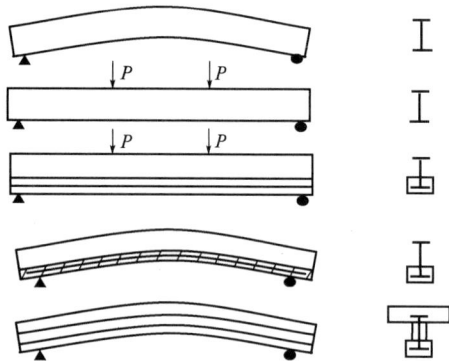

图6-2-1　预弯组合梁的工艺过程

1.制备所需拱度的钢梁

在这一阶段,制备的钢梁处于无应力(除焊接应力之外)的预拱状态。该钢梁可视为对预弯组合梁施加预应力的工具,同时也是承担外荷载的主体之一。

2.施加预弯力 P

在预弯力 P 的作用下,预弯钢梁可以达到既无拱度、又无挠度的水平状态。预弯力 P 的大小取决于钢梁的几何性质、材料容许应力及预弯力的作用位置。

3.浇筑下翼缘一期混凝土

下翼缘混凝土应为C40以上的高强度混凝土,并应在预弯力 P 作用下进行浇筑,这部分混凝土又称为一期混凝土。在此阶段,一期混凝土处于无应力状态。

4.释放预弯力 P

当一期混凝土养生到一定强度时,释放预弯力 P,传递预压力于一期混凝土。梁体恢复一部分拱度,即形成预弯梁。由于一期混凝土的作用,预弯梁的反拱值要小于钢梁的预拱度,一般为原钢梁拱度的 $0.55 \sim 0.65$。

5.浇筑二期混凝土、形成预弯组合梁

将预弯梁吊装就位后,浇筑腹板、桥面板及横隔板混凝土。这部分混凝土称为二期混凝土。在这一阶段,一期混凝土中储备的预压应力减小,而二期混凝土则处于无应力

状态。

根据上述施工工艺,给出如下定义:

预弯梁:以预弯曲的工字形钢梁作为预加应力的工具,以预弯力将其压平并浇筑一期混凝土,卸除预弯力后利用钢梁的反弹作用对将处于受拉区的一期混凝土施加预压应力,以此得到的半成品梁称之为预弯梁。

预弯组合梁(或预弯预应力混凝土梁):在预弯梁上浇筑腹板、桥面板等二期混凝土,由此得到的组合梁称为预弯组合梁。

根据上述定义可知,预弯组合梁是由三部分材料(即钢梁、一期混凝土和二期混凝土)经过两次施工而形成的组合结构,并在此基础上再铺设桥面铺装层,安装人行道、栏杆等,即施加桥梁的二期恒载,从而形成预弯组合梁桥。

在预弯组合梁的形成过程中,钢梁中的应力已有过三次叠加,即钢梁中的预弯应力、反弹时由一期混凝土自重引起的应力变化及由二期混凝土自重引起的应力增量。一期混凝土中的应力也有两次叠加,即反弹引起的预压应力和二期混凝土引起的拉应力增量。二期混凝土中的应力、应变则是从零开始的。由此可见,三部分组合材料在不同的受力阶段依次参与工作,分别发挥各自的材料强度功能。

在二期恒载和活载作用下,预弯组合梁通常是全截面参与工作。随着荷载的增加,预弯组合梁从反拱状态逐渐下挠。当下缘一期混凝土中的预压应力全部被外荷载引起的拉应力抵消之后,下缘混凝土将出现拉应力进而开裂。随着裂缝的不断扩展,预弯组合梁将逐渐演变为劲性配筋的混凝土梁。

二、结构特性

预弯组合梁桥具有以下特点:

1.建筑高度较小

由于预弯组合梁几乎总是全截面参与工作,加之钢梁的弹性模量可达到混凝土弹性模量的7倍以上,因此预弯组合梁的刚度很大,从而使得其建筑高度减小,这也是预弯组合梁的最大优点之一。表6-2-1中给出在公路—Ⅱ级(原公路汽—20、挂—100级)荷载作用下中、小跨径简支梁桥的梁高变化情况。

公路中、小跨径简支梁桥结构高度对比表　　　　　表6-2-1

结构形式	桥梁标准跨径及梁高(m)						
	16	20	25	30	35	40	主梁间距
钢筋混凝土T梁	1.10	1.30	—	—	—	—	1.60
钢筋混凝土组合T梁	1.00	—	—	—	—	—	1.60
预应力混凝土T梁	—	—	1.45	1.75	2.00	2.30	1.60
预应力混凝土空心板梁	0.70	0.90	1.00	—	—	—	1.00~1.20
预应力混凝土组合T梁	0.95	1.10	—	—	—	—	1.60
预应力混凝土小箱梁	0.85	0.85+0.08	1.05+0.08	1.35+0.08	1.55+0.08	1.80+0.08	1.20~1.75
预弯组合梁	0.60	0.70	0.80	0.90	1.05	1.20	1.00~1.50

表 6-2-1 的数据表明,对于 16～40m 的中、小跨径简支梁桥,在主梁间距相近的情况下,预弯组合梁的建筑高度在 0.6～1.2m 之间,其高跨比在 1/33～1/27 之间,均小于相应跨径的其他结构。上述特点对于多层立交桥和高速公路上的桥梁都有重要意义。对于公路及城市立交桥,预弯组合梁可以有效减小桥梁的总高度,减小各层桥梁的长度;对于高等级公路桥梁及跨线桥,可使路堤高度明显降低并减小其引桥或引道长度,从而带来经济效益和社会效益。高跨比小的实质是反映了预弯组合梁的承载能力大、刚度大的力学性能。

2. 结构承载力大

预弯组合梁中,受拉区以高强度钢板承担拉力,加之当二期恒载和活载作用时,二期混凝土多位于受压区,其应力、应变是从零开始的,因此其承载力很高。根据国内的相关研究,预弯组合梁桥的恒、活载之比与高跨比的相关关系可知,当高跨比 $h/L = 1/20$ 时,预应力混凝土梁承担的活载内力是其恒载内力的 4 倍,而预弯组合梁则为 16 倍;当高跨比 $h/L = 1/30$ 时,预应力混凝土梁承担的活载内力与其恒载内力基本相等,而预弯组合梁则为 7 倍。可见同高跨比的预弯组合梁的承载能力远高于预应力混凝土梁。

3. 结构耐久性好

根据同济大学完成的对比试验可知:两根尺寸相同、材料强度相近的劲性配筋梁,一根施加预弯力,而另一根不加预弯力,两者的实测破坏荷载相近,而开裂荷载相差甚远。前者开裂荷载约为破坏荷载的 60%,而后者不到 10%。一般来说,桥梁结构的设计荷载约占其破坏荷载的 65% 以下。这就意味着预弯组合梁在绝大多数情况下是无裂缝工作的,因此其抗裂性好。再者由于钢梁完全被混凝土包裹,钢梁的保护层厚,基本无锈蚀问题,因而整个结构的耐久性很好,桥梁的维护工作简单。

4. 吊装重量轻

预弯组合梁由于其组合过程的阶段性,其吊装较为灵活性。由于预弯组合梁的高跨比小于其他常用的混凝土桥梁结构,且其截面面积要小于其他结构,故其吊装重量较轻。值得注意的是,预弯组合梁在施工过程中一旦形成了预弯梁,即可起吊就位。此时的结构吊装重量要比常规结构减少 1/3 以上。由于二期混凝土可以在预弯梁就位之后整体浇筑,这就意味着既减轻了吊装重量,又提高了桥梁结构的整体性。

5. 施工速度快

组成预弯组合梁的三部分材料(钢梁、一期混凝土和二期混凝土)可以分期制作。在有条件的情况下,钢梁可以在钢结构加工厂制造,以确保预弯钢梁的质量;如有专门的预弯梁制造公司,钢梁和一期混凝土均可在厂房内生产。在此情况下,施工现场只需浇筑二期混凝土和桥面铺装混凝土,从而缩短了桥梁现场施工周期,加快了桥梁施工速度。

三、与其他结构的比较

预弯组合梁的受力性能介于钢结构和钢筋混凝土结构之间,属于组合结构的范畴。但它与一般的钢—混凝土组合结构相比又增加了预应力的色彩。与用钢量相近的钢结构相比,其刚度明显增加,抗疲劳性能提高,振动噪声降低;与外形尺寸相近的钢筋混凝土结构相比,其承载力大幅度提高,且抗裂性能好;与预应力混凝土结构相比,其截面尺寸大为减小;与劲性配筋的组合结构相比,其抗裂性明显提高。因此,预弯组合梁的力学性能与钢结构、钢筋混凝土结构、预应力混凝土结构以及钢—混凝土组合结构相比均有独特的优越性。

当然,与普通钢筋混凝土或预应力混凝土桥梁结构相比,预弯组合梁桥的用钢量将有明显的增加,在我国钢产能大的今天,预弯组合梁的经济性也会逐渐提升。同时,预弯组合梁设计方法比较复杂,施工步骤相对较多,目前来看,掌握预弯组合梁桥设计、施工技术的工程技术人员相对匮乏。

第三节 构造特点与预弯力

预弯组合梁主要由钢梁、一期混凝土、二期混凝土和剪力连接件组成。钢梁是对预弯组合梁施加预弯力的工具,其预拱度的大小意味着预应力的大小。同时,钢梁也是结构承担外荷载的主体之一。一期混凝土是预应力混凝土,其作用是以钢梁反弹产生的预压应力抵消由外荷载引起的梁体下缘的拉应力,提高其抗裂性,进而提高梁体的抗弯刚度。二期混凝土是钢筋混凝土,其主要作用是抵抗外荷载产生的压应力,同时作为行车道板承受车轮荷载。剪力连接件设置在钢梁的上、下表面,其功能是保证钢梁与一期混凝土、二期混凝土在弯曲状态下共同工作。预弯组合梁各组成部分的构造要点见下述。

一、工字形钢梁及剪力连接件的构造要求

1. 钢梁的构造要点

预弯钢梁可根据需要由轧钢厂直接轧制而成,也可以将钢梁腹板按一定的预拱度下料并焊接而成,还可以将钢梁先焊接成直梁,然后采用热变形方法形成所需要的拱度。钢梁的拱度曲线采用二次抛物线,其中,主板材料一般选用 Q345 钢材,对寒冷地区应考虑 Q345D、Q345E 钢材。当桥梁跨径大于 40m 时,应考虑采用 Q390 钢材,以提高主梁结构的抗弯承载力。预弯钢梁的构造形式如图 6-3-1 所示。

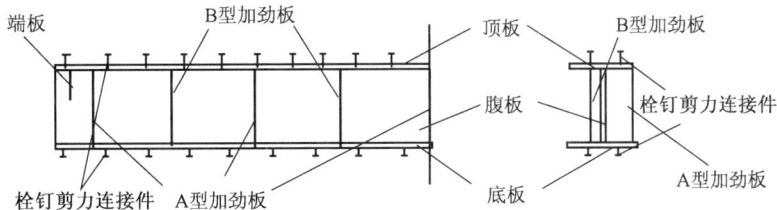

图 6-3-1 钢梁构造形式

当用钢板焊接工字形钢梁时,焊缝要均匀,厚度要满足抗剪要求。焊接时不能使钢梁发生扭曲变形,应尽量减小由于焊接引起的残余变形和残余应力。钢腹板与顶板、底板间的焊缝尤为重要,应采用 K 形坡口的角接贴角焊缝。为保证钢板的焊接质量,且从经济角度考虑,钢板厚度不宜过大。在 16~40m 的跨径范围内,顶、底板的钢板厚度一般在 16~30mm 范围内,而腹板厚度尚可适当减小。钢梁高度应尽可能用足,以提供尽可能大的预弯力和极限承载力。

为加强钢梁在预弯过程中的整体稳定性,钢梁腹板两侧设置加劲板。加劲板分为 A 型、B 型两种。两者的区别在于:A 型加劲板可以宽一些,并伸入混凝土横隔板之内;而 B 型加劲板则窄一些,不能露到混凝土腹板之外。在有横隔板的位置如支点、四分点和跨中应设置 A 型加劲板;而在八分点、八分之三等截面应设置 B 型加劲板。加劲板通常只起加大钢梁横向刚度的作用,因而选用 Q235 钢即可,其厚度一般为 12 ~ 25mm。

2. 栓钉(连接件)的构造要点

为保证钢梁与一、二期混凝土之间的充分黏结,且不发生滑动和掀起,在钢梁的顶面和底面设置剪力连接件(又称为抗剪器)。连接件常用栓钉或角钢制成,材料为 ML15 和 ML15A1 钢材。工程中采用栓钉者较多,其直径一般在 $\phi13 \sim \phi25$。一期混凝土中栓钉的高度可取为 40mm;二期混凝土中的栓钉高度可取为 65 ~ 100mm,必要时可伸入桥面铺装混凝土中,以减小预弯组合梁的结构高度,但栓钉头到桥面铺装层顶面的距离不宜小于 30mm,以避免其锈蚀。预弯组合梁栓钉连接件的主要构造要求如下:

(1)栓钉的直径不宜过大,其直径 d 与翼板厚度 t 之间应满足 $d/t \leqslant 2.0$ 的条件,以充分发挥连接件的作用。

(2)栓钉连接件的最大间距不大于 600mm,最小间距为 $5d$。

(3)栓钉头底面应高于底部钢筋以上 30mm。

(4)栓钉的外侧边与钢梁外边缘的距离不得小于 20mm。

(5)连接件外边缘到混凝土翼板边的距离不得小于 100mm。

(6)连接件顶面的混凝土保护层厚度不得小于 10 ~ 15mm。

关于栓钉或其他连接件的其他构造要求可参见第三章相关内容。

二、混凝土截面的构造要求

预弯工字形钢梁的外面是由混凝土包裹的,根据施工顺序的先后分为一期混凝土和二期混凝土,参见图 6-2-1。

1. 一期混凝土截面的构造

钢梁在预弯状态下,浇筑在钢梁下翼缘板周围的混凝土称为一期混凝土。为了保证在钢梁反弹阶段能够承担足够大的预压应力,强度等级一般采用 C40 - C50。其截面面积一般取钢梁下翼缘面积的 10 倍左右为宜。如果一期混凝土截面面积太大,会使得一期混凝土中预压应力偏小,降低预弯组合梁的抗裂性。反之,如果一期混凝土的截面面积过小,一则难以保证其施工质量,二则会使其在预弯梁阶段预压应力过大,发生较大的徐变变形,甚至造成一期混凝土被压碎。一期混凝土与钢梁下翼缘之间的最小几何尺寸及保护层厚度如图 6-3-2 所示。

为保证钢梁与一期混凝土的整体工作,并使预弯组合梁在外荷载作用下开裂后的裂缝分布均匀,除在钢梁的下翼缘配置栓钉连接件之外,还需配置一些构造钢筋。通常在一期混凝土中配置闭合箍筋,其直径为 $\phi6 \sim \phi12$,箍筋间距为 150 ~ 250mm。此外,还应设置纵向钢筋,其根数不得少于 8 根,直

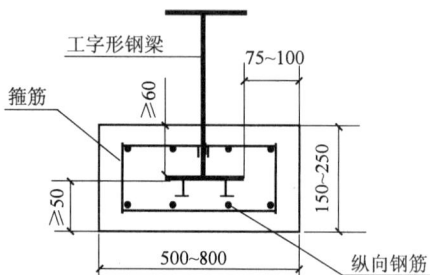

图 6-3-2 一期混凝土的最小尺寸(尺寸单位:mm)

径为 φ10 ~ φ14。纵向钢筋以小直径螺纹钢筋为佳。

2.二期混凝土截面的构造

二期混凝土是指在预弯梁上浇筑的混凝土,可以包括腹板混凝土、桥面板混凝土以及横隔板混凝土。其强度等级一般为 C25 ~ C40,构造形式如图 6-3-3 所示。混凝土上翼缘板的宽度一般取 1100 ~ 1900mm,与梁高之比在 1.6 ~ 1.0 之内。混凝土上翼板的厚度可取为 130 ~ 160mm,兼起桥面板的作用,桥面板受力钢筋应按计算确定。主梁的腹板厚度取 160 ~ 220mm,腹板上纵向钢筋主要起防收缩作用,其直径取 φ6 ~ φ12。腹板内设置槽形箍筋,应与钢腹板焊接;其直径为 φ8 ~ φ12,间距可取 150 ~ 250mm。

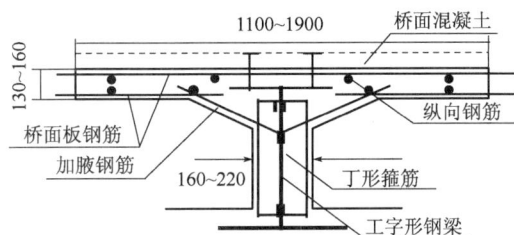

图 6-3-3 二期混凝土的构造形式(尺寸单位:mm)

横隔板一般视主梁跨径大小沿纵桥向设置 5 ~ 7 道,且其间距不宜大于 8m。横隔板通常与腹板同时浇筑,其厚度在 200mm 左右,横隔板的底面可设在一期混凝土的顶面上,其受力钢筋采用焊接骨架形式,数量由计算确定。横隔板的构造钢筋可以参照钢筋混凝土 T 形梁横隔梁的有关构造条件确定。当采用装配式预弯组合梁时,两个横隔板之间可以焊接钢板相连接。

在正常使用极限状态下,二期混凝土中的腹板混凝土距截面中性轴的位置较近,且通常可能处于开裂状态,因此其对主梁截面的抗弯刚度贡献有限。从预弯组合梁桥的发展趋势来看,当环境条件允许时,为进一步减轻桥梁结构的自重,可考虑取消腹板混凝土。在此情况下,应注意钢梁腹板的局部稳定性,适当增加钢梁腹板的横向加劲肋及其与横隔板的连接,并需采取相应的防腐技术措施。

三、预弯力及预拱度的确定

1.预弯力的确定

钢梁预弯力和预拱度是维持预弯组合梁中预应力大小的两个重要参数,而且两者是相关的。由于在预弯阶段钢梁处于弹性状态,故可以采用弹性理论来确定预弯力和预拱度。以在预弯力作用下梁体处于水平状态的条件来确定预拱度的大小。而预弯力的大小则是由跨中截面的控制应力决定的。

预弯力的作用点可选在钢梁的两个四分点或三分点,选在四分点的情况较多。当钢梁的计算跨径超过 18m 时,也可选择两个 0.3L 点作为加载点。在此以两个四分点加载为例进行推导分析。预弯力的确定原则是钢梁跨中截面的最大压应力或拉应力(两者亦可相等)达到钢材的控制应力 σ_K。控制应力 σ_K 按下式确定:

$$\sigma_K \leqslant 0.75 f_y \tag{6-3-1}$$

式中:σ_K——预弯钢梁的控制应力;

f_y——考虑钢板厚度折减的钢材的屈服强度,见表1-4-2。

在计算设计预弯力 P_o 时,常考虑两种情况:

(1)不计钢梁自重,即仅由预弯力 P_o 引起的跨中最大压(拉)应力达到 σ_K 时:

$$P_o = \frac{4\sigma_K I_s}{L y_s} \tag{6-3-2}$$

式中:I_s——工字型钢梁绕其重心轴的惯性矩;

$\quad\quad L$——预弯(钢)梁的计算跨径;

$\quad\quad y_s$——钢梁截面中性轴到钢梁边缘的距离。

(2)计入钢梁自重,即由预弯力 P_o 和钢梁自重共同引起的跨中最大应力达到 σ_K 时:

$$P_o = \frac{4(\sigma_K - \sigma_Z) I_s}{L y_s} \tag{6-3-3}$$

σ_Z 为钢梁自重引起的跨中截面最大应力,按下式计算:

$$\sigma_Z = \frac{1}{8 I_s} q_s L^2 y_s \tag{6-3-4}$$

式中:q_s——钢梁的自重集度。

式中其他符号意义同前。

当钢梁顶、底板面积不等(即非对称截面),且由施工稳定性控制设计时,可取 y_s 为钢梁中性轴到钢梁上边缘的距离。

2. 预拱度的确定

预拱度的确定应与预弯力相对应,也须分为两种情况考虑:

(1)不计钢梁自重时:

$$f_o = \frac{11 P_o L^3}{384 E_s I_s} \tag{6-3-5}$$

式中:f_o——钢梁设计预拱度;

$\quad\quad E_s$——钢梁材料的弹性模量。

式中其他符号意义同前。

(2)计入钢梁自重时:

$$f_o = \frac{11 P_o L^3}{384 E_s I_s} + \frac{5 q_s L^4}{384 E_s I_s} \tag{6-3-6}$$

计算表明,当钢梁的跨径超过 20m 时,由自重引起钢梁上、下边缘的应力可达 20MPa 以上。因此,当预弯组合梁的计算跨径超过 20m 时,建议计入钢梁自重的影响,按式(6-3-3)计算预弯力 P_o,并按式(6-3-6)计算预拱度 f_o。钢梁自重的影响也可在预弯梁反弹阶段的计算中加以考虑。此外,按式(6-3-2)和式(6-3-3)求出的 P_o 应为设计预弯力,由式(6-3-5)、式(6-3-6)求出的预拱度 f_o 为设计预拱度。在实际工程中尚需考虑施工阶段的预弯力损失及焊接变形等影响,并对 P_o 和 f_o 值加以修正,以确定相应的施工控制值。

第四节 预弯组合梁桥的经济性分析

一、单跨预弯组合桥梁经济性分析

预弯组合梁桥的经济性是其推广应用的重要因素之一。表6-4-1给出了8座已建成的预弯组合梁桥单孔上部结构(含桥面铺装层)的主要材料用量。数据表明,预弯组合梁每平方米混凝土用量较少,而钢材用量较高,且与预弯组合梁桥的跨径、荷载等级有关。

一跨预弯组合梁桥上部结构主要材料用量表　　　　表6-4-1

桥梁名称	跨径 (m)	梁高 (m)	桥宽 (m)	荷载等级	每平方米主要材料用量		
					钢板(kg)	钢筋(kg)	混凝土(m³)
王寨河桥	15.0	0.55	15+2×0.75	汽—超20	90.5	54.60	0.238
袁家岭桥	17.0	0.52	8.2	汽—8	91.5	22.65	0.244
新阳桥	21.0	0.7	16.6+2×1.2	汽—20	173.2	38.54	0.363
新阳桥	22.0	0.7	16.6+2×1.2	汽—20	176.8	38.25	0.438
中山桥	27.6	0.9	2×11.7+2×1.0	汽—20	253.5	40.43	0.228
乡政桥	27.6	0.9	16.6+2×0.5	汽—超20	283.4	44.39	0.335
红旗桥	33.0	1.05	15.95+2×0.775	汽—20	283.1	42.07	0.353
海城街高架	35.0	1.05	20.9	汽—超20	355.7	55.51	0.405
河图桥	34.0	1.07	12.9	汽—20	333.0	81.73	0.451
文昌街桥	35.0	1.05	37.6	汽—超20	357.3	56.66	0.409
先锋桥	38.0	1.20	15.54+2×0.71	汽—超20	313.3	46.85	0.377
春申路桥	40.0	1.35	16.0+(5)+16.0	汽—超20	371.2	53.98	0.308

注:表中跨径均指桥梁的标准跨径;每平方米材料用量均以梁长和桥梁全宽(或半幅桥宽)计算。

为说明在相同跨径下不同桥梁上部结构经济指标之间的差别,郑州公路管理总站和同济大学早在20世纪80年代末的研究中就给出了16m预弯组合梁、预应力空心板梁、钢筋混凝土T梁桥主要经济指标的对比数据,见表6-4-2。这些数据是以河南王寨河桥工程为背景,给出了当时预弯组合梁与预应力混凝土空心板梁及钢筋混凝土T形梁的材料及施工单价的对比,并按1991年河南省郑州市的材料价格计算得到的。这些数据尽管年代久远,但同比今天的桥梁材料及施工费用,仍有一定的参考意义。

同跨径桥梁结构的经济指标对比表　　　　表6-4-2

项　目	单位	预弯组合梁		预应力混凝土空心板梁		钢筋混凝土T梁	
		数量	占每平方米 造价的比例 (%)	数量	占每平方米 造价的比例 (%)	数量	占每平方米 造价的比例 (%)
每平方米造价	元	635.6	100	481.6	75.8	421.3	66.3
运输安装费	元	28.7	100	204.9	713.9	71.5	249.1

续上表

项　　目	单位	预弯组合梁		预应力混凝土空心板梁		钢筋混凝土T梁	
		数量	占每平方米造价的比例(%)	数量	占每平方米造价的比例(%)	数量	占每平方米造价的比例(%)
钢板及其加工费	元	403.2	63.4	—	—	—	—
单梁吊装重量	t	5.0	100	15.4	308.0	16.1	322.0
梁高(板厚)	cm	65.0	100	75.0	115.4	110.0	169.2
混凝土/m²	m³	0.238	100	0.251	105.5	0.384	161.3
钢材/m²	kg	145.1	100	86.4	59.5	63.3	43.6
锰钢板/m²	kg	90.5	—	—	—	—	—
高强钢丝/m²	kg	—	30.8	—	—	—	—
运输安装方法	—	吊机装卸、安装,汽车运输35km		吊机装卸、汽车运输35km、便桥、轨道、平车、千斤顶平移法安装,卷扬机牵引		轨道、龙门吊装、汽车运输1km、轨道、导梁、卷扬机牵引、安装	

表 6-4-2 中的数据表明,预弯组合梁虽有建筑高度小,钢筋、混凝土用量少,吊装重量轻及运输安装方法简单等优点,但其上部结构每平方米造价要分别高出预应力空心板梁和钢筋混凝土T梁约30%和50%。其主要原因有以下几点:

(1)钢板用量较大。由于钢梁是预弯组合梁中受力主体之一,且除跨中截面以外的其他截面上作用弯矩在减小而钢板厚度难以减小(不像钢筋那样可以弯起和剪断),必然造成钢材不能全部充分利用。

(2)Q345 钢板的价格较高。当年钢板价格要比普通钢筋高约28%,故材料费用本身增加,但远低于预应力钢材的价格。

(3)钢梁加工费用较高。由于采用的预弯钢梁是用钢板焊接并用热变形的方法制成的,故加工费用要高于钢筋制作的费用。

以上分析表明,预弯组合梁桥上部结构的每平方米造价与同跨径的预应力混凝土空心板梁和钢筋混凝土T形梁相比明显偏高。预计在20～40m的跨径范围内,预弯组合梁的单孔造价也将明显高于同宽、同跨径的钢筋混凝土和预应力混凝土T梁。

从另一方面考虑,如果以桥梁上部和下部结构的综合造价为基础,上述差异将会有所减少。这是因为随着跨径的增加,桥梁恒载内力占全部荷载的比例增加,预弯组合梁桥的结构自重将明显减小,因此相应所需要的下部结构(盖梁、墩和柱)的造价也会有所降低。如果将预弯组合梁桥与同跨径的钢—混组合梁或钢桥相比,不仅其结构高度小,其单孔造价也将明显低于后两者。

若从桥梁全寿命经济的角度考虑,预弯组合梁桥的钢梁无需防腐养护,因此在运营期的养护费用也会低于钢桥和钢—混凝土组合梁桥。

二、多层、多跨桥梁的经济性分析

由于预弯组合梁桥的每平方米造价高于同跨径的常规桥梁结构,因此在一座多跨桥梁上,全部以预弯组合梁来代替常规结构明显是不经济的。但是在一座两层多跨桥梁的高程控制桥跨上采用 1 ~ 2 跨预弯组合梁可以使桥梁总长度减少 2 ~ 4 跨则是事实。如果对一座多层的大型立交桥,在各个高层控制桥跨上均采用预弯组合梁,那么节约的桥跨数将是相当可观的,由此带来的经济效益和社会效益也将是明显的。为论证上述观点的正确性,我们给出如下的证明。

假设在一平坦地区建造一座多层分离式立交桥,地面层用于非机动车和人行,第一层、第二层及第三层用于机动车行驶。图 6-4-1 给出了单侧桥梁长度 L 的计算模式。设第一层、第二层和第三层桥梁的设计参数如下:

L_1、L_2、L_3——各层单侧桥梁长度;

H_1、H_2、H_3——各层桥下净空要求;

G_1、G_2、G_3——各层桥梁的桥台高度;

D_1、D_2、D_3——各层桥梁建筑高度,分别为 $D_i = \Delta_i + \delta_i$,其中:

Δ_i、δ_i——各层桥梁的结构高度和桥面铺装厚度;

i_i'、i_i——各层桥梁的两侧纵坡;

R_i、T_i、E_i、θ_i——各层桥梁竖曲线的半径、切线长、外距和圆心角。

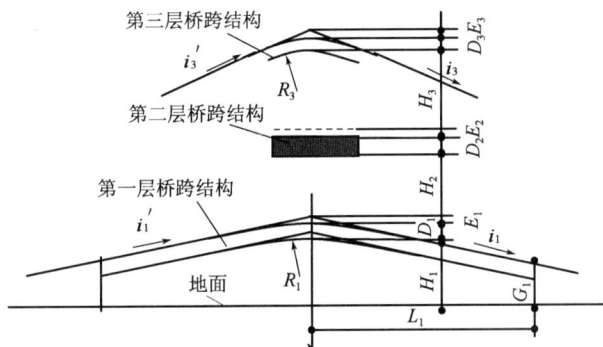

图 6-4-1　桥长计算模式

根据竖曲线的几何关系,可以得到竖曲线的外距计算式:

$$E_i = R_i \left(\frac{1}{\cos\theta_i} - 1 \right) \approx \frac{R_i (i_i + i_i')^2}{8} \tag{6-4-1}$$

如果是对称竖曲线,即有 $i_i' = i_i$,于是式(6-4-1)可以简化为式(6-4-2),即有:

$$E_i = \frac{R_i i_i^2}{2} \tag{6-4-2}$$

式(6-42)给出了竖曲线外距与竖曲线半径及桥梁纵坡的简单关系。同理,由各层竖曲线的几何关系可以建立各层桥梁长度的计算模型:

$$\begin{cases} L_1 = \dfrac{1}{i_1}(H_1 + \Delta_1 + \delta_1 + E_1 - G_1) \\[2mm] L_2 = \dfrac{1}{i_2}(H_1 + H_2 + \Delta_1 + \Delta_2 + \delta_1 + \delta_2 + E_2 - G_2) \\[2mm] L_3 = \dfrac{1}{i_3}(H_1 + H_2 + H_3 + \Delta_1 + \Delta_2 + \Delta_3 + \delta_1 + \delta_2 + \delta_3 + E_3 - G_3) \end{cases} \tag{6-4-3}$$

为简洁地说明问题,我们假设各层桥梁的净空要求相同,即有 $H_1 = H_2 = H_3 = H$;各层桥梁的桥面铺装厚度相同,即有 $\delta_1 = \delta_2 = \delta_3 = \delta$;各层桥跨的竖曲线半径相同,纵坡相同并导致其相应的外距也相同,即有 $R_1 = R_2 = R_3 = R$, $i_1 = i_2 = i_3 = i$, $E_1 = E_2 = E_3 = E$;各层桥梁的桥台建筑高度相同,即有 $G_1 = G_2 = G_3 = G$;如果我们再假定各层桥梁控制桥跨的结构高度也相同,即有 $\Delta_1 = \Delta_2 = \Delta_3 = \Delta$。则上述桥梁单侧长度的计算公式可以简化为如下形式:

$$\begin{cases} L_1 = \dfrac{(H + \Delta + \delta + E - G)}{i} \\[2mm] L_2 = \dfrac{(2H + 2\Delta + 2\delta + E - G)}{i} \\[2mm] L_3 = \dfrac{(3H + 3\Delta + 3\delta + E - G)}{i} \end{cases} \tag{6-4-4}$$

式(6-4-4)给出了理想化的三层立交桥单侧桥梁长度 L_i 与控制桥跨结构高度 Δ 之间的函数关系。根据式(6-4-4),利用微分关系不难得出桥梁结构高度的增量变化 $d\Delta$ 对单侧桥梁长度的影响量 dL_i 的关系:

$$\begin{cases} dL_1 = \dfrac{d\Delta}{i} \\[2mm] dL_2 = \dfrac{2d\Delta}{i} \\[2mm] dL_3 = \dfrac{3d\Delta}{i} \end{cases} \tag{6-4-5}$$

式(6-4-5)表明,桥梁结构高度 Δ 变化对每层桥梁长度将产生不同的影响,立交桥的层数越多,其结构高度的影响量也越大。如果我们按多层立交桥考虑,取桥下净空高度 $H = 5\mathrm{m}$,取桥面铺装层厚度 $\delta = 0.15\mathrm{m}$,取凸形竖曲线的一般最小半径 $R = 4500\mathrm{m}$,取桥梁纵坡 $i = 3.5\%$(通常该值为北方冰雪地区桥梁机动车道纵坡的限值),并取桥台高度 $G = 2.5\mathrm{m}$。按式(6-4-1)可求出竖曲线的外距为 $E = 2.76\mathrm{m}$。于是式(6-4-4)可以简化为:

$$\begin{cases} L_1 = \dfrac{(5.41 + \Delta)}{i} \\[2mm] L_2 = \dfrac{(10.47 + 2\Delta)}{i} \\[2mm] L_3 = \dfrac{(15.71 + 3\Delta)}{i} \end{cases} \tag{6-4-6}$$

再用式(6-4-5)、式(6-4-6)可求出控制桥跨的结构高度与桥梁单侧长度及其相应增量间的对比关系,其计算结果由表6-4-3给出。

桥梁结构高度与单侧桥长的关系(单位:m)

表6-4-3

桥跨层次	高程控制跨结构高度					高程控制跨结构高度增量				
	Δ	0.7	1.0	1.5	2.0	$d\Delta$	0.2	0.5	1.0	1.5
第一层	半侧桥长 L_i	174.5	183.1	197.4	211.7	半侧桥长增量 dL_1	5.71	14.2	28.6	42.9
第二层		339.1	356.4	384.9	413.4		11.4	28.6	57.1	85.7
第三层		508.9	534.6	577.4	620.3		17.1	42.9	85.7	128.6

表6-4-3中的数据表明,桥梁的结构高度对桥长有明显的影响,而且这种影响随着立交桥

的层数增加而增加。现代高速公路及城市快速干道的宽度也在随交通量的增加而增加,因此无论从美学上还是从功能上,均需要立交桥的主跨跨径不断增加,这自然就产生了桥梁跨径与其结构高度的矛盾。增加桥梁主孔跨径就意味着增加梁高,也就意味着增加桥梁的长度和造价。如果能够在增加桥梁主孔跨径的同时不增加甚至减小桥梁结构的相对高度,则可不增加甚至减小桥梁长度,并且不增加甚至减小工程投资。在这种情况下,由于预弯组合梁桥具有很小的高跨比和相对较大的跨越能力,不能不说是一种合理的桥型方案。当桥梁的结构高度降低 $0.5 \sim 1.5m$ 时,对于第一层桥可以减小单侧桥长 $15 \sim 43m$。若以 $20m$ 预应力混凝土空心板梁作为标准跨,可节约 $1 \sim 2$ 跨,双侧桥长将节约 $2 \sim 4$ 跨;对于第二层桥可以减小单侧桥长 $29 \sim 86m$,可节约 $2 \sim 4$ 跨,双侧桥长将节约 $4 \sim 8$ 跨。若有第三层桥存在,可以减小单侧桥长 $43 \sim 129m$,可节约 $2 \sim 7$ 跨,双侧桥长将节约 $4 \sim 14$ 跨。按上述计算,对于一座三层分离式立交桥,如果在三个高程控制桥跨均采用预弯组合梁,全桥可望节约 $10 \sim 26$ 跨 $20m$ 预应力混凝土空心板梁。尽管在三个控制桥跨上部结构的局部造价会增加,但全桥的总造价将有明显的减小。1994 年哈尔滨市新阳路立交桥的实践经验已证明了上述论点。

三、经济性分析结论

根据上述分析和计算,对于预弯组合梁桥的经济性可以给出如下结论:

(1)对于中、小跨径的预弯组合梁桥,单孔上部结构造价要高于常规钢筋混凝土、预应力混凝土结构30% ~50%;考虑下部结构的综合造价,上述比率尚可减小。

(2)在一座桥梁的所有桥跨均采用预弯组合梁将是不经济的。

(3)对于两层以上的立交桥在高程控制桥跨采用预弯组合梁,将使桥长缩短,并带来明显的经济效益。而且立交桥的层数越多,总桥长越短,经济效益越明显。

(4)预弯组合梁桥的单孔上部结构造价将明显低于同跨径的钢桥和钢—混凝土组合梁桥。从桥梁全寿命期经济的角度来看,由于取消了钢梁防腐养护,预弯组合梁桥在设计寿命期的经济性同样会优于钢桥和钢—混凝土组合梁桥。

(5)对于冬季受冰雪路面影响、需要限制桥梁纵坡小于 3.5% 的区域,在高程控制桥跨采用预弯组合梁会带来可观的经济效益和社会效益。

(6)对于公路或城市高架桥,需要较大的主跨且一跨跨越高等级公路或城市主干道,同时能获得较好的桥梁美学效果、缩短施工周期,采用预弯组合梁也优势明显。

如果考虑到我国当前的钢铁产能,钢材的单价会有所降低,在此情况下预弯组合梁桥的经济性会有进一步的提高。

第七章
预弯组合梁桥的设计方法

第一节　预弯组合梁桥的设计要点

一、预弯组合梁桥的尺寸拟定

预弯组合梁主要用于结构高度受到限制且单孔简支跨径在 20～50m 的立交桥高程控制桥跨,降低结构高度是该结构主要追求的目标。在选择桥梁结构高度时,可按 1/30 高跨比估算,也可以参考表 6-2-1 选择,对于公路—Ⅰ级荷载,可适当增加梁高或增加上、下翼缘钢板厚度。为获取较小的梁高,主梁间距不宜过大,一般情况下主梁间距应控制在 1.3～1.5m 的范围内。在确定了桥梁的结构高度和主梁间距后,其他混凝土断面的细部尺寸可以参考图 6-3-2、图 6-3-3 的构造要求确定。工字形钢梁的断面尺寸应根据梁高及主梁跨中截面弯矩估算确定,钢梁的细部尺寸也应满足第六章第三节中的构造要求。

二、主梁横向分布计算特点

预弯组合梁大多用于简支梁桥,也可以用于连续梁桥。由于对裸钢梁施加预弯力时,易出现钢梁侧向失稳,因而预弯组合梁宜用于直桥,对于大半径的曲桥也可以以直代曲地采用预弯组合梁。桥梁横向分布系数计算方法的选择,取决于横桥向各梁之间的构造形式。预弯组合梁桥的主梁间一般有以下三种构造形式。

1. 主梁间横桥向刚接

形成预弯梁之后,须将一孔预弯梁吊装就位后,一次性浇筑二期混凝土,即腹板混凝土、桥面板混凝土以及横隔梁混凝土。这种构造桥梁的吊装重量最轻,横桥向抗弯刚度相对较大,整体性最佳,单梁受力相对最小。

2. 主梁间横桥向铰接

形成预弯梁之后,可在吊装之前先浇筑二期混凝土,待二期混凝土达到要求的强度后再起吊主梁。然后在主梁之间按照常规方法以铰接方式连接主梁及横隔梁。这种构造桥梁的吊装重量最大,横桥向抗弯刚度最小,桥梁的整体性最差,单梁受力相对最大。

3. 主梁间桥面板刚接而横隔板间钢板焊接

这种构造介于前两者之间,即形成预弯梁之后,将二期混凝土再次分期浇筑。可分为两种情况考虑:情况一是在浇筑完腹板和横隔板混凝土之后进行吊装,然后一次性浇筑桥面板混凝土;情况二是在浇筑完腹板混凝土之后进行吊装,然后一次性浇筑桥面板和横隔板混凝土。在这两种情况下,桥梁的吊装重量略有增加,混凝土施工周期增加,但横隔梁的浇筑时间对桥梁的横向抗弯刚度影响很大。构造一的横隔板之间须采用预埋钢板焊接,桥梁的横向刚度有所减小;而构造二的横隔梁是一体浇筑成形的,因此桥梁的整体性仍有很好的保证。

针对上述三种施工方法和构造形式,在桥梁横向分布计算时应选取不同的计算方法。一般地说,对于第一种构造形式,即主梁间横桥向刚接时,应采用刚接梁法,当桥梁的跨宽比 L/B 大于 2 时亦可以采用偏心压力法;对于第二种构造形式,即主梁间横桥向铰接时,应采用铰接梁(板)法计算横向分布系数;对于第三种构造形式,仍可采用刚性横梁法计算横向分布系数。各种横向分布的计算方法参见桥梁工程相关教材中的介绍。

从目前国内建成的预弯组合梁桥来看,大多采用上述第一种构造形式,并收到了良好的使用效果。

三、结构设计内容及控制条件

预弯组合梁桥结构设计中应包括以下主要的计算内容,且其计算结果应满足住建部现行行业标准《预弯预应力组合梁桥技术标准》(CJJ/T 276—2018)的相关要求。

1. 极限承载力计算

在承载能力极限状态下,预弯组合梁的极限承载力计算包括抗弯承载力和抗剪承载力,并由此确定截面尺寸。其计算结果应满足以下条件:

$$M_{\mathrm{d}} \leqslant M_{\mathrm{ud}}; \quad V_{\mathrm{d}} \leqslant V_{\mathrm{ud}} \tag{7-1-1}$$

式中:M_{d}、V_{d}——按公路桥规求出的最大弯矩设计值和最大剪力设计值;

M_{ud}、V_{ud}——预弯组合梁的抗弯承载力设计值和抗剪承载力设计值。

2. 使用阶段的截面法向应力验算

正常使用阶段的截面法向应力验算应包括在设计荷载作用下钢梁上、下缘应力以及二期混凝土上缘应力。验算时应考虑结构自重、二期恒载和活载作用以及混凝土收缩、徐变效应,并按作用的标准值进行组合,各项作用的分项系数均取为 1.0,其中活载作用应计入冲击系

数。上述应力验算应视为对承载能力验算的补充,验算结果应满足下列条件:

(1)钢梁上、下缘应力应满足:

$$\sigma_{su} \leqslant 0.7f_y, \quad \sigma_{sb} \leqslant 0.7f_y \tag{7-1-2}$$

式中:σ_{su}——正常使用极限状态下钢梁上缘的压应力;

    f_y——考虑钢板厚度折减的钢材的屈服强度;

    σ_{sb}——正常使用极限状态下钢梁下缘的拉应力;

(2)二期混凝土上缘压力应满足:

$$\sigma'_{cu} \leqslant 0.6f_{ck} \tag{7-1-3}$$

式中:f_{ck}——二期混凝土轴心抗压强度标准值;

    σ'_{cu}——正常使用极限状态下二期混凝土上缘的压应力。

3. 使用阶段的挠度和抗裂性验算

(1)持久状况正常使用极限状态下,预弯组合梁桥的静活载作用频遇值引起的跨中挠度应满足下列条件:

$$f_q \leqslant \frac{L}{600} \tag{7-1-4}$$

式中:L——桥梁的计算跨径。

(2)一期混凝土下缘应力可按预应力混凝土 A 类构件进行验算。在作用频遇组合时,应力计算结果应满足下列条件:

$$\sigma_{cL} \leqslant 0.7f_{tk} \tag{7-1-5}$$

式中:σ_{cL}——一期混凝土下缘的拉应力;

    f_{tk}——混凝土抗拉强度标准值。

(3)作用频遇组合下,一期混凝土下缘的最大裂缝宽度应满足下式要求:

$$\delta_{fmax} \leqslant [\delta_f] \tag{7-1-6}$$

式中:δ_{fmax}——正常使用阶段活载作用频遇组合下,一期混凝土下缘的最大裂缝宽度;

    $[\delta_f]$——裂缝宽度限值,可取$[\delta_f] = 0.25$mm,或按现行《混桥规》(JTG 3362—2018)的相关规定取值。

4. 施工阶段验算

在短暂状况下,即施工阶段验算应包括钢梁在预弯阶段的整体稳定性和局部稳定性,以及反弹阶段一期混凝土压应力等内容。

(1)钢梁的整体稳定性验算

钢梁预压时的整体稳定性可按下式计算:

$$\sigma_w \leqslant \varphi_b f_d \tag{7-1-7}$$

式中:σ_w——施工过程中,钢梁的最大弯曲压应力;

    φ_b——钢梁的整体稳定系数;

    f_d——钢材的抗压强度设计值。

(2)预弯施工中的钢梁局部稳定验算

可参照按第七章第四节或第三章第八节的计算方法验算。

(3)一期混凝土的反弹压应力验算

此项计算建议可按下式进行：

$$\sigma_{cL} \leqslant 0.56 f'_{cu.k} \tag{7-1-8}$$

式中：σ_{cL}——反弹时一期混凝土下缘的最大压应力；

　　　$f'_{cu.k}$——反弹时一期混凝土的实测立方体抗压强度标准值，通常不小于混凝土设计强度等级的 0.9 倍。

5. 连接件的设计计算

连接件的设计主要是选择栓钉直径和长度、计算其个数及栓钉的布置间距，并使其满足最大和最小间距要求，详见本章第三节的计算方法和第六章第三节的构造要求。

第二节　极限承载力的实用计算方法

预弯组合梁的承载力实用计算方法建立在试验研究的基础上。(原)哈尔滨建筑大学在 1994 年完成了十片预弯组合梁的破坏试验，其中包括七根梁的抗弯破坏试验和三根梁的抗剪破坏试验。根据上述试验结果总结出预弯组合梁的抗弯和抗剪破坏机理，并在此基础上建立起相应的极限抗弯承载力和抗剪承载力计算方法。

一、破坏机理分析

预弯组合梁抗弯承载力的实用计算方法以非线性全过程分析为理论基础，将混凝土实际应力分布图简化为矩形应力图，在大量计算分析的基础上对钢梁的应力图式加以适当的简化，以得到一个简单实用的计算方法，该方法得到了室内试验梁的试验验证。

1. 抗弯破坏机理

预弯组合梁从加载到破坏，截面变形基本上符合平截面假设。在极限状态下，由于劲性钢梁和连接件的存在，二期混凝土的极限压应变有所提高，实测平均值为 $3762\mu\varepsilon$。试验表明，预弯组合梁在破坏时，劲性钢梁的上、下缘应力均可以达到屈服并进入塑性阶段；钢梁腹板的上部会有一小部分进入塑性阶段，但绝大部分仍处于弹性阶段；钢腹板下部基本进入塑性阶段；破坏前，二期混凝土上边缘的极限压应变明显增加。上述应力状态使得预弯组合梁在破坏前具有很大的挠曲变形，即具有相当好的延性。此外，如果钢梁上缘的连接件配置适当，在极限破坏时，二期混凝土的受压区不会发生与钢梁顶面的相对滑移和掀起现象。

2. 抗剪破坏机理

试验结果表明，预弯组合梁的抗剪能力主要取决于钢腹板的抗剪强度。在破坏时，支点附近的钢腹板上主拉、主压应力均达不到其屈服强度，而且，剪跨比越大，主拉应力也越大，其破坏状态越趋于受弯破坏。因此，在钢梁腹板厚度与上、下缘钢板厚度相同的情况下，预弯组合梁很难发生剪切破坏。当钢腹板厚度很小时，将由预弯施工阶段的稳定性控制设计。

二、截面抗弯承载力的计算方法

1. 基本假设及计算图式

基于上述破坏机理分析，并经过非线性分析理论的验证，可以建立以下 4 个计算假设：

（1）截面变形符合平截面假设，钢梁与混凝土之间无滑移，混凝土的极限压应变可取为 $\varepsilon_u = 3500\mu\varepsilon$。

（2）一期混凝土及二期混凝土的受拉区退出工作，全部拉力均由钢梁承担。

（3）钢梁的上、下翼板厚度相等且均可达到屈服，近似认为钢腹板上部处于弹性工作区，腹板下部的部分钢板达到屈服，其应力均能达到钢材的设计强度 f_d 或 f'_d。

（4）二期混凝土的受压区采用矩形应力图，其应力达到混凝土抗压设计强度 f_{cd}，矩形应力图的高度 x 为变形零点到受压上边缘距离 x_s 的 0.8 倍，即 $x = 0.8x_s$。

根据以上基本假设，可建立截面抗弯承载力的计算图式，如图 7-2-1 所示。

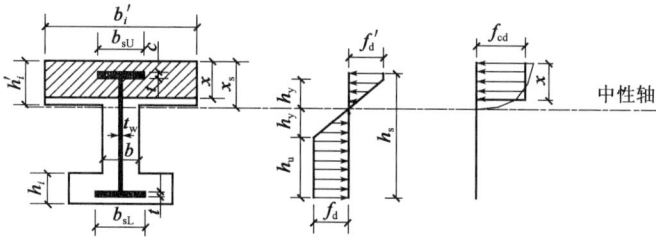

图 7-2-1　截面抗弯承载力计算图式

2. 基本方程

根据截面抗弯计算图式，利用几何条件可得如下基本关系式：

$$\begin{cases} \Delta b_s = b_{sL} - b_{sU} \\ h_y = x_s - c - t = \dfrac{x}{0.8} - c - t \\ h_u = h_s - 2h_y - 2t = h_s - \dfrac{2x}{0.8} + 2c \end{cases} \quad (7\text{-}2\text{-}1)$$

式中：b_{sU}、b_{sL}——钢梁上、下翼缘板的宽度；

　　　Δb_s——钢梁上、下翼缘板宽度之差；

　　　x、x_s——混凝土矩形应力图高度和实际受压区高度；

　　　h_y、h_U——钢腹板弹性核高度及其下部塑性区的高度；

　　　t——钢梁的翼板厚度；

　　　c——钢梁上翼板顶面到二期混凝土顶面的距离。

利用截面平衡条件可以建立预弯组合梁截面抗弯承载力的基本方程。根据截面中性轴 x 位置的不同，抗弯承载力的基本方程应考虑两种情况：

（1）当混凝土中性轴在上翼缘内时，即 $x \leqslant h'_i$ 时：

由 $\sum N = 0$

$$f_{cd}b'_i x = f_d h_u t_w + f_d \Delta b_s t \quad (7\text{-}2\text{-}2)$$

由 $\sum M_{x_s} = 0$　　$\gamma_0 M_d \leqslant M_{ud} = f_d b_{sU} t \left(\dfrac{x}{0.8} - c - \dfrac{t}{2} \right) + f_d (b_{sU} + \Delta b_s) t \cdot$

$$\left(h_s - \dfrac{x}{0.8} + c - \dfrac{t}{2} \right) + f_d h_u t_w \left(\dfrac{h_u}{2} + \dfrac{x}{0.8} - c - t \right) +$$

$$\dfrac{2}{3} f_d t_w \left(\dfrac{x}{0.8} - c - t \right)^2 + f_{cd} b'_i x \left(\dfrac{x}{0.8} - \dfrac{x}{2} \right) \quad (7\text{-}2\text{-}3)$$

将式(7-2-1)中的1、3式代入式(7-2-2)中,则有:

$$x = \frac{(h_s + 2c)t_w + \Delta b_s t}{b'_i f_{cd} + 2.5 t_w f_d} f_d \leqslant h'_i \qquad (7\text{-}2\text{-}4)$$

按式(7-2-4)求出的 x 应满足 $x > c + t$ 的条件,以保证钢梁上翼缘板的应力能够达到其抗压设计强度 f'_d。

(2)当混凝土中性轴在腹板内时,即 $x > h'_i$ 时:

由 $\sum N = 0$,

$$f_{cd}(b'_i - b)h'_i + f_{cd}bx = f_d h_U t_w + f_d \Delta b_s t \qquad (7\text{-}2\text{-}5)$$

由 $\sum M_{x_s} = 0$,

$$\gamma_0 M_d \leqslant M_{ud} = f_d b_{sU} t \left(\frac{x}{0.8} - c - \frac{t}{2}\right) + f_d (b_{sU} + \Delta b_s)t \cdot$$

$$\left(h_s - \frac{x}{0.8} + c - \frac{t}{2}\right) + f_d h_u t_w \left(\frac{h_u}{2} + \frac{x}{0.8} - c - t\right) +$$

$$\frac{2}{3} f_d t_w \left(\frac{x}{0.8} - c - t\right)^2 + f_{cd}(b'_i - b)h'_i \left(\frac{x}{0.8} - \frac{h'_i}{2}\right) +$$

$$f_{cd} bx \left(\frac{x}{0.8} - \frac{x}{2}\right) \qquad (7\text{-}2\text{-}6)$$

将式(7-2-1)中的1、3式代入式(7-2-5)中,则有:

$$x = \frac{f_d(h_s + 2c)t_w + f_d \Delta b_s t - f_{cd}(b'_i - b)h'_i}{f_{cd}b + 2.5 f_d t_w} \qquad (7\text{-}2\text{-}7)$$

为确保工字形钢梁下翼缘能够进入屈服状态,参照钢筋混凝土梁的控制条件,建议按式(7-2-7)求出的中性轴位置 x 应满足以下条件:

$$x \leqslant \xi_{js}(h_s + c) \qquad (7\text{-}2\text{-}8)$$

式中:h_s——钢梁的高度;

c——钢梁上翼板顶面到二期混凝土顶面的距离;

ξ_{js}——截面界限受压区高度系数,可借助基本假设(1)(3)(4)近似推导出下式:

$$\xi_{js} = \frac{\beta \varepsilon_u}{\dfrac{f_d}{E_s} + \varepsilon_u} \qquad (7\text{-}2\text{-}9)$$

对于常用的厚度小于40mm的Q345钢板可有:

$$\xi_{js} = \frac{\beta \varepsilon_u}{\dfrac{f_d}{E_s} + \varepsilon_u} = \frac{0.8 \times 0.0035}{\dfrac{270}{2 \times 10^5} + 0.0035} = 0.577$$

建议取截面界限受压区高度系数 $\xi_{js} = 0.57$。同理,对于Q390钢材可取 $\xi_{js} = 0.56$;对于Q420钢材取 $\xi_{js} = 0.54$。

在式(7-2-2)~式(7-2-8)中,其他符号意义如下:

M_d——按现行公路桥规基本组合计算的弯矩组合设计值;

γ_0——桥梁结构的重要性系数;

M_{ud}——预弯组合梁的抗弯承载力设计值;

f_{cd}、f_d——混凝土和钢材的材料强度设计值;

$h_i'、b_i'$——二期混凝土上翼缘板的厚度和宽度。

在 $\sum M = 0$ 的两平衡方程中各有五项,第一、二、三项分别为钢梁上翼板、下翼板及腹板的塑性抗力,而第四项为钢梁弹性核提供的抗力,第五项为混凝土提供的抗弯能力。计算分析表明,前三项提供的抗力可达总抗力的80%以上,而第四项弹性核的影响仅为约1%;第五项混凝土的抗力可占10%~20%。由此可见,钢梁在预弯组合梁的抗弯承载力中占主导地位。

3. 基本方程的应用

利用上述两组计算式即可完成预弯组合梁的截面抗弯承载力计算。在实际工程计算时,须分两种情况加以考虑:

(1)截面设计

已知:$M_d、f_{cd}、f_d、h_i'、b_i'、h_s、c$。

假设:$\Delta b_s、t、t_w$。

解法:由式(7-2-4)或式(7-2-7)即可求出 x,再由式(7-2-3)或式(7-2-6)求出 b_{sU}(或 b_{sb})。

(2)承载力复核

已知:$f_{cd}、f_d、h_i'、b_i'、h_s、c、t、t_w、b_{sU}$(或 b_{sl})、Δb_s。

解法:由式(7-2-4)或式(7-2-7)即可求出 x,并利用式(7-2-1)求出相关参数,再由式(7-2-3)或式(7-2-6)求出截面抗弯承载力设计值 M_{ud},并验算截面抗弯承载力 $M_d \leq M_{ud}$。

4. 截面抗弯承载力计算方法的验证

为验证本节提出的预弯组合梁极限抗弯承载力实用计算方法的正确性,利用我们完成的七片抗弯试验梁和由同济大学完成的一片抗弯试验梁的试验结果进行了对比分析。验证的主要内容有抗弯破坏时截面的受压区高度 x_s 和极限抗弯强度 M_u。对比分析中不计钢材和混凝土的材料安全系数,均取各种材料的实测强度平均值进行计算,对比结果见表7-2-1。

实测与计算的 x_s 和 M_u 值对比表

表 7-2-1

试验梁编号	受压区高度 x_s(cm)			抗弯承载力 M_u^j(N·m)		
	实测值	计算值	实/计	实测值	计算值	实/计
W3-3	5.5	4.7	1.17	65750	63745	1.03
W3-4	5.1	5.7	0.89	68130	58277	1.17
W5-1	—	5.9	—	148600	132502	1.12
W5-3	7.2	6.2	1.16	135400	134092	1.01
W5-4	7.5	7.6	0.99	146200	126283	1.15
W7-2	10.4	9.7	1.07	270550	259214	1.04
W7-3	8.4	7.0	1.2	276400	273810	1.01
同济-1	5.5	5.1	1.08	61000	59074	1.03

对比结果表明,在不计材料安全系数的情况下,实用计算方法的计算结果与实测结果吻合很好,八根不同尺寸试验梁的实测值与计算值比值的平均值为 $x = 1.069$,均方差为 $\sigma_n = 0.062$,离散系数 $C_v = 0.0587$。由此可见,实用算法中提出的四点基本假设是合理的,实用计算方法本身是安全且可行的。

三、截面抗剪承载力的估算方法

根据已有的预弯组合梁的抗剪承载力试验研究结果,可以得到以下两个基本结论:

(1)当预弯钢梁的腹板厚度与上、下翼板厚度相等时,可以不验算预弯组合梁的截面抗剪承载力,即 $V_d \leqslant V_{ud}$ 一般会自然满足。

(2)当预弯钢梁的腹板厚度小于上、下翼板厚度时,在保证钢腹板抗剪要求的最小厚度,且应满足施工阶段的稳定性要求的条件下,预弯组合梁的抗剪承载力也不会控制设计。

在确定钢腹板的最小厚度时,可引入以下两点假设:

(1)由于钢梁上、下翼板中的剪应力很小,可忽略其抗剪作用。

(2)在极限状态下偏安全地忽略混凝土的抗剪作用,认为全部剪力均由钢梁腹板承担。

按弹性理论计算预弯组合梁的最小钢腹板厚度时,仍可采用容许应力法的表达形式,即按下式计算:

$$V_{max} \leqslant \frac{1}{1.5}[\tau]t_w h_w \tag{7-2-10}$$

式中:V_{max}——预弯组合梁支点处的最大剪力(包括施工和运营阶段);

  $[\tau]$——钢梁的容许剪应力,可参考现行钢结构桥梁设计规范近似取 $[\tau] = 0.45f_d$,或参考表1-4-3 直接查取;

  t_w、h_w——钢梁腹板的厚度和高度。

现行《钢桥规》(JTG/T D64—2015)中已给出了钢材抗剪强度设计值 f_{vd},见表1-4-2。因此,截面抗剪承载力也可以按极限状态进行估算,即:

$$\gamma_0 V_d \leqslant V_{ud} \approx f_{vd} h_w t_w \tag{7-2-11}$$

式中:V_d——承载能力极限状态下基本组合的预弯组合梁支点处剪力设计值或预弯施工阶段的支点剪力设计值,取两者中的较大者;

  γ_0——桥梁结构的重要性系数;

  V_{ud}——截面抗剪承载力设计值。

  f_{vd}——钢材的抗剪强度设计值,按表1-4-2 取值。

由式(7-2-10)和式(7-2-11)也可导出最小钢梁腹板的厚度为:

$$t_{wmin} = \min\left\{1.5\frac{V_{max}}{[\tau]h_w}, \frac{\gamma_0 V_d}{f_{vd}h_w}\right\} \tag{7-2-12}$$

式中各符号意义同前。

在实际工程设计中,预弯组合梁的抗剪设计时应控制 $t_w > t_{wmin}$,且满足施工阶段的稳定性要求。

第三节 预弯组合梁桥的栓钉连接件设计方法

为保证钢梁和一、二期混凝土之间的黏结作用,保证预弯组合梁在弯曲时压区混凝土层不掀起,通常在钢梁的顶、底面设置栓钉连接件。这些连接件的数量应通过计算来确定,其构造和要求参见第四章第七节。在预弯组合梁结构上常用的连接件是栓钉,本节就预弯组合梁中的栓钉连接件设计方法进行讨论。

预弯组合梁的栓钉设计方法基本上是套用钢—混组合梁的计算方法,以日本预弯梁设计施工指南为代表。其存在的主要问题是没有考虑预弯组合梁与钢—混组合梁的栓钉所处的工作环境有所不同。在钢—混组合梁中认为在钢梁和混凝土之间的剪力完全由栓钉承担;对于预弯组合梁而言,钢梁的上、下翼缘板完全被混凝土包裹,其中又配有必要的构造钢筋。因此,钢梁与混凝土界面上的水平剪力应由界面上的栓钉、构造钢筋的抗剪承载力以及钢板与周围混凝土的黏结力共同承担,这是两种结构上栓钉受力的主要区别。可以肯定的是,位于预弯组合梁的钢梁上、下翼板的栓钉受力状态要比钢—混凝土组合梁结合面上的栓钉受力状态好得多。

目前尚无针对预弯组合梁中栓钉受力的专项研究成果,各国的预弯组合梁规范也是直接引用钢—混凝土组合梁的栓钉抗剪承载力的计算方法。技术规程中对的栓钉计算方法也偏安全地忽略了构造钢筋的抗剪承载力和钢板表面与周围混凝土的黏结力,并认为在正常使用极限状态下栓钉连接件是无滑移的,全部剪力完全由焊接在界面上的栓钉连接件承担。

一、栓钉连接件的抗剪承载力设计

根据第四章第二节和第三节中栓钉连接件的试验研究结果及抗剪承载力计算方法,由表4-3-1可得到承载能力极限状态下,单个栓钉连接件的抗剪承载力设计值 V_{su} 为:

$$0.43A_s\sqrt{E_cf_{cd}} \leqslant 0.7A_sf_{su}$$

上式可直接用于承载能力极限状态下的栓钉连接件设计,并称之为栓钉连接件的塑性抗剪承载力。

在栓钉连接件的设计中,也可按正常使用极限状态进行设计。在此情况下,栓钉连接件应处于弹性工作状态。若按弹性方法设计时,按照现行《组桥设施规范》(JTG/T D64-01—2015)的规定,应将上式中的承载力计算结果乘以0.75,即相当于除以安全系数1.33。于是,单个栓钉连接件的抗剪弹性承载力也可由表4-3-1得到,即:

$$0.32A_s\sqrt{E_cf_{cd}} \leqslant 0.53A_sf_{td}$$

根据上述两个表达式,可以得到按塑性方法设计时单个栓钉连接件的塑性承载力设计值 V_{sud} 和按弹性方法设计时单个栓钉连接件弹性承载力设计值 $[V_{su}]$:

塑性承载力设计值:

$$V_{sud} = \text{Min}(0.43A_s\sqrt{E_cf_{cd}}, 0.7A_sf_{su}) \tag{7-3-1}$$

弹性承载力设计值:

$$[V_{su}] = \text{Min}(0.32A_s\sqrt{E_cf_{cd}}, 0.53A_sf_{su}) \tag{7-3-2}$$

式中: V_{sud} ——单个栓钉连接件的塑性承载力设计值(N);

$[V_{su}]$ ——单个栓钉连接件的弹性承载力设计值(N);

A_s ——栓钉杆的截面面积(mm^2);

f_{su} ——栓钉材料的抗拉强度最小值(MPa),按照规范《电弧螺柱焊用圆柱头焊钉》

（GB/T 10433—2002）和 CEC S226—2007 的规定,栓钉抗拉强度的最小限值取为 400MPa;

f_{cd}、E_c——混凝土的抗压强度设计值和弹性模量(MPa)。

式(7-3-1)和式(7-3-2)括号中的第一项为由栓钉周边混凝土破坏决定的承载力,而第二项则为由栓钉杆本身强度决定的承载力。单个栓钉的塑性承载力设计值 V_{sud} 或弹性承载力设计值 $[V_{su}]$ 均应取上述两项中的较小者。

二、栓钉连接件的设计方法

栓钉连接件的设计方法可以分为弹性设计法和塑性设计法。

一般建议用弹性方法设计钢梁下翼缘与一期混凝土之间的栓钉,因为在预弯钢梁反弹时,这部分栓钉受力最大,此时一期混凝土处于受压状态,而钢梁和一期混凝土均处于弹性工作阶段,且预弯梁截面不可能进入塑性工作阶段。在预弯组合梁达到其极限承载力时,一期混凝土已退出工作,其中的栓钉已处于受拉混凝土内。

建议采用塑性方法设计钢梁上翼缘与二期混凝土之间的栓钉。因为现行公路桥梁相关规范采用的是极限状态设计法,而在结构的承载能力极限状态下,上翼缘栓钉已发生较大的弯曲变形并产生相对滑移,各栓钉之间的受力趋于均匀,更符合塑性设计的基本假设。

1. 弹性设计法

栓钉连接件的弹性设计法认为钢材和混凝土均为理想弹性材料,混凝土和钢梁翼板间有可靠的连接,完全忽略其相对滑移的影响。用该方法计算时,在荷载剪力较大的区段内栓钉直径较大或者间距加密。

当预弯钢梁反弹时,承受着由钢梁自重和一期混凝土自重产生的剪力 V 及预加力反作用于预弯梁而引起的剪力 P_0。V 与 P_0 的作用方向是相反的,如图 7-3-1 所示。可以忽略钢梁自重剪力 V 的影响而偏安全地仅考虑 P_0 的作用。在此情况下,预弯梁在支承点和加载点之间仅有剪力 P_0 存在,而在跨中区段近似认为是无剪力的纯弯段。

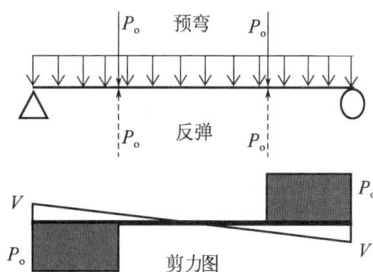

图 7-3-1 反弹阶段剪力图

在支点与加载点之间可按式(7-3-3)设计栓钉连接件:

$$\frac{P_0 Su}{I_1} \leqslant [V_{su}] \qquad (7\text{-}3\text{-}3)$$

式中:P_0——设计预弯力,按式(6-3-2)或式(6-3-3)确定;

u——按纵桥向每排一个栓钉连接件考虑的间距;

S——钢梁下翼缘以下的混凝土换算截面绕预弯梁整个换算截面重心轴的静矩;

I_1——整个预弯梁换算截面绕其自身重心轴的惯性矩,按式(8-2-3)计算。

在选定一期混凝土及栓钉材料后,假定栓钉直径(或截面面积),利用式(7-3-2)即可求出相应的栓钉间距 u,反之亦然。在梁端距加载点区段内,由于剪力 P_0 数值不变,因此栓钉的间距 u 应为常数。在梁的中部,即两个加载点之间,由于正常使用阶段的自重、二期恒载和活载剪力相对较小,加之预弯组合梁全截面参加工作,钢梁下边缘与一期混凝土截面上的剪应力更小,建议取梁端栓钉连接件数量的一半或按构造布置栓钉连接件。

211

2. 塑性设计法

在极限状态下,由于钢梁顶面与二期混凝土的界面上存在相对滑移量,使得各栓钉连接件之间产生内力重分布,最终导致各栓钉连接件的受力趋于相等,而与其所在的位置无关。基于上述假设,可以认为一个剪跨范围内,即最大弯矩截面与零弯矩截面之间,钢梁上翼缘与二期混凝土界面上的总的纵向剪力,即压应力之和 V_c 由其剪跨区段内的全部栓钉连接件承担。因而所需的连接件总个数可由下式求出:

$$n = \frac{V_c}{V_{sud}}$$ (7-3-4)

式中:n——一个剪跨范围内的栓钉个数;

V_c——极限状态下钢梁顶面以上混凝土的法向压应力之和,建议按下式考虑:

$$V_c = 1.1 b_{sU} c f_{cd}$$ (7-3-5)

式中:b_{sU}——钢梁上翼缘板宽度;

c——钢梁顶面到预弯组合梁顶面的距离,可以偏于安全地包括部分混凝土桥面铺装层的厚度;

f_{cd}——二期混凝土的抗压强度设计值,可查表1-4-5取值;

1.1——考虑钢梁上翼缘以上部分混凝土纵向压应力分布不均匀的提高系数;

其他符号意义同前。

按塑性设计法即式(7-3-4)求出的栓钉个数应均匀地布置在一个剪跨范围内,对于简支梁桥即跨中截面和一端支点间的梁段。

当预弯组合梁的钢梁顶、底面采用其他类型的连接件时,可按表3-3-1相关种类连接件取用其单个连接件的抗剪的塑性或弹性承载力设计值,并计算所需连接件的数量。其他计算方法同前。

第四节　预弯钢梁的稳定性计算方法

钢梁在预弯施工中极易出现失稳。失稳包括I字形钢梁的整体失稳及受压翼缘板和腹板的局部失稳,但无论哪一种失稳发生,都意味着预弯施工的失败。因此工字形钢梁在施工中的稳定性问题是非常重要的,应予以足够的重视,在设计阶段也应进行认真的计算。

一、整体稳定问题

1. 整体稳定的基本概念

工字形钢梁绕截面两个主轴的惯性矩相差很大。跨中部位无侧向支承或侧向支承间距离较大的梁,在最大刚度平面内承受竖向荷载作用时,当荷载达到一定数值,可能产生侧向位移和扭转,导致钢梁丧失承载力,这种现象叫作钢梁的整体失稳(亦叫侧扭屈曲),如图7-4-1所示。技术标准中规定,当工字形钢梁的截面受压翼缘的自由长度 l_1 与其总宽度 b_1 之比不满足表 7-4-1 的限值要求时,在钢梁预弯时应进行整体稳定性验算。

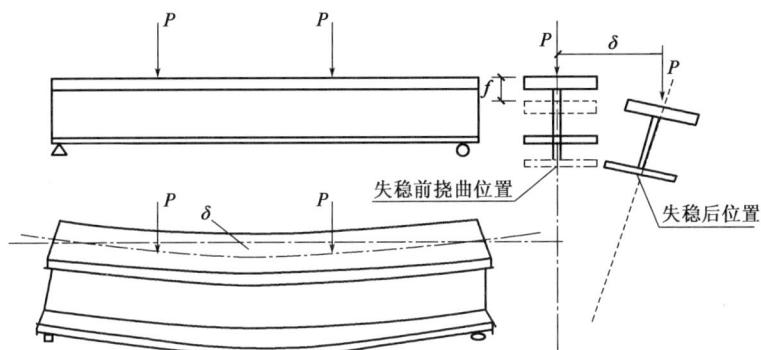

图 7-4-1 钢梁整体失稳图式

工字形截面简支钢梁不需计算整体稳定性的最大 l_1/b_1 值 表 7-4-1

钢 种	跨中无侧向支承点的工字形简支钢梁	跨中有侧向支承点的工字形简支钢梁
Q345 钢	10.5	13.0
Q390 钢	10.0	12.5
Q420 钢	9.5	12.0

注:1. 对跨中无侧向支承点的梁,l_1 为其跨径,对跨中有侧向支承点的梁,l_1 为受压翼缘侧向支承点间的距离(梁的支座和横隔梁可视为侧向支承点)。
　　 2. b_1 为工字形钢梁受压翼板的宽度。

2. 整体稳定的计算方法

对于不满足表 7-4-1 要求的工字形钢梁,在预弯施工中可能存在整体稳定问题,其稳定性可按下列方法计算。

在选定钢材并确定截面几何参数及几何性质的情况下,可由式(3-7-7)导出工字形简支钢梁的整体失稳时的临界弯矩 M_{cr} 如下:

$$M_{cr} = \varphi_b W_x f_y \tag{7-4-1}$$

式中:f_y——钢材的屈服强度;

W_x——按相对于最大受压纤维的毛截面抵抗矩,参见图 3-7-1 并按下式计算:

$$W_x = \frac{I_{sx}}{y_{sU}} \tag{7-4-2}$$

其中:I_{sx}——钢梁绕 x 轴惯性矩;

y_{sU}——钢梁上边缘(压区)到截面重心轴 x 的距离;

φ_b——钢梁整体稳定系数,对于预弯钢梁仍可按式(3-7-7)或式(3-7-10)计算,其计算图式参考图 3-7-1。

当预弯力的加载点取为 $l/4$ 时,根据预弯力 P 即可求出由其产生的钢梁最大弯矩 $M = Pl/4$,其中 l 为预弯梁的计算跨径。于是可以定义钢梁整体稳定安全系数 K 如下:

$$K = \frac{M_{cr}}{M} \tag{7-4-3}$$

在钢梁预弯施工时,建议钢梁的整体稳定安全系数 K 不宜小于 3.5。同时应采取构造和技术措施以保证钢梁预弯时的整体稳定性。

预弯施工阶段的钢梁的整体稳定性亦可参照建筑《钢结构设计规范》(GB 50017—2003)或预弯预应力组合梁桥设计标准中的规定,可按第三章第七节中的式(3-7-7)~式(3-7-10)直接进行钢梁上缘的最大弯曲压应力验算。

3. 提高钢梁整体稳定性的措施

为保证钢梁在预弯过程中的整体稳定性,可采取以下技术措施:

(1)设置横向支顶以防止钢梁侧倾。横向支顶须设在钢梁的受压区,否则将失去侧向约束的作用,或约束作用很小。

(2)横向支顶的个数不宜过少。式(7-4-4)给出了不需计算整体稳定性的最大 l_1/b_{su} 数值:

$$\frac{l_1}{b_{su}} \le 9\sqrt{\frac{235}{f_y}} \tag{7-4-4}$$

对于 Q345 钢材,若取 $\sigma_s = 345\text{MPa}$,且取钢梁受压翼板宽度为 $b_{su} = 50\text{cm}$,则由式(7-4-4)可求出不计算整体稳定性的最大横向支顶距离为 $l_1 = 3.714\text{m}$,可取为 $l_1 = 3.5\text{m}$。

(3)侧向支顶承担的水平力 F 可按式(7-4-5)确定,并由其值设计横向支顶杆的面积。

$$F = \frac{A_{s1}f_d}{85}\sqrt{\frac{f_y}{235}} \tag{7-4-5}$$

式中:F——侧向支顶承受的水平力;

A_{s1}——钢梁受压翼缘板的面积;

f_d——钢材的强度设计值;

f_y——钢材的屈服强度。

二、局部稳定问题

1. 局部稳定的基本概念

在弯矩作用下的简支钢梁有可能在发生整体失稳之前,受压翼板或腹板中压应力达到一定程度时不再保持平面状态的平衡而发生局部翘曲,这种局部翘曲的现象称为钢梁的局部失稳。局部失稳的出现会导致钢梁整体失稳的提前发生,并可能使钢梁预弯失败。

简支梁的局部失稳通常有两种可能,其一是受压上翼板的局部失稳,其二是腹板受压区的局部失稳。在设计阶段应分别对这两种情况进行分析计算,以确保钢梁的局部稳定性。

2. 翼板局部稳定计算

对于受压翼缘板,通常采用控制其宽厚比的方法来保证其局部稳定性,可按下式计算:

$$\frac{b}{t} \le 15\sqrt{\frac{235}{f_y}} \tag{7-4-6}$$

式中:b——受压翼板的悬臂长度,如图3-7-1,$b = (b_{su} - t_w)/2$;

t——受压翼板的厚度;

f_y——钢梁材料的屈服强度。

3. 腹板局部稳定计算

预弯组合梁中的钢梁一般不设纵向加劲肋,只设 A、B 两种形式的横向加劲肋,如图6-3-1所示。在预弯力和钢梁自重作用下,钢梁腹板受压区承受截面法向压应力 σ 和竖向剪应力 τ,

在预弯力加载点或支座附近还存在局部压应力 σ_c 的作用。

根据剪应力互等原理,钢腹板的受力状态如图7-4-2所示。在此复杂的应力状态下,在两道横向加劲肋和工字形钢梁上、下翼缘之间的矩形腹板上有可能发生局部失稳(或翘曲)。

在预弯钢梁的支点截面及预弯力作用截面均应设置横向加劲肋。因此在腹板稳定计算中可忽略 σ_c 的影响,而仅考虑正应力 σ 和剪应力 τ 的作用。为避免局部失稳的发生,应控制横向加劲肋的间距。

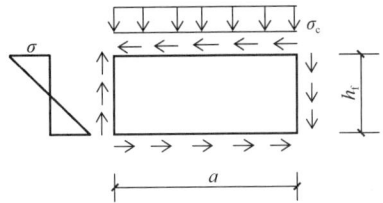

图7-4-2 腹板受力状态

参照《钢桥规》(JTG D64—2015)的计算方法,工字形钢梁两侧横向加劲肋的间距 a 满足前述式(3-8-5)的要求,即:

$$\left(\frac{h_w}{100t_w}\right)^4\left[\left(\frac{\sigma}{345}\right)^2+\left(\frac{\tau}{77+58(h_w/a)^2}\right)^2\right]\leqslant 1 \qquad (a>h_w)$$

式中:h_w——钢梁的腹板高度;

t_w——钢梁的腹板厚度;

σ——预弯力和钢梁自重弯矩作用标准值引起的钢梁腹板上边缘的压应力(MPa);

a——钢梁腹板上横向加劲肋的间距;

τ——预弯力和钢梁自重弯矩作用标准值引起的钢梁腹板上边缘的剪应力(MPa)。

满足上式的横向加劲肋间距尚应满足下列构造要求:

$$a\leqslant 2.5h_w \quad 且 \quad a\leqslant\frac{l}{8} \qquad (7\text{-}4\text{-}7)$$

式中:l——简支预弯梁的计算跨径。

除上述要求外,任何情况下钢梁腹板高度与腹板厚度的比值 h_w/t_w 不应超过250。

第八章

预弯组合梁桥的应力、挠度及裂缝计算方法

第一节　计算方法的基本思路

一、计算方法的基本思路

预弯组合梁桥由于截面形成过程的阶段性和梁体受力的叠加性,其计算过程也具有明显的叠加性。桥梁在正常使用阶段由活载产生的应力也只是叠加过程中的一个增量,而且仅考虑这种应力的增量(挠度除外)并不能保证桥梁结构的安全,而必须考虑梁体内的既有应力状态,这一点与预应力混凝土结构类似。因此,预弯组合梁桥正常使用阶段的计算方法必须是合理地将预弯组合梁按受力阶段或按受力时程分为若干个阶段,然后将各阶段的内力效应进行叠加,以得到所需计算阶段的受力状态。

目前可以用于预弯组合梁应力和挠曲计算的方法主要有三种,即非线性全过程分析方法、全过程时效分析方法以及弹性叠加法。在这三种计算方法中,受力阶段的划分方法不尽相同。

非线性全过程分析方法不考虑混凝土的时效影响,完全按照预弯组合梁桥的形成过程划分受力阶段。其中包括:预加力阶段、反弹阶段、二期混凝土浇筑阶段和使用荷载作用阶段四

216

个主要受力阶段。该方法同时还可以计算开裂及破坏两个特殊阶段。由于非线性全过程分析采用的是迭代计算方法,因此只能由计算程序才能完成全部计算工作。

全时程时效分析方法综合考虑了混凝土和钢材的时效影响,按照时效分析所需的时程划分受力阶段,其中包括钢梁预弯阶段,预弯梁反弹阶段,二期混凝土作用阶段,二期混凝土达到强度、二期恒载作用前以及二期恒载及活载作用阶段六个主要受力阶段。时效分析法可以根据设计需要计算的任意时间点上、预弯组合梁体上任意点的应力及变形状态。由于时效分析法是以数值分析为基础的算法,因此也只能采用计算程序完成全部计算工作。

弹性叠加法以换算截面为基础,将一、二期混凝土的时效因素近似地分阶段考虑。该方法按预弯组合梁桥的施工中截面几何参数的变化过程,将其分为四个阶段。根据预弯组合梁桥的受力特点,将应力和挠度计算过程划分成预弯钢梁、卸除预弯力、预弯梁自重、一期混凝土的初期徐变、一期混凝土收缩、二期混凝土自重、二期恒载作用、二期混凝土收缩、二期混凝土徐变、一期混凝土徐变结束以及使用阶段活载作用 11 个计算步骤。将此 11 个步骤求出的结果进行叠加,即可求出所需的应力和挠度状态。弹性叠加计算方法虽然划分的阶段数量较多,但每一个阶段均可以手算完成。为便于手算完成预弯组合梁桥的全部计算工作,我国预弯预应力组合梁桥设计标准中采用了弹性叠加法。

无论上述哪一种计算方法,均需将相应各阶段的弹性应力和挠度分别叠加,方可得到预弯组合梁桥的施工及正常使用阶段的受力状态。然后将梁体控制截面上各控制点的应力、挠度与相应的容许值进行比较,即可保证预弯组合梁桥在正常使用阶段的安全性和适用性。

在此仅介绍以弹性应力分析为基础的预弯组合梁桥的计算方法,即弹性叠加法。

二、基本假设与规定

1. 基本假设

在预弯组合梁的弹性分析中引入以下基本假设:

(1)钢梁与一、二期混凝土完全黏结,无相对滑移。即在各受力阶段截面变形均符合平截面假设。

(2)钢材和混凝土均为理想的弹性材料,其应力—应变符合虎克定律。

(3)计算过程中,忽略腹板混凝土的影响。

(4)一期混凝土在全部恒载作用下保持受压状态,而在活载标准值作用下可以出现拉应力甚至可以开裂。开裂后混凝土退出工作,当活载撤去后裂缝仍可以闭合。

(5)开裂后的截面采用折算截面惯性矩计算截面刚度,并用其确定截面的应力和挠度。

不难发现,上述基本假设与材料力学中梁的应力和挠度计算假设基本相同。因此可以套用材料力学的基本方法来确定预弯组合梁桥的弹性工作状态,并以容许应力、容许挠度和容许裂缝宽度的形式控制预弯组合梁桥的安全性、适用性和耐久性。

2. 基本规定

为了叙述上的方便,对应力、挠度计算式中的符号做如下规定:

(1)力以拉为正,以压为负。

(2)梁高方向截面形心以上的距离为负,形心以下距离为正。

(3)挠度计算时以梁体下挠为正,上拱为负。

（4）计算中所有符号的第一脚标 S 表示钢，C 表示混凝土。

（5）上标"′"表示二期混凝土。

（6）计算中第二角标 U 表示上翼缘位置，L 表示下翼缘位置。

（7）计算中第三角标数字表示计算步骤或受力阶段。

基于弹性叠加的应力和挠度分析虽然可用手算完成计算，但由于划分的阶段多，计算过程仍然是比较繁杂的，因此编程计算仍不失为一种很好的选择。

第二节　钢梁及预弯梁的应力计算

一、钢梁预弯阶段

钢梁预弯阶段，在两个集中预弯力和钢梁自重弯矩共同作用下，带有预拱度的工字形裸钢梁被压平，钢梁中产生弯曲应力。此时截面仅由钢梁构成，其截面性质仅为钢梁本身的几何性质，可以直接运用材料力学的方法进行计算，其截面参数如图 8-2-1 所示，图中 A_s 为钢梁截面积。

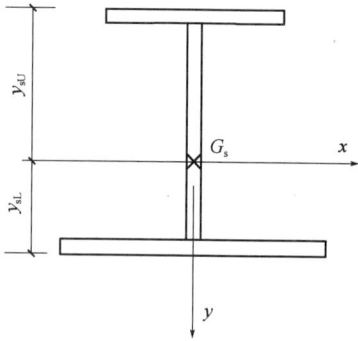

图 8-2-1　钢梁截面参数
G_s-钢梁截面形心；y_{sU}、y_{sL}-钢梁截面形心到钢梁上下缘的距离

计算步骤 1：预弯钢梁

若设计预弯力 P_0 在梁上 $l/4$ 点加载，则由 P_0 引起的跨中截面预加弯矩为 $M_y = P_0 l/4$。因此，钢梁上、下缘由预弯力和钢梁自重弯矩引起的截面应力可按下式求得：

$$\sigma_{sU1} = \frac{M_y + M_s}{I_s} y_{sU} \qquad \sigma_{sL1} = \frac{M_y + M_s}{I_s} y_{sL} \qquad (8\text{-}2\text{-}1)$$

式中：M_s——钢梁自重在跨中截面产生的弯矩，$M_s = q_s l^2/8$；

q_s——钢梁自重集度；

I_s——为钢梁的截面惯性矩。

二、预弯梁反弹阶段

在此阶段，一期混凝土已浇筑完毕，卸除预弯力 P_0，预弯梁反弹，同时一期混凝土开始发生收缩和徐变。此时的截面几何性质已包括一期混凝土的几何性质。在几何性质计算中采用换算截面的概念，将一期混凝土面积换算为 $1/n_1$ 倍的钢梁面积，并作用在其重心处。预弯梁的截面几何参数如图 8-2-2 所示。其中：

G_1——预弯梁截面形心；G_c——一期混凝土截面形心；A_c、I_c——一期混凝土的截面面积和惯性矩；n_1——钢梁与一期混凝土的弹性模量比，即 $n_1 = E_s/E_{c1}$；E_s、E_{c1}——钢梁和一期混凝土的弹性模量，在此阶段建议取 E_{c1} 为反弹时混凝土的实际模量

根据上述参数，可以求出预弯梁的换算截面几何性质如下：

预弯梁的换算截面面积为：

$$A_1 = \frac{A_s + A_c}{n_1} \qquad (8\text{-}2\text{-}2)$$

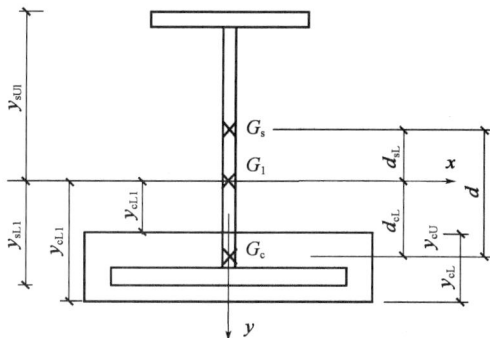

图 8-2-2 预弯梁截面参数

预弯梁的换算截面惯性矩为：

$$I_1 = \frac{I_s + d_{s1}^2 A_s + d_{c1}^2 A_c}{n_1} + \frac{I_c}{n_1} \tag{8-2-3}$$

计算步骤 2：卸除预弯力

当一期混凝土达到要求的强度后，卸除预弯力 P_o，梁体反弹，一期混凝土受压即形成预弯梁。卸除预弯力时相当于在两个 $l/4$ 点施加一对与 P_o 大小相等方向相反的作用力。或将预弯矩反号加在预弯梁上，由此产生的应力可按以下方法求出：

钢梁上、下缘应力：

$$\sigma_{sU2} = -\frac{M_y}{I_1} y_{sU1} \qquad \sigma_{sL2} = -\frac{M_y}{I_1} y_{sL1} \tag{8-2-4}$$

一期混凝土上、下缘应力：

$$\sigma_{cU2} = -\frac{M_y}{n_1 I_1} y_{cU1} \qquad \sigma_{cL2} = -\frac{M_y}{n_1 I_1} y_{cL1} \tag{8-2-5}$$

式中：y_{sU1}、y_{sL1}——预弯梁截面形心到钢梁上、下缘的距离；

y_{cU1}、y_{cL1}——预弯梁截面形心到一期混凝土上、下表面的距离。

计算步骤 3：一期混凝土自重作用

设由一期混凝土的自重集度 q_1 产生的预弯梁自重弯矩为 M_{d1}，在其作用下钢梁和一期混凝土中将产生如下应力：

钢梁上、下缘应力：

$$\sigma_{sU3} = \frac{M_{d1}}{I_1} y_{sU1} \qquad \sigma_{sL3} = \frac{M_{d1}}{I_1} y_{sL1} \tag{8-2-6}$$

一期混凝土上、下缘应力：

$$\sigma_{cU3} = \frac{M_{d1}}{n_1 I_1} y_{cU1} \qquad \sigma_{cL3} = \frac{M_{d1}}{n_1 I_1} y_{cL1} \tag{8-2-7}$$

计算步骤 4：一期混凝土初期徐变影响

在二期混凝土浇筑之前，一期混凝土在反弹后的压应力作用下将发生徐变。徐变作用将使得一期混凝土的预压应力减小，亦即向一期混凝土施加一拉力 N_{ct1} 和正弯矩 M_{ct1}。由于徐变引起的内力是自平衡的，因此必然在钢梁中产生压力为 N_{st1} 和负弯矩 M_{st1}。

当 $t=0$ 时,由预弯力和预弯梁自重引起一期混凝土截面内力为:

$$\begin{cases} N_{co} = (M_y - M_{d1})\dfrac{A_c d_{c1}}{n_1 I_1} & (\text{压力}) \\[3mm] M_{co} = (M_y - M_{d1})\dfrac{I_c}{n_1 I_1} & (\text{负弯矩}) \end{cases} \qquad (8\text{-}2\text{-}8)$$

当 $t=t_1$ 时,由一期混凝土徐变所产生的内力损失为:

一期混凝土: $\qquad\qquad N_{ct1} = N_{co}(1 - e^{-\alpha\varphi_t}) \qquad (\text{拉力})$

$$M_{ct1} = M_{co}(1 - e^{-\varphi_t}) - \frac{N_{co} d I_c}{n_1 I_s} \cdot \frac{\alpha}{1-\alpha}(e^{-\alpha\varphi_t} - e^{-\varphi_t}) \qquad (\text{正弯矩}) \qquad (8\text{-}2\text{-}9)$$

钢梁: $\qquad\qquad N_{st1} = -N_{ct1} \qquad (\text{压力})$

$$M_{st1} = -(M_{ct1} + N_{ct1} d) \qquad (\text{负弯矩})$$

式中: φ_t——徐变系数,取 $\varphi_t = 0.5$;

α——计算参数,按下式确定:

$$\alpha = \frac{A_s I_s}{A_1 I_1} \qquad (8\text{-}2\text{-}10)$$

d——一期混凝土形心到钢梁截面形心的距离;

d_{c1}——预弯梁截面形心到一期混凝土截面形心的距离。

一期混凝土初期徐变在钢梁上、下翼缘及一期混凝土上、下表面产生的应力,可由下式确定:

钢梁上、下缘应力:

$$\sigma_{sU4} = \frac{N_{st1}}{A_s} + \frac{M_{st1}}{I_s} y_{sU} \qquad \sigma_{sL4} = \frac{N_{st1}}{A_s} + \frac{M_{st1}}{I_s} y_{sL} \qquad (8\text{-}2\text{-}11)$$

一期混凝土上、下缘应力:

$$\sigma_{cU4} = \frac{N_{ct1}}{A_c} + \frac{M_{ct1}}{I_c} y_{cU} \qquad \sigma_{cL4} = \frac{N_{ct1}}{A_c} + \frac{M_{ct1}}{I_c} y_{cL} \qquad (8\text{-}2\text{-}12)$$

式中: y_{cU}、y_{cL}——一期混凝土截面形心到一期混凝土上、下表面的距离。

计算步骤 5:一期混凝土收缩影响

一期混凝土自浇筑、终凝后开始发生收缩,并且这种收缩将一直持续到 $t = \infty$,且与混凝土的应力状态无关。收缩的结果亦将使得一期混凝土中的预压应力降低,这相当于对一期混凝土施加拉力 N_{c1} 及正弯矩 M_{c1}。与此同时,必有反向压力 N_{s1} 和弯矩 M_{s1} 作用在钢梁上。采用杨氏弹性系数法进行计算。在计算中,取混凝土的干缩应变为 $\varepsilon_s = 2.0 \times 10^{-4}$,计算混凝土干缩时的混凝土徐变系数取为 $2\varphi_{t=\infty} = 4.0$。所需的各参数由下列式给出:

$$n_\varphi = n_1\left(1 + \frac{2\varphi_{t=\infty}}{2}\right) = 3n_1$$

$$f' = \cfrac{1}{1 + \cfrac{A_c}{n_\varphi A_s} + \cfrac{A_c d^2}{I_c + n_\varphi I_s}} \qquad (8\text{-}2\text{-}13)$$

$$N_{c1} = -N_{s1} = \frac{E_s A_c \varepsilon_s f'}{n_\varphi}$$

$$M_{c1} = N_{c1}d \cdot \frac{-I_c}{I_c + n_\varphi I_s}$$

$$M_{s1} = N_{c1}d \cdot \frac{-n_\varphi I_s}{I_c + n_\varphi I_s}$$

于是,由一期混凝土收缩引起的钢梁和一期混凝土中的应力可按下列式求出:

钢梁上、下缘应力:

$$\sigma_{sU5} = \frac{N_{s1}}{A_s} + \frac{M_{s1}}{I_s}y_{sU} \qquad \sigma_{sl5} = \frac{N_{s1}}{A_s} + \frac{M_{s1}}{I_s}y_{sL} \tag{8-2-14}$$

一期混凝土上、下缘应力:

$$\sigma_{cU5} = \frac{N_{c1}}{A_c} + \frac{M_{c1}}{I_c}y_{cU} \qquad \sigma_{cl5} = \frac{N_{c1}}{A_c} + \frac{M_{c1}}{I_c}y_{cL} \tag{8-2-15}$$

式(8-2-4)~式(8-2-15)中用于应力验算的各项几何参数参见图8-2-2和式(8-2-2)、式(8-2-3)。值得注意的是,所求应力点的距离 y_{sU}、y_{sL}、y_{cU}、y_{cL} 均应代入其正负号。

计算步骤6(1):浇筑二期混凝土

二期混凝土包括腹板混凝土和顶板混凝土。浇筑过程中二期混凝土尚未结硬,不能承担自身的重量,因此其自重仍由预弯梁承担。设二期混凝土的自重集度为 q_2,模板自重集度为 q_m,相应的弯矩为 M_{d2} 和 M_m。此时的截面几何参数仍由图8-2-2确定。在二期混凝土结硬前,由二期混凝土和模板自重在钢梁上、下翼缘及一期混凝土上、下表面产生的应力分别为:

钢梁上、下缘应力:

$$\sigma_{sU6} = \frac{M_{d2} + M_m}{I_1}y_{sU1} \qquad \sigma_{sL6} = \frac{M_{d2} + M_m}{I_1}y_{sL1} \tag{8-2-16}$$

一期混凝土上、下缘应力:

$$\sigma_{cU6} = \frac{M_{d2} + M_m}{n_1 I_1}y_{cU1} \qquad \sigma_{cL6} = \frac{M_{d2} + M_m}{n_1 I_1}y_{cL1} \tag{8-2-17}$$

自二期混凝土结硬开始,梁的截面形式已由预弯梁转变为预弯组合梁,即一、二期混凝土和钢梁开始共同受力,共同变形。

第三节 预弯组合梁及成桥应力计算

二期混凝土结硬后,预弯组合梁全截面参与工作,但忽略腹板混凝土对截面几何性质的影响。此时的截面形式及几何性质由图8-3-1给出。

其中,G'_c——二期混凝土截面形心;A'_c——二期混凝土截面面积;I'_c——二期混凝土截面惯性矩;G_2——预弯组合梁截面形心;A_2——预弯组合梁截面面积;I_2——预弯组合梁截面惯性矩

图中主要参数关系如下:

$$A_2 = \frac{A_s + A_c}{n_1} + \frac{A'_c}{n_2} \tag{8-3-1}$$

$$I_2 = I_s + \frac{I_c}{n_1} + \frac{I'_c}{n_2} + A_s d_{s2}^2 + \frac{d_{c2}^2 A_c}{n_1} + \frac{d'^2_{c2} A'_c}{n_2} \tag{8-3-2}$$

计算步骤6(2):拆除二期混凝土模板

若二期混凝土的模板重量较大,将其拆除时可使一期混凝土中的预压应力有所增加。为挖掘预弯组合梁在正常使用阶段的抗裂潜力,可进行该步骤计算。混凝土模板重量引起弯矩为 M_m,对 M_m 的卸载相当于对预弯梁卸载,一期混凝土恢复一部分预压应力,同时对二期混凝土施加预拉应力。此时二期混凝土开始参与工作,截面惯性矩为 I_2,其应力计算方法如下:

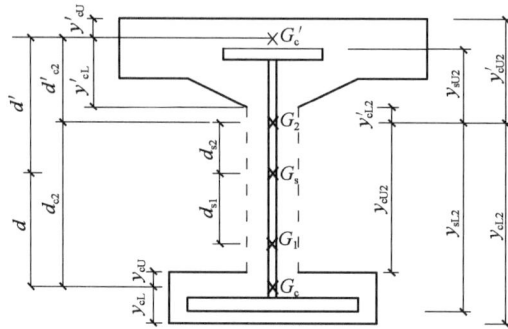

图 8-3-1 预弯组合梁截面参数

钢梁上、下缘应力:

$$\begin{cases} \sigma_{sU6} = \dfrac{M_{d2} + M_m}{I_1} y_{sU1} - \dfrac{M_m}{I_2} y_{sU2} \\ \sigma_{sL6} = \dfrac{M_{d2} + M_m}{I_1} y_{sL1} - \dfrac{M_m}{I_2} y_{sL2} \end{cases}$$

(8-3-3)

一期混凝土上、下缘应力:

$$\begin{cases} \sigma_{cU6} = \dfrac{M_{d2} + M_m}{n_1 I_1} y_{cU1} - \dfrac{M_m}{n_1 I_2} y_{cU2} \\ \sigma_{cL6} = \dfrac{M_{d2} + M_m}{n_1 I_1} y_{cL1} - \dfrac{M_m}{n_1 I_2} y_{cL2} \end{cases}$$

(8-3-4)

二期混凝土上、下缘应力:

$$\sigma'_{cU6} = -\frac{M_m}{n_2 I_2} y'_{cU2} , \quad \sigma'_{cL6} = -\frac{M_m}{n_2 I_2} y'_{cL2}$$

(8-3-5)

式中: n_2—— 钢与二期混凝土的弹性模量比,$n_2 = E_s / E_{c2}$;

y_{sU2}、y_{sL2}——预弯组合梁截面形心到钢梁上、下翼缘的距离;

y_{cU2}、y_{cL2}——预弯组合梁截面形心到一期混凝土上、下表面的距离;

y'_{cU2}、y'_{cL2}——预弯组合梁截面形心到二期混凝土上、下表面的距离。

在计算步骤6中,式(8-2-16)、式(8-2-17)和式(8-3-3)~式(8-3-5)应视混凝土模板重量情况,只能使用一次。

一、二期恒载作用阶段

二期混凝土结硬之后,预弯组合梁将承担由桥面铺装层、栏杆系等二期恒载的作用。同时二期混凝土将开始发生收缩、徐变;一期混凝土亦将发生后期的徐变。这些时效因素均会引起预弯组合梁的截面应力变化。在此阶段,截面几何参数仍应按图8-3-1选用。

计算步骤7：二期恒载作用

设作用在预弯组合梁上的二期恒载集度为 q_3，产生的弯矩为 M_{d3}，则由其产生的钢梁和一、二期混凝土中的应力可按下列式求出：

钢梁上、上缘应力：

$$\sigma_{sU7} = \frac{M_{d3}}{I_2}y_{sU2}, \sigma_{sL7} = \frac{M_{d3}}{I_2}y_{sL2} \tag{8-3-6}$$

一期混凝土上、下缘应力：

$$\sigma_{cU7} = \frac{M_{d3}}{n_1 I_2}y_{cU2}, \sigma_{cL7} = \frac{M_{d3}}{n_1 I_2}y_{cL2} \tag{8-3-7}$$

二期混凝土上、下缘应力：

$$\sigma'_{cU7} = \frac{M_{d3}}{n_2 I_2}y'_{cU2}, \sigma'_{cL7} = \frac{M_{d3}}{n_2 I_2}y'_{cL2} \tag{8-3-8}$$

计算步骤8：二期混凝土收缩影响

二期混凝土结硬后将发生收缩现象，收缩的结果将使二期混凝土中的压应力有所降低，同时，在钢梁的上缘产生压应力，下缘产生拉应力。对一期混凝土亦将产生拉、压应力的增量，二期混凝土的干缩应变仍取为 $\varepsilon'_s = 2.0 \times 10^{-4}$，取时间为 $t = \infty$，用于干缩计算的徐变系数也取为终极值 $\varphi'_{t=\infty}$。二期混凝土收缩对截面应力的影响按下述方法计算，有关参数如下：

$$I_t = \frac{I_c}{n_\varphi} + I_s + \frac{I'_c}{n'_\varphi}$$
$$n_\varphi = 3n_1 \qquad n'_\varphi = 3n_2$$
$$\lambda = \frac{dd'}{I_t} - \frac{1}{A_s} \tag{8-3-9}$$
$$\mu = \frac{d^2}{I_t} + \frac{n_\varphi}{A_c} + \frac{1}{A_s}$$
$$\mu' = \frac{d'^2}{I_t} + \frac{n'_\varphi}{A'_c} + \frac{1}{A_s}$$

由二期混凝土收缩引起并分配给一期混凝土、二期混凝土及钢梁上的内力如下：

一期混凝土：

$$N_{c2} = \frac{\lambda \varepsilon'_s}{\mu\mu' - \lambda^2}E_s \qquad M_{c2} = \frac{I_c}{n_\varphi I_t}M_1 \tag{8-3-10}$$

二期混凝土：

$$N'_{c2} = \frac{\mu \varepsilon'_s}{\mu\mu' - \lambda^2}E_s \qquad M'_{c2} = \frac{I'_c}{n'_\varphi I_t}M_1 \tag{8-3-11}$$

钢梁：

$$N_{s2} = -(N_{c2} + N'_{c2}) \qquad M_{s2} = \frac{I_s}{I_t}M_1 \tag{8-3-12}$$

其中：

$$M_1 = -dN_{c2} + d'N'_{c2} \tag{8-3-13}$$

由二期混凝土收缩引起钢梁、一期混凝土及二期混凝土中的应力如下：

$$\sigma_{sU8} = \frac{N_{s2}}{A_s} + \frac{M_{s2}}{I_s}y_{sU} \qquad \sigma_{sL8} = \frac{N_{s2}}{A_s} + \frac{M_{s2}}{I_s}y_{sL} \tag{8-3-14}$$

$$\sigma_{cU8} = \frac{N_{c2}}{A_c} + \frac{M_{c2}}{I_c}y_{cU} \qquad \sigma_{cL8} = \frac{N_{c2}}{A_c} + \frac{M_{c2}}{I_c}y_{cL} \tag{8-3-15}$$

$$\sigma'_{cU8} = \frac{N'_{c2}}{A'_c} + \frac{M'_{c2}}{I'_c}y'_{cU} \qquad \sigma'_{cL8} = \frac{N'_{c2}}{A'_c} + \frac{M'_{c2}}{I'_c}y'_{cL} \tag{8-3-16}$$

式中:A_c、I_c——二期混凝土截面面积及二期混凝土对自身形心的截面惯性矩;

y'_{cU}、y'_{cL}——二期混凝土截面形心到二期混凝土上、下表面的距离。

计算步骤9:二期混凝土徐变作用

在桥梁二期恒载M_{d3}作用下,二期混凝土将产生压应力,同时将发生徐变,并导致预弯组合梁截面上的应力和内力重分布。在计算中取二期混凝土徐变系数$\varphi'_t = 2.0$,定义计算系数:

$$\alpha_1 = \frac{A_1 I_1}{A_2 I_2} \tag{8-3-17}$$

在二期混凝土产生徐变之前($t = 0$时),作用在预弯组合梁二期混凝土上的轴力N'_{co}和弯矩M'_{co}分别为:

$$N'_{co} = \frac{A'_c d'_{c2}}{n_2 I_2}M_{d3} \qquad M'_{co} = \frac{I'_c}{n_2 I_2}M_{d3} \tag{8-3-18}$$

则由二期混凝土徐变引起的截面内力为:

二期混凝土内力:

$$N'_{ct2} = N'_{co}(1 - e^{-\alpha_1\varphi'_t})$$
$$M'_{ct2} = -\left[M'_{co}(1 - e^{-\varphi'_t}) - \frac{N'_{co}(d'_{c2}+d_{s2}+d_{s1})I'_c}{n_2 I_1}\cdot\frac{\alpha_1}{1-\alpha_1}(e^{-\alpha_1\varphi'_t}-e^{-\varphi'_t})\right] \tag{8-3-19}$$

预弯梁内力:

$$N_{st2} = -N'_{ct2}$$
$$M_{st2} = -M'_{ct2} + N'_{ct2}(d'_{c2}+d_{s2}+d_{s1}) \tag{8-3-20}$$

由上述内力引起的钢梁和一、二期混凝土中的应力如下:

钢梁上、下缘应力:

$$\sigma_{sU9} = \frac{N_{st2}}{A_1} + \frac{M_{st2}}{I_1}y_{sU1} \qquad \sigma_{sL9} = \frac{N_{st2}}{A_1} + \frac{M_{st2}}{I_1}y_{sL1} \tag{8-3-21}$$

一期混凝土上、下缘应力:

$$\sigma_{cU9} = \frac{N_{st2}}{n_1 A_1} + \frac{M_{st2}}{n_1 I_1}y_{cU1} \qquad \sigma_{cL9} = \frac{N_{st2}}{n_1 A_1} + \frac{M_{st2}}{n_1 I_1}y_{cL1} \tag{8-3-22}$$

二期混凝土上、下缘应力:

$$\sigma'_{cU9} = \frac{N'_{ct2}}{A'_c} + \frac{M'_{ct2}}{I'_c}y'_{cU} \qquad \sigma'_{cL9} = \frac{N'_{ct2}}{A'_c} + \frac{M'_{ct2}}{I'_c}y'_{cL} \tag{8-3-23}$$

式中,距离参数d_{s1}、d_{s2}、d'_{c2}见图8-3-1。

计算步骤10:一期混凝土后期徐变作用($t = t_1 \to \infty$)

二期混凝土浇筑及二期恒载作用后,一期混凝土虽已减压但仍在受压状态并将继续发生徐变。其徐变时间为$t = t_1 \sim \infty$,前面已取过$\varphi_t = 0.5$,在此取$\varphi_\infty = 2.0$。我们需要求出一期混凝土徐变从$\varphi_t \sim \varphi_\infty$时截面的应力变化。由于在全部恒载作用下,一期混凝土仍应处于受压状态,因此截面几何参数仍应采用图 8-3-1 中全截面几何参数。

用 $\varphi_\infty - \varphi_t$ 代替计算步骤 4 中的公式(8-2-9),则可用步骤 4 中同样的公式来计算一期混凝土徐变完成时的应力损失。此时将截面内力分解为作用在一期混凝土上的内力 N_{ct3}、M_{ct3},及作用在二期混凝土和钢梁上的内为 N_{st3}、M_{st3},以上各内力由下式计算:

$$\begin{cases} N_{ct3} = N_{c3}\left[1 - e^{-a_2(\varphi_\infty - \varphi_t)}\right] \\ M_{ct3} = M_{c3}\left[1 - e^{-(\varphi_\infty - \varphi_t)}\right] - \dfrac{N_{c3}(d_{s3} + d)I_c}{n_1 I_3} \cdot \dfrac{\alpha_2}{1 - \alpha_2}\left[e^{-\alpha_2(\varphi_\infty - \varphi_t)} - e^{-(\varphi_\infty - \varphi_t)}\right] \\ N_{st3} = -N_{ct3} \\ M_{st3} = -\left[M_{ct3} + (d_{s3} + d)N_{ct3}\right] \end{cases} \quad (8\text{-}3\text{-}24)$$

式中:α_2——计算参数,由下式确定:

$$\alpha_2 = \frac{A_3 I_3}{A_2 I_2} \quad (8\text{-}3\text{-}25)$$

式(8-3-24)中的 N_{c3} 和 M_{c3} 为 t 时刻作用在一期混凝土上的内力,它和二期混凝土收缩完成时作用在一期混凝土上的内力相近似,可按下式计算:

$$N_{c3} = N_{co} - N_{ct1} - N_{c1} - N_{c2} - \\ \frac{A_c d_{c1}}{n_1 I_1}M_{d2} - \frac{A_c d_{c2}}{n_1 I_2}M_{d3} - \frac{A_c}{n_1 A_1}N_{st2} - \frac{A_c d_{c1}}{n_1 I_1} \cdot M_{st2} \quad (8\text{-}3\text{-}26)$$

$$M_{c3} = M_{co} - M_{ct1} - M_{c1} - M_{c2} - \\ \frac{I_c}{n_1 I_1}M_{d2} - \frac{I_c}{n_1 I_2}M_{d3} - \frac{I_c}{n_1 I_1}M_{st2} \quad (8\text{-}3\text{-}27)$$

式中:N_{co}、M_{co}、N_{ct1}、M_{ct1}——一期混凝土初期徐变阶段的内力由式(8-2-8)、式(8-2-9)计算;

$\quad\quad N_{c1}$、M_{c1}——一期混凝土收缩阶段的内力,由式(8-2-13)计算;

$\quad\quad N_{c2}$、M_{c2}——二期混凝土收缩阶段的内力,由式(8-3-10)计算;

$\quad\quad N_{st2}$、M_{st2}——二期混凝土徐变阶段的内力,由式(8-3-20)计算。

根据上述内力 N_{st3}、M_{st3} 及 N_{ct3}、M_{ct3} 即可求出由一期混凝土徐变完成时引起截面的应力变化。

钢梁上、下缘应力:

$$\sigma_{sU10} = \frac{N_{st3}}{A_3} + \frac{M_{st3}}{I_3}y_{sU3} \quad\quad \sigma_{sL10} = \frac{N_{st3}}{A_3} + \frac{M_{st3}}{I_3}y_{sL3} \quad (8\text{-}3\text{-}28)$$

一期混凝土上、下缘应力:

$$\sigma_{cU10} = \frac{N_{ct3}}{A_c} + \frac{M_{ct3}}{I_c}y_{cU} \quad\quad \sigma_{cL10} = \frac{N_{ct3}}{A_c} + \frac{M_{ct3}}{I_c}y_{cL} \quad (8\text{-}3\text{-}29)$$

二期混凝土上、下缘应力:

$$\sigma'_{cU10} = \frac{N_{st3}}{A_3 n_2} + \frac{M_{st3}}{I_3 n_2}y'_{cU3} \quad\quad \sigma'_{cL10} = \frac{N_{st3}}{A_3 n_2} + \frac{M_{st3}}{I_3 n_2}y'_{cL3} \quad (8\text{-}3\text{-}30)$$

式中:y_{sU3}、y_{sL3}——不计一期混凝土的预弯组合梁截面形心 G 到钢梁上、下翼缘的距离;

$\quad\quad y'_{cU3}$、y'_{cL3}——不计一期混凝土的预弯组合梁截面形心到二期混凝土上、下表面的距离。

二、活载作用阶段

在活载作用阶段,当活载较小时,预弯组合梁可以是全截面参与工作的,其截面几何参数见图 8-3-1。但当活载较大时,一期混凝土亦可能全部开裂,此时截面只有工字钢梁和二期混凝土参与工作,其截面几何参数见图 8-3-2。图中参数 G 为二期混凝土与钢梁的截面形心。在此阶段的截面几何参数为:

$$A_3 = \frac{A_s + A'_c}{n_2} \qquad (8\text{-}3\text{-}31)$$

$$I_3 = I_s + \frac{I'_c}{n_2} + A_s d_{s3}^2 + \frac{A'_c d'^2_{c3}}{n_2} \qquad (8\text{-}3\text{-}32)$$

在实际工程中,活载是变化的。因此,预弯组合梁的截面应处于图 8-3-1 的全截面和图 8-3-2 的二期混凝土加钢梁的截面状态之间。也就是说一期混凝土多处于部分开裂状态。其截面几何参数应由图 8-3-3 给出,并称其为预弯组合梁的折算截面。图 8-3-3 中 G_e 为预弯组合梁的折算面积形心。

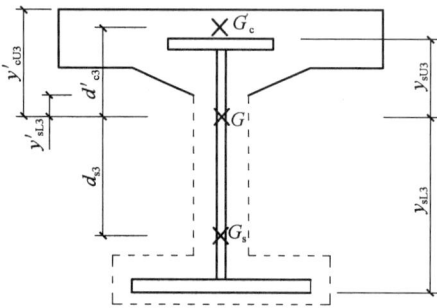

图 8-3-2　一期混凝土退出工作后的截面几何参数

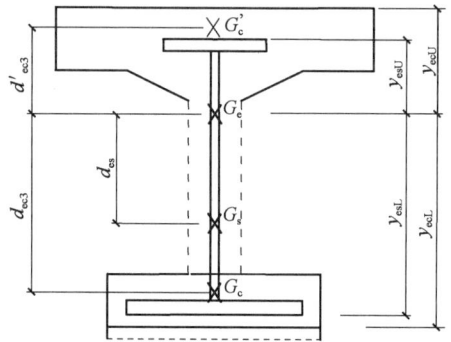

图 8-3-3　折算截面几何参数

试验研究表明,预弯组合梁的一期混凝土开裂后,截面惯性矩虽然减小,但当作用弯矩 M 介于消压弯矩 M_o 和曾经作用过的最大弯矩 M_{max} 之间,即有 $M_o < M \leqslant M_{max}$ 时,截面惯性矩仍基本保持为常数,且该常数由曾经作用过的最大弯矩 M_{max} 决定,这是由于预弯组合梁内存在劲性钢梁。

计算表明,在预弯组合梁中,虽然钢梁提供的惯性矩仅为两期混凝土惯性矩的 0.4 倍左右,但钢的弹性模量是混凝土弹性模量的 6 倍左右,即钢梁提拱的刚度 $E_s I_s$ 约为一、二期混凝土提供刚度 $E_c I_c$ 的 2.5 倍。也就是说,一、二期混凝土提供的刚度不到全截面刚度的 30%,因此,一期混凝土的部分开裂对截面刚度的影响不会很大。由试验给出的图 8-3-3 中的截面折算惯性矩 I_e 可由下式计算:

$$I_e = \begin{cases} I_2, M_{max} < M_o + M_{cr} \\ \left(\dfrac{M_{cr}}{M_{max} - M_o}\right)^2 I_2 + \left[1 - \left(\dfrac{M_{cr}}{M_{max} - M_o}\right)^2\right] I_3, M_{max} \geqslant M_o + M_{cr} \end{cases} \qquad (8\text{-}3\text{-}33)$$

式中:I_2——预弯组合梁跨中截面惯性矩,由式(8-3-2)计算;

　　　I_3——不计一期混凝土时,跨中截面惯性矩,由式(8-3-32)计算;

　　M_{max}——预弯组合梁曾承担过的最大弯矩,可取正常使用阶段跨中截面作用的活载弯矩标准值 M_q;

　　　I_e——一期混凝土开裂后的折算惯性矩;

　　　M_o——消压弯矩,即使得一期混凝土下缘预压应力为零时的弯矩,按式(8-3-34)计算;

$$M_o = \frac{-n_1\sigma_p I_2}{y_{cl2}} \tag{8-3-34}$$

其中:σ_p——一期混凝土下缘的有效预压应力,其中应包括自重、恒载的影响。若考虑长
期荷载的影响,尚应包括各种时效因素的影响,参见式(8-3-39)和式(8-3-
40),在此 $\sigma_p < 0$ 为压应力;

y_{cl2}——预弯组合梁截面形心到一期混凝土下缘的距离;

M_{cr}——开裂弯矩,即使得一期混凝土下缘应力由零到开裂的弯矩,按式(8-3-35)计算。

$$M_{cr} = \frac{n_1 f_{tk} I_2}{y_{cl2}} \tag{8-3-35}$$

其中:f_{tk}——一期混凝土的抗拉强度标准值。

计算步骤 11:活荷载作用阶段

通过以上十种工况的计算,可以求出预弯组合梁桥在自重、恒载作用下一期混凝土下缘的压应力 σ_p,进而求出一期混凝土的消压弯矩 M_o。根据一期混凝土的抗拉强度标准值 f_{tk},还可以求出截面开裂弯矩 M_{cr}。在活载弯矩标准值 M_q 作用下,预弯组合梁的应力需分两种情况考虑:

(1)当 $M_q \leq M_o + M_{cr}$ 时

预弯组合梁并不开裂,截面几何性质由图 8-3-1 确定。由活载标准值引起的各控制点应力可参照式(8-3-6)~式(8-3-8)求出:

$$\begin{cases} \sigma_{sU11} = \dfrac{M_q}{I_2}y_{sU2} & \sigma_{sL11} = \dfrac{M_q}{I_2}y_{sL2} \\[2mm] \sigma_{cU11} = \dfrac{M_q}{n_1 I_2}y_{cU2} & \sigma_{cL11} = \dfrac{M_q}{n_1 I_2}y_{cL2} \\[2mm] \sigma'_{cU11} = \dfrac{M_q}{n_2 I_2}y'_{cU2} & \sigma'_{cL11} = \dfrac{M_q}{n_2 I_2}y'_{cL2} \end{cases} \tag{8-3-36}$$

(2)当 $M_q > M_o + M_{cr}$ 时

预弯组合梁的一期混凝土开始出现裂缝。在此情况下,预弯组合梁截面上需控制的应力是钢梁上、下缘应力 σ_{sU11}、σ_{sL11} 以及二期混凝土上缘压应力 σ'_{cU11}。计算这些应力时,需考虑一期混凝土开裂的影响,并将活载弯矩 M_q 分解为消压弯矩 M_o 和超过 M_o 之后的弯矩 $M_q - M_o$ 产生的两部分应力。第一项计算时应采用图 8-3-1 中的全组合截面的几何参数,而第二项计算时则应采用图 8-3-3 中的折算截面几何性质。在第二部分应力计算时,可偏安全地忽略混凝土抗拉强度 f_{tk} 的影响,即 M_{cr} 的影响。应力计算式如下:

$$\begin{cases} \sigma_{sU11} = \dfrac{M_o + M_{cr}}{I_2}y_{sU2} + \dfrac{(M_q - M_o - M_{cr})}{I_e}y_{esU} \\[3mm] \sigma_{sL11} = \dfrac{M_o + M_{cr}}{I_2}y_{sL2} + \dfrac{(M_q - M_o - M_{cr})}{I_e}y_{esL} \\[3mm] \sigma'_{cU11} = \dfrac{M_o + M_{cr}}{n_2 I_2}y'_{cU2} + \dfrac{(M_q - M_o - M_{cr})}{n_2 I_e}y'_{ecU} \end{cases} \tag{8-3-37}$$

式中:y_{esU}、y_{esL}、y'_{ecU}——预弯组合梁折算截面形心到钢梁上、下缘的距离及到二期混凝土上边
缘的距离,参见图 8-3-3,按下列公式确定:

$$y_{esL} = \left(\frac{I_2}{I_e}\right)^m y_{sl2} \qquad m = \frac{\ln(y_{sl3}/y_{sl2})}{\ln(I_2/I_3)}$$

$$y'_{ecU} = -(h_s + c - y_{esL}) \qquad y_{esU} = -(h_s - y_{esL}) \tag{8-3-38}$$

三、应力组合

按上述方法可以求出钢梁上、下缘,一期混凝土上、下缘,以及二期混凝土上、下缘六个控制点在 11 个阶段或工况下的应力值,其中前十步骤的组合即为长期恒载作用下的应力状态。用于消压弯矩计算的一期混凝土下缘预压应力 σ_p 可按下式求出:

短期恒载:

$$\sigma_p = \sum_{i=1}^{10} \sigma_{cLi} - \sigma_{cL5} - \sigma_{cL8} - \sigma_{cL9} - \sigma_{cL10} \tag{8-3-39}$$

长期恒载:

$$\sigma_p = \sum_{i=1}^{10} \sigma_{cLi} \tag{8-3-40}$$

在式(8-3-39)中,短期恒载组合的 σ_{cL5}、σ_{cL8}、σ_{cL9} 中仍含有时效因素的长期影响,因此求出的 σ_p 为近似值。对于全预应力或预应力 A 类构件,预弯组合梁最终的六个控制点的应力可由式(8-3-41)求出:

$$\begin{cases} \sigma_{sU} = \sum\limits_{i=1}^{10} \sigma_{sUi} + \sigma_{sU11} \qquad \sigma_{sL} = \sum\limits_{i=1}^{10} \sigma_{sLi} + \sigma_{sL11} \\[2mm] \sigma_{cU} = \sum\limits_{i=1}^{10} \sigma_{cUi} + \sigma_{cU11} \qquad \sigma_{cL} = \sum\limits_{i=1}^{10} \sigma_{cLi} + \sigma_{cL11} \\[2mm] \sigma'_{cU} = \sum\limits_{i=1}^{10} \sigma'_{cUi} + \sigma'_{cU11} \qquad \sigma'_{cL} = \sum\limits_{i=1}^{10} \sigma'_{cLi} + \sigma'_{cL11} \end{cases} \tag{8-3-41}$$

对于预应力 B 类构件,在活载弯矩标准值 M_q 作用下一期混凝土是可能开裂的。因此在上述六个控制点上,通常由钢梁下缘拉应力 σ_{sL}、钢梁上缘压应力 σ_{sU} 和二期混凝土上缘压应力 σ'_{cU} 控制设计,其计算结果应满足现行《预弯预应力组合梁桥技术标准》或第七章第一节中的有关限值。当一期混凝土下缘开裂时,亦应按第八章第五节中的要求计算其裂缝宽度,并满足相应的限值。

第四节　预弯组合梁桥的变形计算

预弯组合梁桥从预弯钢梁到活载运营,截面几何性质是在变化的,如图 8-2-1 ~ 图 8-3-3 所示。在应力计算中曾引入换算截面几何性质,即将各阶段的混凝土面积换算为钢梁面积,进而将一个组合截面换算为单一材料的(钢)截面。对于换算的单一的钢梁截面,由于材料符合虎克定律,因而可利用材料力学的方法求解截面应力。在预弯组合梁桥的变形计算时同样可以采用上述方法。将钢梁的变形计算也分解为 11 个计算步骤,然后相叠加,与应力计算之区别在于钢梁在预弯之前已有初始的设计预拱度存在。在挠度计算中做以下符号规定:梁在水平状态的挠度为零,上拱为负,下挠为正。钢梁设计预拱度 f_0 可按式(6-3-5)或式(6-3-6)计算。

考虑到钢梁焊接残余变形的影响,建议在施工图设计时将 f_0 乘以残余变形系数,得到施工预拱度。工程中实测的残余变形系数的范围为 $k = 1.06 \sim 1.13$,日本预弯组合梁设计施工指南给出的实测结果为 $1.03\sim1.06$。考虑到我国的实际情况,建议取 $k=1.06$。由焊接残余变形引起的钢梁塑性变形,通过钢梁预弯前的预加载方法可基本消除掉。

在确定钢梁预拱度之后,梁的变形可按以下步骤求出:

1. 设计预弯力及梁自重作用下钢梁的挠度 f_1

从理论上讲,在设计预弯力 P_o 和钢梁自重集度 q_s 作用下,钢梁应处于压平状态,即下挠量等于设计预拱度 f_o,但方向是向下的,于是有:

$$f_1 = -f_o \tag{8-4-1}$$

2. 一期混凝土自重产生的预弯梁跨中挠度 f_2

当浇筑一期混凝土的模板支撑在基础上,待一期混凝土硬化后拆去模板,则其挠度为:

$$f_2 = \frac{5M_{d1}L^2}{48E_sI_1} \tag{8-4-2}$$

式中:M_{d1}——一期混凝土自重引起的预弯梁跨中弯矩;

$\quad\quad L$——钢梁的计算跨径;

$\quad\quad I_1$——预弯梁的换算截面惯性矩;

$\quad\quad E_s$——钢材的而弹性模量。

3. 卸除预弯力 P_o 时预弯梁回弹拱度 f_3

卸除预弯力时,预弯梁的回弹拱度相当于在预弯梁上作用一对反向预弯力 $(-P_o)$,此时预弯梁的反拱值为 f_3:

$$f_3 = -\frac{11P_oL^3}{384E_sI_1} \tag{8-4-3}$$

式中符号意义同前。

4. 一期混凝土初期徐变产生的上拱度 f_4

由预弯梁中钢梁和一期混凝土的变形协调可知,一期混凝土初期徐变所产生的钢梁挠度即为预弯梁的挠度。根据式(8-2-8)、式(8-2-9)可求出一期混凝土徐变在钢梁上产生的弯矩 M_{d1},然后由挠曲方程 $E_sI_sy'' = M_{st1}$,求解一期混凝土初期徐变所产生的挠度 f_4。

$$\begin{cases} f_4 = -K_1(f_3 + f_2) \\ K_1 = \dfrac{1}{n_1I_s}\left\{\left[\dfrac{I_c}{n_1I_s}\cdot\dfrac{a}{1-a}(e^{-\alpha\varphi_t} - e^{-\varphi_t}) + e^{-\alpha\varphi_t} - 1\right]A_cd_{c1}d - I_c(1 - e^{-\varphi_t})\right\} \end{cases} \tag{8-4-4}$$

式中符号意义同前。

5. 一期混凝土收缩产生的拱度 f_5

根据式(8-2-13)可求出一期混凝土收缩在钢梁上产生的弯矩 M_{s1},从而给出一期混凝土收缩使钢梁产生的变形。在此 $M_{s1}<0$,所以该值即为预弯梁的上拱值 f_5,

$$f_5 = -\frac{5M_{s1}L^2}{48E_sI_s} \tag{8-4-5}$$

式中符号意义同前。

6. 二期混凝土自重产生的挠度 f_6

二期混凝土及模板自重产生的弯矩分别为 M_{d2} 和 M_m。在二期混凝土结硬前,M_{d2} 和 M_m 作

用在预弯梁上,此时梁的截面惯性矩为 I_1,所以二期混凝土结硬前梁的挠度为:

$$f_6' = \frac{5(M_{d2} + M_m)L^2}{48E_sI_1}$$

当二期混凝土结硬后,拆除模板,梁体回弹。此时预弯组合梁已经形成,其回弹增量为,

$$f_6'' = -\frac{5M_mL^2}{48E_sI_2}$$

上两式叠加后,即得二期面混凝土结硬后由于二期混凝土自重所产生的挠度 f_6:

$$f_6 = f_6' + f_6'' = \frac{5L^2}{48E_s}\left(\frac{M_{d2} + M_m}{I_1} - \frac{M_m}{I_2}\right) \tag{8-4-6}$$

式中符号意义同前。

7. 二期恒载产生的挠度 f_7

当预弯组合梁上作用二期恒载时,预弯组合梁全截面参与工作,梁的挠度按下式计算:

$$f_7 = \frac{5M_{d3}L^2}{48E_sI_2} \tag{8-4-7}$$

式中:M_{d3}——桥梁二期恒载产生的跨中截面弯矩。

8. 二期混凝土收缩产生的挠度 f_8

从式(8-3-10)~式(8-3-13)可求出二期混凝土收缩在钢梁上产生的弯矩 M_{s2},从而可得二期混凝土收缩产生的挠度 f_8:

$$f_8 = \frac{5M_{s2}L^2}{48E_sI_s} \tag{8-4-8}$$

9. 二期混凝土徐变产生的挠度 f_9

在二期恒载 M_{d3} 作用下,由式(8-3-18)、式(8-3-19)可求出二期混凝土徐变在预弯梁上产生的弯矩 M_{st2},从而可求得二期混凝土徐变所产生的挠度为:

$$f_9 = K_2f_7$$

$$K_2 = \frac{1}{n_2I_1}\{I_c'(1 - e^{-\varphi'}) - A_c'd_{c2}'(d_{c2}' + d_{s2} + d_{s1}) \cdot$$

$$\left[\frac{I_c'}{n_2I_1} \cdot \frac{\alpha_1}{1 - \alpha_1}(e^{-\alpha_1\varphi'} - e^{-\varphi'}) - e^{-\alpha_1\varphi'} + 1\right]\} \tag{8-4-9}$$

10. 一期混凝土徐变结束时的挠度 f_{10}

$$f_{10} = c_1f_2 + c_2f_3 + c_3f_5 + c_4f_6 + c_5f_7 + c_6f_8 \tag{8-4-10}$$

其中,各计算系数 $C_1 \sim C_6$ 按如下式确定:

$$\begin{cases}
C_1 = -\dfrac{I_s}{n_1 I_1 I_3}\Big\{ A_c d_{c1}(d_{s3}+d)e^{-\alpha\varphi_t}D_2 + \Big[e^{-\varphi_t} + \dfrac{A_c d_{c1}d}{n_1 I_s}\cdot \\
\qquad \dfrac{\alpha}{1-\alpha}(e^{-\alpha\varphi_t}-e^{-\varphi_t})\Big]I_c D_3 \Big\} \\[2mm]
C_2 = \dfrac{I_1}{I_s}C_1 \\[2mm]
C_3 = \dfrac{(I_c+n_\varphi I_s)(d_{s3}+d)D_2 - I_c d D_3}{n_\varphi I_3 d} \\[2mm]
C_4 = -\dfrac{A_c d_{c1}(d_{s1}+d)D_2 + I_c D_3}{n_1 I_3} \\[2mm]
C_5 = -\dfrac{I_2}{I_3}(D_2 D_4 + D_3 D_5) \\[2mm]
C_6 = \dfrac{\lambda I_c(d_{s3}+d)}{(\mu d'-\lambda d)I_3}D_2 + \dfrac{I_c}{n_\varphi I_3}D_3
\end{cases} \tag{8-4-11}$$

式(8-4-11)中的计算参数 $D_1 \sim D_5$ 由式(8-4-12)确定:

$$\begin{cases}
D_1 = \dfrac{1}{n_2 I_2}\Big\{ I'_c(1-e^{-\varphi'_\infty}) - A'_c d'_{c2}(d'_{c2}+d_{s2}+d_{s1})\cdot \\
\qquad \Big[\dfrac{I'_c}{n_2 I_1}\cdot\dfrac{\alpha_1}{1-\alpha_1}(e^{-\alpha_1\varphi'_\infty}-e^{-\varphi'_\infty}) - e^{-a_1\varphi'_\infty}+1\Big]\Big\} \\[2mm]
D_2 = 1 - e^{-a_2\varphi_\infty} - e^{-\varphi_t} - \dfrac{I_c}{n_1 I_3}\cdot\dfrac{\alpha_2}{1-\alpha_2}[e^{-\alpha_2(\varphi_\infty-\varphi_t)}-e^{-(\varphi_\infty-\varphi_t)}] \\[2mm]
D_3 = 1 - e^{-(\varphi_\infty-\varphi_t)} \\[2mm]
D_4 = \dfrac{A_c}{n_1}(d_{s3}+d)\Big[\dfrac{d_{c2}}{I_2}+\dfrac{d_{c1}}{I_1}D_1 - \dfrac{A'_c d'_{c2}}{A_1 I_2 n_2}(1-e^{-\alpha_1\varphi'_\infty})\Big] \\[2mm]
D_5 = \dfrac{I_c}{n_1}\Big(\dfrac{1}{I_2}+\dfrac{D_1}{I_1}\Big)
\end{cases} \tag{8-4-12}$$

上述式中: λ、μ 和 n_φ 由式(8-3-9)确定;系数 α、α_1 和 α_2 分别由式(8-2-10)、式(8-3-17)和式(8-3-25)确定,其他几何参数参见本章有关计算图式。至此,预弯组合梁桥在长期恒载作用下的最终拱度值可由上述 $f_1 \sim f_{10}$ 的求和来确定,即:

$$f_g = \sum_{i=0}^{10} f_i \tag{8-4-13}$$

式中: f_g——自重、二期恒载及时效因素长期作用下预弯组合梁桥的最终拱度。

11. 活载作用下梁的挠度 f_q

在正常使用极限状态下,跨中挠度应采用汽车荷载频遇值 M_{fd} 进行计算。在活载频遇值作用下,一期混凝土可能开裂,亦有可能不开裂,因而需分两种情况考虑。

(1)当 $M_{fd} < M_o + M_{cr}$ 时,预弯组合梁不开裂,全截面参加工作,挠度由下式确定:

$$f_q = \frac{5M_{fd}L^2}{48E_s I_2} \tag{8-4-14}$$

(2)当 $M_{fd} \geq M_o + M_{cr}$ 时,一期混凝土下缘开裂,或全部开裂。此时预弯组合梁的挠度可分

为两部分计算:第一部分采用全截面有效的几何性质,第二部分则采用开裂后的折算截面的几何性质,总挠度为两部分之和,即:

$$f_{\mathrm{q}} = f_{\mathrm{q1}} + f_{\mathrm{q2}} = \frac{5(M_{\mathrm{o}} + M_{\mathrm{cr}})L^2}{48E_{\mathrm{s}}I_2} + \frac{5L^2(M_{\mathrm{fd}} - M_{\mathrm{o}} - M_{\mathrm{cr}})}{48E_{\mathrm{s}}I_{\mathrm{e}}}$$

或

$$f_{\mathrm{q}} = \frac{5L^2}{48E_{\mathrm{s}}}\left(\frac{M_{\mathrm{o}} + M_{\mathrm{cr}}}{I_2} + \frac{M_{\mathrm{fd}} - M_{\mathrm{o}} - M_{\mathrm{cr}}}{I_{\mathrm{e}}}\right) \tag{8-4-15}$$

式中:I_{e}——折算截面惯性矩,由式(8-3-33)确定;

M_{o}——截面消压弯矩,由式(8-3-34)计算;

M_{cr}——截面开裂弯矩,由式(8-3-35)计算;

M_{fd}——汽车荷载频遇值引起的跨中弯矩(不计冲击),$M_{\mathrm{fd}} = 0.7M_{\mathrm{q}}$;

式中其他符号意义同前。

按式(8-4-14)或式(8-4-15)求出的静活载挠度应满足《技术标准》(CJJ/T 276—2018)或第七章第一节中 $L/600$ 的挠度控制条件。

在此值得说明的是,按照式(8-4-4)、式(8-4-9)及式(8-4-10)计算挠度 f_4、f_9 和 f_{10} 时,可直接采用如下简洁形式:

$$f_4 = \frac{5M_{\mathrm{st1}}L^2}{48E_{\mathrm{s}}I_{\mathrm{s}}}, f_9 = \frac{5M_{\mathrm{st2}}L^2}{48E_{\mathrm{s}}I_1}, f_{10} = \frac{5M_{\mathrm{st3}}L^2}{48E_{\mathrm{s}}I_3} \tag{8-4-16}$$

式中符号意义同前。

理论分析结果表明,按式(8-4-16)计算可获得与上述各式相同的计算结果,但计算过程可简便很多。

第五节　应力和变形的叠加规律

与其他结构相比,预弯组合梁桥的截面应力和变形计算要复杂一些。从钢梁制作到正常使用,无论是应力还是挠度计算均需要划分为 11 个计算阶段,而且在每一阶段中,截面几何性质及所考虑的荷载均有变化,这为计算和判断结果的正确性带来了很大的困难。但对本章第二节~第四节中的应力、变形的计算方法分析时,可以发现在应力和变形的计算是有规律可循的,抓住这些规律对于我们判断计算结果的正确性是十分有利的。

一、应力计算、组合特点

预弯组合梁应力计算及组合特点可由表 8-5-1 中汇总的应力叠加图表示。其是 σ_{T} 表示拉应力,σ_{C} 表示压应力。表中定性地给出了钢梁、一期混凝土、二期混凝土上、下缘在各个计算阶段的应力增量以及累计应力的应力图形,可供设计、计算参考。表 8-5-1 中的应力变化规律是客观的,预弯组合梁桥在各阶段的应力增量及累计应力的计算结果应该符合表中应力及其增量的变化规律。

预弯组合梁在各阶段的计算截面和应力 表 8-5-1

序号	状 态	抵抗界面	发 生 应 力		累 计 应 力	
			钢梁	二期混凝土 / 一期混凝土	钢梁	二期混凝土 / 一期混凝土
1	预弯钢梁	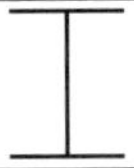	—		—	
2	钢梁加预弯力	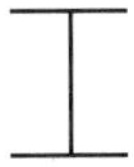	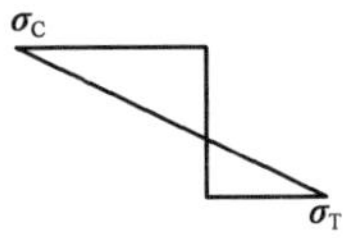		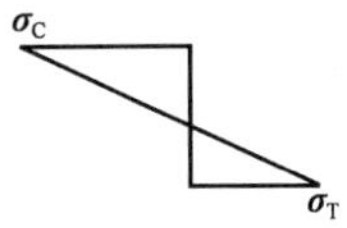	
3	预弯梁卸预弯力	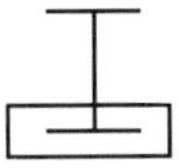	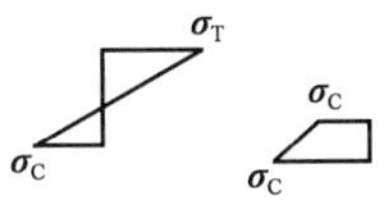		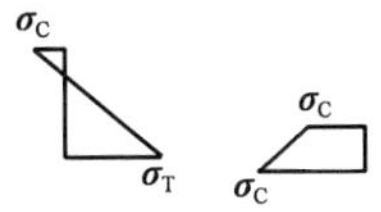	
4	预弯梁自重荷载	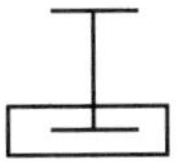	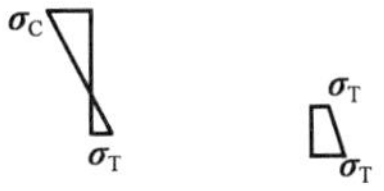		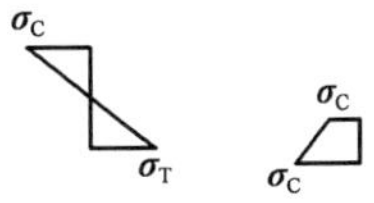	
5	一期混凝土收缩及初期徐变	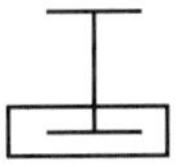	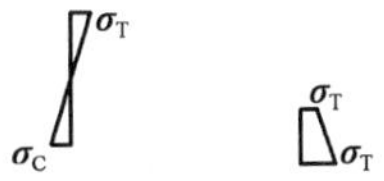		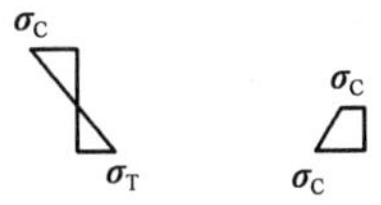	
6	二期混凝土自重	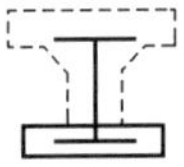	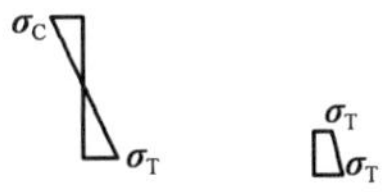		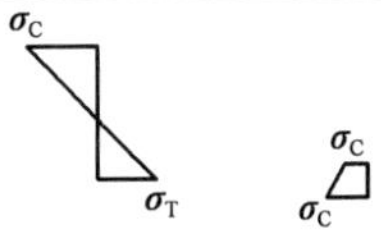	
7	预弯组合梁上作用恒载	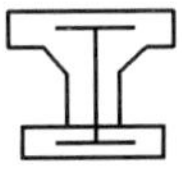	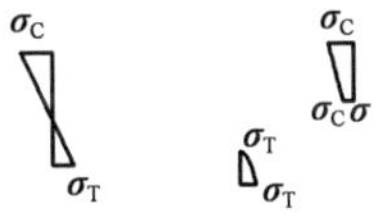		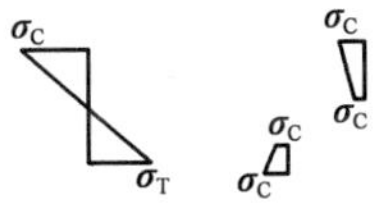	
8	二期混凝土收缩、徐变及一期混凝土徐变结束	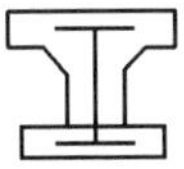	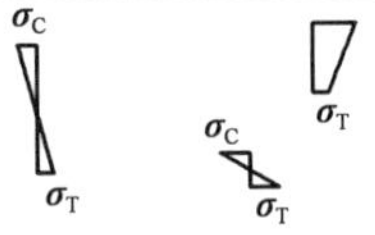		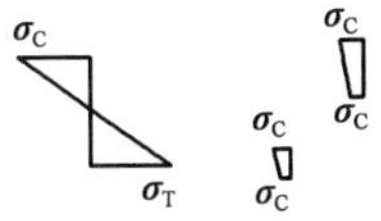	
9	预弯组合梁上作用使用荷载及一期混凝土处于开裂状态	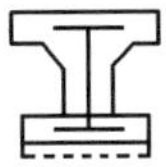	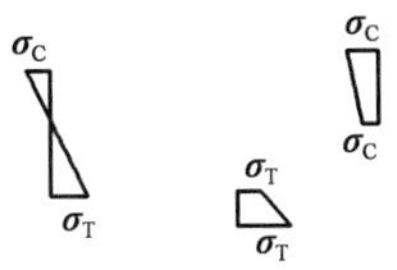		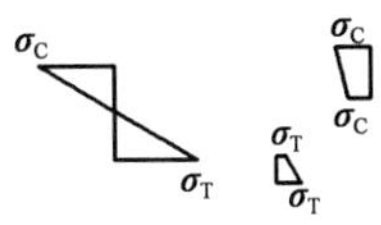	

二、挠度计算、组合特点

预弯组合梁桥由钢梁制作到使用,其变形(挠度或拱度)随时间的变化规律由图 8-5-1 给出。图中各点意义如下:

A 点:裸钢梁阶段,时间 $t = t_o$,预拱度 f_o;

B 点:钢梁预弯阶段,时间 $t = t_o$,预弯力引起挠度 $f_1 = -f_o$;

C 点:浇筑一期混凝土,时间 $t = t_o \sim t_1$;

D 点:预弯梁反弹,时间 $t=t_1$,弯矩 M_{d1} 参与工作,反弹后拱度为 f_2+f_3;

E 点:一期混凝土收缩、徐变,时间 $t=t_1 \sim t_2$,产生上拱 f_4+f_5;

F 点:浇筑二期混凝土,时间 $t=t_2$,弯矩 M_{d2} 参与工作,产生挠度 f_6;

G 点:二期恒载作用,时间 $t>t_2$,弯矩 M_{d3} 参与工作,产生挠度 f_7;

H 点:二期混凝土收缩、徐变(初期)。时间 $t=t_3$,开始通车,弯矩 M_q 作用产生挠度 f_q;

I 点:全部恒载作用下,全部时效因素发生。$t=t_2 \sim \infty$,产生上拱 $f_8+f_9+f_{10}$。

由图 8-5-1 可知,预弯组合梁桥在全部自重、二期恒载作用下,考虑一、二期混凝土的收缩、徐变效应后的成桥状态仍存留较大的上拱度,而且,通常上拱值会大于传统的预应力混凝土梁桥。事实上,成桥上拱值的大小象征着梁体内,尤其是一期混凝土内预压应力的大小。只有一期混凝土中储存足够大的预压应力,才能抵抗由车辆等设计活载作用产生的拉应力,以保证结构有足够大的抗弯刚度。成桥上拱度较大也恰恰是预弯组合梁桥适用于高程控制桥跨的原因之一。

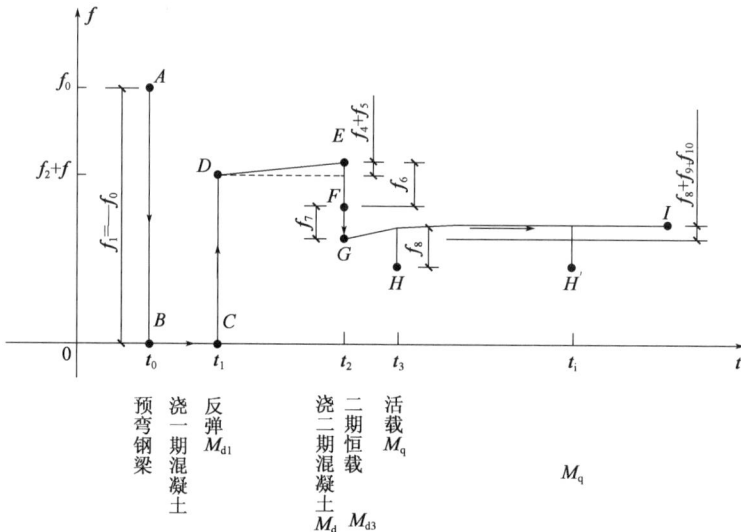

图 8-5-1 预弯组合梁桥的变形规律

掌握表 8-5-1 和图 8-5-1 中给出的应力及变形叠加过程,不仅便于理解预弯组合梁桥的受力全过程,而且可用于定性判断截面应力与梁体变形计算结果的正确性。

第六节 预弯组合梁的裂缝宽度计算

预弯组合梁的二期混凝土的腹板下部因无预应力作用通常是开裂的,即存在竖向裂缝。但由于钢腹板的混凝土保护层厚度很大,一般认为混凝土裂缝对钢梁的耐久性影响很小,对桥梁刚度的影响也相对较小。在实际计算中,通常计入二期混凝土腹板的重量,不计其对于截面几何参数(例如截面面积、截面惯性矩)的影响;同理,对腹板混凝土的抗裂性也不进行验算,并认为它对钢梁腹板具有足够的保护作用。

在工程设计中,为增加预弯组合梁桥的抗弯刚度,在长期自重、二期恒载作用下,一期混凝土不宜开裂。但在设计活载作用下,当荷载作用的弯矩超过一期混凝土的抗裂弯矩 M_o+M_{cr} 时,[计算方法参见式(8-3-34)和式(8-3-35)],一期混凝土下缘是可能出现裂缝的。因此,如何计算其裂缝并使之满足规定的限值,就成了预弯组合梁设计中的一项重要内容。为此,需对预弯组合梁的一期混凝土下缘的裂缝宽度及其抗裂性进行研究。笔者结合预弯组合梁(桥)的抗弯性能试验和成桥静载试验,对一期混凝土的裂缝宽度进行了观测和分析,现表述如下。

1. 裂缝特点描述

目前,关于预弯组合梁裂缝问题的专门研究还不多,积累的资料也很有限。但根据笔者课题组已完成的 16 片预弯组合梁的裂缝试验结果,参见图 8-6-1,可认为预弯组合梁的裂缝分布形态具有如下特点:

(1)在钢梁下翼缘进入屈服以前,裂缝分布均匀、细密,且主裂缝特征不明显。卸载之后,由于钢梁的回弹作用,可以使裂缝基本闭合。

(2)在 70% 破坏弯矩之内的荷载弯矩作用下,最大裂缝宽度及平均裂缝宽度均与荷载等级呈线性关系,而平均裂缝间距则与荷载等级成倒数关系。

(3)当加载到 $M \geqslant 2.38M_0 + M_{cr}$ 时,裂缝宽度明显增大,并产生几条明显的主裂缝。此时即使试验梁卸载,裂缝也不能完全闭合,说明钢梁下翼缘的某些部位已进入塑性状态。

(4)当钢梁处于弹性阶段时,一期混凝土下缘的最大裂缝宽度与钢梁下缘的应力 σ_{sL} 成正比,即与预弯组合梁所承受的荷载等级成正比。

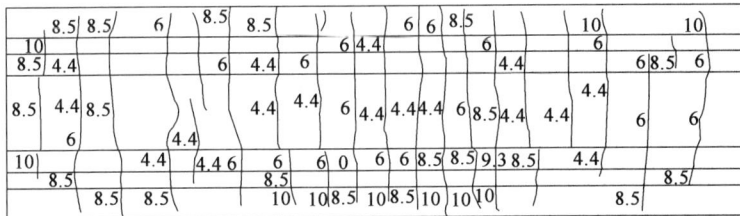

图 8-6-1　实测预弯组合梁裂缝分布图(图中数字为裂缝宽度,单位:mm)

2. 一期混凝土裂缝的主要影响因素

预弯组合梁的一期混凝土在设计活载作用下是可能开裂的。分析影响其裂缝宽度的主要因素如下:

(1)钢梁下缘的应力

成桥状态下钢梁下缘的应力主要由成桥(梁)阶段的有效预拉应力和工作荷载引起的拉应力组成。前者主要与钢梁的预弯力 P_0 有关,或者说与成桥状态的预拱度有关;后者则与荷载作用的大小有关。两者叠加的结果就是钢梁下缘应力 σ_{sL}。试验结果表明,钢梁下缘应力 σ_{sL} 越大,一期混凝土下缘的裂缝宽度越大。

(2)一期混凝土的保护层厚度

预弯组合梁桥追求的主要目标是尽可能小的组合梁高度和最大钢梁高度。因此,一期混凝土的净保护层厚度不宜过大。考虑到钢梁下翼板下的混凝土浇筑质量,通常一期混凝土的保护层厚度取为 5~6cm,其变化范围很小,而试验梁中采用的混凝土保护层厚度多为 4~5cm,而且下缘钢板的耐腐能力远高于普通钢筋。因此,可以认为一期混凝土保护层厚度的变化不大,其对裂缝宽度的影响也是有限的。

(3)一期混凝土的强度等级

为保证预弯梁反弹时一期混凝土不出现非线性徐变,其强度等级不宜过低;活载作用下一期混凝土位于受拉区,希望其下缘不开裂,但并不追求其高强,因此一期混凝土采用的强度等级通常为 C45 ~ C55。混凝土抗拉强度远低于其抗压强度,通过提高其强度等级来提高其抗拉强度显然是不经济的。一期混凝土的抗裂能力主要来自其预压应力,因此可以认为混凝土强度等级对其裂缝宽度的影响也是有限的。

(4)荷载作用的大小

通常情况下,梁的自重、活载作用弯矩占其极限破坏弯矩的比例在 65% 范围内,预弯组合梁基本处于弹性工作状态,也就是说如果一期混凝土开裂,其裂缝宽度应随其外荷载作用的增加而加大,且大致为线性关系。

(5)长期荷载与重复荷载作用

在长期荷载作用下,由于混凝土的收缩、徐变的影响将会使得一期混凝土下缘的裂缝宽度增加。同时,由于活载的反复作用,也会增加一期混凝土下缘的裂缝宽度。

在上述的五个影响因素中,钢梁下缘的应力、荷载作用的大小以及长期和反复作用是影响一期混凝土裂缝宽度的主要因素。

3.裂缝宽度计算方法

虽然预弯组合梁的裂缝数据不多,但目前已初步建立了两个基于试验数据统计的经验公式可供设计者参考。

(1)长期效应的影响

由于混凝土收缩、徐变及活载反复作用引起的长期效应可借助《混桥规》(JTG D62—2004)中的方法加以考虑,在此仍定义为长期效应影响系数 C,可按下式计算:

$$C = 1 + 0.5 \times \frac{M_L}{M_S}$$ (8-6-1)

式中:C——用于计算一期混凝土裂缝宽度的长期效应影响系数;

M_S、M_L——分别为计算截面的频遇组合弯矩和准永久组合弯矩,分别按下式计算:

$$\begin{cases} M_S = M_{d1} + M_{d2} + M_{d3} + M_{fd} \\ M_L = M_{d1} + M_{d2} + M_{d3} + M_{qd} \end{cases}$$ (8-6-2)

式中:M_{fd}——由活载频遇值引起的跨中截面弯矩,$M_{fd} = 0.7M_q$;

M_{qd}——由活载准永久值引起的跨中截面弯矩,$M_{qd} = 0.4M_q$;

M_{d1}——由一期混凝土自重引起的跨中截面弯矩标准值;

M_{d2}——由二期混凝土自重引起的跨中截面弯矩标准值;

M_{d3}——由桥梁二期恒载引起的跨中截面弯矩标准值;

M_q——由活载(不计冲击)引起的跨中截面弯矩标准值。

由于钢梁自重与预弯力 P 耦合作用,且钢梁自重作用于一期混凝土结硬之前,故不引起一期混凝土中的应力。因此,在上述二准永久值组合弯矩 M_L(或频遇值组合弯矩 M_S)计算中可不计钢梁自重弯矩 M_{ds} 的影响。

(2)以弯矩比例系数 K 为统计参数的裂缝公式

在此,定义弯矩比例系数 K 为准永久值组合弯矩 M_L(或频遇值组合弯矩 M_S)与破坏弯矩 M_u 之比,即:

$$K = M_L/M_u \quad 或 \quad K = M_S/M_u \tag{8-6-3}$$

式中:M_u——按材料强度标准值计算的截面极限破坏弯矩,可近似按式(8-6-4)计算;

K——弯矩比例系数,基于试验数据,应有 $0.35 < K \leqslant 0.65$。

在试验研究中,预弯组合梁的截面的极限破坏弯矩 M_u 是可测的,而且应与以材料强度平均值计算的截面极限破坏弯矩相吻合。M_u 与 M_{ud} 的差别主要在于材料强度取值保证率和材料安全系数的影响。在此,前者通常偏安全地以材料强度标准值代替材料强度平均值进行设计计算。而后者主要涉及混凝土材料安全系数 γ_c 和钢材安全系数 γ_s,在现行《混桥规》(JTG D62)中近似有 $\gamma_c \approx 1.45$,$\gamma_s \approx 1.25$。对第七章第二节中预弯组合梁抗弯承载力设计值 M_{ud} 的计算分析表明,二期混凝土对截面抗弯承载力的贡献约为 10%,钢梁的贡献约为 90%,因此可以认为钢梁是截面抗弯的主体。根据下列方法可得到考虑两种材料对截面极限抗弯承载力贡献率的等效截面材料安全系数 γ_{sec}:

$$\gamma_{sec} = 0.1\gamma_c + 0.9\gamma_s = 0.1 \times 1.45 + 0.9 \times 1.25 = 1.27$$

由此,预弯组合梁的截面极限破坏弯矩 M_u 可根据截面抗弯承载力设计值 M_{ud} 间接获得,并有下列近似关系:

$$M_u \approx \gamma_{sec} M_{ud} = 1.27 M_{ud} \tag{8-6-4}$$

式中:M_{ud}——截面抗弯承载力设计值,由式(7-2-3)或式(7-2-6)计算;

于是,根据预弯组合梁的加载与实测裂缝宽度数据可建立一期混凝土下边缘最大裂缝宽度的经验公式:

$$\delta_{fmax} = C(0.4703K - 0.0285) \quad (mm) \tag{8-6-5}$$

式(8-6-5)认为预弯组合梁一期混凝土下缘的裂缝主要与作用弯矩及极限弯矩之比有关。该式出自预弯组合梁室内加载试验的统计分析,当用于作用准永久组合下的一期混凝土下缘混凝土裂缝宽度的计算。

(3)钢梁下缘应力 σ_{sl} 为统计参数的裂缝计算式

在笔者课题组曾完成的裂缝试验研究中,以钢梁下缘应力 σ_{sl} 为统计参数,得到如下裂缝宽度回归式:

$$\delta_{fmax} = C(0.0011\sigma_{sl} - 0.0825) \quad (mm) \tag{8-6-6}$$

式中:σ_{sL}——钢梁下缘的拉应力数值(MPa),应按下式确定:

$$\sigma_{sL} = \sum \sigma_{sLi} + \sigma_{sL11} \tag{8-6-7}$$

式(8-6-6)认为最大裂缝宽度主要与钢梁下边缘的应力有关,而荷载大小、比例、截面尺寸、钢梁面积以及混凝土保护层厚度等影响均已综合在 σ_{sl} 之中。

试验研究的时间很短,实际发生的混凝土收缩、徐变量很有限。但在钢梁下缘应力 σ_{sl} 计算中,已经计入了一期混凝土和二期混凝土的收缩、徐变的影响,故式(8-6-6)不再考虑长期效应影响系数 C,可用于作用频遇组合下一期混凝土下缘的裂缝宽度计算。

式(8-6-7)中钢梁下缘应力 σ_{sL11} 计算时,因用于裂缝宽度计算,应取不计冲击的活载弯矩频遇值 M_{fd}(或准永久值 M_{qd})。

当按上述各公式求出的最大裂缝宽度 $\delta_{fmax} < 0$ 时,可认为一期混凝土下缘不开裂。由于相关的试验数据有限,上述裂缝宽度的计算方法所考虑的影响因素均比较单一,还难以综合

地、精确地反映预弯组合梁裂缝的诸多影响因素和特征。在无进一步试验数据的情况下,上述公式可用作设计时的参考。用上述公式求出的预弯组合梁桥一期混凝土下缘的最大裂缝宽度应满足第七章第一节中式(7-1-6)的限值要求。

上述两个预弯组合梁一期混凝土下缘的裂缝宽度计算公式均为基于试验得到的经验公式。试验及计算结果表明,式(8-6-5)和式(8-6-6)的计算结果是有误差的。因此,其计算结果也只能作为裂缝宽度的参考,通常可以计算 裂缝宽度的较大值控制设计。

第九章

预弯组合梁计算示例

为便于掌握前述的预弯组合梁的各项计算内容,本章给出一跨径为42.0m的预弯组合梁桥的主梁计算示例。该算例较完整地给出了一片预弯组合梁的计算内容和演算过程,可供学习和工程设计时参考。

第一节 设计资料及截面几何特性

一、设计资料

(1)标准跨径:42.0m;计算跨径:$L = 40.8$m。

(2)活载标准:公路—Ⅱ级,结构重要性系数 $\gamma_0 = 1.1$。

(3)相邻主梁之间沿梁长方向上布置8道混凝土横隔板,其尺寸约为100cm × 128cm × 18cm,在计算二期混凝土自重时需要考虑其影响。

(4)二期恒载集度:$q_3 = 4.151$kN/m。

(5)计算内力:跨中截面最大汽车活载弯矩标准值 $M_{max} = M_q = 2167.4$kN·m(已计入冲击效应,冲击系数取为 $1 + \mu = 1.027$)。

按基本组合计算的跨中截面弯矩组合设计值 $M_d = 9863.9$kN·m。

按基本组合计算的支点截面剪力组合设计值 $V_d = 1080.4\text{kN}$。

（6）材料。

①钢梁：顶、底板采用 38mm 厚钢板，腹板采用 30mm 厚钢板，材质均为 Q345 钢。

考虑钢板厚度的影响，根据表 1-4-2，钢材的屈服强度 $f_y = 335\text{MPa}$。

钢板抗拉强度设计值 $f_d = 270\text{MPa}$，钢材抗剪强度设计值 $f_{vd} = 155\text{MPa}$。

由表 1-4-4 查得：钢材弹性模量 $E_s = 2.06 \times 10^5 \text{MPa}$，钢材重度为 78.5kN/m^3。

②一期混凝土：采用 C50 混凝土。

抗压强度标准值 $f_{ck} = 32.4\text{MPa}$，弹性模量 $E_{c1} = 3.45 \times 10^4 \text{MPa}$；

抗压强度设计值 $f_{cd} = 22.4\text{MPa}$，抗拉强度标准值 $f_{tk} = 2.65\text{MPa}$。

③二期混凝土：采用 C30 混凝土。

抗压强度标准值 $f_{ck} = 20.1\text{MPa}$；

抗压强度设计值 $f_{cd} = 13.8\text{MPa}$，弹性模量；$E_{c2} = 3.0 \times 10^4 \text{MPa}$。

计算中一期混凝土和二期混凝土重度均取为 25 kN/m^3。

（7）计算要求：按弹性叠加法计算跨中截面的正应力、跨中变形，验算跨中截面抗裂性、裂缝宽度，以及截面抗弯、抗剪承载力。

二、主梁截面尺寸

主梁横断面的细部分尺寸见图 9-1-1，钢梁上下翼缘的混凝土净保护层厚度均为 50mm。

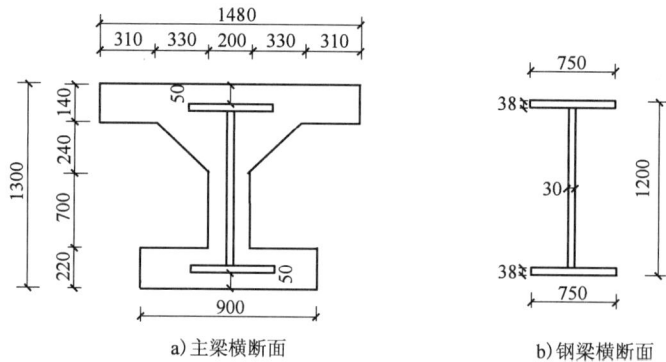

图 9-1-1　预弯组合梁的截面尺寸(尺寸单位:mm)

三、主梁截面几何特性

1. 钢梁截面

钢梁截面尺寸如图 9-1-2 所示，计算得钢架截面的几何参数如下：

$$A_s = 0.0907\text{m}^2, I_s = 0.0228\text{m}^4, y_{sL} = 0.6\text{m}, y_{sU} = -0.6\text{m}$$

2. 预弯梁截面

一期混凝土截面，如图 9-1-3 所示，其截面几何性质计算时，均已扣除了钢板所占的混凝土面积。由此得到：

$$A_{\rm c} = 0.1655{\rm m}^2, I_{\rm c} = 7.279 \times 10^{-4}{\rm m}^4$$

$$n_1 = \frac{E_{\rm s}}{E_{\rm c1}} = 5.971, A_1 = 0.1184{\rm m}^2, I_1 = 2.897 \times 10^{-2}{\rm m}^4$$

$$y_{\rm cU} = -0.104{\rm m}, y_{\rm cL} = 0.116{\rm m}, y_{\rm sU1} = -0.725{\rm m}, y_{\rm sL1} = 0.475{\rm m}$$

$$y_{\rm cU1} = 0.305{\rm m}, y_{\rm cL1} = 0.525{\rm m}, d_{\rm c1} = 0.409{\rm m}, d = 0.534{\rm m}$$

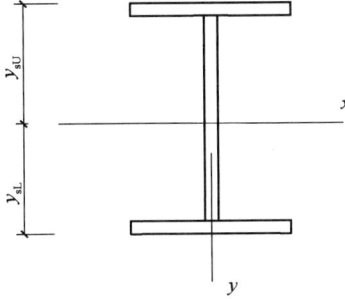

图 9-1-2　钢梁截面

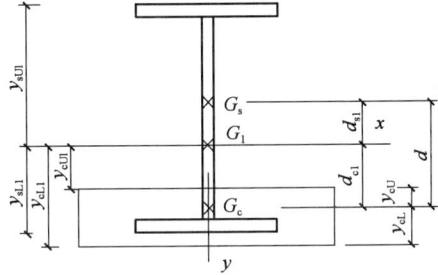

图 9-1-3　预弯梁截面

3. 预弯组合梁截面

预弯组合梁截面如图 9-1-4 所示在正常使用阶段认为腹板混凝土开裂，因此计算预弯组合梁截面几何性质时不计腹板混凝土的影响，但计算中计入其自重影响。按照混凝土截面积不变的原则将原混凝土翼板和加腋截面用如下截面替代以简化计算。在二期混凝土截面的几何性质计算时，均已扣除了钢板所占的混凝土面积。预弯组合梁截面几何参数计算结果如下：

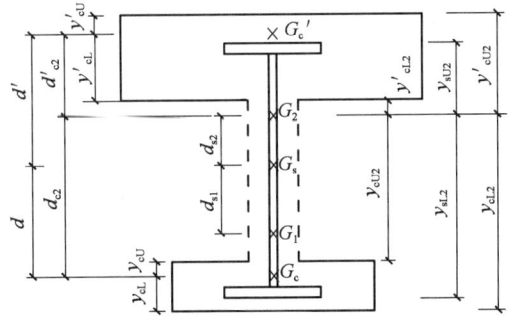

图 9-1-4　预弯组合梁截面

$$h_i' = 0.14 + \frac{0.5 \times (0.2 + 0.86) \times 0.24}{1.48} = 0.226({\rm m})$$

$$A_{\rm c}' = 0.3018{\rm m}^2$$

$$I_{\rm c}' = 1.347 \times 10^{-3}{\rm m}^4$$

$$n_2 = \frac{E_{\rm s}}{E_{\rm c2}} = 6.867$$

$$A_2 = 0.1624{\rm m}^2$$

$$I_2 = 4.307 \times 10^{-2}{\rm m}^4$$

$$y_{\rm cU}' = -0.117{\rm m}, y_{\rm cL}' = 0.109{\rm m}$$

$$y_{\rm sU2} = -0.547{\rm m}, y_{\rm sL2} = 0.653{\rm m}$$

$$y_{\rm cU2} = 0.483{\rm m}, y_{\rm cL2} = 0.703{\rm m}$$

$$y_{\rm cU2}' = -0.597{\rm m}, y_{\rm cL2}' = -0.371{\rm m}$$

$$d_{\rm c2} = 0.587{\rm m}, d_{\rm c2}' = 0.480{\rm m},$$

$$d_{\rm s1} = 0.125{\rm m}, d_{\rm s2} = 0.053{\rm m}, d' = 0.533{\rm m}$$

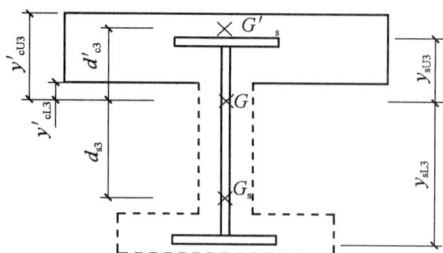

图 9-1-5 一期混凝土退出工作后的截面

4. 一期混凝土退出工作后的预弯组合梁截面

一期混凝土退出工作后的预弯组合梁截面如图 9-1-5 所示,相应的截面几何参数计算结果如下:

$$A_3 = 0.1347\text{m}^2, I_3 = 3.142 \times 10^{-2}\text{m}^4$$

$$y_{sU3} = -0.426\text{m} \quad y_{sL3} = 0.774\text{m}$$

$$y'_{cU3} = -0.476\text{m} \quad y'_{cL3} = -0.250\text{m} \quad d_{s3} = 0.174\text{m}$$

第二节 预弯钢梁及预弯梁的应力验算

参考第八章第二节,本节跨中截面验算包括计算步骤 1～6 的各阶段的控制点应力,为后续的应力叠加和应力控制提供依据。

一、计算步骤 1:预弯钢梁

钢梁预弯时的控制应力 σ_k 按下列公式确定:

$$\sigma_k \leqslant 0.75 \quad f_y = 0.75 \times 335 = 251.25(\text{MPa})$$

计钢梁自重的预弯力 P_0:

$$q_s = A_s\rho_s = 0.0907 \times 78.5 = 7.1215(\text{kN/m})$$,相应的弯矩为 $M_{ds} = 1481.9\text{kN} \cdot \text{m}$。

钢梁的自重应力为:

$$\sigma_z = \frac{q_s l^2 y_{sL}}{8 I_s} = \frac{7.1215 \times 40.8^2 \times 0.6}{8 \times 0.0228} \times 10^{-3} = 39.00(\text{MPa})$$

考虑钢梁自重共同作用时的预弯力为:

$$P_o = \frac{4(\sigma_k - \sigma_z)I_s}{l y_{sL}} = \frac{4 \times (251.25 - 39.00) \times 0.0228}{40.8 \times 0.6} \times 10^3 = 790.7(\text{kN})$$

由此可以得到跨中截面的预弯矩 M_y 和钢梁预弯时上下缘的应力,应力计算结果以拉为正,以压为负。

$$M_y = \frac{P_o l}{4} = \frac{790.7 \times 40.8}{4} = 8064.8(\text{kN} \cdot \text{m})$$

$$\sigma_{sU1} = \frac{M_y}{I_s}y_{sU} - \sigma_z = \frac{8064.8}{0.0228} \times (-0.6) \times 10^{-3} - 39.00 = -251.25(\text{MPa})$$

$$\sigma_{sL1} = \frac{M_y}{I_s}y_{sL} + \sigma_z = \frac{8064.8}{0.0228} \times 0.6 \times 10^{-3} + 39.00 = 251.25(\text{MPa})$$

式中:y_{sU}、y_{sL}——钢梁截面形心到钢梁上、下缘的距离(以向下为正)。

由于钢梁的自重作用已包含在上述求得的应力状态之中,因此后续基于上述应力的计算中不再计入钢梁自重的影响。

二、计算步骤2:卸除预弯力

一期混凝土达到预定的强度,即$0.9f_{cu,k}$并形成预弯梁截面。此时卸除预弯力P_o,在预弯梁跨中截面各控制点产生的应力如下。

钢梁上下缘应力:

$$\sigma_{sU2} = -\frac{M_y}{I_1}y_{sU1} = \frac{-8064.8}{2.897 \times 10^{-2}} \times (-0.725) \times 10^{-3} = 201.79(MPa)$$

$$\sigma_{sL2} = -\frac{M_y}{I_1}y_{sL1} = \frac{-8064.8}{2.897 \times 10^{-2}} \times 0.475 \times 10^{-3} = -132.21(MPa)$$

一期混凝土上下缘应力:

$$\sigma_{cU2} = -\frac{M_y}{n_1 I_1}y_{cU1} = \frac{-8064.8}{5.971 \times 2.897 \times 10^{-2}} \times 0.305 \times 10^{-3} = -14.22(MPa)$$

$$\sigma_{cL2} = -\frac{M_y}{n_1 I_1}y_{cL1} = \frac{-8064.8}{5.971 \times 2.897 \times 10^{-2}} \times 0.525 \times 10^{-3} = -24.47(MPa)$$

式中:y_{sU1}、y_{sL1}——预弯梁截面形心到钢梁上、下缘的距离;

y_{cU1}、y_{cL1}——预弯梁截面形心到一期混凝土上、下表面的距离。

三、计算步骤3:一期混凝土自重作用

一期混凝土自重集度q_1和由其产生的跨中截面弯矩M_{d1}按下列式计算:

$$q_1 = A_c \cdot \rho_c = 0.1655 \times 25 = 4.1385(kN/m)$$

$$M_{d1} = \frac{1}{8}q_1 l^2 = 0.125 \times 4.1385 \times 40.8^2 = 861.1(kN \cdot m)$$

钢梁和一期混凝土中将产生如下应力:

$$\sigma_{sU3} = \frac{M_{d1}}{I_1}y_{sU1} = \frac{861.1 \times 10^{-3}}{2.897 \times 10^{-2}} \times (-0.725) = -21.55(MPa)$$

$$\sigma_{sL3} = \frac{M_{d1}}{I_1}y_{sL1} = \frac{861.1 \times 10^{-3}}{2.897 \times 10^{-2}} \times 0.475 = 14.12(MPa)$$

$$\sigma_{cU3} = \frac{M_{d1}}{n_1 I_1}y_{cU1} = \frac{861.1 \times 10^{-3}}{5.971 \times 2.897 \times 10^{-2}} \times 0.305 = 1.52(MPa)$$

$$\sigma_{cL3} = \frac{M_{d1}}{n_1 I_1}y_{cL1} = \frac{861.1 \times 10^{-3}}{5.971 \times 2.897 \times 10^{-2}} \times 0.525 = 2.61(MPa)$$

钢梁反弹后,预弯梁一期混凝土下缘的控制压应力为:

$$\sigma_{cL2} + \sigma_{cL3} = -24.47 + 2.61 = -21.86(MPa) < 0.56f'_{cu,k} = 25.2MPa(以压为负)$$

计算中假定预弯梁反弹时,一期混凝土的强度等级达到0.9倍的强度等级设计值,即相当于C45混凝土,$f'_{cu,k} = 45.0MPa$。

四、计算步骤4:一期混凝土的初期徐变

由一期混凝土的初期徐变引起预弯梁截面的内力按下列方法计算。

$$N_{co} = -(M_y - M_{d1})\frac{A_c d_{c1}}{n_1 I_1} = -(8064.8 - 861.1) \times 10^{-3} \times \frac{0.1655 \times 0.409}{5.971 \times 2.897 \times 10^{-2}}$$

$$= -2819.1(\text{kN})$$

$$M_{co} = -(M_y - M_{d1})\frac{I_c}{n_1 I_1} = -(8064.8 - 861.1) \times \frac{7.279 \times 10^{-4}}{5.971 \times 2.897 \times 10^{-2}}$$

$$= -30.3(\text{kN} \cdot \text{m})$$

$$\alpha = \frac{A_s I_s}{A_1 I_1} = \frac{0.09072 \times 0.0228}{0.1184 \times 2.897 \times 10^{-2}} = 0.6026$$

取 $\varphi_t = 0.5$,带入数据可得到:

$$N_{ct1} = -N_{co}(1 - e^{-\alpha\varphi_t}) = -(-2819.1) \times (1 - e^{-0.6026 \times 0.5}) = 733.4(\text{kN})$$

$$M_{ct1} = -M_{co}(1 - e^{-\varphi_t}) - \frac{N_{co}dI_c}{n_1 I_s} \cdot \frac{\alpha}{1 - \alpha}(e^{-\alpha\varphi_t} - e^{-\varphi_t})$$

$$= -30.3 \times (1 - e^{-0.5}) - \frac{-2819.1 \times 0.534 \times 0.6026}{5.971 \times 0.0228 \times (1 - 0.6026)} \times (e^{-0.6026 \times 0.5} - e^{-0.5})$$

$$= 10.3(\text{kN} \cdot \text{m})$$

$$N_{st1} = -N_{ct1} = -733.4(\text{kN})$$

$$M_{st1} = -(M_{ct1} + N_{ct1}d) = -(10.3 + 733.4 \times 0.534) = -401.9(\text{kN} \cdot \text{m})$$

由上述一期混凝土初期徐变内力引起的预弯梁跨中截面各点应力如下:

钢梁上下缘应力:

$$\sigma_{sU4} = \frac{N_{st1}}{A_s} + \frac{M_{st1}}{I_s}y_{su} = \left[\frac{-733.4}{0.09072} + \frac{-401.9}{0.0228} \times (-0.6)\right] \times 10^{-3} = 2.49(\text{MPa})$$

$$\sigma_{sL4} = \frac{N_{st1}}{A_s} + \frac{M_{st1}}{I_s}y_{sl} = \left(\frac{-733.4}{0.09072} + \frac{-401.9}{0.0228} \times 0.6\right) \times 10^{-3} = -18.66(\text{MPa})$$

一期混凝土的上、下缘应力:

$$\sigma_{cU4} = \frac{N_{ct1}}{A_c} + \frac{M_{ct1}}{I_c}y_{cU} = \left[\frac{733.4}{0.1655} + \frac{10.3}{7.279 \times 10^{-4}} \times (-0.104)\right] \times 10^{-3} = 2.96(\text{MPa})$$

$$\sigma_{cL4} = \frac{N_{ct1}}{A_c} + \frac{M_{ct1}}{I_c}y_{cL} = \left(\frac{733.4}{0.1655} + \frac{10.3}{7.279 \times 10^{-4}} \times 0.116\right) \times 10^{-3} = 6.07(\text{MPa})$$

式中:y_{cU}、y_{cL}——一期混凝土截面形心到一期混凝土上、下表面的距离。

五、计算步骤5:一期混凝土的干缩影响

由一期混凝土收缩将引起预弯梁的截面内力,相关参数及内力的计算方法如下:

取 $\varepsilon_s = 2.0 \times 10^{-4}$,$2\varphi_{t=\infty} = 4.0$

$$n_\varphi = n_1\left(1 + \frac{2\varphi_{t=\infty}}{2}\right) = 3n_1 = 3 \times 5.971 = 17.913$$

$$f' = \cfrac{1}{1 + \cfrac{A_c}{n_\varphi A_s} + \cfrac{A_c d^2}{I_c + n_\varphi I_s}}$$

$$= \cfrac{1}{1 + \cfrac{0.1655}{17.913 \times 0.09072} + \cfrac{0.1655 \times 0.534^2}{7.279 \times 10^{-4} + 17.913 \times 0.0228}} = 0.8215$$

$$N_{c1} = \frac{E_s A_c \varepsilon_s f'}{n_\varphi} = \frac{2.06 \times 10^5 \times 0.1655 \times 2 \times 10^{-4} \times 0.8215}{17.913 \times 10^3} = 312.8(kN)$$

$$N_{s1} = -N_{c1} = -312.8(kN)$$

$$M_{s1} = N_{c1} d \cdot \frac{-n_\varphi I_s}{I_c + n_\varphi I_s} = 312.8 \times 0.534 \times \frac{-17.913 \times 0.0228}{7.279 \times 10^{-4} + 17.913 \times 0.0228}$$

$$= -166.7(kN \cdot m)$$

$$M_{c1} = N_{c1} d \cdot \frac{-I_c}{I_c + n_\varphi I_s} = 312.8 \times 0.534 \times \frac{-7.279 \times 10^{-4}}{7.279 \times 10^{-4} + 17.913 \times 0.0228}$$

$$= -0.3(kN \cdot m)$$

由一期混凝土收缩内力引起的预弯梁跨中截面应力按下述方法计算:

钢梁上、下缘应力:

$$\sigma_{sU5} = \frac{N_{s1}}{A_s} + \frac{M_{s1}}{I_s} y_{sU} = \left[\frac{-312.8}{0.09072} + \frac{-166.7}{0.0228} \times (-0.6) \right] \times 10^{-3} = 0.94(MPa)$$

$$\sigma_{sL5} = \frac{N_{s1}}{A_s} + \frac{M_{s1}}{I_s} y_{sL} = \left(\frac{-312.8}{0.09072} + \frac{-166.7}{0.0228} \times 0.6 \right) \times 10^{-3} = -7.84(MPa)$$

一期混凝土上、下缘应力:

$$\sigma_{cU5} = \frac{N_{c1}}{A_c} + \frac{M_{c1}}{I_c} y_{cU} = \left[\frac{312.8}{0.1655} + \frac{-0.3}{7.279 \times 10^{-4}} \times (-0.104) \right] \times 10^{-3} = 1.93(MPa)$$

$$\sigma_{cL5} = \frac{N_{c1}}{A_c} + \frac{M_{c1}}{I_c} y_{cL} = \left(\frac{312.8}{0.1655} + \frac{-0.3}{7.279 \times 10^{-4}} \times 0.116 \right) \times 10^{-3} = 1.84(MPa)$$

六、计算步骤6:浇筑二期混凝土(忽略模板重量)

二期混凝土浇筑时其自重由预弯梁承担。二期混凝土自重计算时,应考虑桥面板、腹板和横隔板的重量。其自重集度、弯矩及相应的预弯梁跨中截面控制点应力计算如下:

$$q_2 = 12.3049 kN/m$$

$$M_{d2} = \frac{q_2 l^2}{8} = \frac{12.3049 \times 40.8^2}{8} = 2560.4(kN \cdot m)$$

$$M_m = 0$$

钢梁上、下缘应力:

$$\sigma_{sU6} = \frac{M_{d2} + M_m}{I_1} y_{sU1} = \frac{2560.4 + 0}{2.897 \times 10^{-2}} \times (-0.725) \times 10^{-3} = -64.06(MPa)$$

$$\sigma_{sL6} = \frac{M_{d2} + M_m}{I_1} y_{sL1} = \frac{2560.4 + 0}{2.897 \times 10^{-2}} \times 0.475 \times 10^{-3} = 41.97(MPa)$$

一期混凝土上、下缘应力:

$$\sigma_{cU6} = \frac{M_{d2} + M_m}{n_1 I_1} y_{cU1} = \frac{2560.4 + 0}{5.971 \times 2.897 \times 10^{-2}} \times 0.305 \times 10^{-3} = 4.51(MPa)$$

$$\sigma_{cL6} = \frac{M_{d2} + M_m}{n_1 I_1} y_{cL1} = \frac{2560.4 + 0}{5.971 \times 2.897 \times 10^{-2}} \times 0.525 \times 10^{-3} = 7.77(MPa)$$

第三节　预弯组合梁及成桥应力验算

参考第八章第三节,本节计算跨中截面包括计算步骤 $7 \sim 11$ 的控制点应力及成桥后的应力组合,并按《技术标准》的应力限值进行截面应力控制。为保持计算步骤的连续性,本节中续用了上一节的计算步骤序号。

一、计算步骤 7:二期恒载作用

自二期混凝土结硬后即形成了预弯组合梁,此后作用的二期恒载,混凝土发生的收缩、徐变及活载作用均应由预弯组合梁承担。取二期恒载集度为:

$$q_3 = 4.1510kN/m$$

$$M_{d3} = \frac{1}{8} q_3 l^2 = 0.125 \times 4.1510 \times 40.8^2 = 863.7(kN \cdot m)$$

钢梁上、下缘应力:

$$\sigma_{sU7} = \frac{M_{d3}}{I_2} y_{sU2} = \frac{863.7}{4.307 \times 10^{-2}} \times (-0.547) \times 10^{-3} = -10.97(MPa)$$

$$\sigma_{sL7} = \frac{M_{d3}}{I_2} y_{sL2} = \frac{863.7}{4.307 \times 10^{-2}} \times 0.653 \times 10^{-3} = 13.10(MPa)$$

一期混凝土上、下缘应力:

$$\sigma_{cU7} = \frac{M_{d3}}{n_1 I_2} y_{cU2} = \frac{863.7}{5.971 \times 4.307 \times 10^{-2}} \times 0.483 \times 10^{-3} = 1.62(MPa)$$

$$\sigma_{cL7} = \frac{M_{d3}}{n_1 I_2} y_{cL2} = \frac{863.7}{5.971 \times 4.307 \times 10^{-2}} \times 0.703 \times 10^{-3} = 2.36(MPa)$$

二期混凝土上、下缘应力:

$$\sigma'_{cU7} = \frac{M_{d3}}{n_2 I_2} y'_{cU2} = \frac{863.7}{6.867 \times 4.307 \times 10^{-2}} \times (-0.597) \times 10^{-3} = -1.74(MPa)$$

$$\sigma'_{cL7} = \frac{M_{d3}}{n_2 I_2} y'_{cL2} = \frac{863.7}{6.867 \times 4.307 \times 10^{-2}} \times (-0.371) \times 10^{-3} = -1.08(MPa)$$

二、计算步骤 8:二期混凝土干缩影响

混凝土的干缩应变取为 $\varepsilon_s = 2.0 \times 10^{-4}$,用于干缩计算的徐变系数取为终极值 $\varphi'_{t=\infty}$。

$$n'_\varphi = 3n_2 = 3 \times 6.867 = 20.6$$

$$I_t = \frac{I_c}{n_\varphi} + I_s + \frac{I'_c}{n'_\varphi} = \frac{7.279 \times 10^{-4}}{17.913} + 0.0228 + \frac{1.347 \times 10^{-3}}{20.6} = 2.290 \times 10^{-2}(m^4)$$

$$\lambda = \frac{dd'}{I_t} - \frac{1}{A_s} = \frac{0.534 \times 0.533}{2.290 \times 10^{-2}} - \frac{1}{0.09072} = 1.414$$

$$\mu = \frac{d^2}{I_t} + \frac{n_\varphi}{A_c} + \frac{1}{A_s} = \frac{0.534^2}{2.290 \times 10^{-2}} + \frac{17.913}{0.1655} + \frac{1}{0.09072} = 131.68$$

$$\mu' = \frac{d'^2}{I_t} + \frac{n'_\varphi}{A'_c} + \frac{1}{A_s} = \frac{0.533^2}{2.290 \times 10^{-2}} + \frac{20.6}{0.3018} + \frac{1}{0.09072} = 91.70$$

由二期混凝土收缩引起并分配给一期混凝土、二期混凝土及钢梁上的内力如下：

一期混凝土：

$$N_{c2} = \frac{\lambda \varepsilon'_s}{\mu\mu' - \lambda^2} E_s = \frac{1.414 \times 2 \times 10^{-4}}{131.68 \times 91.70 - 1.414^2} \times 2.06 \times 10^8 = 4.8(kN)$$

$$M_{c2} = \frac{I_c}{n_\varphi I_t} M_1 = \frac{7.279 \times 10^{-4}}{17.913 \times 2.290 \times 10^{-2}} \times 237.1 = 0.4(kN \cdot m)$$

二期混凝土：

$$N'_{c2} = \frac{\mu \varepsilon'_s}{\mu\mu' - \lambda^2} E_s = \frac{130.13 \times 2 \times 10^{-4}}{130.13 \times 85.23 - 1.495^2} \times 2.06 \times 10^8 = 449.4(kN)$$

$$M'_{c2} = \frac{I'_c}{n'_\varphi I_t} M_1 = \frac{1.347 \times 10^{-3}}{20.6 \times 2.290 \times 10^{-2}} \times 237.1 = 0.7(kN \cdot m)$$

其中：

$$M_1 = -dN_{c2} + d'N'_{c2} = -0.534 \times 4.8 + 0.533 \times 449.4 = 237.1(kN \cdot m)$$

钢梁：

$$N_{s2} = -(N_{c2} + N'_{c2}) = -(4.8 + 449.4) = -454.2(kN)$$

$$M_{s2} = \frac{I_s}{I_t} M_1 = \frac{0.0228}{2.290 \times 10^{-2}} \times 237.1 = 236.1(kN \cdot m)$$

由二期混凝土收缩内力引起的预弯组合梁跨中截面各控制点的应力如下：

钢梁上、下缘应力：

$$\sigma_{sU8} = \frac{N_{s2}}{A_s} + \frac{M_{s2}}{I_s} y_{sU} = \left[\frac{-454.2}{0.09072} + \frac{236.1}{0.0228} \times (-0.6)\right] \times 10^{-3} = -11.22(MPa)$$

$$\sigma_{sL8} = \frac{N_{s2}}{A_s} + \frac{M_{s2}}{I_s} y_{sL} = \left(\frac{-454.2}{0.09072} + \frac{236.1}{0.0228} \times 0.6\right) \times 10^{-3} = 1.21(MPa)$$

一期混凝土的上、下缘应力：

$$\sigma_{cU8} = \frac{N_{c2}}{A_c} + \frac{M_{c2}}{I_c} y_{cU} = \left[\frac{4.8}{0.1655} + \frac{0.4}{7.279 \times 10^{-4}} \times (-0.104)\right] \times 10^{-3} = -0.03(MPa)$$

$$\sigma_{cL8} = \frac{N_{c2}}{A_c} + \frac{M_{c2}}{I_c} y_{cL} = \left(\frac{4.8}{0.1655} + \frac{0.4}{7.279 \times 10^{-4}} \times 0.116\right) \times 10^{-3} = 0.10(MPa)$$

二期混凝土的上、下缘应力：

$$\sigma'_{cU8} = \frac{N'_{c2}}{A'_c} + \frac{M'_{c2}}{I'_c} y'_{cU} = \left[\frac{449.4}{0.3018} + \frac{0.7}{1.347 \times 10^{-3}} \times (-0.117)\right] \times 10^{-3} = 1.43(MPa)$$

$$\sigma'_{cL8} = \frac{N'_{c2}}{A'_c} + \frac{M'_{c2}}{I'_c} y'_{cL} = \left(\frac{449.4}{0.3018} + \frac{0.7}{1.347 \times 10^{-3}} \times 0.109\right) \times 10^{-3} = 1.54(MPa)$$

式中：A'_c，I'_c——二期混凝土截面面积及二期混凝土对自身形心的截面惯性矩；

y'_{cU}，y'_{cL}——二期混凝土截面形心到二期混凝土上、下表面的距离。

三、计算步骤9：二期混凝土的徐变作用

取二期混凝土徐变系数 $\varphi'_t = 2.0$，$\alpha_1 = \dfrac{A_1 I_1}{A_2 I_2}$。

在二期混凝土产生徐变以前（$t = 0$ 时），作用在预弯组合梁二期混凝土上的轴力 N'_{co} 和弯矩 M'_{co} 分别为：

$$N'_{co} = \frac{A'_c d'_{c2}}{n_2 I_2} M_{d3}, \quad M'_{co} = \frac{I'_c}{n_2 I_2} M_{d3}$$

由二期混凝土徐变引起的截面内力为：

二期混凝土内力：

$$N'_{ct2} = N'_{co}(1 - e^{-\alpha_1 \varphi'_t})$$

$$M'_{ct2} = -\left[M'_{co}(1 - e^{-\varphi'_t}) - \frac{N'_{co}(d'_{c2} + d_{s2} + d_{s1})I'_c}{n_2 I_1} \times \frac{\alpha_1}{1 - \alpha_1}(e^{-\alpha_1 \varphi'_t} - e^{-\varphi'_t}) \right]$$

预弯梁内力：

$$N_{st2} = -N'_{ct2}$$

$$M_{st2} = -M'_{ct2} + N'_{ct2}(d'_{c2} + d_{s2} + d_{s1})$$

代入已知的数值，求出：

$$N'_{co} = -423.3\text{kN} \qquad M'_{co} = 3.9\text{kN} \cdot \text{m}$$

$$N'_{ct2} = 264.7\text{kN} \qquad M'_{ct2} = -3.0\text{kN} \cdot \text{m}$$

$$N_{st2} = -264.7\text{kN} \qquad M_{st2} = 177.2\text{kN} \cdot \text{m}$$

由二期混凝土徐变内力引起的预弯组合梁跨中截面各点应力如下：

钢梁的上、下缘应力：

$$\sigma_{sU9} = \frac{N_{st2}}{A_1} + \frac{M_{st2}}{I_1}y_{sU1} = \left[\frac{-264.7}{0.1184} + \frac{177.2}{2.897 \times 10^{-2}} \times (-0.725)\right] \times 10^{-3} = -6.67 \text{ (MPa)}$$

$$\sigma_{sL9} = \frac{N_{st2}}{A_1} + \frac{M_{st2}}{I_1}y_{sL1} = \left(\frac{-264.7}{0.1184} + \frac{177.2}{2.897 \times 10^{-2}} \times 0.475\right) \times 10^{-3} = 0.67 \text{ (MPa)}$$

一期混凝土的上、下缘应力：

$$\sigma_{cU9} = \frac{N_{st2}}{n_1 A_1} + \frac{M_{st2}}{n_1 I_1}y_{cU1} = \left(\frac{-264.7}{5.971 \times 0.1184} + \frac{177.2}{5.971 \times 2.897 \times 10^{-2}} \times 0.305\right) \times 10^{-3}$$
$$= -0.06 \text{ (MPa)}$$

$$\sigma_{cL9} = \frac{N_{st2}}{n_1 A_1} + \frac{M_{st2}}{n_1 I_1}y_{cL1} = \left(\frac{-264.7}{5.971 \times 0.1184} + \frac{177.2}{5.971 \times 2.897 \times 10^{-2}} \times 0.525\right) \times 10^{-3}$$
$$= 0.16 \text{ (MPa)}$$

二期混凝土的上、下缘应力：

$$\sigma'_{cU9} = \frac{N'_{ct2}}{A'_c} + \frac{M'_{ct2}}{I'_c}y'_{cU} = \left[\frac{264.7}{0.3018} + \frac{-3.0}{1.347 \times 10^{-3}} \times (-0.117)\right] \times 10^{-3} = 1.13 \text{ (MPa)}$$

$$\sigma'_{cL9} = \frac{N'_{ct2}}{A'_c} + \frac{M'_{ct2}}{I'_c}y'_{cL} = \left(\frac{264.7}{0.3018} + \frac{-3.0}{1.347 \times 10^{-3}} \times 0.109\right) \times 10^{-3} = 0.64 \ (\text{MPa})$$

四、计算步骤10:一期混凝土后期徐变作用($t = t_1 \rightarrow \infty$)

全部自重作用下,一期混凝土的压应力减小,但其徐变继续发生。由一期混凝土后期徐变引起的跨中截面内力按下列方法计算。

取 $\varphi_\infty = 2.0, \alpha_2 = \dfrac{A_3 I_3}{A_2 I_2}$

$$N_{c3} = N_{co} - N_{ct1} - N_{c1} - N_{c2} - \frac{A_c d_{c1}}{n_1 I_1}M_{d2} - \frac{A_c d_{c2}}{n_1 I_2}M_{d3} - \frac{A_c}{n_1 A_1}N_{st2} - \frac{A_c d_{c1}}{n_1 I_1}M_{st2}$$

$$M_{c3} = M_{co} - M_{ct1} - M_{c1} - M_{c2} - \frac{I_c}{n_1 I_1}M_{d2} - \frac{I_c}{n_1 I_2}M_{d3} - \frac{I_c}{n_1 I_1}M_{st2}$$

$$N_{ct3} = N_{c3}\left[1 - e^{-a_2(\varphi_\infty - \varphi_t)}\right]$$

$$M_{ct3} = M_{c3}\left[1 - e^{-(\varphi_\infty - \varphi_t)}\right] - \frac{N_{c3}(d_{s3} + d)I_c}{n_1 I_3} \cdot \frac{\alpha_2}{1 - \alpha_2}\left[e^{-\alpha_2(\varphi_\infty - \varphi_t)} - e^{-(\varphi_\infty - \varphi_t)}\right]$$

$$N_{st3} = -N_{ct3}$$

$$M_{st3} = -\left[M_{ct3} + (d_{s3} + d)N_{ct3}\right]$$

代入已知数值:

$$N_{c3} = -432.2\text{kN} \qquad M_{c3} = -5.9 \ \text{kN} \cdot \text{m}$$

$$N_{ct3} = 257.8\text{kN} \qquad M_{ct3} = 4.3 \ \text{kN} \cdot \text{m}$$

$$N_{st3} = -257.8\text{kN} \qquad M_{st3} = -186.8 \ \text{kN} \cdot \text{m}$$

由一期混凝土后期徐变引起的跨中截面上各点应力如下:

钢梁的上、下缘应力:

$$\sigma_{sU10} = \frac{N_{st3}}{A_3} + \frac{M_{st3}}{I_3}y_{sU3} = \left[\frac{-257.8}{0.1347} + \frac{-186.8}{3.142 \times 10^{-2}} \times (-0.426)\right] \times 10^{-3} = 0.62 \ (\text{MPa})$$

$$\sigma_{sL10} = \frac{N_{st3}}{A_3} + \frac{M_{st3}}{I_3}y_{sL3} = \left(\frac{-257.8}{0.1347} + \frac{-186.8}{3.142 \times 10^{-2}} \times 0.774\right) \times 10^{-3} = -6.52 \ (\text{MPa})$$

一期混凝土上、下缘应力:

$$\sigma_{cU10} = \frac{N_{ct3}}{A_c} + \frac{M_{ct3}}{I_c}y_{cU} = \left[\frac{257.8}{0.1655} + \frac{4.3}{7.279 \times 10^{-4}} \times (-0.104)\right] \times 10^{-3} = 0.95 \ (\text{MPa})$$

$$\sigma_{cL10} = \frac{N_{ct3}}{A_c} + \frac{M_{ct3}}{I_c}y_{cL} = \left(\frac{257.8}{0.1655} + \frac{4.3}{7.279 \times 10^{-4}} \times 0.116\right) \times 10^{-3} = 2.24 \ (\text{MPa})$$

二期混凝土上、下缘应力:

$$\sigma'_{cU10} = \frac{N_{st3}}{A_3 n_2} + \frac{M_{st3}}{I_3 n_2}y'_{cU3} = \left[\frac{-257.8}{0.1347 \times 6.867} + \frac{-186.8}{3.142 \times 10^{-2} \times 6.867} \times (-0.476)\right] \times 10^{-3}$$

$$= 0.13 \ (\text{MPa})$$

$$\sigma'_{cL10} = \frac{N_{st3}}{A_3 n_2} + \frac{M_{st3}}{I_3 n_2}y'_{cL3} = \left[\frac{-257.3}{0.1347 \times 6.867} + \frac{-186.8}{3.142 \times 10^{-2} \times 6.867} \times (-0.250)\right] \times 10^{-3}$$

$$= -0.06 \ (\text{MPa})$$

式中:y_{sU3},y_{sL3}——不计一期混凝土预弯组合梁截面形心到钢梁上、下翼缘的距离;

y'_{cU3},y'_{cL3}——不计一期混凝土预弯组合梁截面形心到二期混凝土上、下表面的距离。

五、计算步骤 11:活荷载作用

在预弯组合梁成桥使用阶段,由设计资料可知该片梁上作用的最大活载弯矩为 $M_{max} = M_q = 2167.4 \text{ kN} \cdot \text{m}$(已计入冲击效应)。在全部自重作用下,一期混凝土下缘的累加应力为:

$$\sigma_p = \sigma_{cL2} + \sigma_{cL3} + \cdots + \sigma_{cL10} = -1.32 \text{ MPa} \quad (压应力)$$

与此相应的跨中截面一期混凝土下缘的消压弯矩和开裂弯矩可按下列方法计算:

$$M_o = \frac{-\sigma_p I_2}{y_{cL2}} n_1 = \frac{-(-1.32) \times 4.307 \times 10^{-2}}{0.703} \times 5.971 \times 10^3 = 482.9 \text{ (kN} \cdot \text{m)}$$

$$M_{cr} = \frac{f_{tk} I_2}{y_{cL2}} n_1 = \frac{2.65 \times 4.307 \times 10^{-2}}{0.703} \times 5.971 \times 10^3 = 969.4 \text{ (kN} \cdot \text{m)}$$

由汽车荷载频遇值引起的跨中弯矩:

由于 $M_{max} = M_q = 2167.4 \text{kN} \cdot \text{m} > M_0 + M_{cr} = 1452.3 \text{kN} \cdot \text{m}$,所以一期混凝土在正常使用阶段的活载标准值作用下会开裂,而且一期混凝土开裂将会影响到正常使用阶段的应力计算结果。开裂后的等效截面惯性矩为:

$$I_e = \left(\frac{M_{cr}}{M_{max} - M_o}\right)^2 I_2 + \left[1 - \left(\frac{M_{cr}}{M_{max} - M_o}\right)^2\right] I_3$$

$$= \left(\frac{969.4}{2167.4 - 482.9}\right)^2 \times 4.307 \times 10^{-2} + \left[1 - \left(\frac{969.4}{2167.4 - 482.9}\right)^2\right] \times 3.142 \times 10^{-2}$$

$$= 3.527 \times 10^{-2} \text{ (m}^4\text{)}$$

按式(8-3-38)分别计算 y_{esL}、y_{esU} 和 y'_{ecU},得:

$$y_{esL} = 0.727 \text{m}, y_{esU} = -0.473 \text{m}, y'_{ecU} = -0.523 \text{ m}$$

由此,可计算得到该梁跨中截面开裂情况下的控制点的活载应力为:

钢梁上、下缘应力:

$$\sigma_{sU11} = \frac{M_o + M_{cr}}{I_2} y_{sU2} + \frac{M_q - M_o - M_{cr}}{I_e} y_{esU}$$

$$- \left[\frac{1452.3}{4.307 \times 10^{-2}} \times (-0.547) + \frac{2167.4 - 1452.3}{3.527 \times 10^{-2}} \times (-0.473)\right] \times 10^{-3}$$

$$= -28.02 \text{ (MPa)}$$

$$\sigma_{sL11} = \frac{M_o + M_{cr}}{I_2} y_{sL2} + \frac{(M_q - M_o - M_{cr})}{I_e} y_{esL}$$

$$= \left(\frac{1452.3}{4.307 \times 10^{-2}} \times 0.653 + \frac{2167.4 - 1452.3}{3.527 \times 10^{-2}} \times 0.727\right) \times 10^{-3} = 36.78 \text{ (MPa)}$$

二期混凝土上缘应力

$$\sigma'_{cU11} = \frac{M_o + M_{cr}}{n_2 I_2} y'_{cU2} + \frac{(M_q - M_o - M_{cr})}{n_2 I_e} y'_{ecU}$$

$$= \left[\frac{1452.3}{6.867 \times 4.307 \times 10^{-2}} \times (-0.597) + \frac{2167.4 - 1452.3}{6.867 \times 3.527 \times 10^{-2}} \times (-0.523)\right] \times 10^{-3}$$

$$= -4.47 \text{ (MPa)}$$

式中:y_{esU},y_{esL},y'_{ecU}——预弯组合梁折算截面形心到钢梁上、下缘的距离及到二期混凝土上边缘的距离。

六、应力组合与应力验算

预弯组合梁跨中截面上三个控制点的应力,均需满足《技术标准》:中相关应力的控制要求:

$$\sigma_{sU} = \sum_{i=1}^{10} \sigma_{sUi} + \sigma_{sU11} = -187.89(\mathrm{MPa}) < 0.7f_y = 234.50(\mathrm{MPa}) \quad (压)$$

$$\sigma_{sL} = \sum_{i=1}^{10} \sigma_{sLi} + \sigma_{sL11} = 193.88(\mathrm{MPa}) < 0.7f_y = 234.50(\mathrm{MPa}) \quad (拉)$$

$$\sigma'_{cU} = \sum_{i=1}^{10} \sigma'_{cUi} + \sigma'_{cU11} = -3.52(\mathrm{MPa}) \leqslant 0.6f_{ck} = 0.6 \times 20.1 = 12.06(\mathrm{MPa}) \quad (以压为负)$$

计算结果表明,在最不利活载作用下,考虑一、二期混凝土的收缩、徐变作用,该片预弯组合梁的跨中截面将处于开裂状态,但其跨中截面各控制点的应力均可以满足第七章第一节中的相关要求,应力验算通过。

第四节　变形计算与验算

参照第八章第四节中的11个变形计算步骤,进行钢梁、预弯梁、预弯组合梁、成桥状态及活载作用下跨中截面的变形计算,并按《技术标准》中的要求对该桥主梁的刚度进行检验。

一、钢梁预拱度计算

钢梁设计预拱度按下式计算,

$$f_o = -\left(\frac{11P_oL^3}{384E_sI_s} + \frac{5q_sL^4}{384E_sI_s}\right)$$

$$= -\left(\frac{11 \times 790.7 \times 40.8^3}{384 \times 2.06 \times 10^5 \times 0.0228} + \frac{5 \times 7.1215 \times 40.8^4}{384 \times 2.06 \times 10^5 \times 0.0228}\right) \times 10^{-3} = -0.382(\mathrm{m})$$

式中:P_o——设计预弯力;

E_s——钢材的弹性模量;

L——梁的计算跨径;

I_s——钢梁的惯性矩。

用于钢梁加工时的预拱度可在设计预拱度 P_o 的基础乘以残余变形系数 $k = 1.06$。

二、预弯梁及预弯组合梁各阶段变形计算

预弯梁及预弯组合梁桥各受力阶段的变形计算如下:

1.设计预弯力作用下梁的挠度 f_1

$$f_1 = -f_o = 0.382\mathrm{m}$$

2. 一期混凝土自重产生的挠度 f_2

$$f_2 = \frac{5M_{d1}L^2}{48E_sI_1} = \frac{5 \times 861.1 \times 40.8^2}{48 \times 2.06 \times 10^5 \times 2.897 \times 10^{-2}} \times 10^{-3} = 0.025 \text{ (m)}$$

式中:M_{d1}——一期混凝土自重引起的跨中弯矩。

3. 卸除预弯力 P_o 时预弯梁回弹拱度 f_3

$$f_3 = -\frac{11P_oL^3}{384E_sI_1} = -\frac{11 \times 790.7 \times 40.8^3}{384 \times 2.06 \times 10^5 \times 2.897 \times 10^{-2}} \times 10^{-3} = -0.258 \text{ (m)}$$

释放预弯力后,等截面简支预弯梁的跨中剩余拱度值为:

$$f_3' = f_0 + f_1 + f_2 + f_3 = -0.238 \text{(m)}$$

$$0.238\text{m} > 0.55f_0 = 0.55 \times 0.395 = 0.217\text{(m)}$$

满足《技术标准》第5.3.3条的要求。

4. 一期混凝土初期徐变产生的上拱度 f_4

$$f_4 = \frac{5M_{st1}L^2}{48E_sI_s} = \frac{5 \times (-401.9) \times 40.8^2}{48 \times 2.06 \times 10^5 \times 0.0228} \times 10^{-3} = -0.015 \text{ (m)}$$

5. 一期混凝土干缩产生的拱度 f_5

$$f_5 = \frac{5M_{s1}L^2}{48E_sI_s} = \frac{5 \times (-166.7) \times 40.8^2}{48 \times 2.06 \times 10^5 \times 0.0228} \times 10^{-3} = -0.006 \text{ (m)}$$

6. 二期混凝土自重产生的挠度 f_6(忽略模板重量)

$$f_6' = \frac{5M_{d2}L^2}{48E_sI_1} = \frac{5 \times 2560.4 \times 40.8^2}{48 \times 2.06 \times 10^5 \times 2.897 \times 10^{-2}} \times 10^{-3} = 0.074\text{(m)}$$

$$f_6 = f_6' = 0.074 \text{ (m)}$$

7. 二期恒载产生的挠度 f_7

$$f_7 = \frac{5M_{d3}L^2}{48E_sI_2} = \frac{5 \times 863.7 \times 40.8^2}{48 \times 2.06 \times 10^5 \times 4.307 \times 10^{-2}} \times 10^{-3} = 0.017 \text{ (m)}$$

式中:M_{d3}——二期恒载产生的跨中弯矩。

8. 二期混凝土干缩产生的挠度 f_8

$$f_8 = \frac{5M_{s2}L^2}{48E_sI_s} = \frac{5 \times 236.1 \times 40.8^2}{48 \times 2.06 \times 10^5 \times 0.0228} \times 10^{-3} = 0.009 \text{ (m)}$$

9. 二期混凝土徐为产生的挠度 f_9

$$f_9 = \frac{5M_{st2}L^2}{48E_sI_1} = \frac{5 \times 177.2 \times 40.8^2}{48 \times 2.06 \times 10^5 \times 2.897 \times 10^{-2}} \times 10^{-3} = 0.005 \text{ (m)}$$

10. 一期混凝土徐变结束时的挠度 f_{10}

$$f_{10} = \frac{5M_{st3}L^2}{48E_sI_3} = \frac{5 \times (-186.8) \times 40.8^2}{48 \times 2.06 \times 10^5 \times 3.142 \times 10^{-2}} \times 10^{-3} = -0.005 \text{ (m)}$$

三、预弯组合梁桥的变形控制

1. 长期恒载作用下预弯组合梁的最终拱度

$$f_{g} = \sum_{i=0}^{10} f_i = -0.154 \text{m}$$

2. 活载作用下梁的挠度 f_q

在正常使用极限状态下,计算活载作用下梁的挠度 f_q 时应采用活载作用频遇值 M_{fd},计算中应扣除已包含在活载弯矩中的冲击系数 $1 + \mu = 1.027$。

$$M_{fd} = 0.7 \times \frac{M_q}{1+\mu} = 0.7 \times \frac{2167.4}{1.027} = 1477.3 (\text{kN} \cdot \text{m})$$

$$M_o + M_{cr} = 482.9 + 969.4 = 1452.3 (\text{kN} \cdot \text{m})$$

$$M_{fd} > M_o + M_{cr}$$

不计冲击作用的活载弯矩频遇值产生的挠度应按下式计算:

$$f_q = \frac{5l^2}{48E_s} \left(\frac{M_o + M_{cr}}{I_2} + \frac{M_{fd} - M_o - M_{cr}}{I_e} \right)$$

$$= \frac{5 \times 40.8^2}{48 \times 2.06 \times 10^5} \times \left(\frac{1452.3}{4.307 \times 10^{-2}} + \frac{1477.3 - 1452.3}{3.554 \times 10^{-2}} \right) \times 10^{-3} = 0.029 (\text{m})$$

式中:M_o——截面消压弯矩;

M_{cr}——截面开裂弯矩;

I_e——折算截面惯性矩。

根据前面的计算结果,截面消压弯矩 $M_o = 482.9 \text{kN} \cdot \text{m}$,截面开裂弯矩 $M_{cr} = 969.4 \text{kN} \cdot \text{m}$;计算中取折算截面惯性矩为 $I_e = 3.554 \times 10^{-2} \text{m}^4$。变形验算结果为,

$$f_q = 0.029 (\text{m}) < [f] = \frac{L}{600} = \frac{40.8}{600} = 0.068 (\text{m})$$

该主梁跨中截面的变形可以满足《技术标准》中 $L/600$ 的变形控制条件,即该梁的刚度符合要求。

第五节　抗裂性及裂缝宽度验算

在正常使用极限状态下,主梁一期混凝土需进行抗裂性验算。若一期混凝土开裂,尚应进行裂缝宽度验算。抗裂性计算应采用活载频遇值组合。

一、抗裂性验算

一期混凝土消压弯矩:

$$M_o = -\frac{n_1 \sigma_p I_2}{y_{cL2}} = -\frac{5.971 \times (-1.32) \times 10^3 \times 4.307 \times 10^{-2}}{0.703} = 482.9 (\text{kN} \cdot \text{m})$$

一期混凝土抗裂弯矩：

$$M_{cr} = \frac{n_1 f_{tk} I_2}{y_{cL2}} = \frac{5.971 \times 2.65 \times 10^3 \times 4.307 \times 10^{-2}}{0.703} = 969.4(\text{kN} \cdot \text{m})$$

因此，该梁跨中截面一期混凝土下缘的开裂弯矩可按下式计算：

$$M_f = M_0 + M_{cr} = 482.9 + 969.4 = 1452.3(\text{kN} \cdot \text{m})$$

由汽车荷载频遇值引起的跨中弯矩：

$$M_{fd} = 0.7 \times \frac{M_Q}{1+\mu} = 0.7 \times \frac{2167.4}{1.027} = 1477.3(\text{kN} \cdot \text{m})$$

由于 $M_{fd} = 1477.3\text{kN} \cdot \text{m} > M_0 + M_{cr} = 1452.3\text{kN} \cdot \text{m}$，所以一期混凝土下缘在正常使用阶段会开裂。

二、裂缝宽度验算

1. 计算长期影响系数 C

作用频遇组合弯矩 M_S 按下式计算，

$$M_S = M_{d1} + M_{d2} + M_{d3} + M_{fd}$$
$$= 861.1 + 2560.4 + 863.7 + \frac{0.7 \times 2167.4}{1.027} = 5762.5(\text{kN} \cdot \text{m})$$

作用准永久组合弯矩 M_L 按下式计算：

$$M_L = M_{d1} + M_{d2} + M_{d3} + M_{qd}$$
$$= 861.1 + 2560.4 + 863.7 + \frac{0.4 \times 2167.4}{1.027} = 5129.4(\text{kN} \cdot \text{m})$$

上述弯矩组合计算中，钢梁自重弯矩 M_{ds} 与预弯力 P 有耦合作用，且其作用发生在一期混凝土结硬之前，故不产生一期混凝土的拉应力。长期效应影响系数 C 为：

$$C = 1 + 0.5 \times \frac{M_L}{M_S} = 1 + 0.5 \times \frac{5129.4}{5762.5} = 1.445$$

2. 以弯矩比例系数 K 为统计参数估算裂缝宽度

计算比例系数 K：

$$M_u = 1.27 M_{ud} = 1.27 \times 13145.2 = 16694.4(\text{kN} \cdot \text{m})$$

计算中极限抗弯承载力设计值 $M_{ud} = 13145.2\text{kN} \cdot \text{m}$ 的计算结果见第九章第六节。根据前面计算应有：

$$K = \frac{M_L}{M_U} = \frac{5129.4}{16694.4} = 0.307$$

因此，在作用准永久组合下，一期混凝土下边缘的最大裂缝宽度：

$$\delta_{fmax} = C(0.4703K - 0.0285) = 1.445 \times (0.4703 \times 0.307 - 0.0285) = 0.167(\text{mm})$$

3. 以钢梁下缘应力 σ_{sl} 为统计参数估算裂缝宽度

由本章第三节的计算结果可知，钢梁下翼缘的应力 $\sigma_{sl} = 193.88\text{MPa}$，故有：

$$\delta_{fmax} = (0.0011\sigma_{sl} - 0.0825) = (0.0011 \times 193.88 - 0.0825) = 0.131(\text{mm})$$

按第八章第六节给出的上述两种方法计算得到的一期混凝土下缘最大裂缝宽度均小于裂

缝宽度容许值 0.25mm，即裂缝宽度满足限值要求。其误差来源主要是长期效应影响系数 C 值。

计算表明，上述由两种裂缝宽度经验公式求出的裂缝宽度值是比较接近的，因反应的组合不同，具有一定的差异，但均可作为参考。

第六节　截面承载力计算

在承载能力极限状态下，预弯组合的截面承载包括抗弯承载力和抗剪承载力两部分，应分别予以验算。

一、抗弯承载力

预弯组合梁的截面抗弯承载力计算时，首先应判断中性轴的位置 x，并根据中性轴位置采用不同的计算方法确定截面抗弯承载力 M_{ud}。

1. 确定中性轴位置

中性轴可能在混凝土上翼板内，也可能在组合梁的腹板内。先假设中性轴位于上翼缘内：

$$x = \frac{(h_s + 2c)t_w + \Delta b_s t}{b'f_{cd} + 2.5t_w f_d}f_d = \frac{(1.2 + 2 \times 0.05) \times 0.03 + 0}{1.48 \times 13.8 + 2.5 \times 0.03 \times 270} \times 270$$
$$= 0.259(m) > h'_i = 0.226(m)$$

由此可知中性轴 x 在混凝土腹板内：

$$x = \frac{(h_s + 2c)t_w f_d + \Delta b_s t f_d - (b'_i - b)h'_i f_{cd}}{bf_{cd} + 2.5t_w f_d}$$
$$= \frac{(1.2 + 2 \times 0.05) \times 0.03 \times 270 - (1.48 - 0.2) \times 0.226 \times 13.8}{0.2 \times 13.8 + 2.5 \times 0.03 \times 270}$$
$$= 0.284(m) > h'_i = 0.226(m)$$

为避免在承载能力极限状态下二期混凝土上缘先被压碎，应检验下述条件：

$$x = 0.284m < \xi_{bs}(h_s + c) = 0.57 \times (1.2 + 0.05) = 0.713(m)$$

式中，根据 Q345 钢材取用 $\xi_{bs} = 0.57$。

2. 计算预弯梁跨中截面抗弯承载力设计值

$$h_u = h_s - \frac{2x}{0.8} + 2c = 1.2 - \frac{2 \times 0.284}{0.8} + 2 \times 0.05 = 0.590(m)$$

$$M_{ud} = tf_d b_{sU}\left(\frac{x}{0.8} - c - \frac{t}{2}\right) + tf_d(b_{sU} + \Delta b_s)\left(h_s - \frac{x}{0.8} + c - \frac{t}{2}\right) +$$
$$t_w f_d h_u\left(\frac{h_u}{2} + \frac{x}{0.8} - c - t\right) + \frac{2}{3}t_w f_d\left(\frac{x}{0.8} - c - t\right)^2 +$$
$$f_{cd}(b'_i - b)h'_i\left(\frac{x}{0.8} - \frac{h'_i}{2}\right) + f_{cd}bx\left(\frac{x}{0.8} - \frac{x}{2}\right)$$
$$= \left[38 \times 270 \times 750 \times \left(\frac{284}{0.8} - 50 - \frac{38}{2}\right) + 38 \times 270 \times 750 \times \left(1200 - \frac{284}{0.8} + 50 - \frac{38}{2}\right) +\right.$$

$$30 \times 270 \times 590 \times \left(\frac{590}{2} + \frac{284}{0.8} - 50 - 38\right) + \frac{2}{3} \times 30 \times 270 \times \left(\frac{284}{0.8} - 50 - 38\right)^2 +$$

$$1280 \times 13.8 \times 226 \times \left(\frac{284}{0.8} - \frac{226}{2}\right) + 13.8 \times 200 \times 284 \times \left(\frac{284}{0.8} - \frac{284}{2}\right) \right] \times 10^{-6}$$

$$= 2202.1 + 6739.5 + 2684.3 + 385.4 + 966.8 + 167.1$$

$$= 13145.2(\text{kN} \cdot \text{m}) > \gamma_0 M_d = 1.1 \times 9863.9 = 10850.3(\text{kN} \cdot \text{m})$$

由上述抗弯承载力的计算结果可知,由二期混凝土提供的后两项设计抗力为 1133.9 kN·m,仅占截面抗弯承载力设计值的 8.63%,这也说明预弯组合梁的截面抗弯承载力主要由钢梁提供。

二、抗剪承载力

根据第七章第二节第三条所列的计算方法估算并验算支点截面抗剪承载力。假定支点附近截面的全部剪力设计值均由预弯钢梁的腹板承担。由设计资料可知,该梁承担的最大剪力设计值为 V_d 且大于 $1.3P_o$,其中 1.3 为预弯力 P_o 在施工阶段的安全系数,即:

$$V_d = 1080.4\text{kN} > 1.3P_o = 1.3 \times 790.7 = 1027.9(\text{kN})$$

截面钢腹板的抗剪承载力为:

$$V_{ud} \approx f_{vd}h_w t_w = 155 \times 30 \times 1124 \times 10^{-3} = 5226.6(\text{kN})$$

$$\gamma_0 V_d = 1.1 \times 1080.4 = 1188.4(\text{kN}) \leqslant V_{ud} = 5226.6(\text{kN})$$

因此,可以认为该预弯组合梁桥主梁的截面抗剪承载力满足要求,且有较大的抗剪安全余地。

计算结果表明,本章算例中给出的预弯组合梁桥的主梁断面尺寸及所选材料,可以承受给定的设计活载。其应力、挠度、裂缝宽度、截面抗弯及抗剪承载力均可满足第七章第一节,即《技术标准》(CJJ/T 276—2018)中相应的各项控制条件。

PART 3 | 第三部分
钢管混凝土拱桥结构

第 十 章

钢管混凝土结构及材料

第一节　钢管混凝土结构的发展
及其在桥梁工程中的应用

一、发展概况

钢管混凝土结构最早出现于 19 世纪 80 年代,它是在劲性钢筋混凝土结构、螺旋配筋混凝土结构以及钢管结构的基础上演变和发展起来的。

1879 年英国赛文(Severn)铁路桥中曾采用了钢管桥墩,为防止钢管内锈蚀并增加抗压能力,在钢管内灌注了混凝土。在建筑结构上,早期出于钢结构的防火要求,在钢梁和钢柱外面包上了混凝土形成组合梁、柱。不过当时并不考虑混凝土参与受力,参见图 10-1-1。到 1948 年,在英国结构规范中仅允许考虑外包混凝土对截面刚度的增大作用,在截面的回转半径的计算中包括了混凝土的影响,但在面积及抗力计算中仍不考虑混凝土的作用。上述外包混凝土柱均应属于劲性配筋混凝土结构的范畴。为了进一步提高柱子的承载力,还在

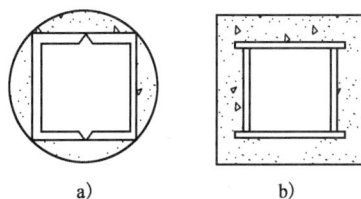

图 10-1-1　早期的钢管混凝土墩柱截面

外包混凝土中加配了钢筋。在对这类结构的设计、计算时都沿用钢筋混凝土结构的计算方法。

在钢管结构得到应用以后，不久就出现了在钢管中填充混凝土用作受压构件的钢管混凝土结构。当时的钢管有方形钢管和圆形钢管，其力学性能要比外包混凝土柱优越得多，同时比纯钢结构也要好得多。钢管混凝土结构纳入各国的设计规范是 20 世纪 60 年代以后的事情。例如美国 ACI 318—65 中开始列入钢管混凝土柱的计算方法；日本建筑学会在 1967 年制订了《钢管混凝土构件设计规范》；英国 BS5400(1979)及德国 DIN18806 等规范也先后纳入了钢管混凝土结构的计算方法。除日本 AIJ 规范对钢管混凝土柱的设计中仍采用容许应力法外，其他各国的相关规范均采用了极限状态设计方法。

我国从 1963 年开始钢管混凝土结构的研究工作。最早开展这方面研究的单位有：原建筑材料研究院(现苏州混凝土与水泥制品研究院)、北京地下铁道工程局、原哈尔滨建筑工程学院、冶金建筑科学研究院、电力研究所和建筑科学研究院等单位。1979 年钢管混凝土结构第一次列入国家科学发展规划，并由原哈尔滨建筑工程学院 钟善桐 教授主持这项研究工作。1986 年在中国钢结构协会的支持下，组建了钢—混凝土组合结构协会。经过近十年的工作，我国在钢管混凝土结构的研究方面，特别在构件的性能和理论研究方面已达到了国际领先水平。

我国钢管混凝土结构的早期开发、应用主要在工业与民用建筑及地铁工程中，且主要以钢管中内填素混凝土的圆形钢管混凝土结构为主。1995 年建成的福建省厦门金源大厦和阜康大厦近百米高，开启了我国在高层建筑中采用钢管混凝土结构的先河。截至 20 世纪 90 年代中期，我国已先后由建材总局、能源部和建设部分别颁布了各自有关钢管混凝土结构的设计规程或标准。由于钢管混凝土结构规范和标准的制定，使得我国钢管混凝土结构的工程实践有了很大的发展。

纵观早期的国家建筑材料工业局标准《钢管混凝土结构设计与施工规程》(JCJ 01—1989)、中国工程建设标准化协会标准《钢管混凝土结构设计与施工规程》(CECS 28:90)以及电力部行业标准《钢—混凝土组合结构设计规程》(DL/T 5085—1999)中的设计方法，不难看出各家标准或规程基于的理论体系相差较大，它们分别以 钟善桐 、 蒋家奋 和 蔡绍怀 三位先生的研究工作为基础。尽管不同的设计规程或规范的理论基础有所差异，计算公式、计算方法亦不同，但对于基本构件而言，计算结果还是非常接近的。2014 年颁布的国标《钢管混凝土结构技术规范》(GB 50936—2014)是以已故的 钟善桐 教授的统一理论为基础建立的。

二、钢管混凝土结构在桥梁工程中的应用

钢管混凝土结构充分发挥了混凝土的抗压能力及钢材的抗压、抗拉能力，主要用于承受轴向压力的构件。早期钢管混凝土结构多用于桥梁工程的基础工程之中。随着对钢管混凝土构件工作性能的深入研究以及计算机技术的不断发展，自 20 世纪 80 年代末，钢管混凝土开始用于拱桥结构。我们知道拱桥的拱圈是以承受轴向压力为主的构件，这恰好充分利用了钢管混凝土结构的优点。由于钢管混凝土结构的重量相对较轻，加之拱桥的转体施工技术，使得拱桥的跨径大幅度增加。此外，钢管混凝土柱也大量地用于桥梁下部结构，以使得桥梁结构更加秀丽美观。

钢管混凝土拱桥(Concrete Filled Steel Tubular Arch Bridge)简称CFST拱桥,其跨径一般在40~400m,矢跨比的范围为1/6~1/3。常用跨径为80~300m,常用矢跨比为1/5~1/4。我国第一座钢管混凝土拱桥(即四川旺苍东河大桥)始建于1990年10月,其跨径为115m,矢跨比为1/6。20世纪建成的钢管混凝土拱桥中,跨径最大的是广州丫髻沙大桥,其跨径已达360m,矢跨比为1/5,2000年建成。

我国在钢管混凝土拱桥的基础上同时发展了钢骨钢箱混凝土拱桥,又称为劲性骨架的钢管混凝土拱桥(Steel Reinforced Concrete Arch Bridge),简称SRC拱桥。这种桥的特点是在钢管混凝土拱的外面包裹混凝土,形成以钢管混凝土为劲性骨架的箱形拱圈断面。从而减轻了施工中的拱圈重量,增加了运营中拱圈的刚度和稳定性,并且大幅增加了拱桥的跨越能力。这种桥的跨径范围为100~420m,其矢跨比范围为1/9~1/4,常用矢跨比为1/6~1/5。

目前国内已建成的SRC拱桥最大跨径已达420m,即重庆万州长江大桥,见图10-1-2。该桥为上承式拱桥,矢跨比为1/5,1997年建成。该桥在当时世界拱桥类的跨径排名第四,而在国际SRC拱桥中排名第一。由于SRC拱桥在施工阶段仍为钢管混凝土结构,因此常把CFST拱桥和SRC拱桥统称为钢管混凝土拱桥。重庆巫山长江大桥位于长江三峡段的巫峡入口处,是一座中承式钢管混凝土拱桥。该桥2004年建成时也是国内外最大跨径的钢管混凝土拱桥,其主跨跨径达到492m,净跨径为460m,见图10-1-3。

图10-1-2 　 重庆万州长江大桥

图10-1-3 　 重庆巫山长江大桥

2013年6月建成通车的四川波司登大桥(合江长江一桥),其主跨采用518m钢管混凝土中承式拱桥,该桥的建成突破了钢管混凝土拱桥500m的跨径,目前仍保持着钢管混凝土拱桥的国内外跨径纪录,见图10-1-4。山区桥梁选型时,大跨径钢管混凝土拱桥在跨越能力和经济性方面具有强劲的竞争力。

近年来,随着高铁、城铁及城市道路建设,下承式钢管混凝土系杆拱桥受到青睐。该类拱桥为内部高次超静定、外部静定的结构体系,跨径范围为100~200m。主梁结构采用体内或体外预应力体系承担拉力和弯矩。由于下承式拱桥的结构高度小、纵坡小,特别适合用于平坦地区的中等跨径城市道路桥梁和轨道交通桥梁,见图10-1-5。

据有关文献的统计,截至1996年,我国已建单跨在100m以上的拱桥就有115座,其中钢管混凝土拱桥(大于100m)的就占36座。截至2001年,我国建成的钢管混凝土拱桥已超过200座,其中跨径100m以上者已有60余座。截至2005年的不完全统计,我国跨径大于200m的钢管混凝土拱桥就已经超过了33座。

图 10-1-4　四川波司登大桥(合江长江一桥)

图 10-1-5　下承式钢管混凝土系杆拱桥

尽管我国的钢管混凝土拱桥,尤其是公路、城市道路及高铁线路上的钢管混凝土拱桥的发展速度是很快的,但是早期的钢管混凝土拱桥的设计、施工并无相应的行业规范作依据。在结构设计和施工中只能参照前述相关建筑行业、电力行业的三本规范和交通行业相关的其他桥梁规范进行。

随着我国钢管混凝土拱桥的建设发展,桥梁工程界已积累了丰富的该类桥型的设计、施工经验。在进一步的理论研究和工程实践的基础上,2008 年由四川省交通厅公路规划勘察设计研究院编制出版了《公路钢管混凝土桥梁设计与施工指南》,这是我国交通行业的第一本针对该桥型的指南。此后,2013 年 11 月,住房与城乡建设部颁布了由福州大学主编的《钢管混凝土拱桥技术规范》(GB 50923—2013);2015 年 12 月,交通运输部发布了由四川省交通运输厅公路规划勘察设计研究院主编的行业推荐性标准《公路钢管混凝土拱桥设计规范》(JTG/T D65-06—2015)。相信这些指南、规范和标准的陆续颁布,将为钢管混凝土桥梁的设计、施工提供有力的技术支撑,毫无疑问这将进一步推动我国钢管混凝土拱桥的建设和发展。

鉴于各种不同的行业规范在材料强度取值及结构安全度方面存在着差异,本书中从钢管混凝土结构的基本原理出发,结合交通运输部现行《公路桥涵设计通用规范》(JTG D60—2015)、《公路钢筋混凝土及预应力混凝土桥涵设计规范》(JTG 3362—2018)以及住建部现行《混凝土结构设计规范》(GB 50010—2010)和《钢结构设计规范》(GB 50017—2003)中的相关内容及符号,以统一理论为基础,对钢管混凝土结构设计的基本原理和要点进行论述和讲解,旨在为读者学习和掌握钢管混凝十拱桥结构设计的基本理论和方法奠定基础。

第二节　钢管混凝土拱桥的桥型及断面

一、钢管混凝土拱圈的线形

钢管混凝土拱桥多为无铰拱,主拱圈采用钢管混凝土结构或劲性骨架。拱圈的线形常用圆弧线、抛物线和悬链线三种,后两者应用得多一些。

(1)圆弧线:线形简单,全拱曲率相同,便于施工。但与实际的恒载压力线偏离较大,特别是矢跨比较大时,在拱脚截面上偏离更大。因此在大跨径钢管混凝土拱桥中采用圆弧线的情况很少。

(2)抛物线:多采用二次抛物线形式,适用于恒载分布比较均匀的拱桥。但在大跨径拱桥中为使拱轴线尽量与恒载压力线吻合,也常采用3次或4次的高次抛物线。中、下承式拱桥采用抛物线形较多。

(3)悬链线:一般认为悬链线是实腹拱桥的合理拱轴线。而钢管混凝土拱桥常是空腹式拱桥,一般采用悬链线形使拱轴线与恒载压力线在拱顶、四分点及拱脚五个截面重合。计算亦表明采用悬链线拱轴对空腹拱拱圈的受力是有利的。因此悬链线是钢管混凝土拱桥采用最普遍的拱轴线形。

二、钢管混凝土拱桥的结构形式

根据车行道的位置,钢管混凝土拱桥的形式主要分为上承式、中承式、下承式及飞燕式四种情况,以下分别作一简介。

1. 上承式

在主拱圈上设置立柱(钢管混凝土柱),在立柱上设置桥面系承受桥面的车辆荷载。主拱圈的水平推力主要由基岩承担,立柱可采用钢管混凝土或钢筋混凝土结构。例如重庆万州长江大桥采用的是420m上承式劲性骨架的钢管混凝土拱桥(SRC),其桥式结构参见图10-2-1。

2. 中承式

在一部分拱圈段上设吊杆,吊杆下端设横梁;在另一部分拱圈上设立柱,在立柱上设盖梁。在横梁及盖梁上设桥面系承担桥面的车辆荷载。由于桥面系缩短了拱圈的自由长度,从而增加了拱圈的稳定性。广东南海三山西大桥采用的是200m的中承式钢管混凝土拱桥(CFST),参见图10-2-2。

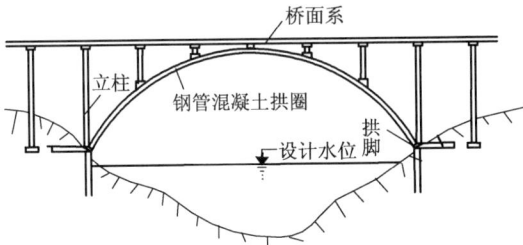

图10-2-1 上承式钢管混凝土拱桥

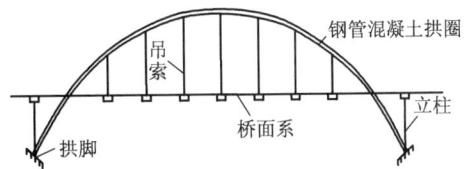

图10-2-2 中承式钢管混凝土拱桥

3. 下承式

下承式钢管混凝土拱桥一般设置系杆,用以承担拱脚的水平推力。在拱圈和系杆之间以吊杆相连,两系杆之间设置横梁,在横梁上设置桥面板以承担车辆荷载,参见图10-2-3。系杆内设纵向预应力钢筋,以抵消由荷载引起的系杆上的拉力。四川峨眉的大渡河桥就是140m的下承式钢管混凝土系杆拱(CFST)。

4. 飞燕式

飞燕式钢管混凝土拱桥是中承式和上承式拱桥的结合,纵向可由多跨组成。在桥面系设置柔性预应力系杆,可有效平衡中墩拱脚的水平推力并控制拱脚的水平位移。两边跨采用半拱波承担预应力系杆引起的压力及荷载产生的弯矩,桥面系及吊杆构造与下承式拱桥相似,立柱设置与上承式拱桥相似。飞燕式钢管混凝土拱桥的边跨宜采用钢筋混凝土结构,参见图 10-2-4。辽宁朝阳的凌凤大桥采用的就是飞燕式钢管混凝土拱桥,其主桥的跨径组合为 $(30 + 120 + 30)$ m。

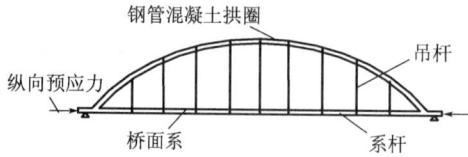

图 10-2-3 下承式钢管混凝土系杆拱桥

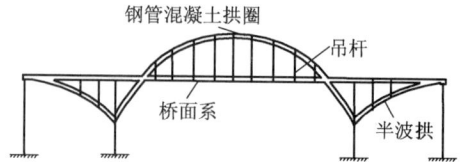

图 10-2-4 飞燕式钢管混凝土系杆拱桥

三、钢管混凝土拱桥的拱圈截面形式

常用的钢管混凝土拱桥的拱圈断面形式有如图 10-2-5 所示的几种情况。钢管混凝土断面形式和矢跨比的选用,主要取决于桥梁的跨径、受力状态以及主拱圈对平面内和出平面刚度的要求。一般情况下,可以按如下方法选择截面形式:

(1)单肢圆管适用于跨径小于 80m 的钢管混凝土拱桥。

(2)哑铃形截面常用于 80～150m 的钢管混凝土拱桥,其拱圈的出平面刚度较小。

a)单肢

b)双肢哑铃形

c)三肢格构式

d)四肢格构式

e)四肢梯形单哑铃形

f)四肢双哑铃形

g)外包混凝土钢管混凝土劲性骨架箱形拱

h)集束钢管混凝土截面

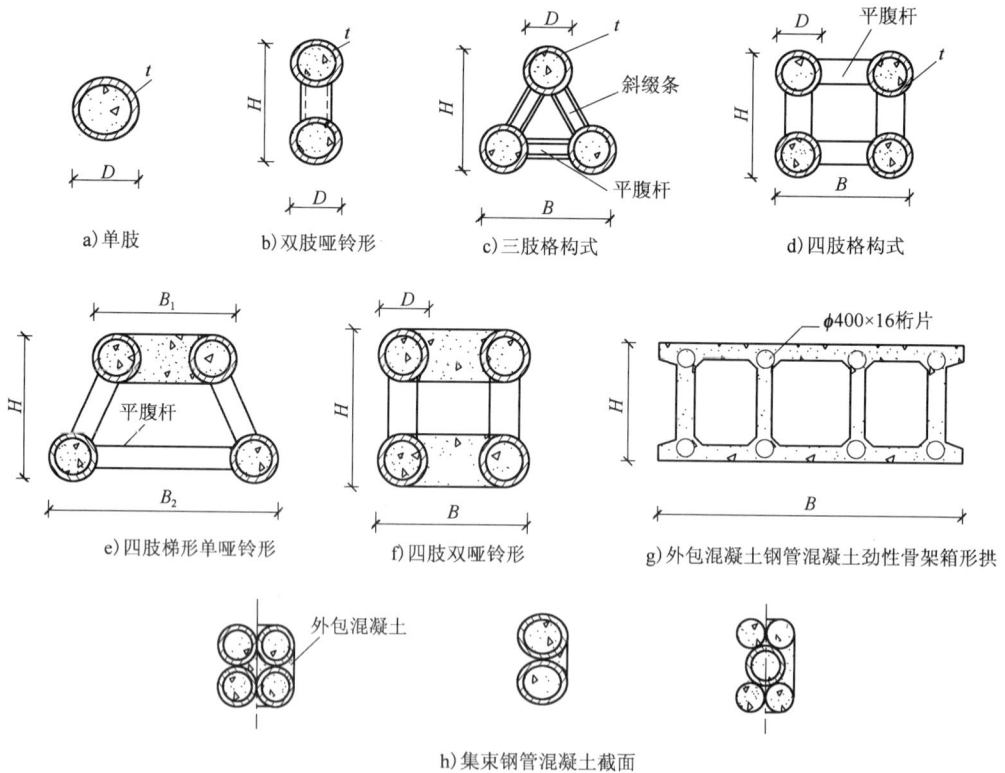

图 10-2-5 钢管混凝土拱圈的截面形式

（3）三肢构格式适用的跨径在 80 ～ 150m，可以考虑取消横向风撑，但需验算其动力性能。

（4）四肢格构式、四肢梯形单哑铃形及四肢双哑铃形断面常用于 150 ～ 300m 跨径的钢管混凝土拱桥。

（5）对于跨径在 300 ～ 500m 的拱桥，拱顶和拱脚的内力相差很大，这时采用等截面的桁式主拱已不经济，宜采用变截面桁式主拱。必要时可考虑外包混凝土的钢管混凝土劲性骨架结构或钢结构。

（6）集束钢管混凝土截面的优点是构造简单，施工方便。但由于其截面刚度相对较小，目前在钢管混凝土拱桥建造中很少采用。

第三节　钢管混凝土结构的基本概念

一、钢管混凝土结构的定义

钢管混凝土是指在钢管内填充混凝土而形成的构件，有方钢管、圆钢管和多边形钢管混凝土之分。我们所研究的钢管混凝土是指应用广泛的圆钢管混凝土，且管内浇灌素混凝土，不再配置钢筋。在此认为钢管混凝土仅由钢管和混凝土两种材料组成。

在钢筋混凝土螺旋配筋柱中我们曾有过这样的概念：核心混凝土在密集的螺旋筋的作用下处于三向受压状态，因而使得核心混凝土的抗压强度明显提高。为保证核心混凝土在三向受压状态下工作，对螺旋筋的配筋率、间距等做出了严格的规定。现在我们设想，将密集的螺旋箍筋用钢管代替，势必可以提高核心混凝土的约束作用，进而使得核心混凝土的抗压能力进一步提高。可以认为，螺旋箍筋柱中螺旋筋的密度或配筋率达到一定程度时就形成了钢管混凝土柱。在钢管混凝土中，核心混凝土受到的约束作用比螺旋配筋柱中混凝土受到的约束作用更为均匀，因此它的力学性能更为理想。

二、钢管混凝土中的紧箍力概念

1. 方向定义

为确定钢管混凝土结构中两种材料的受力状态，建立紧箍力的计算模型和计算方法，规定了如下的方向定义（图 10-3-1）：

钢管混凝土柱截面的圆周方向为方向 1；

钢管混凝土柱截面的半径方向为方向 2；

钢管混凝土柱子的轴线方向为方向 3。

2. 径向位移推导

当钢管混凝土构件受轴向压力 N 作用时，如图 10-3-2 所示，钢管和混凝土都发生纵向压应变 ε_3。根据弹性理论，由于材料泊松比的影响，钢管壁截面中心线的伸长量为：

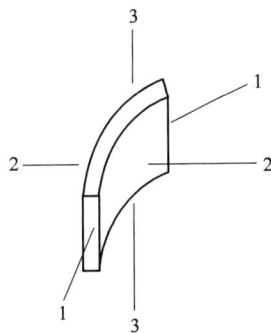

图 10-3-1　钢管混凝土应力方向定义

$$\mu_s \varepsilon_3 2\pi \left(r + \frac{t}{2} \right)$$

由此引起钢管壁截面中心线半径的增大量 δ_{1r} 为:

$$\delta_{1r} = \frac{\mu_s \varepsilon_3 2\pi \left(r + \frac{t}{2} \right) + 2\pi \left(r + \frac{t}{2} \right)}{2\pi}$$

$$- \left(r + \frac{t}{2} \right) = \mu_s \varepsilon_3 \left(r + \frac{t}{2} \right)$$

纵向变形引起钢管内表面的半径变化(缩小)量 δ_{2r} 为:

$$\delta_{2r} = -\mu_s \varepsilon_3 \frac{t}{2}$$

钢管内表面半径的净变化量 Δ_s 为:

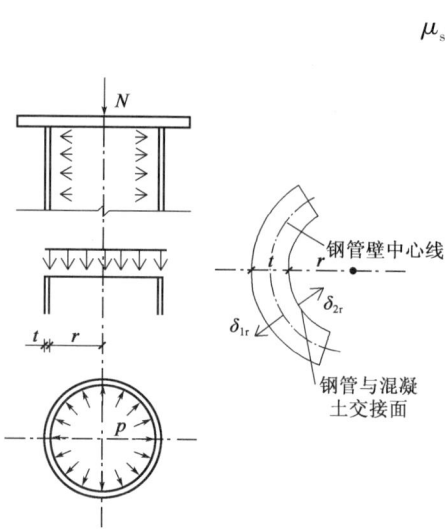

图 10-3-2　径向位移计算图

$$\Delta_s = \delta_{1r} + \delta_{2r} = \mu_s \varepsilon_3 \left(r + \frac{t}{2} \right) - \mu_s \varepsilon_3 \frac{t}{2}$$

即:

$$\Delta_s = \mu_s \varepsilon_3 r \tag{10-3-1}$$

但是,由于纵向压缩变形亦将引起管内混凝土外表面半径的增大,该增大量 Δ_c 为:

$$\Delta_c = \mu_c \varepsilon_3 r \tag{10-3-2}$$

式中:r——钢管内混凝土截面半径;

　　 t——钢管的壁厚;

　　 ε_3——钢管混凝土的纵向压缩应变;

$\mu_s 、 \mu_c$——钢管和混凝土材料的泊松比。

式(10-3-1)、式(10-3-2)中,截面半径的增量 Δ_s 和 Δ_c 的相对变化和材料泊松比 μ_s 和 μ_c 的相对变化决定了管内混凝土外表面是外胀还是内缩。

钢材在弹性工作阶段,其泊松比 μ_s 变动很小,在 $0.25 \sim 0.3$,可近似取其为常数 0.283。而混凝土的泊松比 μ_c 为变量,由低应力状态下的 0.167 左右逐渐增大到 0.5。当接近破坏阶段时,由于混凝土内部纵向微裂缝的发展,μ_c 将超过 0.5。对于钢管混凝土来说,在轴心压力 N 作用下,μ_c 逐渐增大,并且迅速地超过钢材的泊松比 μ_s。

在钢管内混凝土泊松比的变化过程中,位移增量 Δ_s 和 Δ_c 的相对变化可能出现三种情况:

(1)$\Delta_c < \Delta_s$,即 $\mu_c < \mu_s$

此时,混凝土应力很小,混凝土表面向外膨胀得很小,而钢管内壁向外胀得相对较大。由于钢管和混凝土之间有黏结力存在,将使得钢管产生环向压力,而混凝土则受到径向和环向的拉力作用。

(2)$\Delta_c = \Delta_s$,即 $\mu_c = \mu_s$

此时,混凝土和钢管的径向变形一致,相互间不产生任何作用力(即 $p = 0$),但这只能是在某一荷载作用下的特定状态。

（3）$\Delta_c > \Delta_s$，即 $\mu_c > \mu_s$。

此时，钢管混凝土受力较大，混凝土表面外胀要大于钢管内壁的外移量，即钢管对混凝土的径向膨胀产生约束作用。在这种约束作用下，根据变形协调关系钢管将产生环向拉力，而混凝土受到径向和环向的压力作用。在此，我们将钢管由于径向变形而产生的对钢管内混凝土的径向约束作用定义为紧箍力，并以 p 表示。图 10-3-3 给出紧箍力 p 与泊松比 μ 的关系，图中 ε_y 和 ε_o 分别为钢材的屈服应变和混凝土的极限压应变。

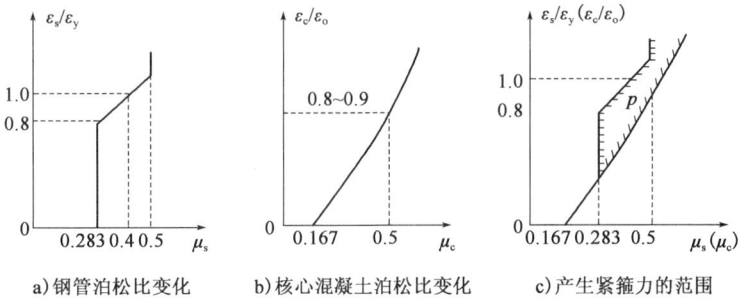

图 10-3-3　紧箍力与泊松比的关系图

由图 10-3-3 可知，在钢管和混凝土之间，当钢管应力超过其比例极限之后将产生紧箍力。由于紧箍力 p 的存在，核心混凝土处于三向受压（σ_1'、σ_2'、σ_3'）状态。而钢管则处于三向异号应力场（σ_1、σ_2、σ_3），即纵向 σ_3 受压、径向 σ_2 受压、圆周向（或环向）σ_1 受拉的应力状态，参见图10-3-4。

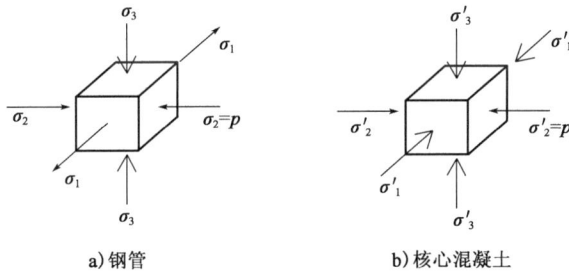

图 10-3-4　钢管及核心混凝土应力状态

三、钢管混凝土结构的特点

1. 构件承载力大大提高

（1）由于钢管内混凝土处于三向受压状态，因此不但提高了承载力，而且还增大了极限压缩应变，这是钢管混凝土结构承载力提高的基本原因。

（2）薄壁钢管在轴心压力作用下，管壁上存在凸凹缺陷，因而由稳定控制的承载力较低。对于钢管混凝土构件，钢管保护了混凝土，使其三向受压，而混凝土又保证了薄壁钢管的局部稳定，相互弥补了彼此的弱点，且充分发挥了彼此的优点，因而承载力提高。

2. 具有良好的塑性和韧性

试验表明,当含钢率大于 4% 时,钢管混凝土柱在破坏阶段,柱长可以压缩到原长的 2/3,完全无脆性破坏的性质。由于钢管中混凝土已由脆性破坏转为塑性破坏,因而整个构件的力学特性类似于钢材,呈现出弹性工作、塑性破坏的特征。

3. 结构自重和造价均有降低

与钢结构相比,钢管混凝土柱可节约钢材 50% 左右,造价亦可降低。与钢筋混凝土柱相比,节约木材 100%,混凝土约 80%,减轻自重约 70%,而耗钢量和造价基本相等。

4. 施工简单、缩短工期

(1)与钢结构柱相比,零部件少,焊缝短,构造简单。

(2)与钢筋混凝土柱不同,钢管混凝土的钢管即为模板,免除了支模、绑扎钢筋和拆模等工序,节约大量的临时支撑材料,并可有效缩短施工工期。

5. 防腐、耐火性能好

(1)由于管内有混凝土存在,钢管的可锈蚀面积减少 50%,仅需作外部防锈。可采用刷漆、镀锌或镀铝等方法进行防锈处理,防腐工艺简单。

(2)由于管内混凝土能吸收大量热能,钢管混凝土的耐火能力远高于钢结构。

6. 结构造型美观

钢管混凝土结构无论用于桥梁的上部结构还是下部结构,均可以带来良好的美学效果。当桥梁的主拱圈采用钢管混凝土结构时,可使得桥梁上部结构轻盈美观,且易于色彩上的处理。若将钢管混凝土柱用于城市桥梁的桥墩时,可使桥墩的截面尺寸减小,显得桥梁墩柱纤细而强劲有力,同时可以改进桥下的通视效果,增加桥梁的美感。

第四节　钢　材　性　能

一、常用的钢材种类及其基本性能

钢管混凝土结构中,按现行国标可用于制作钢管的常用钢种主要有 Q235、Q345 和 Q390 三种,均属低碳软钢。钢管混凝土拱桥结构用钢与此相同。在北方地区冬季气温较低,当桥梁工作温度处于 $-20℃ < t ≤ 0℃$ 时,为增加桥梁结构的低温冲击韧性,应考虑采用 Q345C,Q345D 和 Q390D 钢材。上述钢材质量应分别符合现行国家标准《碳素结构钢》(GB/T 700)、《低合金高强度结构钢》(GB/T 1591)的要求。

用于钢管混凝土拱桥的钢管宜采用直缝焊接管。当钢管的径厚比不满足卷制要求时,可采用螺旋焊接管或无缝钢管。钢管在焊接时须采用对接焊缝,并达到与母材等强度的要求。

根据长径比 $L/D = 3$ 的钢管试件破坏试验可以发现,破坏均由端部局部失稳引起,见图 10-4-1。这是因为试件端部存在摩擦力,限制钢管的径向变形,从而产生端部效应。由图 10-4-1 中的试件测得的钢管纵向压应力 σ_3 与纵向压应变 ε_3 及环向拉应变 ε_1 之间的应力—应变关系在图 10-4-2 中给出,从图中可以发现,钢管的屈服应变可以达到 $\varepsilon_y = 0.00155$,

最大环向塑性拉应变可以达到 $\varepsilon_{u1} = 0.01$，最大纵向塑性压应变可以达到 $\varepsilon_{u3} = 0.04$。实测得到的钢管抗压强度并非真正的极限值，而且肯定要低于钢材的抗压强度值。但试验结果表明，钢材受压时具有足够的塑性变形能力。

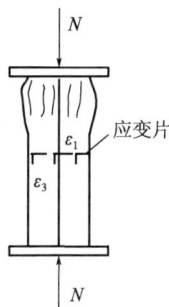

图 10-4-1 钢管端部破坏图

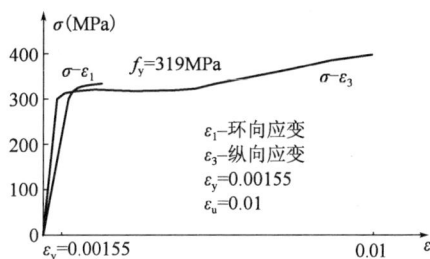

图 10-4-2 钢管的应力—应变关系

二、钢材的强度

与单向受力的钢材有所不同，对于钢管混凝土构件中的钢管，由于存在着紧箍力 p，因而处于三向应力状态。当构件受压时，钢管纵向和径向受压而环向受拉。材料由弹性工作转入塑性工作的条件可由第四强度理论即能量强度理论给出，即：

$$\sigma_z = \sqrt{\frac{1}{2}\left[(\sigma_1 - \sigma_2)^2 + (\sigma_2 - \sigma_3)^2 + (\sigma_3 - \sigma_1)^2\right]} = f_y$$

其中径向应力 σ_2（即紧箍力）与纵向及环向应力相比，数值很小，即有 $\sigma_2 \ll \sigma_1$ 及 $\sigma_2 \ll \sigma_3$。因此可以忽略 σ_2 的影响，近似取 $\sigma_2 = 0$，于是折算应力 σ_z 可以写为如下形式：

$$\sigma_z = \sqrt{\sigma_1^2 + \sigma_3^2 - \sigma_3\sigma_1} = f_y \tag{10-4-1}$$

式中：σ_z——钢管的折算应力；

f_y——钢材的屈服应力。

式（10-4-1）即为米赛斯（Von-Mises）屈服条件。上式表明，双向或三向异号应力作用下，钢管由弹性工作转入塑性工作阶段时的纵向应力低于单向工作时的屈服点，但其破坏时的极限应变却增大。换言之，强度下降，而塑性明显增大。钢材的工作仍接近于理想的弹塑性材料，可以利用理想的弹塑性体的假设，参见图 10-4-3。钢管壁上所受到的应力状态见图10-4-4。

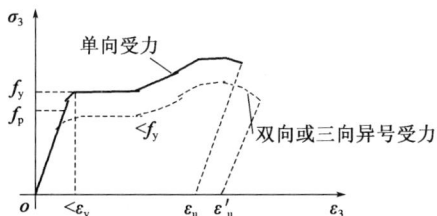

图 10-4-3 钢管双向或三向异号应力—应变关系

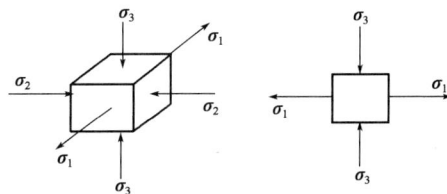

图 10-4-4 钢管壁的应力状态

三、钢材的模量与泊松比

根据图 10-4-3 可知,在比例极限内双向或三向异号应力下钢材应力—应变曲线的形态与单向受力时是相似的。但对钢管混凝土结构,钢管处于多轴应力状态,为精确计算紧箍力的大小,必须掌握钢材在弹性阶段即在比例极限与屈服台阶之间的切线模量。

根据对国产建筑钢材的 12 个试件(外径为 83 ~ 108mm,壁厚 3.5 ~ 5mm,试件长 200 ~ 300mm)的试验,可以认为在弹塑性阶段的切线模量 E_s^t 的变化和伯拉希(F. Bleich)建议式最接近,即:

$$E_s^t = \frac{(f_y - \sigma)\sigma}{(f_y - f_p)f_p}E_s \tag{10-4-2}$$

式中:E_s^t——钢材在弹塑性阶段的切线模量;

$\quad\quad f_y$——钢材的屈服点;

$\quad\quad \sigma$——在比例极限与屈服台阶之间钢材中的应力;

$\quad\quad f_p$——钢材的比例极限;

$\quad\quad E_s$——钢材的弹性模量。

由式(10-4-2)可知:

当 $\sigma = f_p$,即钢材的应力在比例极限时,$E_s^t = E_s$;

当 $\sigma = f_y$,即钢材的应力在屈服点时,$E_s^t = 0$。

应力 σ 的变化范围为 f_p 和 f_y 之间。为了使用方便,可作如下变换:设 $f_p = kf_y$,$\sigma = \alpha f_y$,则式(10-4-2)可写成如下形式:

$$E_s^t = \frac{(1 - \alpha)\alpha}{(1 - k)k}E_s \tag{10-4-3}$$

式中:α——钢材实际应力和屈服点的比值;

$\quad\quad k$——钢材比例极限和屈服点的比值。

上式与钢种无关。对于任意钢种,已知 f_p 和 f_y 就可确定弹塑性阶段切线模量值的变化。如取 $k = 0.8$,则上式变为:

$$E_s^t = 6.25(1 - \alpha)\alpha E_s \tag{10-4-4}$$

钢材的泊松比建议取值如下:

$\sigma \leqslant f_p$,即在弹性阶段:$\mu_s = 0.283$;

$\sigma = f_y$,即到达屈服点之后:$\mu_s = 0.5$。

$f_p < \sigma < f_y$ 时,μ_s 与应力状态有关,尚无足够的试验资料;建议在 0.283 ~ 0.5 之间按线性插值。

四、残余应力对钢材性能的影响

在此残余应力是指钢管制作过程中,由于焊接时的高温引起焊缝处的残余应力。由式(10-4-1)给出的米赛斯(Von-Mises)屈服条件,在几何形状上是一个椭圆方程,又称为米赛斯屈服椭圆,见图 10-4-5。在此,对处于双向应力状态的钢管壁,我们可以利用这一条件来分析焊接残余应

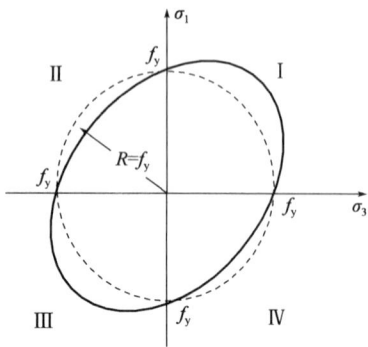

图 10-4-5 米塞斯屈服椭圆

力对钢管壁受力产生的不利影响。

当钢材处于同号应力状态时,在折算应力 σ_z 超过屈服点 f_y 时才进入塑性状态,即第 I 、III 象限。当钢材处于异号应力状态时,则在折算应力 σ_z 低于屈服点 f_y 时钢材就进入了塑性状态,即第 II 、IV 象限。

在实际构件中,一定存在着焊接残余应力,因此钢管中由于荷载引起的应力只能作为名义应力考虑。设钢管中存在着残余应力 $\Delta\sigma_1$ 和 $\Delta\sigma_3$,将其作为名义应力的增量考虑,则屈服条件可以写成式(10-4-5)的形式:

$$\sqrt{(\sigma_1 + \Delta\sigma_1)^2 + (\sigma_3 + \Delta\sigma_3)^2 - (\sigma_1 + \Delta\sigma_1)(\sigma_3 + \Delta\sigma_3)} = f_y \qquad (10\text{-}4\text{-}5)$$

上式表明,由于残余应力的存在,相当于图 10-4-5 中的坐标轴发生平移。例如 $\Delta\sigma_1$ 为正时,横坐标向上平移,为负时,则下移 $\Delta\sigma_1$;$\Delta\sigma_3$ 为正或为负时,则纵坐标分别向右或向左平移。当 $\Delta\sigma_1$ 与 σ_1 同号时,将促使钢材提前进入塑性。当 $\Delta\sigma_1$ 与 σ_1 异号时,将延缓钢材进入塑性。对于钢管混凝土结构,大多承受轴向压力。因此钢管中环向受拉($\sigma_1 > 0$),而纵向受压($\sigma_3 < 0$),因此在米赛斯屈服曲线中应处于第二象限。

在 Mises 屈服椭圆的第二象限,当残余应力为拉应力时,纵坐标右移,推迟进入塑性,紧箍力提前产生,其最终值也增大。当残余应力为压应力时,纵坐标左移,提前进入塑性,紧箍力减小,参见图 10-4-6。

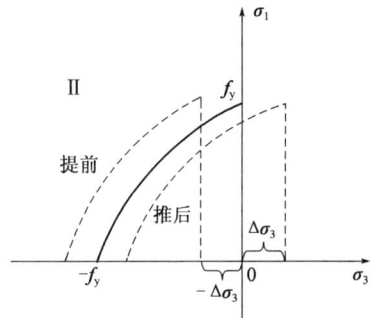

图 10-4-6 残余应力与米赛斯屈服条件

钢管混凝土结构中的钢管可以采用热轧无缝管、螺旋焊接管和直缝焊接管。前二者的残余应力都很小,因而只需分析直缝焊接管的情况。直缝焊接管的环向残余应力很小,可忽略不计,仅需要考虑纵向残余应力 $\Delta\sigma_3$。

虽然实测的焊接残余应力分布不完全相同,但基本相似。在焊缝位置,纵向残余拉应力达到屈服点,拉应力范围约为圆周长的 1/10。离开焊缝后,应力迅速减小,且压和拉相间,离焊缝半个圆周的相对位置应力接近于零,参见图 10-4-7。

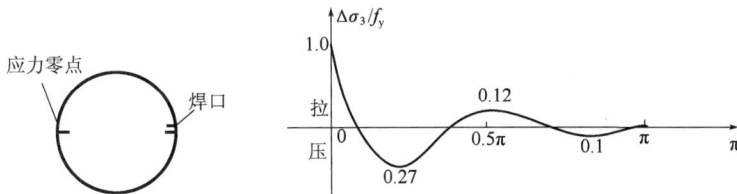

图 10-4-7 焊缝残余应力的衰减情况

五、纵向残余应力对钢管混凝土轴压构件工作性能的影响

由于拼接、焊接钢管或其他原因均可能在钢管壁上产生纵向残余应力。该残余应力对钢管混凝土轴压构件工作性能的影响可归纳为以下两点:

(1)在名义应力达到屈服点之前,钢管纵向应力绝对值沿圆周分布并不均匀。产生紧箍力后,紧箍力沿圆周分布也非均匀,不过在此阶段的紧箍力数值不大。

(2)当名义应力达到屈服点,钢材进入塑性后,残余应力的上述影响随即消失。

总之,焊接残余应力的存在只影响钢材进入塑性阶段以前的紧箍力分布。由于这一阶段的紧箍力数值不大,此影响也较小。由于残余应力系自平衡的内力,因而不影响名义应力的塑性条件。

第五节　核心混凝土性能

一、三向受压下混凝土的性能

混凝土的破坏是由于混凝土在外力作用下内部裂缝开展、传播和发展所导致的必然结果。而钢管中的混凝土由于存在着紧箍力 p 的作用,处于三向受压应力状态,因而延缓了裂缝的开展,提高了抗压能力,同时还增大了极限压缩应变。以下我们来探讨在侧向压力作用下混凝土的物理、力学性能,参见图 10-5-1。

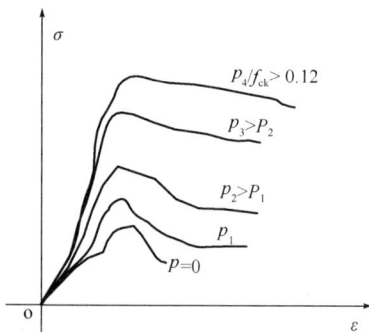

图 10-5-1　等侧压作用下的混凝土
应力—应变关系

1. 等侧压作用下的混凝土性能

试验结果表明,在等值侧压力 p 的作用下,混凝土的性能将发生变化,而且其变化的程度与所受侧压力的大小有关。现归纳为如下几点:

(1)当 $p < 0.05 f_{ck}$ 时,混凝土的 σ-ε 关系基本上与单向受力的情况相同,即侧压力较小时,对混凝土的力学性能影响很小。

(2)当 $p > 0.05 f_{ck}$ 时,混凝土由弹性转入塑性时纵向应力和应变都明显高于单向受压情况。

(3)随着侧压力 p 的增加,处于三向受压状态下混凝土的弹性范围增加,塑性亦有改善。

(4)在保持侧压力的情况下,纵向压应力 σ 达到最大值之后,σ-ε 曲线虽然下降,但下降缓慢,荷载趋于稳定,曲线呈近水平状态,变形一直发展。

(5)当 $p > 0.12 f_{ck}$ 时,混凝土的弹性范围为 $0.7 \sim 0.8 \sigma_{max}$,混凝土的最大压应力 σ_{max} 可以达到其单轴抗压强度 f_{ck} 的 $2 \sim 3$ 倍。达到最大应力后,曲线保持水平而基本不下降。

国外常以式(10-5-1)的形式表示三向受压混凝土的纵向抗压强度:

$$\sigma_3' = f_{ck} + K\sigma_1' \tag{10-5-1}$$

式中:σ_3'——三向受压下混凝土的强度;

f_{ck}——混凝土抗压强度标准值;

K——由侧压力引起的强度提高系数,$K = 4 \sim 5$;

σ_1'——混凝土的侧向压力($\sigma_1' = \sigma_2' = p$)。

2. 紧箍力作用下的混凝土性能

在钢管混凝土结构中,管内核心混凝土所受的侧压力 p 是变化的,其大小与含钢率 α 有关,且随纵向压力的增加而增加。核心混凝土在紧箍力 p 作用下,其弹性性能、抗压强度和塑性性能都有所改善和提高,而且其性能比单向受压时要稳定得多。当含钢率增加时,紧箍力也

随之增加,混凝土的三向受压强度也高。根据 325 个实测值回归求得的核心混凝土的应力—应变关系如下:

$$\sigma_c = \sigma_o \left[1.62 \frac{\varepsilon_c}{\varepsilon_o} - 0.62 \left(\frac{\varepsilon_c}{\varepsilon_o} \right)^2 \right] \tag{10-5-2}$$

式中:σ_o——混凝土极限压应力,按下式计算:

$$\sigma_o = f_{ck} + 5.5 f_{ck} \left(\frac{p_o}{f_{ck}} \right)^{0.91} \tag{10-5-3}$$

ε_o——混凝土极限压应变,按下式计算:

$$\varepsilon_o = \left(2000 + 500 \frac{\alpha f_y}{f_{ck}} \right) \times 10^{-6} \tag{10-5-4}$$

σ_c、ε_c——混凝土的应力和应变;

f_{ck}——混凝土抗压强度标准值,在此取 $f_{ck} = 0.8 f_{cu}$(f_{cu} 是边长为 15cm 的混凝土立方体试件强度);

p_o——进入塑性阶段时的紧箍力;

α——含钢率,按下式计算:

$$\alpha = \frac{A_s}{A_c}$$

A_s——钢管截面面积;

A_c——核心混凝土截面面积。

二、三向受压下混凝土的模量和泊松比

在有紧箍力时,混凝土的割线模量和切线模量由公式(10-5-5)求出:

割线模量:

$$E_c^c = \frac{\sigma_c}{\varepsilon_c} = \sigma_o \left(\frac{1.62}{\varepsilon_o} - 0.62 \frac{\varepsilon_c}{\varepsilon_o^2} \right) \tag{10-5-5.1}$$

切线模量:

$$E_c^t = \frac{d\sigma_c}{d\varepsilon_c} = \sigma_0 \left(\frac{1.62}{\varepsilon_0} - 1.24 \frac{\varepsilon_c}{\varepsilon_0^2} \right) \tag{10-5-5.2}$$

在此 σ_o 和 ε_o 仍按式(10-5-3)和式(10-5-4)计算,其他符号意义同前。

目前对三向受压混凝土泊松比的研究还较少。(原)哈尔滨建筑工程学院钢—混凝土组合结构研究室在 20 世纪 80 年代初期及中期进行了大量试验研究,在此基础上,提出了以下两个近似公式用于计算混凝土泊松比 μ_c:

$$\mu_c = \begin{cases} 0.173 & \sigma_c / \sigma_o / \leqslant 0.221 \\ -0.323 + 0.82 (\sigma_c / \sigma_o)^{1/2} & \sigma_c / \sigma_o > 0.221 \end{cases} \tag{10-5-6}$$

$$\mu_c = \begin{cases} 0.173 & \sigma_c / \sigma_o \leqslant 0.4 \\ 0.173 + 0.7036 (\sigma_c / \sigma_o - 0.4)^{1.5} & \sigma_c / \sigma_o > 0.4 \end{cases} \tag{10-5-7}$$

式(10-5-6)、式(10-5-7)给出的三向受压混凝土的泊松比的初值均为 $\mu_c = 0.173$,且当 $\sigma_c / \sigma_o = 1$ 时,两者的终值均为 $\mu_c = 0.5$。但两者规定的 σ_c / σ_o 的分界点有所不同:前者为 0.221,而后者为 0.4。上述两式均可用于近似确定核心混凝土的泊松比 μ_c。

三、钢管内混凝土的要求及合理级配

1. 钢管内混凝土的基本要求

桥梁用钢管混凝土构件的混凝土通常需要高强、早强、泵送顶升且可处于密闭状态下养生,因此对管内混凝土有以下几点要求:

(1)为保证混凝土的强度,应采用干硬性混凝土,其水灰比在 0.28~0.4 为宜。

(2)为便于泵送,混凝土的坍落度在 16~20cm 为宜。如果对于桥梁墩柱采用管顶直接抛落时,混凝土的坍落度在 2~3cm 为宜,此时水灰比可控制在 0.45 之内。

(3)为保证混凝土的灌筑质量,粗集料粒径不宜超过 4cm。

(4)为保证混凝土的高强和泵送顶升,应外掺高效减水剂。

(5)掺入粉煤灰可以降低混凝土的水化热,减少水泥用量,提高混凝土的和易性和可泵性,减少管内混凝土的收缩量。

(6)钢管内的混凝土宜采用微膨胀、自密实混凝土,使混凝土充分填满钢管,补偿混凝土的收缩量,以提高钢管混凝土的承载力。

《公路钢管混凝土拱桥设计规范》(JTG/T D65-06—2015)中要求采用具有自密实补偿收缩的混凝土,其工作性能应满足表 10-5-1 的要求。

自密实补偿收缩混凝土工作性能 表 10-5-1

泵送灌注时间(h)	坍落度(cm)		扩展度(cm)		U形箱填充高度(cm)	V形漏斗通过时间(s)	T_{50}(s)	初凝时间(h)	终凝时间(h)
≤6	入泵20~26	3h:≥18	入泵50~60	3h:≥40	≥30无障碍	10~25	5~20	12~18	14~20
≤10		5h:≥18		5h:≥40				16~22	18~24

自密实补偿收缩混凝土工作性能的评价指标应根据《自密实混凝土应用技术规程》(CECS 203:2006)中的性能测试方法,采用坍落扩展度方法测试流动性,采用 V 形漏斗法测试黏稠性和抗离析性,用 U 形箱法测试自填充性;测试结果应满足表 10-5-1 中的相关规定。

2. 钢管混凝土的合理级配

桥梁用钢管混凝土结构的混凝土强度等级一般为 C30、C40、C50 及 C60;钢材以 Q345 钢为主。

钢管混凝土桥梁采用的钢管外径 D 不宜小于 300mm,也不宜大于 1500mm。钢管壁厚 t 不宜小于 10mm;横撑和立柱等采用的钢管壁厚不宜小于 8mm,而且钢管壁厚 t 值太小时钢管受腐蚀侵害的问题较突出。钢管的径厚比(D/t)不宜大于 90,其中卷制焊接钢管的径厚比(D/t)不宜小于 40。设计经验表明,含钢率 α<5% 时难以发挥紧箍力的作用;α>10% 时耗钢量较大,经济性下降,且钢管不易焊接。JTG/T D65-06—2015 中规定的含钢率 α 的范围在 5%~20%。

3. 钢管内混凝土的添加剂

在桥梁工程中,管内混凝土的添加剂主要是指减水剂和膨胀剂。对于钢管混凝土拱桥的主拱圈,由于混凝土用量很大,因此必须采用泵送顶升混凝土的施工方法。而泵送顶升混凝土所需的坍落度较大,按正常配合比情况需要较大的水灰比。另一方面,桥梁钢管混凝土要求使

用水灰比较小的干硬性高强度混凝土,以减小管内混凝土的收缩。这就产生了混凝土的坍落度和高强度之间的矛盾。解决这一矛盾的方法是在混凝土中加入减水剂。减水剂有减水增强的作用,同时还可以节约水泥,提高经济效益。

我国早期建成的钢管混凝土拱桥出现过因管内混凝土收缩而导致不密实的现象,进而影响到钢管混凝土构件的承载能力。目前的解决办法是采用自密实混凝土,即在混凝土内添加膨胀剂以补偿混凝土的收缩作用。

管内混凝土选用的减水剂应具有保塑、缓凝的功能,减水率应大于25%,制备的混凝土拌和物含气量应小于2.5%。选用的膨胀剂应对混凝土的工作性能影响较小且膨胀性能稳定,水中限制膨胀率7d大于0.05%,空气中的膨胀率(温度20℃±2℃,相对湿度60%±5%)21d大于0。

四、钢管内混凝土的控制标准

钢管内混凝土处于密封状态,其养护条件与标准养护及自然养护均有差异。为控制管内混凝土的强度标准,国内在20世纪80年代中期由中建总公司第三工程局进行了不同养生条件下的混凝土立方体试块相关性试验,其结论如下:

(1)密封养护混凝土的龄期强度较低于标准养护的强度。

(2)密封养护混凝土的龄期强度与同龄期自然养护的强度相近。

(3)三种养护方式的混凝土强度都随龄期的增加而增加,强度发展规律一致。

根据上述相关性试验的结论,可以认为管内混凝土抗压强度的关系如下:

(1)管内核心混凝土28d强度与标准养护28d试块强度的关系为:$f_{cu.k_{28}}^{核} = 0.9 f_{cu.k_{28}}^{标}$。

(2)管内核心混凝土28d强度与自然养护28d试块强度的关系为:$f_{cu.k_{28}}^{核} = f_{cu.k_{28}}^{自}$。

由上述研究结论可以认为,管内核心混凝土的施工质量可按自然养生28d的立方体试块强度进行检验。因此,可以按《公路工程质量检验评定标准 第一分册 土建工程》(JTG F80/1—2004)或《混凝土强度检验评定标准》(GB/T 50107—2010)中混凝土质量检查的有关规定进行取样、养护、试验和评定。钢管内混凝土应密实且与管壁结合紧密,其质量检验可按建筑行业标准《超声波检测混凝土缺陷技术规程》(CECS 21:2000)的规定进行。

第十一章

钢管混凝土轴心受力构件的基本工作性能

第一节　钢管混凝土一次受压的工作性能

钢管混凝土是由两种材料组成的。由于核心混凝土在钢管约束下,其性能发生了质的变化——由脆性材料转变为塑性材料,因而我们可以把它作为一种组合材料来看待。由于这种组合材料主要用于受压工作,所以结合钢管混凝土拱桥的受力状态,了解其在一次受压状况下的工作性能是很有必要的。为此进行了一系列钢管混凝土柱的一次受压试验,以确定它的工作性能曲线,从而得到强度指标并作为设计依据。钢管混凝土的组合强度指标主要与钢材的屈服强度 f_y、混凝土的强度指标 f_{ck} 及含钢率 α 三个因素有关。

一、标准试件的条件

钢管混凝土一次受压的工作性能与采用的标准试件及试验条件有关。诸如试件长细比、约束条件以及含钢率等因素都会影响钢管混凝土柱一次受压的工作性能。当试件长细比 L/D 较小时,端部约束将影响到构件的破坏状态(例如端部局部压坏)。当试件长细比 L/D 较大时,将出现弯曲变形,导致构件失稳破坏。约束条件不同时,将对试件的端部产生局部影响。

含钢率不同时,也将影响塑性阶段的破坏形态。经过大量的试验,建议对钢管混凝土一次受压的标准试件规定如下:

(1)试件的长径比为 $3 \leqslant L/D \leqslant 3.5$,以排除局部效应和弯曲影响。

(2)两端平板铰严格对中,统一端部效应的影响。

(3)20℃的室温条件。

(4)进行渐增荷载的一次轴心压缩试验,破坏后无弯曲变形。

二、钢管混凝土的受压破坏类型

根据(原)哈尔滨建筑工程学院金属结构研究室完成的近三百个钢管混凝土标准试验($f_y = 256 \sim 418\text{MPa}$, $f_{ck} = 20.3 \sim 50.4\text{MPa}$, $\alpha = 0.03 \sim 0.21$)可知,组合材料的工作性能曲线和破坏性质随含钢率 α 不同而不同,可归纳为三种类型,参见图11-1-1。

1. 含钢率过低(约为 $\alpha < 4\%$ 的情况)

N-ε 关系如曲线1所示。这时,钢管对核心混凝土产生的侧压力微不足道,二者基本都属于单向受压,曲线由上升段和下降段组成。

2. 含钢率较低($\alpha = 5\% \sim 6\%$)

N-ε 关系如曲线2所示,这时曲线由弹性(oa)、弹塑性(ab)及塑性(bc)三段组成。

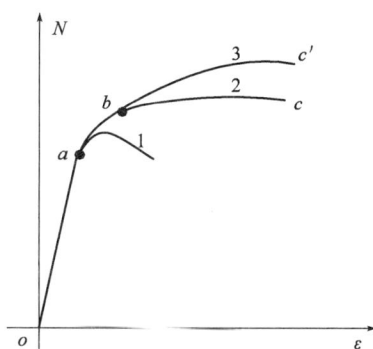

图 11-1-1 组合材料的工作性能
曲线(N-ε 关系曲线)

3. 含钢率较高($\alpha > 6\% \sim 7\%$)

N-ε 关系如曲线3所示,这时曲线由弹性(oa)、弹塑性(ab)及强化(bc')三段组成。

在实际的桥梁工程中,含钢率 α 一般为 $5\% \sim 10\%$,因此多属第二、第三两种类型,且以第三种类型为多。

三、受力过程分析

1. oa 段为非常接近直线的弹性工作阶段

这一阶段直到钢管应力达到比例极限 f_p ,即曲线上的 a 点,与此点相应的荷载为破坏荷载的 $70\% \sim 80\%$ 。

2. ab 段为弹塑性工作阶段

由于钢管应力进入弹塑性阶段后,弹性模量减小,而核心混凝土的模量并未减小或减小得不多,从而引起钢管和混凝土之间的应力重分布。重分布的结果是钢管应力减小而混凝土的应力增加。由于混凝土应力增加很快,将导致混凝土的泊松比 μ_c 超过钢材的泊松比 μ_s ,进而使得钢管和混凝土之间产生逐渐增加的相互作用力,即紧箍力 p 。紧箍力的出现将使得混凝土和钢管均处于三向受力状态。钢管纵向和径向受压,而环向受拉;混凝土则三向受压。

在上述过程中钢管局部位置开始发展塑性点,可明显看到管壁开始出现整齐的斜向剪切滑移线。一般这种滑移线由试件两端开始,这是由于端部的边缘效应及混凝土难以全面接触,使钢管局部受力较大而造成的。随着荷载继续增加,滑移线由少到多,逐渐布满管壁,见图 11-1-2。

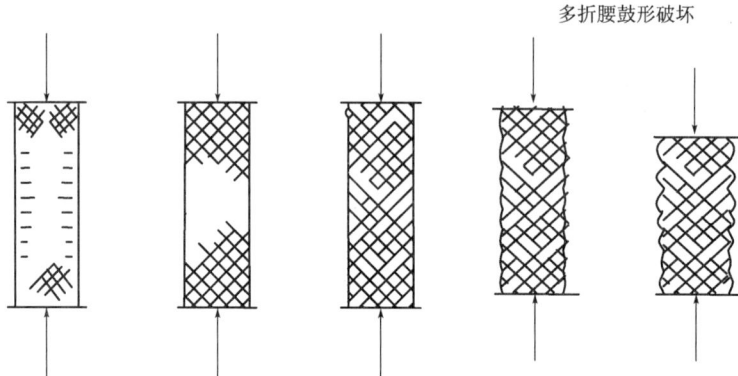

图 11-1-2　剪切滑移线的发展

3. bc' 段为强化阶段

从 b 点开始,由于钢管进入完全塑性,荷载增量转由核心混凝土承担,混凝土的横向变形迅速增大,径向推挤钢管,促使钢管的环向应力增大(即紧箍力增加)。但因此时处于异号应力场的钢管已进入塑性工作,其两个主要方向的应力将遵循米赛斯屈服条件的关系,即环向应力 σ_1 增长的同时,纵向应力 σ_3 必然下降。与此同时,核心混凝土则由于侧压力的增大而提高了承载力。由于混凝土承载力的提高弥补和超过了钢管纵向内力的减小,从而形成了 bc' 强化段。但强化段的上升斜率很小,最终试件成多折腰鼓形破坏。

对于第二类试件,在弹塑性阶段结束后(b 点)由于含钢率较低,混凝土承载力的提高恰好弥补了钢管纵向内力的减小,这就形成水平段 bc。

从钢管开始局部鼓曲以后,荷载曲线并不下降,试件仍具有承载力。这是钢管内填充混凝土时的特殊性能。这一特点在曲线 2、3 上的反映就是没有下降段。

四、综合结论

钢管混凝土作为一种组合材料,在一次压缩试验中具有其独特的工作性能:弹性工作而塑性破坏,承载力高而极限压缩变形又大。这种荷载应变关系比较接近于建筑钢材的性能。其根本原因是存在着紧箍力,使核心混凝土处于三向受压,而且核心混凝土由脆性转变为塑性,在物理力学性能方面发生了本质性的变化。

第二节　钢管混凝土轴心受拉及反复受压的工作性能

一、钢管混凝土轴心受拉的工作性能

钢管混凝土主要用于受压构件,但在钢管混凝土拱桥的拱圈中大多数断面处于压弯或弯压状态,个别断面受弯拉或受弯的情况也是可能存在的。作为基本构件,也有必要了解钢管混凝土轴心受拉时的工作性能。

钢管混凝土轴心受拉时,钢管纵向伸长,径向收缩,由于管内核心混凝土限制钢管的径向收缩,在钢管和混凝土之间产生紧箍力。但混凝土的抗拉强度很低,在不大的拉力作用下,就会在横向开裂形成微细裂缝。钢管混凝土受拉时的特点如下,参见图 11-2-1。

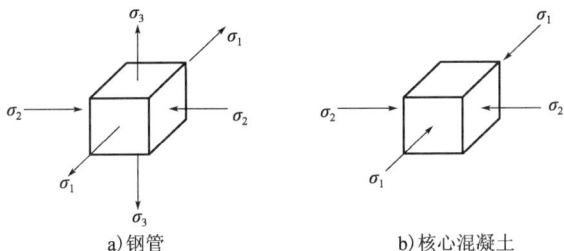

a) 钢管   b) 核心混凝土

图 11-2-1 钢管混凝土受拉的应力状态

(1)钢管纵向和环向受拉,而径向受压(紧箍力),而且一开始就产生紧箍力。

(2)核心混凝土处于环向和径向等值侧压力的作用下,纵向由于开裂而不受力。

如果忽略钢管所受的不大的径向应力,钢管属于双向受拉的同号应力场。图 11-2-2 给出了双向受拉时钢材的米赛斯屈服椭圆。可见,由于紧箍力的产生,钢管环向产生拉力,并提高了其纵向屈服点,最大提高值可达到 15%。

总之,钢管混凝土轴心受拉时,由于钢管纵向受拉,内部混凝土只是起着约束钢管横向变形(径缩)的作用,由约束作用引起紧箍力,从而提高了钢管纵向承载力。整个钢管混凝土的受拉应力—应变关系与钢材的应力—应变曲线相类似,见图 11-2-3。

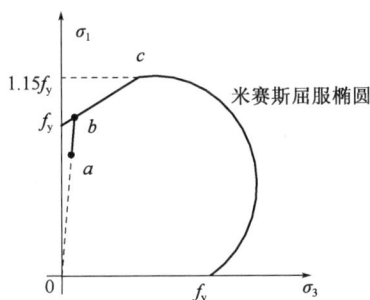

图 11-2-2 米赛斯屈服椭圆

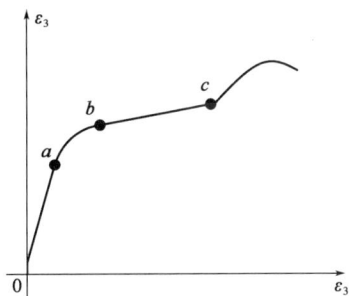

图 11-2-3 受拉的 σ-ε 曲线

二、重复受压下钢管混凝土的工作性能

钢管混凝土在反复荷载作用下的工作性能和混凝土单向受压时不尽相同,但却比较接近于钢材的性质。参见图 11-2-4,具有以下特点:

(1)在弹性工作阶段(oa),卸荷后无残余变形。

(2)弹塑性工作阶段(ab),卸荷后出现残余变形,重复加载时材料的弹性工作范围扩大。

(3)进入塑性阶段后,卸荷及加荷时形成滞回圈。

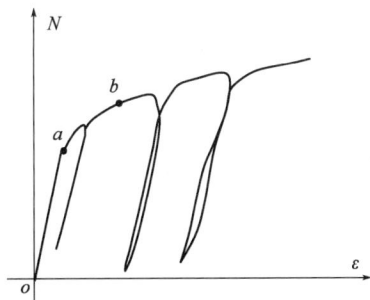

图 11-2-4 反复加载作用下 N-ε 曲线

第三节　钢管混凝土轴心受力构件的强度设计准则

一、轴心受压构件的强度设计准则

根据短试件试验得到的轴心压力 N 与纵向应变 ε 关系曲线(见图 11-1-1 中 $oabc'$)确定其强度承载力的方法可以归纳为两类:一类是确定极限承载力 c' 点,另一类是确定进入塑性阶段的承载力 b 点。

1. 极限承载力 N_u

这是早期研究者们采用的方法。鉴于混凝土工作性能的非线性以及两种材料共同工作时反映出整体性能的复杂性,直接求极限荷载是比较简捷的方法。这类方法计算公式可以表示成如下形式:

$$N_u = f_{ck}A_c + kf_yA_s \tag{11-3-1}$$

式中:f_{ck}——混凝土抗压强度标准值;

　A_c——核心混凝土的截面面积;

　f_y——钢材屈服强度;

　A_s——钢管截面面积;

　k——强度提高系数,一般取 $k = 2 \sim 2.5$。

极限承载力公式(11-3-1)的意义如下:钢管对核心混凝土提供了约束,使后者三向受压从而提高了承载力;达到最大荷载的极限状态时,钢管纵向应力为零,环向应力达到屈服点 f_y,约束效应最大,此时钢管的约束效应转化为混凝土抗压强度的增长,其最大转化值为 kf_yA_s。

住建部《钢管混凝土结构设计与施工规程》(CECS 28:1990)中,在未计入安全系数时采用了以下公式形式:

$$N_u = f_{ck}A_c + (\theta + \sqrt{\theta})f_{ck}A_c \tag{11-3-2}$$

式中:θ——钢管混凝土的套箍指标,$\theta = \dfrac{A_sf_y}{A_cf_{ck}}$;

其余符号意义同前。

公式(11-3-2)中的第二项亦是钢管的约束效应对核心混凝土强度的提高。公式(11-3-1)和公式(11-3-2)用于钢管混凝土柱的极限承载力计算是比较方便的。

事实上,不少研究者通过试验认为在到达所谓的最大荷载极限时,钢管的纵向应力并未降为零,环向应力也未达到单向受拉屈服点。因而后来的研究者将公式(11-3-1)改为如下的形式:

$$N_u = f_{ck}A_c + \sigma_{sL}A_s + kf_yA_s \tag{11-3-3}$$

式中:σ_{sL}——在极限荷载时钢管的纵向应力;

其余符号意义同前。

公式(11-3-3)中第二项是极限承载时钢管的纵向抗力,第三项则是混凝土因钢管约束而提高的承载力,显然公式(11-3-3)比公式(11-3-1)更加符合实际。

2. 塑性承载力 N_o

之后的研究认为在轴心受压的情况下,当钢管发展到塑性屈服而混凝土达到抗压极限时,定义为钢管混凝土轴心受压的极限承载力,并称之为塑性承载力。在此又分为两种类型:

(1)不考虑钢管的约束效应

表达式如下:

$$N_o = f_{ck}A_c + f_y A_s \tag{11-3-4}$$

式(11-3-4)认为,钢管纵向应力达到屈服,即刚进入塑性时的承载力作为塑性承载力,不考虑核心混凝土由于三向受力而产生的强度增加。显然由此求出的承载力偏低,日本规范采用的就是上述公式形式。

(2)考虑钢管的约束效应

表达式如下:

$$N_o = f_{ck}A_c + kpA_c + \sigma_{sL}A_s \tag{11-3-5}$$

式中:k——提高系数;

p——钢管与混凝土之间的紧箍力;

σ_{sL}——钢管进入塑性时的纵向应力;

其余符号意义同前。

式(11-3-5)认为,钢管混凝土都处于三向应力状态。钢管纵向和径向受压,而环向受拉,核心混凝土为三向受压。如果忽略相对较小的径向应力,钢管为双向异号应力场,应按照应力强度由弹性转入塑性的条件来确定承载力极限。式中第一、二项之和是三向受压核心混凝土的极限承载力,第三项是异号应力场的钢管的极限承载力。

3. 其他推荐公式

(原)哈尔滨建筑工程学院金属结构研究室在 20 世纪 80 年代初期曾分别根据莫尔强度理论和塑性理论先后提出了考虑紧箍力效应的塑性承载力计算公式。

(1)根据莫尔强度理论的塑性承载力公式

基本观点:钢材是理想的弹塑性材料,当紧箍力 $P \geqslant 0.12 f_{ck}$ 时,核心混凝土的弹性范围扩大,塑性变形能力也大大增加,因而其 σ-ε 关系也接近于理想的弹塑性材料。组合后的钢管混凝土的 σ-ε 关系也是理想的弹塑性。于是可以用莫尔强度理论来确定在三向应力状态下材料由弹性工作阶段转入塑性工作阶段的塑性承载力(b 点的 N_o 值),形式如下:

$$N_o = f_{ck}A_c \left[1 + 5.5\left(\frac{p}{f_{ck}}\right)^{0.91}\right] + f_y A_s - 2pA_c \tag{11-3-6}$$

式中,第一项是混凝土的承载力,其值由于紧箍效应的影响提高了 $5.5\left(\frac{p}{f_{ck}}\right)^{0.91} A_c f_{ck}$ 项。第二项是钢管承载力,第三项是钢管屈服后承载力的降低值。式(11-3-6)中 p 为钢管混凝土进入塑性阶段之前的紧箍力。理论上可利用变形协调条件由以下方程组求解:

$$\mu_c = \frac{1}{2p}\left[\frac{\frac{2}{\alpha}p - f_y - 0.283\left(\frac{2}{\alpha}p - p\right)}{n_o} + f_{ck} + 5.5 f_{ck}\left(\frac{p}{f_{ck}}\right)^{0.91}\right] \tag{11-3-7}$$

$$\frac{1}{n_o}\left[\frac{2}{\alpha}p - 0.283\left(\frac{2}{\alpha}p - f_y - p\right)\right] + p + \mu_c\left[-f_{ck} - 5.5 f_{ck}\left(\frac{p}{f_{ck}}\right)^{0.91} - p\right] = 0 \tag{11-3-8}$$

n_0——钢与混凝土的弹性模量之比,$n_0 = E_s/E_c$;

α——含钢率,$\alpha = A_s/A_c$;

其余符号意义同前。

方程(11-3-7)和方程(11-3-8)是关于紧箍力 p 和混凝土泊松比 μ_c 的二元非线性方程组,可以通过迭代法求解。求解时可先假设 p 值,由第一式求 μ_c,将 p、μ_c 代入第二式中满足等于零的条件(精度达 1/10000)时,p 和 μ_c 即为所求。

(2)应用塑性理论的塑性承载力公式

基本观点:定义混凝土形成贯穿裂缝使其整体性遭到破坏时为承载力极限,同时认为钢管为理想弹性塑性体,其应力强度达到屈服点,即 $\sigma_z = f_y$。忽略钢管的径向应力 σ_2,且认为纵向应力 σ_3 和环向应力 σ_1 沿钢管壁均匀分布。在塑性阶段,认为钢管的泊松比为 $\mu_s = 0.5$,并假定纵向应力和环向应力在塑性阶段满足 Mises 屈服条件,根据上述观点导出的塑性承载力(b 点)计算式形式如下:

$$N_0 = f_{ck}A_c + 4p_0A_c + \sigma_3 A_s \tag{11-3-9}$$

式中:p_0——钢管进入塑性阶段的紧箍力,

$$p_0 = \frac{\alpha}{(9\xi^2 + 18\xi + 12)^{\frac{1}{2}}}f_y \tag{11-3-10}$$

σ_3——钢管的纵向应力:

$$\sigma_3 = \frac{3\xi + 2}{(9\xi^2 + 18\xi + 12)^{\frac{1}{2}}}f_y \tag{11-3-11}$$

ξ——钢管和核心混凝土承载力之比,亦称作钢管混凝土的约束效应系数,[即(11-3-2)中的套箍指标 θ],即有:

$$\xi = \frac{f_y}{f_{ck}}\alpha = \frac{A_s f_y}{A_c f_{ck}} \tag{11-3-12}$$

其余符号意义同前。

上述确定钢管混凝土受压塑性承载力 N_0 的各计算公式所得的结果相差不多,都在 N-ε 曲线上的 b 点附近。其中,按照莫尔理论的式(11-3-6)的计算结果偏低,且计算方法较为繁琐;而式(11-3-9)中相关参数可以直接计算得到,因而较为简便。

此外值得注意的是:无论在极限承载力 N_u 还是塑性承载力 N_0 的计算中均未包括材料安全系数的影响。若按建筑结构规范,近似取钢材的安全系数为 $\gamma_R \approx 1.1$,混凝土材料安全系数 $\gamma_R' \approx 1.35$;若按照现行公路桥规,近似取钢材和混凝土的材料安全系数为 $\gamma_s \approx 1.25$,混凝土材料安全系数 $\gamma_c \approx 1.45$。

二、受拉构件的强度设计准则

试验表明,钢管混凝土轴心受拉时,轴心拉力和纵向应变的关系曲线类似钢材的拉伸曲线。如果按钢管承受拉力考虑,即为钢管纵向拉应力和纵向拉应变的关系曲线,见图 11-2-3,具有明显的屈服点。因而轴心受拉构件的强度设计准则亦应定为屈服点,即取为塑性承载力。

第四节　合成法确定钢管混凝土的基本性能

一、叠加法与合成法的思路

前一节介绍的确定钢管混凝土轴压强度的方法(或设计准则),无论是极限承载力 N_u 还是塑性承载力 N_o,都是分别求得钢管的承载力和核心混凝土的承载力,然后进行叠加得到构件的承载力。各种方法的区别是如何估算钢管和混凝土之间的相互约束效应。由于这种约束的存在,构成了钢管混凝土构件的固有特性,也造成了由此而产生的物理力学性能的复杂性。叠加法虽能得到构件的承载力,但亦有问题存在。

1. 叠加法存在的问题

由于对复杂应力状态下的钢管和核心混凝土性能研究不够,两者相互间存在的紧箍力估算不准,因而得到的承载力自然会有出入。而且计算方法显得比较复杂,归结起来,叠加方法存在以下不足:

(1)对钢管承载力的计算都采用理想的弹塑性假设,这一假设对纵向应变达到10%的极限承载力 N_u 显然不合适,未考虑钢材强化作用。

(2)混凝土处于三向受压状态下的承载力一般都根据定值侧压力的试验结果得到的纵向力与侧压力的关系来确定。这与核心混凝土的实际受力状态不符,实际上侧压力是变值的,而且还是被动的。

(3)由于钢材和混凝土的承载力分别采用上列假设,只能确定它的承载力而不能得到构件受力全过程的荷载和应变关系,无法掌握构件工作过程中的性能。

鉴于以上分析,(原)哈尔滨建筑工程学院的 钟善桐 教授在1985年首先提出了把钢管混凝土视为一种组合材料来研究其综合性能的新观点,并于1988年提出了用合成法确定钢管混凝土基本性能的新方法。这一方法为钢管混凝土结构的发展创造出一条新的途径。

2. 合成法的基本思路

合成法的基本思路是分别选定钢材和核心混凝土在复杂受力状态下比较正确的本构关系,运用平衡条件和变形协调条件将两者的本构关系合成构件的组合关系。由此组合关系可以得到钢管混凝土的各种物理力学组合性能指标,从而为计算基本构件创造条件。由于在钢管和混凝土的本构关系中已包含了紧箍力效应,在组合关系中也就会有紧箍效应,因此组合性能指标中自然也就包含了这种效应。直接运用这些组合指标进行承载力的计算,可使得概念清晰,公式形式更加简单。

二、钢材和混凝土的本构关系

1. 钢材的本构关系

在忽略钢管中径向压应力的情况下,当钢管混凝土轴向受压时,钢管处于纵向受压、环向受拉双向异号应力场;当钢管混凝土轴向受拉时,钢管为纵向和环向受拉的双向同号应力场。

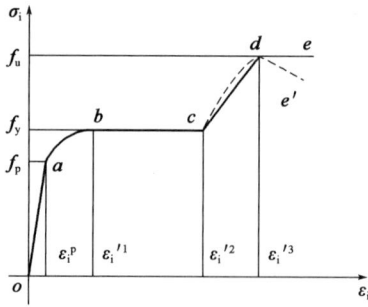

图 11-4-1 钢材 σ_i-ε_i 本构关系

图 11-4-1 给出了双向应力场下钢材的应力强度 σ_i 和应变强度 ε_i 的关系。对图 11-4-1 的 σ_i-ε_i 曲线做以下两点假设：

(1)在钢材强化的 cd 段以直线代替。

(2)达到强度极限 d 点后,材料进入破坏面,发展塑性变形。即忽略钢材径缩的影响,认为材料进入二次塑流。

在钢管混凝土合成法分析时,将双向应力场中的钢材应力—应变全过程可划分为五个阶段。对于每一个受力阶段,给出各自的数学表达式:

(1)弹性阶段(oa 段):$\sigma_i \leqslant f_p$,$\varepsilon_i \leqslant \varepsilon_i^p$

在此阶段,钢管处于弹性工作状态,其应力—应变符合广义虎克定律,即有:

$$\begin{cases} \sigma_3 = \dfrac{E_s}{1-\mu_s^2}(\varepsilon_3 + \mu_s \varepsilon_1) \\[3mm] \sigma_1 = \dfrac{E_s}{1-\mu_s^2}(\varepsilon_1 + \mu_s \varepsilon_3) \end{cases} \tag{11-4-1}$$

(2)弹塑性阶段(ab 段):$f_p < \sigma_i \leqslant f_y$,$\varepsilon_i^p \leqslant \varepsilon_i \leqslant \varepsilon_i'^1$

该阶段应力—应变已呈非线性变化,故以弹性增量理论表示应力增量和应变增量关系:

$$\begin{cases} \mathrm{d}\sigma_3 = \dfrac{E_s^t}{1-(\mu_s^t)^2}(\mathrm{d}\varepsilon_3 + \mu_s^t \mathrm{d}\varepsilon_1) \\[3mm] \mathrm{d}\sigma_1 = \dfrac{E_s^t}{1-(\mu_s^t)^2}(\mathrm{d}\varepsilon_1 + \mu_s^t \mathrm{d}\varepsilon_3) \end{cases} \tag{11-4-2}$$

式中:E_s^t——弹塑性阶段钢材的切线模量,按伯拉希公式,即公式(10-4-2)计算:

$$E_s^t = \dfrac{(f_y - \sigma_i)\sigma_i}{(f_y - f_p)f_p} E_s$$

μ_s^t——弹塑性阶段钢材的泊松比,按下式计算:

$$\mu_s^t = 0.167 \dfrac{\sigma_i - f_p}{f_y - f_p} + 0.283 \tag{11-4-3}$$

在此取钢材的比例极限 $f_p = 0.8 f_y$,其他符号意义同前。

(3)塑流阶段(bc 段)、应变强化阶段(cd 段)及二次塑流阶段(de 段)

在此三个阶段可用增量理论给出统一的应力应变增量关系表达式:

$$\mathrm{d}\boldsymbol{\sigma}_i = \boldsymbol{D}_{ep} \mathrm{d}\boldsymbol{\varepsilon}_i \tag{11-4-4}$$

式中:$\boldsymbol{D}_{ep}$——弹塑性刚度矩阵,按下式计算:

$$\boldsymbol{D}_{ep} = \dfrac{E_s}{(1+\mu_s)(1-2\mu_s)} \begin{bmatrix} 1-\mu_s & \mu_s & \mu_s \\ \mu_s & 1-\mu_s & \mu_s \\ \mu_s & \mu_s & 1-\mu_s \end{bmatrix} - \dfrac{9G^2}{(H'+3G)\sigma_i^2} \begin{bmatrix} s_1^2 & s_1 s_2 & s_1 s_3 \\ s_2 s_1 & s_2^2 & s_2 s_3 \\ s_3 s_1 & s_3 s_2 & s_3^2 \end{bmatrix}$$

$$\tag{11-4-5}$$

公式(11-4-5)中第一项为弹性刚度矩阵,第二项为塑性刚度矩阵。其中,μ_s 为弹性阶段钢材的泊松比,取 $\mu_s = 0.283$;$G = E_s / [2(1 + \mu_s)]$;S_1、S_2、S_3 分别为三个应力偏量分量,按公式(11-4-6)计算:

$$S_1 = \sigma_1 - \sigma_m \qquad S_2 = \sigma_2 - \sigma_m \qquad S_3 = \sigma_3 - \sigma_m \qquad (11\text{-}4\text{-}6)$$

式中:σ_m——平均应力,$\sigma_m = \dfrac{1}{3}(\sigma_1 + \sigma_2 + \sigma_3)$。

式(11-4-5)中,H' 为矩阵参数,与钢材的受力阶段有关,具体如下述。

①一次塑流阶段(bc 段)

在一次塑流阶段取 $H' = 0$,$\sigma_i = f_y$。在此阶段,钢管的纵向应力和环向应力之间满足 Von-Mises 屈服条件。

②强化阶段(cd 段)

取 $f_u / f_y = 1.6$,$\varepsilon_i'^2 = 10 \varepsilon_i'^1$,$\varepsilon_i'^3 = 100 \varepsilon_i'^1$,所以有:

$$\begin{cases} H' = \dfrac{E_1}{\dfrac{1 - E_1}{E_s}} \\[3mm] E_1 = \dfrac{f_u - f_y}{\varepsilon_i'^3 - \varepsilon_i'^2} \\[3mm] \sigma_i = f_y + E_1(\varepsilon_i - \varepsilon_1'^2) \end{cases} \qquad (11\text{-}4\text{-}7)$$

③二次塑流阶段(de 段)

在二次塑流阶段,钢材进入破坏面,仍取 $H' = 0$,但取 $\sigma_i = f_u$。

2. 核心混凝土三向受压时的本构关系

根据大量实心圆钢管混凝土轴心受压短柱的试验结果,考虑到各项独立或综合参变量的影响,以核心混凝土极限压应变 ε_o 为界的分段核心混凝土本构关系方程由式(11-4-8)给出,其关系曲线见图11-4-2。

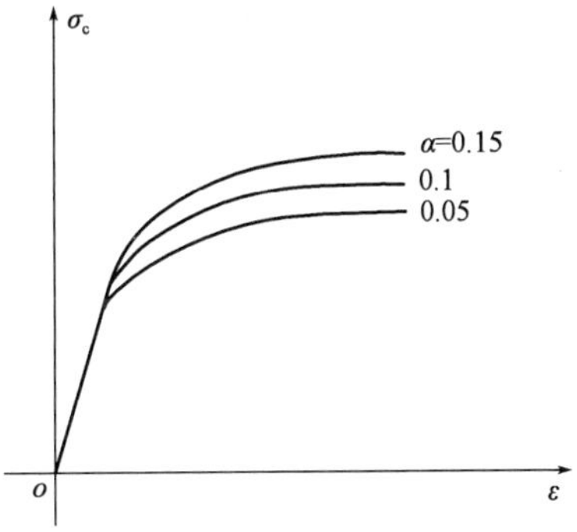

图 11-4-2 核心混凝土 σ_c-ε 关系曲线

$$\begin{cases} \sigma_c = \sigma_u \left[A \dfrac{\varepsilon}{\varepsilon_o} - B \left(\dfrac{\varepsilon}{\varepsilon_o} \right)^2 \right] & \varepsilon \leqslant \varepsilon_o \\[3mm] \sigma_c = \sigma_u(1 - q) + \sigma_u q \left(\dfrac{\varepsilon}{\varepsilon_o} \right)^{(0.2 + \alpha)} & \varepsilon > \varepsilon_o \end{cases} \qquad (11\text{-}4\text{-}8)$$

式中:σ_u——核心混凝极限压应力,由下式确定:

$$\sigma_u = f_{ck} \left[1 + \left(\dfrac{30}{f_{cu}} \right)^{0.4} (-0.0626\xi^2 + 0.4848\xi) \right]$$

ε_o——核心混凝土极限压应变,由下式确定:

$$\varepsilon_o = \varepsilon_c + 3600\sqrt{\alpha} \ (\mu\varepsilon)$$
$$\varepsilon_c = 1300 + 10 f_{cu} \ (\mu\varepsilon)$$
$$A = 2 - K \qquad B = 1 - K$$

$$K = (-5\alpha^2 + 3\alpha)\left(\frac{50 - f_{cu}}{50}\right) + (-2\alpha^2 + 2.15\alpha)\left(\frac{f_{cu} - 30}{50}\right)$$

$$q = \frac{K}{0.2 + \alpha}, f_{ck} = 0.8f_{cu}, \xi = \frac{\alpha f_y}{f_{ck}}, \alpha = \frac{A_s}{A_c}$$

当已知钢材的屈服强度f_y、混凝土强度f_{cu}和含钢率α时,以上公式中的各参数就能唯一地确定,即可求出核心混凝土的本构方程。

三、钢管混凝土轴心受力时 $N\text{-}\varepsilon$ 关系曲线

1.轴心受压时 $N\text{-}\varepsilon$ 关系曲线

钢管混凝土轴心受压时,应力沿截面及杆长方向均为均匀分布。根据已获得的钢管和核心混凝土的本构关系,建立内外力平衡条件式(11-4-9)和变形协调条件式(11-4-10),由合成法即可求出内力(或应力)与应变的关系:

$$N = N_s + N_c \tag{11-4-9}$$

$$\Delta_{sL} = \Delta_{cL}, \Delta_{sr} = \Delta_{cr} \tag{11-4-10}$$

式中:N_s、N_c——钢管和核心混凝土承担的轴向力;

Δ_{sL}、Δ_{sr}——钢管的纵向和径向变形;

Δ_{cL}、Δ_{cr}——核心混凝土的纵向和径向变形。

利用上述条件进行全过程的数值分析,可以得到合成后的轴心压力N与纵向应变ε之间的关系曲线,见图11-4-3。值得注意的是,此时我们已把钢管混凝土视为整体或称为一种组合

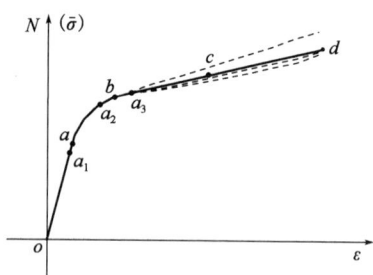

图11-4-3 $N\text{-}\varepsilon(\bar{\sigma}\text{-}\varepsilon)$合成曲线

材料。轴向压力N用全截面面积$A_{sc} = \pi r_0^2$除,即得到平均应力$\bar{\sigma}$。因而该曲线也是$\bar{\sigma}\text{-}\varepsilon$关系曲线($r_0$是钢管外半径)。合成后的$N\text{-}\varepsilon$全曲线具有如下特点:

①a_1点,开始产生紧箍力,即$\mu_c = \mu_s$。

②a点,钢管折算应力达到比例极限,即有$\sigma_i = f_p$,此后进入弹塑性阶段。

③a_2点,核心混凝土的纵向应力达到棱柱体强度标准值,即$\sigma_c = f_{ck}$。

④b点,钢管折算应力达到屈服点,进入一次塑流段,即$\sigma_i = f_y$。

⑤a_3点,核心混凝土进入强度包络线。

⑥c点,进入强化阶段,此点斜率开始略有增加。

⑦d点,钢管折算应力达到强度极限,即$\sigma_i = f_u$,钢材进入二次塑流或进入破坏面,其纵向应变可达20%。

利用上述合成曲线对搜集到的300多个轴压试验结果进行了验算,其参数范围为$f_{ck} = 13.4 \sim 68.0$MPa,$f_y = 204 \sim 483$MPa,$\alpha = 0.033 \sim 0.26$。计算结果与试验结果吻合良好,是令人满意的。

2.轴心受拉时 $N\text{-}\varepsilon$ 关系曲线

根据内外力平衡条件和径向变形条件可以建立钢管混凝土轴心受拉时的全过程分析方程:

（1）平衡条件：

$$N = N_s + N_c \qquad (11\text{-}4\text{-}11)$$

忽略核心混凝土的抗拉作用，则有 $N_c = 0$，外部轴向拉力全由钢管承担，因而钢管的纵向应力为：

$$\sigma_3 = \frac{N}{A_s} = \frac{N}{\pi(r_o^2 - r_{co}^2)} \qquad (11\text{-}4\text{-}12)$$

式中：r_o、r_{co}——钢管的外半径和内半径。

（2）径向变形协调条件：

$$\Delta_{sr} = \Delta_{cr} \qquad (11\text{-}4\text{-}13)$$

钢管的径向变形和混凝土的径向变形分别为：

$$\begin{cases} \Delta_{sr} = -\left(r_{co} + \dfrac{t}{2}\right)\varepsilon_1 + \dfrac{t}{2}\varepsilon_2 \\ \Delta_{cr} = r_{co}\varepsilon_2' \end{cases} \qquad (11\text{-}4\text{-}14)$$

上式中以压为正，以拉为负。利用上述条件引入钢材在双向受拉时 $\sigma_i\text{-}\varepsilon_i$ 的本构关系，忽略钢材的强化作用，进行全过程分析即可得到钢管混凝土受拉的 $\sigma_3\text{-}\varepsilon_3$ 关系曲线见图11-4-4。

图 11-4-4 中的应力、应变关系基本反映了钢材的性能。但由于内部存在着混凝土，忽略核心混凝土对钢管的径向压力时，钢管为双向受拉。因此，其屈服点要高于单向受拉屈服点 f_y，塑性台阶稍有提高且并非完全水平。钢管抗拉屈服点的提高主要与含钢率 α 有关，在常用含钢率的情况下可近似按公式（11-4-15）计算：

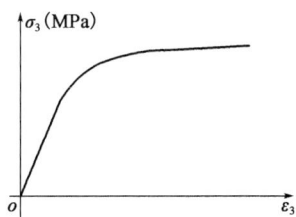

图 11-4-4 轴心受拉时 $\sigma\text{-}\varepsilon$ 关系

$$f_y' = Kf_y = (1.121 - 0.167\alpha)f_y \qquad (11\text{-}4\text{-}15)$$

当含钢率 $\alpha = 0.05$ 时，提高到 $1.11f_y$，$\alpha = 0.20$ 时，提高到 $1.09f_y$。在实际工程计算时，可近似取钢管双向受拉时的屈服强度为 $f_y' = Kf_y = 1.1f_y$，即高于单向抗拉屈服强度的 10%。

第十二章

钢管混凝土拱桥的组合性能指标及影响因素

第一节 钢管混凝土组合性能指标

一、确定的依据

第十一章已将钢材和混凝土在复杂受力状态下的本构关系合成为钢管混凝土组合材料的荷载(应力)—应变关系,其中包括受压和受拉两种情况,参见图 11-4-3 和图 11-4-4。接下来的问题是如何确定钢管混凝土在轴向受力时的承载能力,或者说确定钢管混凝土轴向受力构件承载力的依据是什么,20 世纪 90 年代 钟善桐 教授就给出了以下两条依据:

(1)根据《建筑结构设计统一标准》(GBJ 68—1984)的规定,对于塑性破坏的结构或构件,以开始发展塑性作为承载力极限,即将钢管混凝土的设计准则定义为屈服承载力 N_0,也就是合成曲线上的 b 点。

(2)以合成法确定的钢管混凝土轴向受力构件的荷载(应力)—应变全过程曲线作为确定组合性能指标的依据。

上述两条依据与《建筑结构可靠度设计统一标准》(GB 50068—2001)和《公路工程结构可靠度设计统一标准》(GB/T 50283—1999)中关于极限状态的定义是吻合的。钢管混凝土柱是典型的塑性破坏,其极限压应变可以达到0.2~0.3,此时的结构变形已难以接受。因此以开始发展塑性作为承载力极限是合理的。

二、轴心受压构件

由全过程分析确定的钢管混凝土轴压构件的典型工作性能曲线如图 12-1-1 所示。根据上一章的分析,可把全过程曲线分为弹性(oa),弹塑性(ab)和强化(bc)三个阶段。

1. 轴心受压组合强度标准值f_{sc}^y

以全曲线上纵向应变 $\varepsilon = 3000\mu\varepsilon$ 对应的 b 点作为组合强度设计指标f_{sc}^y,亦可称为组合材料的屈服点。并认为:

(1)钢管已进入屈服阶段,而塑性发展并不大,这时核心混凝土正好进入强度包络线。

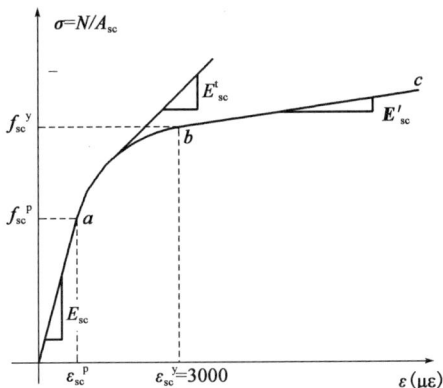

图 12-1-1 轴心受压 σ-ε 典型关系曲线

(2)b 点是弹塑性阶段的终点,强化阶段的起点。

(3)虽有强化但强化程度一般不高,且可认为仍属塑性破坏。

大量计算发现,f_{sc}^y/f_{ck} 与约束效应系数标准值 ξ 呈二次函数关系,即有:

$$f_{sc}^y = (1.212 + B\xi + C\xi^2)f_{ck} \qquad \text{(MPa)} \qquad (12\text{-}1\text{-}1)$$

其中:

$$\xi = \frac{af_y}{f_{ck}} = \frac{A_s f_y}{A_c f_{ck}} \qquad (12\text{-}1\text{-}2)$$

$$\begin{cases} B = 0.1759\dfrac{f_y}{235} + 0.974 \\[2mm] C = -0.1038\dfrac{f_{ck}}{20} + 0.0309 \end{cases} \qquad (12\text{-}1\text{-}3)$$

分别引入钢材和混凝土的分项系数后,可得组合强度的设计值:

$$f_{sc} = (1.212 + B\xi_o + C\xi_o^2)f_c \qquad (12\text{-}1\text{-}4)$$

$$\xi_o = \frac{\alpha f}{f_c} \qquad (12\text{-}1\text{-}5)$$

式中:f、f_c——建筑结构规范中钢管材料和混凝土的抗压强度设计值,在桥梁结构设计规范中相当于f_{sd}和f_{cd};

$\quad$ ξ——钢管混凝土的约束效应系数;

$\quad$ ξ_o——钢管混凝土的约束效应系数设计值;

$\quad$ B、C——约束效应影响系数;

$\quad$ α——钢管混凝土截面的含钢率,按下式计算:

$$\alpha = \frac{A_s}{A_c} \qquad (12\text{-}1\text{-}6)$$

A_s——钢管截面面积(m^2);

A_c——核心混凝土截面面积(m^4)。

2. 轴心受压组合比例极限 f_{sc}^p

全曲线上的 a 点是弹性阶段的终点,定义为钢管混凝土轴心受压时的比例极限。此时钢管的折算应力达到钢材的比例极限。经分析 f_{sc}^p/f_{sc}^y 和 ε_{sc}^p 基本上只与钢材的屈服点 f_y 有关,与混凝土强度等级及含钢率关系不大,可有如下简化式:

$$f_{sc}^p = \left(0.192\frac{f_y}{235} + 0.488\right)f_{sc}^y \quad (\text{MPa}) \tag{12-1-7}$$

$$\varepsilon_{sc}^p = \frac{0.67f_y}{E_s} \tag{12-1-8}$$

3. 抗压组合模量 E_{sc},E_{sc}^t,E_{sc}'

钢管混凝土的组合弹性模量可以借助图 12-1-1 中 a 点的应力和应变之比得到,即有:

$$E_{sc} = \frac{f_{sc}^p}{\varepsilon_{sc}^p} = \left(1.22 \times 10^{-3} + \frac{0.728}{f_y}\right)E_s f_{sc}^y \tag{12-1-9}$$

在弹塑性阶段的切线模量可由下式计算:

$$E_{sc}^t = \frac{(A_1 f_{sc}^y - B_1\bar{\sigma})\bar{\sigma}}{(f_{sc}^y - f_{sc}^p)f_{sc}^p}E_{sc} \quad (\text{MPa}) \tag{12-1-10}$$

式中系数为:

$$A_1 = 1 - \frac{E_{sc}'}{E_{sc}}\left(\frac{f_{sc}^p}{f_{sc}^y}\right)^2 \qquad B_1 = 1 - \frac{E_{sc}'}{E_{sc}}\left(\frac{f_{sc}^p}{f_{sc}^y}\right) \tag{12-1-11}$$

上式满足 a 点 $E_{sc}^t = E_{sc}$ 和 b 点 $E_{sc}^t = E_{sc}'$ 的边界条件,其中 $\bar{\sigma}$ 是平均应力。在强化阶段组合强化模量 E_{sc}' 基本是线性变化,其斜率主要取决于含钢量 α,可近似按下式计算:

$$E_{sc}' = 5000\alpha + 550 \quad (\text{MPa}) \tag{12-1-12}$$

三、轴心受拉构件

1. 轴心受拉组合强度标准值 f_{sc}^{yt}

根据钢管混凝土轴心受拉时的全曲线(图 11-4-4),其性能曲线与钢管受拉相同,只是这时的钢材纵向承载力比单向拉伸屈服点提高10%左右,参见式(11-4-15)。显然其设计准则定义为屈服承载力,并称之为组合拉伸屈服点,可直接按钢管抗拉计算:

$$f_{sc}^{yt} = 1.1f_y \tag{12-1-13}$$

受拉组合强度设计值则为:

$$f_{sc}^t = 1.1f_{sd} \tag{12-1-14}$$

2. 轴心受拉组合比例极限 f_{sc}^{pt}

$$f_{sc}^{pt} = 0.75f_{sc}^{yt} = 0.825f_y \tag{12-1-15}$$

相应的应变值为:

$$\varepsilon_{sc}^{pt} = 0.825\frac{f_y}{E_s} \tag{12-1-16}$$

3. 抗拉组合模量 E_{sc}^{pt} 和 E_{sc}^{tt}

钢管混凝土抗拉弹性模量可以借助其抗拉弹性比例极限及其相应的应变求出：

$$E_{sc}^{pt} = \frac{f_{sc}^{pt}}{\varepsilon_{sc}^{pt}} = E_s \qquad (12\text{-}1\text{-}17)$$

钢管混凝土的抗拉切线模量可由式（12-1-17）得到：

$$E_{sc}^{tt} = \frac{(f_{sc}^t - \overline{\sigma})\overline{\sigma}}{(f_{sc}^{yt} - f_{sc}^{pt})f_{sc}^{pt}} E_s \qquad (\text{MPa}) \qquad (12\text{-}1\text{-}18)$$

上述各式中的符号意义可以参照图 12-1-1。

有了上列物理力学性能，把钢管混凝土视为一种组合材料的统一体，可以直接应用构件全截面的几何性质和各相关物理量。对于实心钢管混凝土，按截面面积 $A_{sc} = \pi r_o^2$、惯性矩 $I_{sc} = \pi r_o^4/4$ 和抗弯模量 $W_{sc} = \pi r_o^3/4$ 等进行构件设计。这样做不但概念清晰，而且计算也十分简便。

第二节　钢管混凝土的组合参数表

我国对钢管混凝土结构的研究早在 20 世纪 60 年代就开始了。目前采用的钢管混凝土组合强度指标也是由建筑钢结构及组合结构专家 钟善桐 教授在 20 世纪 80 年代提出的，并在此基础上于 21 世纪初形成了钢管混凝土结构计算的"统一理论"。

一、建筑钢管混凝土结构的组合参数

对式（12-1-3）~式（12-1-7）的分析表明，影响钢管混凝土组合强度指标的主要参数有三个，即钢材种类（f_y）、混凝土强度等级（C）及含钢率（α）。取其合理的含钢率范围 $\alpha = 0.04 \sim 0.20$；针对建筑钢管混凝土结构中常用的钢种，即 Q235、Q345、Q390 和 Q420，常用的混凝土强度等级 C30 ~ C80，代入《混凝土结构设计规范》（GB 50010—2010）和《钢结构设计规范》（GB 50017—2003）中，混凝土和钢材的强度指标（钢管的壁厚均按 >16 ~ 35mm）列于表 12-2-1。

组合强度指标计算中采用的建筑结构材料强度指标（MPa）　　表 12-2-1

混凝土	f_{ck}	f_c	$E_c(\times 10^4)$	钢材	f_y	f	$E_s(\times 10^5)$
C30	20.1	14.3	3.00	Q235	235	205	
C40	26.8	19.1	3.25	Q345	345	295	
C50	32.4	23.1	3.45	Q390	390	335	2.06
C60	38.5	26.5	3.60	Q420	420	360	
C70	44.5	30.5	3.70	—			
C80	50.2	34.6	3.80				

注：表中钢管的壁厚均按大于 16 ~ 35mm 取值。

《钢管混凝土结构技术规范》（GB 50936—2014）中，在式（12-1-2）~式（12-1-4）的基础上将套箍效应的影响参数 B、C 中的材料强度标准值换算为材料强度设计值，给出了如下实心圆形钢管混凝土抗压组合强度设计值 f_{sc} 的计算方法：

$$f_{\text{sc}} = (1.212 + B\theta + C\theta^2)f_{\text{c}} \tag{12-2-1}$$

式中:θ——钢管混凝土的套箍系数(即约束效应系数 ξ),按下式计算:

$$\theta = \alpha \frac{f}{f_{\text{c}}} \tag{12-2-2}$$

B、C——实心圆形截面对套箍效应的影响系数,按下式计算:

$$\begin{cases} B = 0.176 \dfrac{f}{213} + 0.974 \\ C = -0.104 \dfrac{f_{\text{c}}}{14.4} + 0.031 \end{cases} \tag{12-2-3}$$

f、f_{c}——建筑结构设计规范中的钢管材料和混凝土的抗压强度设计值。

GB 50936—2014 根据上述公式给出了实心圆形截面钢管混凝土组合抗压强度设计值 f_{sc},见表12-2-2,其参数变化范围为含钢率 $\alpha = 0.04 \sim 0.20$;钢种 Q235、Q345、Q390 和 Q420;混凝土强度等级为 C30 ～ C80。对比式(12-1-4)与式(12-2-1)可知,两者内涵完全一致,只是变量的名称有了变化。与式(12-1-3)相比,式(12-2-3)中计算参数 B、C 的四个系数值作了微调。

规范 **GB 50936—2014** 中实心钢管混凝土抗压强度组合设计值 f_{sc}(MPa)　　　表 12-2-2

钢材	混凝土	含 钢 率 α								
		0.04	0.06	0.08	0.1	0.12	0.14	0.16	0.18	0.2
Q235	C30	26.2	30.5	34.5	38.4	42.1	45.6	49.0	52.2	55.3
	C40	32.0	36.2	40.2	44.0	47.6	51.0	54.2	57.3	60.2
	C50	36.9	41.0	44.9	48.7	52.3	55.6	588.0	61.8	64.6
	C60	42.2	46.3	50.2	53.9	57.5	60.8	63.9	66.8	69.5
	C70	47.4	51.5	55.4	59.1	62.6	65.9	69.0	71.8	74.5
	C80	52.3	56.4	60.3	64.0	67.5	70.8	73.8	76.7	79.3
Q345	C30	30.2	36.2	41.8	47.1	52.1	56.8	61.2	65.2	69.0
	C40	36.0	41.8	47.4	52.5	57.3	61.8	65.9	69.7	73.1
	C50	40.8	46.6	52.1	57.2	61.9	66.2	70.2	73.8	77.0
	C60	46.1	51.9	57.3	62.3	67.0	71.2	75.1	78.6	81.7
	C70	51.3	57.0	62.4	67.4	72.0	76.2	80.0	83.4	86.4
	C80	56.2	62.0	67.3	72.3	76.8	81.0	84.7	88.1	91.0
Q390	C30	32.6	39.6	46.1	52.2	57.9	63.2	68.1	72.5	76.5
	C40	38.3	45.2	51.6	57.5	62.9	67.9	72.4	76.5	80.0
	C50	43.1	49.9	56.2	62.0	67.4	72.2	76.5	80.4	83.7
	C60	48.4	55.2	61.4	67.1	72.4	77.1	81.3	85.0	88.1
	C70	53.6	60.3	66.5	72.2	77.3	82.0	86.1	89.7	92.7
	C80	58.5	65.2	71.4	77.0	82.1	86.7	90.7	94.2	97.2
Q420	C30	34.1	41.7	48.9	55.5	61.7	67.3	72.4	77.1	81.2
	C40	39.8	47.3	54.3	60.7	66.5	71.8	76.5	80.7	84.3
	C50	44.6	52.0	58.9	65.2	70.8	75.9	80.5	84.4	87.8
	C60	49.9	57.3	64.1	70.2	75.8	80.8	85.1	88.9	92.0
	C70	55.0	62.4	69.1	75.2	80.7	85.6	89.8	93.5	96.5
	C80	60.0	67.3	74.0	80.1	85.5	90.3	94.5	98.0	100.9

GB 50936—2014 中组合抗压弹性模量可依据公式(12-1-9),并取 $f'_{sc} \approx 1.3 f_{sc}$ 计算,于是组合弹性模量 E_{sc} 可直接由组合抗压强度按下式换算得到:

$$E_{sc} = 1.3 k_E f_{sc} \qquad (12\text{-}2\text{-}4)$$

式中:k_E——钢管混凝土轴压弹性模量的换算系数,$k_E = \left[(0.192 \dfrac{f_y}{235} + 0.488)/(0.67 f_y)\right] E_s$,

可直接根据钢材种类查表 12-2-3 确定。

钢管混凝土轴压弹性模量换算系数 表 12-2-3

钢材	Q235	Q345	Q390	Q420
k_E	918.9	719.6	657.5	626.9

二、桥梁钢管混凝土结构的组合参数

目前公路桥梁结构规范和建筑结构规范均采用多系数表达的极限状态设计法。但由于桥梁结构和建筑结构承受的活荷载性质不同,其安全储备亦有所不同。虽然两者的设计规范都采用了极限状态设计,而且钢材和混凝土的材料强度标准值的取值相同,但在材料安全系数、材料强度设计值、荷载组合系数及荷载安全系数等方面的取值上均有明显差异。因此,按照建筑及交通两个行业规范、标准得到的组合材料强度设计指标数值也不相等。

1. 钢管混凝土的材料及合理匹配

在进行桥梁工程设计时,钢管混凝土主拱圈及构件的材料强度应参照《公路钢管混凝土拱桥设计规范》(JTG/T D65-06—2015)取值,亦可采用《钢管混凝土拱桥技术规范》(GB 50923—2013)的相关规定。两者在钢材强度取值方面略有差异,后者给出的材料强度指标同表 1-4-2。在此仅列出规范 JTG/T D65-06—2015 中规定的钢管及混凝土材料强度,见表 12-2-4 和表 12-2-5。

钢管材料的强度设计指标(MPa) 表 12-2-4

钢 材		抗拉、抗压和抗弯强度设计值 f_{sd}	抗剪强度设计值 f_{vd}
牌号	厚度(mm)		
Q235	≤16	215	125
	16 ~ 40	205	120
Q345	≤16	310	180
	16 ~ 40	295	170
Q390	≤16	350	205
	16 ~ 40	335	190

混凝土的材料强度指标(MPa) 表 12-2-5

混凝土强度等级 强度指标	C30	C40	C50	C60	C70	C80
抗压强度标准值 f_{ck}	20.1	26.8	32.4	38.5	44.5	50.2
抗拉强度标准值 f_{tk}	2.01	2.40	2.65	2.85	3.00	3.10
抗压强度设计值 f_{cd}	13.8	18.4	22.4	26.5	30.5	34.6

续上表

强度指标 \ 混凝土强度等级	C30	C40	C50	C60	C70	C80
抗拉强度设计值 f_{td}	1.39	1.65	1.83	1.96	2.07	2.14
弹性模量 E_c ($\times 10^4$)	3.00	3.25	3.45	3.60	3.70	3.80

为使得钢管材料与混凝土强度等级更好地匹配,以使得钢管混凝土的力学性能和经济性更好,《公路钢管混凝土拱桥设计规范》(JTG/T D65-06—2015)中给出了建议钢管与管内各等级混凝土的匹配范围;《钢管混凝土拱桥技术规范》(GB 50923—2013)中也规定了钢管混凝土拱肋的合理级配范围,两者采用的钢材种类相同,但两本规范建议的混凝土的强度等级范围有所不同,见表12-2-6。

钢管与混凝土的强度等级匹配表 表 12-2-6

钢材	Q235		Q345					Q390				规 范
混凝土	C30	C40	C40	C50	C60	C70	C80	C50	C60	C70	C80	JTG/T D65-06—2015
	C30	C40	C40	C50	C60	—		≥C60				GB 50923—2013

2. 桥梁用钢管混凝土组合强度设计值 f_{sc}

为减少表格数量,JTG/T D65-06—2015 在前述组合强度设计值 f_{sc} 计算式(12-1-5)的基础上,考虑常用的钢管壁厚及其对钢材强度设计值的影响,进一步简化得到用于桥梁结构设计的钢管混凝土组合强度设计值的简化计算式。

当钢管壁厚 $t \leqslant 16mm$ 时:

$$f_{sc} = (1.14 + 1.02\xi_o)f_{cd} \tag{12-2-5}$$

当钢管壁厚 $t > 16mm$ 时:

$$f_{sc} = 0.96(1.14 + 1.02\xi_o)f_{cd} \tag{12-2-6}$$

式中:t——钢管壁厚(mm);

f_{sc}——公路桥梁设计的钢管混凝土组合轴心抗压强度设计值(MPa);

ξ_o——钢管混凝土的约束效应系数设计值,其取值不宜小于0.6,按式(12-1-5)计算;

f_{cd}——钢管内混凝土的抗压强度设计值(MPa)。

桥梁工程实践表明,采用厚度大于16mm 的钢板卷制成的钢管,板厚效应使得卷制的钢管更易显露钢材固有的缺陷,降低了钢材强度。同时,壁厚大于16mm 的钢管直径一般较大,而大直径钢管混凝土的约束效应有所降低。根据试验成果,取钢管混凝土组合抗压强度设计值的修正系数为0.96,即把钢管混凝土的组合强度适当折减。

当钢管壁厚 $t \leqslant 16mm$ 时,由式(12-2-1)计算得到的钢管混凝土组合强度设计值 f_{sc} 亦可根据选用的材料和含钢率,直接由表12-2-7 直接查取。当钢管壁厚大于16mm 时,需将表中查取的数值乘以0.96 的修正系数。

3. 桥梁用钢管混凝土组合弹性轴压模量 E_{sc}

当计算钢管混凝土构件压缩变形时,需要其组合弹性轴压模量 E_{sc}。该值应根据表12-2-4、表12-2-5 中的材料强度值及约束效应系数(或含钢率),按前述式(12-1-7)计算确定。规范 JTG/T D65-06—2015 中直接给出了钢管壁厚 $t \leqslant 16mm$ 的钢管混凝土组合弹性轴压模量 E_{sc} 的数值表,可直接查表确定,见表 12-2-8。当钢管壁厚大于 16mm 时,应将表 12-2-8 中查取的数值乘以 0.96 的修正系数。

规范 JTG/T D65-06—2015 的钢管混凝土组合

轴心抗压强度设计值 f_{sc}(MPa)($t \leqslant 16mm$)　　　　　　　　　　表 12-2-7

钢材	混凝土	0.04	0.05	0.06	0.07	0.08	0.09	0.10	0.11
Q235	C30	24.50	26.70	28.89	31.08	33.28	35.47	37.66	39.86
	C40	29.75	31.94	34.13	36.33	38.52	40.71	42.91	45.10
Q345	C40	33.62	36.79	39.95	43.11	46.27	49.43	52.60	55.76
	C50	38.18	41.35	44.51	47.67	50.83	53.99	57.16	60.32
	C60	42.86	46.02	49.18	52.34	55.51	58.67	61.83	64.99
	C70	47.42	50.58	53.74	56.90	60.07	63.23	66.39	69.55
	C80	52.09	55.25	58.42	61.58	64.74	67.90	71.06	74.23
Q390	C50	39.82	43.39	46.96	50.53	54.10	57.67	61.24	64.81
	C60	44.49	48.06	51.63	55.20	58.77	62.34	65.91	69.48
	C70	49.05	52.62	56.19	59.76	63.33	66.90	70.47	74.04
	C80	53.72	57.29	60.86	64.43	68.00	71.57	75.14	78.71
钢材	混凝土	0.12	0.13	0.14	0.15	0.16	0.17	0.18	0.19	0.20
Q235	C30	42.05	44.24	46.43	48.63	50.82	53.01	55.21	57.40	59.59
	C40	47.29	49.49	51.68	53.87	56.06	58.26	60.45	62.64	64.84
Q345	C40	58.92	62.08	65.24	68.41	71.57	74.73	77.89	81.05	84.22
	C50	63.48	66.64	69.80	72.97	76.13	79.29	82.45	85.61	88.78
	C60	68.15	71.32	74.48	77.64	80.80	83.96	87.13	90.29	93.45
	C70	72.71	75.88	79.04	82.20	85.36	88.52	91.69	94.85	98.01
	C80	77.39	80.55	83.71	86.87	90.04	93.20	96.36	99.52	102.68
Q390	C50	68.38	71.95	75.52	79.09	82.66	86.23	89.80	93.37	96.94
	C60	73.05	76.62	80.19	83.76	87.33	90.90	94.47	98.04	101.61
	C70	77.61	81.18	84.75	88.32	91.89	95.46	99.03	102.60	106.17
	C80	82.28	85.85	89.42	92.99	96.56	100.13	103.70	107.27	110.84

注:当含钢率 α 为中间值时,f_{sc} 可采用内插法求得。

规范 JTG/T D65-06—2015 的钢管混凝土

组合弹性轴压模量 E_{sc}($\times 10^4 MPa$)($t \leqslant 16mm$)　　　　表 12-2-8

钢材	混凝土	0.04	0.05	0.06	0.07	0.08	0.09	0.10	0.11
Q235	C30	2.89	3.11	3.32	3.53	3.75	3.96	4.17	4.39
	C40	3.57	3.79	4.00	4.21	4.43	4.64	4.85	5.07
Q345	C40	3.06	3.31	3.55	3.79	4.03	4.27	4.51	4.76
	C50	3.50	3.74	3.99	4.23	4.47	4.71	4.95	5.19
	C60	3.98	4.22	4.46	4.70	4.95	5.19	5.43	5.67

钢材	混凝土	0.04	0.05	0.06	0.07	0.08	0.09	0.10	0.11
Q345	C70	4.45	4.69	4.93	5.17	5.42	5.66	5.90	6.14
	C80	4.89	5.14	5.38	5.62	5.86	6.10	6.35	6.59
Q390	C50	3.36	3.62	3.87	4.12	4.38	4.63	4.88	5.14
	C60	3.81	4.06	4.31	4.57	4.82	5.07	5.32	5.58
	C70	4.24	4.49	4.75	5.00	5.25	5.51	5.76	6.01
	C80	4.65	4.91	5.16	5.41	5.67	5.92	6.17	6.43
钢材	混凝土	0.12	0.13	0.14	0.15	0.16	0.17	0.18	0.19	0.20
Q235	C30	4.60	4.81	5.03	5.24	5.45	5.67	5.88	6.10	6.31
	C40	5.28	5.49	5.71	5.92	6.13	6.35	6.56	6.78	6.99
Q345	C40	5.00	5.24	5.48	5.72	5.96	6.20	6.45	6.69	6.93
	C50	5.44	5.68	5.93	6.16	6.40	6.64	6.89	7.13	7.37
	C60	5.91	6.15	6.40	6.64	6.88	7.12	7.36	7.60	7.85
	C70	6.38	6.62	6.87	7.11	7.35	7.59	7.83	8.07	8.32
	C80	6.83	7.07	7.31	7.55	7.80	8.04	8.28	8.52	8.76
Q390	C50	5.39	5.64	5.89	6.15	6.40	6.65	6.91	7.16	7.41
	C60	5.83	6.08	6.34	6.59	6.84	7.10	7.35	7.60	7.86
	C70	6.27	6.52	6.77	7.03	7.28	7.53	7.79	8.04	8.29
	C80	6.68	6.93	7.19	7.44	7.69	7.95	8.20	8.45	8.71

注:当含钢率 α 为中间值时,E_{sc} 可采用内插法求得。

4. 桥梁用钢管混凝土组合抗剪强度设计值 τ_{sc}

钢管混凝土构件存在承受剪力的可能。当需要验算构件的剪切应力时,规范 JTG/T D65-06—2015 中给出了考虑钢管壁厚影响的钢管混凝土组合抗剪强度设计值 τ_{sc} 的计算方法,见下列公式。

当钢管壁厚 $t \leqslant 16mm$ 时:

$$\tau_{sc} = (0.422 + 0.313\alpha^{2.33})\xi_o^{0.134}f_{sc} \tag{12-2-7}$$

当钢管壁厚 $t > 16mm$ 时:

$$\tau_{sc} = 0.96(0.422 + 0.313\alpha^{2.33})\xi_o^{0.134}f_{sc} \tag{12-2-8}$$

式中:τ_{sc}——钢管混凝土组合抗剪强度设计值(MPa);

α——钢管混凝土截面的含钢率,由公式(12-1-6)计算;

ξ_o——钢管混凝土的约束效应系数设计值,由公式(12-1-4)计算;

f_{sc}——钢管混凝土组合轴心抗压强度设计值(MPa)。

5. 钢管混凝土组合弹性剪切模量 G_{sc}

当需要计算钢管混凝土构件的剪切变形时,需用到其组合弹性剪切模量 G_{sc}。规范 JTG/T D65-06—2015 中给出了钢管壁厚 $t \leqslant 16mm$ 的钢管混凝土组合弹性剪切模量 G_{sc} 的数值表,可直接查表取值,见表12-2-9。当钢管壁厚大于16mm时,应将表12-2-9中查取的数值乘以0.96的修正系数。

规范 JTG/T D65-06—2015 的钢管混凝土
组合弹性剪切模量 G_{sc} ($\times 10^4$ MPa) ($t \leqslant 16$ mm)   表 12-2-9

钢材	混凝土	0.04	0.05	0.06	0.07	0.08	0.09	0.10	0.11
Q235	C30	0.86	0.95	1.04	1.13	1.22	1.32	1.41	1.50
	C40	1.01	1.10	1.19	1.28	1.37	1.46	1.55	1.64
Q345	C40	0.91	1.01	1.11	1.21	1.20	1.40	1.50	1.59
	C50	1.01	1.10	1.20	1.30	1.39	1.49	1.58	1.68
	C60	1.11	1.21	1.30	1.40	1.49	1.59	1.68	1.77
	C70	1.20	1.30	1.40	1.50	1.59	1.68	1.78	1.87
	C80	1.29	1.39	1.49	1.59	1.68	1.77	1.87	1.96
Q390	C50	0.97	1.07	1.17	1.26	1.36	1.45	1.54	1.63
	C60	1.07	1.16	1.26	1.35	1.45	1.54	1.63	1.72
	C70	1.16	1.26	1.35	1.44	1.54	1.63	1.72	1.80
	C80	1.24	1.34	1.43	1.53	1.62	1.71	1.80	1.88
钢材	混凝土	0.12	0.13	0.14	0.15	0.16	0.17	0.18	0.19	0.20
Q235	C30	1.59	1.69	1.78	1.88	1.97	2.07	2.17	2.27	2.37
	C40	1.73	1.82	1.92	2.01	2.10	2.20	2.29	2.39	2.49
Q345	C40	1.69	1.79	1.89	1.98	2.08	2.18	2.28	2.38	2.48
	C50	1.77	1.87	1.96	2.06	2.16	2.25	2.35	2.45	2.55
	C60	1.87	1.96	2.06	2.16	2.25	2.34	2.43	2.53	2.62
	C70	1.96	2.05	2.15	2.24	2.33	2.42	2.52	2.61	2.71
	C80	2.05	2.14	2.23	2.32	2.41	2.51	2.60	2.69	2.78
Q390	C50	1.73	1.82	1.91	2.00	2.09	2.18	2.27	2.36	2.45
	C60	1.81	1.90	1.99	2.08	2.16	2.25	2.34	2.43	2.51
	C70	1.89	1.98	2.07	2.15	2.24	2.32	2.41	2.49	2.58
	C80	1.97	2.08	2.14	2.23	2.31	2.40	2.48	2.56	2.65

注:当含钢率 α 为中间值时,G_{sc} 可采用内插法求得。

6. 钢管混凝土的线膨胀系数 α_{sc}

钢管混凝土由钢管及混凝土两种材料组成,两者的线膨胀系数略有差异。考虑到直接接触大气环境温度的是钢管,且管内混凝土对钢管的轴向约束作用相对较小。因此,规范 JTG/T D65-06—2015 中规定可选用钢材的线膨胀系数作为钢管混凝土的线膨胀系数,即取 $\alpha_{sc} = 1.2 \times 10^{-5}$ ℃$^{-1}$。而 GB 50923—2013 中则建议考虑钢管和混凝土截面积的影响,按下式考虑均匀温度荷载时钢管混凝土轴线方向的线膨胀系数 α_{sc}:

$$\alpha_{sc} = \frac{\alpha_s A_s + \alpha_c A_c}{A_s + A_c} \qquad (12\text{-}2\text{-}9)$$

式中:α_s——钢材的线膨胀系数,取 $\alpha = 1.2 \times 10^{-5}$ ℃$^{-1}$;

α_c——混凝土的线膨胀系数,取 $\alpha_c = 1.0 \times 10^{-5}$ ℃$^{-1}$;

A_s、A_c——钢管和混凝土的截面面积。

计算结果表明,两本规范中关于钢管混凝土线膨胀系数的取值相差不大。

三、组合参数计算示例

【例 12-1】 已知采用 Q345 钢管和 C50 混凝土的钢管混凝土结构,其含钢率为 $\alpha = 0.06$,其钢板厚度为 16～40mm。若按建筑结构规范 GB 50010—2010 和 GB 50017—2003 取用混凝土和钢材的强度指标(表 12-2-1),C50 混凝土轴心抗压强度设计值为 $f_c = 23.1$MPa,Q345 钢材的抗拉强度设计值为 $f = 295$MPa。试计算钢管混凝土的组合强度设计值 f_{sc} 和组合轴压弹性模量之 E_{sc}。

解:(1)计算相关参数:

套箍系数:

$$\theta = \alpha f/f_c = 0.06 \times 295/23.1 = 0.766$$

影响系数:

$$B = 0.176f/213 + 0.974 = 0.176 \times 295/213 + 0.974 = 1.218$$
$$C = -0.104f_c/14.4 + 0.031 = -0.104 \times 23.1/14.4 + 0.031 = -0.136$$

(2)钢管混凝土组合强度设计值:

$$f_{sc} = (1.212 + B\theta + C\theta^2)f_c$$
$$= (1.212 + 1.218 \times 0.766 - 0.136 \times 0.766^2) \times 23.1 = 47.70(\text{MPa})$$

(3)查《钢管混凝土结构技术规范》(GB 50936—2014)附录 B,即表 12-2-2 可得该钢管混凝土的组合强度设计值 $f_{sc} = 46.6$MPa,与计算结果略有差异,相对误差 2.36%。

(4)按 GB 50936—2014 规范即式(12-2-4)计算得到组合轴压弹性模量为:

$$E_{sc} = 1.3k_E f_{sc} = 1.3 \times 719.6 \times 46.6 = 43593(\text{MPa})$$

【例 12-2】 已知某桥梁的钢管混凝土构件,采用与[例 12-1]相同的 Q345 钢管和 C50 混凝土的钢管混凝土结构,其含钢率为 $\alpha = 0.06$,假定钢管的壁厚不大于 16mm。若按表 12-2-4 和表 12-2-5 取用规范 JTG/T D65-06—2015 中的桥梁钢材和混凝土的强度指标,即混凝土轴心抗压强度设计值 $f_{cd} = 22.4$MPa,混凝土轴心抗压强度标准值 $f_{ck} = 32.4$MPa;钢材的屈服点 $f_y = 345$MPa,其抗拉强度设计值为 $f_{sd} = 310$MPa;钢材弹性模量为 $E_s = 2.06 \times 10^5$MPa。试计算该桥的钢管混凝土的组合强度设计值 f_{sc}、组合弹性模量 E_{sc} 和相关的其他组合强度指标。

解:(1)计算相关参数如下:

由式(12-1-2)式(12-1-4)计算约束效应系数:

$$\xi = \alpha f_y/f_{ck} = 0.06 \times 345/32.4 = 0.6389$$
$$\xi_o = \alpha f_{sd}/f_{cd} = 0.06 \times 310/22.4 = 0.8304$$

由式(12-1-3)计算约束效应影响系数:

$$B = 0.1759f_y/235 + 0.974 = 0.1759 \times 345/235 + 0.974 = 1.2322$$
$$C = -0.1038f_{ck}/20 + 0.0309 = -0.1038 \times 32.4/20 + 0.0309 = -0.1373$$

(2)由式(12-1-2)计算钢管混凝土组合强度标准值:

$$f_{sc}^y = (1.212 + B\xi + C\xi^2)f_{ck}$$
$$= (1.212 + 1.2248 \times 0.6389 - 0.1373 \times 0.6389^2) \times 32.4 = 62.81(\text{MPa})$$

(3)由式(12-1-4)计算钢管混凝土组合强度设计值:

$$f_{sc} = (1.212 + B\xi_o + C\xi_o^2)f_{cd}$$
$$= (1.212 + 1.2322 \times 0.8304 - 0.1373 \times 0.8304^2) \times 22.4 = 47.95(\text{MPa})$$

(4)弹性阶段的组合弹性模量：

$$\varepsilon_{sc}^p = 0.67f_y/E_s = 0.67 \times 345/2.06 \times 10^5 = 1.122 \times 10^{-3}$$
$$f_{sc}^p = (0.192f_y/235 + 0.488)f_{sc}^y$$
$$= (0.192 \times 345/235 + 0.488) \times 62.18 = 47.87(\text{MPa})$$

于是有：

$$E_{sc} = f_{sc}^p/\varepsilon_{sc}^p = 47.87/1.122 \times 10^{-3} = 42665(\text{MPa})$$

(5)强化阶段的强化模量为：

$$E'_{sc} = 5000\alpha + 550 = 5000 \times 0.06 + 550 = 850(\text{MPa})$$

(6)轴心受拉组合强度指标：

受拉组合强度标准值：$f_{sc}^{t} = Kf_y = 1.1 \times 345 = 379.5(\text{MPa})$

受拉组合强度设计值：$f_{sc}^t = Kf_{sd} = 1.1 \times 310 = 341.0(\text{MPa})$

受拉组合比例极限：$f_{sc}^{pt} = 0.75Kf_y = 0.75 \times 1.1 \times 345 = 284.63(\text{MPa})$

轴心受拉组合弹性模量：$E_{sc}^{pt} = E_s = 2.06 \times 10^5 \text{MPa}$

(7)按规范 JTG/T D65-06—2015 的简化方法,即式(12-2-4)计算钢管混凝土组合轴压强度设计值：

$$f_{sc} = (1.14 + 1.02\xi_o)f_{cd} = (1.14 + 1.02 \times 0.8304) \times 22.4 = 44.51(\text{MPa})$$

(8)按规范 JTG/T D65-06—2015 中的方法,即式(12-2-7)计算钢管混凝土组合抗剪强度设计值：

$$\tau_{sc} = (0.422 + 0.313\alpha^{2.33})\xi_o^{0.134}f_{sc}$$
$$= (0.422 + 0.313 \times 0.06^{2.33}) \times 0.8304^{0.134} \times 44.51 = 18.34(\text{MPa})$$

(9)根据含钢率 $\alpha = 0.06$、Q345 钢材及 C50 混凝土,查表 12-2-6 可得,钢管混凝土组合轴心抗压强度 $f_{sc} = 44.51\text{MPa}$；查表 12-2-7 可得,钢管混凝土组合弹性轴压模量 $E_{sc} = 39900\text{MPa}$；查表 12-2-9 可得钢管混凝土组合弹性剪切模量 $G_{sc} = 12000\text{MPa}$。

当采用的钢管壁厚 $t > 16\text{mm}$ 时,上述有关的组合强度指标均应按规范 JTG/T D65-06—2015 的要求,乘以考虑钢板缺陷影响的折减系数 0.96。

对比[例12-1]和[例12-2]中的数值结果不难发现,按不同的行业规范计算时,由于材料强度设计值不同,计算方法不同,得到的钢管混凝土组合强度设计值和组合弹性模量值也有所不同。但两本规范中,组合强度设计值 f_{sc} 的计算方法均基于第十二章第一节的基本方法。两者的计算结果相差不大,可以相互借鉴和参考。

第三节　混凝土徐变、收缩对结构性能的影响

在 20 世纪 80 年代前关于钢管混凝土的徐变、收缩问题的国内外研究极少,为探讨徐变、收缩对钢管混凝土受压构件的影响,以 钟善桐 教授为首的(原)哈尔滨建筑工程学院金属结构研究室在这方面开展了一些试验研究工作。他们得到的一些具有实用价值的研究结果,可

供钢管混凝土拱桥设计时参考。

一、混凝土徐变的影响

传统的单轴受压时的混凝土徐变定义为,混凝土在长期荷载作用下,随时间而增长的塑性变形,主要与水泥品种、用量,水灰比,受荷时混凝土的龄期以及持续应力的大小等因素有关。在钢管混凝土柱中的混凝土处于三向受压状态,在此状态下的混凝土与单轴受压混凝土的徐变性质有所不同。试验表明,在侧压力作用下,当侧压力较小时,混凝土的徐变与单轴相类似。但在侧压力较大时,由于混凝土弹性工作范围的增大,使徐变的某些性质有所改变。同时由于混凝土受力方向发生徐变时,非受力方向的变形受到约束,而使得多轴压应力作用下混凝土的徐变量小于单轴应力状态下的徐变量。

钢管内的核心混凝土具有干硬性、与外界隔绝、养生时不浇水等特点,因此影响核心混凝土徐变的主要因素与常规混凝土有所不同。经过试验研究,认为影响核心混凝土徐变的主要因素是核心混凝土的弹性模量的高低、持续荷载的应力级别及含钢率的大小。

二、核心混凝土徐变对钢管混凝土轴压强度的影响

根据我国20世纪80年代中期完成的两批钢管混凝土徐变试验,可以得到以下几点结果:

(1)钢管混凝土的徐变早期发展很快,5个月后曲线渐趋水平,一年之后几乎停止,徐变量比单向受压混凝土小得多;当 $\alpha = 0.05 \sim 0.2$ 时,约为单向受压混凝土徐变量的74%。

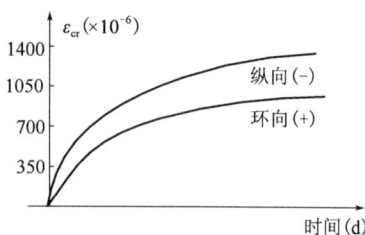

图12-3-1 纵向和环向徐变变化

(2)实测表明,核心混凝土在发生纵向徐变时,也发生环向徐变(拉)。在此过程中,紧箍力也略有增加,但在徐变计算中,紧箍力的变化可以忽略不计。环向徐变与纵向徐变之间的对比关系如图12-3-1所示。

(3)随含钢率 α 的提高,由于钢管的牵制作用,钢管混凝土的徐变量减少,如图12-3-2所示。当钢管进入弹塑性工作阶段,含钢率的影响减小。当含钢率 α 由0.05变化到0.2时,徐变量减小19%～44%。

(4)徐变量与持续荷载的大小有关。当钢管混凝土持续荷载水平增大时,徐变增加;反之亦然,如图12-3-3所示。

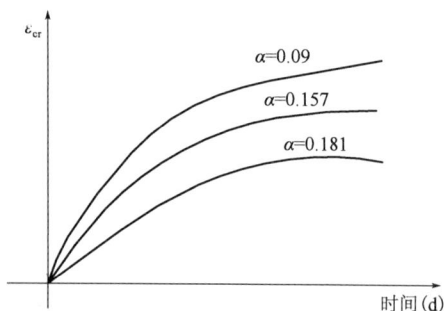

图12-3-2 徐变与含钢率的关系

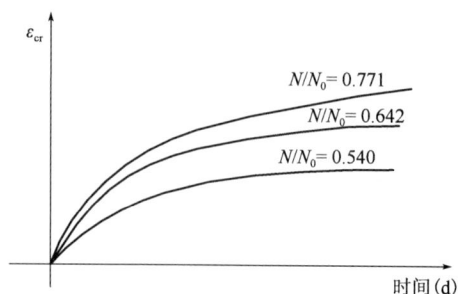

图12-3-3 徐变与压力 N 的关系

（5）徐变对钢管混凝土轴压强度无影响，即徐变不影响钢管混凝土柱的极限强度。

三、核心混凝土徐变对钢管混凝土轴压稳定性的影响

钢管混凝土结构常用于长细比较大的受压结构，稳定性是这类结构必须考虑的问题。 钟善桐 教授早在 20 世纪 80 年代就提出，核心混凝土徐变对钢管混凝土轴压稳定性的影响可以借助欧拉临界力叠加公式进行分析。将钢管混凝土柱的断面看作为由钢管和混凝土两种材料组合而成的断面，因而欧拉临界力 N_{cr} 计算式可以表示为：

$$N_{cr} = \frac{\pi^2}{L^2}(E_s^t I_s + E_c^t I_c) \tag{12-3-1}$$

式中：E_s^t、E_c^t——钢材和混凝土的切线模量。

I_s、I_c——钢管和混凝土的截面惯性矩，对实心钢管混凝土有如下关系：

$$\begin{cases} I_c = \frac{1}{4}\pi r_{co}^4 \\ I_s \approx \pi r_{co}^2 t(r_{co} + 1.5t) \end{cases} \tag{12-3-2}$$

r_{co}、t——钢管内半径和钢管壁厚。

令 $a \approx 2t/r_{co}$，并将上述 I_c、I_s 代入式（12-3-1）中，即可得到如下关系式：

$$N_{cr} = \frac{\pi^2 A_c}{\lambda_{sc}^2}\zeta \tag{12-3-3}$$

式中：λ_{sc}——钢管混凝土柱的长细比，按下式计算：

$$\lambda_{sc} = \frac{4L}{d} \approx \frac{2L}{r_{co}} \tag{12-3-4}$$

ζ——构件折算模量，按下式计算：

$$\zeta = 2aE_s^t + 1.5a^2 E_s^t + E_c^t \tag{12-3-5}$$

其余符号意义同前。

当核心混凝土发生徐变时，截面上产生内力重分布，使钢管和混凝土的模量发生变化，折算模量 ζ 随之变化，临界力 N_{cr} 也随之增减。因此研究混凝土徐变的影响，只需分析 ζ 值的变化。

图 12-3-4 表示钢材和混凝土轴心受压时的 σ-ε 关系。设轴压构件达到临界状态时处于弹塑性阶段，钢管和混凝土的应力分别位于 σ-ε 曲线的 b 点和 a 点。这时式（12-3-7）中的 E_s^{tb} 是 b 点的切线模量，E_c^{ta} 是 a 点的切线模量。当混凝土发生徐变时，水平线 ac 等于混凝土自由徐变量。由于钢材的约束，混凝土实际徐变量为 ac'，此即钢管混凝土构件的实际徐变量。根据变形协调，钢管由 b 点到 b' 点，并产生徐变压应力，切线模量 E_s^t 减小；混凝土由 a 点到达 a' 点，产生徐变拉应力，切线模量 E_c^t 提高。

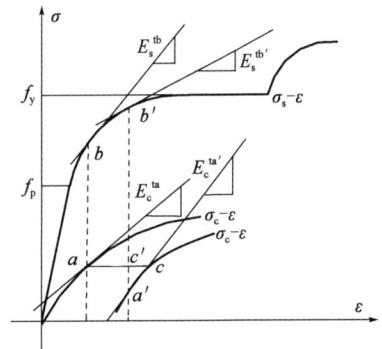

图 12-3-4 混凝土徐变的影响

因此考虑徐变影响后，换算模量变为：

$$\zeta' = 2aE_s^{tb'} + 1.5a^2 E_s^{tb'} + E_c^{ta'} \tag{12-3-6}$$

不考虑徐变影响时：

$$\zeta = 2aE_s^{\mathrm{tb}} + 1.5a^2E_s^{\mathrm{tb}} + E_c^{\mathrm{ta}} \tag{12-3-7}$$

于是由于徐变而使构件稳定承载力的下降率可表示为:

$$\eta = \frac{\zeta - \zeta'}{\zeta} \tag{12-3-8}$$

式(12-3-7)和式(12-3-8)表明,只要计算钢管和混凝土的模量的变化即可确定徐变对稳定承载力的影响。在式(12-3-7)中,钢材的切线模量按式(10-1-4)计算,即:

$$E_s^{\mathrm{t}} = \frac{(f_y - \sigma_s)\sigma_s}{0.16f_y^2}E_s$$

核心混凝土的切线模量须分两种情况考虑:

(1)对于细长柱,构件达到临界状态时,仍处于弹性阶段,不产生紧箍力,这时的切线模量按单向受力混凝土考虑,即:

$$E_c^{\mathrm{t}} = f_{ck}\left(\frac{2}{\varepsilon_o} - \frac{2\varepsilon_c}{\varepsilon_o^2}\right) \tag{12-3-9}$$

式中:$\varepsilon_o = 2000 \times 10^{-6}$。

(2)对于中长柱,构件达到临界状态时材料已进入弹塑性阶段,产生紧箍力。这时的切线模量按式(10-4-5)计算,其中的参数 σ_o、ε_o 按式(10-4-3)和式(10-4-4)计算,即:

$$E_c^{\mathrm{t}} = \sigma_o\left(\frac{1.62}{\varepsilon_o} - \frac{1.24\varepsilon_c}{\varepsilon_o^2}\right)$$

$$\sigma_o = f_{ck} + 5.5f_{ck}\left(\frac{p_o}{f_{ck}}\right)^{0.91}$$

$$\varepsilon_o = \left(2000 + 500\alpha\frac{f_y}{f_{ck}}\right)\times 10^{-6}$$

其中钢管进入塑性阶段的紧箍力 p_o 可按式(11-3-10)计算,即:

$$p_o = \frac{\alpha}{(9\xi^2 + 18\xi + 12)^{\frac{1}{2}}}f_y$$

(3)对于短柱,由于是材料强度破坏,无需考虑稳定问题。

利用式(12-3-7)、式(12-3-8)取含钢率 $\alpha = 0.1$,对不同的恒载比例进行大量的数值分析,并将系数 η 转化成与长细比 λ 的关系,如图12-3-5所示。

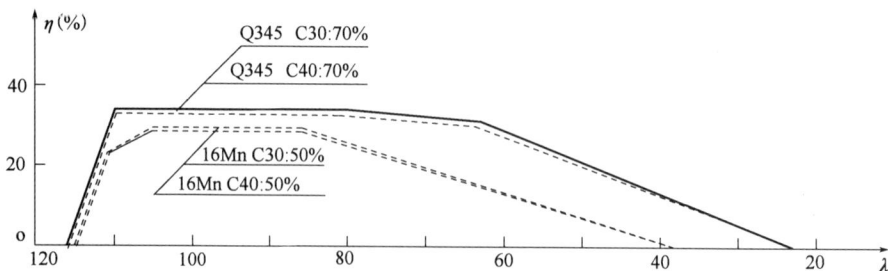

图12-3-5 λ 与 η 的关系

图12-3-5表明核心混凝土徐变对轴心受压构件临界力的影响只限于弹塑性工作阶段。对于长柱(弹性工作阶段)和短柱(强度破坏)都无影响。

根据以上分析并参考德国和日本规范的规定,同时考虑到混凝土强度和模量将随时间增长而提高的有利因素,建议如下:

(1)轴心受压构件和 $e/r_o \leqslant 0.3$ 的偏心受压构件:$\lambda \geqslant 120$ 或 $\lambda \leqslant 50$ 时,不考虑徐变对稳定承载力的影响。

(2)$e/r_o > 0.3$ 的偏心受压构件,亦可不考虑徐变对稳定承载力的影响。

(3)对 $50 < \lambda < 120$ 的中长柱(轴压或小偏压柱 $e/r_o \leqslant 0.3$),当承受永久荷载引起的轴力占全部轴力30%及以上时,应将组合强度设计值 f_{sc} 或构件承载力 N_o 乘以混凝土徐变影响系数 K_c,以考虑核心混凝土徐变的影响。K_c 值由表12-3-1 给出。

徐变折减系数 K_c 值

表 12-3-1

构件长细比	永久荷载所占比例(%)		
λ	30	50	70
$50 < \lambda \leqslant 70$	0.90	0.85	0.80
$70 < \lambda \leqslant 120$	0.85	0.80	0.75

注:表内中间值可采用插入法求得。

四、核心混凝土徐变对偏心受压构件强度的影响

构件偏心受压时,核心混凝土截面上的应力是非均匀的。随着时间的变化,压应力高处混凝土徐变大,反之则小。由于混凝土和钢管黏结成整体,可以认为截面保持平面。于是可以认为混凝土徐变引起的混凝土卸载和钢管加载皆为线性分布,且为自平衡内力,如图12-3-6 所示。

根据对偏压构件进行的徐变试验可有如下结论:

(1)应力级别越大,徐变值越大;含钢率越高,徐变值越小;偏心率越大,徐变值越大。

(2)徐变应变主要发生在初始的 1~3 个月内,超过6个月后变化很小,可以认为徐变对紧箍力无影响。

(3)可以不考虑核心混凝土徐变的横向效应,即认为核心混凝土徐变不引起紧箍力的变化。

(4)核心混凝土的徐变仅仅使钢管较早地发展塑性,而混凝土则稍稍后延,最终并不影响偏心受压构件的强度承载力。

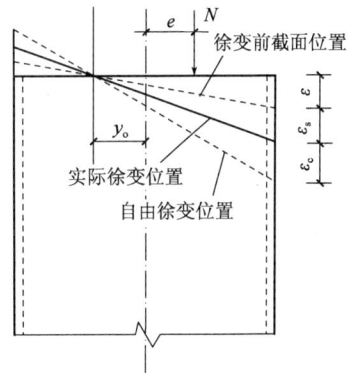

图 12-3-6 混凝土徐变时偏心受压构件截面应变变化

五、规范中混凝土徐变计算方法

鉴于钢管混凝土中混凝土徐变问题的复杂性,《公路钢管混凝土拱桥设计规范》(JTG/T D65-06—2015)中规定,钢管混凝土主拱徐变内力及变形计算时可按照主拱降温15℃计算混凝土徐变影响。受钢管约束的混凝土徐变系数 $\phi'(t,t_0)$ 宜按下式计算确定:

$$\phi'(t,t_0) = \frac{\phi(t,t_0)}{1 + \frac{E_s}{E_c}[1 + \rho\phi(t,t_0)]\alpha} \tag{12-3-10}$$

式中:t_0——加载时的混凝土龄期(d);

t——计算时的混凝土龄期(d);

$\phi(t,t_0)$——混凝土的徐变系数,可根据《公路钢筋混凝土及预应力混凝土桥涵设计规范》(JTG D62—2004)取值;

α——截面的含钢率,$\alpha = A_s/A_c$;

ρ——计算参数,按下式计算:

$$\rho = \frac{1}{1 - e^{-\phi(t,t_0)}} - \frac{1}{\phi(t,t_0)} \tag{12-3-11}$$

E_s、E_c——钢管和混凝土材料的弹性模量;

A_s、A_c——钢管和混凝土的截面面积;

《钢管混凝土拱桥技术规范》(GB 50923—2013)中则规定:对钢管混凝土轴压构件和偏心率 $\rho \leqslant 0.3$ 的偏压构件,其承载永久荷载引起的轴向压力占全部轴向压力的30%及以上时,截面轴心抗压强度(承载力)设计值 N_0 应乘以混凝土徐变折减系数 K_c,见表12-3-1。其中偏心率 ρ 按下式计算:

$$\rho = \frac{e_0}{r} \tag{12-3-12}$$

式中:e_0——截面偏心距;

r——截面计算半径,单肢钢管、哑铃形柱按式(12-3-13)计算,格构柱按公式(12-3-14)计算;

$$r = 2i - t \tag{12-3-13}$$

$$r = 2i \tag{12-3-14}$$

t——钢管壁厚;

i——截面回转半径。

GB 50923—2013 中同时规定,钢管混凝土结构或构件变形计算中,管内混凝土徐变系数在无可靠实测资料时,可直接按现行《公路钢筋混凝土及预应力混凝土桥涵设计规范》(JTG D62)规定的 $\phi(t,t_0)$ 取值。

六、混凝土收缩的影响

混凝土收缩是指混凝土在空气中结硬时发生体积缩小的现象。收缩分为凝缩和干缩。前者是指混凝土凝结时的化学作用,后者则是指混凝土在干燥状态下的收缩。尽管混凝土收缩主要与水泥品种、用量、水灰比及养护环境有关,但混凝土收缩,尤其是混凝土干缩的本质应是混凝土内水分散失所致。钢管混凝土中由于混凝土包裹在钢管之内,混凝土与空气的接触面积很小,水分散失的通道很小。因此从理论上讲,钢管混凝土内的混凝土发生干缩的可能性很小,干缩量也不大。管内混凝土的收缩主要是混凝土结硬期间发生的凝缩。

20 世纪 80 年代中期,(原)哈尔滨建筑工程学院钢管混凝土结构研究团队先后进行过钢管混凝土的收缩试验。这些试验结果可供我们在工程实践中参考。根据钢管混凝土的收缩试验可以有如下结果:

(1)钢管混凝土构件在一般自然条件下养护,其极限收缩应变值为 $550 \times 10^{-6} \sim 580 \times 10^{-6}$。如果构件浇灌混凝土后立即焊接密封,则属于保水养护,其极限收缩应变值不超过 250×10^{-6}。

(2)在封闭养生下,由于混凝土的纵向及径向收缩将产生收缩附加应力。含钢率增加时,由收缩引起的钢管和混凝土中的应力 σ_{1s}、σ_{3c}、σ_{1c} 数值皆增加,而 σ_{3s} 则降低。混凝土强度等级提高时,σ_{1s}、σ_{3s}、σ_{1c} 和 σ_{3c} 数值都提高。

(3)及时密封的管内混凝土具有非均匀的很小的径向收缩,不会使混凝土和钢管壁脱开。

(4)和徐变类似,收缩应力并不影响构件的强度承载力。

中国建筑总公司第三工程局针对钢管混凝土施工中的封闭问题进行的研究表明,施工方法(密封条件)对钢管混凝土收缩有着明显的影响。

(1)浇筑混凝土之后立即封闭。

核心混凝土中的水分无法蒸发,混凝土处于密闭状态下养生。此种情况下,收缩主要由水泥的水化作用引起,可持续 1~2 年之久。可认为在构件承荷后发生的收缩量不大。由收缩引起的内力重分布现象和徐变效果相同,即混凝土产生拉应力,而钢管的纵向应变等于混凝土收缩时的拉应变时,混凝土才参加受荷。

(2)浇灌混凝土后,隔一定时间封闭。

在此情况下,接近在空气中养生的条件。构件未承受荷载之前,混凝土已发生纵向收缩,此收缩量相当大,以致混凝土产生横向裂缝,但并不引起纵向收缩应力。这样的构件在开始受荷阶段,荷载完全由钢管承担,而在钢管的纵向应变等于混凝土收缩时的拉应变时,混凝土才参加受荷。

上述试验结果证明了理论上的推断。同时应注意到,除了控制好管内混凝土的配合比之外,及时封闭钢管混凝土杆件的端部、阻止混凝土中的水分散失是减少钢管混凝土收缩的关键。

在钢管混凝土拱桥施工中,拱圈内的混凝土常采用高压泵输送,由两个拱脚推向拱顶。当拱顶排气、排浆后应立即封闭拱顶和拱脚的预留孔。因此钢管内混凝土中水分散失的可能性很小,混凝土的干缩量也很小。对于桥梁下部结构中采用的钢管混凝土立柱,则应在浇筑混凝土后尽快封闭钢管端部,以减少钢管内混凝土的收缩。

为减小拱圈钢管内混凝土可能发生的少量混凝土收缩,尤其是径向收缩,通常在管内混凝土配制过程中加入适量膨胀剂,即采用自密实补收缩混凝土(表 10-5-1),以抵消管内混凝土将会发生的收缩。因此《公路钢管混凝土拱桥设计规范》(JTG/T D65-06—2015)中未直接规定管内混凝土收缩的计算方法。

《钢管混凝土拱桥技术规范》(GB 50923—2013)中则规定,钢管混凝土结构或构件变形计算中,管内混凝土收缩在无可靠实测资料时,可按现行《公路钢筋混凝土及预应力混凝土桥涵设计规范》(JTG D62)的规定计算,计算中由于管内混凝土处于密闭状态,可按湿度环境为 70%~90% 计算,并且认为这样取值较之按降温 15~20℃ 计算相对合理。

第四节　温度及焊接对结构性能的影响

一、温度影响

钢管混凝土组合材料是由两种材料组成的。由于二者的热工性能,如比热、线膨胀系数和导热系数等的不同,在周围环境温度变化时,必将产生温度应力和变形,这将影响其工作性能和承载力。

根据国内早期的一些理论分析和试验验证,关于温度对钢管混凝土的影响,可有以下几点结论:

(1)温度对钢管混凝土受压构件的承载力有影响,设计时必须通过计算进行考虑。当温度超过100℃时,构件承载力下降过多。因而建议以升温最高达100℃为界,超过100℃时,应采取隔热保护措施。

(2)均匀升温到60℃时,轴压组合承载力下降9%;到80℃时,下降13%;到100℃时,下降18%。而且下降率和含钢率及混凝土基本无关。

(3)非均匀升温时,以产生最大温度挠度为控制情况,轴压构件变成具有偏心e_t的偏压构件,偏压构件的偏心增大到$e+e_t$,皆应按偏压构件计算。

(4)在非均匀温度作用下,构件凸向热源方向挠曲。随着加温时间的增加,温度由不均匀到均匀,构件的挠度e_t则由零迅速增加至最大值,随后逐渐减小。当温度均匀时,e_t又恢复到零。

二、有关温度影响的计算问题

1.环境温度均匀升高时,组合设计强度的计算

基本假设:

(1)升温时,除钢管的纵向应力增加外,其余五个应力均减小,可按弹性工作分析温度应力。

(2)组合材料产生温度变形时,截面仍保持平面。

(3)混凝土的温度按均匀分布考虑。

按上述假设可以导出轴压短柱在环境升温时,组合设计强度N_t的计算方法:

$$N_t = \left[\frac{\alpha\sigma_{3s}}{\gamma_R} + \frac{f_{ck}'}{\gamma_R'} + \frac{4(p_o - p_t)}{\gamma_R}\right]A_c = f_t'A_c \quad (12\text{-}4\text{-}1)$$

式中:f_{ck}'——升温影响下的组合强度标准值;

p_o——紧箍力,按下式计算:

$$p_o = \frac{\alpha(2\mu' + 1)}{2[3(\mu'^2 + \mu' + 1)]^{\frac{1}{2}}}f_y' \quad (12\text{-}4\text{-}2)$$

p_t——由升温引起的与紧箍力方向相反的反紧箍力,按下式计算:

$$p_t = \frac{(\alpha_s\Delta t_s - \alpha_c\Delta t_c)E_s^t}{0.283\left(1 - \frac{2}{\alpha}\right) - 0.8n - a - \alpha an} \quad (12\text{-}4\text{-}3)$$

n——在温度作用下钢材与混凝土的弹性模量之比,$n = \frac{E_s^t}{E_c^t}$;

其中计算参数α按下式计算:

$$a = -\frac{1.4n + 0.717 + \frac{1.132}{\alpha}}{1.4\alpha n + 0.717} \quad (12\text{-}4\text{-}4)$$

α_s, α_c——钢材和混凝土的线膨胀系数;

Δt_{s}，Δt_{c}——钢管和混凝土的升温温差，可写成 $\Delta t = \Delta t_{s} = \Delta t_{c}$，即计算温度与施工温度之差；

μ'——塑性阶段的钢管泊松比，按下式计算：

$$\mu' = -\frac{\xi + 2}{2(\xi + 1)} \qquad (12\text{-}4\text{-}5)$$

ξ——套箍系数，参照下式计算：

$$\xi = \frac{\alpha f'_{y}}{f'_{ck}} \qquad (12\text{-}4\text{-}6)$$

α——含钢率，$\alpha = A_{s}/A_{c}$；

γ_{R}，γ'_{R}——钢材和混凝土的材料安全系数，按建筑结构规范可取 $\gamma_{R} = 1.087$，$\gamma'_{R} = 1.35$；或按公路桥规取 $\gamma_{s} \approx 1.25$，$\gamma_{c} \approx 1.45$。

σ_{3s}——钢管纵向应力，按下式计算：

$$\sigma_{3s} = \frac{1}{\alpha}\left[-(p_{o} - p_{t}) - \sqrt{\alpha^{2}f_{y}^{t2} - (p_{o} - p_{t})^{2}} \right] \qquad (12\text{-}4\text{-}7)$$

其他各符号 f'_{ck}，f'_{y}，E'_{s}，E'_{c} 等均为在温度影响下钢材和混凝土的材料性能指标，可根据表 12-4-1 确定。

若按式(12-4-3)求出的反紧箍力 p_{t} 数值大于按式(12-4-2)求出的紧箍力 p_{o}，说明紧箍力已完全消失。这时，式(12-4-1)中的组合强度 N_{t} 中第三项为零，并取 $\sigma_{3s} = f_{y}$ 进行计算。

从表 12-4-1 中的材料性能指标可以发现，在 100℃ 的温度范围内，钢材除线膨胀系数略有增加外，其屈服强度和模量不变；而混凝土恰好相反，其线膨胀系数不变，而强度和模量均有所降低。对于暴露在野外的钢管混凝土桥梁结构，在夏季最高温度时，钢管和管内混凝土的温度一般不会超过 80℃。考虑其施工合龙温度一般在 10～20℃，因此升温为 $\Delta t_{o} = 60 \sim 70℃$。在此情况下 p_{t} 可能超过 p_{o}，因而钢管的内表面与混凝土外表面之间主要靠两者间的黏结力联结，一旦这种黏结力失效，则两者之间将会产生分离趋势，甚至是分离。同时，由于核心混凝土的强度降低，将导致其承载能力有所降低；由于混凝土的模量可损失 20% 左右，使得结构的刚度有所下降。

温度对材料性能的影响 表 12-4-1

温度(℃)	钢　材			混　凝　土		
	$\dfrac{E'_{s}}{E_{s}}$	$\dfrac{f'_{y}}{f_{y}}$	$\alpha_{s}(\times 10^{-6})$	$\dfrac{E'_{c}}{E_{c}}$	$\dfrac{f'_{ck}}{f_{ck}}$	$\alpha_{c}(\times 10^{-6})$
20	1.0	1.0	11.4	1.0	1.0	10
60	1.0	1.0	11.6	0.85	0.90	10
100	1.0	1.0	12.0	0.75	0.85	10
150	0.97	0.9	12.4	0.65	0.80	10
200	0.95	0.85	12.8	0.55	0.70	10

钢管混凝土结构在负温条件下的性能如何，目前尚未见相关报道，有待于进一步的研究。

2. 非均匀温度下温度挠度(偏心)e_{t} 的计算

暴露于露天状况下的桥梁结构，由于太阳光的照射，多处于非均匀温度场之中。在此情况下，将在钢管混凝土构件中产生温度变形(挠度)，或产生温度引起的附加偏心 e_{t}，这些温度变形对于结构受力是不利的。

在试验室研究的基础上,目前对于这一问题已有了初步的计算方法,可供工程设计时参考。在温度变形的计算中引入如下基本假设:

①钢管混凝土的温度计算可按弹性工作考虑,忽略外荷载引起的附加偏心影响。

②温度分布沿构件长度各截面均相同。

③产生温度挠曲变形时,截面仍保持平面。

④温度最高点位于钢管表面,温度最低点位于核心混凝土中 $r_{co}/2$ 处。

钢管混凝土截面上温度场的计算模型见图12-4-1。

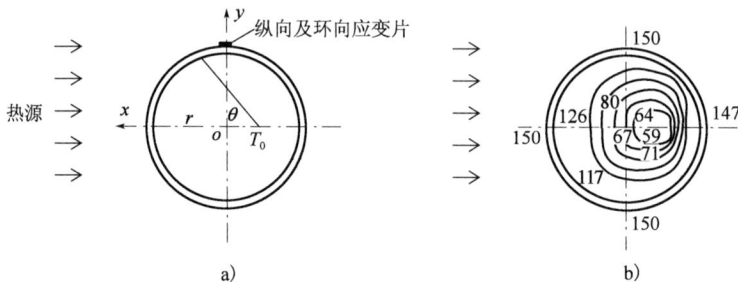

图12-4-1　截面温度场计算模型

(1)温度场经验计算式:

$$T = T_o + (A\theta^2 + B)\left[\left(x + \frac{r_{co}}{2}\right)^2 + y^2\right] \tag{12-4-8}$$

式中:θ——混凝土任一点的角度;$\theta = \arctan\left(\dfrac{y}{x + r_{co}/2}\right)$

x、y——混凝土任一点的位置坐标,单位均为 cm;

A、B——计算参数:

$$A = \frac{29.25 - 0.0045(150 - T_s)^{1.8}}{r_{co}^2} = \frac{a}{r_{co}^2}$$

$$B = \frac{38.50 - 0.0241(150 - T_s)^{1.5}}{r_{co}^2} = \frac{b}{r_{co}^2} \tag{12-4-9}$$

r_{co}——钢管内壁半径;

T_o——构件中温度最低点处的温度;

T_s——钢管表面温度。

在试验中发现,当 $T_s = 100℃$ 时,$T_o = 30℃$;当 $T_s = 150℃$ 时,$T_o = 60℃$。利用公式(12-4-8)可以估算钢管混凝土截面上任一点的温度分布。

(2)非均匀温度引起的温度挠度计算公式:

$$e_t = \frac{1}{8}KL \tag{12-4-10}$$

式中:L——钢管混凝土柱的长度;

K——温度引起的构件轴线曲率,按下式计算:

$$K = \frac{\alpha_c (4.3491 r_{co}^3 a + b r_{co}^3)}{n(r^4 - r_{co}^4) + r_{co}^4} \tag{12-4-11}$$

a、b——计算参数,按下式计算:

$$a = 29.25 - 0.0045(150 - T_s)^{1.8}$$

$$b = 38.5 - 0.0241(150 - T_s)^{1.5} \tag{12-4-12}$$

n——考虑温度影响的弹性模量比:

$$n = \frac{E_s^t}{E_c^t}$$

r——钢管的外半径;
其余符号意义同前。

三、焊接的影响

钢管混凝土构件上常有一些零附件,如柱头、柱脚和牛腿等。这些零附件应尽可能在浇灌混凝土之前焊接。然而也有一些零附件必须在施工过程中焊接,甚至在投产使用后由于使用要求加焊一些附件。这就出现了焊接高温对钢管混凝土构件工作性能影响的问题,根据理论研究和试验结果的分析,焊接对钢管混凝土的影响有以下几点结论可供参考:

(1)焊接会造成核心混凝土强度指标的下降,下降程度随焊接量的大小而变化,焊接量越大,下降越多。其中4/4环焊造成的下降量最多,约为10%,但对构件承载力影响很小,仅为2.4%。

(2)2/4环焊产生的挠曲值最大,在设计荷载下施焊时可达2L/1000左右。单纯由焊接引起的挠曲不大,约为L/1000。因此可忽略其偏心对承载力的影响。

(3)4/4环焊对最终变形值影响很小,可以忽略其偏心影响。但焊接过程中可能出现较大偏心,应采用合理的焊接顺序,如图12-4-2所示。

(4)焊接过程中由于核心混凝土吸收大量的热,只有很小部分的钢材处于热塑状态。在设计荷载作用下施焊,柱子的刚度变化很小,对结构的工作性能无明显的影响。但不宜在同一构件上多点同时施焊,否则热塑点过多,将影响柱子的刚度。

(5)当管径大于160mm时,较少的附加焊接对轴压构件的承载力没有影响。

(6)焊接时电流不宜过大,以减小对核心混凝土的不利影响。

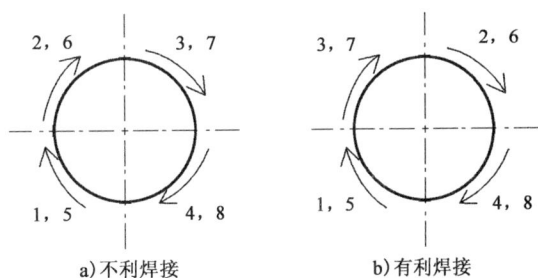

a)不利焊接　　b)有利焊接

图12-4-2　施焊顺序

四、桥梁工程中钢管混凝土的温度效应计算

钢管混凝土结构的温度作用可分为体系温差和截面温差效应两种情况,均应参与正常使用极限状态和承载能力极限状态的相关作用组合,这与传统结构是一样的。

1. 体系温差

计算钢管混凝土结构的体系温度时,宜按当地极端最高温度和最低温度考虑。当桥位缺少实际调查温度时,可参考现行《公路桥涵设计通用规范》(JTG D60)取值。温度变化值应自结构合龙时算起,《公路钢管混凝土拱桥设计规范》(JTG/T D65-06—2015)中规定的合龙温度应为主拱钢管节段安装合龙成拱时的环境温度。

根据福州大学的研究,钢管混凝土拱肋在施工时钢管与管内混凝土受到约束的时间并不相同,截面刚度和强度是逐渐形成的,不存在对应于施工某一时刻(如空钢管拱肋合龙)的基准温度。当混凝土达到强度并形成钢管混凝土结构时,受水泥水化热和环境温度的影响,已在管内和混凝土内积累了应力,拱肋也有了相应的温度变形。因此空钢管的合龙温度不应视为钢管混凝土拱的基准温度。故《钢管混凝土拱桥技术规范》(GB 50923—2013)中规定,合龙温度 T 应按下式计算:

$$T = T_{28} + \frac{D - 0.85}{0.2} + T_0 \tag{12-4-13}$$

式中:T_{28}——钢管内混凝土浇筑后 28d 内的平均气温(℃);

    D——钢管外径(m);

    T_0——考虑管内混凝土水化热荷载的附加升温值,通常为 3~5℃,冬季取小值,夏季取大值;混凝土强度等级低于 C40 时,在此基础上减去 1.0℃。

由四川公路规划勘察设计研究院编制的《公路钢管混凝土桥梁设计施工指南》(2008)中认为,钢管混凝土温度计算时,采用计算合龙温度作为基准温度。计算合龙温度是以管内混凝土形成强度时截面平均温度值和此时对应的截面温度内力反算截面内力为零时所得到的温度值。因此该指南中规定,在没有精确及详细资料时,温降计算可取月平均温度加上 4~5℃作为计算合龙温度,温升计算时可取月平均温度为计算合龙温度。

对比后不难发现,规范 GB 50923—2013 是在指南的基础上多考虑了钢管直径对其温度变化的影响,前者称为合龙温度,与规范 JTG/T D65-06—2015 保持一致,而后者则称为计算合龙温度。

2. 截面温差效应

钢管混凝土拱肋的截面温度分布与拱肋的截面形式有关。规范 JTG/T D65-06—2015 中给出了两种不同形式钢管混凝土拱肋的温度分布模式,如图 12-4-3 所示。计算单管主拱截面的温差效应时,可按图 12-3-3a)的温度梯度模式;计算哑铃形或桁式主拱上、下主管的温度效应时,可按图 12-4-3b)的温度梯度模式。图中的温度值 T_1 和 T_2 应按表 12-4-2 的规定取值。根据工程实测及总结,结合相关规范对温度梯度的规定,哑铃形或桁式主拱肋上、下主管温差可按 5~8℃计算。

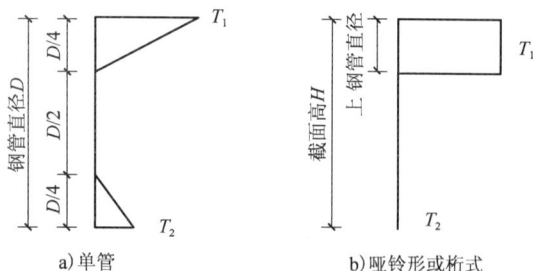

图 12-4-3 温度梯度曲线

温度 T_1、T_2（℃） 表 12-4-2

钢管表面涂层	单 管 主 拱		哑铃形或桁式主拱	
	T_1	T_2	T_1	T_2
深色(红色、灰色等)	12	6	8	0
浅色(白色、银白色等)	8	6	5	0

根据上述钢管混凝土截面温度梯度模式,采用有限元分析方法即可求出由温度梯度引起的钢管混凝土拱肋中的温差效应,包括拱肋的变形和截面内力或应力。

第十三章

钢管混凝土构件的承载力和稳定性分析

著名钢结构专家 钟善桐 教授在近40余年的研究基础上总结而成的钢管混凝土结构统一理论反映了我国在钢管混凝土结构领域保持国际领先水准的理论探索和工程实践。统一理论是运用计算机技术,根据钢材和混凝土材料的本构关系,用数值分析法导出钢管混凝土基本构件典型应力—应变全过程的本构曲线,形成钢管混凝土组合材料的指标体系,并在此基础上得到统一的构件设计公式。该理论为钢管混凝土结构在桥梁工程中的应用和发展奠定了坚实的理论基础。本章基于统一理论及近20年国内钢管混凝土拱桥建设的经验,结合国内新颁的有关钢管混凝土拱桥的设计规范和指南,介绍钢管混凝土拱桥设计中基本构件的计算原理、方法和技术要点。

第一节　单肢轴心受力构件承载力

一、轴心受压构件承载力的影响因素

钢管混凝土拱肋是以承受轴向压力为主的构件,且常伴有偏心距存在。单肢钢管混凝土

轴心受压构件是研究拱肋承载力的基础。其轴心抗压承载力的影响因素复杂,主要与构件长细比、钢管中的初应力、钢管内混凝土强度及脱空程度、截面含钢率等诸多因素有关,还与拱肋形式和跨径大小有关。

1. 钢管混凝土构件的长细比

钢管混凝土构件的长细比是一个重要的计算参数,在对长细比较大的构件进行稳定性分析时尤为重要。钢管混凝土构件的截面面积和截面惯性矩可由下式求出:

$$A_{sc} = \pi(r_o^2 - r_{ci}^2) \qquad I_{sc} = \frac{\pi}{4}(r_o^4 - r_{ci}^4) \tag{13-1-1}$$

截面回转半径为:

$$i_{sc} = \sqrt{\frac{I_{sc}}{A_{sc}}} = \frac{1}{2}\sqrt{r_o^2 + r_{ci}^2} = \frac{r_o}{2}\sqrt{\frac{1 + r_{ci}^2}{r_o^2}} = \frac{r_o}{2}\sqrt{1 + \psi^2} \tag{13-1-2}$$

则构件长细比为:

$$\lambda_{sc} = \frac{l_o}{i_{sc}} = \frac{2l_o}{r_o\sqrt{1 + \psi^2}} = \frac{4l_o}{D} \cdot \frac{1}{\sqrt{1 + \psi^2}}$$

对于实心钢管混凝土柱,空心率 $\psi = 0$, $r_{ci} = 0$,即有:

$$A_{sc} = \pi r_o^2 = A_s + A_c, \quad I_{sc} = \frac{\pi}{4}r_o^4 = I_s + I_c \tag{13-1-3}$$

$$\lambda_{sc} = \frac{4l_o}{D} \qquad i_{sc} = \sqrt{\frac{I_{sc}}{A_{sc}}} = \frac{1}{2}r_o \tag{13-1-4}$$

式中:l_o——受压柱的计算长度;

    D——钢管的外径,$D = 2r_o$;

    r_o——钢管的外半径;

    γ_{ci}——核心混凝土内半径;

    ψ——空心率,$\psi = \gamma_{ci}$;

    λ_{sc}——钢管混凝土柱的长细比;

其他符号意义同前。

在钢管混凝土单肢受压构件中,通常认为当长细比 $\lambda_{sc} > 10$ 时就需考虑构件长细比对受压承载力折减的影响。

2. 钢管内混凝土脱空的影响

目前钢管混凝土拱肋施工时,通常在拱脚部位采用泵送顶升技术灌注钢管内混凝土。由于拱肋钢管在倾斜状态下灌注混凝土,灌注的混凝土流动性大、含水率高且无振捣,加之管内混凝土的纵向和径向凝缩,因此管内混凝土很难保证完全密实;由于泵送混凝土中含有少量空气,也会在拱肋钢管内,尤其是拱顶部位出现气穴,桥梁工程中称上述现象为管内混凝土脱空,并以脱空率表示。钢管混凝土拱桥拱管内常见的脱空形式是球冠型脱空,可分为Ⅰ类、Ⅱ类球冠型脱空,如图 13-1-1 所示。为便于计算,通常均简化为Ⅰ类球冠型脱空计算。

《公路钢管混凝土桥梁设计与施工指南》(2008)根据相关的研究认为脱空率或脱空值对受压构件的极限承载力有一定的影响。当脱空率小于 1.2% 时,其对钢管混凝土的极限承载力和刚度的影响可以忽略不计,此时相应的脱空折减系数为 $K_d = 0.97$。但脱空率大于 1.2%

时管内混凝土对钢管的支撑作用减小,同时钢管对管内混凝土的约束作用也会减弱,进而对钢管混凝土受压构件的承载力和刚度均有不利影响,且不容忽视。

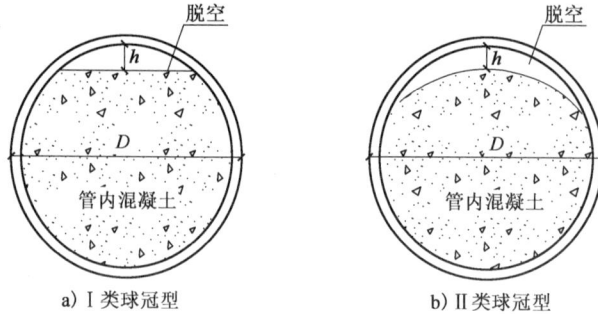

a) Ⅰ类球冠型　　　　　　　b) Ⅱ类球冠型

图13-1-1　球冠型脱空形式

《公路钢管混凝土拱桥设计规范》(JTG/T D65-06—2015)中规定,计算钢管混凝土极限承载力计算时应考虑管内混凝土的脱空影响,并以脱空折减系数 $K_d = 0.95$ 加以考虑,同时规定了 0.6% 的脱空率和 5mm 的脱空高度限值。当不满足上述限值时,应对混凝土脱空缺陷进行修补灌注。

3. 钢管中的初应力影响

通常将形成钢管混凝土结构前,空钢管中已存在的应力称为钢管初始应力或初应力 σ_0,并以初应力度 ω 表示初应力占钢材屈服应力 f_y 的比例,即有:

$$\omega = \frac{\sigma_0}{f_y} \tag{13-1-5}$$

式中初应力 σ_0 应包括钢管的焊接残余应力、钢管的安装应力,浇筑混凝土之前钢管内的自重应力和温度应力等也应属于初应力的范畴。

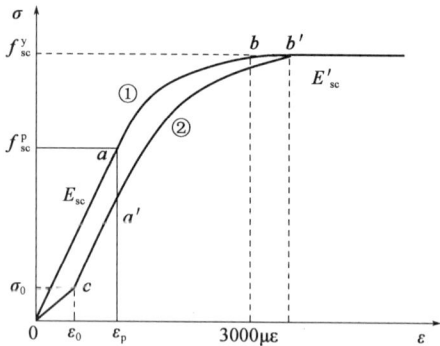

图13-1-2　初始应力和初始应变
对轴压构件受力性能的影响

理论研究表明,钢管的初应力(或初应变)缩短了钢管的弹性阶段并提前进入弹塑性阶段,参见图13-1-2。虽然钢管提前屈服但核心混凝土并未达到极限应力,依靠钢管的塑性发展,达到 b' 点时,核心混凝土才达到其极限应变,因而延长了钢管混凝土的弹塑性工作阶段,进而改变了组合切线模量,截面变形增大,导致钢管混凝土极限承载力降低。

钢管初应力对钢管混凝土拱桥承载力的影响不但与初应力度有关,还与含钢率、跨径大小以及拱肋的截面形式有关。对于单肢钢管混凝土拱桥设计,应把初应力度控制在 0.3 以内;哑铃形和四肢格构型拱桥应控制在 0.6 以内,由此引起的极限承载力降低可在 10% 之内。这种影响可按下述试验公式进行定量分析:

(1)单肢钢管混凝土拱桥:

$$K_p = 1.0 - 0.168\omega - 0.288\omega^2 \tag{13-1-6.1}$$

(2)哑铃形钢管混凝土拱桥:

$$K_p = 1.0 - 0.143\omega \tag{13-1-6.2}$$

（3）四肢格构型钢管混凝土拱桥：

$$K_\mathrm{p} = 0.948 - 0.115\omega \qquad (13\text{-}1\text{-}6.3)$$

（4）规范 JTG/T D65-06—2015 中采用的公式为：

$$K_\mathrm{p} = 1.0 - 0.15\omega \qquad (13\text{-}1\text{-}7)$$

式中：ω——初应力度，按公式（13-1-5）计算。

对比上述钢管初应力计算公式不难发现，公路桥规中采用的计算公式与常用的哑铃形钢管混凝土拱肋的计算公式（13-1-6.2）最为接近。

二、轴心受压构件的抗压承载力

《公路钢管混凝土拱桥设计规范》（JTG/T D65-06—2015）中根据上述主要影响因素，给出了钢管混凝土轴心受压构件的承载力验算公式：

$$\gamma_0 N_\mathrm{d} \leqslant N_\mathrm{ud} = \varphi_\mathrm{L} K_\mathrm{p} K_\mathrm{d} f_\mathrm{sc} A_\mathrm{sc} \qquad (13\text{-}1\text{-}8)$$

式中：γ_0——桥梁结构重要性系数，对于持久、短暂和偶然状况时，取 $\gamma_0 = 1.1$；考虑地震状况时，应按表 13-1-1 取值；

N_d——轴心受压构件轴向力设计值（$\times 10^3$ kN）；

N_ud——轴心受压构件抗压承载力设计值（$\times 10^3$ kN）；

φ_L——长细比折减系数，参见本章第二节并按表 13-2-3 取值；

K_p——钢管初应力折减系数，按公式（13-1-6）计算；

K_d——混凝土脱空折减系数，取 $K_\mathrm{d} = 0.95$，但应满足钢管混凝土脱空率≤0.6% 或脱空高度≤5mm 的要求；

f_sc——单管钢管混凝土组合轴心抗压强度设计值（MPa），按式（12-2-5）或式（12-2-6）计算，或根据钢板厚度由表 12-2-7 查取或修正；

A_sc——单钢管混凝土组合截面面积（m^2）。

地震状况桥梁结构重要性系数 γ_0　　　　　　　　　　　表 13-1-1

构件名称	主拱	立柱、横撑	节点连接
γ_0	0.75	0.8	0.85

注：当只计算竖向地震作用时，地震状况桥梁结构重要性系数取 1.0。

式（13-1-8）综合考虑了结构重要性、钢管初应力、管内混凝土脱空以及单肢构件长细比等主要因素对构件抗压承载力的影响，其中已包含了稳定性对单肢受压构件承载力的影响。

对于单肢构件长细比 $\lambda_\mathrm{sc} \leqslant 10$ 的钢管混凝土受压构件可视为短柱，并取其长细比折减系数 $\varphi_\mathrm{L} = 1.0$。此时，受压构件的承载力应由钢管混凝土组合抗压强度控制。当不考虑钢管初应力和混凝土脱空影响时，钢管混凝土短柱的抗压承载力可按下式验算：

$$\gamma N_\mathrm{d} \leqslant N_\mathrm{od} = f_\mathrm{sc} A_\mathrm{sc} \qquad (13\text{-}1\text{-}9)$$

式中：N_od——钢管混凝土轴心受压短柱的承载力设计值；

其他符号意义同前。

三、轴心受拉构件

轴心受拉构件在钢管混凝土拱桥结构中很少出现，但在格构式拱肋的拱脚截面，出现单肢受拉的可能性偶存。因此作为钢管混凝土基本构件之一，仍有必要了解其抗拉承载力。

根据第十一章中的分析,钢管混凝土轴心受拉时(含空心钢管混凝土),拉力主要由钢管承受,管内混凝土轴向受拉,径向受压,支撑并制约钢管的径缩现象,进而间接提高了钢管的轴向抗拉强度。单肢钢管混凝土受拉构件的承载力计算时,可忽略管内混凝土的抗拉能力,按下式计算:

$$N_{utd} = C_1 f_y A_s \qquad (13\text{-}1\text{-}10)$$

式中:N_{utd}——轴心受拉构件抗拉承载力设计值(10^3kN);

C_1——钢管抗拉强度提高系数;

$$C_1 = 1.1 + 0.04\psi - 0.14\psi^2 \quad 且 \quad C_1 \leqslant 1.1 \qquad (13\text{-}1\text{-}11)$$

ψ——空心率,$\psi = r_{ci}/r_{co}$,对于实心钢管混凝土截面,$\psi = 0$,$C_1 = 1.1$;

其中:r_{co}、r_{ci}——核心混凝土的外半径和内半径,对于实心钢管混凝土截面 $r_{ci} = 0$;

A_s——钢管的截面面积:

$$A_s = \pi(r_o^2 - r_{co}^2) \qquad (13\text{-}1\text{-}12)$$

r_o——钢管外半径;

f_y——钢管材料的抗拉屈服强度。

通常钢管混凝土拱桥的拱肋均采用实心钢管混凝土圆形截面构件。考虑材料安全系数后,规范 JTG/T D65-06—2015 中给出的钢管混凝土轴心受拉构件的承载力计算式如下:

$$\gamma_0 N_d \leqslant N_{utd} = (1.1 - 0.4\alpha) A_s f_{sd} \qquad (13\text{-}1\text{-}13)$$

式中:γ_0——轴心受拉构件重要性系数,取 $\gamma_0 = 1.1$;

N_d——轴心受拉构件轴向力设计值(10^3kN);

α——受拉构件截面的含钢率;

A_s——钢管混凝土钢管的截面面积(m^2);

f_{sd}——钢管的抗拉强度设计值(MPa)。

值得说明的是,上式中 0.4α 相当于规范中给出了钢材强度进一步折减的规定,该规定在其他相关规范中并不存在。因此,可以认为该式的计算结果是偏安全的。

第二节　轴心受压构件的稳定性

实际工程中,钢管混凝土柱和钢管混凝土拱肋均有轻质高强的特点,因而其长细比都很大。在多数情况下,钢管混凝土轴心受压构件的承载力是由稳定控制的。因此,稳定问题对钢管混凝土轴压构件是非常重要的。关于稳定的计算方法也有很多,各有优缺点和适用范围。本节仅介绍基于"统一理论"的组合模量确定单柱临界力的方法以及组合柱的稳定计算方法。

一、应用切线模量确定柱的临界力

1. 临界力的确定方法

在前两章介绍的统一理论已经利用合成法求出了钢管混凝土作为一种组合材料的组合强度和组合模量,因而可应用欧拉公式直接求出构件的临界力 N_{cr}。

在弹性阶段：

$$N_{cr} = \frac{\pi^2 E_{sc}}{l_o^2} I_{sc} \qquad (13-2-1)$$

在弹塑性阶段：

$$N_{cr} = \frac{\pi^2 E_{sc}^t}{l_o^2} I_{sc} \qquad (13-2-2)$$

相应的临界应力为：

$$\overline{\sigma}_{cr} = \frac{N_{cr}}{A_{sc}} = \frac{\pi^2 E_{sc}}{\lambda_{sc}^2} \quad 或 \quad \frac{\pi^2 E_{sc}^t}{\lambda_{sc}^2} \qquad (13-2-3)$$

式中：I_{sc}、A_{sc}——组合截面的惯性矩和面积，由式（13-1-3）确定；

l_o、λ_{sc}——构件的计算长度和长细比，由式（13-1-4）确定；

E_{sc}、E_{sc}^t——钢管混凝土组合弹性模量和组合切线模量。

上述公式中的钢管混凝土组合弹性模量 E_{sc} 亦可由表 12-2-8 直接查取，其他变量可按第十二章第一节的相关式计算。

2. 界限长细比的概念

（1）当临界力 N_{cr} 等于强度承载力 $N_o = f_{sc} A_{sc}$ 时，构件破坏取决于材料强度，因而不必考虑稳定问题。由此可得强度破坏与稳定破坏的界限长细比 λ_o。

在此情况下有：

$$\overline{\sigma}_{cr} = f_{sc}^y$$

若取 $E_{sc}^t = E_{sc}'$，由式（13-2-3）则有：

$$\overline{\sigma}_{cr} = \frac{\pi^2 E_{sc}'}{\lambda_o^2} = f_{sc}^y \qquad (13-2-4)$$

于是可求出强度破坏与稳定破坏之间的界限长细比为：

$$\lambda_o = \pi \sqrt{\frac{E_{sc}'}{f_{sc}^y}} \qquad (13-2-5)$$

计算表明，对于工程中常用的钢号 Q235、Q345、Q390，混凝土等级 C30 ~ C80 及含钢率 $\alpha = 0.05 \sim 0.20$ 可求出 $\lambda_o = 9 \sim 15$。可见 λ_o 的变化范围相对较小，因此可偏安全地取 $\lambda_o = 10$。

（2）如果临界应力 $\overline{\sigma}_{cr} \leqslant f_{sc}^p$，则构件应为弹性失稳；而如果 $\overline{\sigma}_{cr} > f_{sc}^p$，则构件应为弹塑性失稳。由此可得到钢管混凝土轴压构件弹性失稳和弹塑性失稳的界限长细比 λ_p。由式（13-2-3）可有：

$$\overline{\sigma}_{cr} = \frac{\pi^2 E_{sc}}{\lambda_p^2} = f_{sc}^p$$

于是有：

$$\lambda_p = \pi \sqrt{\frac{E_{sc}}{f_{sc}^p}} \qquad (13-2-6)$$

式中各符号意义同前。

表 13-2-1 为弹性及弹塑性失稳的界限长细比。表 13-2-1 表明，界限长细比 λ_p 仅因钢材

等级的提高而减小,且减小的幅度有限。这也意味着钢材等级越高,临界压应力越高,钢管混凝土柱越容易发生弹性失稳。

弹性及弹塑性失稳的界限长细比 λ_p

表 13-2-1

钢　　号	混凝土 强度等级	含钢率 α			
		0.05	0.10	0.15	0.20
Q235	C30 ~ C80	114	114	114	114
Q345	C30 ~ C80	94	94	94	94
Q390	C30 ~ C80	86	86	86	86

注:表中数值均按建筑结构规范的材料强度指标计算。

借助于钢管混凝土柱的实际长细比 λ_{sc} 与界限长细比 λ_o 和 λ_p 的关系可以判断钢管混凝

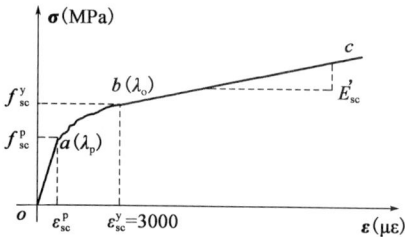

图 13-2-1　临界长细比与钢管混凝土本构关系

土柱的失稳状态,同时也可以判断出钢管混凝土柱失稳时材料在其本构关系上所处的不同阶段。图 13-2-1 所示为临界长细比与钢管混凝土的本构关系从图中不难发现以下特征点及物理意义:

(1)当 $\lambda_{sc} \leqslant \lambda_o$ 时,组合材料处于 bc 段,构件发生强度破坏;

(2)当 $\lambda_o < \lambda_{sc} < \lambda_p$ 时,组合材料处于 ab 段,构件发生弹塑性失稳;

(3)当 $\lambda_{sc} \geqslant \lambda_p$ 时,组合材料处于 oa 段,构件发生弹性失稳。

二、确定稳定系数的基本方法

1.稳定系数的基本概念

为保证钢管混凝土柱发生失稳前具有足够的抗压能力,需在临界力的基础上考虑足够的安全储备。基于"统一理论"的组合强度指标可定义临界应力 $\overline{\sigma}_{cr}$ 与钢管混凝土轴心受压组合强度标准值 f_{sc}' 之比为稳定安全系数 φ',即有:

$$\varphi' = \frac{\overline{\sigma}_{cr}}{f_{sc}'} \tag{13-2-7}$$

稳定安全系数 φ' 的影响因素多而复杂,尤其是钢管混凝土的组合截面。早期的研究认为稳定安全系数主要与构件长细比和钢材的种类有关。

考虑到钢管混凝土构件中不可避免地存有初弯曲或荷载初始偏心等初始缺陷,也就是说绝对的轴心受压构件是不存在的。为合理确定轴心受压构件的稳定承载力,可设附加安全系数 k_{cr} 用于考虑钢管混凝土构件的初弯曲或荷载初始偏心。假定不同初始偏心或缺陷分布函数可有不同的附加安全系数 k_{cr} 的表达式。

再定义钢管混凝土轴心受压稳定系数 φ:

$$\varphi = \frac{\varphi'}{k_{cr}} = \frac{\overline{\sigma}_{cr}}{k_{cr}f_{sc}'} \tag{13-2-8}$$

于是,钢管混凝土轴压构件的稳定承载力的设计式可表示为:

$$N_{ud} = \frac{\varphi' f_{sc} A_{sc}}{k_{cr}} = \varphi f_{sc} A_{sc} \qquad (13\text{-}2\text{-}9)$$

式中：N_{ud}——钢管混凝土受压柱的稳定承载力设计值；

φ'——稳定安全系数，取值小于等于 1.0。

其他符号意义同前。

近期的研究认为，轴压构件稳定系数 φ 的影响因素除构件长细比和钢材的种类之外，还应包括钢管混凝土的截面含钢率以及混凝土强度等级，尽管后两者的影响相对较小。

2. 规范 GB 50936—2014 的稳定系数

《钢管混凝土结构技术规范》（GB 50936—2014）中，根据统一理论将钢管混凝土视为单一材料，因而可参考《钢结构设计规范》（GB 50017—2003）中的稳定系数计算方法，将稳定系数的公式扩展到具有单一材料属性的钢管混凝土受压构件上，考虑初始偏心后，得到实心钢管混凝土构件的稳定系数 φ 的计算式如下：

$$\varphi = \frac{1}{2\,\overline{\lambda}_{sc}^2}\left[\overline{\lambda}_{sc}^2 + (1 + 0.25\,\overline{\lambda}_{sc}) - \sqrt{[\overline{\lambda}_{sc}^2 + (1 + 0.25\,\overline{\lambda}_{sc})]^2 - 4\,\overline{\lambda}_{sc}^2} \right] \qquad (13\text{-}2\text{-}10)$$

式中：$\overline{\lambda}_{sc}$——正则长细比，按下式计算：

$$\overline{\lambda}_{sc} = \frac{\lambda_{sc}}{\pi}\sqrt{\frac{f_{sc}}{E_{sc}}} \qquad (13\text{-}2\text{-}11)$$

λ_{sc}——钢管混凝土柱的长细比，按式（13-1-4）计算；

E_{sc}——钢管混凝土的弹性模量。

式（13-2-10）表明，钢管混凝土构件的稳定系数 φ 仅与正则长细比 $\overline{\lambda}_{sc} = \dfrac{\lambda_{sc}}{\pi}\sqrt{\dfrac{f_{sc}}{E_{sc}}}$ 有关。虽然计算 λ_{sc} 方便，但计算钢管混凝土构件强度 f_{sc} 和钢管混凝土弹性模量 E_{sc} 并不方便，故应设法将其转换为按照确定的钢材强度和弹性模量来查稳定系数。由式（12-1-9）得到：

$$E_{sc} = \frac{f_{sc}^p}{\varepsilon_{sc}^p} = \left(1.22 \times 10^{-3} + \frac{0.728}{f_y} \right) E_s f_{sc} = k_E f_{sc} \qquad (13\text{-}2\text{-}12)$$

由上式可得到转化系数 k_E，将其代入正则长细比的定义，即式（13-2-11）中则有：

$$\overline{\lambda}_{sc} = \frac{\lambda_{sc}}{\pi}\sqrt{\frac{f_{sc}}{E_{sc}}} = \frac{\lambda_{sc}}{\pi}\sqrt{\frac{1}{k_E}} \approx 0.01(0.001 f_y + 0.781)\lambda_{sc} \qquad (13\text{-}2\text{-}13)$$

因此，稳定系数 φ 可由正则系数 $\overline{\lambda}_{sc}$ 的近似值计算确定。上述方法经与 80 个试验结果对比分析可知，试验值与计算值之比的平均值为 1.124，均方差为 0.02，两者吻合良好且偏于安全。

分析式（13-2-10）不难发现，虽然稳定系数 φ 在形式上仅与正则长细比 $\overline{\lambda}_{sc}$ 有关，但实际上包含着构件长细比 λ_{sc}、钢材的屈服强度 f_y 的影响。若按正则长细比 $\overline{\lambda}_{sc}$ 的准确值计算，其中还包括混凝土强度等级和截面含钢率 α 的影响。

《钢管混凝土结构技术规范》（GB 50936—2014）中的轴压构件的稳定系数 φ 按上述方法计算确定，并以 $\lambda_{sc}(0.001 f_y + 0.781)$ 为变量预先制表，可查表 13-2-2 确定稳定系数 φ 值。值得说明的是，按该方法确定稳定系数已包括了构件初始偏心的影响。

轴压构件稳定系数 φ 表 13-2-2

$\lambda_{sc}(0.001f_y+0.781)$	φ	$\lambda_{sc}(0.001f_y+0.781)$	φ
0	1.000	130	0.440
10	0.975	140	0.394
20	0.951	150	0.353
30	0.924	160	0.318
40	0.896	170	0.287
50	0.863	180	0.260
60	0.824	190	0.236
70	0.779	200	0.216
80	0.728	210	0.198
90	0.670	220	0.181
100	0.610	230	0.167
110	0.549	240	0.155
120	0.492	250	0.143

3. 规范 JTG/T D65-06—2015 中的长细比折减系数

《公路钢管混凝土拱桥设计规范》(JTG/T D65-06—2015)中给出的长细比折减系数 φ_L 与上述稳定系数 φ 具有相近的物理意义。两者均考虑了长细比和钢材种类对轴压构件承载力的折减,但规范 JTG/T D65-06—2015 中同时考虑了混凝土强度等级和截面含钢率的影响,见表 13-2-3。该表中给出的长细比 λ 的取值范围为 20～100,明显小于规范 GB 50936—2014 中的取值范围,这也意味着钢管混凝土拱桥设计中对拱肋结构的稳定性要求更高。当设计的拱肋构件的长细比 $\lambda > 100$ 时,应采用组合构件,或考虑加大组合构件的截面尺寸;当构件的长细比 $\lambda < 20$ 时,构件的承载力由材料强度控制,通常不会出现失稳破坏。

长细比折减系数 $\varphi_L(\varphi_L')$ 表 13-2-3

钢材牌号	混凝土强度等级	α	长 细 比 λ								
			20	30	40	50	60	70	80	90	100
Q235	C30	0.04	0.972	0.923	0.875	0.828	0.783	0.739	0.696	0.654	0.614
		0.08	0.975	0.930	0.886	0.843	0.800	0.758	0.716	0.675	0.635
		0.12	0.977	0.935	0.893	0.852	0.810	0.769	0.729	0.688	0.648
		0.16	0.978	0.938	0.898	0.858	0.818	0.778	0.738	0.697	0.657
		0.20	0.980	0.941	0.902	0.863	0.824	0.784	0.745	0.704	0.664
	C40	0.04	0.957	0.901	0.847	0.795	0.746	0.699	0.655	0.613	0.573
		0.08	0.960	0.908	0.858	0.809	0.762	0.717	0.674	0.632	0.593
		0.12	0.962	0.913	0.864	0.818	0.772	0.728	0.685	0.644	0.604
		0.16	0.964	0.916	0.869	0.824	0.779	0.736	0.694	0.653	0.613
		0.20	0.966	0.919	0.874	0.829	0.785	0.742	0.700	0.660	0.620

钢材牌号	混凝土强度等级	α	长 细 比 λ								
			20	30	40	50	60	70	80	90	100
Q345	C40	0.04	0.961	0.911	0.860	0.811	0.762	0.713	0.666	0.618	0.547
		0.08	0.966	0.921	0.875	0.829	0.782	0.736	0.688	0.640	0.566
		0.12	0.969	0.927	0.884	0.840	0.795	0.749	0.702	0.653	0.578
		0.16	0.972	0.932	0.891	0.848	0.804	0.759	0.711	0.663	0.586
		0.20	0.974	0.936	0.896	0.855	0.811	0.766	0.719	0.670	0.593
	C50	0.04	0.950	0.893	0.837	0.784	0.733	0.683	0.635	0.589	0.521
		0.08	0.954	0.903	0.852	0.802	0.753	0.704	0.657	0.610	0.539
		0.12	0.958	0.909	0.861	0.812	0.765	0.717	0.669	0.622	0.550
		0.16	0.961	0.914	0.867	0.820	0.773	0.726	0.679	0.631	0.558
		0.20	0.963	0.918	0.873	0.827	0.780	0.733	0.686	0.638	0.564
	C60	0.04	0.938	0.876	0.817	0.760	0.707	0.656	0.608	0.563	0.498
		0.08	0.943	0.886	0.831	0.777	0.726	0.676	0.629	0.583	0.515
		0.12	0.947	0.892	0.839	0.788	0.737	0.688	0.641	0.595	0.526
		0.16	0.950	0.897	0.846	0.795	0.746	0.697	0.650	0.603	0.533
		0.20	0.952	0.901	0.851	0.801	0.752	0.704	0.657	0.610	0.539
Q345	C70	0.04	0.928	0.862	0.799	0.740	0.685	0.634	0.586	0.542	0.479
		0.08	0.934	0.872	0.813	0.757	0.704	0.653	0.606	0.561	0.496
		0.12	0.937	0.878	0.821	0.767	0.715	0.665	0.617	0.572	0.506
		0.16	0.940	0.883	0.828	0.774	0.723	0.674	0.626	0.581	0.513
		0.20	0.943	0.887	0.833	0.780	0.729	0.680	0.633	0.587	0.519
	C80	0.04	0.920	0.850	0.785	0.724	0.668	0.616	0.568	0.524	0.463
		0.08	0.926	0.860	0.799	0.740	0.686	0.634	0.587	0.543	0.480
		0.12	0.929	0.866	0.807	0.750	0.696	0.646	0.598	0.554	0.490
		0.16	0.932	0.871	0.813	0.757	0.704	0.654	0.607	0.562	0.497
		0.20	0.935	0.875	0.818	0.763	0.711	0.661	0.613	0.568	0.502
Q390	C50	0.04	0.950	0.895	0.840	0.786	0.734	0.683	0.633	0.576	0.494
		0.08	0.956	0.906	0.855	0.805	0.755	0.705	0.655	0.597	0.512
		0.12	0.960	0.913	0.865	0.817	0.768	0.718	0.668	0.609	0.522
		0.16	0.963	0.918	0.872	0.825	0.777	0.728	0.678	0.618	0.530
		0.20	0.965	0.922	0.878	0.832	0.785	0.736	0.685	0.625	0.536
	C60	0.04	0.939	0.877	0.818	0.761	0.707	0.655	0.606	0.551	0.472
		0.08	0.944	0.888	0.833	0.779	0.727	0.676	0.627	0.570	0.489
		0.12	0.948	0.895	0.842	0.790	0.739	0.689	0.639	0.582	0.499
		0.16	0.951	0.900	0.849	0.798	0.748	0.698	0.648	0.590	0.506
		0.20	0.954	0.905	0.855	0.805	0.755	0.705	0.656	0.597	0.512

钢材牌号	混凝土强度等级	α	长 细 比 λ								
			20	30	40	50	60	70	80	90	100
Q390	C70	0.04	0.928	0.862	0.799	0.740	0.684	0.632	0.583	0.530	0.454
		0.08	0.934	0.873	0.814	0.758	0.704	0.652	0.603	0.549	0.470
		0.12	0.938	0.880	0.823	0.768	0.716	0.665	0.615	0.560	0.480
		0.16	0.942	0.885	0.830	0.776	0.724	0.673	0.624	0.568	0.487
		0.20	0.945	0.890	0.836	0.783	0.731	0.680	0.631	0.574	0.492
	C80	0.04	0.920	0.850	0.784	0.723	0.666	0.613	0.565	0.513	0.440
		0.08	0.926	0.860	0.799	0.740	0.685	0.633	0.584	0.531	0.455
		0.12	0.930	0.867	0.808	0.751	0.696	0.645	0.596	0.542	0.465
		0.16	0.933	0.872	0.814	0.758	0.705	0.653	0.604	0.550	0.471
		0.20	0.936	0.877	0.820	0.764	0.711	0.660	0.611	0.556	0.477

注:1. 当长细比位于中间值时,$\varphi_L(\varphi_L')$ 可采用插入法求得。

2. 对于组合构件的换算长细比折减系数 φ_L',应按钢管内混凝土强度等级、λ_{0y} 与 λ_{0x} 和组合构件平均含钢率查表求得。

4. 轴心受压柱的承载力计算示例与对比

【**例 13-1**】 拟采用 Q345 钢的钢管,C50 混凝土材料,要求承受设计轴心压力 $N_d = 3000kN$。已知立柱长 $l = 8.7m$,上下端固结,结构重要性系数为 $\gamma_0 = 1.0$。试设计该钢管混凝土柱的断面,并验算其稳定承载力。

解:由题意已知,钢管混凝土立柱计算长度为:

$$l_o = 0.5l = 0.5 \times 8.7 = 4.35(m)$$

设该柱长细比为:

$$\lambda_{sc} = 70$$

则所需的钢管混凝土柱直径为:

$$D = \frac{4l_o}{\lambda_{sc}} = \frac{4 \times 4.35}{70} = 0.2486(m)$$

现选用 $\phi 280 \times 10mm$ 钢管,则有 $D = 280mm$,$t = 10mm$。截面几何参数计算如下:

$$r_{co} = (280 - 2 \times 10)/2 = 130(mm)$$

$$A_{sc} = \pi \times (280/2)^2 = 61575(mm^2)$$

$$\alpha = \frac{A_s}{A_c} = \frac{\pi(r_o^2 - r_{co}^2)}{\pi r_{co}^2} = \frac{140^2 - 130^2}{130^2} = 0.1598 \approx 0.16$$

该柱的实际长细比为:

$$\lambda_{sc} = \frac{4l_o}{D} = \frac{4 \times 4350}{280} = 62.14$$

由 Q345 钢种、C50 混凝土和含钢率 $\alpha = 0.16$ 查表 12-2-6 得组合强度设计值 $f_{sc} = 76.13MPa$。

根据 Q345 钢种及壁厚,可知 $f_y = 345\text{MPa}$,由公式(13-2-13)计算长细比参数:

$$\overline{\lambda}_{sc} = (0.001f_y + 0.781)\lambda_{sc} = (0.001 \times 345 + 0.781) \times 62.14 = 69.97 \approx 70$$

查表 13-2-2 得稳定系数 $\varphi = 0.779$(已包含初始偏心的影响);查表 13-2-3 得长细比折减系数 $\varphi_L = 0.763$。假定均按的钢管混凝土强度设计值 $f_{sc} = 76.13\text{MPa}$ 计算稳定承载力设计值。取初应力度 $\omega = 0.25$,则可由公式(13-1-7)计算初应力折减系数 K_p:

$$K_p = 1.0 - 0.15\omega = 1.0 - 0.15 \times 0.25 = 0.963$$

为便于比较,暂不考虑管内混凝土脱空问题,即取脱空折减系数 $K_d = 1.0$。于是按照上述两本规范计算的该钢管混凝土柱的稳定承载力设计如下:

(1)按规范 GB 50936—2014 计算:

$$N_{ud} = \varphi f_{sc} A_{sc} = 0.779 \times 76.13 \times 61575 \times 10^{-3} = 3651.7(\text{kN}) > N_d = 3000\text{kN}$$

(2)按规范 JTG/T D65-06—2015 计算:

$$N_{ud} = \varphi_L K_p f_{sc} A_{sc} = 0.763 \times 0.963 \times 76.13 \times 61575 \times 10^{-3} = 3444.4(\text{kN}) > N_d = 3000\text{kN}$$

就本例的计算结果而言,选用 $\phi 280 \times 10\text{mm}$ 的 Q345 钢管,配 C50 混凝土无论采用规范 JTG/T D65-06—2015 中的长细比折减系数 φ_L,还是采用表 13-2-3 中的轴压柱稳定系数 φ,求得的该柱稳定承载力均可以满足设计轴心压力 $N_d = 3000\text{kN}$ 要求,且按规范 JTG/T D65-06—2015 的计算结果更偏于安全。

第三节 组合受压构件的稳定性

一、组合受压构件的概念

当轴心受压柱的长度较大时,或对于荷载偏心较大的偏压构件,为了节约材料,常采用格构式截面将弯矩转化为单肢轴向力。格构式受压构件亦称为组合受压构件。常用的组合截面形式有双肢、三肢和四肢等几种,参见图 13-3-1。组合截面各肢的截面面积可以不等,但实际工程中为便于钢结构加工和现场施工,通常各肢的截面是相同的。组合受压构件由柱肢和缀材组成。穿过柱肢的轴称为实轴,穿过缀材平面的轴称为虚轴。图 13-3-1 中只有 a)中的 x 轴为实轴,其余均为虚轴。柱肢用缀材连接,在钢结构中,缀材分为缀板和缀条。在钢管混凝土桥梁结构中,缀材常用空心钢管制成,又称为平腹杆和斜腹杆。

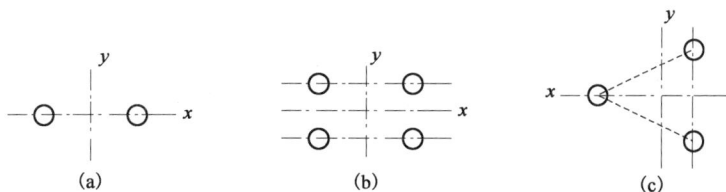

图 13-3-1 常用组合截面形式

采用平腹杆体系时,平腹杆应与柱肢刚性连接,形成多层框架体系。采用斜腹杆时,认为腹杆与柱肢铰接,组成桁架体系,参见图 13-3-2。

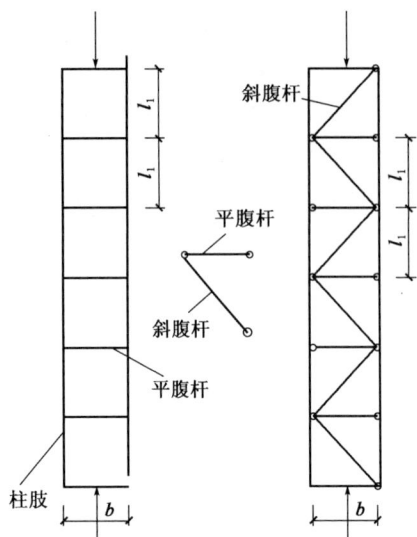

图 13-3-2　缀材体系

确定组合轴心受压构件的临界力时,应计入缀材变形的影响。由结构弹性稳定理论可求出临界力为:

$$N_{cr} = \frac{\pi^2 (EI)_{sc}}{l_y^2 \left[1 + \gamma_1 \dfrac{\pi^2 (EI)_{sc}}{l_y^2} \right]} = \frac{\pi^2 (EI)_{sc}}{(\mu l_y)^2}$$

相应的临界应力为:

$$\sigma_{cr} = \frac{N_{cr}}{A_{sc}} = \frac{\pi^2 E_{sc}}{(\mu \lambda_y)^2} = \frac{\pi^2 E_{sc}}{\lambda_{0y}^2} \tag{13-3-1}$$

换算长细比:

$$\lambda_{0y} = \mu \lambda_y \tag{13-3-2}$$

换算系数:

$$\mu = \sqrt{1 + \gamma_1 \frac{\pi^2 (EI)_{sc}}{l_y^2}} \tag{13-3-3}$$

式中:$(EI)_{sc}$——组合受压柱的截面抗弯刚度;

　　　γ_1——格构式体系的单位剪切角,反映出平腹杆或斜腹杆的变形影响;

　　　λ_y——格构式构件对 y 轴的长细比。

比较式(13-3-1)式(13-2-3)不难发现,组合轴心受压构件的稳定计算亦可套用式(13-2-9)进行。但需由式(13-3-2)求出换算长细比 λ_{0y},并以此查表 13-2-3 的长细比折减系数 φ_L。在套用计算方法之前需先确定反映缀材变形影响的换算系数 μ。

式(13-3-3)中的换算系数 μ 主要与组合受压构件的截面形式有关,与所求的转动轴(x 或 y)有关。单位剪切角 γ_1 可根据不同的结构形式采用力法求出。若忽略缀材变形影响,则有 $\gamma_1 = 0$,$\mu = 1$,$\lambda_{0y} = \lambda_y$,也可直接由 λ_y 查表 13-2-3 确定折减系数 φ_L。但这样做是偏于不安全的,因为 $\lambda_{0y} > \lambda_y$,必然有 φ_L 值减小。

以下省略推导过程,给出常用的各种组合受压柱换算长细比的计算公式。

二、常用组合受压构件的稳定性

桥梁工程中常用的钢管混凝土组合受压构件有双肢平腹杆柱(亦称为哑铃形断面),双(四)肢缀条柱和三肢缀条柱。

1. 双肢平腹杆柱

对于双肢平腹杆柱,x 轴为实轴,y 轴为虚轴,见图 13-3-3。沿 y 轴方向(绕 x 轴转动)的稳定计算可以忽略平腹杆的影响。以两肢的截面几何性质计算对 x 轴的长细比 $\lambda_{0x} = \lambda_x$。

沿 x 轴方向(绕 y 轴转动)的稳定计算须考虑平腹杆与剪切变形的影响,用力法求解多层框架体系,可有如下结果:

换算系数:

$$\mu = \sqrt{1 + \frac{\pi^2}{\lambda_y^2} \left(\frac{\lambda_1^2}{12} + \frac{\lambda_0^2 l_1 E_{sc} A_{sc}}{6 E_s A_o b} \right)}$$

换算长细比：

$$\lambda_{0y} = \mu\lambda_y = \sqrt{\lambda_y^2 + \pi^2\left(\frac{\lambda_1^2}{12} + \frac{\lambda_0^2 l_1 E_{sc}A_{sc}}{6E_sA_o b}\right)} \qquad (13\text{-}3\text{-}4)$$

在上式中作如下简化：

（1）$E_{sc}A_{sc} = (E_sA_s + E_cA_c) = E_sA_s\left(1 + \frac{1}{\alpha n}\right)$，并取 $1 + \frac{1}{\alpha n} = 2.5$；

（2）平腹杆间距 l_1 不大于两肢中心距 b 的 4 倍，即 $l_1 \leqslant 4b$；

（3）平腹杆空钢管面积 A_o 不小于两柱肢钢管面积的 1/8，即 $A_o \geqslant A_s/4$；

图 13-3-3 双肢平腹杆柱断面

（4）平腹杆空钢管长细比 λ_o 不大于钢管混凝土单肢长细比 λ_1 的一半，即 $\lambda_o \leqslant 0.5\lambda_1$。

于是式（13-3-4）可以简化为如下形式：

$$\lambda_{0y} = \sqrt{\lambda_y^2 + 17\lambda_1^2} \qquad (13\text{-}3\text{-}5)$$

上述式中：$E_{sc}I_{sc}$——一根钢管混凝土柱肢的组合刚度；

E_sA_o——一根平腹杆（即空钢管）的刚度；

λ_1——钢管混凝土单肢长细比，

$$\lambda_1 = \frac{l_1}{\left(\frac{r_o}{2}\right)} = \frac{l_1}{\sqrt{\frac{I_{sc}}{A_{sc}}}} \qquad (13\text{-}3\text{-}6)$$

l_1——平腹杆间距；

r_o——单肢钢管外半径；

λ_o——平腹杆空钢管的长细比，按下式计算：

$$\lambda_o = \frac{b}{\sqrt{\frac{I_o}{A_o}}} \qquad (13\text{-}3\text{-}7)$$

I_o、A_o——一根平腹杆的惯性矩和截面面积；

b——两肢钢管混凝土柱的中心距；

其余符号意义同前。

2. 双（四）肢缀条柱（有斜腹杆）

双（四）肢缀条柱的 x、y 两轴均为虚轴，且两方向对称，见图 13-3-4。用力法同样可以解出：

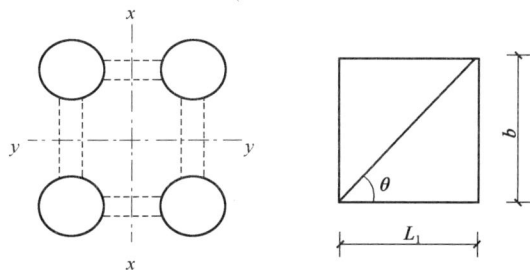

图 13-3-4 双（四）肢缀条柱

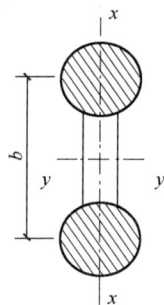

$$\mu = \sqrt{1 + \frac{\pi^2 (EI)_{sc}}{l_y^2} \cdot \frac{1}{2E_s A_o \cos\theta \sin^2\theta}}$$

一般要求斜腹杆的角度 $\theta = 40° \sim 60°$，故可以近似取 $\frac{\pi^2}{\cos\theta \sin^2\theta} \approx 27$，于是可以得到换算长细比如下：

$$\lambda_{0y} = \mu\lambda_y = \sqrt{\lambda_y^2 + 13.5 \frac{(EA)_{sc}}{E_s A_o}} \tag{13-3-8}$$

当双肢柱的两肢截面相同时：

$(EA)_{sc} = 2(E_s A_s + E_c A_c) = 2E_s A_s [1 + 1/(\alpha n)]$，取 $1 + 1/(\alpha n) = 2.5$，则有：

$$\lambda_{0y} = \sqrt{\lambda_y^2 + 67.5 \frac{A_s}{A_o}} \tag{13-3-9}$$

当四肢柱的四肢截面相同时：

$(EA)_{sc} = 4E_s A_s [1 + 1/(\alpha n)]$，取 $1 + 1/(\alpha n) \approx 2.5$，则有：

$$\lambda_{0y} = \sqrt{\lambda_y^2 + 135 \frac{A_s}{A_o}} \tag{13-3-10}$$

式中：A_s——一根柱肢钢管截面积；

A_o——一根空钢管斜腹杆截面积。

若求对 x 轴的换算长细比时，利用对称性，只需将 λ_y 改 λ_x 即可。

3. 三肢缀条柱

三肢缀条柱的 x、y 两轴均为虚轴，且两方向不对称，见图 13-3-5。利用力法可解出对 y 轴的换算系数：

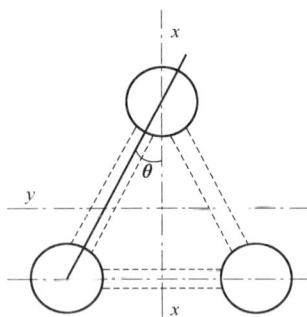

图 13-3-5　三肢缀条柱

$$\mu = \sqrt{1 + \frac{\pi^2 (EA)_{sc}}{\lambda_y^2} \cdot \frac{1}{E_s A_o \sin^2\theta \cos\theta}}$$

要求 $\theta = 40° \sim 70°$，并取 $\pi^2/(\sin^2\theta \cos\theta) \approx 27$。于是换算长细比为：

$$\lambda_{0y} = \mu\lambda_y = \sqrt{\lambda_y^2 + 27 \frac{(EA)_{sc}}{E_s A_o}} \tag{13-3-11}$$

当三肢柱钢管截面相同时，应有：

$(EA)_{sc} = 3E_s A_s [1 + 1/(\alpha n)] = 3 \times 2.5 E_s A_s = 7.5 E_s A_s$

所以最终对 y 轴的换算长细比可以表示为：

$$\lambda_{0y} = \sqrt{\frac{\lambda_y^2 + 200 A_s}{A_o}} \tag{13-3-12}$$

同理，利用力法并参考钢结构中三肢柱的有关计算式推导可以给出绕 x 轴的换算长细比 λ_{0x} 的计算式：

$$\lambda_{0x} = \sqrt{\lambda_x^2 + \frac{42(EA)_{sc}}{(1.5 - \cos^2\theta) \cdot 2E_s A_o}}$$

将 $(EA)_{sc} \approx 7.5 E_s A_s$ 代入并简化,可以得到:

$$\lambda_{0x} = \sqrt{\lambda_x^2 + \frac{157.5 A_s}{(1.5 - \cos^2 \theta) A_o}} \qquad (13\text{-}3\text{-}13)$$

式(13-3-8) ~ 式(13-3-13)中的 A_s、A_o 意义同前。上述各公式中的长细比 λ_y、λ_x 均按下述式确定:

$$\lambda_y = \frac{l_{0y}}{\sqrt{I_{scy} / \sum_1^m A_{sc}}} \qquad \lambda_x = \frac{l_{0x}}{\sqrt{I_{scx} / \sum_1^m A_{sc}}} \qquad (13\text{-}3\text{-}14)$$

$$I_{scy} = \sum_1^m (I_{sc} + a^2 A_{sc}) \qquad I_{scx} = \sum_1^m (I_{sc} + b^2 A_{sc}) \qquad (13\text{-}3\text{-}15)$$

式中:A_{sc}——一根钢管混凝土柱肢的截面面积,$A_{sc} = \pi r_o^2$;

I_{sc}——一根钢管混凝土柱肢的截面惯性矩,$I_{sc} = \pi r_o^4 / 4$;

I_{scx}、I_{scy}——组合构件的截面对 x 轴或 y 轴的惯性矩;

m——柱肢数;

a、b——各柱肢截面重心沿 x、y 方向对于格构截面重心的平移距离。

按上述式子求出换算长细比 λ_{0y} 或 λ_{0x} 后,由表13-2-3查取出长细比折减系数 φ_L,即可按下式计算组合轴压构件的稳定承载力设计值 N_{ud},并验算其稳定性:

$$\gamma_0 N_d \le N_{ud} = \varphi_L' \sum_1^m K_p^i K_d f_{sc} A_{sc} \qquad (13\text{-}3\text{-}16)$$

式中:N_d——钢管混凝土组合受压构件的最大轴向压力设计值(10^3kN)。

γ_0——桥梁结构重要性系数,对于持久、短暂和偶然状况时,取 $\gamma_0 = 1.1$;考虑地震状况时,应按表13-1-1取值;

N_{ud}——钢管混凝土组合受压构件的稳定承载力设计值(10^3kN);

φ_L'——组合构件换算长细比折减系数,根据组合受压构件换算长细比 λ_{0y} 或 λ_{0x},按表13-2-3取值。

K_p^i——单支钢管的最大钢管初应力折减系数,按式(13-1-7)计算。

K_d——混凝土脱空折减系数,取 $K_d = 0.95$,但应满足钢管混凝土脱空率和脱空高度的要求;

f_{sc}——单管钢管混凝土组合轴心抗压强度设计值(MPa),按式(12-2-4)式(12-2-5)计算,或考虑钢板厚度由表12-2-7查取;

A_{sc}——单肢钢管混凝土组合截面面积(m^2);

m——组合式构件的肢数。

钢管混凝土组合轴压柱除按换算长细比验算整体稳定性时,通常不再进行单肢稳定性验算,但应满足下列构造条件:

平腹杆构件:$\lambda_1 \le 40$ 且 $\lambda_1 \le 0.5 \lambda_{max}$;

斜腹杆构件:$\lambda_1 \le 0.7 \lambda_{max}$。

上式中,λ_{max} 是指构件在 x 和 y 轴方向上长细比的较大值,即:

$$\lambda_{max} = \max(\lambda_{0x}, \lambda_{0y}) \qquad (13\text{-}3\text{-}17)$$

第四节　偏心受力构件的承载力和稳定计算

偏心受力构件包括偏压构件和偏拉构件。在实际工程中偏心受拉构件用得很少,而偏心受压构件则是经常遇到的。例如钢管混凝土拱肋在绝大多数情况下是属于偏心受压构件,因此偏压构件自然是本节的重点。

一、偏心受压构件的承载力和稳定性

1.偏压构件的破坏特征

偏压(压弯)构件的破坏主要与构件的长细比和偏心率有关。长细比 $\lambda_{sc} < 20$ 的短柱通常发生强度破坏。图 13-4-1 给出了轴向力和构件最大纤维应变的关系曲线。

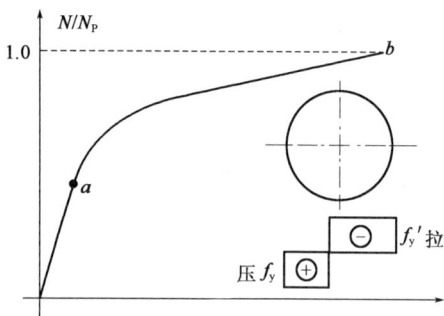

图 13-4-1 中 oa 段为弹性工作阶段,到 a 点时,钢管最大的压应力达到屈服点 f_y。过 a 点后截面发展塑性,受压区产生紧箍力,ab 段为弹塑性工作阶段。到 b 点时截面趋近塑性铰,变形将无限增加,压区紧箍力仍有所增长。破坏时拉、压区的钢管应力均可达到其屈服强度。

图 13-4-1　强度破坏形态

长细比 $\lambda_{sc} \geq 20$ 的钢管混凝土柱会发生稳定破坏。图 13-4-2 中给出了轴向力与柱中点挠度的关系曲线。曲线上 oa 段为弹性工作,过了 a 点,截面受压区不断发展塑性,钢管和受压区混凝土之间产生了非均匀紧箍力,工作呈弹塑性。随着荷载的继续增加,塑性区继续深入,到达曲线最高点时,内外力不再保持平衡,构件失去承载力,受压区混凝土不退出工作,曲线开始下降,构件失稳破坏。偏压构件失稳破坏时,随着构件长细比和荷载相对偏心率不同,破坏截面的应力分布亦有三种情况,即:①全截面受压,②受压区单侧发展塑性变形,③压、拉区均发展塑性变形。

钢管混凝偏压构件的工作特点可以归纳为如下几点:

(1)构件强度破坏时,截面全部发展塑性,拉区混凝土退出工作。

(2)构件稳定破坏时,危险截面上的应力分布既有塑性区也有弹性区,拉区混凝土未必全部退出工作。

(3)由于危险截面上压应力分布不均匀,因而钢管和核心混凝土间的紧箍力分布也不均匀。

(4)两种材料变形模量不仅在截面上是变化的,而且沿构件长度方向也不相同。

2.偏压构件相关曲线

根据第十一章给出的钢材和混凝土在三向应力状态下的本构关系。利用合成法的全过程分析方法或有限元方法,可以求出图 13-4-1 中的 N/N_p-ε_s 的强度破坏曲线,亦可求出图 13-4-2 中的 N-f_m 稳定破坏曲线。同时利用全过程分析法还可求出图 13-4-3 中关于强度和稳定的 N-M 相关曲线。

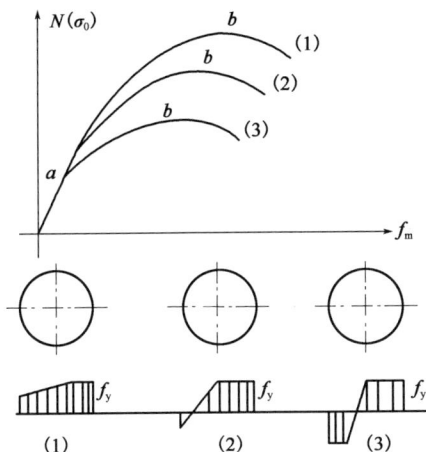

图 13-4-2 稳定破坏形态

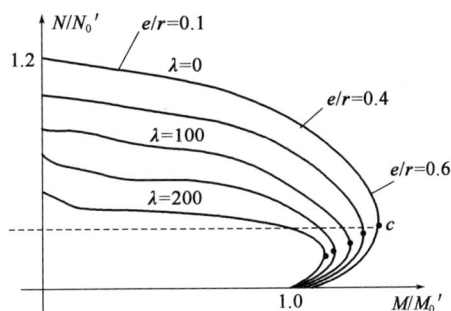

图 13-4-3 钢管混凝土偏压相关曲线

在图 13-4-3 中,$\lambda_{sc}=0$ 时为强度破坏;$\lambda_{sc}=20\sim200$ 时为失稳破坏。图中 $N_0'=f_{sc}'A_{sc}$,$M_0'=W_{sc}f_{sc}'$,c 点称为平衡点,与含钢率 α 有关。平衡点以上的曲线部分通常以受压破坏为主;平衡点以下的曲线部分通常为大偏心受压构件,以弯曲破坏为主。

二、偏心受压构件的《规范》计算方法

在实际工程设计中,偏压构件的验算方法可以基于构件轴心抗压承载力,亦可基于钢管混凝土偏压柱 M-N 相关曲线。不同的行业设计规范采用的方法有所不同。

1.《公路钢管混凝土拱桥设计规范》(JTG/T D65-06—2015)中偏压构件计算方法

规范 JTG/T D65-06—2015 中建议的钢管混凝土偏压构件承载力的计算方法是在轴压构件计算方法的基础上增加了弯矩折减系数 $\varphi_e(\varphi_e')$,用于考虑截面弯矩对轴压承载力的折减。

1)单肢偏压构件承载力计算方法

单管钢管混凝土偏压构件承载力的验算式如下:

$$\gamma_0 N_d \leq N_{ud} = \varphi_e \varphi_L K_p K_d f_{sc} A_{sc} \tag{13-4-1}$$

式中:N_{ud}——偏压构件承载力设计值;

φ_e——弯矩折减系数,按式(13-4-2)计算;

其他符号意义同式(13-1-8)。

$$\varphi_e = \frac{1}{1 + \dfrac{1.85 \eta e_0}{r}} \tag{13-4-2}$$

式中:η——偏心距增大系数,按式(13-4-3)计算;

e_0——构件截面偏心距(m),应按式(13-4-5)计算,并满足(13-4-6)的条件;

r——钢管混凝土截面半径(m)。

$$\eta = \frac{1}{1 - 0.4\dfrac{N}{N_E}} \tag{13-4-3}$$

式中：N_E——欧拉临界力(10^{-3}kN)，按下式计算：

$$N_E = \frac{\pi^2 E_{sc} A_{sc}}{\lambda_{sc}^2} \qquad (13\text{-}4\text{-}4)$$

$$e_0 = \frac{M_d}{N_d} \qquad (13\text{-}4\text{-}5)$$

式中：M_d——构件计算截面最大弯矩设计值；

N_d——同截面与最大弯矩相应的截面轴力设计值。

$$\frac{e_0}{r} \leq 1.55 \qquad (13\text{-}4\text{-}6)$$

2）组合偏压构件的承载力的计算方法

对于等截面哑铃形主拱或桁式主拱，当按组合受压构件计算时，其偏心受压承载力应按下式验算：

$$\gamma_0 N_d \leq N_{ud} = \varphi_e' \varphi_L' \sum (K_p^i K_d f_{sc} A_{sc}) \qquad (13\text{-}4\text{-}7)$$

式中：K_p^i——单支钢管的最大钢管初应力折减系数，按式(13-1-7)计算；

φ_L'——主拱组合构件长细比折减系数，应按表13-2-3查取；

φ_e'——组合构件弯矩折减系数，根据拱桥的跨径及拱肋形式，按表13-4-1中的方法确定。

弯矩折减系数 φ_e' 　　　　　　表13-4-1

拱肋形式	计算式条件	计算式	
		跨径≤300m	跨径>300m
哑铃形	$e_0/i \leq 1.70$	$\varphi_e' = \dfrac{1}{1+1.41\dfrac{e_0}{i}}$	$\varphi_e' = \dfrac{1}{1+1.41\dfrac{\eta e_0}{i}}$
桁式	$e_0/h \leq \varepsilon_b$ $\varepsilon_b = 0.5 + \dfrac{\xi}{1+\sqrt{\xi}}$	$\varphi_e' = \dfrac{1}{1+2\dfrac{e_0}{h}}$	$\varphi_e' = \dfrac{1}{1+\dfrac{2\eta e_0}{h}}$

注：ξ为钢管混凝土的约束效应系数标准值，$\xi = A_s f_y / A_c f_{ck}$；其他符号意义同前。

表13-4-1中的计算式表明，当钢管混凝土拱肋采用组合构件时，若跨径超过300m，需考虑由弯矩引起的截面附加偏心的影响，该影响通过偏心距增大系数 η 予以考虑。η 应按下式确定：

$$\eta = \frac{1}{1 - \varphi_L' \dfrac{N}{N_E}} \qquad (13\text{-}4\text{-}8)$$

上式中长细比折减系数 φ_L' 应根据主拱肋组合受压构件的实际换算长细比由表13-2-3查取。与用于单管拱计算式(13-4-3)中的定值0.4相比更为准确。

在钢管混凝土拱桥设计时，通常可通过拱轴线优化的方法减小截面弯矩作用，尽可能控制钢管混凝土截面处于受压或小偏压状态，以避免钢管内混凝土受拉开裂。

对于主拱采用变截面组合构件的钢管混凝土拱桥，应先将拱肋等效为等截面的主拱后再按上述方法验算承载力。相关的等效方法可参见规范《公路钢管混凝土拱桥设计规范》(JTG/T D65-06—2015)中的相关条款。

2.《钢管混凝土结构技术规范》(GB 50936—2014)中偏压构件计算方法

GB 50936—2014 中规定的钢管混凝土偏压构件承载力的计算方法是建立在钢管混凝土偏压柱 M-N 相关曲线的基础上,并将图 13-4-3 中相关曲线的平衡点 c 取为 $N/N'_0 = 0.255$。为便于使用,将规范 GB 50936—2014 的公式中的符号直接改为桥梁规范的符号系统。于是,对于偏心受压构件应按下式验算截面承载力:

(1)当 $N_d/N_{ud} \geq 0.255$ 时:

$$\frac{N_d}{N_{ud}} + \frac{\beta_m M_d}{1.5 M_{ud}(1 - 0.4 N_d/N'_E)} \leq 1 \qquad (13\text{-}4\text{-}9)$$

(2)当 $N_d/N_{ud} < 0.255$ 时:

$$-\frac{N_d}{2.17 N_{ud}} + \frac{\beta_m M_d}{M_{ud}(1 - 0.4 N_d/N'_E)} \leq 1 \qquad (13\text{-}4\text{-}10)$$

式中: β_m——等效弯矩系数,与柱端弯矩及横向荷载有关,应按现行 GB 50017 取用:

①柱间无横向荷载作用时 $\beta_m = 0.65 + 0.35 M_2/M_1$,$M_1$ 和 M_2 为柱两端的弯矩。$|M_1| \geq |M_2|$,两者使构件产生同向弯曲时取同号,异向弯曲时取异号;

②有端弯矩和横向荷载同时作用时:使构件产生同向曲率时 $\beta_m = 1.0$;反向曲率时 $\beta_m = 0.85$;

③无端弯矩但有横向荷载作用时,$\beta_m = 1.0$;

N_d、M_d——作用于构件的轴心压力设计值和弯矩设计值,用于钢管混凝土拱桥计算时,应按公路桥规取用基本组合下的内力设计值 N_d、M_d,并应同时考虑 N_{dmax} 对应的 M_d 和 M_{dmax} 对应的 N_d 两种不利的布载工况;

N_{ud}——钢管混凝土构件的轴压稳定承载力设计值,应按式(13-2-9)计算;

M_{ud}——钢管混凝土构件的受弯承载力设计值,应按式(13-5-15)计算;

N'_E——构件的欧拉临界力,可按下式或近似式计算:

$$N'_E = \frac{\pi^2 E_{sc} A_{sc}}{1.1 \lambda_{sc}^2} \approx \frac{11.6 k_E E_{sc} A_{sc}}{\lambda_{sc}^2} \qquad (13\text{-}4\text{-}11)$$

其中:E_{sc}——截面的组合弹性模量,按式(12-2-4)计算,或按表 12-2-8 查取;

A_{sc}——钢管混凝土柱的截面面积;

λ_{sc}——构件长细比;

k_E——钢管混凝土轴压弹性模量的换算系数,由表 12-2-3 查取。

上式中系数 1.1 相当于对欧拉临界力 N_E 的抗力分项系数。

(3)组合(格构式)偏压构件应按下式验算弯矩作用平面内的稳定性:

$$\frac{N_d}{N_{ud}} + \frac{\beta_m M_d}{M_{ud}(1 - \varphi' N_d/N'_E)} \leq 1 \qquad (13\text{-}4\text{-}12)$$

式中:M_{ud}——钢管混凝土组合构件的受弯承载力设计值,仍按式(13-5-15)计算,但其中 W_{sc} 应为组合截面对最大受压肢外边缘的截面模量(mm^3);

N_{ud}——钢管混凝土组合构件的轴压稳定承载力设计值,应按式(13-2-9)计算,其中的稳定系数 φ 应取 φ',根据换算长细比 $\lambda_0(\lambda_{0x}$ 或 $\lambda_{0y})$ 由表 13-2-2 查取;

N'_E——按换算长细比 $\lambda_0(\lambda_{0x}$ 或 $\lambda_{0y})$ 求出的组合构件临界力,按下式计算:

$$N'_E = \frac{\pi^2 \sum (E_{sc} A_{sc})}{1.1\lambda_0^2} \quad (13\text{-}4\text{-}13)$$

φ'——组合构件的稳定系数,根据换算长细比 λ_0 查表13-2-2确定;

用式(13-4-9)、式(13-4-10)或式(13-4-12)计算偏压构件或偏压组合构件稳定时,从形式上看只能验算偏压(组合)构件截面是否保证稳定性要求,无法直接确定(组合)偏压构件的稳定承载力 N_{ud},但经过变换后亦可以得到稳定承载力的解析表达式。

取 $M_{ud} = N_{ud}e_o$ 代替式中 M_d 和 N_d,再令 $N_{ud} = \varphi' f_{sc} A_{sc}$,$M_{ud} = \gamma_m W_{scy} f_{sc}$,则式(13-4-12)可变换为如下形式:

$$\frac{N_{ud}}{\varphi' \sum A_{sc}} + \frac{\beta_m N_{ud} e_0}{\gamma_m W_{scy}(1 - \varphi' N_{busd}/N'_E)} \leqslant f_{sc} \quad (13\text{-}4\text{-}14)$$

上式是关于 N_{ud} 的一元二次方程。导出相关的计算参数 A、B 和 C 即可解出偏压(组合)构件的截面稳定承载力:

$$AN_{ud}^2 + BN_{ud} + C = 0 \quad (13\text{-}4\text{-}15)$$

其中参数:

$$A = -\gamma_m W_{scy} \varphi' / N'_E$$

$$B = \gamma_m W_{scy} + \beta_m \varphi' e_0 \sum A_{sc} + f_{sc} \varphi'^2 \gamma_m W_{scy} \frac{\sum A_{sc}}{N'_E} \quad (13\text{-}4\text{-}16)$$

$$C = -f_{sc} \varphi' \gamma_m W_{csy} \sum A_{sc}$$

由式(13-4-15)解出的偏压(组合)构件的截面稳定承载力 N_{ud} 尚应满足下式要求:

$$\gamma_0 N_d \leqslant N_{ud} \quad (13\text{-}4\text{-}17)$$

式中:N_d——作用于(组合)构件的偏心压力设计值;

N_{ud}——偏压(组合)构件的截面稳定承载力;

γ_0——桥梁结构重要性系数。

3.组合偏压构件计算示例

【例13-2】 已知一双肢平腹杆钢管混凝土无铰拱桥,其拱轴线长度为110m,控制截面内力的最大轴向力设计值为 $N_d = 20041\text{kN}$,相应 $M_d = 2349.6\text{kN} \cdot \text{m}$。结构重要性系数 $\gamma_0 = 1.1$。采用 Q345 钢管($\phi820 \times 12$),内填 C50 混凝土,哑铃形截面如图13-4-4所示,腹杆间距 $l_1 = 4\text{m}$。试分别按

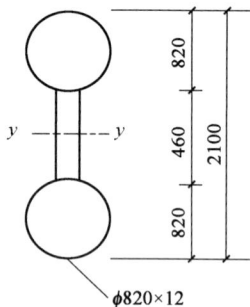

图13-4-4 组合拱肋横截面
(尺寸单位:m)

JTG/T D65-06—2015 和 GB 50936—2014 分别验算该控制截面的承载力及稳定性,并计算该组合截面的稳定承载力。

解:(1)计算截面几何性质

①单肢截面几何性质:

$$r_o = \frac{D}{2} = \frac{820}{2} = 410(\text{mm})$$

$$r_{co} = \frac{D}{2} - t = \frac{820}{2} - 12 = 398(\text{mm})$$

$$A_s = \pi(r_o^2 - r_{co}^2) = 3.1416 \times (410^2 - 398^2) = 30461(\text{mm}^2)$$

$$A_c = \pi r_{co}^2 = \pi \times 398^2 = 497642\,(\text{mm}^2)$$

$$\alpha = \frac{A_s}{A_c} = \frac{\pi(r_o^2 - r_{co}^2)}{\pi r_{co}^2} = \frac{30461}{497642} = 0.062 \approx 0.06$$

$$A_{sc} = \pi r_o^2 = 3.1416 \times 410^2 = 5.281 \times 10^5\,(\text{mm}^2)$$

$$I_{sc} = \frac{\pi r_o^4}{4} = \frac{3.1416 \times 410^4}{4} = 2.219 \times 10^{10}\,(\text{mm}^4)$$

②组合截面几何性质:

$$I_{scy} = 2(I_{sc} + A_{sc} \times 640^2) = 2 \times (2.219 \times 10^{10} + 5.281 \times 10^5 \times 640^2) = 4.77 \times 10^{11}\,(\text{mm}^4)$$

$$W_{scy} = \frac{I_{scy}}{\frac{h}{2}} = \frac{4.77 \times 10^{11}}{\frac{2100}{2}} = 4.543 \times 10^8\,(\text{mm}^3)$$

$$i_{scy} = \sqrt{\frac{I_{scy}}{2A_{sc}}} = \sqrt{\frac{4.77 \times 10^{11}}{2 \times 5.281 \times 10^5}} = 672\,(\text{mm})$$

③计算截面偏心距 e_0

$$e_0 = \frac{M_d}{N_d} = \frac{2349.6 \times 10^3}{20041} = 117.2\,(\text{mm})$$

(2)查取材料组合参数

根据上述设计材料按规范 JTG/T D65-06—2015 的方法查表12-2-7和表12-2-8得到组合强度设计值 $f_{sc} = 44.51\text{MPa}$,组合弹性模量 $E_{sc} = 39900\text{MPa}$。按 GB 50936—2014 查表12-2-2得到组合强度设计值 $f_{sc} = 46.6\text{MPa}$;由公式(12-2-4)计算得到组合弹性模量 $E_{sc} = 43412\text{MPa}$。由此可见,按上述两本规范得到的组合强度设计值 f_{sc} 和组合模量 E_{sc} 在数值上存在一定的差异。

(3)计算构件长细比

钢管混凝土单肢长细比为:

$$\lambda_1 = \frac{l_1}{r_o/2} = \frac{4000}{410/2} = 19.51$$

取无铰拱拱轴线的换算长度系数 $K = 0.36$(参见第十四章第二节),则拱肋计算长度为:

$$l_0 = KS = 0.36 \times 110 = 39.6\,(\text{m})$$

组合截面对 y 轴长细比为 $\lambda_y = \dfrac{l_0}{\sqrt{\frac{I_{scy}}{2A_{sc}}}} = \dfrac{39600}{\sqrt{\frac{4.77 \times 10^{11}}{2 \times 5.281 \times 10^5}}} = 59.01$

平腹杆采用 $\phi300 \times 10$ 规格的 Q345 钢管。

$$A_o = 3.1416 \times 300 \times 10 = 9424.8\,(\text{mm}^2) > A_s/4 = 7615\,(\text{mm}^2)$$

$$I_o = \frac{\pi(300^4 - 280^4)}{64} = 9.589 \times 10^7\,(\text{mm}^4)$$

于是,平腹杆空钢管的长细比为:

$$\lambda_o = \frac{b}{\sqrt{\dfrac{I_o}{A_o}}} = \frac{460}{\sqrt{\dfrac{9.589 \times 10^7}{9424.8}}} = 4.56 < 0.5\lambda_1 = 0.5 \times 19.51 = 9.76$$

因而,可用简化式计算换算长细比:

$$\lambda_{0y} = \sqrt{\lambda_y^2 + 17\lambda_1^2} = \sqrt{59.01^2 + 17 \times 19.51^2} = 99.77 \approx 100$$

按规范 JTG/T D65-06—2015 方法,由表 13-2-3 内插得组合构件长细比折减系数 $\varphi'_L = 0.530$。

根据规范 GB 50936—2014 中的查表参数计算得:

$$\lambda_{0y}(0.001f_y + 0.781) = 100 \times (0.001 \times 345 + 0.781) = 112.6$$

由查表 13-2-2 得到稳定系数 $\varphi' = 0.535$。就本例而言,按两本规范查得的稳定系数非常接近。

(4)拱肋面内整体稳定承载力验算

利用前面计算及查表结果,由规范 JTG/T D65-06—2015 方法,即按公式(13-4-7)可求出该组合拱肋的偏压稳定承载力设计值 N_{ud}。计算中假定各管的初应力度 $\omega = 0.25$,则由公式(13-1-7)计算得初应力折减系数 $K_p = 0.963$;按桥规取脱空折减系数 $K_d = 0.95$;按表 13-4-1 计算弯矩折减系数 φ'_e。

由表 13-4-1 中的哑铃形断面,检验弯矩折减系数公式的适用条件:

$$\frac{e_0}{i_{scy}} = 117.2/672 = 0.174 < 1.7$$

$$\varphi'_e = \frac{1}{1 + 1.41\dfrac{e_0}{i_{scy}}} = \frac{1}{1 + 1.41 \times \dfrac{117.2}{672}} = 0.803$$

于是有:

$$N_{ud} = \varphi'_e\varphi'_L\sum_1^m K_p^i K_d f_{sc}A_{sc}$$
$$= 0.803 \times 0.53 \times 0.963 \times 0.95 \times 44.51 \times 2 \times 5.281 \times 10^5 = 18304(kN)$$
$$< \gamma_0 N_d = 1.1 \times 20041 = 22045(kN)$$

规范 GB 50936—2014 方法,即式(13-4-12)验算组合构件承载力,过程如下:
组合构件的临界力:

$$N'_E = \frac{\pi^2\sum(E_{sc}A_{sc})}{1.1\lambda_{0y}^2} = \frac{\pi^2 \times 2 \times 43412 \times 5.281 \times 10^5}{1.1 \times 100^2} = 41140(kN)$$

组合构件的轴压稳定承载力设计值,应按式(13-2-9)计算,即:

$$N_{ud} = \varphi' f_{sc}A_{sc} = 0.535 \times 46.6 \times 2 \times 5.281 \times 10^5 = 26332(kN)$$

组合构件抗弯承载里设计值,应按公式(13-5-16)计算,即:

$$M_{ud} = \gamma_m W_{scy} f_{sc} = 1.2 \times 4.543 \times 10^8 \times 46.6 = 25404(kN \cdot m)$$

暂取等效弯矩系数为 $\beta = 1.0$,于是可有如下验算结果:

$$\frac{N_d}{N_{ud}} + \frac{\beta_m M_d}{M_{ud}(1 - \varphi' N_d / N'_E)} = \frac{20041}{26332} + \frac{1.0 \times 2349.6}{25404 \times (1 - 0.535 \times 20041/41140)} = 0.886 \leqslant 1$$

计算结果表明,该钢管混凝土拱桥的拱肋按桥梁规范 JTG/T D65-06—2015 计算的稳定承载力不能满足要求,而按建筑规范 GB 50936—2014 方法计算时可满足平面内稳定性的设计要求。两者验算结果的表现形式也不同,前者可直接给出稳定承载力的数值,而后者只能给出验算是否通过的结论。

（5）按建筑规范 GB 50936—2014 方法直接计算该拱肋压弯组合构件的稳定承载力

由公式（13-4-16）确定一元二次方程（13-4-15）中的计算参数 A、B 和 C。计算中暂取等效弯矩系数 $\beta_m = 1$,并带入前面,求出相关数据:

$$A = -\gamma_m W_{scy} \varphi' / N'_E = -1.2 \times 4.543 \times 10^8 \times 0.535 / (41140 \times 10^3) = -7.089$$

$$B = \frac{\gamma_m W_{scy} + \beta_m \varphi' e_0 \sum A_{sc} + f_{sc} \varphi'^2 \gamma_m W_{scy} \sum A_{sc}}{N'_E}$$

$$= 1.2 \times 4.543 \times 10^8 + 0.535 \times 117.2 \times 2 \times 5.281 \times 10^5 +$$

$$\frac{46.6 \times 0.535^2 \times 1.2 \times 4.543 \times 10^8 \times 2 \times 5.281 \times 10^5}{(41140 \times 10^3)}$$

$$= 7.981 \times 10^8$$

$$C = -f_{sc} \varphi' \gamma_m W_{scy} \sum A_{sc}$$

$$= -46.6 \times 0.535 \times 1.2 \times 4.543 \times 10^8 \times 2 \times 5.281 \times 10^5 = -1.436 \times 10^{16}$$

汇总上述计算结果应有:$A = -7.089$,$B = 7.981 \times 10^8$,$C = -1.436 \times 10^{16}$。进而求解该一元二次方程,得到拱肋控制截面上与上述偏心距相应的截面稳定承载力 N_{ud},并按式（13-4-17）进行判断:

$$N_{ud} = 22482.38 \text{kN} > \gamma_0 N_d = 1.1 \times 20041 = 22045.1 (\text{kN})$$

由此可知,该例题中哑铃形钢管混凝土组合拱肋的平面内稳定承载力可以满足设计要求,这与前面验算的结论是一致的。

本例的计算结果表明:桥梁规范 JTG/T D65-06—2015 对拱肋压弯稳定性的要求较建筑规范 GB 50936—2014 更为严格,即更偏于安全。

三、偏心受拉构件的承载力

钢管混凝土偏心受拉构件（亦称为拉弯构件）在桥梁工程中很少出现,在设计中应予以避免。因此《公路钢管混凝土拱桥设计规范》（JTG/T D65-06—2015）和《钢管混凝土拱桥设计规程》（GB 50923—2013）中均没有规定相应的计算方法。

作为基本构件,《钢管混凝土结构技术规范》（GB 50936—2014）给出了相关的计算方法可供参考。对于只有轴心拉力和弯矩作用时的钢管混凝土偏拉构件,截面承载力验算应按下式进行:

$$\frac{N_d}{N_{utd}} + \frac{M_d}{M_{ud}} \leqslant 1 \tag{13-4-18}$$

式中:N_d、M_d——承载能力极限状态下构件承受的轴心拉力设计值和弯矩设计值;

N_{utd}——钢管混凝土构件的受拉承载力设计值,按公式（13-1-10）计算;

M_{ud}——钢管混凝土构件的受弯承载力设计值,按公式（13-5-15）计算。

第五节　受弯构件承载力分析

根据钢管混凝土构件的特点,最适宜用于轴心受压构件和偏压构件。用于受弯构件的情况不多,但对于钢管混凝土拱桥,当拱肋断面采用图 13-3-1 中的哑铃形、三肢格构、四肢格构及四肢梯形单哑铃形时,吊杆的锚固点往往设在平腹杆上。此时的平腹杆内往往灌注混凝土并可按受弯构件进行计算。

一、受力特点及计算假设

钢管混凝土受弯时,截面可分为受压区和受拉区。受压区钢管和混凝土皆承受压力,而且在发展塑性之后还会产生相互作用的紧箍力。不过该紧箍力沿受压区高度分布不均匀,主要分布在最大受压纤维附近。受拉区混凝土开裂,只有钢管受拉,钢管内部拉区混凝土对钢管只提供横向支撑作用。因此钢管混凝土受弯破坏时,中性轴不在形心位置,一般情况下会上移。

根据钢管混凝土梁的受力特点,引入如下几点假设:

(1)组合材料为理想的弹塑性体,屈服点的应力为 f_{sc}^y,屈服应变 $\varepsilon_{sc}^y = f_{sc}^y/E_{sc}$;

(2)钢材为理想的弹塑性体,屈服应变为 $\varepsilon_y = f_y/E_s$;

(3)纤维达到屈服后,不考虑拉区混凝土受力;

(4)任何时候截面皆保持平面。

二、弹性抗弯承载力计算

计算弹性极限弯矩时,认为压区纤维屈服,其应力、应变分别达到 ε_{sc}^y 和 f_{sc}^y,而且拉区钢管边缘纤维屈服,其应力、应变分别达到 ε_y 和 f_y,计算图式见图 13-5-1。根据该图式建立计算方法如下:

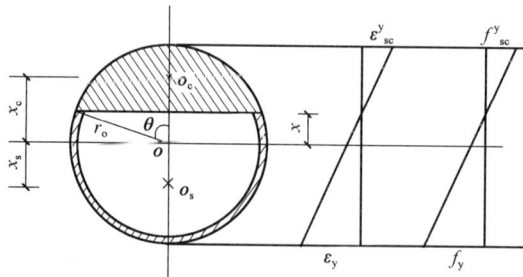

图 13-5-1　弹性极限弯矩计算图式

中性轴角度 θ 可由下式经试算确定:

$$\frac{\theta}{(\pi - \theta)(\sin\theta + \theta\cos\theta)}\left[\frac{2}{3}\sin^3\theta - \cos\theta(\theta - \sin\theta\cos\theta)\right] = \alpha\frac{E_c}{E_{sc}} \qquad (13\text{-}5\text{-}1)$$

中性轴位置 x:

$$x = r_o\cos\theta \qquad (13\text{-}5\text{-}2)$$

受压区面积 A_{sc}:

$$A_{sc} = \frac{1}{2}r_o^2(2\theta - \sin2\theta) \tag{13-5-3}$$

受拉区面积 A_t:

$$A_t = r_o^2\alpha(\pi - \theta) \tag{13-5-4}$$

截面重心位置 x_c:

$$x_c = \frac{2r_o\sin^3\theta}{3(\theta - \sin\theta\cos\theta)} \qquad x_s = \frac{r_o\sin\theta}{\theta} \tag{13-5-5}$$

截面拉、压区合力:

$$N_s = \frac{x_s + x}{r_o + x}A_sf_y \qquad N_c = \frac{x_c - x}{r_o + x}A_{sc}f_{sc}^y \tag{13-5-6}$$

弹性抗弯承载力 M_e:

$$M_e = N_cx_c + N_sx_s \tag{13-5-7}$$

三、塑性抗弯承载力计算

以截面形成塑性铰为极限,即压区应力达到 f_{sc},拉区应力达到 f_y,计算图式见图 13-5-2。
建议计算方法如下:
中性轴角度 θ 由下式经试算确定:

$$\frac{\theta - \sin\theta\cos\theta}{\alpha(\pi - \theta)} = \frac{f_y}{f_{sc}} \tag{13-5-8}$$

截面拉、压区合力计算如下:

$$\begin{cases} M_c = A_{sc}f_{sc}^yx_c = \frac{2}{3}r_o^3\sin^3\theta f_{sc}^y \\ M_s = A_sf_yx_s = \frac{\pi - \theta}{\theta}\alpha r_o^3\sin\theta f_y \end{cases} \tag{13-5-9}$$

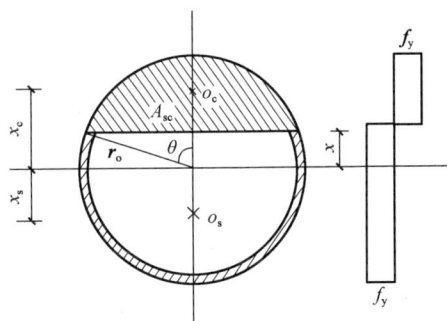

图 13-5-2 塑性极限弯矩计算图式

塑性抗弯承载力 M_p:

$$M_p = M_c + M_s \tag{13-5-10}$$

x、A_{sc}、x_c、x_s 等几何参数的计算可参考弹性极限弯矩计算时的参数计算方法。

计算分析表明:对 Q235 钢、C30 混凝土而言,当含钢率 $\alpha = 0.05 \sim 0.20$ 时,钢管混凝土构件受弯时的塑性抗弯矩极限承载力 M_p 是弹性抗弯极限 M_e 的 2.05 ~ 2.09 倍。

四、按合成法确定的抗弯承载力

利用钢材、混凝土多轴应力下的应力—应变关系按合成法的全过程分析可以求出受弯构件的 $M\text{-}\varepsilon$ 全过程曲线。并以钢管最大纤维应变达到 $10000\mu\varepsilon$ 时的弯矩定义为构件的极限弯矩 M_o。经过回归拟合计算可得到如下关系:

$$M_o = \gamma_pW_{sc}f_{sc}^y \tag{13-5-11}$$

式中:M_o——按合成法确定的截面抗弯承载力;

W_{sc}——截面弹性抵抗矩，$W_{sc} = \dfrac{1}{4}\pi r_o^3$；

γ_p——截面塑性系数，对于试验计算，可采用回归值：

$$\gamma_p = -0.4832\xi + 1.9264\sqrt{\xi} \tag{13-5-12}$$

ξ——约束效应系数标准值，由式(12-1-2)，$\xi = \dfrac{A_s f_y}{A_c f_{ck}}$。

前述式(13-5-10)和式(13-5-11)求出的弯矩 M_p 和 M_o 均为极限抗弯承载力，但两者基于的理论不同。前者 M_p 是以塑性理论为基础的，而后者 M_o 则以钢管混凝土的组合强度为基础。

五、钢管混凝土受弯构件的截面抗弯承载力控制

1. 弹性控制方法

按弹性抗弯承载力验算时应满足 $M \leq M_e$ 的控制条件，应采用正常使用极限状态的弯矩标准值组合，不应计入荷载安全系数和材料安全系数，但应考虑截面综合安全系数 K。

在实际桥梁设计和验算时，对于正常使用极限状态应以弹性抗弯承载力控制计算，即有：

$$M \leq \frac{M_e}{K} \tag{13-5-13}$$

式中：M——按正常使用极限状态弯矩标准值组合的截面工作弯矩；

M_e——按式(13-5-7)计算得到的截面弹性抗弯承载力；

K——截面综合安全系数，可以取 $K = 1.7 \sim 2.0$。

2. 塑性控制方法

对于承载能力极限状态，应考虑混凝土和钢的材料安全系数 γ_c 和 γ_s，将公式(13-5-9)中的材料组合强度标准值 f_{sc} 用设计值 f_{sc} 代替，钢材的强度标准值 f_y 以设计值 f_{sd} 代替。并以下式控制截面的抗弯承载力：

$$\gamma_0 M_d \leq M_p \quad \text{或} \quad \gamma_0 M_d \leq M_0 \tag{13-5-14}$$

式中：M_d——按承载能力极限状态基本组合的截面弯矩设计值；

M_p——按式(13-5-10)，并将材料强度指标用设计值 f_{sc} 和 f_{sd} 计算得到的截面塑性抗弯承载力；

M_0——取用材料强度设计值并按合成法确定的截面抗弯承载力；

γ_0——结构重要性系数，按《公路桥梁设计通用规范》(JTG D60—2015)确定。

3.《规范》控制方法

在上述截面弹性抗弯承载力 M_e 和截面塑性抗弯承载力 M_p 的计算中，均需对三角函数方程采用试算方法确定截面中性轴及其对应的圆心角 θ。这在实际工程计算时略显不便。基于合成法确定钢管混凝土截面抗弯承载力时，将钢管混凝土视为一种组合材料，避免了试算过程，对工程技术人员来说无疑是一种易于接受的计算方法。

《钢管混凝土结构技术规范》(GB 50936—2014)中给出了基于统一理论的实心钢管混凝土截面抗弯承载力的计算方法，计算式如下：

$$M_d \leqslant M_{ud} = \gamma_m W_{sc} f_{sc} \tag{13-5-15}$$

式中:M_d——截面抗弯设计值;

M_{ud}——截面抗弯承载力设计值;

γ_m——塑性发展系数,对实心圆形截面取 1.2;

W_{sc}——受弯构件的截面模量,$w_{sc} = \pi r_o^3/4$;

r_o——钢管混凝土截面半径。

《公路钢管混凝土拱桥设计规范》(JTG/T D65-06—2015)和《钢管混凝土拱桥设计规范》(GB 50923—2013)中均未给出钢管混凝土构件的截面抗弯承载力计算式。在桥梁工程中如遇到受弯构件,可参考规范 GB 50936—2014 中的方法按下式进行验算:

$$\gamma_0 M_d \leqslant M_{ud} = \gamma_m W_{sc} f_{sc} \tag{13-5-16}$$

式中:M_d——《公路桥涵设计通用规范》规定的承载能力极限状态基本组合的弯矩设计值;

γ_0——桥梁结构重要性系数,对于持久、短暂和偶然状况时,取 $\gamma_0 = 1.1$;

M_{ud}——截面抗弯承载力设计值;

其他符号意义同前。

六、钢管混凝土受弯构件的截面抗剪承载力

钢管混凝土受弯构件或处于弯压状态的拱肋也同时承受剪力作用。规范 JTG/T D65-06—2015 给出的钢管混凝土构件的抗剪承载力计算公式如下,

$$\gamma_0 V_d \leqslant \gamma_v A_{sc} \tau_{sc} \tag{13-5-17}$$

式中:γ_0——桥梁结构重要性系数,或抗震调整系数(表13-1-1);

V_d——组合截面承受的剪力设计值(10^3kN);

γ_v——截面抗剪修正系数,当 $\xi \geqslant 0.85$ 时,$\gamma_v = 0.85$;当 $\xi < 0.85$ 时,$\gamma_v = 1.0$;

A_{sc}——钢管混凝土(组合)截面面积(m^2);

τ_{sc}——钢管混凝土组合抗剪强度设计值(MPa),按式(12-2-7)或式(12-2-8)计算。

规范 GB 50936—2014 认为,承受剪力作用的钢管混凝土构件同时作用有轴力或弯矩,因此应考虑轴力对构件抗剪承载力的影响。建议的公式(按公路桥规的符号系统)表述如下:

$$\gamma V_d \leqslant V_{ud} = (V_o + 0.1 N_d')(1 - 0.45\sqrt{\frac{a}{D}})$$

$$V_o = 0.2 A_c f_{cd}(1 + 3\xi) \tag{13-5-18}$$

式中:V_{ud}——钢管混凝土的抗剪承载力(N);

V_o——钢管混凝土单肢柱受纯剪时的承载力设计值(N);

N_d'——与横向剪力设计值对应的轴心力设计值(N),横向剪力应以压力的方式作用于钢管混凝土柱;

a——剪跨,即横向集中荷载作用点至支座或节点边缘的距离(mm);

D——钢管混凝土柱的外径(mm);

A_c——钢管内核心混凝土的截面面积(mm^2);

f_{cd}——核心混凝土的抗压强度设计值(MPa);

ξ——钢管混凝土构件约束效应系数,由式(12-1-2)计算。

　　相关的试验研究表明,钢管混凝土柱在剪跨柱径比 $a/D>2$ 时(钢管混凝土单肢柱的剪跨 a 为横向集中荷载作用点至支座或节点边缘的距离)都是弯曲型破坏。对钢管混凝土拱肋而言通常有拱上立柱,即存在着横向力,在拱肋上同时也存在轴向压力 N'_d,故在核心混凝土抗剪的基础上考虑剪跨作用、轴向压力以及钢管约束作用的影响是更为合理的抗剪承载力计算方法。

　　对比上述两个钢管混凝土构件抗剪承载力计算公式不难发现,式(13-5-17)简洁明了,便于使用;而式(13-5-18)考虑的影响因素更为全面、更为合理。

第十四章

钢管混凝土拱桥设计要点

第一节　钢管混凝土拱桥设计一般规定

一、一般性要求

目前我国的钢管混凝土拱桥的主拱圈主要采用圆形截面钢管混凝土构件,而且多为哑铃形、三肢或四肢格构式(组合)构件,见图 13-3-1。钢管混凝土拱桥设计基于以概率理论为基础的极限状态设计方法,按分项系数的设计表达式进行设计,仍有下式成立:

$$\gamma_0 S_d \leqslant R_d \qquad (14\text{-}1\text{-}1)$$

式中:S_d——荷载效应函数,与结构承受的荷载及荷载安全系数有关;

$\quad\quad R_d$——结构抗力函数,与材料强度取值、材料安全系数等有关;

$\quad\quad \gamma_0$——桥梁结构重要性系数。

在持久状况下,钢管混凝土拱桥仍需按两种极限状态进行计算,即承载能力极限状态,对应于钢管混凝土拱桥及其局部构件达到最大承载能力或出现不适于继续承载的变形或变位状态;正常使用极限状态,对应于钢管混凝土拱桥及其构件达到正常使用或耐久性的某项限值的极限状态。在短暂状况下,当钢管内的混凝土未达到其设计强度时,构件的承载力、变形及稳定性应按钢结构计算,计算中应考虑钢管、管内混凝土的自重,温度作用,风荷载及可能出现的施工荷载。

钢管混凝土拱桥主体结构的设计使用年限应为 100 年;吊杆、系杆等局部构件均应设计为可检、可更换构件,其设计使用年限应为 20 年;钢结构的防腐体系的保护年限应不少于 15 年。钢管混凝土拱桥的设计和施工可参考《公路钢管混凝土拱桥设计规范》(JTG/T D65-06—2015)及《钢管混凝土拱桥技术规范》(GB 50923—2013),也可参考《钢管混凝土结构技术规范》(GB 50936—2014)的构件计算方法,同时也应满足行业现行其他相关规范、规程的技术要求。

二、作用特点

1. 冲击系数

钢管混凝土拱桥的作用分类及作用组合应根据《公路桥涵设计通用规范》(JTG D60—2015)进行。设计活载应根据其使用功能要求按其中的公路—Ⅰ 级、公路—Ⅱ 级计算;亦可按《城市桥梁设计规范》(CJJ 11—2011)取用城—A、城—B 或其他特种荷载。在局部节点设计时可采用《公路钢结构桥梁设计规范》(JTG D64—2015)中的疲劳荷载。

值得注意的是钢管凝土拱桥的动力特性和动力响应与其他桥型具有较明显的差异,因此其冲击系数 μ 不宜直接采用规范 JTG D60—2015 中的计算方法。规范 JTG/T D65-06—2015 规定,应按下列方法计算:

$$\mu = \frac{18}{40 + L_o} \qquad (14\text{-}1\text{-}2)$$

式中:L_o——主拱的净跨径(m)。

根据福州大学的研究成果,规范 GB 50936—2014 中采用下式计算冲击系数 μ,亦可用作对比和参考:

$$\mu = 0.05736 f_o + 0.0748 \qquad (14\text{-}1\text{-}3)$$

式中:f_o——钢管混凝土拱桥的一阶竖向频率(Hz)。

对比可知,式(14-1-2)和式(14-1-3)分别抓住了桥梁冲击系数的两个最主要影响因素,即跨径 L_o 和振动频率 f_o,也分别代表了冲击系数计算中最基本的两种方法。

2. 拱肋间的活载分配

钢管混凝土拱桥采用双肋主拱时,由于横向间距较大,横向联系较弱,主拱肋之间的活载横向分配应采用"杠杆法"计算。对于多肋拱桥,由于横撑间距变短,横向刚度增加,宜按"偏心受压法"计算横向分配系数,偏保守计算时也可采用"杠杆法"计算横向分配系数。

根据《公路桥涵设计通用规范》(JTG D60—2015)的要求,钢管混凝土拱桥设计中还需根据不同种类的作用及桥梁的使用环境,分别进行偶然设计状况的作用的偶然组合及地震设计状况的作用的地震组合进行设计计算。其中,抗震设计应根据现行《公路桥梁抗震设计细则》(JTG/T B02-01)或《城市桥梁抗震设计规范》(CJJ 166)的有关规定进行。

三、计算模型

1. 有限元建模

钢管混凝土拱桥设计通常基于有限元分析方法。应根据拱桥结构的特点、计算分析的目的等选择平面分析模型或空间分析模型。通常在方案设计或初步设计阶段可采用平面模型,见图14-1-1;在施工图设计阶段应考虑空间有限元模型,见图14-1-2。计算模型中可视下部结构或地基情况将主拱拱脚固结在墩顶,可连同桥墩固结或弹性嵌固在承台底面,也可以考虑桩土共同作用的影响。当需对钢管混凝土拱桥进行整体稳定分析时,应采用空间有限元模型。

图14-1-1 基于平面单元的有限元模型

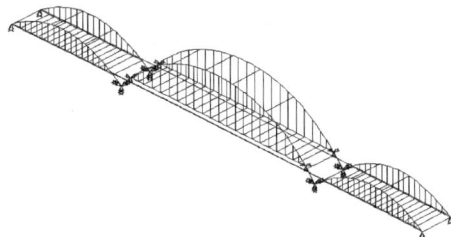

图14-1-2 基于空间单元的有限元模型

通常单管混凝土拱肋可采用梁单元模拟。哑铃形钢管混凝土拱肋宜采用组合构件梁单元模拟,桁式拱肋宜采用桁式梁单元或将主拱简化为组合构件梁单元进行模拟。吊杆和系杆可采用空间杆单元;拱肋腹杆、主拱风撑、吊杆横梁、支撑纵梁、拱上立柱、肋间及立柱横梁、承台、拱座、端横梁等均可采用空间梁单元模拟。在此,组合构件梁单元是指结构计算时将哑铃形的主管及连接板或桁式的主管及支管视为一个梁单元进行模拟,见图14-1-1和图14-1-2。桁式梁单元是指将桁式拱肋的上、下主管及支管分别视为梁单元,主管和支管以刚性节点连接,见图14-1-3。

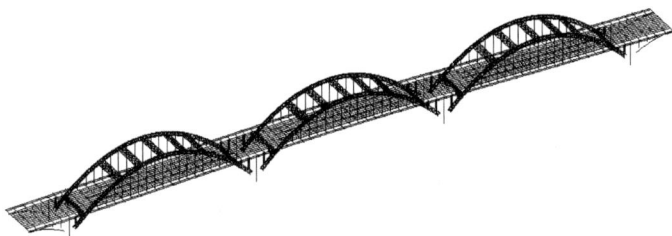

图14-1-3 基于桁式梁单元的空间有限元模型

2.哑铃形拱肋计算要点

哑铃形钢管混凝土拱肋是桥梁工程中常用的拱肋形式之一,其腹腔内有灌注与不灌注混凝土之分。当灌注混凝土时亦不能采用压力灌注,加之混凝土收缩等因素,导致混凝土与上下主管、腹板间无约束效应。因此,拱肋钢腹板可计入截面受力,而其中的混凝土不应计入截面受力,只计其自重作用。钢管混凝土哑铃形拱肋的构造参数见图14-1-4。规范JTG/T D65-06—2015中规定,当考虑腹板作用时,哑铃形拱肋截面参数可按下述方法计算。

截面组合受力面积:

$$A'_{sc} = 2A_{sc} + A_{sf} \tag{14-1-4}$$

截面组合抗弯惯性矩:

$$I'_{sc} = 2I_{sc} + \frac{A_{sc}(H-D)^2}{2} + I_{sf} \tag{14-1-5}$$

截面组合抗压弹性模量:

$$E'_{sc} = \frac{2E_{sc}A_{sc} + E_s A_{sf}}{A'_{sc}} \qquad (14\text{-}1\text{-}6)$$

截面腹腔内无混凝土时的组合密度:

$$\rho'_{sc} = \frac{2\rho_{sc}A_{sc} + \rho_s A_{sf}}{A'_{sc}} \qquad (14\text{-}1\text{-}7)$$

截面腹腔内灌混凝土时的组合密度:

$$\rho'_{sc} = \frac{2\rho_{sc}A_{sc} + \rho_s A_{sf} + \rho_c A_{cf}}{A'_{sc} + A_{cf}} \qquad (14\text{-}1\text{-}8)$$

式中: A_{sc}——钢管混凝土组合截面面积(m^2);

I_{sc}——钢管混凝土组合截面惯性矩(m^4);

A_{sf}——哑铃形组合主拱截面中的钢腹板面积(m^2);

A_{cf}——哑铃形组合主拱截面中的腹腔内灌注混凝土后的混凝土面积(m^2);

I_{sf}——哑铃形组合主拱截面中的钢腹板抗弯惯性矩(m^4);

H、D——如图 14-1-4 所示。

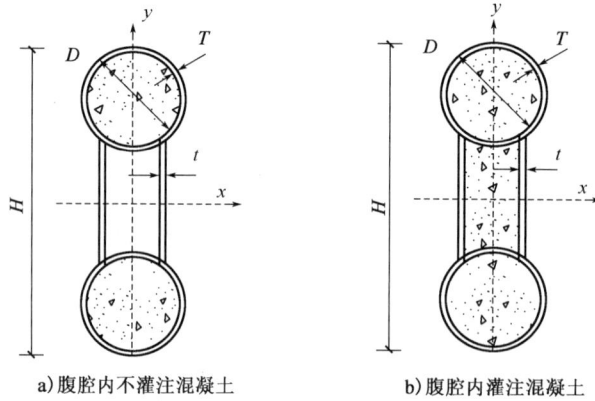

a)腹腔内不灌注混凝土　　　　　　b)腹腔内灌注混凝土

图 14-1-4　哑铃形主拱腹腔构造示意图

3.组合构件梁单元计算要点

当桁式拱肋采用组合构件梁单元直接计算主拱内力时,其组合面积 $\sum A_{sc}$ 应为各主管混凝土面积之和,组合构件的计算弹性模量 E_{sc} 应为各主管钢管混凝土弹性模量的平均值。主拱肋组合截面抗弯惯性矩应计入支管的影响,其值可按下式计算:

$$I_g = \frac{\frac{1}{2}h^2 L_o^2 A_{sc}A_f(\sin\theta_s\sin2\theta_s + \sin\theta_x\sin2\theta_x)}{L_o^2 A_f(\sin\theta_s\sin2\theta_s + \sin\theta_x\sin2\theta_x) + 4\pi^2 \frac{E_{sc}}{E_s}h^2 A_{sc}} \qquad (14\text{-}1\text{-}9)$$

式中: I_g——单片主拱截面内抗弯惯性矩(m^4);当主拱采用两片主桁时,主拱截面内抗弯惯性矩为 $2I_g$;当主拱采用两肋(4 片主桁)时,主拱截面内抗弯惯性矩为 $4I_g$;

L_o——主拱净跨径(m);

h——计算截面处上弦和下弦主管重心之间的距离(m);

A_f——支管截面面积(m^2);

A_{sc}——钢管混凝土组合截面面积（m^2），$A_{sc} = \pi D^4/4$；

θ_s——计算截面处主管与竖支管轴线间的夹角（°）；

θ_x——计算截面处主管与斜支管轴线间的夹角（°）；

E_{sc}——各主管钢管混凝土弹性模量的平均值；

E_s——支管钢材的弹性模量。

4. 桁式空间梁单元计算要点

对于钢管混凝土拱桥的桁式拱肋按图 14-1-3 的桁式构件梁单元求出拱肋中每个杆节内力时，可根据各杆件的内力直接对其上、下主管，腹杆等构件截面进行承载力验算。亦可将上下主管和腹杆内力按下述方法合成为组合构件截面的组合内力，桁式拱肋的计算参数如图 14-1-5 所示。

组合轴力：

$$N_d = \sum (N_i + N_i' \cos\theta) \qquad (14\text{-}1\text{-}10)$$

图 14-1-5　桁式拱肋计算参数示意图

组合弯矩：

$$M_d = \Delta N \cdot \frac{h}{2} + \sum M_i + \sum N_i' \cdot \frac{h}{2} \cdot \cos\theta \qquad (14\text{-}1\text{-}11)$$

式中：N_i——桁式拱肋各主管轴向力设计值（kN）；

M_i——桁式拱肋各主管的弯矩设计值（kN·m）；

ΔN——上弦主管轴向力设计值之和与下弦主管轴向力设计值之和的差值（kN）；

N_i'——桁式拱肋各支管的轴向力设计值（kN）；

h——桁式拱肋的主管重心之间的距离（m）；

θ——计算截面处主管与支管轴线间的夹角（°）。

根据上述方法求出组合构件的组合轴力 N_d 和组合弯矩 M_d，利用组合截面的几何参数和计算方法即可进行组合截面承载力验算，参见第十三章第三节和第四节。值得注意的是，上述 N_d 和 M_d 也存在着对应关系，通常应重点关注 M_{dmax} 及其对应的 N_d。

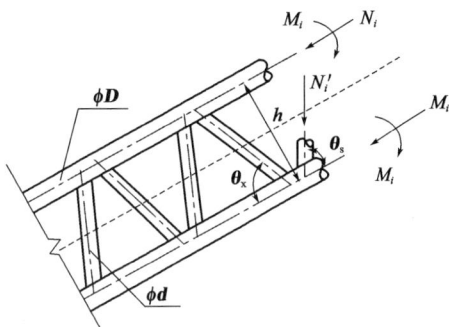

第二节　钢管混凝土拱肋的整体稳定分析

前面介绍的稳定性计算方法，不论对钢管混凝土单肢柱还是格构式组合构件，都是对柱子而言的，而且均以弹性直杆导出欧拉临界力公式为理论基础。钢管混凝土拱肋与钢管混凝土柱之间有着很大的差别，因而不能直接利用欧拉公式计算稳定问题，必须考虑拱桥结构的受力特特征和稳定计算特点。

一、钢管混拱肋的受力特征及整体稳定性

1. 钢管混凝土拱肋的受力特点

（1）拱肋有抛物线、悬链线和圆弧线之分，并非直线形。

（2）由于联系桥面系的等间距吊杆的存在,相当于对拱肋施加竖向荷载,在计算中常把这些吊杆施加的集中力简化为均布力作用于拱肋上。

（3）拱肋的整体失稳分为拱肋平面内失稳和出平面失稳,两种情况须分别考虑。

（4）拱肋的轴向压力沿拱轴线是变化的,通常是拱脚最大,拱顶最小。

2. 拱肋平面内的整体稳定问题

理论分析表明:在拱肋发生面内整体失稳或屈曲之前,对于对称无铰拱、两铰拱和三铰拱,不论是等截面的还是变截面的,在下列三种情况下,在拱肋中任意截面上仅产生轴向压力。

（1）抛物线拱承受均布竖向荷载。

（2）悬链线拱承受沿拱轴均匀分布的竖向荷载。

（3）圆弧拱承受均布径向荷载。

对于承受均匀径向荷载圆弧拱,这个轴向压力沿拱轴线不变。但对其他情况,轴向压力则由拱顶向拱脚递增。通常选取四分之一跨的临界轴向压力,称之为四分点的名义屈曲临界压力,作为拱肋平面内第一类稳定问题的近似计算依据。名义稳定临界压力计算式可以写成如下形式:

$$N_{cr} = \frac{\pi^2 EI}{(KS)^2} = \frac{\pi^2 E_{sc} I_{sc}}{l_o^2} \tag{14-2-1}$$

相应的临界应力为:

$$\bar{\sigma} = \frac{N_{cr}}{A_{sc}} = \frac{\pi^2 E_{sc}}{\lambda_{sc}^2} \tag{14-2-2}$$

式中:S——拱肋的轴线长度;

K——拱轴线的换算长度系数,与拱的约束条件有关:三铰拱,$K=0.58$;双铰拱,$K=0.54$;无铰拱,$K=0.36$;

l_o——拱肋的计算长度,$l_o = KS$;

I_{sc}——拱肋截面对拱肋平面的惯性矩,对于组合构件应取截面总惯性矩;

其他符号意义同前。

3. 拱肋的出平面稳定问题

对于常用的圆弧线、抛物线及悬链线拱肋在竖向荷载作用下的出平面稳定问题,目前尚无成熟的解析公式求解临界力。在实际工程中常利用专业计算程序,采用有限元数值迭代方法求解临界荷载的近似值。利用有限元方法确定第一类稳定问题和第二类稳定问题均是有效、可行的。相关文献中给出的与平面内整体稳定计算方法相类似的基于欧拉稳定理论的解析计算公式可供工程设计验算时参考。

为了增加拱肋出平面的稳定性,在不影响桥面净空高度的情况下可在两拱肋之间沿桥长方向设置若干道横向风构(亦叫横系梁),如图14-2-1所示。在中承式和下承式钢管混凝土拱桥的出平面稳定计算中,利用吊杆的"非保向力效应"可使稳定安全系数提高几倍,参见图14-2-2。当拱肋发生出平面位移时,吊杆发生倾斜,各吊杆中的拉力均会产生指向拱肋原位方向的水平分力,即所谓的"非保向力效应"。该效应在一定程度上可以使得出平面的拱肋恢复到原来的拱平面位置上,进而增加了拱肋的抵抗出平面失稳的能力。

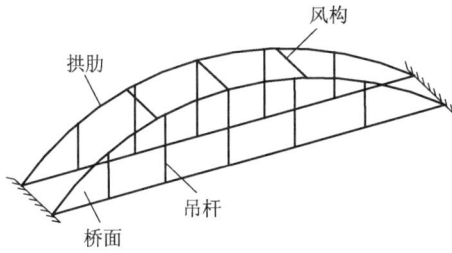

图 14-2-1 横向风构形

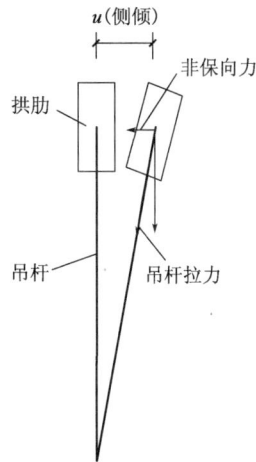

图 14-2-2 非保向力概念

二、钢管混凝土拱的稳定控制

拱桥的拱肋稳定问题通常可分为第一类稳定问题和第二类稳定问题。

第一类稳定问题是指在失稳破坏时拱肋的平衡状态出现了分支。当拱承受的荷载达到某一临界荷载时,拱肋不再保持原有的弹性平衡状态;或在竖向平面内,拱轴线离开原来受压对称变形状态向反对称的平面挠曲(偏压)状态转化,即平面内失稳;或者拱轴线侧倾出原拱平面之外,转向弯扭变形状态,即出平面失稳。拱桥结构的第一类稳定问题通常可以转化为求解方程的特征值问题,而且也是钢管混凝土拱肋设计时必须考虑的问题。第一类稳定的控制方程可写成如下形式:

$$\left| K + \lambda \bar{K}_\sigma \right| = 0 \qquad (14\text{-}2\text{-}3)$$

式中:λ——按弹性失稳计算临界力的稳定安全系数。

第二类稳定问题是指临界荷载是一个非线性的数值解,其中包括几何非线性和材料非线性的影响。此时拱的失稳过程是逐步演变的,即使荷载不再增加,某个或某些截面的位移也会增加。或者说当荷载达到临界值时,拱肋的平衡状态和变形状态并不发生突变。临界荷载的数值解可由下式表示:

$$P_{\text{cr}} = (\lambda_{\text{o}} + \lambda_{\text{a}})P = \lambda P \qquad (14\text{-}2\text{-}4)$$

式中:λ——结构在荷载 P 作用下的非线性稳定安全系数。

从实际工程角度来看,由于拱上建筑或吊杆对拱肋的稳定性具有一定的帮扶作用,因此在成桥阶段拱肋失稳的可能性相对较小。拱桥的失稳事故主要发生在施工阶段,且第二类失稳往往发生在第一类失稳之后。第一类失稳具有突发性,失稳后很快导致拱肋的承载力丧失,所以对与钢管混凝土拱桥而言第一类稳定问题要比第二类稳定问题更为重要。因此,工程设计中应注意控制第一类稳定问题,而且往往对于第一类失稳和第二类失稳采用的安全系数也是不同的,前者的安全系数理应大于后者。受压的局部构件(例如拱上立柱、组合构件各肢)的稳定系数不宜小于主拱的整体稳定系数,否则会导致主拱的整体失稳提前发生。

《公路钢管混凝土拱桥设计规范》(JTG/T D65-06—2015)和《钢管混凝土拱桥技术规范》

(GB 50923—2013)中均给出了钢管混凝土拱桥整体弹性稳定系数不应小于4.0的规定。

上述两规范中均指出对于大跨径的钢管混凝土拱桥应考虑材料非线性或几何非线性,或双重非线性对结构整体稳定性的影响。其中规范 JTG/T D65-06—2015 规定,对于跨径大于300m 的拱桥:

(1)几何非线性影响中应计入主拱的初始缺陷,主拱最大横向偏位值 δ 应符合 $L_0/5000$ 的要求,其中 L_0 为主拱的净跨径。

(2)计入非线性影响的主拱非线性稳定安全系数(即稳定极限承载力与设计荷载效应的比值)不应小于1.75。计算钢管混凝土拱肋非线性稳定时的钢管混凝土本构关系应采用基于"统一理论"的全过程曲线,参见第十一章第四节和第十二章第一节。

在短暂状况下或持久状况的正常使用阶段,可按下式控制钢管混凝土拱肋的整体稳定性:

$$\frac{N_{cr}}{N_w} \geqslant K_w \qquad (14\text{-}2\text{-}5)$$

式中:N_{cr}——钢管混凝土拱肋的平面内或出平面临界荷载,通常采用有限元分析的方法通过求解方程特征值确定,或可按公式(14-2-1)估算;对于格构式拱肋应由公式(13-3-15)计算组合截面惯性矩;

N_w——在正常使用阶段钢管混凝土拱肋的最大轴向工作压力,或施工阶段钢管混凝土拱肋中的最大轴向压力(通常取拱肋四分点或拱脚截面的轴向压力计算);

K_w——拱肋整体稳定安全系数,对于弹性稳定问题一般取 $K_w = 4.0$,当考虑非线性问题时,K_w 值可取 1.75 ~ 2.0。

在钢管混凝土拱桥设计时,以下几点值得注意:

(1)拱肋构件的稳定承载力验算与拱肋整体稳定性验算均涉及稳定性概念,具有相似性但又不相同。前者是对构件而言的,强调的是考虑稳定及其他不利因素后的构件承载力设计值 N_{ud} 的验算;后者是以拱肋整体结构为对象,强调拱肋整体失稳时的临界力 N_{cr} 或临界荷载,并验算整体稳定安全系数 K_w。

(2)两者的计算过程不可相互取代,均需满足相应的规定或要求。构件的稳定承载力设计值 N_{ud} 应由规范公式计算确定;拱肋整体弹性稳定分析通常采用有限元方法,求解特征值得到主拱临界荷载与设计荷载的比值,进而验算整体弹性稳定安全系数 K_w。或可采用欧拉公式(14-2-1)估算拱肋弹性失稳时的临界力 N_{cr},并按公式(14-2-5)进行整体稳定性验算。验算时可偏安全地采用拱肋轴向压力设计值 N_d 代替轴向工作压力 N_w(其中不计荷载安全系数)。

(3)对于宽跨比较小的钢管混凝土拱桥,其面外刚度较小,一阶失稳模态常表现为面外失稳。因此,进行整体弹性稳定分析时应采用空间有限元模型。

第三节　钢管混凝土构件的应力计算

钢管混凝土拱桥应进行弹性阶段的截面应力验算。验算中各项作用应取用标准值,作用分项系数应取为1.0。在各种标准值组合中,汽车荷载效应中应计入冲击系数。钢管混凝土拱桥的截面应力计算可视为对构件截面承载力验算的补充。

钢管混凝土是由钢管和混凝土两种材料组成的复合材料。在荷载作用下,钢管混凝土构件的变形符合平截面假定。钢管混凝土拱桥的施工及成桥过程决定了构件的截面和拱桥结构是逐步形成的,因而拱肋构件的应力也是逐步形成的。例如钢管的应力为施工阶段的累计应力、二期恒载引起的应力、温度应力以及活载、混凝土收缩、徐变等应力的累加;管内混凝土的应力也是自其形成强度后各阶段的应力累加。钢管混凝土拱桥的施工、成桥特点决定了构件应力的计算方法可以采用叠加法,即累计计算各阶段的截面应力以得到最终的截面应力。

一、应力计算方法

计算钢管的应力时一般是将钢管混凝土构件作为钢管和混凝土两种材料单元,根据各自的材料特性和施工过程,采用有限元法叠加而成。这样的计算方法由于没有考虑两种材料的组合作用以及混凝土弹性模量取值的差异等因素,因此计算结果往往是偏小的。为保证在正常使用极限状态下钢管仍处于弹性阶段,并有安全储备,《公路钢管混凝土拱桥设计规范》(JTG/T D65-06—2015)的附录中给出了相关的应力计算方法和控制方法可供计算中参考。

钢管混凝土组合构件的组合应力和应变:

应力:

$$\sigma_{sc} = \frac{N_{sc}}{A_{sc}} + \frac{M_{sc}}{W_{sc}} = \sigma_{sc}^{N} + \sigma_{sc}^{M} \tag{14-3-1}$$

应变:

$$\varepsilon_{sc} = \frac{\sigma_{sc}}{E_{sc}} = \frac{\sigma_{sc}^{N} + \sigma_{sc}^{M}}{E_{sc}} \tag{14-3-2}$$

钢管混凝土构件中钢管和混凝土的应力:

钢管应力:

$$\sigma_{s} = n_{s}\sigma_{sc} + \sigma_{o} \tag{14-3-3}$$

混凝土应力:

$$\sigma_{c} = \left(\sigma_{sc} - \frac{2T}{D}\sigma_{sc}^{M}\right)n_{c} \tag{14-3-4}$$

式中:σ_{sc}——钢管混凝土组合截面的应力(MPa);

N_{sc}——钢管混凝土组合截面形成后构件中所增加的轴力设计值(10^3kN),即扣除计算初应力 σ_{o} 的内力;

M_{sc}——钢管混凝土组合截面形成后构件中所增加的弯矩设计值(10^3kN·m),即扣除计算初应力 σ_{o} 的内力;

W_{sc}——钢管混凝土组合截面外缘的抵抗矩(m^3);

ε_{sc}——钢管混凝土组合截面的轴向轴向线应变;

n_{s}——钢与钢管混凝土组合材料弹性模量比值,$n_{s} = E_{s}/E_{sc}$;

n_{c}——混凝土与钢管混凝土组合材料弹性模量比值,$n_{c} = E_{c}/E_{sc}$。

式(14-3-1)和式(14-3-2)的实质是按钢管混凝土组合截面计算其构件成型后由累计的内力 N_{sc} 和 M_{sc} 按偏心受压构件计算的最大压应力 σ_{sc} 和相应的压应变值 ε_{sc}。式(14-3-3)和式(14-3-4)则是将上述求出的组合截面外边缘应力 σ_{sc} 再按钢材或混凝土与钢管混凝土弹性模量之比换算为钢管和混凝土边缘的最大压应力,并以钢管应力 σ_{s} 和混凝土应力 σ_{c} 进行控制。式中的初应力 σ_{o} 应视为钢管混凝土组合截面形成前构件钢管中已存在的应力,其中应包括钢管的焊接残余应力、钢管的安装应力、浇筑混凝土结硬之前钢管内的自重应力和温度应力等,即由式(13-1-5)计算初应力度时采用的钢管初应力值。

二、应力控制方法

按上述方法求出的钢管和混凝土的应力应满足下列控制条件:

$$\sigma_s \leq 0.8 f_y \qquad \sigma_c \leq \frac{K_1}{K_2} f_{ck} \qquad (14\text{-}3\text{-}5)$$

式中:σ_s——钢管混凝土构件中钢管外边缘的压应力;

σ_c——钢管混凝土构件中混凝土外边缘的压应力;

K_1——钢管混凝土轴心受压构件的核心混凝土轴心抗压强度提高系数,按式(14-3-6)计算:

$$K_1 = 1 + \left[\sqrt{4 - 3(0.25 + 3.2\alpha)^2} - 1 \right] \alpha \frac{f_y}{f_{ck}} \qquad (14\text{-}3\text{-}6)$$

α——截面含钢率;

K_2——管内混凝土容许应力安全系数,可取 $K_2 = 1.7$;

f_y——钢管材料的屈服强度(MPa);

f_{ck}——混凝土的轴心抗压强度标准值(MPa)。

式(14-3-5)相当于规定了钢管和混凝土材料的容许应力。$0.8f_y$ 意味着钢管材料的压应力仍控制在钢材的弹性阶段,即在钢材的比例极限以内。管内混凝土的容许应力安全系数 K_2 =1.7 略高于桥梁工程传统的综合安全系数 K(取 1.55~1.65),而 K_1 则是考虑钢管约束效应对核心混凝土轴心抗压强度的提高,主要与约束效应系数及截面含钢率有关,通常 K_1/K_2 仍是大于 1 的放大系数。

对于采用组合构件的钢管混凝土拱肋,式(14-3-1)中的应力计算时应采用组合构件的截面几何参数进行计算,参见第十三章第三节。上述应力计算中并不包括构件稳定的影响。按照上述应力控制方法可以对施工中和成桥运营中的钢管混凝土拱桥的应力状态进行计算与控制。

第四节 钢管混凝土结构的刚度与变形计算

为了计算钢管混凝土构件或结构的变形,首先必须确定它们的刚度。在短暂状况的施工阶段和持久状况的正常使用极限状态,钢管混凝土结构材料均处于弹性阶段。钢管混凝土构件的刚度取值可以基于以合成法确定的钢管混凝土组合模量 E_{sc},参加图 12-1。这将使得结构的刚度和变形计算简便得多,而且计算结果也是比较准确的。钢管混凝土结构的刚度同样取决于组合材料的弹性模量和截面几何参数。

一、轴向受力构件的刚度

构件变形计算属正常使用极限状态,材料处于弹性阶段,因而采用组合弹性模量 E_{sc}。而切线模量只用来计算构件在弹塑性阶段的稳定承载力。钢管混凝土柱的轴心受压刚度可按下

式取值:

$$(EA)_{sc} = E_{sc}A_{sc} = E_sA_s + E_cA_c \tag{14-4-1}$$

式中:$(EA)_{sc}$——钢管混凝土受压构件的刚度;

E_{sc}——钢管混凝土的组和弹性模量;

A_{sc}——钢管混凝土受压构件的截面面积,$A_{sc} = A_s + A_c$;

E_s、E_c——钢材和混凝土的弹性模量;

A_s、A_c——钢材和混凝土的截面面积。

规范 JTG/T D65-06—2015 规定,当考虑材料非线性影响计算结构的稳定承载力时,轴压构件的刚度应取为 $0.85E_{sc}A_{sc}$。

在正常使用极限状态下,承受轴向拉力的钢管混凝土构件中混凝土已开裂,因此其抗拉刚度仅与钢管有关。钢管混凝土柱的轴心受拉刚度可按下式取值:

$$(EA)_{sc} = E_{sc}^{pt}A_s = E_sA_s \tag{14-4-2}$$

式中:E_{sc}^{pt}——钢管混凝土的抗拉弹性模量,参见式(12-1-17);

其他符号意义同前。

当计算构件弹塑性阶段的轴向拉应变时,应按钢材的切线模量计算,即取 $E_s^t A_s$。

二、受弯构件的刚度

参照轴向受力构件的刚度表述方式,钢管混凝土受弯构件的抗弯刚度亦可表达为:

$$(EI)_{sc} = E_{scm}I_{sc} \tag{14-4-3}$$

式中:$(EI)_{sc}$——钢管混凝土受弯构件的刚度;

E_{scm}——钢管混凝土抗弯弹性模量;

I_{sc}——受弯构件的截面惯性矩。

由公式(14-4-3)不难发现,抗弯刚度取值的关键在于其抗弯弹性模量 E_{scm} 的取值方法。该方法的基本思路是找出 E_{scm} 与抗压弹性模量 E_{sc} 之间的换算关系,进而间接地求出其抗弯弹性模量 E_{scm}。根据前几章的知识,可按如下方法考虑:

钢管混凝土的轴压刚度:

$$E_{sc}A_{sc} = E_sA_s + E_cA_c$$

钢管混凝土的抗弯刚度:

$$E_{scm}I_{sc} = E_sI_s + E_cI_c$$

由上述两式相除可以得到如下比例关系:

$$\frac{E_{scm}I_{sc}}{E_{sc}A_{sc}} = \frac{E_sI_s + E_cI_c}{E_sA_s + E_cA_c} \tag{14-4-4}$$

在此引入如下关系和参数:

$$A_{sc} = A_s + A_c, I_{sc} = I_s + I_c$$

$$n = \frac{E_s}{E_c} \qquad \beta = \frac{I_s}{I_c} \qquad \alpha = \frac{A_s}{A_c}$$

令 $k = E_{scm}/E_{sc}$,称之为钢管混凝土的模量换算系数。由式(14-4-4)可以得到如下关系:

$$k = \frac{E_{scm}}{E_{sc}} = \frac{E_cI_c\left(\frac{E_sI_s}{E_cI_c} + 1\right)}{E_cA_c\left(\frac{E_sA_s}{E_cA_c} + 1\right)} \cdot \frac{A_c\left(1 + \frac{A_s}{A_c}\right)}{I_c\left(1 + \frac{I_s}{I_c}\right)} = \frac{(n\beta + 1)}{(n\alpha + 1)} \cdot \frac{(1 + \alpha)}{(1 + \beta)} \tag{14-4-5}$$

于是有钢管混凝土柱的抗弯弹性模量可按下式计算确定:

$$E_{scm} = kE_{sc} = \frac{(n\beta + 1)}{(n\alpha + 1)} \cdot \frac{(1 + \alpha)}{(1 + \beta)} E_{sc} \qquad (14\text{-}4\text{-}6)$$

式中:E_{sc}——钢管混凝土的组合抗压模量,可以由第十二章查表或计算确定。

若能够确定系数 k 即可求出组合抗弯弹性模量 E_{scm}。

分析表明,系数 k 与 n、α、β 三个参数有关。对于常用的 Q235、Q345 和 Q390 等软钢,$E_s = 2.0 \times 10^5$ MPa 是常数,于是 n 只与混凝土的弹性模量 E_c 有关,即与混凝土的强度等级有关。含钢率 α 可有如下的近似表达式:

$$\alpha = \frac{r_o^2 - r_{co}^2}{r_{co}^2 - r_{ci}^2} \approx 2 \frac{t}{r_{co}} \cdot \frac{1}{1 - \psi^2}$$

取钢管混凝土的空心率 $\psi = 0$,且 $r_{co} \approx r_o$,于是可有:

$$\alpha \approx \frac{2t}{r_{co}} \approx \frac{2t}{r_o} \qquad (14\text{-}4\text{-}7)$$

式中:t——钢管的壁厚;

r_o——钢管的外半径;

γ_{co}——核心混凝土外半径;

γ_{ci}——核心混凝土内半径。

惯性矩比值 $\beta = I_s / I_c$,可做如下变换:

$$\beta = \frac{I_s}{I_c} = \frac{(r_o^4 - r_{co}^2)\pi/4}{r_{co}^4 \pi/4} = \left(\frac{r_o^4}{r_{co}^4} - 1 \right) = \frac{r_o^4}{(r_o - t)^4} - 1 = \frac{1}{\left(1 - \dfrac{t}{r_o}\right)^4} - 1$$

将上式中的分母按级数展开:

$$\beta = \frac{1}{1 - 4\dfrac{t}{r_o} + 6\dfrac{t^2}{r_o^2} - 4\dfrac{t^3}{r_o^3} + \dfrac{t^4}{r_o^4}} - 1$$

代入 $\alpha \approx 2t/r_o$,于是 β 可以表示为:

$$\beta = \frac{1}{1 - 2\alpha + 1.5\alpha^2 - 0.5\alpha^3 + 0.0625\alpha^4} - 1$$

略去高阶微量 $0.5\alpha^3$ 和 $0.0625\alpha^4$,可得到 β 值的近似表达式:

$$\beta \approx \frac{1}{1 - 2\alpha + 1.5\alpha^2} - 1 \qquad (14\text{-}4\text{-}8)$$

式(14-4-8)表明,β 是含钢率 α 的函数。于是比值 k 仅与混凝土的弹性模量 E_c(或强度等级)及含钢率 α 这两个变量有关。

建筑《混凝土结构设计规范》(GB 50010)和《公路钢筋混凝土与预应力混凝土桥涵设计规范》(JTG 3362—2018)规定的混凝土弹性模量与表 12-2-7 和表 12-2-5 取值是相同的,因此求得 k 值也应相等,计算结果见表 14-4-1。在实际应用时比值 k 可由式(14-4-5)计算确定,亦可按表 14-4-1 查取 k 值的近似值。

$$k = E_{scm}/E_{sc}比值表（按 GB 50010、JTG 3362 计算）\qquad 表 14-4-1$$

含 钢 率	混凝土强度等级					
	C30	C40	C50	C60	C70	C80
0.04	1.187	1.173	1.163	1.156	1.152	1.148
0.05	1.223	1.207	1.195	1.187	1.182	1.178
0.06	1.255	1.238	1.225	1.216	1.210	1.205
0.07	1.285	1.266	1.252	1.243	1.236	1.231
0.08	1.312	1.292	1.277	1.267	1.260	1.254
0.09	1.337	1.316	1.301	1.290	1.283	1.276
0.10	1.360	1.338	1.322	1.311	1.304	1.297
0.11	1.381	1.359	1.342	1.331	1.323	1.316
0.12	1.401	1.378	1.361	1.349	1.341	1.334
0.13	1.419	1.396	1.378	1.366	1.358	1.351
0.14	1.436	1.412	1.394	1.382	1.374	1.366
0.15	1.451	1.427	1.410	1.397	1.389	1.381
0.16	1.466	1.442	1.424	1.411	1.403	1.395
0.17	1.479	1.455	1.437	1.424	1.416	1.407
0.18	1.492	1.467	1.449	1.436	1.428	1.419
0.19	1.503	1.479	1.461	1.447	1.439	1.431
0.20	1.514	1.490	1.471	1.458	1.450	1.441

注:中间值可以采用插值法确定。

当钢管混凝土仅受弯矩作用时,钢管内的受拉区混凝土会开裂,其整体抗弯刚度将因此而减小。刚度的减小主要体现在惯性矩 I_{sc} 的减小,而且含钢率越小或混凝土的强度越高,则截面刚度减少就越多。减小后的截面惯性矩用 I_{sc}^o 表示,可由式(14-4-9)计算:

$$I_{sc}^o = (0.6625 + 0.9375\alpha)I_{sc} \qquad (14-4-9)$$

于是,钢管混凝土单肢构件在纯弯矩作用下的抗弯刚度可按下式计算:

$$(EI)_{sc} = kE_{sc}I_{sc}^o \quad 或 \quad (EI)_{sc} = kE_{sc}I_{sc} \qquad (14-4-10)$$

式中各符号意义同前。

当作用的弯矩很小,或有足够的理由认为受弯的钢管混凝土不会开裂,计算构件抗弯刚度时亦可取 I_{sc}。式(14-4-10)中的抗弯刚度可用于计算钢管混凝土构件的弯曲变形。

在确定了钢管混凝土构件的抗压刚度和抗弯刚度后,构件的截面回转半径 i 即可按下式确定:

$$i = \sqrt{\frac{(EI)_{sc}}{(EA)_{sc}}} \qquad (14-4-11)$$

式中的构件抗压刚度 $(EA)_{sc}$ 和抗弯刚度 $(EI)_{sc}$ 可分别由式(14-4-1)和式(14-4-10)计算确定。

需要说明的是,上述各项刚度计算均是针对钢管混凝土单肢构件而言的,且用于单肢构件的变形计算。对于组合构件,则应在上述单肢构件的基础上,再按式(13-3-15)计算组合截面惯性矩;相应的组合截面面积应等于组合构件各肢的截面面积之和。

三、变形及预拱度

1.变形计算与控制

钢管混凝土拱桥的变形应根据线弹性理论采用有限元方法计算。变形计算时应基于持久状况正常使用极限状态,采用活载作用频遇值、准永久值,或活载作用频遇值并计入长期效应的影响,对构件的变形进行验算。各种组合中,汽车荷载效应中均不计入冲击系数。

钢管混凝土拱桥在车道荷载作用下的变形应满足下列要求,

主拱最大竖向挠度(正负挠度绝对值之和):

$$\delta_a \leqslant L/1000 \tag{14-4-12}$$

桥面梁板的最大竖向挠度:

$$\delta_d \leqslant L/800 \tag{14-4-13}$$

式中:L——拱桥的计算跨径。

钢管内混凝土的密闭性很好,因此其与常规结构混凝土的徐变性能差异较大。考虑到我国桥梁工程师习惯于使用现行行业标准 JTG D62 中推荐的 CEB-FIP90 徐变模型进行结构徐变计算,福州大学的研究成果认为,可以采用这一徐变模型,但建议计算时管内混凝土的环境相对湿度取为90%,并按此计算混凝土的徐变系数及钢管混凝土拱肋的长期变形。

2.预拱度设置

钢管混凝土主拱应按如下方法设置预拱度:

(1)计算预拱度值应为恒载累计变形、钢管混凝土徐变挠度和1/2活载挠度之和;

(2)对于主跨径小于50m的拱桥,主拱预拱度宜设置在$(1/400 \sim 1/600)L$范围内。

在钢管混凝土拱桥计算中,由钢管混凝土施工过程中弹性模量取值误差、钢管内混凝土脱空缺陷、钢管初应力、钢管混凝土徐变、节点塑性变形、管内混凝土弯曲开裂以及不合理的施工加载程序等原因,往往使得计算预拱度小于实际变形。根据多座钢管混凝土设计、施工经验和结合研究成果,规范 JTG/T D65-06—2015 给出了主拱预拱度的非线性修正系数的经验式:

$$\delta_s = K_y \delta_j \tag{14-4-14}$$

式中:δ_s——主拱设计预拱度值(m);

δ_j——主拱计算预拱度值(m);

K_y——预拱度非线性修正系数,按下列方法取值:

主跨$50 \sim 100m$,$K_y = 1.05$;主跨$100 \sim 150m$,$K_y = 1.11$;主跨$150 \sim 220m$,$K_y = 1.16$;主跨$220 \sim 340m$,$K_y = 1.20$;主跨$>340m$,$K_y = 1.25$。

第五节　钢管混凝土拱桥的其他设计要点

一、钢管混凝土拱桥的主拱尺寸拟定

(1)主拱矢跨比取值范围宜为:上承式$1/6 \sim 1/4$,中承式$1/3.5 \sim 1/5$,下承式$1/5.5 \sim 1/4.5$。

(2)当采用悬链线拱轴线时,上承式的拱轴线系数m宜为$1.2 \sim 2.8$,中承式的拱轴线系数不宜大于1.9,下承式的拱轴线系数不宜大于1.5。

（3）飞燕式钢管混凝土拱桥,边跨通常采用钢筋混凝土结构。边中跨跨径比宜为0.18~0.30;中跨矢跨比宜为1/4.5~1/3.5。

（4）提篮式主拱的内倾角宜为5°~12°。

（5）主拱的高度、宽度、主管外径可按下列经验方法确定:

①等截面主拱:

$$H = k_1 k_2 \left[0.2 \left(\frac{L_o}{100} \right)^2 + \frac{L_o}{100} + 1.2 \right] \tag{14-5-1}$$

$$B = (0.28 \sim 0.45) H \tag{14-5-2}$$

$$D = (0.08 \sim 0.14) H \tag{14-5-3}$$

式中:H——主拱截面全高(m);

B——主拱截面全宽(m);

D——主拱主管外径(m);

L_o——主拱净跨径(m);

k_1——荷载系数,公路—Ⅰ级取1.0,公路—Ⅱ级取0.9;

k_2——车道系数,2车道或3车道取0.9,4车道取1.0,6车道取1.1。

②哑铃形截面主拱圈宜为等截面,其主拱截面高度为$(0.8 \sim 1.0)H$,且不宜大于3m;钢管直径宜取600~1500mm。

③变截面桁式主拱,拱顶截面高宜取$(0.6 \sim 0.9)H$,拱脚截面高宜取$(1.4 \sim 1.6)H$。

（6）考虑到耐腐蚀的要求,主拱主管的壁厚不应小于10mm。钢管外径D与钢管壁厚的t之比,宜满足$35 \times (235/f_y) \sim 100 \times (235/f_y)$的条件。

（7）中、下承式钢管混凝土拱桥,吊索和拱上立柱应尽量等间距布置,间距可取为$L_o/24 \sim L_o/38$。上承式钢管混凝土拱桥拱上立柱间距可取$L_o/15 \sim L_o/8$。

（8）桁架的节点间距一般应取$(0.5 \sim 1.5)H$,否则应改变腹杆的构造形式,确保节点构造参数。

（9）应根据主拱横向布置形式,选取整体或分离式的拱座。主拱采用肋式拱时,宜选用分离式拱座。

（10）主拱肋中的主管和支管应满足一定的构造要求,支管与主管的管径比宜为0.3~0.8,壁厚比宜为0.55~1.0,支管与主管的面积比不宜小于0.25。桁式拱肋的主管可在节点处设置内栓钉。

二、吊杆(或吊索)和系杆索设计

钢管混凝土拱桥中的吊索(吊杆)和系杆索是钢质受拉构件。前者主要功能是联结拱肋与桥面系,并传递两者间的荷载与内力;后者的主要作用是施加预应力,对外部静定的拱桥可提高混凝土纵梁的抗裂性,对外部超静定的拱桥可控制拱脚或墩顶的纵桥向位移。

吊索和系杆索通常采用平行钢丝成品索配专用的冷铸镦头锚具,或钢绞线成品索配夹片锚具。索体应采用环氧喷涂、环氧填充或镀锌等防腐处理。吊索应设置耐候性的防护外套。吊索的锚具形式应视拱、梁及索体的构造形式而定,上下锚固端应露出梁体之外,以便于检查和更换。吊索的锚具应有防腐能力,并满足设计使用年限的要求。锚具的防护罩构造应便于锚具及索体的后期检修。

吊杆和系杆索承载力应按现行《公路钢管混凝土拱桥设计规范》(JTG/T D65-06—2015)中的要求进行。

吊杆的应力应满足下式要求:

$$N_d \leqslant \frac{1}{\gamma_s} f_{pk} A_s \qquad (14\text{-}5\text{-}4)$$

式中:N_d——吊杆、系杆索受拉轴向力设计值(10^3kN);

f_{pk}——吊杆、系杆索的抗拉强度标准值(MPa);

A_{pk}——吊杆、系杆索钢丝的截面面积(m^2);

γ_s——综合系数,不得小于表14-4-2的规定值。

吊杆和系杆索的综合系数 γ_s　　　　　　表 14-4-2

材料类别		持久状况	短暂状况	偶然状况、地震状况
吊杆	钢丝、钢绞线	2.5	2.0	1.5
	钢丝绳	3.0	2.4	1.8
系杆索	钢丝、钢丝绳	2.0	1.8	1.5

吊杆的受力中活载占比较大,因此要求吊杆应具有良好的抗疲劳能力。根据我国近年来的工程经验,吊杆设计中取用了 2.5~3.0 的安全系数,略高于系杆索的安全系数2.0。系杆索为预应力拉索,主要用于系杆拱桥,其受力特征类似体外预应力索。由于系杆索中存在预应力且为承受拉力的主体,因此活载引起的拉力增量较小,对疲劳性能要求较低,故系杆索的安全系数取2.0,比吊杆小一些。

三、钢管混凝土拱桥的其他构造要点

我国的钢管混凝土拱桥已有 30 年的建设历史,积累了丰富的经验,也汲取了一些教训。近年来新颁布的有关钢管混凝土拱桥及结构的设计规范及指南,诸如《公路钢管混凝土拱桥设计规范》(JTG/T D65-06—2015)、《钢管混凝土拱桥技术规范》(GB 50923—2013)、《钢管混凝土结构技术规范》(GB 50936—2014)以及《公路钢管混凝土桥梁设计与施工指南》(2008)等已对经验教训进行了系统的总结和提升。上述规范在提出了相关设计方法的同时,也给出了丰富的、来自桥梁工程实践的技术措施和构造要点。这些宝贵的经验教训可供钢管混凝土拱桥设计时参考。受篇幅及学时限制,在此仅列出部分构造要点,可供专业学生及桥梁工程技术人员参考。

1. 主拱肋

主拱肋设计时的构造要点如下。

(1)主拱肋采用单管或哑铃形断面时应注意:在吊索穿过主管内时应设置环向加劲肋,加劲肋的数量与板厚应满足主管承受集中力的要求。吊索锚具宜置于主管之外,以便于检修和更换。哑铃形主拱肋的钢腹板厚度及加劲肋设置应满足下列要求:当钢腹板计算高度与钢腹板厚度之比 h/δ 小于 50 时,可不设置竖向加劲肋;当 h/δ 为 50~140 时,应设置竖向加劲肋且间距不应大于2m;当 h/δ 大于 140 时,可改用桁式主拱。

(2)斜支管一般位于主拱立面,用于连接主拱上、下主管或横撑。K 形节点或 N 形节点支

管间的间隙 g 不应小于 50mm。设斜支管时,其与主管轴线的夹角 α 不宜小于 30°。斜支管轴线交点与主管轴线的偏心距 e_o 不宜大于 $D/4$,超过时应计入偏心弯矩的影响,偏心弯矩应按下式计算:

$$M = \Delta N \cdot e_o \qquad (14\text{-}5\text{-}6)$$

式中:M——偏心距产生的节点偏心弯矩(kN·m);

ΔN——节点两侧主管轴力之差(kN);

e_o——支管与主管交叉的偏心距(m);

(3)管节点及连接件的抗疲劳构造应符合下列规定:

桁式主拱的主管与支管同时应满足 $d/D \geqslant 0.4$、$T/t \geqslant 1.0$、$D/T \geqslant 40$ 的要求,其中,D、T 分别为主管的直径和壁厚,d、t 分别为支管的直径和壁厚。细长空管杆件长度与钢管直径之比不应大于 40。支管与主管间相贯焊接节点,不应采用加劲肋板或插入式节点板的连接形式。

板—管节点不应采用插入式焊缝连接支管的构造形式。相贯焊接的 K 形节点,相贯焊缝与纵、环焊缝不应相交,焊缝间净距不应小于 50mm。支管相贯线和坡口应采用相贯线切割机完成,焊接接头根部间隙应控制在 6mm 以内,焊缝宜采用全熔透焊缝形式,焊趾处应进行修磨。

(4)吊杆和立柱应设在主拱横向连接的直支管上,该支管应采用钢管混凝土,且宜在支管内设置环向加劲肋。而且加劲肋的板厚不应大于钢管的壁厚;集中力对应位置应设置一道加劲肋,两侧加劲肋间距之和不应大于钢管直径。

(5)主拱接头应符合下列规定:主拱节段应采用焊接对接接头。当主拱主管直径大于600mm 时,宜采用内法兰凸缘作临时连接。主拱与拱座连接时,宜将钢管插入拱座预埋,预埋管与主拱节段宜采用焊接对接接头。预埋深度不得小于 1.5 倍主管直径,预埋钢管底部应设置承压板,其下应设置不少于 3 层钢筋网,在钢管周边应设置分布环向钢筋、焊钉或 PBL 剪力键等锚固构造。承压板与管壁间应按构造要求设置带孔加劲肋板。主拱拱脚可设计为直接固结的连接形式,或先临时铰连接、合龙后再固结的方式。主拱合龙连接应采用焊接对接接头。主拱合龙应快速准确对位,宜单独设置合龙段及满足瞬时合龙的构造措施。主拱肋主管在加工制造时宜采用折线形成,折线长度不应大于主拱的主桁间距和有限元计算模型的梁单元长度中的较小值。用折线代替曲线时,其主管接头位置应避开主桁的节点位置。

2. 横撑

横撑设计时的构造要点如下。

拱肋间应设置横撑。横撑形式可采用一字式、K 式、X 式、米字式等。横撑构造应与拱肋截面相适应,截面可采用单管、哑铃形或桁式。横撑与主拱的连接接头可采用螺栓连接、焊接连接或栓焊连接。焊接连接接头设计应遵循焊缝少、焊接的可操作性强的原则。

拱脚段的横撑可采用钢管桁式结构、钢管混凝土桁式结构或钢筋混凝土结构。下承式拱的端横梁和中承式拱的肋间横梁兼做主拱横撑时,其强度和刚度应同时满足横梁和横撑的需要。

3. 拱上立柱

主拱肋设计时的构造要点如下:

(1)拱上立柱可采用钢管混凝土构件、钢构件或钢筋混凝土构件。钢管混凝土立柱宜采用单管或桁式组合柱。盖梁可采用钢筋混凝土、预应力钢筋混凝土或钢结构。

(2)钢管混凝土立柱与混凝土盖梁连接时,其伸入盖梁长度应大于1.5倍立柱主管外径,且不应小于1.0m。可采用开孔钢板和预埋锚筋等形式的钢—混凝土构造连接。当采用预制盖梁时,可将盖梁底部预埋钢板与钢管混凝土立柱焊接连接。

(3)钢管混凝土拱上立柱的柱脚可分为有垫梁柱脚和无垫梁柱脚。有垫梁柱脚通过垫梁上的预埋钢板与立柱焊接连接,无垫梁柱脚时应采用与主拱相贯焊接的方式连接。钢管混凝土立柱的节段连接宜采用对焊接头;当立柱为小偏心受压时,可采用凸缘连接。

(4)钢管混凝土墩柱与基础的连接宜采用埋入式,其埋入深度应大于2倍立柱钢管直径,且不应小于1.5m,在预埋段应设置分布环向钢筋、焊钉或开孔钢板等锚固构造。承压板直径(或边长)宜为1.5~2.0倍立柱钢管直径,厚度不宜小于25mm。

4. 桥面系构造

主拱肋设计时的构造要点如下:

上承式钢管混凝土拱桥,可采用简支或连续结构体系的桥面梁(板)。中、下承式钢管混凝土拱桥的桥面梁(板)必须采用连续结构体系,连续结构体系的主纵梁应满足2倍吊索跨度的承载能力要求。对于桥面梁(板)与吊杆横梁分离的结构体系,主纵梁应设在吊杆横梁的吊杆对应位置处。

桥面梁(板)应首选带湿接头的钢筋混凝土槽型板、预应力钢筋混凝土空心板结构。对于跨径大于300m的钢管混凝土拱桥,也可采用钢或钢—混凝土组合结构桥面梁(板)。

当桥面单向纵坡大于2%时,应采取纵向限位措施。中、下承式拱桥,桥面梁与主拱的间隙应满足桥面梁(板)纵、横向位移的要求。

参 考 文 献

[1] 朱聘儒. 钢—混凝土组合梁设计原理[M]. 北京:中国建筑工业出版社,1989.

[2] 周起敬,姜维山,潘泰华. 钢与混凝土组合结构设计施工手册[M]. 北京:中国建筑工业出版社,1991.

[3] 黄侨. 桥梁钢—混凝土组合结构设计原理(讲义)[Z]. 哈尔滨建筑大学交通学院桥梁教研室,1997,2.

[4] 中华人民共和国行业标准. JTG D60—2015 公路桥涵设计通用规范[S]. 北京:人民交通出版社股份有限公司,2015.

[5] 中华人民共和国行业标准. JTG D62—2004 公路钢筋混凝土及预应力混凝土桥涵设计规范[S]. 北京:人民交通出版社,2004.

[6] 中华人民共和国行业标准. JTJ 025—1986 公路桥涵钢结构及木结构设计规范[S]. 北京:人民交通出版社,1986.

[7] 中华人民共和国行业标准. JTG D64—2015 公路钢结构桥梁设计规范[S]. 北京:人民交通出版社股份有限公司,2015.

[8] 中华人民共和国国家标准. GB/T 714—2008 桥梁用结构钢[S]. 北京:中国标准出版社,2008.

[9] 中华人民共和国国家标准. GB/T 10433—2002 电弧螺柱焊用圆柱头栓钉[S]. 北京:中国标准出版社,2002.

[10] 中国工程标准化协会标准. CECS 226:2007 栓钉焊接技术规程[S]. 北京:中国计划出版社,2008.

[11] 黄侨. 桥梁钢—混凝土组合结构设计原理[M]. 北京:人民交通出版社,2003.

[12] R. P. Johnson, R. J. Buckby. Composite structures of steel and concrete. Volume 2: Bridges, Collins professional and technical books,1986.

[13] Demetrios E, Tonias P. E. Bridge Engineering Design, Rehabilitation, and Maintenance of Modern Highway Bridges. McGraw-Hill, Inc. , 1994.

[14] 黄侨,任远. 兰州市七里河黄河大桥加固改造工程[R]. 钢—混凝土组合梁桥设计咨询报告,2010,4.

[15] 张树仁,郑邵珪,黄侨,等. 结构设计原理[M]. 北京:人民交通出版社,2004.

[16] 张树仁,黄侨. 结构设计原理[M]. 北京:人民交通出版社,2010.

[17] 刘玉擎. 组合结构桥梁[M]. 北京:人民交通出版社,2005.

[18] 叶见曙. 结构设计原理[M]. 3 版. 北京:人民交通出版社,2014.

[19] 朱聘儒. 钢—混凝土组合梁设计原理[M]. 2 版. 北京:中国建筑工业出版社,2006.

[20] 黄侨. 桥梁钢—混凝土组合结构设计原理(讲义). 东南大学交通学院桥梁工程研究所,2014,2.

[21] 中华人民共和国行业标准. JTG/T J22—2008 公路桥梁加固设计规范[S]. 北京:人民交通出版社,2008.

[22] M. P. Nielson, Limit Analysis and Concrete Plasticity, Prentice-Hall, Inc., 1984.

[23] 荣学亮,黄侨,任远. 栓钉连接件锈蚀后静力工作性能和抗疲劳性能的试验研究[J]. 土木工程学报,2013,2.

[24] 邵容光. 结构设计原理[M]. 北京:人民交通出版社,1987.

[25] 黄侨. 国家自然科学基金项目(51278119)"基于疲劳累积损伤效应的钢–混凝土组合梁桥剩余力学性能研究"结题报告[R]. 2016.

[26] 聂建国. 钢—混凝土组合结构原理与实例[M]. 北京:科学出版社,2009.

[27] 邹韵. 开孔板连接件的静力和抗疲劳性能研究[D]. 南京:东南大学,2016.

[28] 中华人民共和国国家标准. GB 50017—2003 钢结构设计规范[S]. 北京:中国计划出版社,2003.

[29] 中华人民共和国国家标准. GB/T 1591—2008 低合金高强度结构钢[S]. 北京:中国标准出版社,2009.

[30] 刘维亚,钟善桐,等. 钢与混凝土组合结构理论与实践[M]. 北京:中国建筑工业出版社,2008.

[31] 汪炳. 基于疲劳累积损伤效应的钢—混凝土组合梁桥剩余力学性能研究[D]. 南京:东南大学,2017.

[32] 聂建国. 考虑滑移效应的钢—混凝土组合梁变形计算的折减刚度法[J]. 土木工程学报,1995,7.

[33] 荣学亮. 钢—混凝土组合梁桥耐久性若干问题的研究[D]. 哈尔滨:哈尔滨工业大学,2011.

[34] 黄侨,荣学亮,等. 钢—混凝土组合连续梁桥结构力学性能分析及设计方法研究报告[R]. 2015,12.

[35] 荣学亮,黄侨,等. 考虑疲劳损伤的组合梁桥栓钉连接件抗剪承载力研究[J]. 中国公路学报,2013,4.

[36] 中华人民共和国国家标准. GB 50917—2013 钢—混凝土组合桥梁设计规范[S]. 北京:中国建筑工业出版社,2013.

[37] 熊视华. 结构塑性分析[M]. 北京:人民交通出版社,1987.

[38] Charles. G. Salman, Johnson. Steel Structures Design and Behavior. Hohper and Rolo, Publishers, New York, 1980.

[39] 赵国藩,李树瑶,等. 钢筋混凝土结构的裂缝控制[M]. 北京:海洋出版社,1991.

[40] 潘有昌. 单轴对称箱形简支梁的整体稳定性[R]. 全国钢结构标准技术委员会钢结构研究论文报告选集,第二册,1983.

[41] 魏明钟. 钢结构设计新规范应用讲评[M]. 北京:中国建筑工业出版社,1994.

[42] 中华人民共和国行业标准. JTG/T F50—2011 公路桥涵施工技术规范[S]. 北京:人民交通出版社,2011.

[43] 中华人民共和国国家标准. GB 50046—2008 工业建筑防腐蚀设计规范[S]. 北京:中国计划出版社,2008.

[44] 中华人民共和国国家标准. GB 50212—2014 建筑防腐蚀工程施工规范[S]. 北京:中国计划出版社,2014.

［45］ A. K. Agrawal, A. Kawaguchi, Z. Chen. Deterioration rates of typical bridges elements in New York ［J］. Journal of Bridge Engineering,2010,4.

［46］ Andrzej S. Nowak, Maria M. Szerszen. Life-cycle deterioration models for concrete deck slabs. ［J］. ASCE. 2011.

［47］ 中华人民共和国行业标准. JTG/T D64-01—2015 公路钢混组合桥梁设计施工规范［S］.北京:人民交通出版社股份有限公司,2015.

［48］ 中华人民共和国国家标准.GB 50917—2013 钢—混凝土组合桥梁设计规范［S］.北京:中国计划出版社,2013.

［49］ 黄侨,郭赵元,等.钢—混组合梁桥截面弹性抗弯承载力计算方法研究［J］.中国公路学报,2017,3.

［50］ 张士铎.预弯预应力混凝土梁介绍［J］.公路,1987,3.

［51］ 竺存宏.预弯复合梁的开发与应用［J］.公路,1990,5.

［52］ 竺存宏,李广远.预弯复合梁的设计与施工［M］.北京:人民交通出版社,1993.

［53］ Firquet. G. Recent Constructional Works Using Preflexed Beams, Acier Stahl Steel, 1983, 48(3).

［54］ Frey. J, Hoelkermann HJ. First Application of the Preflex Construction Method for Railroad Bridges in the Federal Republic of Germany, Beton und Stahbetonbau, 1987, 82(9).

［55］ Watanbe. H. & Meada. Y. Application of Preflexed Composite Beams to Continuous Bridges, ASCE New York NY, USA. 1985.

［56］ ［日］PREBEAM プレヒーム振兴会,1998(11).

［57］ ［日］PREBEAM (Q & A), プレヒーム振兴会,1999,1.

［58］ ［日］プレヒーム合成げた道路桥标准设计集,プレヒーム振兴会,1997,10.

［59］ Kurita. A. Watanabe. H., Matsui. S. & Kikukawa. T. Segmental Prefabrication Methods for Preflexed Beam. 4th International Conference on Short and Medium Span Bridges,Halifax Canada, Aug. 1994.

［60］ Sato. K. Koshida. O. Noguchi. S. Ohtake. F. Kusaba. Y. Development of Embossed H Beams (Part 3: Rolling method and Application of Embossed H Beams), Sumitomo Metals, 1986,38(3).

［61］ 黄侨.预弯组合梁桥综述［J］.东北公路,1993,1.

［62］ 马德昌.坑火洛预弯预应力混凝土桥设计与施工［R］.本溪市公路管理处,1988,1.

［63］ 李素平.袁家岭立交预弯预应力混凝土桥设计［R］.湖南省公路学会桥梁专业委员会交流论文,1990,9.

［64］ 印定安,张士铎.一种新型的预应力结构——预弯预应力混凝土梁公路桥［C］∥全国桥梁结构学术大会论文集(上).上海:同济大学出版社,1992,11.

［65］ 黄侨,张树仁,王宗林.哈尔滨新阳路立交桥预弯预应力混凝土实验桥研究报告［R］.哈尔滨建筑大学,1994,12.

［66］ 黄侨,付金科,等.哈尔滨新阳立交桥预弯预应力混凝土实验桥施工监测及荷载实验报告［R］.哈尔滨建筑大学,1994,12.

［67］ ［日］プレヒーム合成げた桥设计.制作.施工要领书,プレヒーム振兴会,1999,3.

[68] 陆亚芳,张士铎.预弯梁及其正截面强度[J].北京.土木工程学报,1989,3.

[69] 谢康强,傅三伟.预弯预应力混凝土梁郑密公路王寨河试验桥施工工艺报告[R].郑州市公路管理总站,同济大学桥梁工程系,1991,11.

[70] 范立础.桥梁工程[M].北京:人民交通出版社,1987.

[71] 姚玲森.桥梁工程[M].2 版.北京:人民交通出版社,2010.

[72] 李国豪,石洞.公路桥梁荷载横向分布计算[M].北京:人民交通出版社,1987.

[73] [日]预弯组合梁桥设计施工指南(1983).冉一元,译.国外桥梁,1994.4,1992,2.

[74] [日]プレヒーム合成げた桥设计施工指南.3 版.[日]国土开发技术研究センター,平成 9 年 7 月 1997,7.

[75] 黄侨.预弯组合梁桥的设计理论及试验研究[D].哈尔滨:哈尔滨工业大学,2000.

[76] 中华人民共和国行业标准.预弯预应力组合梁桥设计规程(送审稿)[S].2017.

[77] 邢力.基于标准跨径的预弯组合梁桥设计研究[D].南京:东南大学,2015.

[78] 郭赵元.预弯组合梁开裂荷载试验及理论研究[D].南京:东南大学,2017.

[79] 钟善桐.钢管混凝土结构[M].哈尔滨:黑龙江科学技术出版社,1987.

[80] 钟善桐.近年来组合结构的发展概况[C] // 暨中国钢协钢—混凝土组合结构协会第五次年会论文集.哈尔滨建筑大学学报,1995,10.

[81] 中华人民共和国行业标准.JCJ 01—1989 钢管混凝土结构设计与施工规程[S].上海:同济大学出版社,1989.

[82] 中华人民共和国行业标准.CECS 28:1990 钢管混凝土结构设计与施工规程[S].北京:中国计划出版社,1990.

[83] 中华人民共和国行业标准.DL/T 5085—1999 钢—混凝土组合结构设计规程[S].北京:中国电力出版社,1990.

[84] 钟善桐.钢管混凝土结构(修订版)[M].哈尔滨:黑龙江科学技术出版社,1994.

[85] 蒋家奋,汤关柞.三向应力混凝土[M].北京:中国铁道出版社,1988.

[86] 蔡绍怀.钢管混凝土结构[Z].北京:中国建筑科学研究院,1992.

[87] 陈宝春.钢管混凝土拱桥设计与施工[M].北京:人民交通出版社,2007.

[88] 蔡义前,徐风云.钢管混凝土拱桥[C] // 中国公路学会桥梁和结构工程学会 2001 年桥梁学术讨论会论文集.北京:人民交通出版社,2001,10.

[89] 顾安邦,范立础.桥梁工程[Z].北京:人民交通出版社,2000.

[90] 韩林海,钟善桐.钢管混凝土力学[M].大连:大连理工大学出版社,1996.

[91] 潘友光.钢管混凝土中核心混凝土本构关系的研究[J].工业建筑,1990,4.

[92] Zhong Shantong, Tan Sujie, Gi Jialian. Experimental Research of Effect of Concrete Creep on the Load Carrying Capacity of CFST Members under Compression. In Proc. of The International Speciality Conference of CFST Structures (Harbin, China), 1988.

[93] Wang Xiuyan, Zhou Guankong. Apply of the CFST Columns for the Preheater Tower of Cement Plant. In Proc. of The International Speciality Conference of CFST Structures(Harbin, China), 1988.

[94] 钟善桐.长期荷载对钢管混凝土受压构件临界力的影响[J].哈尔滨建筑工程学院学报,1987,4.

[95] 潘友光,等.焊接对钢管混凝土轴压构件工作性能的影响[J].钢结构,1988,2.

[96] 项海帆,刘光栋.拱结构的稳定与振动[M].北京:人民交通出版社,1991.

[97] 李国豪.桥梁结构稳定与振动[M].北京:中国铁道出版社,1992.

[98] 黄侨,杨大伟.吉林市江湾松花江大桥钢管混凝土主桥设计审核报告[R].哈尔滨工业大学交通科学与工程学院,2002,7.

[99] 四川省交通厅公路规划勘察设计研究院.公路钢管混凝土拱桥设计与施工指南[M].北京:人民交通出版社,2008.

[100] 中华人民共和国国家标准.GB 50923—2013　钢管混凝土拱桥技术规范[S].北京:中国计划出版社,2013.

[101] 中华人民共和国行业标准.JTG/T D65-06—2015　公路钢管混凝土拱桥设计规范[S].北京:人民交通出版社股份有限公司,2015.

[102] 钟善桐.高层钢管混凝土结构[M].哈尔滨:黑龙江科学技术出版社,1999.

[103] 韩林海.钢管混凝土结构[M].北京:科学出版社,2000.

[104] 中华人民共和国国家标准.GB 50936—2014　钢管混凝土结构技术规范[S].北京:中国建筑工业出版社,2014.

[105] 中华人民共和国行业标准.CJJ 11—2011　城市桥梁设计规范[S].北京:中国建筑工业出版社,2011.

[106] 张素梅,等.方钢管高强混凝土偏压构件的实验研究与理论分析[J].建筑结构学报,2004.2.

[107] 钟善桐.钢管混凝土统一理论—研究与应用[M].北京:清华大学出版社,2006.

[108] 陈宝春,陈友杰,等.钢管混凝土偏心受压应力—应变关系模型研究[J].中国公路学报,2004,1.

[109] 项海帆,等.高等桥梁结构理论[M].2版.北京:人民交通出版社,2013.

人民交通出版社股份有限公司 公路教育出版中心
土木工程/道路桥梁与渡河工程类本科及以上教材

注:◆教育部普通高等教育"十一五"、"十二五"国家级规划教材
　　▲建设部土建学科专业"十一五"、"十三五"规划教材

教材详细信息,请查阅"中国交通书城"(www.jtbook.com.cn)
咨询电话:(010)85285865,85285984
道路工程课群教学研讨QQ群(教师) 328662128　　桥梁工程课群教学研讨QQ群(教师) 138253421
交通工程课群教学研讨QQ群(教师) 185830343　　交通专业学生讨论QQ群 345360030